LA CHANSON
DE LA CROISADE
CONTRE LES ALBIGEOIS

IMPRIMERIE DE A. GOUVERNEUR

A NOGENT-LE-ROTROU.

LA CHANSON
DE LA CROISADE
CONTRE LES ALBIGEOIS

COMMENCÉE PAR GUILLAUME DE TUDÈLE
ET CONTINUÉE PAR UN POÈTE ANONYME

ÉDITÉE ET TRADUITE
POUR LA SOCIÉTÉ DE L'HISTOIRE DE FRANCE

Par Paul MEYER

TOME PREMIER

TEXTE, VOCABULAIRE ET TABLE DES RIMES.

A PARIS
LIBRAIRIE RENOUARD
HENRI LOONES, SUCCESSEUR
LIBRAIRE DE LA SOCIÉTÉ DE L'HISTOIRE DE FRANCE
RUE DE TOURNON, N° 6
—
M DCCC LXXV

EXTRAIT DU RÈGLEMENT.

Art. 14. — Le Conseil désigne les ouvrages à publier, et choisit les personnes les plus capables d'en préparer et d'en suivre la publication.

Il nomme, pour chaque ouvrage à publier, un Commissaire responsable, chargé d'en surveiller l'exécution.

Le nom de l'éditeur sera placé à la tête de chaque volume.

Aucun volume ne pourra paraître sous le nom de la Société sans l'autorisation du Conseil, et s'il n'est accompagné d'une déclaration du Commissaire responsable, portant que le travail lui a paru mériter d'être publié.

Le Commissaire responsable soussigné déclare que l'édition de la Chanson de la Croisade contre les Albigeois, *préparée par M.* Paul Meyer, *lui a paru digne d'être publiée par la* Société de l'Histoire de France.

Fait à Paris, le 1er août 1875.

Signé E. BOUTARIC.

Certifié,
Le Secrétaire de la Société de l'Histoire de France,

J. DESNOYERS.

INTRODUCTION

I. Observations générales sur la composition du poème.

La Chanson de la croisade contre les Albigeois est l'œuvre de deux auteurs qui diffèrent totalement par la langue, par le style, par les idées. Le premier a commencé son récit aux prédications contre les hérétiques albigeois qui précédèrent le meurtre du légat Peire de Castelnau, assassiné le 15 janvier 1208, et l'a continué jusqu'aux préliminaires de la lutte éphémère engagée en 1213 contre la croisade par le comte de Toulouse et le roi d'Aragon. Le second a repris la narration au point où son prédécesseur l'avait laissée, et l'a poursuivie jusqu'à l'arrivée devant Toulouse de la croisade conduite par Louis, fils du roi Philippe-Auguste, en juin 1219. Ces deux récits consécutifs, mais mal raccordés, ont ceci de commun qu'ils sont demeurés l'un et l'autre inachevés. Le premier auteur s'était arrêté vers le commencement de l'année 1213, afin d'attendre la suite des événements. Des circonstances, qu'il est possible de déterminer, l'empêchèrent de reprendre son récit. Le second auteur s'est arrêté au début du siège de 1219, désireux sans doute d'en voir la fin avant d'en raconter les péripéties, mais, s'il n'est guère douteux qu'il ait eu l'intention de continuer le récit, nous n'avons aucun moyen de savoir s'il l'a fait. Nous avons donc à étudier non une œuvre complète en soi, mais deux morceaux mis bout à bout, et dont la disparité n'est nullement diminuée par le fait que le second auteur a pris pour point de départ de sa narration le point d'arrivée de son devancier.

Il est difficile de trouver un titre approprié pour une œuvre ainsi composée et dont on ne sait même pas quelle devait être l'étendue. L'unique manuscrit qui nous l'a conservée, n'ayant ni *incipit*, ni *explicit*, ne nous est à cet égard d'aucun secours. Fauriel, le premier éditeur, a intitulé son édition : *Histoire de la croisade contre les hérétiques albigeois*[1], titre que j'ai modifié en deux points : en remplaçant *histoire* par *chanson*, afin de me conformer aux indications du premier des deux auteurs, qui en maint endroit qualifie son œuvre de CANSOS[2]; puis en supprimant *hérétiques,* parce que la pensée des auteurs, surtout du second, est clairement que la croisade n'était pas uniquement dirigée contre les hérétiques, mais qu'elle avait pour objet, du moins depuis 1212 environ, la dépossession de certains seigneurs du Midi, notamment des comtes de Toulouse et de Foix; opinion qui peut être bien ou mal fondée, mais dont un éditeur ne peut se dispenser de tenir compte lorsqu'il s'agit de donner un titre à l'ouvrage où elle est exprimée.

Toutefois, s'il est nécessaire d'adopter pour la commodité des citations un titre unique qui indique sous une forme brève la nature et l'objet de l'ouvrage, il est essentiel de ne pas perdre de vue que ce titre créé par nous désigne en réalité deux compositions tellement différentes que l'historien et le philologue ne sauraient, sauf en des cas fort rares, les réunir l'une et l'autre dans la même appréciation, et que

---

1. On lit en tête du texte, dans cette édition : *Aiso es la cansos de la crozada contr els ereyes d'albeges,* mais cette phrase provençale est l'œuvre de l'éditeur, comme l'indique suffisamment la faute *contr els* au lieu de *contrals*.

2. Vers 2, 28, 119, 185, 202.

chacune d'elles est à étudier séparément, tant au point de vue du récit qu'à celui de la langue.

II. Sources de l'histoire de la croisade contre les Albigeois : les actes.

Pour apprécier la valeur historique de chacune des deux parties de la chanson de la croisade, il est nécessaire de s'être d'abord rendu compte des autres documents que nous possédons sur le même sujet. Ces documents peuvent se classer sous deux chefs : les actes et les récits.

La plus importante série des documents diplomatiques relatifs à la croisade est formée par les lettres du Saint-Siége et des légats. Nous possédons en très-grande partie les registres de la correspondance d'Innocent III; quatre années seulement nous font défaut : 1201 (livre IV), 1214 à 1216 (livres XVII à XIX). Ces dernières années sont celles où Simon de Montfort, ayant détruit à Muret (1213) la coalition formée par le roi d'Aragon et les seigneurs du Midi, s'occupa d'organiser sa conquête. Elles embrassent aussi la période du quatrième concile de Latran (1215), pendant lequel d'importantes négociations furent engagées entre le comte de Toulouse et le pape. La perte du recueil des lettres pontificales écrites pendant ces trois années cause une grave lacune dans nos moyens d'information. Pour les années qui précèdent, nous avons, sinon toutes les lettres relatives à la croisade qu'a pu écrire le souverain pontife, au moins la partie la plus considérable de cette correspondance. Nous savons que l'enregistrement ne s'appliquait pas à tous les actes pontificaux sans exception[1], mais les omissions ont dû être peu importantes.

---

1. Voy. Delisle, *Mémoire sur les actes d'Innocent III*, dans la *Bibl. de l'Éc. des ch.*, 4, IV, 11.

Les lettres d'Innocent III sont surtout précieuses pour les informations qu'elles nous donnent sur les antécédents de la croisade et sur ses débuts. Une fois la croisade victorieuse, après le sac de Béziers et la prise de Carcassonne (1210), le pape n'exerce plus qu'un contrôle incertain : toute la direction politique est aux mains des légats, de la correspondance desquels nous n'avons que quelques bribes, et qui d'ailleurs, se trouvant sur les lieux mêmes où leur action s'exerçait, ont dû prendre beaucoup de décisions sans qu'aucune trace écrite en ait été conservée.

Les lettres d'Innocent III ont, au moins en ce qui touche la croisade, un caractère peu personnel. Les décisions qu'il prend, les instructions qu'il donne, sont visiblement la conséquence des informations qu'il vient de recevoir, des suggestions qu'on vient de lui adresser. Ce sont des décrets ou des circulaires rédigés sur rapport. Telle est la condition de tout gouvernement opérant à distance. Il était bien difficile que l'administration pontificale y échappât. Le pape, fût-il Innocent III, ne pouvait s'enquérir par lui-même des affaires innombrables sur lesquelles il avait à statuer. Il était à la merci de fonctionnaires souvent passionnés, parfois peu intègres, toujours très-puissants.

Prenons comme exemple les rapports d'Innocent III avec le comte de Toulouse Raimon VI. A nous en tenir à la correspondance, le pape aurait été l'ennemi acharné du comte de Toulouse. Dès le 29 mai 1207, avant le meurtre de Peire de Castelnau, avant la croisade par conséquent, voici sur quel ton il lui écrit :

Si nous pouvions, avec le prophète, creuser le mur de ton cœur, nous y pénétrerions et nous te montrerions les abominations que tu y as faites. Mais, comme tu es endurci plus que la pierre, autant il sera facile à la parole salutaire d'y frapper, autant il lui sera difficile d'y pénétrer, et c'est pourquoi, si nous jugeons opportun de te reprendre, nous espérons à peine parvenir à te corriger. Quel orgueil s'est emparé de ton cœur? quelle folie t'a saisi, homme pestilentiel, pour que, dédaignant de garder la paix envers ton prochain, t'éloignant des lois divines, tu te sois allié aux ennemis de la vérité catholique?...

Suivent des reproches — que n'accompagne aucun semblant de preuve — de s'être allié aux hérétiques, et pour couronner le tout, la menace du sort de Nabuchodonosor[1].

Si grande qu'on veuille bien faire la part de la phraséologie en usage dans le style ecclésiastique, il faut avouer que c'est là une lettre violente. Pourtant, si nous cherchons à connaître les véritables sentiments d'Innocent III à l'égard de Raimon VI, nous découvrons qu'ils furent souvent ceux d'une véritable bienveillance; que le pape, toutes les fois que son action personnelle se révèle à nous, agit envers le comte de Toulouse avec prudence et modération. Je n'invoquerai pas à ce propos les témoignages concordants, et par conséquent très-graves, des deux auteurs de la chanson, qui l'un et l'autre en des circonstances différentes[2] nous montrent le pape plein de compassion, d'affection même, pour Raimon VI — l'autorité de la chanson, qui sera établie peu à peu dans ce travail, ne doit pas être présumée dès maintenant — mais je citerai Pierre de Vaux-Cernai, l'historien en quelque sorte officiel de la croisade, qui en plus d'un endroit accuse le pape d'une mollesse que certes ne laisse pas soupçonner la correspondance. Ainsi, lorsque, au commencement de l'année 1213, le roi d'Aragon, n'ayant pas encore pris définitivement parti contre la croisade, fit des démarches en faveur du comte de Toulouse, les évêques,

---

1. Innoc. epist., X, LXIX.
2. D'abord lors du voyage de Raimon VI à Rome, en 1210 (v. 984-94), ensuite au concile de 1215.

alors réunis en concile à Lavaur, repoussèrent la supplique du roi, et écrivirent au pape une lettre de la dernière violence contre le comte Raimon. « Cette lettre », dit Pierre de Vaux-Cernai, « trouva le pape *aliquantulum durum, eo quod nimis credulus fuisset suggestionibus nuntiorum regis Aragonensium*[1]. » Néanmoins nous avons du pape une lettre qui repousse toutes les demandes du roi d'Aragon, et montre beaucoup de dureté pour le comte de Toulouse[2]. C'est alors que le roi d'Aragon, ayant échoué dans ses tentatives conciliantes, se décida à la guerre.

En réalité, les idées exprimées dans la correspondance ne sont guère qu'un reflet de l'opinion des légats. Le pape ne sait pas toujours ce qu'on lui fait écrire[3].

Les lettres des légats ou des évêques réunis en concile ont beaucoup plus de valeur historique, d'autant qu'elles nous apprennent des faits constatés de première main ; mais malheureusement nous n'avons que celles en petit nombre qui

---

1. Voy. t. II du présent ouvrage, p. 150, n. 3.
2. XVI, xlviii.
3. Nous avons ailleurs encore la preuve que le pape n'était pas le défenseur à outrance de Simon de Montfort qu'il paraît être dans quelques-unes de ses lettres. Ainsi il sut bien l'obliger à rendre aux seigneurs catalans le jeune Jacme d'Aragon que celui-ci s'obstinait, après la mort de Pierre d'Aragon, à garder auprès de lui. Nous avons sur ce point le témoignage de Jacme lui-même, qui est tout à l'honneur du souverain pontife : « E aquest apos-
« toli papa Innocent fo el meylor apostoli, que de la sao que faem
« aquest libre en .c. anys passats ne hac tan bo apostoli en la
« esglesia de Roma, car el era bon clergue en los sabers que
« tanyen a apostoli de saber, e avia sen natural, e dels sabers del
« mon havia gran partida. E envia tan forts cartes e tan forts
« missatgers al comte Simon que el hac a atorgar quens redrie a
« nostres homens » (édit. Aguiló, ch. x; cf. de Tourtoulon, *Jacme I le conquérant*, I, 141-2).

ont été conservées par Pierre de Vaux-Cernai, ou copiées dans les registres de la chancellerie pontificale.

En dehors de l'Église, nous avons encore deux catégories d'actes qui peuvent servir à l'histoire de la croisade albigeoise. La première se compose des documents concernant l'administration des pays conquis. Simon se fit prêter hommage, autant qu'il le put, par les vassaux du comte de Toulouse, après que celui-ci eut été dépouillé de ses États. Il fallut que ceux qui lui avaient été hostiles fissent leur soumission par écrit. Il ne lui suffit pas de leur serment, il exigea la caution de personnes considérables, se portant garants sur leurs biens de la fidélité des soumis. D'autre part, en beaucoup de lieux, les seigneurs du Midi furent expulsés et remplacés par des compagnons d'armes de Simon. Des villes, qui jusque-là paraissent n'avoir pas eu de seigneurs, s'en virent imposer. Il y eut, après la prise de Carcassonne, sur une moins grande échelle naturellement, une distribution de seigneuries analogue à celle qui s'était produite en Terre-Sainte à la suite de la première croisade. Les croisés de 1209, devenus seigneurs de Lombers, de Marmande, de Limoux, de Montréal, exercèrent leurs nouveaux droits et passèrent des actes. Lorsqu'en 1224, six ans après la mort de Simon, Amauri de Montfort vit qu'il ne pouvait soutenir la lutte, et dut appeler à son aide le roi de France Louis VIII, il lui céda tous les droits plus ou moins légitimes qu'il tenait de son père. Avec les droits, il remit les actes y afférents. De ces actes, dont un assez grand nombre sont conservés en original au Trésor des chartes, on fit sous saint Louis un cartulaire, le *Registrum curie Francie*, dont nous possédons encore plusieurs copies[1]. A

---

1. Voy. A. Molinier, *Bibl. de l'Éc. des ch.*, XXXIV, 175 et suiv.

l'aide de ces documents et de quelques autres du même genre qui n'ont pas été déposés au Trésor, mais qui se sont conservés dans les archives du Midi[1], nous pouvons nous former une idée sommaire du gouvernement que Simon de Montfort imposa pour un temps aux pays occupés par la croisade. Ces mêmes actes contiennent la mention de divers personnages qui jouent un rôle dans le poème et nous sont ainsi une source précieuse d'éclaircissements.

La seconde catégorie d'actes est formée par les chartes très-nombreuses, mais malheureusement très-dispersées, où on voit des seigneurs prêts à partir pour la croisade, *ad partes Albigensium,* selon la formule usuelle, faire soit leur testament, soit une donation pieuse à quelque établissement religieux. Les documents de cette espèce n'offrent ordinairement qu'un intérêt assez limité. Eût-on réuni tous ceux qui se sont conservés, qu'on ne connaîtrait encore qu'une fraction bien minime du nombre si considérable des seigneurs qui, depuis 1209, se rendirent à la croisade. En outre, il ne faut pas perdre de vue qu'à tout le moins pendant le gouvernement de Simon de Montfort, les opérations militaires ont toujours été conduites par un petit nombre de personnages établis à demeure dans le Midi, tandis que l'immense majorité des croisés ne joua qu'un rôle collectif, chacun se bornant le plus ordinairement à accomplir strictement sa quarantaine, afin de revenir au plus tôt dans ses foyers sans se soucier autrement du succès de l'expédition.

III. Les récits : Pierre de Vaux-Cernai.

Le Midi de la France a été au moyen-âge très-pauvre en

---

[1]. Il s'en trouve un certain nombre dans la collection Doat, à la Bibliothèque nationale.

chroniques. La littérature historique de cette époque, au moins jusqu'au xiiie siècle, est sortie presque tout entière des monastères. Mais il s'en faut que tous les établissements religieux aient apporté leur contribution à l'histoire du temps. Pour mettre en écrit les annales contemporaines, pour avoir seulement l'idée de le faire, il fallait posséder une culture littéraire et des traditions qui paraissent avoir été fort rares dans le Midi de la France. Si quelques maisons religieuses nous ont laissé des monuments historiques — citons par exemple l'abbaye de Saint-Martial de Limoges et le prieuré du Vigeois — on remarquera qu'elles appartiennent aux contrées les plus voisines des pays de langue d'oui. Tous les témoignages en effet s'accordent à montrer que les études, partout profondément désorganisées par l'invasion barbare, ne se sont pas relevées dans la même mesure au Midi qu'au Nord. On ne voit pas que les pays de langue d'oc aient participé d'une manière appréciable au mouvement littéraire et philosophique qui est si marqué dans la France du Nord dès le xie siècle. Il n'y avait en préparation dans le Midi, au moment où la guerre éclata, aucune série d'annales tant soit peu importantes où un récit de la croisade pût prendre place, et l'idée de rédiger l'histoire des terribles événements de cette guerre ne paraît être venue à aucun écrivain latin du pays parmi ceux qui en furent les témoins. Les chroniques de Guillaume de Puylaurens et de Bernart Gui, celui-ci chef de l'inquisition de Toulouse au commencement du xive siècle, tous deux méridionaux, n'ont été rédigées qu'assez longtemps après les événements, et celle du second notamment n'est qu'une compilation dénuée d'originalité.

Il n'existe que deux chroniques ayant pour objet spécial ou principal la croisade albigeoise : celle de Pierre de Vaux-

Cernai, et celle de Guillaume de Puylaurens. Ce sont deux ouvrages de tout point bien différents.

L'écrit de Pierre de Vaux-Cernai est nommé à l'explicit : « Historia de factis et triumphis memorabilibus nobilis viri domini Simonis comitis de Monteforti. » Et c'est en effet essentiellement une histoire de Simon de Montfort. Cette histoire est dédiée à Innocent III, et par conséquent a dû être commencée du vivant de ce pape qui mourut le 16 ou le 17 juillet 1216; elle se poursuit jusqu'à la mort de Simon, tué devant Toulouse le 25 juin 1218; mais toute la fin, depuis 1216, est très-écourtée et ne contient, en comparaison de la partie précédente, qu'un sommaire des événements. Il est remarquable que le plus ancien[1] des trois ou quatre mss. qu'on connaît de cet ouvrage ne va pas plus loin que l'année 1217, ce qui, joint au caractère sommaire de la continuation qu'offrent les autres mss., porte à croire que Pierre, ayant rédigé son récit au fur et à mesure des événements, s'arrêta au moment où il apprit la mort du pape à qui il avait dédié son livre, et ne reprit la plume que près de deux ans plus tard, après la mort de Simon, afin d'achever rapidement l'histoire commencée.

Pierre était neveu de Gui, abbé de Vaux-Cernai, qui, en 1212, fut nommé évêque de Carcassonne. Il avait accompagné son oncle à la croisade[2], et paraît être arrivé dans le Midi vers 1210 ou 1211. Il n'assista donc pas aux débuts de la croisade, qu'il raconte en commençant son récit au meurtre de Peire de Castelnau (1208); mais pour la suite, du moins jusqu'en 1216, il paraît avoir été très-souvent le

---

1. Bibl. nat., lat. 2601.
2. « Me enim adduxerat [Guido] secum de Francia ob solatium suum in terra aliena peregrinus, cum essem monachus et nepos ipsius. » Fin du chap. LX.

témoin oculaire des événements qu'il raconte, et pour ceux auxquels il n'assista pas, nous savons qu'il sut se renseigner auprès de ceux qui eurent la plus grande part à la direction de la croisade, entre lesquels il nomme le légat Arnaut Amalric, les évêques de Toulouse et de Béziers, maître Thédise, chanoine de Gênes, qui fut quelque temps associé au légat Milon.

Pierre de Vaux-Cernai est un fanatique, et ses tendances non dissimulées ont fait tort dans l'esprit des modernes à ses qualités d'historien. Il est rare qu'on le cite sans lui reprocher sa partialité pour Simon, son parti pris de tout approuver chez les croisés, de tout blâmer chez ses adversaires, sa haine irréfléchie autant que vigoureuse, non-seulement des hérétiques, mais de Toulouse, du comte Raimon et de ses adhérents, et de ceux encore qui se montrent partisans tièdes ou modérés de la croisade. Par suite, on n'a pas toujours accordé à son témoignage l'autorité prépondérante qui lui est due. Il est pourtant aisé de faire le départ entre les appréciations que Pierre de Vaux-Cernai nous donne libéralement sur les hommes et sur les choses, et dont naturellement la critique sait le compte qu'elle doit tenir, et les récits clairs et circonstanciés qu'il fait des événements. Nous n'en sommes plus réduits à former notre opinion sur celle des contemporains, surtout lorsqu'il s'agit de l'histoire d'un temps où, à bien peu d'exceptions près, la portée d'esprit chez les écrivains est celle d'un enfant. Nous pouvons recueillir les impressions des témoins, les étudier en tant que documents pour l'histoire des idées, mais nous ne les partageons qu'autant que nous y sommes amenés d'ailleurs par l'étude des faits.

Pierre de Vaux-Cernai ne peut nommer Toulouse sans s'interrompre pour dire *Tolosa, imo dolosa!* pour lui, le

« comes Tolosanus » est bien plutôt *dolosanus*; les habitants de Castelnaudari sont des Ariens, *Ariani*. S'il parle, soit de Gaston de Béarn, adhérent inconstant de Simon de Montfort, puis du comte de Toulouse, soit des comtes de Foix et de Comminges dont le crime était de ne s'être pas laissé dépouiller sans résistance, il faut qu'il les qualifie de *viri sceleratissimi*. Mais que nous importe? En quoi ces explosions de colère font-elles tort au récit des faits? Bien au contraire, il faut nous féliciter d'une intempérance de langage qui nous permet de distinguer si clairement les sentiments des chefs ecclésiastiques de la croisade dans la société desquels vivait Pierre de Vaux-Cernai.

Plus modéré ou plus circonspect, il nous eût dissimulé bien des faits, bien des motifs qu'il mentionne comme étant les plus naturels du monde, comme honorables même, et qui nous sont infiniment précieux pour apprécier la moralité de l'entreprise dont il s'était fait l'historien enthousiaste. Ainsi, c'est à lui que nous devons de savoir par quel acte de duplicité le légat Arnaut Amalric, « désirant la mort des « ennemis du Christ, mais ne les osant pas condamner à « mort parce qu'il était moine et prêtre[1], » empêcha la capitulation de la ville de Minerve et le salut des hérétiques qui y étaient renfermés. C'est encore lui qui nous raconte le miracle de Castres dont le point essentiel est qu'un hérétique, qui venait d'abjurer l'hérésie, fut cependant condamné au feu, parce que, disait-on, si sa conversion est feinte, il sera justement puni; si elle est réelle, le supplice lui servira du moins pour l'expiation de ses péchés[2]. Sachons gré au panégyriste de Simon de Montfort de nous

---

1. Ch. xxxvii, Bouquet, XIX, 32A.
2. Ch. xxii, Bouquet, XIX, 24-5.

avoir révélé des faits ou des intentions que les plus ardents ennemis des guerres religieuses n'auraient pas osé soupçonner.

Sachons-lui gré aussi de l'attention qu'il a eue de nous apprendre que si Carcassonne, Saint-Antonin, Marmande, une fois tombées au pouvoir des croisés, n'ont pas été incendiées[1], ce fut non par un sentiment de pitié pour les habitants, qui apparemment n'étaient pas tous hérétiques, mais par un motif de pur intérêt. La même cause avait protégé certaines villes de Palestine lors de la première croisade : il n'est pas sans intérêt de constater que les mêmes procédés étaient employés contre les Sarrasins et contre les habitants du Midi de la France. L'auteur de la seconde partie du poème nous assure de son côté que si, après la bataille de Muret, Toulouse ne fut pas incendiée, c'est que Simon trouva plus profitable de la laisser subsister après en avoir détruit les fortifications[2]. Mais une pareille assertion, émanant d'un écrivain hostile à la croisade, ne saurait en bonne critique être acceptée, si elle n'était confirmée par le témoignage irrécusable de Pierre de Vaux-Cernai.

En somme, chez cet auteur, tout est à prendre, tout est historique : les faits, que nous trouvons exacts toutes les fois que nous pouvons les contrôler à l'aide d'autres récits ou des documents contemporains; les idées, qui sont celles mêmes du petit groupe de clercs qui dirigeait la croisade après l'avoir suscitée.

IV. LES RÉCITS : GUILLAUME DE PUYLAURENS.

Guillaume de Puylaurens est un historien d'un tout autre

---

1. Ch. XVI, LXII (les passages sont cités dans le t. II du présent ouvrage, pp. 39, n. 1, et 132, n. 1) et LXXIX.
2. Vers 3126-31.

caractère. Son récit, incomplet, décousu, mal proportionné, dénué de précision, parfois même d'exactitude dans l'indication des dates, ne supporte pas la comparaison avec celui du moine de Vaux-Cernai. Il est cependant très-précieux pour deux motifs. Pierre suit les événements comme on peut les suivre du camp des croisés; il sait bien ce qui se passe chez les siens, mal ce qui se passe chez l'ennemi. Guillaume, au contraire, a quelques informations particulières et puisées à bonne source sur les sentiments et sur les actes du comte de Toulouse et, en général, des adversaires de la croisade. En outre, Pierre s'arrête à la levée du siège de Toulouse, en juillet 1218, tandis que Guillaume, ayant poussé sa chronique jusqu'en 1272, embrasse, et bien au-delà, toute la durée de la croisade.

Guillaume, chapelain de Raimon VII pendant les sept dernières années au moins de la vie de ce prince († 1249), témoin en des actes, de 1223 à 1249[1], et conduisant sa chronique jusqu'en 1272, peut assurément avoir assisté dans sa jeunesse à quelques-uns des événements de la croisade de Simon de Montfort, puis de son fils Amauri. Mais il n'en laisse rien paraître dans son écrit, où il ne se donne nulle part comme témoin oculaire, sinon, dans son prologue[2], d'une façon vague et sans référence à aucun fait particulier. Il y a là une cause d'infériorité qui est atténuée dans une grande mesure par la valeur des témoignages qu'il a recueillis. Il a visiblement cherché à se renseigner, et il a pu consulter nombre de personnes qui, comme acteurs ou spectateurs, s'étaient trouvées mêlées aux événements. Ainsi, ce qu'il nous dit de la conférence de Montréal[3], entre catho-

---

1. *Histoire littéraire*, XIX, 186.
2. « De his vel que *ipse vidi* vel audivi e proximo, duxi aliqua « in scriptis posteris relinquenda. » Bouquet, XIX.
3. Ch. IX.

liques et hérétiques (1207), il le tient de l'un des arbitres du débat, un certain Bernart de Villeneuve. Le récit de la bataille de Muret lui avait été fait par le jeune comte de Toulouse, témoin oculaire[1], et pour certaines circonstances qui précédèrent la bataille et font connaître les dispositions d'esprit où était Simon, il avait puisé dans les souvenirs de l'abbé de Pamiers qui s'était trouvé en rapport personnel avec le chef militaire de la croisade[2]. L'évêque de Toulouse Folquet (1205-1231), qui prit une part prépondérante à tous les actes importants de la croisade, lui fournit de précieux renseignements[3], et sur Folquet lui-même et ses rapports avec ses diocésains, Guillaume avait pu recueillir une curieuse anecdote[4] de la bouche de l'un des conseillers de Raimon VI, le sénéchal Raimon de Ricaud qui est mentionné dans le poème[5]. Il avait eu des relations dans les deux partis, et sut profiter des unes et des autres.

A ces relations, à sa qualité de chapelain de Raimon VII, au laps du temps qui s'était écoulé depuis la croisade jusqu'au moment où il écrivait, doit être attribuée la modération dont il fait preuve dans le récit des événements. Cette modération — qui du reste n'ajoute rien à la valeur du récit — ne se manifeste nullement par l'appréciation des motifs de la guerre ou des moyens de répression employés contre les hérétiques, mais seulement par le blâme que l'auteur inflige à ceux des croisés qui voyaient dans la guerre sainte une occasion de profit personnel. Ainsi, parlant du revirement

---

1. Ch. XXII.
2. Ch. XXI.
3. Ch. VII, VIII, XXX; voir notamment sur les négociations avec Philippe-Auguste, ch. XXXIV; sur le siége de Toulouse en 1227, ch. XXXVIII.
4. Ch. XXV.
5. Voy. II, 47, n. 1.

qui, après le concile de Latran, se produisit en faveur du comte de Toulouse, il dira que jusqu'à ce jour l'armée catholique, qui avait poursuivi par tous les moyens l'extirpation de l'hérésie, avait été victorieuse à ce point qu'un seul croisé pouvait pour ainsi dire mettre en fuite mille ennemis. Mais Simon commet la faute de partager le Languedoc entre ses chevaliers, ceux-ci ne songent qu'à s'enrichir, et dès lors « Dieu les abreuva du calice de sa colère[1]. » Il attribue à la vengeance divine la mort du Français Foucaut de Berzi, « homme orgueilleux et d'une atroce cruauté[2], » et il voit dans les désastres subis par les croisés en 1220 et 1221, non pas aucune bienveillance de Dieu envers les ennemis de la croisade, mais la preuve de sa colère contre les croisés eux-mêmes[3]. D'ailleurs Guillaume est aussi convaincu que Pierre de Vaux-Cernai de la légitimité de la guerre en elle-même, du devoir qui s'impose aux catholiques d'exterminer les hérétiques. La différence d'appréciation entre lui et Pierre ne porte que sur un point : Pierre ne voit dans son parti aucun acte blâmable; Guillaume en découvre un grand nombre. Il n'a point de parti pris d'admiration ou de blâme. En cela consiste sa modération.

Je ne quitterai pas Guillaume de Puylaurens sans appeler l'attention sur une circonstance qu'il est particulièrement à propos de signaler ici. Je veux parler de certaines rencontres qui donnent à croire que Guillaume a connu le poème de la croisade. Ces rencontres n'ont pas été remarquées jusqu'à présent, peut-être parce que les auteurs qui ont traité du chroniqueur latin, ou ont fait usage de sa chronique,

---

1. Ch. XXVII.
2. Ch. XXX.
3. *Ibid.*

n'étaient pas très-familiers avec le poème; peut-être aussi parce qu'elles ont trait en général à des faits assez insignifiants. Mais c'est précisément parce que ces faits sont le plus souvent des détails sans importance, qu'il me paraît assez peu probable que la tradition les ait conservés jusqu'au temps où écrivait l'ancien chapelain de Raimon VII, vraisemblable au contraire que celui-ci les a puisés dans le poème. Voici celles de ces rencontres qui m'ont frappé.

Les conditions de la capitulation de Carcassonne furent que les habitants auraient la vie sauve, mais on les dépouilla de tout. Sur ce point, tous les témoignages sont d'accord. Ils quittèrent la ville nus, selon Pierre de Vaux-Cernai, « nil secum præter peccata portantes. » G. de Puylaurens nous dit qu'ils durent sortir en chemise et en braies[1]; et c'est précisément l'expression dont se sert Guillem de Tudèle, v. 754.

Dans la phrase suivante, Guillaume de Puylaurens, parlant du vicomte de Béziers qui resta comme otage au pouvoir des croisés, s'exprime ainsi : « Il mourut peu de temps après « de la dyssenterie, et l'on répandit à ce sujet plusieurs « impostures en disant qu'il avait été tué à dessein. » C'est exactement ce que dit G. de Tudèle à la fin de la tirade XXXVII.

La prise de Lavaur et les exécutions qui eurent lieu ensuite sont contées d'une façon presque identique dans les deux ouvrages[2], mais comme il s'agit d'un événement important, la coïncidence n'a pas de quoi surprendre.

La bataille de Muret est racontée avec des circonstances fort différentes par le poète et Guill. de Puylaurens, ce

1. Ch. XIV.
2. G. de Puylaurens, fin du ch. XVII; G. de Tudèle, tirades LXVIII à LXXI.

dernier ayant eu l'avantage de communications particulières de Raimon VII qui, fort jeune, avait assisté de loin à cet engagement. Il est d'autant plus remarquable que les deux récits s'accordent sur un point : sur le différend qui s'éleva entre le comte de Toulouse, qui proposait d'attendre dans le camp l'attaque des croisés, et le roi d'Aragon, qui décida qu'on prendrait l'offensive. Comparez le début du chap. XXII de G. de Puylaurens avec les vers 2998-3021.

L'insurrection de Toulouse, en 1216, et sa répression offrent de part et d'autre des traits semblables. Les barricades faites de poutres et de tonneaux se retrouvent dans les deux textes[1]; l'intervention insidieuse de l'évêque Folquet est présentée sous le même jour par les deux auteurs, ce qui est d'autant plus notable que Pierre de Vaux-Cernai n'en dit rien. Enfin, comme dans le poème[2], l'amende à payer par la ville est fixée à 30,000 marcs[3].

En dernier lieu, le récit du combat de Baziége offre chez les deux auteurs de bien grandes ressemblances qu'il est inutile d'indiquer dans le détail, le texte de G. de Puylaurens ayant été rapporté, t. II, p. 457.

On n'objectera pas que si G. de Puylaurens, qui mentionne fréquemment ses autorités, avait puisé dans le poème, il l'aurait dit. Les autorités qu'il cite sont des témoins vivants, non des livres. Mais on pourrait s'étonner qu'ayant connu le poème, il n'en ait pas tiré un plus grand parti. Aussi ne vais-je pas jusqu'à supposer qu'il ait eu sous les yeux un ms. du poème : il suffit, pour rendre compte des coïncidences signalées ci-dessus, d'admettre que Guillaume avait eu occasion, à une époque quelconque, de lire ou d'en-

---

1. G. de Puylaurens, ch. XXIX; poème, v. 5419.
2. V. 5623.
3. 80,000 dans la chronique d'Aubri (à l'année 1216).

tendre réciter le poème, dont il aura pu ainsi introduire plus ou moins sciemment des réminiscences dans sa chronique.

V. Récits épisodiques.

En dehors de ces deux auteurs, il n'y a pas de chronique latine qui nous fournisse un récit original et développé de la croisade. On peut cependant puiser d'utiles renseignements dans les chroniques de Robert d'Auxerre et de Guillaume le Breton, qui nous fournissent pour certains événements un récit original. On peut en dire autant de quelques indications, fort sommaires, mais souvent instructives, qui paraissent à leur ordre chronologique dans la chronique d'Aubri de Trois-Fontaines. Je mentionnerai les passages relatifs à la prédication de 1211 (s. h. anno); sur le siége de Saint-Marcel (1212), où est mentionné « Martinus de Olit, Hispanus, » évidemment le « Marti Dolitz » de la chanson, v. 2302[1]; sur le grave dissentiment qui se produisit entre Simon de Montfort et l'archevêque de Narbonne (1214); sur la répression de l'insurrection de Toulouse (1216). D'autres passages encore, relatifs à la croisade, sont dans la récente édition de Paul Scheffer Boichorst[2], imprimés dans le caractère réservé aux morceaux originaux, mais ils ne contiennent rien qui ne soit connu et parfois semblent abrégés du récit de Pierre de Vaux-Cernai, que l'auteur mentionne expressément à l'année 1203. Wilmans a émis, dans son mémoire sur la chronique d'Aubri[3], l'opinion que le chroniqueur aurait eu des communications orales ou des relations en forme de lettres, ce qui n'a rien que de vraisemblable,

---

1. Voy. les Add. et corr. à II, 126, n. 4.
2. Pertz, *Scriptores*, t. XXIII.
3. Pertz, *Archiv*, X (1851), 216.

bien qu'une autre hypothèse semble *a priori* admissible. On remarque surtout que les noms de lieu se présentent souvent sous la forme vulgaire et sous une forme qui parfois s'accorde avec celle qu'on trouve dans la chanson. J'ai déjà mentionné « Martinus de Olit », je citerai encore « Montem *Grenier* » (1217), le « Mont Graner » du poème, v. 5668, et le château « quod dicitur Crista Arnaldi » (même année), dans Pierre de Vaux-Cernai simplement « Castrum Crestæ[1] », mais dans la chanson, « Crest Arnaut », v. 5694. Faut-il de l'emploi de ces formes, qui parfois coïncident avec celles du poème, conclure que ce dernier ouvrage a été connu d'Aubri ou de l'interpolateur de sa chronique? Je ne le crois pas : non qu'une telle supposition ait en soi rien d'inadmissible, surtout si on considère que l'auteur de cette chronique a fait, en d'autres parties de l'ouvrage, un usage véritablement extraordinaire des chansons de geste, mais d'abord parce qu'Aubri, dans le peu qu'il nous dit de la croisade, a cependant quelques petits faits qui ne se trouvent nulle autre part, d'où on doit nécessairement induire qu'il a eu des renseignements à lui propres[2]; ensuite parce que tels des noms qu'il cite sont incorrects, tandis qu'il en eût trouvé la forme correcte dans le poème; et l'on peut ajouter que parfois ces incorrections sont de telle nature qu'elles trahissent une origine française, ainsi lorsque le chroniqueur dit *Gaillart* (ad ann. 1212[3]) au lieu de *Gaillac*. Il est donc permis de supposer qu'Aubri s'est servi de quelque récit, oral ou écrit, fait en français, ou du moins par un Français.

1. Bouquet, XIX, 109 c.
2. Voy. notamment les Additions et corrections au t. II du présent ouvrage, p. 126, n. 1.
3. Le passage est rapporté à l'endroit indiqué dans la note précédente.

A part Aubri de Trois-Fontaines, les chroniques générales ne donnent sur la croisade que des indications sommaires dont il y a rarement quelque profit à tirer. Çà et là pourtant un mot où on sent l'impression des contemporains, comme ce passage de la chronique de Saint-Aubin d'Angers où il est dit que les croisés firent un carnage effroyable des hérétiques et des catholiques « qu'ils ne purent discerner[1] », funèbre commentaire du mot attribué au légat Arnaut Amalric par Césaire de Heisterbach : *Cædite eos, novit enim Dominus qui sunt ejus.*

Il est encore un contemporain qui n'est pas un chroniqueur, qui n'a point écrit de lettre ni de relation quelconque au sujet de la croisade, mais qui cependant a occasionnellement glissé quelques témoignages précis et sûrs en des ouvrages où on ne s'attendrait guère à les rencontrer. Ce contemporain est Jean de Garlande, grammairien du XIIIe siècle, dont la vie et les écrits ont été l'objet de nombreuses recherches qui n'ont pas encore épuisé la matière. Jean de Garlande était né en Angleterre, mais il avait étudié et professé à Paris[2], et de plus il passa une partie de sa vie à Toulouse, où il professa dans l'université fondée en 1229 par l'évêque Folquet et par le légat du pape[3]. C'est là sans doute qu'il commença son poème *De Triumphis Ecclesiæ*, écrit à diverses époques et terminé à Paris vers 1252[4], où au milieu de matières aussi diverses que mal ordonnées se trouvent quelques données intéressantes sur la guerre des Albigeois, notamment dans les livres IV et V.

1. Voy. II, 188, note 1.
2. Voy. V. Le Clerc, *Hist. litt.*, XXI, 372 ; Hauréau, *Notices et extraits des mss.*, XXVII, II, 75.
3. Voy. V. Le Clerc, *Hist. litt.*, XXII, p. 89-95.
4. *Ibid.*, p. 95.

On a cité les vers dans lesquels il raconte la mort de Simon de Montfort[1]. Ajoutons ici qu'il mentionne honorablement un chevalier français dont la participation à la croisade n'est guère connue, d'ailleurs, que par la chanson, Hugues de Laci[2], qui fut l'un des compagnons les plus fidèles de Simon de Montfort[3]. Le témoignage de Jean de Garlande est d'autant plus digne d'attention qu'à part Simon et Amauri de Montfort, aucun croisé n'est mentionné dans le *De Triumphis ecclesiæ*. Par suite on est conduit à attribuer une certaine importance à ce personnage qui, si on s'en tient aux informations que nous possédons d'ailleurs sur son compte, ne paraît pas avoir joué un rôle bien considérable dans les événements de la croisade.

Jean de Garlande, à qui ne manquaient jamais les prétextes à digression, a trouvé le moyen d'introduire dans un autre de ses ouvrages, le *Dictionarius*, quelques remarques relatives au siège de Toulouse, où périt Simon de Montfort. Voulant énumérer les différents engins de guerre dont il savait les noms, il dit les armes vues à Toulouse au

---

1. *Ibid.*, p. 86. — Il y a dans ce récit deux vers à rapprocher du récit correspondant de la chanson. Au moment de marcher au combat Simon adresse à Dieu cette prière :

> Aut hodie, mundi salvator, da michi palmam,
> Aut me de curis eripe, Christe, meis.
> (Éd. Th. Wright, Roxburghe Club, 1856, p. 86.)

de même dans la chanson (v. 8411-2) :

> . . . . Jhesu Crist dreiturers,
> Huei me datz mort en terra, o que sia sobrers !

2. Dans le récit de la mort de Simon de Montfort :

> Hinc Amalricus, illinc Laceyus Hugo,
> Hic Boreæ similis, provolat ille Notho,
> Symonis hic natus, miles crucis ille, per hostes
> Prorumpunt quorum mors volat ante manus.
> (Édit. citée, même page.)

3. Voy. II, 45, n. 4, et 253, n. 3.

temps de la guerre « nondum sedato tumultu belli », et mentionne les pierrières « quarum una pessum dedit Simonem comitem Montisfortis ». Selon le plan de son livre, Jean de Garlande explique chacun des mots de son dictionnaire dans un très-ample commentaire. C'est dans ce commentaire que se trouve le passage, cité t. II, p. 420, note, où on voit, comme dans le poème, les dames de Toulouse servant la pierrière qui donna la mort au comte Simon. Ce commentaire, qui est une partie essentielle du dictionnaire de Jean de Garlande, n'a jamais été publié. M. Scheler[1] s'est borné à en citer quelques extraits choisis assez arbitrairement, sans même paraître se douter que Jean de Garlande en fût l'auteur. Une circonstance qui mérite d'être notée ici, et qui n'a pas été connue des bibliographes, c'est que le commentaire en question a été écrit à Toulouse même. On lit en effet à la fin d'une copie du XIIIe siècle conservée à Trinity College, Dublin (D. 4. 9) : « Explicit Dictionnarius magistri Johannis de Garlandia. Textum hujus libri fecit Parisius, glosas vero Tholose[2]. »

---

1. *Lexicographie latine du XIIe et du XIIIe siècle*, dans le *Jahrbuch f. romanische und englische Literatur*, tomes VI à VIII. Pour Jean de Garlande, voy. VII, 144-62, et 287-321.

2. Ce ms., qui est un recueil de divers écrits scolastiques, — j'en donnerai prochainement la description — contient deux copies du dictionnaire de Jean de Garlande. C'est à la suite de la première que se trouve l'*explicit* précité. Je relève dans ces deux textes un passage emprunté encore au commentaire du paragraphe sur les machines de guerre, qui a trait à Toulouse, et qui manque dans les mss. consultés par M. Hauréau : « Trabucheta, gallice *trebuchet*, et est magna machina muralis, *quod bene expertum est castrum Nerbonense* » (fol. 19 b). Le Château Narbonnais, qui n'était guère connu des copistes anglais, a été étrangement défiguré dans l'autre copie contenue dans le même ms. « Trebucheta, maxima machina et terribilis quando (*lis.* quod) bene est expositum (*lis.* expertum) castrum *Verdonense* » (fol. 182).

VI. La chanson : manuscrits existants ou perdus; rédaction en prose; Guillem Anelier imitateur de la chanson.

Si nous en étions réduits, pour étudier la croisade, aux sources latines, actes et chroniques, nous serions bien mal informés. Beaucoup de faits, principalement de ceux qui se produisirent du côté des méridionaux, nous resteraient cachés. Des nombreux alliés du comte de Toulouse, nous connaîtrions à peine quelques-uns, et par-dessus tout nous ne saurions rien du sentiment avec lequel les populations méridionales, Toulouse notamment, se mirent à la résistance, lorsqu'il devint clair que la croisade ne tendait à rien de moins qu'à remplacer les familles seigneuriales du Midi par quelques ambitieux venus de France.

Sur tout cela Pierre de Vaux-Cernai ne sait à peu près rien et Guillaume de Puylaurens n'offre que quelques notions accidentelles et fragmentaires. La principale source d'information est le poème de la croisade.

Le poème de la croisade nous a été conservé par un ms. qui a fait partie, au siècle dernier, de la célèbre bibliothèque du duc de La Vallière [1]. Acheté pour la bibliothèque du roi, il y a reçu le n° 190 du fonds La Vallière, et a été classé, lors de la fusion des divers fonds de la bibliothèque, sous le n° 25425 du fonds français. C'est un volume en parchemin de 169 feuillets de 0^m,245 sur 0^m,180, écrit en gothique très soignée, dans la seconde moitié du XIIIe siècle. Il contient un certain nombre de dessins à la plume, qui devaient probablement être plus tard coloriés, mais ne l'ont pas été, et occupent chacun une demi-page. Ces dessins ont été reproduits en lithographie dans les additions de Du Mège à Dom Vais-

---

[1]. N° 2708 du catalogue de de Bure.

sète, t. V de cette édition. Le fac-simile en taille-douce d'une page, contenant l'un de ces dessins (le concile de Latran) et de plus les vers 3161-87, est joint à l'édition de Fauriel.

Ce que nous savons de l'histoire de ce ms. avant le temps où il entra dans la bibliothèque du duc de La Vallière se borne à peu de chose. En 1337 (n. st.) il appartenait à un prêtre appelé Jordan, qui l'avait engagé pour la somme de quinze livres tournois[1], somme relativement élevée. En 1759, Sainte-Palaye cite à diverses reprises le même ms. dans ses *Mémoires sur l'ancienne chevalerie*, et le désigne ainsi : « Manuscrit de M. de Bombarde » (II, 51, 74; éd. Nodier, I, 377, 398)[2].

Nous avons des témoignages sur l'existence d'autres mss. ou fragments de mss. du même ouvrage.

1º Raynouard possédait un fragment du poème, « d'une écriture assez moderne », nous dit-il, mais néanmoins fort précieux. Il a fait usage des variantes très importantes que présente ce fragment pour établir le texte d'un des morceaux du poème qu'il a publiés dans le t. I de son *Lexique roman*. J'ai fait, sans succès, une démarche auprès de M. Paquet, exécuteur testamentaire de Raynouard et détenteur de ses papiers[3], pour obtenir communication de ce fragment qui n'a pu être retrouvé.

---

1. On lit en effet au dernier feuillet : « Jorda Capella deu sus « aquest romans .xv. tornes d'argentz bos quel prestem a .vi. « de fevrier .m ccc xxxvi. »

2. Sainte-Palaye s'était fait faire de ce poème une copie qui est à l'Arsenal (Belles-lettres françaises, 183), et il en avait projeté un glossaire dont les bulletins sont conservés à la Bibliothèque nationale, Moreau, 1831. On peut voir une note de lui sur le même poème dans le vol. CXVI de la collection Bréquigny, fol. 65-6.

3. M. Paquet est décédé à Passy en janvier 1876.

2° A la fin du xv° siècle, Bertrandi, dans son ouvrage imprimé en 1515 sous le titre *Opus de Tholosanorum gestis*, en cite deux vers, les vers 3806-7, qu'il affirme avoir lus sur la tombe du comte Raimon VI[1]. Catel a contesté l'existence de cette inscription[2]; D. Vaissète va jusqu'à supposer qu'elle a été imaginée par Bertrandi : « En « effet », dit-il, « Raymond n'ayant pas été inhumé, on ne « peut lui avoir dressé d'épitaphe[3]. » Que les vers en question aient servi d'épitaphe à Raimon VI, est en effet une assertion qui peut être contestée, mais il est sûr qu'ils ne sont pas de Bertrandi, puisqu'ils se lisent dans le poème, et comme la leçon en est un peu différente de celle qui se lit dans le ms. de La Vallière, il faut supposer qu'ils viennent originairement d'un autre ms.

3° L'auteur d'une chronique du Quercy, qui vivait au commencement du xvıı° siècle, et dont l'œuvre est conservée à la bibliothèque de la ville de Grenoble, Guion de Malleville, rapporte à l'année 1228 un fragment du poème, 38 vers en tout (vv. 1371-1410) qu'il a dû tirer d'un ms. distinct de celui qui nous est parvenu[4].

4° Le poème a été mis en prose au xv° siècle d'après un ms. un peu différent de celui que nous possédons. Il existe trois mss. de cette rédaction en prose, tous trois du xvı° siècle : à Paris, Bibl. nat. fr. 4975 (anc. 9646); à Carpentras, Peiresc, n° 59[5]; à Toulouse, n° II, 57. Les deux premiers de

---

1. Voir au t. I de la présente édition la note des vers 3806-7.
2. *Hist. des comtes de Tolose*, p. 319.
3. *Hist. de Languedoc*, III, 324.
4. M. Lacabane, directeur honoraire de l'Ecole des chartes, possède une copie de cette chronique faite sur le ms. de Grenoble, qu'il a bien voulu me communiquer. C'est d'après cette copie que j'ai noté dans mon édition les variantes fournies par cet extrait.
5. Lambert, *Catal. des mss. de Carpentras*, II, 397.

ces mss. dérivent l'un de l'autre, ou bien ont été copiés l'un et l'autre sur un même texte. En tout cas ils sont de la même famille et offrent une même lacune de plusieurs feuillets. Le ms. de Paris a été publié par D. Vaissète dans les preuves du tome III de l'*Histoire de Languedoc*, puis par D. Brial dans le t. XIX des *Historiens de France*; le ms. de Toulouse a été publié, peu correctement, par Du Mège dans les additions et notes du livre XXIII de D. Vaissète (édit. de Du Mège, t. V)[1].

Cette sorte de traduction, écrite d'un style lourd et pédantesque, et qu'on a pu, non sans vraisemblance, regarder comme l'œuvre de quelque jurisconsulte inconnu[2], est loin d'être la représentation fidèle de l'original. L'auteur ne visait évidemment en aucune manière à faire œuvre de traducteur exact et consciencieux : son but n'était autre, selon toute vraisemblance, que de rédiger à peu de frais un livre d'histoire pour ses contemporains. Or comme le poème se compose de deux parties conçues dans un esprit opposé, il a cherché à rétablir dans les idées une sorte d'unité, et pour y parvenir, il a çà et là ajouté de son cru dans la première partie quelques remarques désagréables au sujet des croisés et de Simon de Montfort, et s'est au contraire attaché à supprimer ou du moins à atténuer les passages les plus violents de la seconde partie. Il se montre naturellement très-favorable au comte de Toulouse qu'il cherche à mettre en toute occasion à l'abri du soupçon. Ainsi, après avoir raconté le meurtre de Peire de Castelnau, il ajoute[3]

---

1. Une nouvelle édition qui reproduit le texte de Vaissète complété, quant à la lacune, par celui de Du Mège, a paru à Toulouse en 1863 : *Histoire anonyme de la guerre des Albigeois*, nouvelle édition ... par un indigène [le marquis de Loubens]. Toulouse, Bompard. C'est cette édition que je cite.

2. Fauriel, p. vii.

3. Voy. au t. I la note du v. 91.

que si le comte avait pu prendre le meurtrier il en aurait fait telle justice que les légats en auraient été satisfaits, supposition toute gratuite dont il n'y a pas un mot dans G. de Tudèle.

Cette version en prose paraît avoir joui d'un certain succès. Elle est devenue, en l'absence du poème qui n'était guère connu avant la publication de Fauriel, l'une des principales sources de l'histoire de la croisade albigeoise. Chassanion [1], Marc-Antoine Dominici [2], le président Catel, Pierre de Marca, Vaissète, pour ne parler que des anciens, en ont fait usage.

Les rédactions rajeunies, de quelque nature qu'elles soient, ont généralement pour effet de faire oublier les rédactions primitives auxquelles elles se substituent. Mais je ne pense pas que dans le cas présent le prompt oubli dans lequel paraît être tombé le poème de la croisade ait pour cause la composition d'une rédaction mieux adaptée aux besoins du temps; car, bien avant le xv° siècle, le poème, ainsi que tant d'autres ouvrages provençaux, avait perdu toute popularité, et il ne paraît même pas qu'il ait jamais eu grand succès. Aucun ouvrage du moyen âge n'y fait allusion et il n'en existe, comme on l'a vu plus haut, qu'un seul ms. Il n'y a pas lieu de s'en étonner. Indépendamment des circonstances très-défavorables à la littérature qui se produisirent dans le Midi à la suite de la croisade albigeoise, on comprend qu'un poème politique plus encore qu'historique, consacré, au moins dans sa plus grande partie, à soutenir la cause du comte de Toulouse, dut exciter peu d'intérêt dès que cette cause fut perdue sans retour. Il est d'ail-

---

1. *Histoire des Albigeois* . . . . le tout recueilli fidèlement de deux vieux exemplaires écrits à la main, l'un en langage du Languedoc, l'autre en vieux françois..... 1595, in-8°.
2. Voir aux *Addit.* du t. II, p. 17, note 10.

leurs à remarquer qu'au moyen âge les poèmes historiques n'ont eu en général qu'un succès peu durable, excepté lorsqu'ils embrassaient (comme par exemple le *Brut*) une période considérable. En outre, il ne faut pas oublier que la chanson de la croisade paraît n'avoir jamais été achevée, et les circonstances, quelles qu'elles soient, qui ont empêché son achèvement, ont dû nuire à sa publication.

Cependant on peut trouver au moyen âge quelques rares traces de notre poème, outre les mss. du texte en vers et de la rédaction en prose. Nous avons vu (fin du § 4) que G. de Puylaurens l'avait probablement connu. On peut aussi constater l'imitation de quelques vers, de quelques locutions, dans le poème de la guerre de Navarre composé, selon toute apparence, aussitôt après cette guerre, c'est-à-dire vers 1277 ou 1278, par un auteur d'ailleurs inconnu, Guillem Anelier de Toulouse. Il s'en faut que tous les cas d'imitation que je vais citer, et dont quelques-uns ont déjà été mentionnés par M. Fr. Michel et Don Pablo Ilaregui dans leurs éditions du poème de la guerre de Navarre, soient également concluants. Néanmoins, on ne peut nier, à considérer l'ensemble des rapprochements, qu'il y ait eu chez Guillem Anelier au moins une réminiscence du poème de la croisade. Je désigne le poème de la guerre de Navarre par Nav. et celui de la croisade par Cr.

Nav., v. 2461. *E Dios pes del defendre,* à la fin d'une laisse; même exclamation placée de même dans Cr., v. 5975.

Nav., v. 2462 et suiv., les laisses LVIII à LX, où sont énumérés les défenseurs du bourg de Pampelune et de San Nicolas, me semblent, comme aux éditeurs, imitées de l'énumération analogue qu'on lit dans la dernière laisse de Cr.

Nav., v. 4339 et suiv. :

E fom tant grant la noiza e la brega, beos dig,

> Quel terra e la ribera e l'ayga retendig,
> E laü[s] contra l'altre aytan fort s'enaptig
> Que de sang ab cervelas la plaça ne buyllig,
> On main[t] pe e maint bras debrisset e cruyssig
> E maynt' arma de co[r]s aquel jorn se partig...

Dans cette description de mêlée il y a bien des traits qui se rencontrent dans Cr. :

> 4685 Que tota la ribeira el castels retendig
> 4904 Que de sanc ab cervelas son vermelh li senhal
> 4714 E mant pong e mant pe e mans bras so partig.

Nav. 4355 Tant duret lo tribaylhs tro quel jorns escur[s]ig,
Que venc la nuyt escura que l'us l'autre no vig....
3459 E puys fero la gayta tro l'alba abelig.
Cr. 4721 Aitant dureg la guerra tro quel temps escurzig,
E venc la noitz escura que la guerra partig,
4724 E pois feiron la gaita tro quel jorns abelig.

Nav. 4382 Lay auziratz cridar : Sancta Maria, val!
Cr. 4854 En auta votz escridan : Santa Maria, val!

Nav. 4388 E viratz venir sanc com fa vin per canal,
E viratz y budels anar a no m'en cal.
Cr. 4808 El vi de Genestet que lor ve per canal...
4845 El baro de la vila estan a no m'en cal.

Nav. 4405 Entrel foc e la flama e la dolor el mal.
Cr. 4902 Entre l'acier el glazi e la dolor el mal.

Nav. 4421 E viratz demandar meges e merescal,
Estopa e blanc d'ueu, oli buyllid e sal,
Enpastres e unguens e bendas savenal.
Cr. 4909 D'entr' ambas las partidas li metge el marescal
Demandan ous e aiga e estopa e sal
E enguens e empastres e benda savenal.

Nav. 4573 . . . . car cel qu'es Trinitatz
Esgarda la dreitura el[s] tortz e los pecatz!
Cr. 6340 E Dieus gart la dreitura!

Nous verrons plus loin, §§ XI et XII, que les deux parties du poème de la croisade ont chacune une espèce particulière de laisse, et que le poème de la guerre de Navarre offre un mélange de ces deux espèces.

VII. Guillem de Tudèle : circonstances et date de la composition.

La chanson de la croisade albigeoise, telle qu'elle nous est parvenue dans l'unique ms. que nous en possédons, se compose, comme je l'ai dit au début de cette introduction, de deux poèmes incomplets mis bout à bout, composés par deux auteurs qui, bien loin de s'être entendus en vue d'une œuvre commune, diffèrent essentiellement par les tendances, le style et la langue.

De ces deux auteurs, l'un seulement s'est fait connaître et nous a donné des renseignements sur sa personne, c'est l'auteur de la première partie. Si on combine les passages où il parle de lui, en faisant usage des variantes du fragment de Raynouard, on obtient les résultats suivants.

Il s'appelait Guillem ; il était clerc et avait été élevé à Tudèle en Navarre [1]. A une époque qu'il ne précise pas, mais qui se laisse assez exactement déterminer, comme on va le voir, il se rendit à Montauban et y séjourna onze ans. La douzième année il en sortit [2]. C'est dans cette ville, selon son propre témoignage, qu'il avait commencé son poème, en 1210 [3]. D'une phrase assez obscure que contient

---

1.   Comensa la cansos que maestre W. fit
       Us clercs qui en Navarra fo a Tudela noirit
                                 (Vers 2 et 3.)
2.   Puis vint a Montalba si com l'hestoria dit,
       S'i (S[i] i ?) estet onze ans, al dotze s'en issit.
                              (Fragment de Raynouard.)
3.   Senhors, oimais s'esforsan li vers de la chanso
       Que fon ben comenseia l'an de la encarnatio

seul le fragment de Raynouard, il semble résulter que c'est l'approche de la croisade qui l'aurait décidé à quitter Montauban[1]. Mais ce qui est assuré, ou du moins exprimé d'une façon plus claire dans ce fragment, c'est qu'en quittant Montauban il se rendit à Bruniquel[2] auprès du comte Baudouin, qui lui donna un canonicat à Saint-Antonin[3]. Il s'agit simplement de déterminer quand eut lieu ce changement de résidence. Le comte Baudouin, nous le verrons plus loin, périt de mort violente au printemps de l'année 1214. D'autre part le récit de Guillem s'arrête au moment où le roi d'Aragon s'avance au secours du comte de Toulouse, vers la fin du printemps de l'année 1213. Par conséquent c'est au plus tard au commencement de cette année 1213 que Guillem dut quitter Montauban pour se rendre à Bruniquel, auprès de Baudouin.

Mais on peut préciser davantage. Nous savons par Guillem lui-même que Baudouin se trouvait à Bruniquel en 1211, qu'il reçut alors, probablement en juin[4], cette ville des mains du comte de Toulouse; qu'en 1212, tout au commencement de l'année, ou peut-être déjà en 1211, il quitta Bruniquel pour marcher avec les croisés[5]. On peut donc placer en 1210 ou 1211 le moment où Guillem quitta Mon-

> Del senhor Jhesu Crist ses mot de mentizo
> C'avia m. cc. e x. ans que venc en est mon,
> E si fo lai en mai can florichol boicho;
> Maestre W. la fist a Montalba on fo.
>
> (V. 203-7.)

1. Voy. la traduction p. 2, note.
2. Ch. l. de c. de l'arr. de Montauban.
3. Autre ch. l. de c. du même arrondissement.
4. Voy. v. 1707. La chronologie de Guill. de Tudela, ici comme en d'autres endroits, manque de précision, mais on sait que les faits racontés immédiatement avant dans le poëme (la prise de Montferrand, l'expédition en Albigeois) sont de mai et juin 1211.
5. Voy. le texte, v. 2334, et la traduction, p. 128, note 5.

tauban. Et puisqu'il y était resté onze années entières, il avait dû y venir vers 1198.

Nous avons raisonné jusqu'à présent en acceptant comme assurée la date de 1210 fournie par le vers 205. Cette date n'est pourtant pas à l'abri de toute contestation ; on pourrait soutenir que le ms. est fautif à cet endroit et proposer 1212. Et il y aurait des arguments à invoquer à l'appui de cette thèse. En effet, aux vers 116 à 120, l'auteur fait allusion à la bataille de las Navas de Tolosa, gagnée par les chrétiens contre les Sarrazins le 16 juillet 1212, et un peu plus loin, v. 137, est mentionnée l'élection du légat Arnaut Amalric au siège archiépiscopal de Narbonne. Or, c'est le 12 mars 1212 qu'Arnaut Amalric fut élevé à ce siège. Voilà donc, tout au commencement du poème, deux passages écrits nécessairement en 1212, et il peut paraître surprenant qu'un peu plus loin, au v. 205, l'auteur annonce s'être mis à l'œuvre en 1210. Il est évident que la difficulté disparaîtrait si on corrigeait 1210 en 1212. Mais on peut, je crois, tout concilier sans faire violence au texte. Il suffit de supposer que Guillem, ayant commencé son poème en 1210, a postérieurement ajouté les deux mentions relatives à l'année 1212. L'hypothèse d'une intercalation faite après coup n'est pas plus difficile à admettre pour ces deux allusions que pour le prologue tel que nous l'offre le fragment de Raynouard : pour ce prologue, l'hypothèse d'une addition postérieure est nécessaire, car, d'après le v. 207, le poème ayant commencé à Montauban, il faut de toute nécessité que le prologue où on nous montre l'auteur quittant Montauban pour Bruniquel ait été ajouté après coup.

Revenons maintenant sur quelques-uns des faits mentionnés plus haut. Nous avons vu que notre auteur fut pourvu par le comte Baudouin d'un canonicat à Saint-Antonin, où nous savons qu'il y avait un chapitre de chanoines réguliers. Ce bénéfice lui fut sans doute conféré en récompense de ses compositions littéraires. Il n'y a là rien que de conforme aux usages du moyen âge. C'est de même que l'auteur d'un des poèmes dont Graindor de Douai a formé sa chanson de Jérusalem fut nommé, par le prince d'Antioche Raimon († 1149), chanoine de Saint-Pierre d'Antioche[1]. Nous avons à déterminer approximativement l'époque où Guillem reçut son canonicat. Simon de Montfort s'empara de Saint-Antonin le 6 mai 1212[2] ; peu après il s'en éloigna, confiant la ville à la garde du comte Baudouin[3]. Celui-ci ne paraît pas y avoir fait un bien long séjour, car en septembre de la même année, nous le retrouvons au siège de Moissac[4]. C'est entre ces deux dates, en tout cas après mai 1212, vraisemblablement dans l'été de cette année, que Guillem devint chanoine[5]. Remarquons en passant qu'il faudrait avancer sa nomination, si on voulait lire 1212 au lieu de 1210 au

1. Li bons princes Raymons qui la teste ot colpée,
    Que Sarrazin ocirent, la pute gens desvée,
    Ceste canchon fist faire, c'est verité provée.
    Quant l'estoire l'en fu devant lui aportée
    Chil qui la canchon fist en ot bone soldée ;
    Canoines fu Saint Pierre et provende donnée.
              (*Bibl. de l'Ecole des chartes*, II, 441.)

Le Roux de Lincy, qui a cité ce passage, a pris le prince d'Antioche pour le comte de Toulouse Raimon de Saint-Gilles, lequel ne portait pas le titre de prince et mourut de mort naturelle.

2. Voy. trad. p. 133 n. 1.
3. Voy. le poème v. 2397.
4. Voy. le poème, laisse CXIX.
5. Les archives du chapitre de Saint-Antonin forment l'un des fonds des archives départementales du Tarn-et-Garonne. M. G. Bourbon, alors qu'il était archiviste de ce département, a bien voulu, à ma demande, faire dans ce fonds quelques recherches qui sont demeurées sans résultat, les documents du temps de G. de Tudèle y étant très-rares.

v. 205, et supposer que notre auteur, qui était sûrement à Montauban (v. 207) quand il commença son poème, ne se mit à l'œuvre qu'après avoir reçu la nouvelle de la victoire de las Navas, c'est-à-dire à la fin de juillet ou en août 1212 au plus tôt.

Le comte Baudouin, auprès de qui se rendit Guillem de Tudèle, et qui fut honoré de sa faveur, était le frère du comte de Toulouse Raimon VI. Nous pouvons dès maintenant tenir pour certain que Guillem écrivit son récit, sinon à sa demande, au moins avec l'intention de lui présenter un jour son poème. C'est, en effet, la condition de la plupart des œuvres historiques du moyen âge d'avoir été composées, non pas pour le public en général, mais spécialement pour un personnage. Et lorsqu'on connaît bien le patron d'un historien, on est d'autant mieux en état d'apprécier les tendances de l'historien lui-même. Nous allons voir combien, dans le cas présent, il importe de se rendre compte des circonstances dans lesquelles le protecteur de Guillem de Tudèle a vécu et a péri.

Baudouin ne paraît pas avoir jamais été en faveur auprès de son frère. Sur ce point nous avons les témoignages concordants de Guillaume de Puylaurens et de Guillem de Tudèle. Le premier nous fait savoir au ch. XII de sa chronique que Baudouin, né et élevé en France, se rendit à la cour de Raimon pour demeurer avec lui, mais qu'il y reçut mauvais accueil. Le comte de Toulouse aurait poussé la malveillance jusqu'à refuser de reconnaître son frère, de sorte que celui-ci aurait dû revenir en France se faire donner par les barons et les prélats des lettres constatant son identité, et alors seulement Raimon aurait consenti à le recevoir, mais en le traitant, nous dit G. de Puylaurens, comme un simple particulier. Peu après cependant le comte de Toulouse lui donna la conduite de la guerre qu'il faisait aux princes des Baux[1]. Baudouin s'y distingua ; mais, malgré ses succès, malgré une maladie contractée pendant cette campagne, il n'obtint pas même un apanage digne de sa naissance.

Ces événements se passaient avant la guerre des Albigeois, et par conséquent G. de Tudèle n'en fait pas mention. Toutefois il confirme les paroles de G. de Puylaurens lorsqu'il nous dit que Raimon n'eut jamais d'affection pour son frère, « ne voulut lui rien donner, comme on fait à un frère, « ni l'honorer en sa cour[2]. » Si on n'avait que le témoignage de G. de Tudèle, l'inimitié de Raimon pour Baudouin paraîtrait assez justifiée, car la remarque de notre Guillem se produit peu après le récit de la prise de Montferrand, qui, malgré les efforts du narrateur pour présenter les faits sous des couleurs favorables à son patron, n'est pourtant pas entièrement honorable pour celui-ci. On y voit en effet que Baudouin, chargé par son frère de la défense du château de Montferrand, capitula après un premier assaut, et dès lors fit cause commune avec les croisés[3]. Il ne serait donc pas étonnant que Raimon lui en eût gardé rancune. Mais nous avons vu par G. de Puylaurens que la mésintelligence était antérieure à ces événements.

Baudouin, de tiède vassal du comte de Toulouse, étant devenu partisan de Simon de Montfort, prit part à la bataille de Muret, qui pour un temps anéantit les espérances des Toulousains. Mais l'année d'après, au mois de février 1214,

---

1. Le traité qui mit fin à cette lutte, au bas duquel figure le nom du comte Baudouin, est de juillet 1210 (Vaissète, III, 196, et pr. n° xcviii).

2. Voy. la laisse LXXVII.

3. Cf. Guill. de Puylaurens, ch. xviii.

il fut pris dans un château du Quercy que lui avait donné Simon de Montfort, et livré à Raimon qui le fit pendre[1].

Cet acte fut diversement apprécié. G. de Puylaurens semble blâmer plutôt les circonstances de l'exécution que l'exécution elle-même. « Raimon aurait dû au moins », dit-il, « épargner à Baudouin la honte de la potence, et le « faire mourir d'un supplice moins infâme. » Pierre de Vaux-Cernai se répand, selon son usage, en invectives contre Raimon et ceux qui l'aidèrent en cette circonstance, tandis que d'autres voyaient dans la mort de Baudouin un châtiment de Dieu. Telle est du moins l'idée qui anime Peire Cardinal dans un sirventès où on s'accorde à reconnaître une allusion à cet événement, bien que le frère du comte de Toulouse n'y soit pas nommé :

J'ai bien raison de me réjouir, d'être joyeux et gai, de dire chansons et lais, et de dérouler un sirventès, car Loyauté a vaincu Fausseté, et il n'y a pas longtemps que j'ai entendu conter qu'un grand traître a perdu son pouvoir et sa force.

Dieu fait et fera et a fait, lui qui est doux et juste, droit aux bons comme aux méchants, les récompensant selon leurs mérites ; car tous vont à la paie, les trompés et le trompeur, et Abel aussi bien que son frère : les traîtres périront et les trahis seront bien accueillis.

Je prie Dieu de poursuivre les traîtres, de les abaisser, de les abattre, comme il a fait pour les Algais[2], car ils sont pires encore ; car on sait bien qu'un traître est pire qu'un larron[3]. Ainsi qu'on peut faire d'un convers un moine tonsuré, d'un traître on fait un pendu...

On peut avoir en abondance harnais, chevaux gris et bais, tours, murs, palais, quand on est riche homme, pourvu qu'on renie Dieu. Bien fol est donc celui qui pense qu'en s'appropriant

---

1. Pierre de Vaux-Cernai, ch. LXXV; Guill. de Puylaurens, ch. XXIII.

2. Voy. sur ces routiers II, 109, note 1.

3. Il considère les Algais comme de simples brigands.

la demeure d'autrui il fera son salut et que Dieu lui donnera parce qu'il aura volé :

Car Dieu tient son arc tendu, et tire là où il veut tirer. Il frappe là où il faut, rendant à chacun la récompense qu'il mérite, selon qu'il a été vicieux ou vertueux [1].

La fin tragique de Baudouin est, selon toute apparence, l'événement qui empêcha Guillem de continuer son œuvre. Il s'était arrêté, au commencement de l'année 1213, au moment de l'arrivée du roi d'Aragon, attendant la suite des événements, et nous n'avons aucun motif de croire qu'il ait repris son récit. Sans doute, entre ce moment et celui de la mort de Baudouin, il s'écoula une année entière, année marquée par un grave événement, la bataille de Muret ; mais le récit que le poème nous présente de cette bataille n'est pas de Guillem : on y reconnaît une langue, une manière, des tendances absolument différentes. C'est dès lors, et jusqu'à la fin du poème, un ennemi acharné de la croisade qui tient la plume. Faut-il croire que Guillem, écrivant sa chronique à mesure que les événements parvenaient à sa connaissance, avait poussé le récit jusqu'à la mort de son protecteur, et que le continuateur a supprimé les dernières pages de son devancier pour les récrire à sa façon ? Ce serait là une hypothèse à laquelle il serait sans doute difficile d'opposer des objections tout à fait décisives, mais qui, à tout le moins, ne se recommanderait pas par la vraisemblance. Le récit de la bataille de Muret, tel que nous l'offre le poème, est assez maigre ; les événements qui suivirent sont racontés d'une façon incomplète et très superficielle ; l'histoire des années 1213 et 1214 est le morceau le plus

---

1. Voir le texte de ce sirventès dans mon *Recueil d'anciens textes*, partie provençale, n° 18. La forme en est imitée d'une pièce de Raimon de Miravals adressée à Pierre d'Aragon, *Parnasse occitanien*, p. 229 ; Mahn, *Werke d. Troubadours*, II, 128.

faible de la seconde partie du poème. Le manque d'informations y est sensible. On ne voit donc pas pourquoi le continuateur aurait refait cette portion du récit s'il l'avait trouvée déjà rédigée. Il n'est pas impossible que G. de Tudèle ait repris la plume après la bataille de Muret, qu'il ait ajouté quelques pages à son œuvre; mais ces pages seront restées par devers lui, elles n'auront pas été transcrites dans le ms. qui est venu aux mains du continuateur anonyme.

Je tiens donc que l'œuvre de G. de Tudèle s'arrête à la fin de la laisse CXXXI, au v. 2768; qu'il a existé de l'ouvrage en cet état un ms. au moins, que ce ms. est parvenu aux mains du poète anonyme qui a continué le récit à partir de ce point. Il me semble trouver une trace de l'existence de ce ms. contenant l'œuvre seule de G. de Tudèle, dans une particularité qu'offre notre unique ms. du poème. A la p. 70 de ce ms., exactement à l'endroit que je viens de déterminer, c'est-à-dire entre la tirade CXXXI, où s'arrête Guillem, et la tirade CXXXII, où commence le continuateur, on lit ces mots, de la même écriture que le reste, *Pons escriva*, qui sont barrés. Je suppose que ce Pons était un scribe qui, ayant copié le poème de G. de Tudèle, mit son nom au bas de sa copie. Ce nom aurait été ensuite reproduit, à cette place même, dans des copies successives du poème avec la continuation. C'est là une hypothèse qui n'est guère susceptible de démonstration, mais il n'est pourtant pas vraisemblable que ce nom de copiste se trouve par un pur hasard à l'endroit où finit la première partie et où commence la seconde.

VIII. Guillem de Tudèle : caractère et valeur de son récit.

Les circonstances de la composition étant, autant que possible, déterminées, nous avons maintenant à examiner l'œuvre de G. de Tudèle en tant que document historique et littéraire.

G. de Tudèle est à la fois clerc et jongleur, mais c'est le jongleur qui domine en lui ; non pas le jongleur de bas étage qui fait des tours ou montre des animaux savants, mais le jongleur qui compose, celui pour qui plus tard Guiraut Riquier réclamera le nom de troubadour. Le jongleur de cette catégorie ne pouvait manquer de posséder une certaine instruction. Par suite, en un temps et en des lieux où il paraît avoir été impossible de former un clergé instruit [1], on devait sans difficulté admettre dans les ordres tout homme ayant quelque teinture des lettres, eût-il exercé et dût-il continuer d'exercer une profession quelque peu profane. L'Eglise, d'ailleurs, qui se montrait sévère pour certaines classes de jongleurs, faisait une exception en faveur de ceux qui chantaient les gestes des princes et les vies des saints afin de procurer une récréation honnête au peuple [2].

1. Voir le premier chapitre de la chronique de G. de Puylaurens. On sait quels efforts fit Innocent III pour renouveler le haut clergé du Midi ; mais il ne paraît pas avoir obtenu un succès bien durable. Au commencement du xive siècle Raimon del Cornet accusa les évêques d'admettre dans les ordres, moyennant finance, des gens illettrés : *que a un menestayral | Fan per deniers tonsura* (Raynouard, *Lexique roman*, I, 456, pièce placée à tort sous le nom de P. Cardinal). Plus tard dans le même siècle les clercs du Midi avaient une réputation bien établie d'ignorance, témoin ce passage du Songe du Vergier, où l'auteur, se plaignant de la mauvaise distribution des bénéfices, s'exprime ainsi : « Mais qui seront ceulx qui « (= qu'ils, le pape et les siens) nous mettront en leurs lieux (au lieu « des prudhommes instruits et vertueux) ? Certes bestes vestues et « asnes desferrez, soient de Lymoges ou d'Auvergne, ou de la « Ricordanne, ou d'autre partie de Guyenne, sans lecture et « sans aucune discipline, et aucunes foys gens corrompus et « plains de crime » (édit. Jehan Petit, s. d., fol. d ij r°, col. 2).

2. « Sunt autem alii qui dicuntur joculatores, qui cantant gesta « principum et vitas sanctorum et faciunt solatia hominibus in

Les traits qui décèlent le jongleur ou troubadour de profession sont nombreux chez Guillem de Tudèle. Comme tous ses confrères, il tenait la libéralité pour la vertu la plus digne d'éloges. Il a bien soin de nous dire que Baudouin, son protecteur, fit de grandes dépenses au siège de Moissac[1], que Simon de Montfort était large[2]. L'infortuné Aimeric, qui fut pendu à la prise de Lavaur, lui inspire quelque pitié, quoique hérétique ou ami des hérétiques, parce qu'il était large dépensier[3]. Un trait commun à un grand nombre de poètes du moyen âge, et qui se retrouve chez Guillem, c'est la tendance à opposer la libéralité des seigneurs d'autrefois à la parcimonie des seigneurs du temps présent. La sortie qu'il fait à la fin de la laisse IX contre l'avarice de ses contemporains est d'un pur jongleur.

Il aurait pu, comme fit près d'un siècle plus tard un autre clerc troubadour, Raimon Féraut, faire une longue énumération des livres qu'il avait lus, et on y aurait sans doute vu figurer bon nombre de nos anciens poèmes. Les réminiscences de ses lectures percent çà et là dans sa narra-

« egritudinibus suis vel in angustiis suis, et non faciunt innume-
« ras turpitudines sicut faciunt saltatores et saltatrices... Si autem
« non faciunt talia, sed cantant gesta principum in instrumentis
« suis, ut faciant solatia hominibus, sicut dictum est, bene pos-
« sunt sustineri tales, sicut ait Alexander papa » (Somme de pénitence du XIIIe siècle citée dans la préface de *Huon de Bordeaux*, éd. Guessard et Grandmaison, p. vj). Dans cet extrait sont désignés plutôt ceux qui récitent ou chantent les poèmes que ceux qui les composent, mais les deux fonctions étaient souvent remplies par la même personne, et d'ailleurs la bienveillance de l'Eglise devait *a fortiori* s'appliquer aux auteurs des écrits considérés comme louables.

1. V. 2525. — 2. V. 801.

3. V. 1549. Cet Aimeric n'est pas différent d' « Aimeric de Monrial » qui figure dans la vie de Raimon de Miraval (*Parn. occit.*, p. 221) en compagnie de plusieurs des plus brillants seigneurs du temps.

tion. L'armée des croisés, au début de la guerre, est plus considérable que celle de Ménélas[1]. Le sac de Béziers lui rappelle l'incendie de l'abbaye d'Origny, qu'il désigne fort improprement par ces mots « une riche cité située près de Douai[2] », Carcassonne lui rappelle la légende de la tour qui s'inclina devant Charlemagne[3]. Il compare son protecteur, le comte Baudouin, à Olivier et à Rolant[4]. Un combat, d'assez médiocre importance, évoque en lui le souvenir des batailles livrées par Rolant, ou par Charlemagne, qui vainquit Agolant et conquit Galienne[5].

La plus intéressante de ces allusions se rencontre à la suite du prologue, là où G. de Tudèle, entrant en matière, s'exprime ainsi : « Seigneurs, cette chanson est faite dans « la même manière que celle d'Antioche, et selon la même « mesure, et elle a le même air, pour qui sait le dire[6]. » Bien qu'il y ait dans ce passage un mot dont le sens précis n'est pas tout à fait assuré, l'idée générale est néanmoins assez claire : c'est en somme que l'auteur a emprunté la forme de son poème à la chanson d'Antioche. Nous verrons dans le chapitre de la versification ce que cette forme offre de particulier. Présentement nous devons nous borner à noter l'allu-

---

1. V. 425-8.
2. V. 514-6. Guill. de Tudèle ajoute « Puis l'en blâma fort sa mère Alazais ». Dans l'unique texte de *Raoul de Cambrai* qui nous soit parvenu, c'est avant l'expédition d'Origni, et non après, qu'Aelis adresse à son fils des représentations (éd. Le Glay, p. 48), et entre l'incendie d'Origni et la mort de Raoul il n'y a aucune entrevue de la mère et du fils. Guillem aura été mal servi par ses souvenirs, ou peut-être connaissait-il une rédaction différente de la nôtre.
3. V. 562-6 ; cf. la note du texte et celle de la traduction.
4. V. 1643.
5. V. 2068-72 ; voy. la note de la traduction.
6. V. 28-31.

sion et à indiquer les compositions auxquelles elle peut se rapporter. Le témoignage de G. de Tudèle n'est pas le seul qui constate l'existence d'une chanson d'Antioche, actuellement perdue, ou qui du moins ne nous est pas parvenue sous sa forme première.

Les témoignages que nous possédons à cet égard sont même assez différents de temps et de lieu pour qu'on puisse douter s'ils se rapportent à un même ouvrage ou à des compositions différentes. J'écarte tout d'abord le poème composé par Grégoire Bechada à la prière de l'évêque de Limoges Eustorge. Ce n'était pas, à proprement parler, une chanson d'Antioche, car Geoffroi du Vigeois, qui nous apprend tout ce que nous savons de ce poème [1], donne à entendre qu'il embrassait tous les événements de la première croisade. Mais voici deux témoignages plus positifs. Guiraut de Cabrera, seigneur catalan, et en même temps troubadour, qui composait vers 1170 ou 1180, reproche à un jongleur de ne rien savoir d'Antioche :

> D'Antiocha
> Non sabes ja [2].

Lambert d'Ardres, au commencement du XIIIe siècle, mentionne le « commendator Antiochenæ cantilenæ » dans des circonstances d'où il résulte que le jongleur (il le qualifie de *scurra*) qui composa cette chanson vivait dans la première moitié du XIIe siècle [3]. Enfin, c'était aussi une chanson d'Antioche que le récit de Richart le Pèlerin que Graindor de

---

1. Labbe, *Nova bibliotheca*, II, 296.
2. Bartsch, *Denkmæler d. provenz. Literatur*, 91, 25-6; Milá, *Trovadores en España*, 274.
3. *Chronique de Lambert d'Ardres*, édit. Godefroy-Ménilglaise, p. 311. L'éditeur propose avec raison de corriger *commendator* en *commentator*.

Douai paraît nous avoir conservé sous une forme rajeunie dans la première partie de sa chanson de Jérusalem[1]. Lambert d'Ardres faisait indubitablement allusion à une chanson française, probablement au poème qu'a rajeuni Graindor, mais il n'est pas certain qu'on en puisse dire autant de Guiraut de Cabrera et de G. de Tudèle.

Nous savons en effet qu'il a existé, indépendamment de Grégoire Bechada[2], un ou deux poèmes provençaux relatifs à la première croisade :

1° Du Mège était en possession, nous ne savons à quel titre, d'un ms. provenant des cordeliers de Toulouse, et con-

---

1. Cette première partie est celle que M. P. Paris a publiée sous le titre de *Chanson d'Antioche.* — Aimaro Monaco, archevêque de Césarée, puis patriarche de Jérusalem (1202), fait mention, en un endroit du poème qu'il a composé sur la prise d'Acre en 1191, des « Gesta Antiochenorum » :

Sicut gesta referunt Antiochenorum.
(V. 580.)

M. Riant, dans l'édition qu'il a donnée de ce poème par lui restitué à son auteur, ne pense pas que cette allusion puisse être rapportée à aucun autre ouvrage qu'à la chanson d'Antioche, et il rapproche les vers d'Aimaro d'un passage du poème publié par M. P. Paris. Remarquons qu'Aimaro peut avoir connu cette chanson de geste sous sa forme première. (Voy. *Haymari Monachi ..... de expugnata Accone liber tetrastichus,* Lugduni, Perrin, 1866, p. lx, ou la thèse du même, *de Haymaro Monacho,* 1865, p. 57.)

2. Et indépendamment aussi du comte de Poitiers Guillaume VII (IX comme duc d'Aquitaine) qui, selon un passage bien souvent cité d'Orderic Vital, composa un récit des malheurs qu'il avait éprouvés en Terre-Sainte. Ce récit, en tout cas, d'après les termes mêmes du chroniqueur : *miserias captivitatis sue ... multociens retulit rhythmicis versibus* (éd. Le Prevost, IV, 132), devait se rapporter à des événements postérieurs à la prise de Jérusalem, et par conséquent n'avait rien de commun avec Antioche. En outre, il n'est nullement certain qu'il fût rédigé en forme de chanson de geste.

tenant un poème provençal qu'il appelle *Canso de San Gili*. Il en parle et en cite ou traduit quelques vers dans ses notes sur l'*Histoire de Languedoc* de Vaissète, t. III, additions, p. 108, 110. Une trentaine de vers tirés du même ms. sont publiés d'après une communication de Du Mège, dans les *Galeries de Versailles,* éd. in-8°, t. VI, partie II (1844), p. 12. On ne sait ce qu'est devenu ce ms. qui avait sans doute pour objet principal le récit des hauts faits du comte de Toulouse Raimon de Saint-Gilles[1].

2° M. Milá y Fontanals a signalé dans la *Rivista de Archivos, Bibliotecas y Museos,* de Madrid, n° du 5 octobre 1876, un fragment d'un ancien poème provençal sur la croisade. Les deux vers qu'il cite se rapportent certainement à un épisode du siège d'Antioche[2]. Il serait fort possible que ce fragment appartînt à la chanson signalée par Du Mège.

Il n'est pas impossible, on le voit, qu'il ait existé une chanson d'Antioche en provençal, à côté de la chanson française qui nous est parvenue retravaillée et rajeunie. Dans ces circonstances, il est prudent de laisser en suspens,

---

1. Le *Polybiblion* (1878, p. 285) a signalé, dans une note communiquée par M. Riant, la disparition de ce ms. qui, vraisemblablement, se retrouvera un jour dans quelque bibliothèque privée.
2. Les voici :

> La batalha tengueron lo divenres mati,
> Pres la Bafumaria el cap de Pont Petri.

Pont-Petri est probablement une mauvaise leçon ; le voisinage de la *Bafumaria* indique qu'il s'agit du pont sur l'Oronte, le *Fer* ou *Ferne* des textes romans, qui était situé au N.-O. de la ville. La porte qui mettait Antioche en communication avec ce pont est appelée par Graindor la « porte de Fer de la mahommerie » (*Chanson d'Antioche,* éd. P. Paris, I, 229). — Il est bien à désirer que la publication complète du fragment signalé par M. Milá ne se fasse pas attendre.

jusqu'à la découverte de documents nouveaux, la question de savoir quelle chanson d'Antioche a connue notre auteur.

Appartenant à l'Eglise, ayant pour protecteur un des alliés de Simon de Montfort, G. de Tudèle est décidément favorable à la croisade. Pour lui, Simon de Montfort est « preux et vaillant, hardi et belliqueux, sage et expérimenté, bon chevalier et large, preux et avenant [1] », etc. L'évêque Folquet « n'a pas son pareil en mérite [2] », et, ayant à mentionner son nom, il ajoute « puisse Dieu l'honorer [3] ! » A la suite du combat de Mongei, où le comte de Foix mit en déroute un parti de croisés, les vilains du pays tuèrent à coups de pierres ou de bâton tous ceux qu'ils purent atteindre; sur quoi Guillem : « Si on pendait comme larrons ces vilains qui occient les croisés et les pillent, je le trouverais bon [4]. »

Mais, tout clerc et tout chanoine qu'il fût, G. de Tudèle n'a pas pour les adversaires de la croisade cette haine implacable qui se manifeste à chaque page de la chronique de Pierre de Vaux-Cernai. Sans doute, en principe, il devait considérer l'hérésie comme le crime le plus abominable, mais il n'était pas enclin à voir partout des hérétiques. Plus d'une fois il indique que des clercs, assurément non suspects d'hérésie, ont eu à souffrir de la croisade [5]. Lorsqu'il raconte quelqu'une de ces exécutions sauvages qui marquèrent chacune des étapes des croisés, on voit paraître, sous sa narration banale et terne, un sentiment de pitié véritable ; comme lorsqu'il raconte le siège de Béziers : « Ces fous ribauds

1. Vers 799 et suiv.
2. V. 1027.
3. V. 1431.
4. V. 1594-6.
5. A la prise de Béziers, v. 496 et suiv.; à celle de Saint-Antonin, v. 2384-5.

« mendiants massacraient les clercs, et femmes et enfants,
« tellement que je ne crois pas qu'un seul en soit échappé.
« Dieu reçoive les âmes, s'il lui plaît, en paradis ! car je ne
« pense pas que jamais, du temps des Sarrazins, si sauvage
« massacre ait été résolu ni permis[1]. » Et lorsqu'il rapporte le meurtre de Giraude, dame de Lavaur : « Ils la cou-
« vrirent de pierres : ce fut deuil et péché, car jamais
« homme du monde, sachez-le véritablement, ne l'aurait
« quittée sans qu'elle l'eût fait manger..... Dame Giraude
« fut prise, qui crie et pleure et braille : ils la jetèrent en
« travers dans un puits, bien le sais-je ; ils la chargèrent
« de pierres : c'était horrible[2] ! » Ce n'est pas lui qui dirait, comme Pierre de Vaux-Cernai à propos des hérétiques pris en grand nombre dans la même ville de Lavaur et brûlés vifs : « Innumerabiles etiam hæreticos peregrini nostri
« cum ingenti gaudio combusserunt[3]. » C'est qu'il avait vécu parmi les hérétiques ou leurs adhérents, et il avait sans doute reconnu que leurs doctrines, si détestables qu'elles fussent aux yeux de tous les catholiques, se pouvaient concilier avec l'honnêteté de la vie[4]. Il habitait un milieu où la tolérance était née tout naturellement du libre exercice accordé à des opinions différentes.

Au moment où il écrivait, la dépossession des principaux seigneurs du Midi n'était pas encore un fait accompli, sinon

---

1. V. 496-500.
2. V. 1598-1600 et 1625-7.
3. Fin du ch. LII. Le panégyriste de Simon affectionne cette expression ; il la répète encore à la fin du ch. LIII.
4. « Nous avons été élevés avec eux ; nous avons des parents
« parmi eux et nous les voyons vivre honnêtement. » Ainsi répondait un seigneur du Midi à l'évêque Folquet qui lui reprochait de ne point chasser de ses terres les hérétiques ; G. de Puylaurens, fin du chap. VII.

en ce qui concerne le vicomte de Carcassonne et Béziers. Le comte de Toulouse ne fut réellement dépossédé de son comté qu'après Muret, et la spoliation ne reçut la sanction pontificale qu'au concile de Latran, en 1215. Nul doute que Guillem n'eût enregistré avec regret un acte dont il paraît désapprouver les préliminaires. La réserve avec laquelle il s'exprime au sujet des conditions faites à Raimon VI par les conciles de Saint-Gilles et d'Arles (ce dernier connu par lui seul) nous le montre très-éloigné de la politique des légats[1]. En somme, Guillem était un homme pacifique, animé de ce que nous appellerions maintenant des sentiments conservateurs, plein de respect pour les seigneurs et pour l'ordre de choses établi. Pour lui, la croisade est une force irrésistible, une bourrasque qu'il faut laisser passer en courbant la tête : « Contre l'ost de Christ il n'y a château qui « tienne, ni cité qu'ils trouvent, si bien fermée qu'elle soit. « Et c'est pourquoi bien fol est celui qui fait la guerre aux « croisés. Aucun homme ne s'en réjouit qui à la fin n'ait été « abattu[2]. » La prudence, en ce qu'elle a de moins héroïque, est la vertu qu'il recommande ; il est avant tout un homme de juste milieu. Ceux de Castel-Sarrazin, qui ont ouvert leurs portes aux croisés, ont agi « en gens sages et loyaux, « et de façon à éviter tout reproche. Ils savent bien que si « le comte de Toulouse peut recouvrer sa terre et conclure « un accord avec le pape, ou que si le roi d'Aragon est « assez puissant pour vaincre les croisés et les repousser en « champ de bataille, alors ils reviendront à leur légitime « seigneur. Dans ces conditions, ils ne veulent pas se faire « occire et tuer, et prirent exemple des bourgeois d'Agen « qui les premiers se rendirent. *De deux maux on doit*

---

[1]. Fin de la tirade LVIII et tirade LIX à LXI.
[2]. V. 1517-21.

« *toujours choisir le moindre*¹ ». Et il cite une parole d'un certain « B. d'Esgal », d'ailleurs inconnu, dont le sens est que, si on a un gué à passer, il est sage d'avoir un voisin de chaque côté, de façon que si on en voit un se noyer, on soit averti à temps du danger. Guillem de Tudèle est là tout entier.

Nous connaissons maintenant notre personnage. Nous savons que nous n'avons à attendre de lui ni élan poétique ni sentiments élevés. C'est un simple versificateur, et des plus médiocres. Il ne sait pas composer. Ses récits sont mal présentés et mal enchaînés. Il écrit avec un vocabulaire très pauvre et rime péniblement à grand renfort de chevilles. Mais il lui reste un mérite : celui d'être un chroniqueur honnête.

G. de Tudèle avait vu passer la croisade de 1208. Habitant Montauban, il eût été difficile qu'il ne vît pas quelque partie de cet immense défilé, et il nous a fait part de l'impression que lui avait causée ce spectacle nouveau². Il avait vu probablement aussi se former l'ost de Toulouse, en 1211³. Mais on ne peut affirmer qu'il eût été présent à aucun des épisodes de la guerre. Du moins ne se donne-t-il nulle part comme témoin oculaire. En un endroit il va même jusqu'à dire que s'il avait pu accompagner les barons entre lesquels Simon de Montfort partagea le vicomté de Carcassonne et Béziers, s'il avait pu parcourir avec eux les pays conquis, « plus « riche en serait le livre, et meilleure la chanson⁴ ». G. de Tudèle, bien qu'assurément homme modeste, comme la phrase même qui vient d'être rapportée le prouve, aimait à se

---

1. V. 2483 et suiv.
2. V. 168 et suiv.
3. V. 1945 et suiv.
4. V. 842-5.

mettre en scène, à invoquer ses propres souvenirs. Ainsi, ayant à parler du vicomte de Béziers, il ne manque pas de nous dire qu'il avait eu occasion de le voir au mariage de Raimon VI et d'Eléonore d'Aragon, en 1200[1]. Il est donc extrêmement vraisemblable que s'il avait assisté à quelqu'un des sièges ou des engagements qu'il rapporte, s'il avait été témoin de quelque négociation, il nous l'eût fait savoir, non pas par un sentiment de vanité, mais pour donner à son récit plus d'autorité. Du moins a-t-il été en état de consulter des témoins oculaires, qui, s'ils ne figurent pas au nombre des personnages les plus marquants de la croisade, étaient pourtant en position de bien voir, et ont dû lui faire part de ce qu'ils avaient vu, étant encore sous l'impression des événements. Ces témoins, G. de Tudèle ne s'est sans doute pas astreint à nous les faire connaître tous ; il en mentionne toutefois quelques-uns : maître Pons de Mela, envoyé du roi de Navarre, d'ailleurs inconnu[2] ; un prêtre, dont il ne dit pas le nom, qui dut l'informer de ce qui s'était passé à la prise de Carcassonne (1209)[3] ; un clerc, également anonyme (peut-être le même que le précédent), duquel il recueillit l'horrible récit des massacres qui suivirent la prise de Lavaur[4]. Puis un certain maître Nicolas, qu'il qualifie d'ami et de compère[5], et qui put lui raconter le combat de Castelnaudari auquel il avait assisté du côté des croisés. Enfin, il est au moins vraisemblable qu'il put se renseigner auprès de son protecteur, le comte Baudouin. Quoi qu'on puisse penser du mérite de G. de Tudèle, on ne peut nier que

1. V. 358.
2. V. 112.
3. V. 741.
4. V. 1554.
5. V. 2161.

son récit présente toutes les apparences de la sincérité : il est aussi digne de confiance qu'aucune chronique latine de la même époque.

Il serait hors de propos de relever ici un à un tous les points sur lesquels G. de Tudèle a quelque chose à nous apprendre. Je me suis efforcé de déterminer ces points — et ils sont nombreux — dans le commentaire historique qui accompagne ma traduction ; mais il n'est pas inutile d'énumérer quelques événements importants pour lesquels le poème de Guillem est notre unique ou au moins notre principale source d'information. Ainsi, au sujet des premières prédications contre les hérétiques, antérieurement à la croisade, G. de Tudèle nous fournit quelques faits dont les chroniques ne disent rien [1]. L'existence d'une armée de croisés formée, paraît-il d'après les noms de ses chefs, dans le Limousin, l'Auvergne, le Quercy, et venant ravager l'Agenais, n'est connue que par notre Guillem [2]; car les autres récits ne s'occupent que de l'armée plus particulièrement recrutée dans le Nord, qui opérait sous la conduite du légat Arnaut Amalric, et dont faisait partie Simon de Montfort. Les négociations qui eurent lieu pour la reddition de Carcassonne, la part qu'y prit le roi d'Aragon, ne sont racontées que dans notre poème [3], et elles ont beaucoup d'importance, car elles nous montrent d'une façon éclatante la croisade ayant fatalement, dès ses débuts, pour objet la conquête et le pillage.

La répartition des pays conquis entre les compagnons de Simon de Montfort est loin de nous être bien connue, mais on a du moins par Guillem la liste de ces derniers avec des

---

1. Tirades II et suiv.
2. V. 300 et suiv.
3. Tirades XXVI-XXXII.

détails intéressants sur plusieurs d'entre eux. Celui qu'il met le plus en évidence est Guillaume de Contres[1], de qui il parle avec assez de complaisance pour qu'on puisse croire qu'il l'a connu personnellement[2], et qui paraît en réalité avoir été l'un des meilleurs lieutenants de Simon de Montfort, encore bien qu'il soit fort peu question de lui chez les autres historiens de la croisade. Mentionnons encore les détails sur le concile d'Arles[3], et surtout l'exposé animé, présenté avec un certain art — ce qui est rare chez Guillem de Tudèle, — des conditions imposées au comte de Toulouse et des sentiments avec lesquels la sentence du concile fut accueillie par les populations[4].

En somme, sur plusieurs points, G. de Tudèle est une source unique; pour la plupart des faits de la croisade, il nous offre un témoignage honnête, et toujours digne d'être pris en considération.

L'autorité de ce témoignage ne résulte pas seulement de la valeur des informations recueillies, elle s'accroît notablement de cette circonstance que le récit a été visiblement rédigé au fur et à mesure des événements. Nous avons sous les yeux, non point la rédaction de souvenirs anciens, partant plus ou moins confus, mais l'impression produite par des faits tout récents sur un homme d'un esprit médiocre, mais attentif et sincère. Il est impossible que G. de Tudèle n'ait pas rédigé pour ainsi dire au jour le jour l'histoire de la croisade, puisqu'il s'est arrêté au commencement de l'année 1213 et qu'il s'était mis à l'œuvre, comme on l'a vu dans le chapitre précédent, dès 1210. Mais on peut encore, ce

1. V. 831 et suiv.
2. Voy. II, 43 n. 2, et les Additions et corrections.
3. Voy. notamment v. 1110-1, 1130-2, 2733-8.
4. Tirades LIX, LXI.

me semble, trouver dans le texte même du poëme la trace de cette façon de composer. Si je ne me trompe, l'auteur, ayant commencé son récit au commencement de l'année 1210, le conduisit tout d'une traite jusqu'au milieu de l'année même où il écrivait. Alors il fit une pause, ayant écrit un peu plus d'un millier de vers, et en dernier lieu raconté l'entrée dans Toulouse de l'abbé de Cîteaux et de l'évêque Folquet, comme aussi leurs efforts pour combattre l'hérésie par la prédication. « Ils verront, » dit-il, parlant de ceux qui pactisaient avec les hérétiques, ou du moins les toléraient parmi eux, « ils verront un jour quel conseil leur ont « donné ceux que Dieu puisse maudire ! Pour cela tout sera « détruit et la terre dévastée, et par la gent étrangère déso- « lée et ravagée ; car les Français et les Lombards et tout « le monde leur court sus et leur porte haine plus qu'à gent « sarrazine[1]. »

Le siège de Minerve venait probablement de commencer. Guillem dut en attendre la fin (derniers jours de juillet 1210) avant de reprendre la plume. Il est probable qu'il écrivit la suite de son récit en plusieurs fois, non tout d'une traite, mais les points d'arrêt ne se laissent pas facilement reconnaître. Il parvint ainsi jusqu'au moment où, vers le commencement de l'année 1213, le roi d'Aragon se déclara ouvertement pour le comte de Toulouse, contre la croisade. Il s'arrêta et attendit les graves événements qui se prépareraient. Ses dernières paroles sont celles-ci :

Le roi Pierre d'Aragon donna une de ses sœurs au comte de Toulouse, et puis en maria une autre au fils de celui-ci, en dépit des croisés. Voici qu'il s'est mis en guerre : il dit qu'il viendra avec bien mille chevaliers qu'il a tous soudoyés ; et s'il rencontre des croisés, il les combattra. Et nous, si nous vivons assez, nous

---

1. Fin de la tirade XLVII.

verrons qui l'emportera, nous mettrons en récit ce dont nous serons informés, et écrirons encore tout ce dont il nous souviendra, autant que la matière s'étendra depuis l'heure présente jusqu'à la fin de la guerre.

A la tirade suivante (CXXXI) nous retrouvons encore la main de Guillem :

Avant que la guerre s'arrête et ait pris fin, il y aura maint coup donné, mainte lance brisée ; maint gonfanon neuf sera planté par la prairie, mainte âme sera arrachée du corps, et mainte dame veuve ruinée. Le roi d'Aragon part avec sa mesnie. Il a mandé toute la gent de sa terre tellement qu'il en a rassemblé une belle et grande compagnie. A tous il a déclaré qu'il veut aller à Toulouse combattre la croisade qui dévaste et détruit toute la contrée. Le comte de Toulouse lui a demandé merci, afin que sa terre ne soit ni brûlée ni ravagée, car il n'a tort ni faute envers personne au monde. « Et comme il est mon beau-frère, qu'il a épousé ma « sœur, et que j'ai marié mon autre sœur à son fils, j'irai les aider « contre cette gent mauvaise qui veulent les déshériter. »

Mais aussitôt après on sent le style autrement vigoureux et la véhémence non contenue du continuateur :

Les clercs et les Français veulent déshériter le comte mon beau-frère et le chasser de sa terre; sans tort ni faute qu'on puisse lui imputer, uniquement parce que c'est leur bon plaisir, ils le veulent déposséder.....

IX. L'AUTEUR ANONYME DE LA SECONDE PARTIE DE LA CHANSON : CIRCONSTANCES ET DATE DE LA COMPOSITION.

Dès ce moment, et pendant près de 7000 vers, le poëte, avec une ardeur qui va croissant toujours, nous entraîne à travers les événements de la croisade, s'attachant aux grandes situations, esquissant de vastes tableaux qui se succèdent sans transition, qu'il peuple de personnages vivant, agissant, surtout parlant: les uns, les partisans de Toulouse, passionnés pour le Parage, pour le Droit, pour leur personnification vivante, le jeune comte de Toulouse;

les autres, Simon de Montfort et les siens, animés du plus implacable fanatisme, — donnant en un mot à son poème bien plutôt les allures d'un vaste drame que d'un récit suivi et proportionné.

Nous voudrions savoir qui était ce poète si plein de verve, antithèse perpétuelle du froid Guillem de Tudèle — avec qui pourtant on a bien eu l'idée de le confondre; — malheureusement, il ne s'est pas fait connaître, ou, s'il l'a fait, l'unique ms. de son œuvre ne nous a pas conservé son nom. Les poètes du moyen âge se nommaient ordinairement soit dans le prologue soit dans l'épilogue. Or nous n'avons ici ni l'un ni l'autre. G. de Tudèle s'arrête à la laisse CXXXI, l'anonyme commence à la tirade CXXXII qu'il compose dans la rime sur laquelle son devancier s'était arrêté. Avons-nous le vrai commencement de l'anonyme, ou bien la soudure a-t-elle été opérée par un copiste qui aura fait disparaître le début du second poème pour le mieux rajuster au premier? C'est une question sur laquelle l'examen de la versification jettera quelque lumière[1]; pour le moment nous n'avons qu'à marquer le point où commence l'anonyme et à constater qu'il ne s'y nomme pas.

Le second poème n'a pas de début puisqu'il reprend le récit au point où G. de Tudèle l'a laissé : il n'a pas de fin non plus : le drame n'a pas de dénouement, soit qu'il n'ait pas été conservé, soit, ce qui est plus probable, qu'il n'ait pas été écrit. Le poète décrit dans ses dernières pages les préparatifs que Toulouse fait contre la croisade amenée par le fils de Philippe-Auguste; il désigne une à une toutes les positions défensives de la place, il nomme les principaux d'entre ceux qui occupent chacune d'elles, il nous montre

---

1. Voy. plus loin §§ xi et xii.

le jeune prince français s'approchant avec son armée innombrable pour détruire la ville et en massacrer les habitants. « Mais, » dit-il, « la Vierge Marie les en défendra, elle qui
« selon le droit châtie les crimes, et puisse son sang bien-
« veillant[1] nous protéger, car saint Sernin est leur guide,
« les conduit et les garde de crainte, et Dieu et droit et
« force et intelligence et le jeune comte leur défendront
« Toulouse. »

C'est sur ces paroles qu'il s'arrête, au moment où le siège allait être mis devant Toulouse (16 juin 1219), alors que six semaines plus tard il aurait pu célébrer le plus notable succès que le comte de Toulouse ait obtenu pendant cette guerre, la levée du siège et la retraite de la croisade.

Je pense que si le poème s'arrête à la veille du siège, c'est qu'il n'en a jamais été écrit davantage. Si le récit avait été poussé au delà, si les dernières pages nous manquaient pour n'avoir pas été copiées dans l'unique ms. du poème, il est à supposer que du moins la rédaction en prose laisserait paraître quelque chose de la fin que nous cherchons. Or il n'en est pas ainsi. A la vérité ce texte en prose pousse le récit du siège jusqu'au moment où il fut levé. Mais les quelques lignes consacrées à cet événement sont si vides, si dépourvues de précision qu'on ne doit pas hésiter à les attribuer à l'auteur de la mise en prose[2]. Celui-ci avait

---

1. C.-à-d. son fils J.-C. ; mais ce sens n'est pas très satisfaisant. Voir aux Addit. et corr. la note sur I, 9573-5.

2. Voici ces lignes dont on trouvera le texte à la p. 384 du t. I:
« Adonc, quand ledit siège fut mis, on leur tira de la ville maint
« coup de pierrier et d'autres engins, tellement qu'ils n'osaient se
« trouver audit siège. Et adonc ils leur sont venus donner l'assaut
« ou fait semblant de le donner, mais ceux de ladite ville les ont
« reçus en telle forme et manière qu'ils s'estimèrent heureux de
« s'en retourner ; et tellement se défendirent depuis lors les

donc sous les yeux, selon toute apparence, un ms. qui se terminait comme le nôtre, d'où la conclusion au moins vraisemblable que le poème n'a jamais été achevé.

Quant à expliquer pourquoi il est resté en cet état, c'est matière à conjecture ; on peut si l'on veut supposer que l'auteur était lui-même au nombre des défenseurs de Toulouse et qu'il y a été tué. A tout le moins les dates ne s'y opposent pas, car nous verrons qu'il était contemporain des faits qu'il a racontés.

Nous devons donc renoncer à connaître le nom et la condition de notre poète, comme à savoir qui était son protecteur, s'il en avait un. Peut-être s'est-il donné à lui-même une petite place en quelqu'une des énumérations de noms dont abonde son poème, comme ces anciens maîtres qui, peignant une bataille, une procession, une scène quelconque présentant un grand concours de peuple, introduisaient leur portrait en un coin du tableau. Mais, s'il l'a fait, il n'a point écrit *is est qui fecit*, et aucun glossateur ne lui a rendu le service de le tirer de la foule.

Ce que nous pouvons apprendre de lui, en outre de ses sentiments et de ses tendances dont il ne fait pas mystère, se borne à un bien petit nombre de faits qui se laissent déduire de son récit. De ces faits les deux plus certains c'est qu'il

« assiégés qu'enfin les assaillants furent forcés de lever le siège
« et de s'en aller comme ils étaient venus, à leur grande confu-
« sion et dommage ; là où se comporta fort vaillamment ledit
« jeune comte, fils dudit comte Raimon, appelé aussi par son
« nom Raimon, comme son père, et aussi tous les autres sei-
« gneurs et barons qui étaient dans ladite ville avec ledit jeune
« comte. » Etant donné le fait connu de la levée du siège, il n'était pas besoin de beaucoup d'imagination pour écrire un aussi pauvre récit.

était du diocèse de Toulouse et qu'il composait son poème pendant les derniers mois de l'année 1218 et les premiers de l'année 1219.

Qu'il ait été du diocèse de Toulouse, c'est ce qui semble bien résulter du v. 3405 où l'évêque de Toulouse Folquet est appelé « notre évêque ». Faut-il aller plus loin et supposer qu'il était de Toulouse même? On pourrait invoquer à l'appui de cette opinion les nombreux passages où Toulouse est exaltée avec des éloges enthousiastes. Elle est associée à Parage[1], c'est-à-dire à Noblesse, mot qui doit être entendu dans le sens le plus large, s'appliquant à la fois à la naissance et au caractère[2]. Lorsqu'en 1216 Toulouse est démantelée et ruinée par ordre de Simon, l'auteur s'écrie avec désespoir : « Ah! noble Toulouse, vous voilà les os brisés! « Comme Dieu vous a livrée aux mains de brigands[3]! » Et quelle joie, quels transports quand Toulouse, la *gentils Tolosa,* se relève! Elle est accomplie en tous biens; chez elle règnent Parage et Merci; aidée de Droiture elle a chassé Orgueil[4]; c'est Dieu et Droit qui prennent sa cause en main, qui la gouvernent et la défendent[5]. Son éloge se retrouve dans la bouche même de ses ennemis. « Si vous « avilissez Toulouse, » dit à Simon l'un de ses conseillers, « vous serez vous-même abaissé, car si la fortune lui est

---

1. V. 5569.

2. *Parage,* qui occupe dans la seconde partie du poème la place qu'un poète moderne accorderait à l'idée de patrie, a été plus d'une fois célébré par les troubadours; voir par ex. la pièce *Molt era dous el plazeus* (publiée par E. Stengel, *Rivista di Filologia romanza,* I, 41), qui lui est tout entière consacrée, et le sirventès *Vai Hugonet ses bistensa (Parn. occit.,* p. 392), adressé au roi d'Aragon peu avant la bataille de Muret.

3. V. 5646-7.

4. V. 6437-8.

5. V. 6250-4, 6442, 9577-8.

« défavorable, la légitimité reprendra ses droits[1], car en
« elle est Parage, cœur, richesse.....[2]. »

Tous ces éloges ne prouvent cependant pas absolument qu'il
fût Toulousain. Tout ce qu'on en peut conclure, c'est qu'il
aimait Toulouse, et qu'il voulait l'exciter à bien faire. Quand
on cherche à relever le moral d'une population, on commence
toujours par lui dire qu'elle est héroïque. Ce qui me fait douter
que l'auteur ait été de Toulouse même, c'est la forme générale
des éloges qu'il décerne à cette cité et à ses habitants. Tous
en bloc il les trouve admirables, mais il n'en propose pas
beaucoup en particulier à notre admiration. Il parle à plusieurs reprises avec estime d'un certain Aimiric ou Aimeric
que nous avons quelque peine à identifier[3]; il nous fait
connaître maître Bernart[4] comme un homme influent et
respecté, et c'est à peu près tout. Lorsque dans les dernières
pages de son poème il nous fait passer en revue les défenseurs de Toulouse, tous ceux qu'il nomme sont des alliés
de Toulouse; quand l'occasion se présente de nommer des
Toulousains, il se borne à dire, sans citer personne, que la
porte Gaillarde est occupée par ceux de la ville[5]; ou encore
qu'une réserve, prête à se porter aux endroits les plus menacés, est formée des hommes de Toulouse[6]. Et il ne faut pas
croire qu'il a pu mentionner des citoyens de Toulouse sans
que nous soyons en état de les reconnaître pour tels : nous
connaissons assez bien les Toulousains du XIIIe siècle; nous possédons un certain nombre de chartes passées à Toulouse au

---

1. Je traduis en paraphrasant, pour mieux faire ressortir le sens ; *lialtatz* est employé dans le sens de l'anglais *loyalty*.
2. V. 6602-4.
3. Voy. II, 273, note 2.
4. II, 346, note.
5. V. 9495-501.
6. V. 9551-5.

temps de la croisade et où figurent un très grand nombre de Toulousains ; nous avons les listes assez complètes des capitouls au même temps[1], et parmi tant de noms que nous offrent ces divers documents, il n'en est, je crois, aucun, sauf Aimeric et maître Bernart, qui se retrouve dans le poème. Il est à croire qu'il en serait autrement si l'auteur avait été lui-même citoyen de Toulouse. On verra plus loin (§ XII) qu'il était plus probablement originaire du comté de Foix.

J'ai dit que le second poème devait avoir été composé dans les derniers mois de 1218 et les premiers de 1219. Pour préciser davantage je dirai que le poète a dû se mettre à l'œuvre après la mort de Simon de Montfort, tué devant Toulouse le 25 juin 1218, et s'arrêter au temps où la croisade conduite par le fils du roi de France assiégeait la ville (16 juin-1ᵉʳ août 1219). La limite inférieure ne peut être absolument démontrée : elle est fondée sur le simple fait que le poète s'arrête au début du siège de 1219 et n'en raconte pas l'issue. Mais la limite supérieure est, je crois, solidement établie. Elle se déduit de cette circonstance qu'à trois reprises différentes, aux vers 3146-8, 3401-4 et 3590-3, le poète fait allusion à la mort de Simon de Montfort. Dans le premier passage il s'exprime ainsi : « Je crois « que pour cette terre (celle du comte de Toulouse) Simon « sera tué ainsi que son frère. » Et dans le second : « Simon fut ensuite pour cette terre tué devant Toulouse, « mort dont le monde entier est illuminé et Parage est « sauvé. » La troisième allusion enfin est placée, sous une forme un peu détournée, dans la bouche du pape lui-même, qui, faisant application d'une prophétie de Merlin,

---

1. Voy. II, 273, note 2.

s'exprime ainsi : « Encore viendra la pierre et celui qui « la sait lancer, si bien que de toutes parts vous entendrez « crier : Qu'elle tombe sur le pécheur! »

Comme l'anonyme commence au v. 2769 du poème, on voit que la première de ces allusions (v. 3146) est bien rapprochée du début. Il n'y a donc nulle témérité à supposer que Simon était tombé sous les murs de Toulouse lorsque notre auteur se mit à l'œuvre, ou, s'il avait commencé avant cet événement, c'était depuis quelques jours à peine, à en juger par le peu qu'il avait fait.

On pourrait objecter que les trois allusions à la mort de Simon ont pu être intercalées après coup, le poème étant déjà en voie de composition. C'est ainsi que nous avons supposé plus haut que Guillem de Tudèle, s'étant mis à écrire en 1210, ajouta postérieurement un prologue et quelques vers sur l'élévation d'Arnaut Amalric à l'archevêché de Narbonne et sur la bataille de las Navas de Tolosa. Mais le caractère des deux auteurs est absolument différent, et cette différence se reflète dans leurs procédés de composition. G. de Tudèle est un clerc qui compose sa chronique en vers avec le calme et la réflexion qu'un autre clerc apporterait à la rédaction d'une chronique latine. C'est un honnête chroniqueur qui désire présenter un récit aussi complet que possible, et se lamente quand les circonstances ne lui permettent pas de recueillir toutes les informations dont il a besoin. Tout en continuant le récit, il a dû plus d'une fois revenir sur ses pas, revoir les pages déjà écrites et les corriger. Il en est tout autrement du poète de la seconde partie, écrivain prime-sautier, composant de verve, et trop impatient d'avancer pour s'attarder à fourrer des allusions dans les pages déjà écrites. La mort de Simon, bientôt suivie de la levée du siège, eut dans Toulouse un immense retentissement, et y fit éclater une joie, un enthousiasme que notre auteur dépeint trop vivement pour ne les avoir pas ressentis lui-même au plus haut degré. Rien de plus naturel, ce me semble, que de supposer que c'est sous l'impression de ce grand événement qu'il a pris la plume. De la mort de Simon au siège de Toulouse par Louis, fils du roi de France, il y a près de douze mois. On ne s'étonnera pas que cet espace ait suffi, et au delà, à notre poète pour composer environ 7000 vers, si on fait attention qu'il n'a pas dû perdre son temps à recueillir des renseignements. En effet, il peint avec de tels détails que presque partout on sent qu'il a dû voir ce qu'il raconte, et au contraire certains événements importants — ceux apparemment auxquels il n'avait pas assisté — sont entièrement passés sous silence. Enfin ce n'est pas non plus sa rédaction, incorrecte et négligée, rencontrant de temps à autre les grands effets par instinct, sans les avoir préparés, qui a dû lui coûter beaucoup de temps.

Les tendances de notre poète anonyme sont tellement claires et si fortement accentuées, que nous n'avons pas besoin, pour être en état d'apprécier sa valeur en tant qu'historien, de savoir pour qui il a composé, quel a été son protecteur. Qu'il ait dû être en très bons termes avec les principaux adversaires de la croisade, on le voit de reste. Mais il serait pourtant utile pour l'histoire littéraire de savoir s'il était plus particulièrement attaché à l'un d'entre eux, comme c'était le cas de tant de troubadours et de trouvères. Malheureusement, ici encore, comme pour son nom et pour son origine, nous sommes loin d'être bien renseignés. Il y a un vers (7133) où, parlant de Rogier Bernart, fils du comte de Foix, notre auteur s'exprime ainsi : « le preux Rogier Bernart qui me dore et me met en splendeur », *quem daura e esclarzis*. L'expression est un peu vague. Fauriel[1] en a conclu que « notre poète avait « vécu dans l'intimité du comte de Foix[2], et qu'il avait été « par lui comblé de dons et de bienfaits ». Cette interprétation n'est pas invraisemblable; toutefois elle ne peut être admise qu'avec certains tempéraments. Il a pu faire partie de la suite du comte de Foix ou de son fils, mais non pendant toute la période qu'embrasse le récit (1213-1219). Plus on étudie ce récit, plus on acquiert la conviction que le poète a raconté ce qu'il avait vu. Or il a vu, et très bien vu, certains événements auxquels ni le comte de Foix ni son fils Rogier Bernart n'ont assisté : l'arrivée du comte de Toulouse et de son fils à Marseille après qu'ils eurent quitté Rome; leur marche véritablement triomphale à travers la Provence et le comtat Venaissin[3]; surtout le siège de Beaucaire raconté avec des détails d'une si minutieuse précision qu'il est difficile que l'auteur n'y ait pas assisté en compagnie du jeune comte (plus tard Raimon VII)[4]. Si donc notre poète anonyme a été en effet honoré de la protection de Rogier Bernart, si, par une conséquence naturelle, il s'est trouvé faire partie de la suite de ce seigneur, on ne peut faire remonter ces rapports plus haut que l'entrevue de Raimon VI avec plusieurs seigneurs du Midi chez Rogier de Comminges, vers le milieu de l'année 1217[5], époque à

---

1. Introduction à son édition du poème, p. XXIV.
2. Ou plutôt de son fils.
3. V. 3732-3844.
4. V. 3916-4964.
5. Tirade CLXXXI. Par une erreur d'impression, la date placée en haut des pages dans la traduction est 1216, au lieu de 1217. Cette dernière date devrait commencer à la tirade CLXXX, au siège de Montgranier, qui dura du 6 février au 24 mars 1217 (n. st.).

partir de laquelle Rogier Bernart joue un grand rôle dans tous les événements rapportés par le poète. Assurément il n'était pas au siège de Montgranier, soutenu par Rogier Bernart contre Simon de Montfort[1], qui dura du 6 février au 24 mars 1217 et dont il ne dit que quelques mots. D'ailleurs, s'il est légitime d'attribuer, avec Fauriel, la valeur d'une indication précise au vers où le poète paraît se louer de la libéralité de Rogier Bernart, il y a peut-être lieu de tenir compte aussi des vers 9502-4 : « Et monsei-« gneur le jeune comte, en qui est toute valeur, qui rétablit « Parage et abat les orgueilleux, et fait briller d'un nouvel « éclat (*e colora e daura*) ceux qui ont été abattus. » Concluons que le poète eut à se louer de plusieurs des seigneurs qu'il met en scène, et particulièrement du jeune comte et de Rogier Bernart.

X. L'auteur anonyme de la seconde partie de la chanson : caractère et valeur de son récit.

L'œuvre de notre anonyme est bien plutôt une suite de scènes présentées d'une façon dramatique qu'un récit suivi. J'ai déjà indiqué ce point plus haut. Reprenons maintenant, une à une, les scènes dont se compose cette partie du poème et nous arriverons à distinguer, avec assez de vraisemblance, auxquelles de ces scènes l'auteur a assisté ; nous verrons en même temps les épisodes se multiplier et l'exposé de chacun d'eux se développer à mesure que nous approcherons du temps où le poète s'est mis à l'œuvre.

La seconde partie du poème, ou, si l'on veut, le second poème, commence au point où G. de Tudèle s'était arrêté, c'est-à-dire aux préliminaires de la bataille de Muret. C'était là un

---

[1]. V. 5669.

événement tellement capital qu'il n'était pas possible de le passer sous silence. Toutefois il est aisé de voir que l'auteur, ou bien n'a pas vu ou a mal vu la bataille; qu'il l'a décrite, je ne dirai pas de souvenir, car les souvenirs, même après un laps de quelques années, auraient une précision qui manque à son récit, mais d'après des renseignements imparfaits et probablement discordants. La narration du poème offre çà et là quelques faits dont l'histoire peut faire son profit, mais il s'en faut de tout qu'elle donne de la bataille une vue nette et intelligible. Ce que le poète sait le mieux, c'est ce qui se passa dans le conseil tenu avant l'engagement entre les chefs de l'armée confédérée. On y voit le comte de Toulouse essayer vainement de faire prévaloir l'avis le plus sage, celui d'attendre dans le camp fortement retranché l'attaque de Simon[1], qui, n'ayant que peu de troupes et n'espérant aucun secours du dehors, n'aurait eu d'autre alternative que de venir se briser contre des forces supérieures par le nombre et la position ou de battre en retraite devant une armée infiniment plus nombreuse que la sienne. On y voit en outre le roi d'Aragon, accumulant faute sur faute, faire d'abord cesser l'attaque de Muret, alors que, Simon n'y étant pas encore entré, cette excellente position pouvait être facilement enlevée[2], puis le lendemain, au mépris du conseil du comte Raimon, diriger contre Muret, où Simon venait de s'établir, une attaque mal combinée[3], dont le seul résultat fut d'empêcher les alliés de concentrer leurs forces, et de donner ainsi à Simon toute facilité pour battre en détail ses adversaires. On conçoit que ces fautes apparurent avec une écrasante évidence après la défaite, et

1. V. 3006-14.
2. V. 2950-79.
3. V. 3022-31.

que dans l'entourage du comte de Toulouse, où notre poète avait ses relations, on ne se fit pas faute de rejeter la responsabilité du désastre sur les déplorables dispositions du roi d'Aragon. Notre poète, sans avoir, selon toute apparence, assisté à la bataille, s'est fait l'écho de récriminations, certainement fondées, qu'il avait sans doute bien souvent entendu reproduire.

Des suites de la bataille notre poète est encore plus mal informé que de la bataille elle-même. Pour la période comprise entre le 13 septembre 1213, lendemain de la bataille de Muret, et le mois de novembre 1215, époque où se réunit le concile qui consacra la spoliation de Raimon VI, il y a 68 vers[1]; c'est dire que la plupart des événements de ces deux années sont passés sous silence. Rien par exemple sur la chevauchée de Simon dans le comté de Foix, où, selon le témoignage de Pierre de Vaux-Cernai, tout ce qui n'était pas protégé par des remparts fut incendié[2]. Rien non plus sur l'exécution de Baudouin, à laquelle le comte de Foix et son fils, au rapport du panégyriste de Simon[3], prirent une part active. Assurément l'auteur n'était pas avec eux.

C'est à partir du concile de Latran que le récit prend tout d'un coup de l'ampleur, et revêt cette forme dramatique qui est l'aspect sous lequel l'auteur voyait les événements. Comme l'a dit Fauriel, l'épisode du concile « n'est au fond « qu'un petit drame dont les scènes diverses sont à peine « séparées par quelques vers de pure narration ». Tout en effet dans ce morceau a les allures du drame : les personnages se présentent en pleine vue, avec des caractères puissamment tracés, que met en relief l'habileté instinctive

---

1. Les tirades 141 et 142, vv. 3093-3160.
2. Fin du ch. LXXIV.
3. Fin du ch. LXXV.

plutôt que réfléchie de la mise en scène. Il n'y a de narration, comme en un prologue, que juste ce qu'il faut pour faire connaître le lieu et les circonstances principales de l'action; l'exposition est faite par celui des acteurs du drame qui se trouve être le premier à prendre la parole. Celui-là, c'est le comte de Foix, l'un des hommes sur qui se concentrent les plus vives sympathies du poète. Son discours, empreint d'une respectueuse déférence pour le pape, de qui les seigneurs du Midi attendent justice, plein d'une indignation mal contenue contre Simon de Montfort et la croisade, est admirablement calculé pour nous faire comprendre le point de vue où se plaçaient les persécutés, et leur position par rapport à l'Église.

La discussion qui suit est passionnée au plus haut degré : il n'y manque même pas le coup de théâtre, lorsque l'auteur, supposant que les blessés et les estropiés de la croisade sont venus porter leurs plaintes jusqu'à Rome, fait dire à l'évêque Folquet : « Là, dehors à la porte, quelle douleur, « quel cri, des aveugles, des bannis, des mutilés qui ne « peuvent plus marcher sans guide! Celui qui les a tués, « mutilés, estropiés, ne doit plus tenir terre! »

L'intérêt du lecteur, on pourrait presque dire du spectateur, se porte dès le début de la scène sur la décision du pape : rendra-t-il au comte de Foix son château, au comte de Toulouse son comté; réservera-t-il les droits du jeune vicomte de Béziers? Là est le nœud de l'action, que le poète a su habilement dénouer en maintenant jusqu'au bout le pape dans un rôle qui lui assure le respect, sans cependant violer la vérité historique. Le pape décide, la main forcée par son entourage, en faveur de Simon de Montfort, mais il réserve au fils du comte de Toulouse une part d'héritage qui sera comme un point d'appui pour reconquérir le reste.

Fauriel a reconnu le caractère essentiellement dramatique de cet épisode, dont il a su apprécier les beautés. Il s'est demandé ce qu'il y avait de réel, de véritablement historique. Question dont la portée dépasse le point même en discussion, car sur ce point, c'est-à-dire sur le concile de Latran, nous avons assez de documents pour contrôler, au moins dans une certaine mesure, le récit du poème, et par suite les conclusions obtenues, en ce qui touche cet épisode, pourront servir à une appréciation générale de la valeur historique de l'ouvrage.

L'appréciation de Fauriel est, en somme, assez judicieuse, bien qu'elle souffre du défaut de précision qui était habituel à ce littérateur. Mais nous allons voir qu'il s'est embarrassé dans une difficulté purement imaginaire, faute d'avoir su apprécier correctement les documents qu'il comparait. Il commence par résumer les décisions prises par le concile relativement au débat des seigneurs du Midi et de Simon de Montfort[1]. Il fait remarquer que dans les actes du concile « on chercherait en vain le moindre indice d'une délibéra-« tion préliminaire, et moins encore d'une délibération dans « laquelle se seraient manifestés des scrupules, des hésita-« tions, des discordances entre les membres du concile. Le « fait de ce concile se présente là comme dégagé de tout « accident, de tout obstacle, de toute intervention, de tout « intérêt autre que l'intérêt ecclésiastique. Il n'y est pas le « moins du monde question de la présence ni des réclama-« tions des seigneurs séculiers: tout ce qui les concerne dans « une circonstance si grave advient et se passe comme s'ils « n'existaient plus... Enfin, rien dans ces résultats officiels « du concile ne laisse soupçonner, entre le pape et les prélats

---

1. Voy. les textes cités ou indiqués, II, 193, n. 2.

« réunis sous sa présidence, la plus légère divergence. Inno-
« cent III n'est là que le suprême et inflexible organe d'une
« multitude de volontés indivisiblement confondues avec la
« sienne et dans la sienne. »

Puis, passant à l'examen du poème, il n'a pas de peine à montrer que le récit qu'on y lit est construit sur de tout autres données, que tout ce qu'on y voit, discussions violentes entre les seigneurs et les évêques, hésitation du pape prononçant avec douleur la sentence qu'on lui impose pour ainsi dire, que tout cela est en dehors des données fournies par les actes du concile. A ses yeux, les invraisemblances de détail, le manque de *costume historique* se montrent avec évidence dans le tableau tracé par le poète. « Il est mani-
« feste », dit-il, « que cet historien n'avait aucune idée
« de l'étiquette ni du cérémonial de la cour romaine ;
« qu'il ne soupçonnait rien des voies ni des menées par
« lesquelles la politique de cette cour marchait à ses fins.
« Ayant à peindre un concile, il lui fallait, en quelque
« sorte, se le figurer de toute pièce, et il se l'est figuré par
« analogie avec ce qu'il savait, avec ce qu'il avait vu de la
« tenue des petites cours féodales qu'il avait fréquentées. »

Donc tout est faux dans le tableau tracé par le poète, car enfin, si le débat entre les seigneurs et les évêques discutant par devant le pape n'a pu avoir lieu, que reste-t-il du récit provençal, sinon une belle œuvre d'imagination ? Cette conclusion, qui semble résulter nécessairement de l'argumentation de Fauriel, n'est cependant pas celle à laquelle il s'arrête. Selon lui le fond est véritable : « C'est
« en tout ce qu'il y a de plus important et de plus caracté-
« ristique que ce tableau offre le plus de vérité historique[1]. »

---

[1] P. LXXXIX-XC.

Puis il ajoute, sans voir qu'il contredit directement ses premières assertions : « Il est certain que les seigneurs séculiers
« intéressés à la décision du concile s'y rendirent en per-
« sonne et plaidèrent eux-mêmes leur cause, sinon devant
« le concile même, au moins devant le pape, et en face de
« leurs adversaires. Il est également certain, et il est
« attesté par des témoignages irrécusables, que ces mêmes
« seigneurs trouvèrent des défenseurs zélés parmi les divers
« prélats, dont quelques-uns, étant intervenus directement
« dans les événements de la croisade, se trouvaient par là
« même plus compétents pour prononcer dans cette grande
« cause. Il est certain, enfin, que cette cause fut débattue,
« et qu'il y eut dans le concile de hauts personnages ecclé-
« siastiques auxquels la sentence rendue par la majorité
« parut une grande iniquité. »

Mais, si tout cela est certain, en quoi consiste donc le
« manque continu de *costume historique* » du récit toulousain ? En quoi le poète a-t-il prouvé une si complète ignorance « de l'étiquette et du cérémonial de la cour
« romaine » ? Que nous a-t-il raconté qui soit en opposition ou même en désaccord avec ces trois faits attestés, au dire de Fauriel, « par des témoignages irrécusables » : 1° que les seigneurs séculiers plaidèrent leur cause devant le pape et en face de leurs adversaires ; 2° qu'ils trouvèrent des défenseurs zélés parmi les prélats ; 3° que la cause fut débattue et qu'il y eut de hauts personnages ecclésiastiques à qui la sentence rendue parut inique ?

Et, en dernier lieu, pourquoi invoquer à l'encontre du poème les actes du concile dans lesquels « il n'est pas le
« moins du monde question de la présence ni des réclama-
« tions des seigneurs séculiers », quand on est finalement obligé de convenir, au vu de témoignages irrécusables, que

les seigneurs séculiers sont venus à Rome à l'occasion du concile et qu'ils ont présenté leurs réclamations au pape en présence des évêques?

Fauriel a eu tort de comparer les actes du concile avec le récit toulousain. Les actes du concile sont des décisions, non pas un procès-verbal des séances. Il faut les rapprocher de la sentence finale rapportée par le poète non pas toute d'une teneur, mais entremêlée à la discussion dans les tirades 147 à 150, et on trouvera que le récit toulousain est très sensiblement d'accord avec le texte authentique. Quant au récit que le poète nous fait des débats qui précédèrent la sentence, il faudrait, pour en apprécier rigoureusement la valeur, être en état de le comparer avec un autre récit de ces mêmes débats. Mais, cet autre récit n'existant pas, il faut nous contenter d'apprécier la grande scène du poème d'après ce que nous pouvons recueillir çà et là de notions éparses sur le même sujet.

Et d'abord nous pouvons écarter l'idée que le comte de Toulouse, le comte de Foix et ceux de leurs vassaux qui les accompagnèrent à Rome aient assisté à ce qui fut réellement le concile de Latran, mais on va voir que la question se réduit à une querelle de mots. En principe l'admission de laïques à un concile est douteuse; en fait le concile de Latran eut à s'occuper d'une infinité de sujets qui n'intéressaient nullement les seigneurs du Midi. Nous possédons les actes de ce concile[1] et nous voyons qu'il y fut question d'autres hérétiques encore que des Albigeois : de Joachim de Flore, par exemple, et d'Amauri de Bène; qu'on s'y occupa longuement des différends avec l'église d'Orient, de la querelle de Jean Sans-Terre avec l'archevêque de Can-

---

1. Mansi, *Concilia*, XXII, 953-1086.

terbury Etienne de Langton, et de bien d'autres matières. Le poète, tout entier à son sujet, ne voit dans le concile que ce qui l'intéresse et ignore tout ce qui n'a pas trait à la question de Toulouse. Peut-être a-t-il tort d'introduire les seigneurs du Midi dans une séance du concile proprement dit, mais l'erreur, si erreur il y a, est toute de forme : la discussion a pu avoir lieu en dehors du concile, mais à coup sûr elle a eu lieu, le pape et un certain nombre de dignitaires ecclésiastiques étant présents. Et ce qui semblerait prouver que le débat ne s'est point passé en petit comité devant une sorte de tribunal spécial, c'est que nous voyons paraître un personnage qui n'a pas été imaginé à plaisir par le poète, puisque sa présence au concile est connue d'ailleurs, qui d'autre part n'était certainement pas venu pour les affaires de la croisade, à savoir l'abbé de Beaulieu[1] (Hampshire), l'un des représentants envoyés par Jean Sans-Terre pour soutenir sa cause contre Etienne de Langton.

Le débat contradictoire étant admis, il n'y a, ce me semble, aucune raison de contester que les personnes mises en scène par le poète y aient réellement pris part, et si elles y ont pris part on ne voit pas qu'elles aient pu exprimer des idées différentes de celles que le poète leur a prêtées. Reste le rôle que notre récit fait jouer au pape. Je pense que ce rôle, sauf que les traits caractéristiques en sont évidemment chargés, fut réellement celui du pape ; qu'il se trouva engagé contre sa volonté à consacrer une spoliation qui n'était jamais entrée dans ses prévisions, et qu'il y eut à ce propos entre lui et les évêques dévoués à Simon de vifs débats. Déjà en 1213 le pape s'était aperçu qu'on l'entraînait trop loin, et Pierre de Vaux-Cernai a constaté que les

---

1. V. 3574 ; voy. II, 192, note 2.

évêques qui dirigeaient la croisade eurent de la peine à l'empêcher de prêter une oreille favorable aux réclamations de trois seigneurs du Midi, les comtes de Comminges et de Foix et Gaston de Béarn[1], qui dès lors avaient été dépouillés d'une partie de leurs biens. En 1215, quand ces mêmes réclamations se produisent avec plus de solennité et d'énergie, le même Pierre de Vaux-Cernai convient, avec une douleur qu'il ne dissimule pas, qu'elles parurent fondées à plusieurs des prélats[2], et c'est ce que le poème confirme. Quant à l'opinion du souverain pontife, un autre historien nous la fait connaître, et nous montre le pape désireux de rendre au comte de Toulouse et à son fils les terres dont ils avaient été dépouillés, cédant toutefois à l'opposition presque unanime du concile[3]. Il n'est pas possible de souhaiter une confirmation plus décisive du rôle que le poète assigne au pape, rôle où, je le répète, tout est un peu grossi et mis en accord avec la conception générale de l'œuvre, qui appartient à l'histoire populaire et ne peut tenir compte des nuances délicates.

En somme, tout ce que nous pouvons contrôler, dans le récit du poème, paraît avoir toute l'exactitude qu'on peut attendre d'un écrit composé à une époque où ne régnaient pas les habitudes scientifiques de notre temps. Quand on a fait la part de la forme poétique employée par

1. Voy. II, 150, n. 3.
2. « ... Fuerunt ibi aliqui, *etiam, quod est gravius, de prælatis*, qui negotio fidei adversi, pro restitutione dictorum comitum laborabant. » Voy. le passage entier, II, 193, n. 2.
3. « In eodem concilio papa ..... comitem Sancti Ægidii, qui vocabatur Tolosanus, et ejus filium damnatos de hæresi videbatur velle restituere ad terras suas, quas eis catholici una cum nobili comite Simone Montisfortis, mandato Romanæ ecclesiæ, per Dei adjutorium abstulerant, et de ejusdem papæ licentia possidebant; quod ne fieret, universum fere concilium reclamabat. » Guill. le Breton, 1215, Bouquet, XVII, 109 B.

l'auteur, étant bien assuré que le comte de Foix ni surtout le pape n'ont parlé en vers provençaux, on se trouve en présence d'un document historique aussi valable que n'importe quelle chronique d'événements contemporains.

Il me semble indubitable qu'un tableau aussi vivant, et en somme aussi exact, a dû être tracé par un témoin. Je ne veux pas dire que l'auteur ait assisté personnellement aux débats qu'il a dépeints. Il peut y avoir assisté, mais le contraire est possible aussi. Nous ignorons, en effet, quelle était sa position sociale : si, comme il est probable, elle était assez humble, il se peut qu'il n'ait pas été admis à accompagner les acteurs du drame en la présence du pape et des prélats. Mais s'il n'était pas sur la scène, il était dans la coulisse, et il a été informé jour par jour de ce qui se passait. Avec un auteur comme le nôtre, qui expose les faits non pas selon leur importance réelle, mais selon l'impression qu'il en reçoit, on peut toujours être assuré que les faits qui l'intéressent vivement, il les a vus de près. Il était donc au temps du concile avec quelqu'un des seigneurs venus à Rome, probablement avec le jeune comte.

En effet, les négociations avec Rome ayant pris fin, nous voyons le fils du comte de Toulouse séjourner quelque temps encore à Rome, après le départ de son père, et notre poète sait beaucoup de choses sur ce séjour. Il sait les noms de deux des personnages qui accompagnaient le jeune Raimon[1], il sait ce qui se passe dans les entrevues de celui-ci avec le pape, et il nous le rapporte, sans doute en exagérant un peu les sentiments favorables du pape. Puis, lorsque le jeune comte se rend en Provence, qui lui a été réservée par le concile, il le suit étape par étape, notant

---

1. V. 3675 et 3678.

tous les incidents de la réception enthousiaste qui lui est faite de Marseille à Beaucaire, énumérant tous ceux qui viennent se ranger sous sa bannière, ceux aussi qui combattent contre lui, les uns et les autres seigneurs de la Provence et du Comtat, qui ne paraissent que dans cette période de la guerre, et dont il aurait pu difficilement recueillir les noms avec autant d'exactitude, s'il ne s'était trouvé en contact avec eux [1].

La même conclusion s'impose avec plus de force encore à quiconque étudie de près le récit du siège de Beaucaire. Tout y est si précis, si bien d'accord avec ce que nous savons de l'ancienne topographie de Beaucaire, si facile à vérifier actuellement encore sur le terrain [2] — si on tient compte des différences causées par les alluvions du Rhône, au pied du château, et par l'ouverture du canal de Paul Riquet — qu'il est impossible de douter que l'auteur ait assisté à ce siège. Il y a de ces traits qu'on ne recueille pas de seconde main. Comment, par exemple, aurait-il été amené à mentionner jusqu'à trois fois ce vin du Genestet [3], que personne ne connaît hors de Beaucaire, s'il ne l'avait par lui-même connu et pratiqué? Tout ce récit est dans ma traduction suffisamment commenté par le détail, pour que je n'aie plus à le recommander ici, et je passe immédiatement à la scène suivante dont le lieu est Toulouse.

Le poète, voyant les faits en action sous l'apparence

---

1. Voir la liste des vers 3848 à 3864, et les notes de la traduction.
2. J'ai fait cette vérification à Beaucaire même, en m'aidant des anciens compoids, qui remontent à 1390.
3. Voy. II, 217, note 2.

d'une série de grandes scènes, néglige en général la transition des uns aux autres. Il nous montre Simon de Montfort se dirigeant avec une incroyable rapidité vers Toulouse et y faisant son entrée avec tout l'appareil de la guerre, au grand effroi des habitants. Le motif de cette arrivée si subite — qui est tout à fait dans la stratégie de Simon — il ne nous le fait pas connaître tout d'abord : fidèle aux procédés scéniques, il attend qu'il ait occasion de faire parler Simon, et cette occasion s'étant produite, nous voyons celui-ci se plaindre, dans un discours plein de menaces adressé aux Toulousains, de ce qu'ils ont profité de son absence pour se liguer contre lui [1], ce que nous savons d'ailleurs par Pierre de Vaux-Cernai [2]. Voilà pourquoi il était arrivé de Beaucaire à Toulouse en trois jours, c'est-à-dire, si la donnée du poème est exacte, en chevauchant jour et nuit. Les Toulousains ne tardent pas à se soulever contre Simon et les siens, mais l'insurrection est réprimée impitoyablement [3] ; les habitants sont désarmés, beaucoup exilés, la ville subit une forte contribution et est en partie détruite [4].

Ce soulèvement si malheureux est conté en grand détail. Cependant, par exception, il faut, je crois, admettre ici que l'auteur n'a pu assister tout au plus qu'à la dernière partie du drame. En effet, s'il est resté à Beaucaire jusqu'à la fin du siège, comme il y a apparence, il est vraisemblable qu'il aura continué à séjourner dans la même région avec le jeune comte pendant au moins quelques semaines. Or nous savons que le jeune comte, en quittant Beaucaire, se rendit à Saint-

---

1. V. 5010-3.
2. Voy. II, 259, n. 4.
3. Tirades 171 à 179.
4. Pierre de Vaux-Cernai, fin du ch. LXXXIII ; Bouquet, XIX, 107 c.

Gilles et y demeura durant l'insurrection de Toulouse[1], et nous ne voyons pas qu'aucun de ses alliés soit venu à l'aide des Toulousains. Il eût été difficile qu'il en fût autrement, si on considère que ces alliés appartenaient en général à la rive gauche du Rhône, et durent retourner chez eux aussitôt Simon de Montfort parti. Il est donc peu vraisemblable que notre auteur se soit rendu à Toulouse à ce moment-là, et si par aventure il y est allé, il n'a pu en aucune manière s'y rendre aussi rapidement que Simon. Nous ne pouvons pas lui supposer le désir d'informations et la mobilité d'un correspondant d'un journal de Londres ou de New-York. Néanmoins, dans ce cas particulier, il a pu, sans être témoin oculaire, recueillir des informations précises, parce qu'il avait certainement à Toulouse, où il se rendit, comme nous le verrons, peu de temps après l'insurrection, de nombreux amis qui ont pu lui narrer les événements, parce qu'il avait de la ville même une connaissance personnelle qui lui a permis de se représenter les scènes qui lui furent décrites, et de les raconter à son tour avec des indications topographiques qui donnent de la consistance à son récit. On voit que les mêmes circonstances n'existaient pas en ce qui touche le siège de Beaucaire, qui a dû par conséquent être raconté *de visu*.

Il y a dans ce récit quelques particularités intéressantes où se voit la finesse avec laquelle notre auteur savait, par le simple procédé de la mise en scène, analyser les caractères de ses personnages. Je veux parler du rôle plein de duplicité que joue l'évêque Folquet dans les pourparlers qui précédèrent le soulèvement. Il parcourt les rues de la ville, exhortant les Toulousains à se rendre pacifiquement auprès

---

1. V. 5070-9.

du comte qui ne leur fera aucun mal, qui ne leur prendra rien, qui au contraire leur donnera du sien¹. Mais voilà que le bruit se répand que cette invitation cache un piège, que l'évêque veut simplement assurer à Simon de Montfort des otages, et en même temps les Français déjà entrés dans la ville se mettent à piller. C'est alors que l'insurrection éclate, et qu'un combat s'engage sans succès marqué d'aucune part. Folquet reprend aussitôt son rôle de négociateur. Il réunit les habitants dans un faubourg de la ville, et réussit à les calmer, se faisant garant de la modération de Simon, affirmant, sous sa responsabilité, qu'ils ne seront inquiétés ni dans leurs personnes ni dans leurs biens, ceux qui ne se sentiraient pas rassurés pouvant se retirer librement. Le discours que le poète prête à l'évêque en cette circonstance² est un chef-d'œuvre de style doucereux et patelin. Les Toulousains se laissent persuader, le sire de Montfort prend autant d'otages qu'il en veut avoir, puis, malgré l'avis contraire de son frère et de quelques autres des siens, il traite la ville avec la dernière rigueur; les habitants sont désarmés, un grand nombre expulsés, les remparts sont, au moins en partie, ruinés, et la ville elle-même est mise au pillage.

Dans toute cette entreprise, l'impitoyable général de la croisade a pour conseiller et pour appui l'évêque Folquet qui d'abord a su, par ses promesses fallacieuses, disposer les Toulousains à une sorte de capitulation, qui ensuite pousse Simon aux mesures les plus rigoureuses. Le vilain rôle attribué en cette affaire à l'évêque est-il de pure fantaisie ou s'y trouve-t-il un fond de vérité ? C'est une question qui

---

1. Tirades CLXXIV et CLXXV.
2. V. 5294-5340.

ne peut recevoir une solution assurée, parce que les moyens de contrôle nous manquent : le récit de l'insurrection de Toulouse est, chez Pierre de Vaux-Cernai, très bref, et l'évêque de Toulouse n'y paraît pas[1]. G. de Puylaurens nous montre l'évêque s'entremettant entre les deux partis, afin d'obtenir que la ville soit simplement mise à rançon, et il laisse entendre qu'en donnant ce conseil il en avait prévu les conséquences. « Ceux qui donnaient ce conseil, dit-il, « savaient bien que pour lever cette taxe[2] il faudrait avoir « recours à des violences générales et particulières qui amè- « neraient les Toulousains à se souvenir avec regret de leur « liberté d'autrefois et à revenir à leur ancien seigneur[3] », ce qui est exposé plus à plein dans la suite du chapitre.

Il y aurait donc eu, aux yeux de G. de Puylaurens comme du poëte, un piège tendu par Folquet aux habitants. Mais il n'y a peut-être pas grand fond à faire ici sur G. de Puylaurens, ce chroniqueur ayant pu s'inspirer, comme je l'ai indiqué plus haut, du poème. Ce qui paraît devoir être admis comme étant entièrement conforme à la vraisemblance, c'est l'intervention de Folquet, qui sans doute se sera engagé plus qu'il n'était autorisé à le faire, sans se soucier d'être ensuite désavoué. Une certaine part de mauvaise foi peut toujours être légitimement supposée dans les transactions des chefs ecclésiastiques de la croisade avec leurs adversaires, et cette mauvaise foi était excusée et même louée, en raison du but à atteindre. Pierre de Vaux-Cernai, racontant en une autre occasion une négociation conduite par un légat avec les habitants de Narbonne dans l'intention avouée de les tromper, exprime une admiration sans

---

1. Fin du ch. LXXXIII; Bouquet, XIX, 107 c.
2. 30,000 marcs, comme dans le poème, voy. ci-dessus, p. xvlij.
3. Ch. XXIX.

réserve pour la conduite du légat : *O legati fraus pia!
O pietas fraudulenta*[1] *!*

Simon, ayant pour cette fois dompté Toulouse, part pour d'autres expéditions en Bigorre, dans le comté de Foix, sur les bords du Rhône. De ces diverses expéditions notre poète ne sait que peu de chose[2]. Il a hâte de nous ramener à Toulouse où le comte légitime, Raimon VI, va rentrer, aux acclamations de ses vassaux.

Fidèle à ses habitudes d'exposition, le poète ne raconte pas : il pose devant nous ses personnages, et les fait parler et agir. Il ne nous dit pas à quoi le comte de Toulouse a employé son temps depuis que nous l'avons entendu annoncer son départ pour l'Espagne, dix-huit cents vers plus haut[3]. Il l'ignore probablement, ou du moins s'en soucie peu et ne pense pas que ses auditeurs s'en inquiètent plus que lui. Toujours tout entier au moment présent, il peut lui arriver d'annoncer par avance des faits qu'il n'est pas encore temps de raconter, mais jamais il ne lui arrive de revenir sur ses pas pour faire connaître les circonstances qui ont amené la scène qu'il lui plaît de décrire. Donc le comte Raimon « vient d'entrer dans la terre loyale de Rogier de Comminges ». Rogier, qui est de la sorte brusquement mis en scène sans un mot d'introduction, comme si nous le connaissions de longue date, paraît avoir été seigneur du Savez et du Couserans[4], petits pays situés au pied des Pyrénées, vers les sources de la Garonne. Le poète suppose que cette indication, « la terre de Rogier de Comminges, » suffit à ses

---

1. Fin du ch. LXXVIII.
2. Tirade CLXXX.
3. Au v. 3874.
4. Voy. II, 295, note.

auditeurs, et sans se préoccuper davantage de déterminer le lieu ni les circonstances, il nous fait immédiatement assister à un conseil tenu par le comte de Toulouse et ses plus fidèles vassaux. Le comte prend la parole, et nous apprend que le mouvement à la tête duquel il va se mettre a été combiné d'avance, que Toulouse l'attend, prête à lui ouvrir ses portes. En effet, là sont présents des envoyés de la ville qui pressent le comte de ne pas différer et se chargent d'aller annoncer à Toulouse sa prochaine arrivée.

La marche du comte sur Toulouse, à travers les combes et les grands bois sombres[1], le combat livré par Rogier Bernart contre un certain Joris, qui paraît avoir été un chef de partisans au service de la croisade[2], l'entrée du comte dans Toulouse, où il est reçu avec enthousiasme, sont autant de faits sur lesquels nous n'avons d'ailleurs aucun renseignement, mais que nous pouvons accepter avec pleine confiance, tant ils portent en eux-mêmes le caractère de l'authenticité. Ici comme dans les autres parties du poème, de simples détails, au premier abord insignifiants, montrent combien l'auteur est exact : non pas qu'il ait l'exactitude cherchée de l'érudit consciencieux qui n'épargne aucune recherche pour recueillir les faits et les présenter dans leurs circonstances de temps et de lieu, mais il a l'exactitude en quelque sorte naturelle du témoin qui reproduit des impressions toutes fraîches. Ainsi le poète nous dit que deux Toulousains, Ugo Joan et Raimon Bernier[5], allèrent au-devant du comte, comme il approchait de Tou-

1. Tirade CLXXXI.
2. V. 5570, 5575.
3. V. 5790.
4. V. 5795-814.
5. V. 5835.

louse, afin de le presser d'y faire son entrée. Ces deux noms pourraient, sans que le récit perdît notablement de sa vraisemblance, avoir été sinon inventés, du moins pris au hasard parmi les noms des notables toulousains de l'époque. Mais on verra sans doute une preuve, ou du moins une très grande présomption d'exactitude, dans ce fait que l'une des deux personnes mentionnées par le poète, Ugo Joan, fut en réalité l'ami de Raimon VI, car une enquête analysée par Catel[1] nous apprend que ce fut dans la maison de ce Joan que mourut le comte de Toulouse.

Aussitôt le comte Raimon entré dans Toulouse, les habitants se soulèvent et massacrent ou mettent en fuite les Français qu'ils rencontrent dans les rues. Puis la scène change : elle est transportée dans le Château Narbonnais, et a pour acteurs la dame de Montfort (la comtesse, comme l'appelle toujours le poème) et plusieurs de ses chevaliers. Je passe rapidement sur cette scène qui est habilement construite, mais dont l'histoire ne peut accepter que la conclusion, puisqu'elle se compose de discours en style direct, que naturellement le poète n'a pu entendre. La conclusion, c'est qu'un messager est envoyé à Simon, pour lui demander d'accourir au plus tôt.

Entre temps, et tandis que le comte de Toulouse réorganise son administration et que la ville se met en état de défense, Gui de Montfort, le frère de Simon, venant, nous dit Pierre de Vaux-Cernai, de Carcassonne, livre dans les rues mêmes de Toulouse un combat infructueux. Pierre semble indiquer que le but de Gui de Montfort était simple-

---

1. *Hist. des comtes de Toulouse*, p. 316. J'ignorais ce fait lorsque j'ai écrit la note 4 de la p. 301.
2. V. 5808-45.

ment de renforcer la garnison du château, et garde le silence sur le combat livré dans Toulouse même [1].

Après le récit de ce combat, prélude de bien d'autres qui devaient se succéder pendant plus d'une année, le poète nous montre Toulouse tout entière à la défense, relevant ses murs, faisant accueil aux seigneurs du Midi qui accourent à l'appel du comte, tandis que la dame de Montfort assiste, pensive et soucieuse, du haut du Château Narbonnais, aux préparatifs de la lutte acharnée qui s'engagera aussitôt que son mari sera arrivé.

Ici se place une scène très caractéristique, où l'emploi des procédés dramatiques qui sont naturels au poète est particulièrement intéressant à étudier.

Le messager de la comtesse arrive auprès de Simon et lui délivre son message. La matière historique que le poète avait à mettre en œuvre est à peu près celle-ci : Simon de Montfort apprend l'entrée de Raimon VI dans Toulouse et l'insurrection de cette ville; il dissimule ces nouvelles, se hâte de conclure un traité avec Adémar de Poitiers, comte de Valentinois, et marche sur Toulouse. Tel est, sous une forme très sommaire, le récit qui peut se déduire du poème et qui est assez d'accord avec ce que nous savons des mêmes faits par Pierre de Vaux-Cernai pour qu'on puisse l'accepter avec confiance. Mais notre poète n'aime pas à raconter. Il a chargé Simon lui-même d'exposer son plan, et les quelques brèves paroles qu'il lui met dans la bouche suffisent à peindre l'indomptable caractère du chef de la croisade. Tandis que le messager se lamente sur les mauvaises nouvelles qu'il apporte, Simon l'interrompt par de rapides ques-

---

1. V. 5972 et suiv.
2. Voy. II, 307.
3. V. 6127-34.

tions : J'ai perdu la ville ? — Qui me l'a enlevée ? — Les comtesses sont-elles au château ? — Où était Gui mon frère ? — Puis, pour terminer le tout, cette simple recommandation : « Mon ami, tâche de garder le secret, car si personne te « voyait faire autre chose que rire et plaisanter, je te ferais « brûler, pendre ou couper en morceaux. Et si on te de- « mande des nouvelles, sache te bien expliquer ; dis que « personne n'ose envahir ma terre[1]. » Puis le comte Simon rassemble « les princes et tous les pairs », c'est-à-dire sans doute les principaux de ses partisans et des seigneurs du pays où il se trouvait — dans les environs de Valence, — les trompe sur l'état de ses affaires, conclut son traité avec Adémar et se met en route, la nouvelle de l'insurrection de Toulouse ne s'étant répandue que lorsque l'effet n'en était plus à redouter.

Il est certain que les paroles qui ont dû être échangées entre Simon et le messager ne peuvent guère être parvenues aux oreilles du poète, qu'elles ont été imaginées par lui, comme du reste les discours qu'il met si fréquemment dans la bouche de ses personnages — je présenterai plus loin quelques remarques sur ces discours ; — mais le fait même que Simon ait cherché à dissimuler le plus longtemps possible les mauvaises nouvelles qu'il venait de recevoir pourrait, *a priori,* en l'absence de tout témoignage, être supposé. Cela admis, et étant connues l'énergie et la prompte décision de Simon, il faut reconnaître que la scène du messager a été conçue dans les données de la vraisemblance.

Simon de Montfort marche sur Toulouse avec cette rapidité à laquelle, l'année précédente, après la levée du siège de Beaucaire, il avait dû un succès si complet. Mais les

---

[1]. V. 6140-72.

circonstances n'étaient plus les mêmes ; il n'avait plus
affaire à une insurrection naissante : il avait devant lui
cette fois le peuple entier de Toulouse, serré autour de son
seigneur, combattant dans des conditions où les troupes les
plus inexpérimentées font bonne contenance, c'est-à-dire
derrière des fortifications dont l'achèvement était poussé
avec activité. D'ailleurs des renforts arrivaient chaque jour,
et ce n'étaient point des milices communales, mais des che-
valiers capables de tenir tête en rase campagne à la cava-
lerie de Simon, et des *mesnaderos* de l'Aragon ou de la
Navarre, dont l'occupation habituelle était le métier des
armes.

Simon ne devait pas tarder à se convaincre qu'un siège
régulier pouvait seul amener la prise de Toulouse. Dès son
arrivée, il tenta de pénétrer dans Toulouse par un coup de
force, et fut repoussé comme son frère Gui l'avait été peu
de temps auparavant [1]. A la suite de cet échec et après avoir
pris l'avis de son conseil, il se décida à occuper les deux
rives de la Garonne afin d'intercepter toutes les communi-
cations de la ville avec le dehors.

C'est là le premier acte d'un siège où Simon de Montfort
déploya une ténacité d'autant plus remarquable qu'à aucun
moment il ne se vit près de réussir. Jamais, en effet, il n'eut
assez de troupes pour investir complètement la place, qui
paraît avoir reçu constamment des secours en hommes et
en vivres; jamais il n'arriva à entamer les remparts de la
ville, bien loin de pouvoir donner l'assaut, car la machine de
guerre, la *chatte,* auprès de laquelle il devait trouver la
mort, fut toujours efficacement combattue par les trébuchets
des assiégés. Le seul succès qu'il eût obtenu, la prise de l'une

1. V. 6347-442.

des deux tours qui défendaient le pont de la Garonne¹, devait rester stérile, car, eût-il pu s'emparer de l'autre tour et mettre le pied dans Toulouse même, sur la rive droite de la Garonne, il lui eût fallu livrer un combat de rues dans des conditions défavorables, ayant la rivière à dos, et en face de lui des forces probablement supérieures aux siennes.

Si on envisage au point de vue littéraire le long récit que le poëte fait du siège de 1217-8², on y trouvera sans doute bien des défauts. L'auteur s'entend mal à composer un récit. C'est une suite d'épisodes mal liés ou de scènes détachées, qu'il nous présente, et non pas une narration coordonnée. Racontant comme s'il ne devait pas avoir d'autres auditeurs que des acteurs du drame, il ne se préoccupe pas assez de ceux qui ne peuvent suppléer par leurs souvenirs aux lacunes de son exposé. Son ardeur impétueuse l'empêche souvent de voir clairement, et alors il devient confus, particulièrement dans les descriptions de combat. Enfin, le retour fréquent des mêmes idées et des mêmes formules finit par produire une impression de monotonie qui est naturellement beaucoup plus sensible dans le long récit du siège de Toulouse que dans tout autre épisode plus court.

Mais, considéré au point de vue historique, ce récit est d'une très grande valeur. C'est une source qu'on peut dire unique, car pour les événements qui s'étendent du siège de Beaucaire à la mort de Simon, la narration de Pierre de Vaux-Cernai est très sommaire³, et si elle fournit quelques renseignements utiles sur les opérations des assiégeants, elle

---

1. Voy. la fin de la tirade CXCVIII.
2. Il occupe un peu plus du tiers de l'œuvre totale, 2300 vers environ, sur 6807 vers dont se compose le second poème.
3. J'ai cité dans les notes du t. II les principaux passages de son récit, p. 379 et 419.

ne nous apprend rien, ou à peu près, sur celles de la défense. Ici c'est naturellement la défense qui est mise en relief, et tel est le nombre et la précision des faits mentionnés qu'il est impossible que l'auteur n'ait pas assisté aux événements qu'il raconte. Il me paraît inutile d'entrer ici dans un examen détaillé, déjà en partie fait dans les notes qui accompagnent la traduction : la simple lecture du morceau suffit à emporter la conviction. J'appelle seulement l'attention sur l'abondance des indications topographiques. Si on y joint les mentions éparses dans le récit de l'insurrection de Toulouse en 1216, et l'énumération des barbacanes qui occupe la plus grande partie de la dernière tirade du poème, on aura sur la topographie de l'ancien Toulouse un ensemble de notions dont on ne trouverait l'équivalent dans aucun document du même temps.

Le siège de Toulouse se termine en fait à la mort de Simon de Montfort, le 25 juin 1218. La prédiction sinistre que le poète plaçait dès 1215 dans la bouche du pape s'est réalisée : « Encore viendra la pierre et celui qui la sait « lancer, tellement que de toutes parts vous entendrez crier : « Qu'elle tombe sur le pêcheur[1] ! » La pierre est venue, lancée du haut de Saint-Sernin par une pierrière que servaient les dames de Toulouse. Elle est venue « droit où il fallait[2] », fracassant la cervelle du comte, et aussitôt un cri d'allégresse s'est élevé par toute la ville. Une dernière et inutile attaque est tentée par les assiégeants, et un mois après la mort de Simon, les croisés se retirent, mettant le feu à la ville de bois qui les avait abrités pendant une année environ, emportant, comme unique trophée, le corps de leur général.

1. Fin de la tirade CL.
2. V. 8452.

C'est ici en quelque sorte le point culminant de la chanson. C'est à ce moment que le poète, triomphant avec Toulouse, a dû commencer à écrire, ayant les yeux fixés vers l'instant où l'ennemi du comte légitime devait tomber, non dans la gloire du soldat mourant à son poste, mais dans la réprobation du coupable frappé par le jugement de Dieu. Jusqu'ici il s'est contenu : ses sentiments à l'égard de Simon paraissent çà et là dans les discours qu'il prête à ses personnages, il ne les exprime guère en son nom personnel. Mais le moment de la vengeance et du triomphe arrivé, son indignation longtemps comprimée s'échappe en une invective véhémente :

Tout droit à Carcassonne ils le portent pour l'ensevelir, pour célébrer le service au moûtier Saint-Nazaire. Et on lit sur l'épitaphe, celui qui sait lire : qu'il est saint, qu'il est martyr, qu'il doit ressusciter, avoir part à l'héritage [céleste] et fleurir dans la félicité sans égale, porter la couronne et siéger dans le royaume [de Dieu]. Et moi j'ai ouï dire qu'il en doit être ainsi : si, pour tuer des hommes et répandre le sang, pour perdre des âmes, pour consentir à des meurtres, pour croire des conseils pervers, pour allumer des incendies, pour détruire des barons, pour honnir Parage, pour prendre des terres par violence, pour faire triompher orgueil, pour attiser le mal et étouffer le bien, pour tuer des femmes, égorger des enfants, on peut en ce monde conquérir Jésus-Christ, il doit porter couronne et resplendir dans le ciel ! Et veuille le fils de la Vierge, qui fait briller le droit, qui a donné sa chair et son sang précieux pour détruire orgueil, veiller sur raison et droiture qui sont en passe de périr, et qu'entre les deux partis il fasse briller le droit !

Entre la levée du siège de Toulouse (fin de juillet 1218) et la nouvelle croisade conduite par le fils du roi de France (printemps 1219), se passèrent des faits de guerre importants et en somme favorables au parti de Toulouse, tels que la reprise de Marmande, faits sur lesquels nous sommes mal renseignés : le poète se borne à les indiquer en quelques vers à la fin de la laisse CCVIII, et les autres récits sont également insuffisants. En revanche, il s'étend longuement[1] sur un combat entre la troupe de Bernart de Comminges et celle de ce Joris qui a été déjà mentionné ci-dessus. Cette affaire, dont l'importance paraît avoir été médiocre, et qui n'est mentionnée ni par Pierre de Vaux-Cernai ni par Guillaume de Puylaurens, est racontée avec des détails, en eux-mêmes intéressants, qui doivent avoir été fournis par quelqu'un des combattants, à supposer que l'auteur n'ait pas été lui-même témoin oculaire. Le poète nous montre ensuite le jeune comte, qui est de plus en plus mis en évidence, tandis que le comte son père disparaît complètement de la scène[2], se rendant à Toulouse[3], au retour sans doute de l'expédition annoncée à la fin de la laisse CCVIII. Suit une page[4] sur le siège mis devant Marmande en mai 1219[5] par Amauri de Montfort. Laissant de côté ce siège dont il ne paraît pas connaître encore le résultat, il passe au récit du combat de Baziège, qui lui donne l'occasion d'exalter la vaillance de ses héros favoris, le comte de Foix, son fils Rogier Bernart, et par-dessus tout le jeune comte de Toulouse[6]. Ici encore il y a de ces détails qui indiquent ou que l'auteur assista au combat ou qu'il fut renseigné par un de ceux qui y prirent part.

---

1. V. 8790-942.
2. Ceci est conforme à l'histoire. Depuis 1216 on a des chartes du jeune comte qui le montrent agissant au lieu et place de son père. Dès l'époque de son mariage, en 1211, celui-ci lui avait fait, au témoignage de G. de Puylaurens (ch. xviii), donation de Toulouse.
3. V. 8943-4.
4. V. 8945-72.
5. Voy. II, 443, n. 1.
6. V. 8973-9210.

L'auteur, qui, dans toute cette partie, semble composer à mesure que les événements se développent sous ses yeux, nous ramène par une courte transition au siège de Marmande, et à la nouvelle croisade amenée par le fils de Philippe-Auguste. On voit bien qu'il n'était pas au nombre des défenseurs de la place, car son récit est court et dépourvu de particularités notables [1]. La scène qui vient ensuite, où l'on voit les chefs croisés délibérer sur le sort des principaux défenseurs de Marmande, est évidemment arrangée, puisque notre auteur n'avait guère le moyen d'être renseigné de première main, mais le fond en est certainement exact, et quant au massacre des habitants [2], il est confirmé par Guillaume le Breton [3].

Les deux dernières laisses du poème nous font connaître les préliminaires de ce siège de 1219 qui fut pour Toulouse l'occasion d'un nouveau triomphe. Ce qui mérite surtout l'attention, c'est, à la dernière tirade, l'énumération des principaux défenseurs de Toulouse, avec l'indication précise du poste de combat de chacun d'eux. On voit paraître là une soixantaine de personnages, tous ou presque tous mentionnés dans les chartes du temps, ainsi qu'on le verra par les notes que j'ai jointes à la traduction de ce morceau. Cette longue liste, qui jusqu'à présent n'a pas été mise à profit par les historiens, est un précieux document pour l'histoire des familles seigneuriales du Midi, et de plus est à peu près le seul texte à l'aide duquel on puisse se former une idée quelque peu précise des alliés qu'eut le comte de Toulouse dans sa lutte contre la croisade. C'est après ce dénombrement des défenseurs de Toulouse que s'arrête le

1. V. 9216-55.
2. V. 9307-20.
3. Voy. II, 462, note 3.

poëme, et il y a lieu de croire — j'en ai donné les raisons au chapitre précédent — qu'il n'a pas été continué.

Je crois avoir démontré par l'examen des récits ou, si l'on veut, des scènes dont se compose la seconde partie du poëme, que l'œuvre du second auteur est une source historique très originale et toujours très digne de foi. Je désire cependant répondre d'avance à deux observations que ne manquera pas de faire tout lecteur attentif, et qui semblent, à première vue, diminuer l'autorité de l'ouvrage en tant que document pour l'histoire. La première de ces deux observations concerne les discours dont le second poëme est parsemé et qui ont évidemment, au moins pour la plupart, le caractère de créations poétiques. Je l'admets, m'empressant toutefois de remarquer que le jugement qu'il est légitime de porter sur ces discours ne doit aucunement être étendu aux récits eux-mêmes. Il se peut que le poëte ait un peu fait parler à sa guise les personnages qu'il mettait en scène : les nécessités de la composition littéraire l'ont amené à suivre en cela, probablement sans qu'il en eût conscience, l'exemple des historiens de l'antiquité; mais il n'y a aucune raison de croire qu'il ait fait agir les acteurs du drame d'une façon contraire à la vérité; nous avons même lieu de penser, comme je crois l'avoir montré, que son récit est partout très véridique, et c'est ce qui importe le plus. En outre, — ce point a déjà été touché précédemment à propos de la scène entre Simon et le messager de la comtesse, — ces discours, quoique peu acceptables dans la forme, sont la plupart du temps vraisemblables quant au fond. Assurément le comte de Toulouse et ses adhérents ne parlaient pas en vers, et les croisés s'exprimaient en français plutôt qu'en provençal, mais les uns comme les autres ont dû bien souvent tenir en substance le langage que leur prête le poète. Ne perdons pas de vue que la méthode d'exposition de notre auteur est non pas narrative, mais toute dramatique, d'où l'introduction forcée d'un grand nombre de discours, sans que pourtant on en puisse conclure que les faits aient été dénaturés. Ces discours ne sont rien de plus qu'un procédé de composition. Je prends comme exemple le cas où l'artifice est le plus visible. Ce cas est celui où l'on voit certains croisés, même des plus intéressés au succès de l'expédition, faire, dans les conseils ou ailleurs, une certaine opposition, au moins en paroles, à Simon de Montfort. Il en est un notamment, Alain de Rouci, qui paraît avoir la spécialité de faire des objections au chef de la croisade, de lui reprocher son orgueil, sa dureté, son ambition, de lui montrer, souvent sur un ton railleur, la vanité de ses efforts. Il plaide pour ainsi dire la cause de Toulouse. Qu'Alain de Rouci ait jamais tenu un pareil langage, c'est ce que nous ne pouvons admettre comme démontré par le seul témoignage du poème; mais que de nombreux croisés aient été révoltés des excès de la croisade et qu'ils aient manifesté leur répugnance à suivre Simon de Montfort jusqu'au bout, c'est ce qui ne saurait être contesté, et les discours que le poète prête à Alain et à d'autres ne sont qu'une manière de mettre en relief ce fait incontestable.

La seconde observation que l'on ne manquera pas de faire, et que j'ai faite moi-même plus d'une fois dans le cours de cette étude, est que notre second poème est, quant aux événements, singulièrement incomplet. Pour la plupart des faits dont il nous parle, il est incomparablement plus détaillé qu'aucun des récits contemporains, mais combien sont nombreux les événements importants qu'il passe sous silence ou auxquels il n'accorde qu'une simple mention ! Ce qu'il dit des événements qui prirent place entre la bataille de Muret et le concile de 1215 est insignifiant ; il ne parle pas du meurtre de Baudouin ; rien sur les graves difficultés qui s'élevèrent entre l'ancien légat devenu archevêque de Narbonne et Simon de Montfort [1] ; rien non plus sur saint Dominique ni sur l'établissement de son ordre à Toulouse. Carcassonne, Albi, Lombers, où cependant se produisirent des faits dignes d'être notés, ne sont même pas mentionnés.

A mes yeux, ces lacunes mêmes ajoutent une garantie de plus à la valeur des récits du poète anonyme. Il a voulu raconter ce qu'il savait bien et a négligé le reste. C'est la condition la plus favorable que nous puissions rencontrer chez un historien contemporain. Nous ne recherchons pas chez les chroniqueurs du moyen âge un résumé complet de l'histoire d'une époque ; nous nous efforçons de démêler ce qui est témoignage original, et n'attachons aux récits de seconde ou de troisième main que le prix qu'ils méritent. Chez Guillem de Tudèle la valeur des divers récits ne se laisse pas toujours fixer avec certitude, parce que l'auteur a voulu comprendre dans son récit tous les faits de la croisade, alors que sur beaucoup d'entre eux il n'était qu'imparfaitement renseigné. Avec le poète anonyme le même doute n'existe pas, puisqu'il néglige tout ce qu'il n'a pas recueilli de première main. Il ne sait pas tout, mais ce qu'il sait il le sait bien.

XI. Guillaume de Tudèle : versification et langue.

La chanson de la croisade albigeoise fournirait aisément la matière d'un gros volume à qui voudrait l'étudier à fond, en se plaçant successivement aux points de vue de l'historien

---

1. Voy. II, 187, note 2, et les Additions et corrections.

et du philologue. Désireux de maintenir cette introduction dans de justes limites, j'ai dû me résigner à traiter sommairement quelques-unes des parties de mon sujet. Et puisque j'ai l'honneur d'écrire pour la Société de l'Histoire de France, il m'a semblé que je devais m'attacher de préférence à éclaircir les questions historiques que soulève le poème. La philologie se trouvera par suite un peu sacrifiée et je me bornerai, en ce qui concerne la langue et la versification, aux observations strictement nécessaires. Je continue à étudier séparément les deux auteurs, et pour chacun d'eux je commence par la versification, parce que nous ne saurions déterminer les caractères linguistiques de nos deux textes sans connaître les habitudes de versification propres à leurs auteurs.

I. Versification.

Laisses. — Guillem de Tudèle compose en laisses en alexandrins monorimes généralement assez courtes. La plus longue de ses laisses (LVI) a 46 vers, la plus courte (CXIX) en a 8. Les 2768 vers dont il est l'auteur sont divisés en 131 laisses, ce qui donne une moyenne de 21 vers pour chacune. La laisse est terminée par un vers de six syllabes (sept quand la terminaison est féminine) qui rime avec la laisse suivante[1]. C'est la disposition de la *cobla capcaudada* des *Leys d'amors*[2], avec cette différence que dans les deux exemples rapportés par les *Leys*, le dernier vers du couplet est de même longueur que les autres. En d'autres termes les *Leys* ont en vue non des laisses de longueur indéterminée, mais des couplets symétriques. La *cobla capcau-*

---

1. Ce petit vers manque aux laisses 4 et 23, mais c'est sans doute par une omission du ms.
2. I, 146, 168, 236.

dada proprement dite, telle que l'entendent les *Leys*, est très fréquente en provençal et en français. Elle a été employée par Rutebeuf, et on trouve jusqu'à la fin du moyen âge, dans les mystères, même lorsqu'ils ne sont pas en couplets, une disposition analogue. On y voit en effet que le dernier vers de chaque discours rime avec le premier vers du discours suivant[1]. Du passage qui a été cité plus haut, p. xliij, il semble résulter que la disposition adoptée par G. de Tudèle a été empruntée à la chanson d'Antioche, mais c'est là, comme nous l'avons vu, un point qu'il n'est pas possible de vérifier.

Je ne connais que deux compositions en laisses monorimes où se rencontre à la fin de la laisse le petit vers rimant avec la laisse suivante. Ces deux compositions sont le débat de l'inquisiteur et de l'hérétique (*las novas de l'heretge*[2]), et le poème de la Guerre de Navarre, dans lequel j'ai signalé plus haut[3] des traces d'imitation du poème de la Croisade. Seulement il est à noter que sur 105 laisses dont se compose le poème en son état actuel, 15 seulement offrent la même disposition que G. de Tudèle : les laisses 3, 4, 7-18 et 21. Il y a incertitude, à cause d'une lacune, pour les laisses 2 et 104, et les autres suivent le système de la seconde partie du poème de la Croisade.

Rimes. — J'ai donné à la fin du t. I la table des rimes de chacune des deux parties. On a vu que l'avantage de la variété est du côté de G. de Tudèle. Il a 32 rimes masculines et 17 féminines, tandis que la seconde partie en a 25

---

1. Voy. G. Paris, dans la *Romania*, IV, 153.
2. Fragment dans Bartsch, *Chrestomathie provençale*, 3ᵉ édit., col. 185-90.
3. Fin du § VI.

de la première espèce et 3 seulement de la seconde. G. de Tudèle rime fort exactement. Les quelques assonances que l'on rencontre çà et là se laissent aisément ramener à la rime, pourvu qu'on les dépouille de la forme exclusivement provençale que le copiste leur a donnée, ainsi *vic*, 7, dans une rime en *it*, doit être corrigée en *vit*, et *benasiga*, 51, en *benasia*. Les laisses en *at, et, it, ut*, présentent un mélange de formes avec *s*, mais ce mélange est encore dû au copiste. Ainsi la laisse VIII (vers 155-80) a dû être écrite par Guillem tout entière en *at*. Cependant les vers 155, 159-68, 170, 177-8 ont seuls cette terminaison, les autres étant en *atz*. Mais les mots rimes des vers 156-7, 174-6 et 180 sont au cas sujet du pluriel et doivent conséquemment selon la grammaire être privés de leur *s*; de même ceux des vers 158, 172, qui sont au cas régime du singulier. Restent un petit nombre de vers où la grammaire exigerait le *s*. Ces vers présentent deux cas différents : au premier appartiennent 168 et 170, qui sont en *at* dans le ms., mais devraient, régulièrement, être en *atz*, puisque les mots rimes sont au cas sujet du singulier[1], et 171 où *poestatz* a le *s* qu'il doit avoir, puisqu'il est un nominatif. On peut supposer que Guillem suivait l'usage vulgaire qui de son temps déjà, au commencement du XIII° siècle, avait une tendance marquée à employer la forme du régime au lieu de celle du sujet. Le second cas est plus embarrassant. C'est celui des vers 169, 179 où les mots rimes, étant au cas régime du pluriel, ont, en conformité avec la grammaire et l'usage vulgaire, la finale en *atz*. Même dans ces deux cas je crois que Guillem, désireux de rimer exactement, avait écrit *at*, ne se faisant

---

[1]. Cela n'est pas très sûr pour le v. 170 où *crozat* est attribut; et dans ce cas l'adjectif est fréquemment traité comme régime.

point scrupule de violer à la fois la grammaire et l'usage. Quant à *latz*, 173, qui est au cas régime, on peut, quoique ce mot soit ordinairement invariable, admettre que l'auteur lui a donné la forme normale du cas régime.

Il n'y a guère moyen de faire usage des rimes pour restituer la langue de Guillem, car on y trouve, comme on le verra plus loin, des formes appartenant à des dialectes très divers. Toutes les formes lui sont bonnes pourvu qu'elles lui fournissent la rime cherchée.

Élision. — Chez G. de Tudèle, comme chez plusieurs poètes de son temps ou postérieurs[1], l'élision de la voyelle atone finale sur une voyelle initiale suivante est facultative. Voici un certain nombre de cas où elle n'a pas lieu :

> *coment la eretgia*, 31[2] ;
> *una abaya ot*[3], 58 ;
> *del comte en avant*, 84 ;
> *ab mot cirì ardant*, 95 ;
> *e trametre en Fransa*, 127 ;
> *Ni mange en toalha*, 132 ;
> *e nom mete en plah*, 174 ;
> *merceia e somon*, 195 ;
> *pall o sisclato*, 213 ;
> *lo papa i trames*, 243 ;
> *Bes volgra acordar*, 248 ;
> *Senhor aicesta osts*, 256 ;
> *Per l'aiga ab navili*, 296 ;
> *Autra ost de crozatz*, 300.

1. Voy. *Flamenca*, préface, p. XXXVI.
2. Ce cas, où l'hiatus est produit par un monosyllabe, est très fréquent.
3. Ou *una abaya ot*; il faut qu'il y ait dans cet hémistiche un cas d'élision et un cas d'hiatus.

Dans les mêmes cas l'élision est très fréquente. Je n'en citerai d'autres exemples que ceux, ailleurs les moins communs, où l'élision porte sur un monosyllabe :

> *fo a Tudela noirit*, 3 ;
> *De Bezers tro a Bordel*, 35 ; cf. 272, 273 ;
> *e aperceubut o avia*, 49 ;
> *per so si era legatz*, 70 ;
> *e a Toloza la gran*, 142 ; cf. 295, 655 ;
> *de fer ni entresenhatz*, 176 ;
> *a un parlamen que feiro*, 186 ;
> *no an paor de morir*, 474.

Il est bien vraisemblable qu'au temps où vivait G. de Tudèle, on commençait à réunir en une seule syllabe deux voyelles consécutives qui autrefois avaient été prononcées séparément. Il n'a pas manqué de faire usage, probablement avec peu de discrétion, de cette faculté toutes les fois que son vers s'en accommodait :

> *que maestre W. (Guillem) fit*, 2 ; cf. 207, 523 ;
> *serian enpaubrezit*, 11 ;
> *que deurian estre pros*, 215 ;
> *lo priors de l'Ospital*, 231 ;
> *qui avia nom Milos*, 244 ;
> *ans que sia*[1] *noit escura*, 547.

Les exemples contraires, c'est-à-dire où la prononciation ancienne est conservée, sont très abondants. Ainsi *ma-estre*, 104, 112, 1457, 2162 ; *avi-an*, 10, *avi-a*, 113, *iri-an*, 13, *teni-an*, 69, *si-an*, 197.

---

1. On pourrait être tenté de corriger *sia* et *avia* en *seit*, *aveit*, car ces formes françaises se rencontrent de temps à autre dans le poème, et sans doute elles étaient à l'origine plus nombreuses (voir le § suivant), mais on ne pourrait corriger *serian* en *seroient* sous peine de fausser le vers.

2. Langue.

Avant de rechercher de quelle nature est la langue employée par Guillem de Tudèle, il importe de savoir quel était l'idiome naturel d'un auteur né à Tudèle. Fauriel s'est débarrassé aisément de cette question en disant : « J'ignore « quelle langue on parlait à Tudèle vers 1210 ; c'était peut-« être encore le basque ; ce n'était point le provençal[1]. » Ce n'était pas le basque assurément : M. Fr. Michel l'a dit avant moi[2], mais je ne crois pas qu'il ait invoqué contre l'opinion de Fauriel des arguments décisifs. La question mérite donc d'être examinée brièvement. « Aussi loin que « nous pouvons remonter, » dit M. Michel, « nous trou-« vons en Navarre le basque relégué dans les Pyrénées, et « la langue romane régnant dans les villes de la plaine. « Nous pourrions citer cent preuves de ce que nous avan-« çons ici ; nous nous bornerons à trois ou quatre. » Les preuves alléguées consistent en ce que des actes rédigés à Pampelune sont en « langue romane », et toutes, selon M. Michel, « dans le même dialecte roman ». Il y a ici une petite erreur en ce sens que les pièces alléguées appartiennent en réalité à deux dialectes fort distincts, comme nous allons le voir ; mais en somme elles sont en roman et non en basque. M. Michel conclut que si à Pampelune, « à la « porte des Pyrénées basques, on parlait roman, à plus forte raison devait-on employer ce langage à Tudela, « bien plus rapproché de l'Aragon, où le basque n'a jamais « été en usage sinon dans les temps anté-historiques. »

---

1. Introduction, p. xviii.
2. Dans l'Introduction au poème de la Guerre de Navarre, p. xxix.

M. Michel a raison au fond, mais la preuve n'est pas aussi forte qu'il le croit. Actuellement la langue usitée à Pampelune est le castillan, mais à très peu de distance, dans la direction du nord, règne le basque. Or, on a pu constater que depuis le commencement de ce siècle le basque a perdu beaucoup de terrain, reculant devant le castillan. Il n'y a pas plus de soixante ans qu'on parlait encore basque au sud de Pampelune, notamment à Puente de la Reina et à Olite[1]. Ajoutons que la plupart des noms de lieux, jusqu'au Rio Aragon, à 50 kilomètres environ au sud de Pampelune, sont basques. On peut donc considérer comme établi que Pampelune était en plein pays basque. On devait cependant y entendre aussi le roman de la Castille et de l'Aragon, par suite des relations avec ces pays. Et comme le basque ne fut jamais employé au moyen âge comme langue écrite, il est naturel que les actes qu'on n'écrivait pas en latin aient été rédigés en roman. Les documents romans cités par M. Michel ne sauraient donc justifier la conclusion qu'il en tire, d'autant plus que de ces actes l'un est catalan[2] tandis que les autres sont en castillan[3]. Le castillan et le catalan peuvent avoir été écrits et parlés à Pampelune, mais il y aurait contradiction dans les termes à admettre qu'ils y aient coexisté l'un et l'autre avec la qualité d'idiome local et naturel de la ville. Laissons donc Pampelune de côté. Tudèle, sur la rive droite de l'Èbre, était dès le moyen âge en dehors du territoire où régnait le basque. On y parle

---

1. Voy. les recherches de M. Broca, *Revue d'anthropologie*, IV (1875), 43.

2. C'est un acte de 1303, *Hist. de la guerre de Navarre*, p. 375-6.

3. *Ibid.*, p. 400, 441, 529, 541, 544 (pièce écrite par un « Martin Garceytz de Tudela »), 576, etc. D'autres pièces nous montrent le castillan en usage à Olite (p. 382, 392), à Estella (p. 501), etc.

maintenant le castillan prononcé à l'aragonaise, ce qui le rapproche un peu du catalan, et il paraît établi qu'au moyen âge l'idiome local était encore plus voisin de cette dernière langue[1]. Quoi qu'il en soit, il résultera des observations ci-après que Guillem de Tudèle a écrit dans une langue, ou plutôt dans un jargon, qui ne doit rien — ou du moins rien de notable — au castillan ni au catalan.

Ce jargon est un mélange de provençal et de français. Le français, Guillem en avait sans doute acquis une certaine connaissance par la lecture de nos chansons de geste, dont il paraît avoir été grand amateur, ainsi qu'on l'a vu plus haut[2], et il avait pu se perfectionner au temps de la croisade, en conversant avec les croisés; le provençal, il ne pouvait manquer de l'avoir appris à Montauban. Il ne savait ces deux langues que très imparfaitement.

De prime abord le poème de Guillem semble beaucoup plus provençal que français; mais l'apparence ne répond pas entièrement à la réalité. Il faut considérer que le copiste

---

1. C'est du moins ce que dit Mayans y Siscar, qui constate la grande conformité entre l'aragonais et le castillan, mais ajoute : « aunque antiguamente la [lengua] Aragonesa se conformava mucho mas con la Valenciana, o per decirlo mejor, era Lemosina », *Origenes de la lengua española*, I, 54 (§ 74). La *lengua lemosina*, pour les Espagnols, c'est le catalan. Je crois que Mayans exagère un peu, car Raimon Muntaner constate, au commencement du XIV⁰ siècle, que, si les Catalans et les Aragonais ont un même seigneur, ils se distinguent beaucoup par la langue : « E « sibe Cathalans e Aragonesos son tots de un senyor, la llengua « llur es molt departida » (ch. XXIX, éd. Bofarull). L'examen des documents aragonais du moyen âge montre pourtant qu'il y a quelque vérité dans l'assertion de Mayans. Il y a quelques formes plutôt catalanes que castillanes dans deux actes de Jacme le Conquérant, passés à Tudèle en 1251 et 1253, que cite Helfferich, *Raymond Lull und die Anfænge der Catalanischen Literatur*, p. 47-8, mais, à tout prendre, l'ensemble de ces documents est castillan.

2. P. xlj et suiv.

qui a exécuté notre unique ms. de ce poème était méridional, et qu'entre ce copiste et Guillem il y a eu au moins une ou deux transcriptions faites par des méridionaux. Chacun de ces scribes aura, par instinct plutôt que par esprit de système, fait disparaître quelques formes françaises, de sorte qu'il n'y a guère plus que les rimes qui puissent nous donner une idée de la langue de l'auteur. Cependant, même en dehors des rimes, on peut recueillir un certain nombre de formes françaises qui, n'ayant pu être introduites par les copistes, viennent certainement de Guillem. Je citerai *dama* (français *dame*), 1499, 1557, 2139, *daima* (id.), 1937; *mesira* (*messire*), 1483, 1504; *sira*, 2088[1]; *chivacher* (fr. *chevaucher*), 1469; puis des formes de verbes telles que *seit* (fr. *soit*), 387, 1532, 2030, 2180, *avoit*, 343, *soloit*, 40, *veneit*, 2046, 2057, *vindreit*, 1896, *voleit*, 1879, pour *sia, avia, solia, venia, venria, volia*; des participes tels que *detrenchetz*, 389, *montetz*, 411, *monteia*, 32, *comenseia*, 203, etc. De même, dans le fragment de Raynouard, *avoit*, I, p. 2, en note. Signalons encore *dels* devant des noms féminins : *dels autras viandas*, 1162, *dels espeias*, 2127, *dels peireiras*, 1169, que j'ai corrigé en *dels manganels*, mais qu'il aurait fallu conserver. De même *als albergas*, 2587; *quels*, se rapportant à *peirieiras*, 1181. En provençal il faudrait *de las, a las, que las*, ce qui donnerait aux vers une syllabe de trop. L'auteur a été influencé par le français *des, as, ques*. Ces mots, ces formes, ne sont que quelques individus isolés qui ont échappé au travail des copistes. Voyons les rimes. Je les prends dans l'ordre de la table qui termine le tome Ier.

---

1. Je ne cite pas le *sire* des vers 710 et 734 parce qu'on peut supposer (et la supposition a été faite par Fauriel) que l'auteur a voulu faire parler ici un de ses personnages en français.

-a, XXIX, CXXX. Rimes toutes françaises, car il s'y trouve beaucoup de prétérits, *ama*, 652, *monta*, 653, *parla*, 654, *apela*, 655, etc., qui sont étrangers au provençal.

-ac, -ag, LXXXVI. Rimes toutes provençales, assurées par les noms de lieux *Galhac, Laurac, Moysag, Bragairag*. On y voit figurer *ag* (*habuit*), ce qui n'empêche pas qu'on trouve ailleurs la forme purement française *ot*, tant en rime (58, 70) qu'en dehors de la rime (1495, 1548). Au v. 1918 *pag* est d'un provençal bien douteux, mais ne saurait être français.

-ai, LXIII, LXXI. Rimes provençales. *Sai*, 1442-3, 1462, *lai*, 1622, 1624, *jai*, 1461, *eschai*, 1631, ne sont pas possibles en français.

-ais, XXII. Rimes provençales ; *cais*, 517, n'existe pas en français, et ce n'est pas la seule difficulté qu'on éprouverait à mettre cette laisse en français.

-al, XLIII, XCVII. Dans la première de ces deux tirades les rimes sont à la fois provençales et françaises. Dans la seconde *Nadal* (Noël) est purement provençal. *Lavaur*, au v. 2130, semblerait fautif et on chercherait à le remplacer par quelqu'autre nom de lieu en *al*, s'il n'était garanti par la rédaction en prose. Peut-être toute la rime sonnait-elle en *au* ?

-an, LX, LXXXVIII, XCV, CXXV. Rimes purement provençales.

-ans, XXIII. Cette laisse contient plusieurs rimes où *ans* vient de *ins* ou *ens* qui ne peuvent rimer avec *ans* d'origine qu'en français, et non dans tous les dialectes[1] ; ainsi *ma-*

---

[1]. Voy. mon mémoire sur *an* et *en*, *Mém. de la Soc. de linguistique de Paris*, t. I.

nans, laians (prov. *laïnz*), *sirjans* et des participes présents qui en français seulement reçoivent *an* à la terminaison, *combatans, corrans*.

-ant, IV, LXXII, XCIII, CIX, CXXII. Cette rime ne se distingue de la précédente que par la consonne finale ; elle présente comme cette dernière le mélange purement français de *an* et de *en*. Mais, pourtant, elle ne serait pas entièrement valable en tant que rime française, à cause de quelques mots qui, mis en français, ne rimeraient plus ; ainsi *an*, 1644, fr. *ont* ; *vant*, 2043, fr. *vont*, de sorte que ces laisses, ou du moins deux d'entre elles (LXXII et XCIII) ne sont en réalité correctes ni en français ni en provençal.

-ar, XIX, XL, LXXVII, LXXXIII, CXV. Rimes purement provençales, qui mises en français offriraient un mélange inadmissible de finales en *-er* et *-ier*, sans compter *afar*, 907, 1732, *far*, 1737, *Bar*, 1742, etc., qui ne sont possibles qu'en provençal.

-as, XCIX. Purement provençal.

-atz, XXIV, XXX, XCI. Rimes purement provençales. Mises en français elles offriraient un mélange de finales en *ez* et *iez*; de plus *gatz*, 682, serait *chas*. Les futurs (2ᵉ pers. du plur.) *-atz* (553-4, 1997, 2000, 2004, 2006) ne sont pas sans exemple. Il est manifeste que l'auteur a voulu rimer en *atz*, quoiqu'il n'y soit pas arrivé sans faire aux règles de la déclinaison quelques menues infractions. Je crois, comme je l'ai déjà indiqué dans la première partie de ce chapitre, qu'on peut admettre des infractions du même genre pour les laisses VIII, LI, LVIII, LXVIII, indiquées dans ma table comme offrant des rimes en *-atz* et en *-at* mêlées, et dès lors les remettre toutes en *-at*.

Le peu d'espace dont je puis encore disposer ne me permet pas de poursuivre jusqu'au bout l'étude des rimes ; il en est cependant deux qu'il est indispensable d'examiner ; la rime *-ea*, *-eia* et la rime *-ot*.

ea, *eia*, XVII, LXVI, XCII, CXVI, CXXVIII, CXXXI. Il y a contradiction entre cette rime et celle en *-ada* de la laisse XII. Comme Guillem a la rime en *-at*, il semble naturel qu'il ait aussi celle en *-ada*, et par suite on pourrait être tenté de rétablir sous cette forme purement provençale tout ce qui a la terminaison plutôt française *ea*, *eia* (fr. *ée*). Mais à l'encontre de cette idée on peut faire valoir des arguments décisifs. D'abord il n'est pas à supposer que les copistes méridionaux, par les mains de qui a passé l'écrit de Guillem, aient introduit des formes françaises à la place de formes provençales, tandis que l'hypothèse inverse est vraisemblable : la laisse XII peut avoir été rimée en *-ée* et corrigée en *-ada*. Ensuite il y a dans ces laisses un mot au moins qui ne peut recevoir la terminaison *-ada* ; c'est *guerreia*, 1519. La terminaison *-ea* ou *-eia* est par là garantie. Peut-être Guillem avait-il écrit, à la française, *-ée*, mais de toute façon ses rimes sont mauvaises, car en français correct les unes devraient être en *-iée* et les autres en *-ée*, sans parler de *guerreia* du v. 1519, qui en français serait *guerreie* ou *guerroie*[1].

-ot, III. Les quatorze rimes de cette laisse sont intéressantes : sept (*apelot, puiot, amenot, amot, alot, predicot, preiot*) sont de ces imparfaits de la première conjugaison qu'on qualifie ordinairement de normands, mais qui en

---

1. Dans le voisinage des Alpes, la finale latine *-ata* devient, non *-ada*, mais *-aya* ou *-eia* ; voir les *Chants populaires de la Provence* publiés par D. Arbaud (recueillis pour la plupart dans les Basses-Alpes). Il y a déjà des exemples de cette forme dans le *Ludus sancti Jacobi*. Mais il va sans dire que ce dialecte n'a pu avoir aucune influence sur G. de Tudèle, qui aura certainement visé à faire des rimes françaises.

réalité appartiennent à tout l'ouest des pays de langue d'oïl (Normandie, Anjou, Poitou, Saintonge) et qui se montrent parfois dans des textes du centre[1]. *Estot*, 60, serait à joindre à cette liste, si le sens permettait de le rattacher à *ester*, mais comme c'est indubitablement l'imparfait du verbe *estre*, il faut admettre que Guillem a fait un barbarisme. Les autres rimes sont *ot* (*habuit*), *mot*, *sot* (*sapuit*), *sot* (adj.), *tot*. Il est bien évident que l'auteur a voulu faire des rimes françaises ; mais il y a mal réussi, car sans parler du barbarisme *estot*, il a admis deux rimes en *o* fermé, *mot* et *tot*, entre des rimes en *o* ouvert. On peut croire que ce qu'il savait de français, il l'avait appris plutôt par la lecture que par l'audition.

Tout incomplète qu'elle est, cette étude des rimes de Guillem suffit à montrer que la langue de cet auteur est un mélange irrégulier de provençal et de français. Les proportions de ce mélange ne se peuvent déterminer avec certitude, parce qu'il est assuré que les copistes ont fait disparaître mainte forme française, mais au moins savons-nous que la proportion de l'élément français devait être dans le ms. de Guillem plus forte que ce qu'elle est dans notre unique ms. du poème.

Un auteur qui use avec aussi peu de discrétion des formes de deux idiomes donne à penser par cela seul qu'il n'a qu'une connaissance très imparfaite de l'un et de l'autre ; présomption qu'on pourrait aisément convertir en certitude si on prenait la peine de relever dans les 2768 vers de G. de Tudèle les formes nombreuses qui ne sont réellement correctes en aucun dialecte ni du nord ni du midi de la France.

---

1. *Raclot*, dans *Ogier le Danois*, 4633 ; *Alexandre*, éd. Michelant, p. 309, toute une laisse ; J. de Meung, *Rom. de la Rose*, éd. Michel, II, 81, *honorot* (rimant avec *ot*); *ibid.*, 157, *pensot* (rimant avec *sot*).

J'ai déjà cité *estot*, faux imparfait du verbe *estre*, dans la rime en *ot*; je pourrais citer *paianor*, 361, qui à la vérité est provençal, mais ne peut s'employer comme ici (*la paianor* au sens de « la terre payenne »), ce mot, dans tous les exemples que j'en connais, étant construit comme un génitif pluriel, qu'il est en effet. De même encore *companhor*, 352, qui paraît être un pur barbarisme, amené par la rime, et tant d'autres que je ne puis mentionner faute de place. Guillem de Tudèle est pour la langue comme pour les idées un écrivain bâtard qui se tient à mi-chemin entre le parti croisé ou français et celui de Toulouse, et ne peut qu'être désavoué par l'un et par l'autre.

XII. L'auteur anonyme de la seconde partie : versification et langue.

1. Versification.

Laisses. — La seconde partie du poème est beaucoup plus considérable que la première, puisqu'elle comprend 6810 vers (du vers 2769 au vers 9578). Néanmoins elle n'a que 83 laisses, tandis que G. de Tudèle nous en offre 131. La moyenne des vers est donc pour le second auteur de 82 vers par laisse. Remarquons qu'au début, le poète, influencé peut-être par l'exemple de G. de Tudèle, fait ses laisses relativement courtes, quoique déjà plus longues que celles de son devancier[1]. Les 26 premières ont en tout 1213 vers

---

1. S'il était sûr que l'auteur anonyme se fût appliqué dans le commencement à ne pas trop dépasser la longueur des tirades de la première partie, ce serait une preuve qu'il aurait eu sous les yeux le poème inachevé de Guillem de Tudèle et qu'il se serait proposé de le continuer. Telle est l'opinion que je considère comme la plus probable; toutefois je ne voudrais pas trop insister sur l'argument tiré de la longueur des laisses.

(2769-3981), ce qui donne une moyenne de 46 vers par laisse. La plus courte est la laisse CXLII qui a 21 vers ; vient ensuite CXXXVI avec 24 vers[1]. Les deux plus longues sont CCXI avec 184 vers, et CCIV avec 165. Chaque laisse est terminée, comme chez Guillem de Tudèle, par un vers de six syllabes, ou de sept quand la terminaison est féminine. Mais ce petit vers ne rime pas avec la laisse qui suit : il est reproduit, au moins en substance, dans le premier vers de la laisse suivante, de sorte que ce petit vers forme la fin d'une laisse et le début d'une autre. Cette disposition est celle de la *cobla capfinida* des *Leys d'amors*[2]. Elle se retrouve dans la plupart des tirades du poème de G. Anelier sur la guerre de Navarre[3], et est fréquente dans la poésie des troubadours[4]. Il y en a aussi des exemples dans la poésie française[5].

Rimes. — J'ai dit plus haut que les rimes employées par l'auteur de la deuxième partie sont peu nombreuses. Il y en a 29 en tout, dont trois féminines seulement, les unes et les autres des plus communes que puisse fournir la langue. Le poète abuse des ressources presque infinies qu'offrent les finales *atz, ens, or,* en homme pressé d'écrire et peu soucieux de la forme. Il rime exactement — l'assonance, qui de son temps tombait en désuétude dans le Nord, n'avait jamais été d'un emploi fréquent dans le Midi — mais il se permet bien des licences. Ainsi il altère le nom de l'évêque Folquet en *Forquiers,* 8469[6] ; il admet à la rime *laens*

---

1. Je ne compte pas CLVII qui a également 24 vers, parce qu'il y a visiblement une lacune après le v. 3976.
2. I, 280.
3. Voy. ci-dessus, fin du § VI.
4. Voy. Bartsch, *Jahrbuch f. romanische Literatur,* I, 178-80.
5. Voy. par ex. le dit dont M. Fr. Michel a publié quelques couplets dans la préface de ses *Lais inédits.*
6. L'altération des noms propres en vue de la rime n'est pas

(pour *laïns*, fr. *leans*), 8670, ou même *laent*, 7540, selon que la rime va en *ens* ou en *ent*. De même *tens* pour *tans*, 8612, *prezens* pour *prezans*, 8637[1], et par contre *valhans* pour *valens*, 6121[2]. Il ne se fait aucun scrupule de donner aux mêmes participes la terminaison *es* et la terminaison *is*, selon les rimes ; ainsi *ases*, 3515, *mes*, *malmes*, *promes*, etc., 2909, 2914, 2920, 3479, etc., et *pres*, *empres*, etc., 2916, 2919, 2920, *comques*, *enques*, 3498, 3504, *merces*, 3540, — et *asis*, 7085, *malmis*, 7092, *tramis*, 7093, *pris*, *espris*, *sobrepris*, 7077, 7084, 7091, *comquis*, 7095, *mercis*, 7149. Il faut dire que beaucoup de troubadours en ont fait autant[3]. Une licence plus grave et dont je ne connais pas d'exemples aussi anciens consiste à placer en rime des finales atones, notamment la finale *-es*, en des cas où l'*e* n'est qu'une voyelle d'appui produite par un groupe de deux consonnes : *avesques*, 8028, *chaples*, 8005, 8033 (le même mot, régulièrement accentué, 4888, 5184[4]), *clergues*, 8946, *crestianesmes*, 8059, *Jaques*, 8988, *joves*, 8943, *pobles*, 8962, *Sicres*, 8962, *torres*[5], 8964, *Ugues*, 8997. Les exemples d'autres

un fait rare : il y en a divers exemples dans Girart de Roussillon et en général dans la poésie épique. Ainsi, dans Aubri le Bourguignon, le même personnage est appelé tantôt *Fouques* (précisément le même nom que dans notre poème), *Fouchier*, *Fouqueré*, et même une fois, dans une rime en *i* (éd. Tobler, 198, 21), *Fouqueri*.

1. On trouve de même dans le poème de Guerre de Navarre, en rime, *amens* 3983, *enens* 4001.
2. C'est une forme française (*vaillant*). Il y a aussi *sarjans*, 2829 et 2870, mais en dehors de la rime et simplement parce que l'auteur a jugé bon de conserver à ceux que désigne ce mot le nom qu'ils avaient dans l'armée croisée.
3. Voy. par ex. Bartsch, *Peire Vidal's Lieder*, p. LXXVII.
4. Il y a aussi *chapleus*, 4562, qui paraît avoir été affublé, en vue de la rime, d'un suffixe qui ne lui est pas habituel.
5. Cet exemple n'est pas très sûr, parce qu'il y a *els torres*, et

finales atones placées en rime sont plus rares, mais on peut citer cependant *setis*, 7119, *Joris*, 7140 (paroxyton, 5796, 7950, 7999, 8870, 8908, 8937), *savis*[1], 7153; *prendo*, 5097, *contendon*, 7814[2]. Signalons encore l'introduction parmi les rimes en *-ans* de deux finales qui n'y sauraient légitimement prendre place, l'une en *-as* fermé, l'autre en *-anh* : *Alans*, 4162, 6061 (*Alanus*), qui partout ailleurs qu'à la rime est *Alas*[3], et *estrainhs*, 6101, *gazan*[*h*]*s*, 6109.

Elision. — Les cas de non-élision d'une finale féminine, suivie d'un mot commençant par une voyelle, sont fréquents :

> El reis manda a totz, 2782 ;
> que Dieus salve e gar, 2802 ;
> sia essems mesclatz, 2834 ;
> per rama e per blatz, 2835.

qu'il est difficile d'admettre *els* pour *e las* en provençal; cependant, comme il y en a un autre exemple (*els armas*, 4534), je l'admettrais à la rigueur. M. Chabaneau pense que *torres* est pour *torriers*, mais d'abord il ne s'agit pas ici de *touriers* : c'est *tour* qu'il faut entendre. Puis la rime repousse une finale en *iers*. M. Chabaneau invoque à tort *nés*, 4106, qui est un mot français (il s'agit de Guillaume au court *nez*) et qui rime à peu près.

1. Exemple fort douteux. Voy. les Add. et corrections.
2. Ces rimes en *o* atone ne sont pas rares dans la *Guerre de Navarre* de Guill. Anelier (v. 21, 22, 26, 1463, etc.). Ailleurs, dans Guiraut Riquier, par exemple, et Matfre Ermengaut, on rencontre d'autres finales atones (surtout en *es* ou en *e*) rimant avec des toniques : voy. Bartsch, *Denkmæler d. provenz. Liter.*, p. 319, et *Zeitschrift f. romanische Philologie*, II, 131 ; Mussafia, *Handschriftliche Studien*, III, p. 4 (*C.-r. de l'Ac. de Vienne*, XLVI, 410). Les *Leys d'amors* citent la rime *bes-Alexandres*, la regardant comme vicieuse, mais comme pouvant être excusée « en los dictatz anticz » (III, 6, 8).
3. On trouve chez certains troubadours des exemples du mélange d'*-ans* ayant l'*n* instable (*-as* estreit de Faidit) avec *-ans* ayant l'*n* stable ; voy. Bartsch, *Denkmæler*, p. 332 (note sur 179, 4).

Les exemples contraires sont naturellement très nombreux, et il me paraît superflu d'en citer aucun.

L'élision des monosyllabes est fréquente :

> e aquo espessamens, 2849 ;
> ab sen e ab escient, 3202.

2. Langue.

Dans les observations qui suivent, et qui ne sont qu'un choix restreint entre celles que suggère le second poème, plusieurs s'appliquent plus vraisemblablement à la langue du copiste qu'à celle de l'auteur. Il n'est pas toujours facile de distinguer l'une de l'autre : les rimes, dont l'examen fournit ordinairement le moyen d'opérer le départ, ne seraient pas dans le cas présent un guide sûr, à cause des licences que l'auteur s'est accordées, outre que ces rimes, par cela qu'elles sont peu nombreuses, ne nous font pas connaître une grande variété de sons. Je commencerai par signaler quelques faits de phonétique qui me paraissent propres au copiste, qu'il n'y a du moins aucune raison d'attribuer ni à G. de Tudèle ni à son continuateur.

i suivi de *l* devient souvent *ia*; ainsi *viala* (voir au vocabulaire), *fial*, 7847, *mialsoldor*, 2888, *umialmens*, 3406. Ce développement de l'*i* se rencontre dans le sud de l'Auvergne et dans l'Albigeois à partir de la deuxième moitié du xiii° siècle (ce qui est l'époque de notre ms.). *Viala* se trouve à diverses reprises dans la charte de Calvinet (sud du Cantal), datée de 1260[1] ; aussi, et très fréquemment, dans les compoids d'Albi (xiv°-xvi° siècle)[2] : *abrial* (avril),

---

1. Fr. Michel, *Hist. de la guerre de Navarre*, p. 777.
2. Isid. Sarrasy, *Recherches sur Albi à l'aide des anciens cadastres de la cité.* Albi, 1860-2. Cet ouvrage renferme aussi quelques extraits de chartes d'Albi du xiv° siècle.

p. 343, *mial* (mil), p. 237, 389, 390, *piala* (pile), p. 247.

ai est employé pour *ei* dans *maitat*, 178, 1271, *maitetz*, 585, *maitadatz*, 6637, 9313 ; cf. *saisanta*, compoids d'Albi, p. 147.

au prend la place d'*eu* dans *iau*, 126, 1247, 1452, *siaus*, 1200, 4558 ; de même, à Albi : *alhiauramen*, p. 75, *Bertomiau*, p. 105, 174, 193, *ciautat*, p. 193, *iau*, p. 194-5, *liauras, lhiauras*, p. 193-4, *Matiau* (Mathieu), p. 224, *Monjuziau*, p. 192-3, *reciauta*, p. 193[1].

Dans le second poème nous rencontrons un assez grand nombre de cas où *ei* est substitué à la forme *ai*, plus fréquente dans le même texte, soit pour le latin *habeo*, soit, ce qui revient au même, à la première pers. sing. du futur : *ei*, 2794, 3560, 3618, 5074, 5321, *aurei*, 5058-9, *cobrarei*, 5059, *destruirei*, 5368, *farei*, 3644, 3802, 4787, 5056, *intrarei*, 5006, *verei*, 5006, *voldrei*, 2775, 3650. — De même *sei* pour *sai* (je sais), 3039, 5368.

Le son *ei* venant d'*ai* se réduit à *é* (ou *è?*) dans les futurs *diiré*, 3008, 3873, 5061, *donaré*, 3986, *faré*, 5304, *recebré*, 4646[2].

L'affaiblissement du son *ai* en *ei* appartient aussi à

---

1. On trouve dans le mystère de sainte Agnès *Diau* pour *Dieu*, 308, 326, 328, 336, etc., *miaus, tiaus* pour *mieus, tieus*, 416, 436, *iaus* pour *ieus*, 1214. Des exemples du même fait ont été signalés ailleurs encore, voy. Bartsch, *Denkmæler*, p. 324 (note sur 72, 1), mais toujours dans des textes d'une origine incertaine.

2. On rencontre les futurs en *-e* dans des textes du xive siècle, mais en des cas où le son (ouvert ou fermé) ne se laisse pas déterminer avec certitude ; voy. Bartsch, *Denkmæler*, p. 328 (note sur 116, 13) ; M. Bartsch se trompe certainement en croyant découvrir là une trace d'influence espagnole.

l'Albigeois. Je trouve en effet *ei, farei* dans une charte passée en 1248 à Gaillac[1], et, un peu plus tard, en 1311 et 1313, dans des chartes originaires du même arrondissement[2], *iei, gardariei, mostrariei, seriei*, où de plus on remarque le développement d'un *i* parasite[3].

Ces faits, toutefois, ne prouvent pas absolument que le ms. du poème ait été exécuté en Albigeois, parce qu'ils peuvent venir d'un ms. antérieur.

Examinons maintenant quelques autres faits qui remontent certainement à l'auteur.

J'ai indiqué au vocabulaire plusieurs exemples de *senhs, sens* (sanctus), au cas régime du sing. *sent*, qui se trouvent en rimes. *Sants* (sanctos) se trouve aussi en rime (6091); mais il est probable que la forme *sens, sent*, de beaucoup la moins généralement usitée, représente la prononciation habituelle de l'auteur. Il est tout naturel qu'il ait connu la forme avec *a*, encore qu'elle ne fût pas la sienne propre, mais il l'est moins qu'il ait pu connaître la forme avec *e*, s'il était d'un pays où elle n'existait pas. Si donc *sens, sent*, appartient proprement à la langue de l'auteur, nous avons là un indice d'origine qui n'est pas sans valeur. Cette forme se rencontre dans les chartes de Saint-Pierre de

---

1. Rossignol, *Monographies communales du Tarn*, II, 391.
2. *Bibliothèque de l'École des chartes*, 2, III, 250, et XXX, 579.
3. On peut mentionner ici la réduction qu'on remarque dans les prétérits dont la finale, au lieu d'être *ei*, est *è* (ou *é?*) : ainsi *laiche* 4645, *rende* 3235. Il faudrait trouver ces mots en rime pour déterminer le son (ouvert ou fermé) de la finale, mais il n'y a pas, dans tout le poème, de rimes où ils aient pu prendre place. Dans mon édition j'ai corrigé *laiche* en *laiche[i]*, mais la réduction de *-ei* à *-e* est aussi naturelle pour le prétérit que pour le futur.

Lézat[1], au sud de Toulouse[2] et plus à l'ouest, à Bagnères[3] et en Béarn[4]. Comme la langue offre dès Bagnères des caractères très marqués qui ne se trouvent pas dans notre poème, c'est plutôt le pays de Foix qui aurait été la patrie de l'auteur. Nous avons vu plus haut (p. lviij et suiv.) qu'il était du diocèse de Toulouse, sans être Toulousain ; or Pamiers et Foix étaient au XIIIe siècle (jusqu'en 1295) compris dans ce diocèse.

Notre auteur, pressé de rimer, use et abuse des concessions faites aux auteurs de poèmes de longue haleine, et que les *Leys d'amors* autorisent ou du moins tolèrent. Dans la déclinaison comme dans la conjugaison il admet diverses formes reçues de son temps dans le langage parlé et dans les écrits sans prétentions littéraires, mais ordinairement bannies de la poésie. Ainsi *coms* (lat. *comes*) est plus d'une fois employé au cas régime du singulier, 5264, 6242, 6347, 8678[5], au lieu de *comte*. Il en est de même pour *senher* et *abas*[6]. Des exemples pareils se trouveraient en grand nombre en d'autres textes du XIIIe siècle[7].

Les *Leys d'amors* réprouvent l'usage de l'imparfait du

---

1. Canton du Fossat, arr. de Pamiers.
2. Voir mon *Choix d'anciens textes*, partie provençale, n° 52. Je vois aussi *Sent Roma* dans une charte écrite en 1208 par le notaire du comte de Toulouse (Teulet, *Layettes du Trésor*, I, 314 b), mais nous ne savons pas d'où était originaire ce notaire.
3. *Musée des Archives départementales*, p. 169.
4. *Choix d'anciens textes*, partie prov., n° 54.
5. Dans le texte j'ai fait à ces passages des corrections que je retire maintenant, comme aussi l'indication du vocabulaire où *coms*, cas régime, est donné comme propre à la première partie.
6. Voy. Chabaneau, *Revue des langues romanes*, 2, I, 203, note.
7. *Coms* et *vescoms*, au cas régime dans la vie de Gaucelm Faidit (*Parn. occit.*, p. 101), plainte du vicomte de Soule en 1252 (*Romania*, V, 371), etc.

subjonctif en *a* : il ne faut pas dire *fossa, fossas, fossa*, mais *fos, fosses, fos*[1], qui est en effet plus étymologique. Néanmoins la forme avec cette terminaison *a*, qui fournissait une conjugaison si facile[2], se trouve déjà au XII° siècle dans le fragment de la traduction limousine de saint Jean (*jaguessa*, XIII, 25). Elle est des plus fréquentes dans le second poème, et y présente en certains cas cette particularité que la finale *-am, -atz* (1re et 2° pers. du plur.) est traitée comme atone ; voy. aux Addit. et corr. la note sur le v. 5002. Ce n'est pas là un caractère de dialecte bien important, puisque cette forme allongée se rencontre en diverses parties du Midi, mais je dois noter qu'elle n'est pas étrangère au pays de Foix d'où je suppose que l'auteur était originaire, car je trouve *agessas*, en 1176, dans un acte d'hommage de P. de Saint-Félix[3] au comte de Foix[4].

XIII. Conclusion.

Je terminerai par quelques mots sur la présente édition, et d'abord je parlerai du texte.

Le ms. de la chanson est assez peu correct. Les incorrections qu'il présente peuvent être distribuées en deux classes. Les unes altèrent le sens et parfois le détruisent tout à fait ; celles-ci ont pour cause l'ignorance ou l'inattention du scribe qui a exécuté notre unique ms. du poème, ou de ses devanciers. Les autres consistent en de simples modifications de forme comme on doit s'attendre à en trouver dans tout

---

1. *Leys d'amors*, II, 396.
2. Celle de l'imp. de l'ind., du présent du subj. dans les verbes non en *ar*, et des conditionnels.
3. Canton de Tarascon-sur-Ariège.
4. Arch. nat., J 879, n° 21.

ms. qui n'a pas été exécuté par l'auteur lui-même ou sous ses yeux. Les altérations de cette seconde catégorie ne peuvent manquer d'être particulièrement nombreuses dans la partie composée par Guillem de Tudèle où la langue, par son irrégularité même, provoquait pour ainsi dire les corrections plus ou moins arbitraires des copistes. La seconde partie, œuvre d'un homme du Midi écrivant sa langue, a dû être plus respectée par les scribes, mais toutefois, comme on l'a vu au paragraphe précédent, les éléments font défaut pour rétablir avec certitude la langue de l'auteur. A plus forte raison est-il à peu près impossible de restituer à sa forme originale la langue mélangée de G. de Tudèle. Par suite, je suis arrivé à la conclusion que le parti le plus prudent était de s'en tenir à la *graphie* de l'auteur. Cette idée n'était pas, tandis que le premier volume s'imprimait, aussi arrêtée chez moi qu'elle l'est maintenant. De là certaines corrections orthographiques qu'il eût mieux valu ne pas faire, de là quelque inconséquence dans la façon de traiter des cas identiques. Le défaut de conséquence est d'ailleurs sans importance parce qu'il s'agit de faits ordinairement assez insignifiants, et surtout parce que les leçons rejetées du texte sont enregistrées au bas des pages. Quant aux altérations beaucoup plus profondes de la première catégorie, elles ont nécessité de ma part un très grand nombre de corrections dont les unes, celles qui m'ont paru assurées, ont pris place dans le texte, les autres, plus ou moins hypothétiques, étant proposées en note, avec ou sans point d'interrogation, selon le degré de probabilité que je leur attribue. Je me suis aidé, non sans profit, de la rédaction en prose que le premier éditeur avait complètement négligée. Malheureusement, ce remaniement tardif de notre poème abonde en inexactitudes de tout genre et bien souvent n'offre qu'un abrégé de l'original. Désireux d'appeler l'attention des personnes compétentes sur un texte qui, bien que publié depuis 1837, n'avait jamais été étudié avec critique à aucun point de vue, j'ai fait choix de douze passages entre ceux qui présentaient des difficultés pour moi insolubles, et, dans un article spécial [1], j'ai avoué mon impuissance à les expliquer, les soumettant à l'examen de plus habiles. N'ayant reçu aucune réponse satisfaisante, je n'ai pas recommencé l'expérience. Du moins ai-je pris soin, soit par des notes, soit par de simples points d'interrogation, d'indiquer aux critiques les endroits où il convient que leur attention se porte. Le seul secours qui me soit venu du dehors m'a été apporté par un philologue très versé dans la connaissance du provençal, M. Chabaneau, qui, en deux articles publiés par la *Revue des langues romanes* [2], a proposé un grand nombre de corrections au premier volume. De ces corrections, la majeure partie se rattache à des questions de formes, en elles-mêmes intéressantes, mais qui n'affectent pas le sens. Parmi celles qui impliquent une modification du sens, il en est plusieurs que j'ai adoptées, comme on le verra soit dans les notes de la traduction, soit dans les additions et corrections jointes au second volume. Le défaut de place ne me permettait pas de discuter celles que je n'ai pas cru pouvoir admettre; mais toutes ont été de ma part l'objet d'un examen attentif.

Le vocabulaire, bien qu'ayant une étendue que d'ordinaire on n'accorde pas aux vocabulaires spéciaux, pourrait cependant recevoir encore mainte addition utile, surtout en

1. *Romania*, V, 267-77. — Depuis j'ai trouvé la solution d'une des douze difficultés, celle du v. 511. Voy. les Additions et corrections du t. I.

2. Deuxième série, I, 192-208 et 352-63.

ses premières pages. Les notes que j'ai recueillies à ce sujet depuis la publication du tome Ier auraient formé un supplément trop considérable pour être ajouté aux *additions et corrections*, déjà bien longues, imprimées à la fin du t. II.

La traduction était de beaucoup la partie la plus aisée de ma tâche. Guillem de Tudèle et son continuateur n'ont rien de commun avec Marcabrun ni Arnaut Daniel, et là où le texte est bien établi, il est rare que le sens soit difficile à fixer. Entraîné par l'exemple de Fauriel, de qui la traduction est en général assez littérale, ce qui ne veut pas dire fidèle, j'ai serré le texte de très près. De trop près certainement, car plus j'avançais dans mon travail et plus j'acquérais la conviction qu'un ouvrage tel que notre poème ne doit pas être traduit littéralement. Les mots y ont une valeur très variable selon la place qu'ils occupent dans le vers. Le besoin de rimer a conduit les deux auteurs, surtout le second, à employer une quantité de formules qui ne sont guère que des chevilles, et dont le lecteur qui lit le texte sait apprécier la portée. Mais dans la traduction, où il n'y a pas de rimes, tous les mots ont leur pleine valeur : ce qui n'est en réalité qu'un pur remplissage, auquel l'auteur n'attachait aucune importance, a l'air d'exprimer une idée. De sorte qu'en un certain sens on devient d'autant moins exact qu'on cherche à l'être davantage.

L'annotation historique était une œuvre autrement difficile et importante. Je suis convaincu que tous les personnages mentionnés dans le poème ont vécu et agi dans les circonstances où Guillem de Tudèle et son continuateur les font vivre et agir. La démonstration détaillée de ce fait doit assurer au poème une autorité qui, jusqu'à présent, ne lui a pas été suffisamment reconnue. Il ne m'a pas été possible, je le regrette, de joindre à chaque nom un renseignement ou un témoignage contemporain. J'ai dû me contenter des documents imprimés qui sont parvenus à ma connaissance, et de celles des pièces manuscrites que renferment les dépôts de Paris. Le dépouillement des archives de Toulouse qui s'opère en vue de la nouvelle édition de D. Vaissète mettra probablement au jour des documents qui aideront à combler les lacunes de mon commentaire. Pour ce commentaire comme pour l'édition du texte, le lecteur voudra bien considérer que j'ai eu sur presque tous les points à frayer la voie.

Décembre 1878.

TABLE DE L'INTRODUCTION.

I. Observations générales sur la composition du poème.   j
II. Sources de l'histoire de la croisade contre les Albigeois : les actes . . . .   iij
III. Les récits : Pierre de Vaux-Cernal . . . . . .   viij
IV. Les récits : Guillaume de Puylaurens . . . . .   xiij
V. Récits épisodiques   xix
VI. La chanson : manuscrits existants ou perdus ; rédaction en prose ; Guillem Anelier, imitateur de la chanson   xxiv
VII. Guillem de Tudèle : circonstances et date de la composition. . . . .   xxxj
VIII. Guillem de Tudèle : caractère et valeur de son récit.   xxxix
IX. L'auteur anonyme de la seconde partie de la chanson : circonstances et date de la composition. .   liv
X. L'auteur anonyme de la seconde partie de la chanson : caractère et valeur de son récit   lxiv
XI. Guillaume de Tudèle : versification et langue . .   xciij
XII. L'auteur anonyme de la seconde partie de la chanson : versification et langue . . . .   cvij
XIII. Conclusion   cxv

CHANSON
DE LA CROISADE
CONTRE LES ALBIGEOIS.

I.

EL nom del Payre e del Filh et del Sant Esperit
Comensa la cansos que maestre W. fit, [(p. 1)
Us clercs qui en Navarra fo a Tudela noirit.
Mot es savis e pros, si cum l'estoria dit ;
5 Per clergues e per laycs fo el forment grazit,
Per comtes, per vescomtes amatz e obezit.
Per la destructio que el conosc e vic
En la geomancia, qu'el ac lonc temps legit,
E conoc quel païs er ars e destruzit
10 Per la fola crezensa qu'avian cosentit,
E que li ric borzes serian enpaubrezit
De lor grans manentias don eran eriquit,
E que li cavalier s'en irian faizit,
Caitiu, en autras terras, cossiros e marrit,
15 Albires e son cor (car era ichernit

---

3. *Raynouard*, Lex. rom. I, 228 (*d'après son fragment ?*) qui fo en N. — 4-6. *Au lieu de ces trois vers le fragment de Raynouard* (Lex. rom. I, 226 et 229) *porte* :

> Pois vint a Montalba, si cum l'hestoria dit :
> S'i estet onze ans, al dotze s'en issit.

9. *Ms.* quel pa er. — 15-8. *Au lieu de ces quatre vers le fragment de Raynouard porte* (Lex. rom. I, 227) :

> Per so s'en issit il, cum avez oït :

E de so que volia apert et amarvit)
Que el fezes un libre que fos pel mon auzit,
Qu'en fos sa savieza e son sen espandit.
Adoncs fe aquest libre es el meteish l'escrit.
20 Pos que fo comensatz entro que fo fenit
No mes en als sa entensa, neish a penas dormit.
Lo libres fo be faitz e de bos motz complit,
E sil voletz entendre, li gran e li petit
Podon i mot apendre de sen e de bel dit,
25 Car aisel qui le fe n'al ventre tot farsit,
E sel qui nol conoish ni no l'a resentit
Ja no so cujaria.

II.

Senhors, esta canso es faita d'aital guia (p. 2)
Com sela d'Antiocha et ayssis versifia,
30 E s'a tot aital so, qui diire lo sabia.
Ben avet tug auzit coment la eretgia
Era tant fort monteia (cui Domni-Dieus maldia!)
Que trastot Albeges avia en sa bailia,
Carcasses, Lauragues tot la major partia.
35 De Bezers tro a Bordel, si col camis tenia,

Al comte Baudoï (cui Jesus gard e guit!)
Vint el, a Brunequel, que mon goy l'aculhit;
Puis lo fist far canonge, ses negut [*l.* negun] contradict,
Del borc Sainct Anthoni, qu'i [*l.* qu'il] l'avoit establit
Ab maestre Tecin que fort o enantit,
E Jaufre de Peitius qui [*l.* que?] lui pas non oblit.

19. Adonc fit el cest l. *Fragm. de Rayn.* (l. l. *p.* 227). — 24. I
poires m. *Rayn.* (*p.* 229). — 28. facha *Rayn.* (*d'après son fragm.?*).
— 35. *Corr.* Sos c.?

A motz de lor crezens e de lor companhia.
Si de plus o diches ja non mentria mia.
Can lo rics apostolis e la autra clercia
Viron multiplicar aicela gran folia
40 Plus for[t] que no soloit, e que creichen tot dia,
Tramezon prezicar cascus de sa bailia.
E l'ordes de Cistel que n'ac la senhoria
I trames de sos homes tropa mota vegia,
Si que l'avesque d'Osma ne tenc cort aramia,
45 E li autre legat, ab cels de Bolgaria
Lai dins a Carcassona on mota gent avia;
Quel reis d'Arago y era ab sa gran baronia,
E qu'en ichit adon[cs] can ac la cauza auzia
Que eretges estavan e aperceubut o avia :
50 El trames sos sagels a Roma en Lombardia.
No sai que m'en diches, si Dieus me benaziga :
No prezan lo prezic una poma porria.
.v. ans, o no sai cant, o tengon d'aital guia,
Nos volon convertir cela gent esbaya,

---

38 *et suiv. Tout autre chose dans la rédaction en prose :* ... de la quala heresia era grand pietat. Et lo S. Payre de Roma ne fouc advertit et certificat; et per y donar ordre et recapte, mandet touta la gleysa militanta, couma son cardinals, evesques, archevesques, et autres prelats generalemen, per venir devers els a Roma, per tener son conseilh sur aquest cas, per veser com s'en devia gouvernar ny proceder; et aysso per abatre e cassar ladita heresia. Er lo qual conseil se troberen touts losdits prelats, ainsi que mandat lor era per lodit S. Payre, per anar contra los eretges. Et dis l'historia et libre que en la deliberation del conseilh tengut per lodit S. Payre et per losdits prelats, et aysso a Roma, fouc dit et apountat que lodit abat de Cisteaux, que dessus es facha mention, loqual era un grand clerc, seria trames en aquestas partidas, *etc.* (Hist. anon. de la Guerre des Albigeois, *nouv. édit.* ... *par un indigène, Toulouse,* 1863, *p.* 2). — 48. *Ms.* a don. — 54. *Ms.* convertit.

55 Qu'en son mant home mort e manta gent peria
E o seran encara tro la guerra er fenia;
Car als estre non pot.

III.

En l'orde de Cistel una abaya ot
Que fo pres de Leire, qu'om Poblet apelot;
60 E si i a[c] un bo home qui abas en estot.
Per so car era savis de gra en gra puiot,
Que d'una autra abadia, Gran Selva (que hom sot
Que el estava lai et hom l'en amenot)
Ad abat l'elegiro; e pueish, a l'autre mot,
65 Fo abas de Cistels per so car Dieus l'amot.
Aicest santimes hom ab los autres alot
Per terra dels heretges, et el les predicot
Ques volcen convertir; e can plus les preiot
Eli plus l'escarnian el tenian per sot. (p. 3)
70 Per so si era legatz, que l'apostolis l'ot
Donat tant de poder quels decaia per tot,
La mescrezuda jant!

IV.

E l'abas de Cistels cui Dieus amava tant,

71. *On pourrait corriger* qu'el, *et faire alors du v.* 72 *non plus une apposition de* los (*qui est compris dans* quels), *mais le complément de* decaia. — 73. *Il manque sans doute au commencement de cette laisse quelques vers dans lesquels l'auteur devait mentionner l'adjonction de Peire de Castelnau à l'abbé de Citeaux. En effet les verbes des vv.* 75 *et* 77 (anavan, van) *sont au plur. bien qu'il n'y ait qu'un seul sujet exprimé, et d'autre part Peire de Castelnau*

Que ac nom fraire A., primier el cap denant
75 A pe et a caval anavan disputan
Contrals felos eretges qui eran mescrezant,
Els van de lors paraulas mot fortment encausant;
Mas eli no n'an cura ni nols prezo niant.
Peyre del Castelnou es vengutz ab aitant
80 Ves Rozer en Proensa ab so mulet amblant :
Lo comte de Tolosa anet escumenjant
Car mante los roters quel pais van raubant.
Ab tant us escudiers qui fo de mal talant,
Per so qu'el agues grat del comte an avant,
85 L'aucis en traïcio dereire en trespassant,
El ferit per la esquina am so espeut trencant,
E pueish si s'en fugit am so caval corant
A Belcaire d'on era, on foron sei parant.
Pero, ans que fenis, sas mas al cel levant,
90 El preguet Domni-Deu, vezent tota la jant,
Qu'el perdo sos pecatz a cel felo sarjant,

apparaît au v. 79 sans avoir été annoncé. La rédaction en prose, bien qu'ici assez libre, conduit à la même conclusion : lo dit abat se partit de Roma an una bela compania que lo dit S. Payre ly baylet de prelats per le accompania en tout et per tout : so es l'archevesque de Narbona et l'evesque de Magalona et lo de Barsalona et aquel de Lerida et lo de Tolosa et autres plusieurs, losquals son partits de Roma an lodit legat; et aussi ly baylet lodit S. Payre per lo servir un tas d'autres gens, tant de gentilshomes que autres, entre losquals era un grand et noble home apelat Peyre de Castelnau, loqual era son mestre d'ostal; et an tant fait per lor jornados, que de neits que de jours, que a S. Gely en Provensa son arribats, la ont lo comte Ramon se tenia per aquela hora (*p. 2*). *La mention des évêques a été tirée d'un autre endroit du poëme* (*vv.* 149-54), *mais ce qui concerne P. de Castelnau doit s'être trouvé au commencement de la présente laisse dans un texte plus complet.* — 78. Mas, *ms.* Mans. — 91. Qu' el, *ms.* Qlh. — 90-1. *La réd. en pr. est muette sur cette circonstance, mais après*

Cant el fo cumenjatz, en la ves lo gal cant ;
El fenic en apres a l'alba pareichant.
L'arma s'en es aleia al Paire omnipotant ;
95 A Sant Gilil sosterran ab mot ciri ardant,
Am mot *kyrieleison* que li clerc van cantant.

V.

Cant l'apostolis saub, cui hom ditz la novela,
Que sos legatz fo mortz, sapchatz que nolh fo bela :
De mal talent que ac se tenc a la maichela ;
100 E reclamet sant Jacme, aisel de Compostela,
E sant Peyre de Roma qui jatz en la capela.
Cant ac sa orazo faita escantit la candela.
Aqui fo fraire A., li abas de Cistela,
E maestre Milos qui en lati favela
105 Els .xii. cardenals totz en una rodela.
Lai fo lo cosselhs pres per ques moc la fiela
Dont motz homes so mortz fendutz per la buela,
E manta rica dona, mota bela piuzela,
Que anc no lor remas ni mantels ni gonela.
110 De lai de Monpeslier entro fis a Bordela   (p. 4)
O manda tot destruire si vas lui se revela ;
Aisi co m'o retrais maestre Pons de Mela,
Que l'avia trames lo reis qui te Tudela,

avoir mentionné la fuite du meurtrier à Beaucaire, elle ajoute : Car se lo C. Ramon l'aguessa pogut ave ne prendre, n'aguera fait far tala justitia e punition que losdits legat et sa gen ne forent estats contents; car lodit C. Ramon era tant corrossat et marrit deldit. murtre comes et perpetrat per sondit home que james fouc de causa del monde (p. 3). — 96. *Manque le petit vers qui devrait finir la laisse.* — 108-9. *Il se peut qu'entre ces deux vers il en manque un, car le sens ne se suit pas bien.*

Senher de Pampalona, del castel de la Estela,
115 Lo mielher cavalers que anc montes en cela;
E sap o Miramelis qui los Frances captela.
Lo reis d'Arago i fo e lo reis de Castela.
Tuit essems i feriro de lor trencant lamela,
Qu'eu ne cug encar far bona canso novela
120   Tot en bel pargamin.

VI.

Mas l'abas de Cistel qui tenc lo cap enclin
S'es levatz en estans latz un pilar marbrin,
E ditz a l'apostoli : « Senher, per sant Martin !
« Trop fam longa paraula d'aiso e lonc traïn :
125 « Car faitz far vostras cartas e escriure en latin
« Aitals cum vos plaira, qu'ieu me met' en camin,
« E trametre en Fransa e per tot Lemozi,
« Per Peitau, per Alvernha, tro en Peiragorzin;
« E vos faitz lo perdo de sa tot atersi,
130 « Per trastota la terra et per tot Costantin;
« E qui nos crozara ja non beva de vin
« Ni mange en toalha de ser ni de matin,
« Ni ja no viesca drap de carbe ni de lin,
« Ni no sia rebost, si mor, plus c'un mastin. »
En aquest mot s'acordo tuit, can venc a la fin,
135   Al cosselh que lor dona.

VII.

Cant l'abas de Cistel, la ondrada persona

---

116. *Ms.* Miramamelis ; *dans le même vers* Frances *est inadmissible, comme Fauriel l'a déjà remarqué; corr.* paias ? — 126. ieu, *ms.* iau.

(Que poih fo eleihs arsevesques de Narbona,
Le mielher el plus pros qu'anc i portes corona)
Lor ac dat lo coselh, negus mot no i sona,
140 Mas cant de l'apostoli, que mot fetz cara trona :
« Fraire, » so ditz lo papa, « tu vai vas Carcassona
« E a Tolosa la gran que se sobre Guarona,
« E conduiras las ostz sobre la gent felona :
« De part de Jhesu Crist lor pecatz lor perdona
145 « E de las mias partz los prega els sermona [bona. »
« Qu'encausan los eretges demest l'autra gent
Ab tant el s'en depart cant venc a la hora nona,
E ichit de la vila e forment esperona.
Ab lui va l'arsevesques que es de Terragona
150 E aisel de Lerida e cel de Barsalona, (p. 5)
E de vas Montpeslier aicel de Magalona,
E d'otral Portz d'Espanha aicel de Pampalona,
E l'evesques de Burcs e cel de Terrasona,
Cest van tuit am l'abat.

VIII.

155   Li abas monta tost, cant an pres lo comjad,
E venc s'en a Cistel on eran ajostatz
Trastuit li monge blanc qui eran coronatz
A festa Santa Crotz, qui es lai en estatz,
Al general capitol, si co es costumat.
160 Vezen tot lor covent lor a messa cantat,
E can fo defenida el lor ag prezicat
E lor ag la paraula e dig e devizat ;
Poichas a so sagel a cadaü mostrat,

145. los, *ms.* lor. — 149-54. *Voy. ci-dessus la note sur le v.* 73.

Co an per tot lo mon, sai e lai, demonstrat,
165 Aitan co te de lonc santa crestiandat.
Donc se crozan en Fransa e per tot lo regnat
Can sabo que seran dels pecat[z] perdonat.
Ancs mais tan gran ajust no vis pos que fus nat
Co fan sobrels eretges e sobrels sabatatz,
170 Car lo ducs de Bergonha s'en es la doncs crozat,
E lo coms de Nivers e manta poestatz.
So que las crotz costero d'orfres ni de cendatz
Que silh meiren el peihs deves lo destre latz.....
E nom mete en plah coment foro armatz
175 Ni com foren garnitz ni co encavalgatz,
Ni lor cavals vestitz de fer ni entresenhatz :
Qu'anc Dieus no fetz gramazi ni clergue tant letrat
Que vos pogues retraire le ters ni la maitat,
Ni ja saubes escriure los prestres nils abatz
180 Qu'a la ost de Bezers lai foro amassatz
Deforas el sablo.

IX.

Quant lo coms de Tolosa e li autre baro
El vescoms de Bezers an auzit lo sermo
Que los Frances se crozan, no cug lor sapcha bo,
185 Ans ne son mot irad si cum ditz la canso.

170-2. *La rédaction en prose a transporté ici une énumération empruntée aux vers* 266-70 *du poëme* : Et adonc entre los autres que se crozaron, s'es crosat lo duc de Burgonya que per aleras era, an toutas sas gens; et aytamben se croset lo comte de Nevers et lo comte de S. Pol, lo comte d'Auxerra, lo comte de Geneva, lo comte de Poytiers et lo comte de Fores, et d'autres grands senhors (*p*. 3). — 173. *Il doit manquer ici un vers ou deux, car la phrase ne finit pas*. — 177. Qu'anc, *ms*. Quant. — 184. crozon, *il y avait d'abord* crozan.

A un parlamen que feiro li clerc sela sazo,
Lai sus a Albenas, venc lo comte Ramon ;
Aqui s'agenolhec e fes s'afliction
Denant mosenher l'abas elh prega quelh perdon.
190 E di que no fara, que no n'avia don,
Si lo papa de Roma els cardenals que i son (p. 6)
Nolh fazian premier calque solucion.
No sai que von diches nin fes longa razon :
Lo coms s'en retorne a coita d'esperon ;
195 Lo vescomte son bot merceia e somon
Que no guerrei ab lui ni nolh mova tenson,
E que sian amdui a la defension,
Qu'ilh nil païs no caian en mal destruction.
El no li dig anc d'o, enan li dig de no,
200 E son se mal partit, el coms s'en vai felo,
E vai s'en en Proenza, az Arle e az Avinhon.

Senhors, oimais s'esforsan li vers de la chanso
Que fon ben comenseia l'an de la encarnatio
Del Senhor Jhesu Crist, ses mot de mentizo,

188. *La réd. en pr. développe dans un sens favorable au comte de Toulouse :...* et com el era innossen en tout et per tout ; et que touchant so dessus, lodit legat s'en devia informa davant tot'obra, et inquirir avant que ly far alcun despect, hayses, ny oltrage ; et qu'el era e se tenia vray servidor de la Gleysa, etc. (p. 3-4). — 195. *La réd. en pr. intervertit les rôles du comte de Toulouse et du vicomte de Béziers* : Et adonc lo viscomte de Besiers, son dit nebot, loqual era anat amb el al dit Albenas, se comenset a dire aldit comte Ramon son oncle.... qu'el era d'opinion qu'els mandessen lors amics, parents e subjets.... alqual viscomte de Beziers lo dit comte Raimon diset totalemen de non de sa demanda (p. 4). *C'est dans le même sens que Fauriel a traduit le v.* 195 : Il s'en va au vicomte son neveu qui le prie. *Le sens n'est cependant pas douteux, cf.* 221-3.

205 C'avia M. CC. e X. ans que venc en est mon,
    E si fo lai e mai can florichol boicho.
    Maestre W. la fist a Mont Alba on fo.
    Certas si el agues aventura o do,
    Co an mot fol jotglar e mot avol garso,
210 Ja nolh degra falhir negus cortes prosom
    Que nolh dones caval o palafre breton
    Quel portes suavet amblan per lo sablon,
    O vestimen de seda, pali o sisclato ;
    Mas tant vezem quel setgles torna en cruzitio
215 Quelh ric home malvatz que deurian estre pro,
    Que no volon donar lo valent d'un boto ;
    Ni eu no lor quier pas lo valen d'un carbo
    De la plus avol cendre que sia el fogairo.
    Dom[n]i-Dieus los cofonda que fetz lo cel el tro
220   E santa Maria maire!

X.

    Cant le coms de Tolosa de cui era Belcaire
    Vit quel vescoms sos botz li era a contraire
    E tug sei enemieg li volon guerra faire,
    Be sap que li crozat ja no tarzaran gaire
225 Que non intron per lui en son prion repaire.
    Per l'arsevesque d'Aux qui era sos compaire
    Trames lai en Gasconha, car li era vegaire
    Qu'el ira al mesatge, no s'en voldra estraire,
    E l'abas de Condom, us clergues de bon aire,
230 R. de Rabastencs qui era bos donaire,

206. lai, *ms.* lan. — 223. enemieg, *ms.* en osmieg. — 224. tarzaran, *ms.* tarzara. — 230. *Réd. en pr.:* ... et aytamben al senhor de Rabastens en Bigorra, ... loqual senhor de Rabastens se nomava

Lo priors de l'Ospital, us bos feziciaire,
Aicestz iran a Roma e pois a l'enperaire ; (p. 7)
Parlaran am lo papa, car cilh son bon gramaire,
De calsque acordamens.

XI.

235 Li mesatge s'en van tost e isnelament
Al plus tost que ilh pogron a Roma batbaten.
No sai que vos anes recomtan longamen :
Tant dizon de paraulas e tant fan de prezent
Qu'am le ric apostoli an fait acordament
240 Del comte de Tolosa, e diirai vos coment :
.VII. castels del[s] plus fortz qu'en sa honor apent
Li metra en ostatges per far son mandament.
Lo papa i trames un clergue mot valent
Que avia nom Milos cui fos obezient ;
245 Cel mori a Sant Geli abans d'un an vertent.
E cant le vescoms saub que hom ditz verament
Quel coms a faita patz, on plus pot se repent :
Bes volgra acordar, si pogues, ichament.....

Bernat de Rabastens (p. 4). — 232. *La réd. en pr. place ici dans la bouche de Raimon VI une longue apologie de sa conduite, sous la forme d'un discours adressé par lui à ses envoyés.* — 244. *Milos, ms. Michols, cf. v.* 1324, *il y a Milo dans la réd. en prose.* — 248. *Il doit y avoir une lacune entre ce vers et le suivant, car la série des idées n'est pas complète. De plus, il y a à l'endroit correspondant de la réd. en pr. (p.* 6-7), *tout un développement qui manque ici, et qui peut se résumer ainsi : le vicomte de Béziers se rend à Montpellier auprès du légat Milon, et demande merci, protestant de son dévouement à l'Eglise. Le légat le repousse sans vouloir rien entendre, et c'est alors que le vicomte se détermine pour la résistance. La réponse du légat étant très-vague dans la réd. en pr.*

Mas el non o volc pendre, tan l'agro e nient!
250 E a fait per sa terra tost somonir sa gent,
A pe e a caval, cels que foron valent;
Dedins a Carcassona aqui las osts atent.
Cels que a Bezers remazo ne foron tug dolent,
Anc no cug n'escapeso ni cincanta ni cent
255   C'om nols meta a l'espaza.

XII.

[1209] Senhor, aicesta osts fo aisi comensada
Si co avetz auzit en la gesta letrada.
Li abas de Cistel fo en la cavalgada,
Ab lui li arsevesque e manta gens letrada,
260 Que mais dura la rota que fan en l'albergada,
Cant van a parlament o a calc' asemblada,
Que la ost de Mila cant es tota ajustada.
De l'autra part cavalga ab tota sa mainada
Lo pros dux de Narbona, sa senha desplegada ;
265 E lo coms de Nivers sa senheir' a auzada,
E lo coms de Sant Pol am bela gent armada,
El coms P. d'Ausorre ab tota sa mainada,
El coms W. de Genoa, d'una terra asazada ;
N'Azemars de Peitieus, c'a sa terra mesclada
270 Al comte de Fores, qu'es soen guerrejada,

pourrait bien avoir été imaginée par l'auteur de ce remaniement ; mais la mention d'une conférence à Montpellier entre le vicomte de Béziers et le légat est trop précise pour n'avoir pas été tirée d'un texte de G. de Tudela plus complet que le nôtre. — 253. *La mention de Béziers a conduit l'auteur de la réd. en pr. à transporter ici le récit des faits qui précédèrent le sac de cette ville* (v. 380-420). — 266. senheir', *ms.* senhen. — 266-70. *Voir la note sur* 170-2. — 269. terra, *corr.* guerra? — 270. soen *n'est pas d'une lecture certaine;*

Ab la gent de sa terra que el a amenada ;
P. Bermons d'Enduza ; e ges tro a la vesprada
Nous auria retrait ni tro a la maitinada (p. 8)
Aisels que de Proensa vengro a la crozada,
275 Estiers la autra gent que i era amasada,
Que per home del mon no pot estre aesmada,
Ses la cavalaria que ja no i er comtada
    Que amenon li Frances.

XIII.

    La ost fo meravilhosa e grans, si m'ajut fes :
280 .xx. melia cavaliers armatz de totas res
E plus de .cc. melia que vilas que pages ;
En cels no comti pas ni clergues ni borzes.
Tota la gens d'Alvernhe, e de lonh e de pres,
De Bergonha e de Fransa e de Lemozines ;
285 De tot le mon n'i ac : Alamans e Ties,
Peitavis e Gascos, Roergas, Centonges.
Anc Dieus no fe nulh clerc per punha que i mezes
Los pogues totz escriure e dos mes o en tres.
Lai es tota Proensa e trastotz Vianes :
290 Dels portz de Lombardia tro aval a Rodes
I vengro tug essems pel perdo que grans es :
Lor senheiras levadas s'en aneron espes.
No cujon trobar ome en trastot Carcasses ;
Tholoza cujan pendre mas acordada s'es ;
295 Carcassona pendran, so dizon, e Albiges.

ques so al, *lecture de Fauriel*, *n'offre aucun sens.* — 275. ama-
sada, *l's a été gratté et surchargé; on pourrait presque lire
amacada.* — 279-99. *Cette énumération manque dans la réd. en
prose.*

Per l'aiga ab navili fan portar lor arnes
E tota la vitalha e los autres arnes.
El comte de Toloza lor va encontra ades :
Que ira ab lor en la ost ben lor a [el] promes.
300 Autra ost de crozatz venc de ves Agenes,
Mas non es pas tan grans co sela dels Franses ;
E mogron de lor terra abans denant .I. mes.
Aqui es lo coms Guis, us Alvernhas cortes,
El vescoms de Torena quis n'es fort entremes,
305 L'ivesques de Limotges e cel de Bazades,
E lo bos arsevesques qui es de Bordales,
L'evesques de Caortz e cel de Aguades,
Bertran de Cardelhac ab cels de Gordones,
B. de Castelnou ab tot Caersines ;
310 Cest prezen Pegua Rocha, que no i troban defes,
E fonderon Gontau e Tonencs an mal mes ;
Mas Cassanolhs es fortz, perque no l'agron ges,
E per la garnizo que l'a mot ben defes,

296. *Il est évident qu*'arnes *s'est introduit à la place d'un autre mot, soit ici, soit au v. suivant.* — 300. *Réd. en pr.* en lo pais d'Agades, *erreur évidente.* — 304. *Ms.* entremetz. — 308. ab cels, *ms.* e cel, *répétition fautive des mêmes mots qui se trouvent au vers précédent. La rédaction en prose, présentant justement à cet endroit une lacune d'un mot ou deux, ne peut être d'un grand secours :* de laquala armada eran caps et principals governados lo comte Gui d'Alvarnhi et lo viscomte de Torena, l'evesque de Limoges, l'evesque de Basades, l'archevesque de Bordeaux et l'evesque de Caours, et l'evesque de Agades, et aussi Bertran de Cardalhac, et.... de Gordo, senhor de Castelnau de Montratier, loqual menava touts los de Quercy an el (*p.* 8). *Dans Vaissète (et dans Bouquet, p.* 120), *il y a entre les points qui marquent la lacune et* de Gordo *le mot* filh, *qui ne paraît présenter aucun sens ici.* — 309. *Comme on le voit par le passage qui vient d'être rapporté, le texte suivi par la réd. en pr. doit avoir été ici différent du nôtre.*

Ques mes dins de Gascos fortment leugiers de pes
315   Que son bon dardasier.

XIV.

Cassanhol asetja l'ostz, e a dins mot a[r]quier
Ab Segui de Balencs, e mot bon cavalier.
Ab tot so lo prezeran si no fos le desturbier
Que lor fe lo coms Guis, car el n'ac gran aver,
320 E si c'ab l'arsevesque s'en pres a tensoner;
No sai co s'en partiro ni cals fo l'acordier.
E cela ost jutgero mot eretge arder
E mota bela eretga ins en lo foc giter,
Car convertir nos volon, tan nols podon preier.
325 E l'ivesques del Poi venc lai de ves Chacer;
Cest ac de la Causada et del Borc mant denier.
Del Borc Sant Antoni, on el venc tot primer,
A l'ost de Cassanolh s'en volra el aler,
Car ilh li paron paucs e vol s' am lor mescler.
330 Aicels de Vilamur venc .I. mal destorber :
Que un garso lor dig que l'ost vol caminer
E que de Cassanolh an fait ja destraper;
E cant ilh o auziron fan lo foc alumner

316. l', *ms.* lo; e, *corr.* c'? — 317. *Réd. en pr.* Segui de Bolonha. — 318. *Pour rétablir ce vers, trop long d'une syllabe, Faur. réduit* le *à* l', *correction inadmissible. Même cas au v.* 529, *où Faur. use d'une autre correction non moins mauvaise. Il faut, ou supprimer* si *dans les deux cas, ou apostropher* no. — 319. car el n'ac gran aver *est une circonstance que ne mentionne pas la réd. en pr.*— 326. *La réd. en pr. développe ce vers, ou peut-être suivait-elle un texte plus complet* : La quala armada venguet per sas journadas ferir et frapar a Causada et al borc Sant Antony, dont lo dit evesque aguet grand soma d'argent de ranso, per que los laissesso esta; so que fec, dont ne fouc fort blasmat (*p.* 9).

E arson lo castel lo dilus a lo ser,
335 E pois si s'en fugiron can la luna lutz cler.
D'aicesta ostz de sai nous volh oi mais parler :
Tornar vos ai a l'autra que fo a Montpeslier.
Lo coms Ramon les guida, que lor a be mestier,
Que vai primers tot jorn e les fai alberger
340 Per la terra son bot qui lo sol guerreger,
  Lo filh de sa seror.

XV.

Lo vescoms de Bezers no fina noit ni jorn
De sa terra establir, car mot avoit gran cor.
En tant cant lo mons dura n'a cav[a]lier milhor,
345 Ni plus pros ni plus larg, plus cortes ni gensor.
Nebs fo del coms R. e filhs de sa seror.
Sest fo catholicals : de so trag az auctor
Mot clerc e mot canonge qu'estan en refrechor ;
Mas, car era trop joves, avia ab totz amor,
350 E sels de son païs, de cui era senhor,
No avian de lui ni regart ni temor,
Enans jogan am lui co si fos companhor.
E tuit sei cavalier e l'autre valvassor
Tenian los eretges, qui en castel qui en tor,
355 Per que foron destruit e mort a desonor. (p. 10)
El meteis ne morig a mot granda dolor,
Dont fo peccatz e dans, per cela fort error.
Pero nol vigui anc mas una vetz, laor
Quant lo coms de Tholoza pres dona Elionor,
360 La plus bona reïna, tota la belazor,

336. aicesta, *ms.* aicestatz. — 338-80. *Manque dans la réd. en pr.* — 349. Mas, *ms.* Mans.

Que sia en crestias ni en la paianor,
Ni tant can lo mons dura tro en Terra Major.
Tant de be no diiria ni tanta de lauzor
Que mais en lieis no sia de pretz e de valor.
365 A ma razo m'en torni. Cant auzi la rumor
Le vescoms de Bezers, e li ostejador
Son de sai Montpeslier, poja el milsoldor
E intrec a Bezers .j. maiti a l'albor,
E enquer jorns no fu.

XVI.

370 Li borzes de la vila, li jove el canutz,
Li petit e li gran sabon qu'el es vengutz.
Tost e isnelamen evas lui son venu;
El lor ditz ques defendan a forsa e a vertu,
Que en breu de termini seran ben socorru
375 « Ieu m'en irai », so ditz, « per lo cami batu
« Lai eves Carcassona, car trop m'an atendu. »
Ab aquestas paraulas s'en es viatz ichu.
Li Juzieu de la vila l'e[n] an apres segu,
E li autre remazo dolent e irascu.
380 L'avesque de la vila qui mot prudome fu
Intret dedins Bezers, e cant fo dechendu,
Al mostier general, on a manta vertu,
Les fetz totz asemblar, e can son aseü
Comta lor dels crozatz comen son esmoü,

366. e, *corr.* que? — 378. *Ms.* zuzieu; le, *corr.* l'en. — 380. *La réd. en pr. (voir ci-dessus, note, sur le v.* 253) *dit expressément que l'évêque, se trouvant près du légat, obtint de lui la permission de faire auprès des habitants de Béziers la démarche dont il s'agit. Cette assertion peut être tirée d'un texte plus complet que le nôtre, comme elle peut aussi avoir été déduite du v.* 416 *du poème.*

385 Qu'abans que sian prezi ni morti ni vencu,
Ni aian lors avers ni lor arnes perdu...
D'aco qu'eli perdran c'ades lor seit rendu ;
Si non o volon faire aremandrant tot nu :
Ilh seran detrenchetz am bran d'acer molu
390   Ses autra demorea.

XVII.

Quant ac l'avesques sa razo afinea
E lor ac la paraula dita e devizea,
Prega los que s'acordo ab clergues e ab crozea
En abans que ilhs passon al trenchant de la spea.
395 Mas al mais del poble sapchatz que no agreia,
Ans dizon ques lairian negar e mar salea   (p. 11)
Que ja sela paraula fos per lor autregea,
Ni no auran del lor que valha una dinnea
Per que lor senhoria fos en autra camgea.
400 Nos cugen ges per re que l'ost agues durea,
Qu'abans de .xv. jors fos tota desebrea,
Car ben tenon de lonc una granda legueia ;
A penas cabon en cami ni en estreia.
Els de la ciptet cujan que fos tant fort fermea
405 E de murs tot entorn enclouza e serrea

386. *La phrase reste suspendue; il est à croire qu'il manque ici un vers ou deux. La réd. en pr. ne serre pas le texte* : per que el lor donava per conseilh que al dit legat baillessen et arredessen la dita vila, los asseguran de no perdre res que aguen, non pas tant solament la valor d'un denier; et que de la perda que els farian el lor promet de los en relevar et satisfar (*p.* 8). *Ces derniers mots sont utiles pour l'intelligence du v.* 387. *Cependant la leçon du poème s'entendrait si on lisait à ce vers* pendran *au lieu de* perdran. — 391. *Corr.* Q. li avesques ac? — 396. *Réd. en pr.* : que plus leu manjarian lors effans (*p.* 8).

Que d'u mes tot entier no l'aguessan forsea.
Per so dig Salamos ad Austria la seneia :
« Que d'aiso que fols pessa falh trop a la vegea. »
Cant conosc li evesques la crozada es mesclea
410 Ni prezan son prezic una poma peleia,
En la mula es montetz que el ag amenea,
E vai s'en vas la ost que s'es acaminea.
Cels que ab lui s'en ichiro an la vida salveia,
E cilh que dins remazo lan an mot car comprea.
415 Si co el oncas pog, ses autra demorea,
A l'abat de Cistel a sa razo comtea
E als autres baros que l'an ben escoutea,
Quels tenon totz per nescis e per gent forsenea.
Be sabon que la mortz lor es aparelhea
420   El trebalhs e la pena.

XVIII.

So fo a una festa c'om ditz la Magdalena
Que l'abas de Cistel sa granda ost amena ;
Trastota entorn Bezers alberga sus l'arena. (p. 12)
Er cuh que aquels de dins cresca trebalhs e pena,
425 C'anc la ost Menalau cui Paris tolc Elena
No fiqueron tant trap els portz desotz Miscena
Ni tan ric pavalho, de nuits, a la serena,
Com cela dels Frances: que, fors del comte de Brena,
Non ac baro en Fransa no i fes sa carantena.
430 Als baros de la vila fo donc malvada estrena
Qui lor dec per coselh c'aicela dioneza.

---

409. *Ms*. C. c. li e. que. — 414. *Corr*. l'an mot cara ? — 421. *Dessin* : La dextruxio de Bezers. — 428. que, *ms*. ques — 431. Qui

E so en palotejar en tota la semana.
Ar aujatz que fazian aquesta gens vilana
Que son plus fol e nesci que no es la balena :
435 Ab lors penoncels blancs que agro de vil tela
Van corren per la ost cridan en auta alena;
Cujols espaventar com fai auzels d'avena
Can los crida els uca e sos drapels demena
   Maiti can fai jorn clar.

XIX.

440 Can lo rei dels arlotz los vit palotejar
Contra l'ost dels Frances e braire e cridar,
Ez un crozat frances aucire e pessejar.
Cant l'agran fait d'un pont per forsa trabucar,
Totz sos truans apela e fals esems justar.
445 En auta votz escridan : « Anem los esarrar ! »
Tan tost com o ag dit s'en van aparelhar
Cascus d'una masseta, c'alres no an, som par;
Plus son de .xv. melia que no an que causar.
En camizas e en bragas comensan a anar
450 Trastot entorn la vila per los murs derocar;
Ins els valatz s'abaton e prezo s'a picar,
Els autres a las portas franher e peciar.
Li borzes cant o viro prezo s'a espaventar;
E cels de la ost cridan : « Anem nos tuit armar ! »
455 La doncs viratz tal preisha a la vila intrar :

---

lor, *ms.* Q' illor; dioneza, *mot évidemment corrompu. P.-ê. manque-t-il un vers.* — 442. un, *ms.* au. *Dans la réd. en pr., où il n'est pas question du roi des ribauds, ce vers est ainsi développé :* An rencontrat un delsdits crosats, loqual era vengut corre jusques sur lo pont de Besiers, loqual fouc talament rencontrat delsdits de Besiers, que del pont en l'ayga l'an gitat tout mort (*p.* 10).

Per forsa fan los murs al dins dezamparar;
E femnas e efans se prendo a portar,
E van s'en a la gleiza e fan los senhs sonar;
No an plus on gandir.

XX.

460 Li borzes de la vila virols crozatz venir
E lo rei dels arlotz que los vai envazir,
Els truans els fossatz de totas partz salhir
E los murs pessiar e las portas ubrir,
E los Frances de l'ost a gran preissa garnir. (p. 13)
465 Be sabon e lor cor que nos poiran tenir :
Al moster general van ilh plus tost fugir.
Li prestre e li clerc s'anero revestir
E fan sonar los senhs cum si volguessan dir
Messa de *mortuorum* per cors mort sebelhir.
470 Cant vene a la perfi no los pogron sofrir
Quel truans no i intresson quels ostals van sazir
Aitals co elis volon, que be i pogron cauzir
Cadaus si so vol .x., sil ve a plazir.
Li ribaut foron caut, no an paor de morir :
475 Tot cant pogron trobar van tuar e ausir,
E las grans manentias e penre e sazir.
Tost temps ne seran ric, s'o podon retenir :
Mas en breu de termini lor o er obs a gurpir,
Quel barnatges de Fransa s'en voldra revestir,
480   Sitot so an ilh pris.

470. los, *corr.* o? — 473. *Le copiste s'est repris et a corrigé* plazir *en* plazer, *en dépit de la rime.* — 474. *Corr.* n'an. — 480. *La réd. en pr. a modifié sur divers points le récit de la prise de Béziers. Elle ne fait aucune mention des ribauds.*

XXI.

Le barnatges de Fransa e sels devas Paris
E li clerc e li laic, li princeps els marchis
E li un e li autre an entre lor empris
Que a calque castel en que la ost venguis
485 Que nos volguessan redre entro que l'ost les prezis,
Qu'aneson a la espaza e qu'om les aucezis,
E pois no trobarian qui vas lor se tenguis
Per paor que aurian e per so c'auran vist.
Ques an pres Monreials e Fanjaus el païs.
490 E si aiso no fos ma fe vos en plevis
Ja no foran encara per lor forsa comquis.
Per so son a Bezers destruit e a mal mis,
Que trastotz los aucisdron : no lor podo far pis.
E totz sels aucizian qu'el mostier se son mis,
495 Que nols pot gandir crotz, autar ni cruzifis;
E los clercs aucizian li fols ribautz mendics
E femnas e efans, c'anc no cug us n'ichis.
Dieus recepja las armas, sil platz, en paradis!
C'anc mais tan fera mort del temps Sarrazinis

Elle spécifie que le massacre eut lieu dans l'église Saint-Nazaire, là où Guill. de Tudela dit simplement « le moutier général » (466). Enfin elle termine ainsi son récit: ... meteguen lo foc per tota la vila, talamen que touta es pilhada et arsa, ainsin que encaras de presen acpart (sic, l. apar), et que non y demoret causa viventa al monde; que fouc una cruela venjansa, vist que lodit viscomte non era eretge ny de lor secto » (p. 10). Suit la liste des principaux chefs croisés donnée par le poème aux vers 265-72, et déjà reproduite en partie par la réd. en pr. (voy. la note sur 170-2). — 485. entro que, corr. tro ou supprimez que. — 489. Ques, corr. Es? an, ms. en. On pourrait à la rigueur lire Que s'en.

500 No cuge que fos faita ni c'om la cossentis.
　　Li gartz per los osdals c'an pris se son assis
　　Que trobon totz d'aveir e manens e farsis;
　　Mas Frances cant o viron per pauc no rabgen vis:
　　Fors los giatan ab pals com si fossan mastis
505 E meton els albers les cavals els rocis,　　(p. 14)
　　　　Ca[r] forsa paihs le prat.

XXII.

　　Le reis e li arlot cugeren estre gais
　　Dels avers que an pres e ric per tost temps mais.
　　Quant sels lor o an tout tug escrian a fais :
510 « A foc! a foc! » escrian li gartz tafur pudnais.
　　Doncs aporton las falhas tan grandas quom us rais;
　　La ciutatz s'en espren e leva se l'esglais.
　　La vila ars trastota de lonc e de biais.
　　Aisi ars e ruinet Raols cel del Cambrais
515 Una rica ciutat que es pres de Doais;
　　Poichas l'en blasmet fort sa maire n'Alazais,
　　Per[o] el lan cujet ferir sus en son cais.
　　Cant cel sentirol foc cascus areires trais;
　　Donc arson las maizos e trastotz los palais.
520 Mot gonios i ars, mot elme e mot gambais
　　Que foron faitz a Chartres, a Blaia o a Roais,
　　E mota bona roba c'om cove que la lais.
　　E ars totz lo mostiers que fetz maestre Gervais :
　　Pel mieg loc se fendec per la calor e frais,
525　　　En cazeron dos pans.

505. albers, *ms.* abbers. — 506. *Ms.* Ca la f. — 513. *L*'i *de*'biais *est gratté.* — 514. *Le ms. a plutôt* rumet, *lecture de Fauriel.* Raols, *ms.* Raolf. — 515. pres de, *ms.* de pres.

XXIII.

Senhors, mot fo l'avers meravilhos e grans
Que agren de Bezers los Frances els Normans,
Que a tota lor vida ne foro mais manans
Si no fos lo reis arlotz am los caitieus truans
530 Que arseron la vila, las molhers els efans,
E los velhs e los joves, els clercs messa cantans
Que eran revestit ins el mostier laians.
Tres jorns an sojornat en les pratz verdejans;
Al quart jorn son mogutz cavalier e sirjans
535 Per la terra qu'es plana, que no i a desturbans,
Lors estandartz dressatz contral vent banoians.
A un dimartz al ser, a las vespras sonans,
Vengro a Carcassona on eran dins dolans
Per la mort de Bezers qu'ieu vos ai dit davans.
540 E lo vescoms estec pels murs e pels ambans,
E esgarda la ost don es meravilhans.
A cosselh apelec cavaliers e sirjans,
Sels qui so bo per armas ni milhors combatans :
« Anatz, baro, » ditz el, « montatz els alferans ;
545 « Iscam nos en lai fors e siam quatre sans
« De totz aicels qui an milhors cavals corrans; (p. 15)
« Ans que sia noit escura ni lo solels colcans
« Podem cels desconfir que son per cels pendans.

XXIV.

« Senhors, » ditz lo vescoms, « totz vos aparelhatz ;

529. *Faur. corrige* Si no fossols a.; *cf. v.* 318. — 535. desturbans, *corr.* desrubans? — 548. *Dessin :* Cant Carcasona fon preza.

550 « Anatz pendre las armas, en los cavals mo[n]tatz,
« Tuit ensemble en l'ost cuminalment firatz.
— Per fe, » ditz P. Rotgiers, aisel de Cabaratz,
« Per cosselh qu'ieu vos do la fors non issiratz ;
« Si gardatz vostra vila eu cug que assatz faratz,
555 « Quels Frances al mati, can se seran dinnatz,
« S'apropjaran vas vos josta vostres fossatz :
« L'aiga vos voldran tolre don vos tuit abeuratz ;
« Donc i aia tans colps e feritz e donatz. »
A sest cosselh s'acordan trastotz les plus senatz,
560 La gaita fan fors faire dels cavaliers armatz
Trastot entorn la vila que es mot fort asatz ;
Que Karles l'emperaire, le fortz reis coronatz,
Les tenc plus de .VII. ans, so dizon, asetjatz,
Qu'anc no l[o]s poc conquerre les ivers nils estatz ;
565 Las tors li soplejero can il s'en fo anatz,
565* Per que pois la comquis can lai fo retornatz.
Si la gesta no men, aiso fo veritatz,
Qu'estiers no la pendreitz.

562-7. *C'est plus bas, à l'occasion de l'assaut donné à Carcassonne par les croisés (voir la note sur* 693), *que la réd. en pr. mentionne cette légende* : Car ainsin que se trova, Charlemagne y tenguet, per avant que aysso forsa, lo sety sept ans sans y poder res far, ains ly fouc forsa de levar lodit sety et s'en anar : mais Dieu monstrec aqui sa poissansa, que una de las tors s'inclinet devers Charlemagne, ainsin que de presen se pot veser; et adonc fouc ladita cieutat presa » (p. 15). *Les sept ans de la réd. en pr. sont traditionnels, cf. Froissart, édit. de la Société, IV,* 166; *les mots* ainsin que de presen se p. v. *sont une addition du remanieur qui avait sans doute en vue la tour légèrement inclinée connue sous le nom de tour du Vieulas.* — 563. les *et* assetjatz *et* los *au v.* 764 *font supposer avant ce vers l'omission d'un court passage où il aurait été question des remparts de Carcassonne.* ans, ms. mes, *cf. la note précédente.* ivers, ms. inuhers. —
565*. *Je laisse subsister l'erreur de chiffre commise par Fauriel.*

XXV.

 Lo vescoms de Bezers s'es la noit ben gaitetz,
 A l'alba pareichant s'es al mati levetz;
570 E li baro de Fransa, can se foron disnetz,
 Se son per tota l'ost cominalment armetz;
 E cels de Carcassona se son aparelhetz.
 Lo jorn i ac mans colps e feritz e donetz, (p. 16)
 E d'una part e d'autra mortz e essanglentetz;
575 Motz crozatz i ac mortz e motz esglazietz,
 E de dins aichament trop mortz e trop nafretz.
 Mais li baron de l'ost se son tant e[s]forsetz
 Que lo borc lor an ars trastot tro la ciptetz;
 Es an los aisi fort entorn revironetz
580 Que l'aiga lor an touta qu'es Audes apeletz.
 Peireiras e calabres an contral mur dresset[z]
 Quel feron noit e jorn, e de lonc e de letz.
 Aujatz quinha vertut i fe donc Domni-Dieus :
 Que li arcbalestiers qui eran el[s] tors montetz,
585 Can cujan en l'ost traire no i vait l'un a maitetz :
 Li cairel de lor arcs lor cason els fossetz.

576-82. *Ces traits sont conservés dans la réd. en pr., très-arrangée pour toute cette partie : l'auteur, après avoir supposé que les croisés avaient éprouvé un premier échec, continue ainsi :* Et adonc es estat deliberat entre els que, vist lo grant mal et domage qu'els avian pres per los de la cieutat, que per prendre venjansa del dit mal, qu'els yrian l'endema destruire tout lo borc deldit Carcassona et metre lo fuoc pertout, et cramar jusques al pe de la dita cieutat, et an aquo lor ostar l'aygua ; laquala causa fouc faita ainsin que fouc devisada ne dicta, que fouc un grant doumatge et destruction, et aldit borc, loqual fouc tout ars et demolit .... Adonc an fait dressar peyries e calabres... (p. 12). *Puis l'auteur passe immédiatement à la venue du roi d'Aragon* (ci-après 597 ss.).

Certas eu auzi diire, e sai qu'es veritetz,
Que anc corbs ni votors ni auzels c'anc nasques
No volet en la ost en tot aisel estetz;
590 E poichas de vitalha i ac si a plantetz
Donec om .xxx. pas per .I. denier monedetz.
La sal del sali prendon e aqui l'an cargetz,
E aqui restaureron so don son mescabetz :
S'el pa an perdut en aquo an gazanhetz;
595 Mas nulhs non al cabal, so sapchatz, recobretz,
Ans cug que plus lor cost.

XXVI.

So fo en aquel mes c'om apela aost
Que fo a Carcassona trastot entorn la ost.
Lo reis P. d'Arago i es vengutz mot tost
600 Ab lui .C. cavaliers qu'amena a son cost;
Cels de la ost se dinnan e mangen carn en rost.
Can los viro venir no so mia escost,
Ans aneron vas lui li princeps elh prebost.
Il los saludet gent; il li an gent respost :
605 « Be siatz vos vengutz. »

XXVII.

En un prat desotz l'aiga e latz .I. boi folhut
Ac lo coms de Toloza son riche trap tendut.
Lai es mosenhel reis e li seu dechendut,
Que son de Catalonha e d'Aragon vengut.

---

591. *Corr.* d'un d. ? — 592. *Ms*, e aqui el an. — 593. aqui *paraît être répété d'après le vers précédent, corr.* aisi ? — 609. *Peut-être manque-t-il ici quelques vers, car il est singulier*

610 Can se foron dinnat e que agron begut
   Monta el palafre que era bais crenut,
   E intra en la vila ses arma e ses escut;
   Tres companhos menet, lh'autre son remazut.
   Lo vescoms cant lo vi contra lui es corrut (p. 17)
615 E tuit sei cavalier que n'an gran gaug agut,
   Que cujan per lui estre ladoncas mantengut,
   Que ilh eran sei ome, sei amic e sei drut ;
   E si se foran ilh, mas non es pas vengut,

qu'il ne soit fait mention d'aucun entretien entre le roi d'Aragon et le comte de Toulouse. Quoi qu'il en soit, la réd. en pr. place à cet endroit le récit visiblement arrangé, s'il n'est pas entièrement inventé, d'une conférence entre le roi et les chefs de la croisade : Et adonc lodit rey lor a comensat a dire et demonstrar com el non era pas vengut aqui per intention de menar guerra contra los uns ni los autres, et que son intention era solament de veser si poiria metre pax et bon acord entre els : de la quala causa preguet et supliquet grandement losdits legat et senhoria assistenta que lodit vescomte volguessan prendre a marce et a bon aponctament; car ben los devia suffir lo grand doumatge que ly avian fait aldit Besiers, amay aldit Carcassona, vista sa joventut et joynessa. Et quand lo dit rey aguet dit tout so que volia dire ny prepausar, et losdits legat et senhors que an els eran an ausit et entendut tout son parlar et voler, an ly fayta responsa : si el avia parlat an lodit viscomte, ny si el ly avia donada carga de dire so que el avia dict ny prepausat aqui davant els? Loqual rey lor a respondut que, al regard d'el, non avia pont vist ni parlat encaras an lodit viscomte, car premierament volia saber lor corage et voler. Et adonc ly es estat respondut que premierament que els li fassen responsa, car que els sapian lo voler del dit viscomte et sas gens; et que ane parlar an el en la dita cieutat; et que per amor del rey els farian en partidas so que el volria. Et adonc lodit rey s'es partit deldit legat et sas gens, et devers lodit viscomte en la dita cieutat es anat (p. 12-3). — 618. *Il paraît manquer ici un vers dont le sens serait que le roi n'est pas venu « pour les défendre contre les croisés. » Dans la réd. en pr. ce passage est arrangé de façon à se trouver en accord avec le récit fait plus haut (cf. note sur le v. 609), de la première entrevue du*

Que el non a poder ni forsa ni vertu
620 Mas cant son de preguieira si el ne fos crezut.
Lo vescoms lh'a comtat co li es avengut
De la mort de Bezers e com ilh l'an perdut,
E com lh'an son païs gastat e cofondut.
Cant be l'ot escoutat lo reis l'a respondut :
625 « Baro, » so ditz lo reis, « per lo senhor Jhesus
« No m'en devetz blasmar, qu'ieu vos ai defendut
« Que cassesatz eretges e vos ai somonutz,
« Si que en esta vila en so mans plaitz tenutz
  « D'aisesta fola erransa.

XXVIII.

630   « Vescomte, » ditz lo reis, « de vos ai gran pezansa
« Car etz en tal trebalh ni en aital balansa
« Per unas folas gens e per lor fola erransa.
« Aras no sai ieu als mas cant de la acordansa
« Si o podem trobar ab los baros de Fransa;
635 « Que, segon Dieu e segon ma semblansa,
« Ja per autra batalha ni d'escut ni de lansa
« Non poiriatz a penas aver nulha esperansa.
« Tant es granda lor ost, per que m'en pren doptansa
« Que nous puscatz tenir, can venga a la fi[n]ansa.
640 « Vos avetz en la vila qu'es fortz granda fiansa :
« Si no i agues tal gent ni tanta d'amasansa
« De femnas e d'efans, que segon ma semblansa
« Ben poiriatz encara aver calc' alegransa.
« Tant soi per vos iratz e m'en pren gran pitansa

roi d'Aragon avec les croisés. — 627. somonutz, *ms.* somonitz. — 635. *Corr.* [Domni-]Dieu ? — 642. *Ms.* sogon.

645 « Per l'amor qu'ieu vos port ni per la conoisansa
« Non es res qu'ieu vos fes senes gran malestan
Lo vescoms que mot val la sua acordansa   [sa. »
   E dels baros qu'el a.

XXIX.

   « Senher, » ditz lo vescoms, « aisi co vos plaira
650 « Podetz far de la vila e de tot cant i a,
   « Car nos em trastuit vostre es eram estat ja,
   « E del rei vostre paire que fortment nos ama. »
   Ab aquestas paraulas el palafre monta
   E retorne en l'ost : am los Frances parla
655 E ab l'abat de Cistel que hom i apela,   (p. 18)
   Que senes son cosselh ja re fait no i aura.
   Lo reis lor a retrait aiso que parlat a
   Lai dins ab lo vescomte, e for[t] los ne preia
   De lui aitant co pot e del[s] baros que i a.
660 Anc tant nos n'entremes ni anet sa e la,
   Cant venc a la perfi, re als no i acaba,
   Mas per amor de lui la ost aitant fara :
   Lo vescoms si dotzes d'aicels que il voldra
   Ne laicharan ichir ab l'arnes que i aura,
665 E tot le sobreplus a lor voler sera.
   Lo reis ditz entre dens : « Aiso s'acabara
   « Aisi tost co us azes sus el cel volara. »
   Felos e corrossos en la ciutat torna,
   Al vescomte e al seus la causa deviza.
670 E el cant o auzi ditz c'ans les laichara

646. vos, *corr.* nous (no vos)? — 647. *D'après le sens il paraît manquer la valeur d'un vers après* lo vescoms. — 648. a, *ms.* an. — 670-1. *Corr.* c'ans se laichara ǁ Trastot viu; *réd. en pr. :* que plus leu se

Trastotz vius escorgar o el eis s'aucira.
Ja al jorn de sa vida aicel plait no pendra
Nil pejor hom que aia no dezamparara.
Pregan le que s'en torne, ques el se defendra
675 Lai dins a Carcassona aitant co el porra.
Lo reis monta el caval ab gran dolor que n'a
Car aisi s'es camjatz.

XXX.

Lo reis P. d'Arago felos s'en es tornatz,
E pesa l'en son cor car nols a delivratz ;
680 En Aragon s'en torna corrosos e iratz.
Cel de la ost s'acesman per umplir les valatz
E fan franher las brancas e far gatas e gatz.
Li princeps de la ost van tot dia armatz
E gardan per cal loc poiran estre enganatz.
685 L'evesques elh prior, li monge e l'abatz
Cridan : « Vi'al perdo ! per que vos i trigatz ? »
Lo vescoms e li seu so sus el mur pujatz,
Trazon ab arcs balestas los cairels empenatz,
E d'una part e d'autra en moriron asatz.
690 Si no fos grans lo pobles que i era amassatz,
Que de tota la terra era laïns intratz,
No foran ja per lor d'un an pres ni forsatz,
Que las tors eran autas e los murs dentelhatz :

---

laissara tot vièu scorgiar (p. 14). — 680. *D'après la réd. en pr. le roi d'Aragon serait une fois de plus revenu auprès des croisés pour lor rendre la resposte del viscomte, tala que faita ly avia (p. 15); circonstance vraisemblablement imaginée par l'auteur de cette rédaction.* — 693. *C'est ici que la réd. en pr. rapporte la légende des tours qui s'inclinèrent devant Charlemagne (voir plus haut 562-7). Il se peut que la même disposition ait existé dans le ms. d'après lequel a été*

Mas l'aiga lor an touta e los potz son secatz
695 Per la granda calor e per los fortz estatz.
Per la pudor dels homes que son malaus tornatz
E del gran bestiari qu'es laïns escorgatz, [(p. 19)
Que de tot lo païs i era enserratz,
Per los grans critz que cridan devas trastotz los latz
700 Femnas e efans paucs don tuit son encombratz,
Las moscas per lo caut les an totz enuiatz
No foron tan destreit depois que foro natz.
Anc no triguè .VIII. jorns quel reis s'en fon tornatz
Quel[s] mandec parlamen .I. rics hom dels crozatz,
705 El vescoms i isit can fo aseguratz
    Ab pauca de sa gent.

XXXI.

Lo vescoms de Bezers issig a parlament
E ac enviro lui cavaliers mais de cent,
E lo rics homs de l'ost si .xxx. solament.
710 « Sire, » so li ditz el, « gi soi vostre parent.
« Aisi m'ajud em valha lo Paire omnipotent
« Com ieu voldria mot lo vostre acordament
« E lo vostre gran pro e de la vostra gent.

exécutée cette rédaction, car les vers 562-7 *rimant en* atz *pourraient également prendre place ici*.— 700. *La phrase reste suspendue : un vers a été omis ou c'est une phrase mal faite*.—704. Quel *est certainement pour* Que li, *et* li *ne peut se rapporter qu'au vicomte dont il n'est pas question dans les vers précédents*. P.-ê. manque-t-il *un vers ou deux entre les vv.* 702 *et* 703. *La réd. en pr. est ici très-délayée :* Et adonc vesent lo dit legat que per assault ny autramen no podia prendre la dita villa, va se pensar et imaginar (et granda cautela se fouc) de trametre un de ses gens devers lodit viscomte a la dita cieutat... (p. 15). —708. « *Trois cents* » *selon la réd. en pr.*

« Si vos sabetz socors aver propdanament,
715 « Si vos lauzi eu doncas ben lo defendement ;
« Mas vos podetz conoisser que so es de nient.
« Faites ab l'apostoli calque acordament
« E ab los baros de l'ost ; qu'ieu vos dic verament,
« Si vos prendon per forsa, tot aital jutjament
720 « Auretz col de Bezers trastotz cuminalment.
« Sol les cors estorcetz de mort e de turment,
« C'asatz auretz diners si vivetz longament. »
Lo vescoms respondet, que la paraula entent :
« Sire, » so li ditz el, « al vostre mandament
725 « E al del rei Felip a cui Fransa apent ;
« Faria dreit del tot a lui viassament,
« Si ieu podia anar en l'ost segurament.
— E gius i menarai al vostre salvament,
« E von retornarai, so vos dic leiaument,
730   « Sai dins en vostra gent. »

XXXII.

Lo vescoms de Bezers ichit a parlament
E ac entorn de lui cavaliers entorn cent,
E lo rics homs de l'ost si .xxx. solament.
« Sire, » so li ditz el, « gi soi vostre parent.
735 « Aisi m'ajut em valha lo Paire omnipotent
« Co eu voldria mot le vostre acordament
« E lo vostre gran pro e de la vostra gent. » (p. 20)
En aquestas paraulas el pavalho estant
Del comte de Nivers on son li pa[r]lamant.

731-7. *Répétition, peut-être fautive, des sept premiers vers de la tirade précédente.* — 732. entorn *répété n'est guère admissible, cf. le v.* 708. — 739. son, *corr.* fon? — *Dans la réd. en pr. il n'est point question à cet endroit du comte de Nevers:*

740 De totas partz l'esgardan cavalier e sirjant,
　　Aisi com o retrais pestre messa cantant;
　　Qu'el se mes en ostatges de grat e de talant;
　　E fe i mot que fols, per lo meu essiant,
　　　　Cant se mis en preizo.

XXXIII.

745　　Lo vescoms de Bezers estec el pabalhon
　　Del comte de Nivers, el e sei companho;
　　Entro a nou n'i ac del mielhs de sa maizo.
　　Lai l'esgarderon ben Frances e Bergonho....
　　Li borzes de la viala els cavaliers que i son,
750 E donas e donzelas, cascus per contenson,
　　C'anc no i remas laïns ni sirjant ni garson,
　　Ni om petitz ni grans, femna ni donzelon.

*c'est dans la tente du légat que le Vicomte est introduit. —
747. Ms. Entron. — 749-52. Ces vers sont manifestement la
fin d'une phrase dont nous n'avons pas le commencement. D'ailleurs
il serait bien peu probable que l'auteur n'eût rien dit de l'entretien
qui dut prendre place entre le Vicomte et les Croisés. La réd. en
pr. est trop libre et trop arrangée pour être d'un grand secours.
Après un discours indirect dans lequel le Vicomte proteste de son
attachement à l'Église, on lit ceci :* Et quand lodit viscomte aguet
finida sa paraula, et tot so que dire a voulgut, adonc lodit legat
tiret a part an losdits princes e senhors, losquals eran innossens
et non sabens de ladita trahison. Et adonc es estat dich et aponctat
que lodit viscomte demoraria prisonier jusques a quand que la
dita cieutat sera baylada et renduda entre lor mas, dont lodit
viscomte e sas gens que an el eran son estats grandement marrits,
e non sensa causa : loqual viscomte es estat baylat en garda a
un tas de gens del duc de Borgonia per lo gardar ben e seguramen,
so que fouc faich. Et adonc, quand en ladita cieutat an ausidas
las nouvelas que lor senhor era pres e detengut entre las
mas deldit legat et princes, no cal pas demanda si alcun es estat
esbahit ny aguet paour; per la quala causa an cascun deliberat de
s'en anar et laissar la dita villa e cieutat, so que an fait. Quand

Trastotz nutz s'en isiron a cocha d'esperon
En queisas e en bragas, ses autra vestizon :
755 No lor laicheren als lo valent d'un boton.
Li un van a Tholoza, li autre en Aragon,
E l[i] autre en Espanha, qui aval qui amon ;
E[n] la ciutat s'en intran li crozad a bandon
E garnison la sala, las tors e lo dromon.
760 Tota la bela rauba mezo en .i. molon ;
Los chivaus e los muls, de que i a gran foison,
Aisels an devezitz en lai on lor saub bon.
Las ucas van per l'ost cridan ; « Vi'al perdon !
« Que l'abas de Cistel vos vol far .i. sermon. »
765 Dont corron en lai tuit e meto s'environ.
Li abas es montetz en .i. marbri peiron :
« Senhor, » so lor a dit, « entendetz ma razon.
« Ar vezetz car miracles vos fa lo rei del tron,
« Que lunha res no a vas vos defension.
770 « Eu vos coman a totz en Dieu devezion
« Que vos non retengatz que valha un carbon
« De l'aver de la vila, qu'en escumenjazon
« Vos metriam ades e e[n] malediction.
« Nos o darem ades a .i. riche baron
775 « Que mantendral pais a Dieu benaicion,
« Que nol recobro mais li eretge felon. »
En aiso s'acorderon tuit a la fenizon
      Que li abas lor dit. (p. 21)

s'en vengut sus la noyt, qui may a pougut fugir a fugit, los uns vers Tolosa..... (p. 17). *Le même texte ajoute que les assiégés s'étaient enfuis par un souterrain qui venait aboutir à Cabardès, « à trois lieues de Carcassonne. » Ce qui a pu donner lieu à cette légende, c'est qu'il existait autrefois une communication souterraine entre la Cité et l'Aude; voir Viollet Le Duc, Cité de Carcassonne, in-fol., p. 38.* — 760. molon, *ms.* moton.

XXXIV.

Carcassona fo preza, si co avetz auzit.
780 De trastota la terra s'en son per tot fugit;
Monreial e Fanjaus an de l'ost establit;
No i remas del pais hom ni gran ni petit.
Peire Aragones, .i. mainader ardit,
Aisel n'ac mant diner a sa part, si c'om dit.
785 Li abas de Cistel no cujetz que s'omblit :
Messa lor a cantada de Sante Esperit,
E si lor preziquet cum Jhesu Crist nasquit;
Pois ditz que el pais c'an crozatz comquerit
Vol que aia mantenent .i. bon senhor eslit.
790 Lo comte de Nivers en a el somonit,
Mas anc no i vole remandre ni estar ab nulh guit,
Ni lo coms de Sant Pol que an apres cauzit :
Dizon que pro an terra, si cadaus tan vil,
El regisme de Fransa on lor paire nasquit,
795 Per so no an ilh cura de l'autrui dezerit.
No i a sel que no cug del tot estre trait
S'asela honor prent.

XXXV.

Lai en aisel consili e en aicel parlament
A un riche baron qui fu pros e valent,

---

781. *Ms.* estabblit. *Ce vers obscur est ainsi développé dans la réd. en pr.* : Et adonc, quand toutas las autras plassas de l'entour an ausit et sabut la prosa de ladita Carcassona, s'en son esbahits, et drech aldit legat e senhors sont venguts per s'en rendre e metre en lor subjection, so es Monreal et Fanjaux (p. 48). — 789-90. *Il se pourrait qu'il manquât ici deux ou trois vers, car selon la réd. en pr., la terre aurait d'abord été offerte au duc de Bourgogne, notion qui du reste peut avoir été empruntée à Pierre de Vaux-Cernay, ch. XVII.*

800 Ardit e combatant, savi e conoisent,
   Bos cavalers e larcs e pros e avinent,
   Dous e franc e suau ab bo entendement.
   Outra mar esta mot lai en establiment :
   A Zaera contrals..... e pertot essament,
805 Senher fo de Monfort, de la honor que i apent,
   E fo coms de Guinsestre, si la gesta no ment.
   Aisel voldran pregar trastotz cominalment
   Que prendal vescomtat trastot enteirament,
   E tota l'autra terra de la gen mescrezent.
810 « Senher, » so li ditz l'abas, « per Dieu l'omnipotent,
   « Recebetz la honor de que vos fan prezent,
   « Que Dieus e l'apostolis von seran ben guirent,
   « E nos seguentre lor e tota l'autra gent,
   « E vos ajudarem a tot vostre vivent.
815 — Si farai, » dit lo coms, « amb aital covinent
   « Quels princes que aisi son me fassan sagrament
   « Que si coitam venia c'a mon defendement
   « Me vengan tuit socorre al meu somoniment.
   — Nos vos o autrejam, » dizon tuit, « leialment. »
820 Amtant receub la honor vias ardidament, [(p. 22)
   La terra el pais.

804. *Ms.* A za era (*la première lettre du vers étant toujours isolée*); Fauriel Aza era, *ce qui n'a pas de sens. L'auteur fait allusion au séjour de Simon de Montfort à Zara* (lat. Zadera), *mais il y a évidemment une lacune après* contrals; *il est à supposer que le v. 804 est composé du premier hémistiche d'un vers et du second d'un autre. La réd. en prose n'est d'aucun secours* : Adonc l'a presentada (la terra) a ung que era senhor dit comte de Montfort, loqual avia estat d'autres vegadas contra les Turcs. — 806. Guinsestre, *sic, corr.* Lencestre. — 815. *Ms.* so dit lo c., *puis trois lettres indistinctes en interligne au-dessus de* dit; *ces trois lettres et* so dit *sont d'une écriture peut-être plus récente et tiennent la place de quelques lettres grattées. Fauriel* so ditz lcoms.

XXXVI.

    Cant lo coms de Monfort fo en l'onor assis,
Que l'an dat Carcassona e trastot lo païs,
El fo mot echarratz e fo fortment pensis,
825 Car paucs volo remandre ab lui de sos amis.
Tuit li plusor s'en volo retornar vas Paris.
Las montanhas so feras els passatges esquis,
E no volon pas estre ins el païs aucis;
Pero si n'i remazo no sai o .VIII. o dis
830 De los plus autz baros e dels poestadis.
Ab lui remas Simos sobrenom de Saissis,
En Roberts de Pequi, Normans, so m'es a vis,
En Wles d'Encontre qui s'en pena totz dis
De son pretz eisaussar, fe que dei sent Danis,
835 En Guis lo manescals qu'es pros e afortis,
Roberts de Forsovila e Lambert de Creissis,
Rainers del Caudaro e Raolf cel d'Agis,
En Pons cel de Beumont, en Joans sos cozis,
E granda massa d'autres quels noms non ai apris,
840 El vescoms Centonges e en Rotgiérs d'Andeles,
En Rogers de l'Issart en Uges de Lases.
Si eu fossa ab lor nils conogues nils vis,
Ni anessa ab lor pel païs c'an comquis,
Plus rics ne foral libres, ma fe vos en plevis,
845   E mielher la cansos.

829. *La réd. en pr. laisse supposer une leçon assez différente :* .... e cascun tornats en son pays et terra, sinon alcus gentilhomes et autra gens, jusques al nombre de .IIII. mila .v^e., tant Borgoinons que Alamans et autra gens de par dela, que demoreguen angatjats an lodit comte de Montfort (*p.* 19).

XXXVII.

Can lo coms de Monfort c'om apela Simon
Romas a Carcassona sos companhos somo :
Wles de l'Encontre, cui Domni-Dieus ben don !
Trames en Bederres, car no i avet prodom
850 Que melhs saubes gardar ni castel ni domnon,
Ni una rica ciutat ni plus en aviron.
Certas, si Portegals nil regnes del Leon
Fossan en sa comanda ni en sa subjection
Sin sereit capdeletz, si Jhesu Crist bem don,
855 Melhs que non es en cels que son fol e bricon,
Que son reis del païs, e nol[s] pretz .I. boton.
Lambert cel de Creissi el trames a Limon
E dels autres baros, qui aval qui amon,
Per la terra gardar en lai on li saub bon.
860 E lo coms de Monfort qui a cor de leon   (p. 23)
Remas a Carcassona e garda e[n] sa prizon....
E lo vescoms mori apres de menazon ;
E li malvatz tafur e li autre garson
Que no sabon l'afaire co si va ni co non,
865 So dizo qu'om l'aucis de noitz a traicion :
El coms no o cosentira, per Jhesu Crist del tron,
Per nulha re c'om sapcha ni sia en est mon
Que hom l'agues aucis.

848. *Verles d'Encontre, ici et ailleurs dans la réd. en pr. C'est une mauvaise lecture de l'abréviation du ms. Il y a* Guilhenmes *au v.* 1134. — 861. *Il faut supposer ici l'omission d'un vers où devait se trouver le régime de* garda. *La réd. en pr. est à cet endroit trop libre pour apporter aucun secours.*

XXXVIII.

  Lo comte de Montfort, si com dabans vos dis,
870 Pregeron tuit li comte, li princep el marquis
  Que recebes la terra, la honor e lo païs;
  Es el per tal covent s'i es mes, so m'es vis,
  Que eli li aidessen si mestier li aguis;
  E so volc que juressen cascus e lo plevis.
875 E lo coms de Tholosa a per so filh tramis,
  Que li baro de l'ost, aicels de vas Paris,
  Le volian vezer, cel qui so sei amis.
  R. cel de Recaut l'amenec .I. jousdis;
  Li efans fo mot bels e fo mot gent apris,
880 Car Jaufres de Peiteus s'en es ben entremes.
  No pot lo dux mudar que el nol congauzis
  E lo coms de Sent Pol qui era sos cozis.
  Li crozat an regart que l'iverns los prezis,
  E son s'en retornatz a Trias e a Paris
885   De lai per Montpeslier.

XXXIX.

  La grans ost se depart, que no pot plus durer;
  Mas, ans que fos partida, s'en van li mesatgier
  A Tholosa la gran, sis voldran acorder;
  En sel mesatge anero mot de bon cavalier;
890 E dizo que faran tant com voldra jutger

869-85. *Cette tirade manque absolument dans la réd. en pr.* —
890. *Le sujet de* dizo *est bien certainement, non pas les chevaliers envoyés à Toulouse, mais les habitants de cette ville, dont il n'est cependant pas question dans ce qui précède. On pourrait donc*

L'apostolis de Roma, e que i voldran aler.
Anc deguna autra ren no i pogron acaber
Mas que s'en son tornatz per lo cami plenier,
E van s'en am lor ost tot dreit a Monpeler.
895 E lo coms de Tholosa s'es anatz adober,
Car, per mon esientre, a Roma vol aler
Parlar ab l'apostoli, no vol plus demorer;
E cre que i sia enans de lo mes de genier.
Mas el i a trames sos mesages primer,
900 R. de Rabastencs qu'en revenc l'autre ser,
L'abat de Sent Auzart que n'ac avol loger, (p. 24)
Car el esteg be pres aprop de .I. an entier;
Plus pro abad no vi lunhs hom de son poder.
Aquest iran enans lo Papa nuncier

supposer qu'il manque un ou deux vers avant celui-ci. La leçon de la réd. en pr., quoique évidemment développée dans un sens favorable à Toulouse, semble conduire à la même conclusion : Et de feit, per lo conseilh deldit legat, [lo coms de M.] mandet sas letras e message al comte Ramon a Tolosa, et aussi als habitants d'aquela, et aysso per vezer et saber si an el se volian acordar; car autramen avia deliberat de ly corre dessus el et sa terra. Adonc quand lodit comte Ramond aguet ausit los messagers deldit C. de M., et vistas sas letras, a lor faita responsa que al regard d'el et sas gens ny terra, non a res a far an lo dit C. de M., ny tant pauc an lo dit legat; car el a, aussi que dit es, aguda sa provision del S. Payre, ainsin que saben, et a vist lodit legat, et qu'el n'enten point de far autre apontament an lodit legat que aquel que avia faich per avant an lodit S. Payre; et que per ainsin s'en poden ben tornar sur aquela responsa a lor senhor et legat, car el a deliberat de s'en tornar a Roma devers ledit S. Payre, peisque losdits legat et comte de Montfort le volen, ainsi que mandat ly an, vexar et prendre sa terra. Car souvent se dich que [de] bon gasardo malvat servici, ainsi que fouc aldit comte Ramon, que apres que aguet presa pro pena et traballh per el et lodit host ny armada, car aquo fouc la responsa que aguet a fin de causa (p. 20-1). — 893. Mas, *ms.* Mos.

905 Que lo coms R. ve, e que o sapcha de ver
   Que non o vol laichar.

XL.

   Lo pros coms de Toloza aizina so afar
   Per la gran via longa que cug que voldra far.
   Primier ira en Fransa ab son cozi parlar,
910 E pois a l'emperaire si el lo pot trobar,
   Apres ab l'apostoli : totz los vol asajar.
   Li abas de Cistel ditz que no li cal anar,
   Que si el l'en vol creire nol cal tant trebalhar
   Ni per aquesta via tan fort embaratar,
915 Que tot atertan pot sai ab lui acabar
   Co el fara en lai ; mas el non vol estar.
   Al comte de Monfort volh ma razo tornar :
   Lo vescomte tenc pres e volc lo ben gardar
   E tot cant l' era obs mot largamen donar ;
920 Mas so qu'es a venir no pot hom trespassar :
   Le mals de menazo le pres adoncs, som par,
   Per quel covenc morir ; mas ans volc cumenjar.
   L'avesque de Carcassona lo fe gent aordenar,
   E morit en apres la noit a l'avesprar.
925 E lo coms de Montfort fe que cortes e bar :
   A la gent de la terra lo fe el pla mostrar
   E que l'anesso planher trastuit e honorar.
   Ladoncs viratz lo poble en auta votz cridar.
   A gran processio fetz l[o] cors sosterrar.

918 ss. *Dans la rédaction en prose ce récit de la mort du vicomte de Béziers est rapproché de ce qui a déjà été dit plus haut sur le même événement (862 ss.).* — 929. processio, *ms.* professio, *faute de copie pour* prosessio, *qui se reproduit encore plus loin, v.* 1433 *et* 1581.

930 Dieus pesse de la arma, si el s'en vol pregar,
　　Car mot fo grans pecatz!

XLI.

　　Can li crozat s'en foron en lor païs tornetz
　　E lo coms de Monfort remas trop echarretz.
　　N'ot gaire companhos cant ilh s'en so aletz.
935 Ab lo comte de Fois si es el afinetz,
　　E li mes en ostatge son mendre filh de gretz.
　　Aisesta acordansa no a gaire duretz,
　　Car trastotz les covens an els pois trespasetz
　　E so despois en sa durament garregetz.
940 Girauds de Pepios s'es vas lui malmenetz
　　C'avia ab lui patz faita e s'era acordetz;
　　Per la mala ochaizon se son pois desebretz : (p. 25)
　　Son oncle li aucis us Frances de vertez,
　　Mas lo coms de Montfort ne fo forment iretz,
945 Que viu le fetz rebondre; en .I. cros l'an gitet.
　　Anc hom per tal forfait no fo si justizetz,
　　Pero si era de Fransa de mot aut parentetz;
　　Perqu'en degra en Guiraus ladoncs estre venjetz.
　　Per sela ochaizo s'es ab le comte mescletz,
950 Que mot fort l'onorava en era sos privetz,
　　Si c'anc nol defizec ni pres de lui comjets.
　　Un ric castel li ars, mas s'il i fos trobetz,
　　Segon mon esientre, el l'agra car compret.

　　936. *Ms.* ostatges. — 938. *Ms.* couens san. — 940. *La réd. en pr. ajoute, p.-ê. d'après un texte plus complet, p.-ê. simplement par conjecture, que ce Giraud était l'homme du comte de Toulouse; et spécifie même que celui-ci ne voulut pas soutenir sa querelle* (p. 21). — 949. *Corr.* s'es al c.? — 951. pres, *ms.* pretz.

Bochart tenet Saichac que om li oit donet ;
955 Ab .L. Frances s'en es un jorn armetz ;
Ab sels de Cabaretz s'es lo jorn encontretz,
E foron ben .LXXXX., que a caval que a petz,
E .XIII. arquiers, quels an revironetz
E los an durament feritz e essaretz.
960 Mas li nostre Frances van serratz e rengetz ;
Per critz ni per menassas nos son espaventetz,
Que d'una part e d'autra n'i a motz de tuetz.
Cant venc a la perfin foron desbaratetz
Sels que son am Bochart, don fo dols e pechetz ;
965 El meteis i fon pres e si l'en an menet.
De cels qui mortz i foron fo l'afars oblidetz.
Deus recepja las armas, can lo mons er finetz,
El seu cel glorios !

XLII.

Lo coms sel de Montfort fo fortment cossiros
970 De la prison Bochart e de sos companhos.
Trastot aicel ivern anec de sus en jos
Tro lai ental caresme que venc lo temps fulhos,

---

954. *Ce début est bien brusque, le récit est mieux introduit dans la réd. en pr., qui avait p.-ê. ici un texte plus complet* : Or dis l'historia que lodit C. de M. avia una plassa forta, en laquala avia metuda grossa et granda garniso de sas gens, de laqual era capitany un nomat Bocard. Aquest Bocard avia en garda et comanda la dita plassa apelada Sayssac... (p. 22). *La suite du récit est plus développée que dans le poème. Le nom du seigneur de Cabaret (Peire Rogier) est donné, ayant probablement été emprunté à une autre partie du poème (v.* 1447 *et suiv.). Le même texte ajoute cette circonstance, probablement inventée, qu'un seul des hommes de Bochart serait parvenu à s'échapper, et aurait porté la nouvelle du désastre à Simon de Montfort.* — 963. *Ms.* Canc.

Que tornec la crozada co fai mantas sazos.
Lo coms anec a Roma, si com ditz la cansos,
975 El cossol de Tolosa, que i feiren grans messios.
Primer s'en vai en Fransa e troberon joios
Lo riche rei Felip, mas pois fo cossiros ;
Per l'emperador Otes lor fo apres felos.
La comtessa de Campanha que es corteza e pros
980 Sela los receub ben e motz d'autres baros,
El pros dux de Bergonha quelh presenta mans dos ;
E lo coms de Nivers li fo mot amoros,
    El fe mant bo ostal. (p. 26)

XLIII.

    L'apostolis de Roma e tuit li cardenal
985 Lo receubro mot be cum baro natural.
Lo papa li done .I. mantel principal
E un anel d'or fi, que sol la peira val
.L. marcs d'argen, e pochas un caval.
Ladonc devengro els mot bo amic coral.
990 Mostrelh la veronica del Paire esperital ;
Can ne toque la fassa, que sembla om carnal,
Totz sos pecatz li sols que a faitz terminal,
Car tals foron da .I.c. comunal.
    Amdoi cela vegeia.

983. Mant, *corr.* mot? *Après ce vers prend place dans la réd. en pr.* (p. 23) *un développement d'une douzaine de lignes, où il est dit que chacun des seigneurs visités par le comte, et le roi de France lui-même, écrivirent en sa faveur au pape. Il n'y a pas de doute que ce supplément d'information est de l'invention de l'auteur du remaniement.* — 993. *Sic, leçon corrompue.*

XLIV.

995   Cant lo coms de Tolosa ac fait so que volia
Pres comjat de lo papa e tenc mot tost sa via.
A mot grandas jornadas ichit de Lombardia,
Que grant paor avet que i prezes malautia.
E Fransa a Paris albergueron un dia,
1000 Lai troberon lo rei que fon d'avol paria.
Lo coms s'en es tornatz, e ab sa companhia
El intra a Tolosa, aisi co far solia.
Li borzes de la vila n'agro gran gauh sel dia.
Pois pres un parlamen a aicela vegeia
1005 Ab lo coms de Montfort, lai pres d'una abadia;
Fo i l'abas de Cistel e la autra clercia.
E eu cugei aguessan fait patz e establia,
Que mais no guerregesan a trastota lor via.
Tant agron gran amor que l'us en l'autres fia.
1010 Certas de questz .M. ans eu no m'o cujaria
Que l'abas a Tholosa intres, qui m'o plevia.
Del castel Narbones li doneron bailia.
El el vesques Folquetz n'agron la senhoria
    E sin foron capdel.

995. *Cette laisse est développée très-longuement et dans un tout autre esprit par la réd. en pr. (p. 23-5).* — 999-1000. *Ce passage du comte de Toulouse par Paris (le second, cf. 976) est omis dans la réd. en pr.* — 1007. *Ms.* faita. — 1012. *Ms.* batlia. — 1013. *Ms.* El e livesques. — 1014. *Cette laisse et la suivante sont développées par la réd. en pr. (p. 24-5) très-librement et dans un sens aussi favorable au comte de Toulouse que défavorable à l'évêque Folquet,* « lo qual era ung tresque malvat home », *est-il dit, en complète opposition avec le v.* 1027.

XLV.

1015　A Tholosa intrè li abas de Cistel;
　　　Mot s'en meravilheron li vialh el jovencel
　　　E li un e li autre, neis li petit tozel.
　　　Vezentre tot lo poble lor livret lo castel
　　　C'anc hom en terra plana no vit, se cug, tan bel.
1020　Mota carta n'an faita, mot breu e mot sagel
　　　Que el trames pel mon en ot a mon Gibel
　　　Lo reis d'Arago i venc a lui de vas Murel,
　　　E parlè ab dons abas en .I. prat a Portel;
　　　E anc no i delhivrero que valha .I. anel　(p. 27)
1025　　　De nulha avol fivela.

XLVI.

　　　L'evesque de Tholosa Folquets cel de Maselha,
　　　Que degus de bontat ab el no s'aparelha,
　　　E l'abas de Cistel l'us ab l'autre cosselha.
　　　Tot jorn van prezican la gent co nos revelha;
1030　Del prest e del renou l'un e l'autres querelha.
　　　Per trastot Agenes lor tenc aital roelha
　　　Si qu'en cavalguet l'abas tro a Santa Bazelha.
　　　Anc re que preziquesson no mezon dins l'aurelha,
　　　Ans dizon per esquern : « Ara roda l'abelha. »
1035　Perqu'ieu, si m'ajud fes, no m'en fas meravelha,
　　　Si om be los confon ni los rauba nils pelha
　　　　Ni per forsals castia.

1021. *Corr.* entro a. — 1022. de vas, *correction proposée dans les notes par Fauriel; ms.* done (*et non* donc, *Faur.*). *Réd. en pr.* : venguet lo rey d'Arago per deça al loc de Portel (*p.* 25); *c'est* Portet, *entre Toulouse et Muret*. — 1030. autres, *ms.* austres.

XLVII.

Li borzes de Tholosa cels de la confrairia,
E li borzes del Borc contendion tot dia,
1040 E anc no i delhivrero, can venc a la fenia,
Que valha .1ª. glan ni una poma poiria.
Li crezen dels eretges, que an ab lor paria,
Van dizen que l'avesques, l'abas e la clercia
Les fan mesclar ves lor, e per aital folia
1045 Que l'us destrua l'autre; car qui essems se tenia,
Tuit li crozat del mon dan tener nols poirian.
Al comte fan entendre e a sa companhia
La fola gent malvaza c'an crezut la eretgia.
Encar veiran elh be, si Dieus me benaïa,
1050 Cal cosselh lor an dat aicels cui Dieus maldia.
Per so er trastot mort e la terra peria,
E per la gent estranha issilheia e gastea;
Que li Frances de Fransa e cels de Lombardia
E totz lo mons lor cor els porta felonia
1055   Plus que a gent sarrazina.

XLVIII.

Senhors, so fo en estiu, cant l'iverns se declina,
Que reven lo dous temps e torna la calina;
E lo coms de Montfort de l'ostejar s'aizina.
Al castel de Menerba qu'es lai ves la marina
1060 Mes lo setge entorn, c'aitals es sa covina;

1038. *Il n'y a pas trace de cette tirade dans la réd. en pr.* — 1041. poria, *une lettre* (i *ou* r) *a été grattée entre l'o et l'r.*— 1048. *Peut-être manque-t-il un vers après celui-ci.* — 1057. *Ms.* revenc, *mais le* c *a été ajouté en interligne après coup.*

E dressa sos calabres, e fai Mala Vezina
[D]e sas autras peireiras e dona e reïna.
Pessia los autz murs e la sala peirina
Que so faitz de mortier, d'arena e de caucina.
1065 Mot bon denier costeron e mota masmudina.
Si lo reis de Marocs ab sa gent sarrazina [(p. 28)
Estes en tot entorn, per santa Katerina!
No lor tengra nulh dan valent un' angevina ;
Mas contra l'ost de Crist que tota gent afina
1070 No pot garentir rocha que seit aut ni rabina
Ni castels en montanha.

XLIX.

Lo castel de Menerba non es assis en planha,
An[s], si m'ajude fes, es en auta montanha :
Non a pus fort castel entro als portz d'Espanha
1075 Fors Cabaretz e Terme qu'es el cab de Serdenha.
W. sel de Menerba sojorna e se banha.

1065. *Ms.* masmudona.— 1066. *Fauriel lit* Marces, *qu'il traduit par* Murcie (!), *mais le ms. donne aussi bien* Marocs. — 1067. *Ms.* E estes. — 1069. gent, *ms.* gens. — 1076. *Réd. en pr.* : Guiral de Menerva, *mais P. de V.-C.* : Guillelmus. *Après avoir raconté d'après le poème les préparatifs du siége, la réd. en pr. ajoute* : ont los deldit castel se son defenduts ben et valentament toujours sans perdre res, mais fasian un grand domatge als dits legat et C. de M., en lor tuan et blessan lors gens touts lors (*l.* los) jorns. Mais a fin de causa les an tant streicts que deldit castel no podian salhir ny aver causa que lor fessa mestier. Et adonc l'aygua lor es manquada dedins ladita plassa, a causa de las grands calors que fasia, que de grand set que avian morian touts lors (*l.* los) jorns en la dita plassa (p. 25). *Il est vraisemblable que les deux premières de ces phrases, qui ne contiennent aucun fait précis, sont une pure addition, mais la dernière, où la reddition de la place est attribuée à la privation d'eau* (deficientibus etiam victualibus, *dans P. de V.-C.*), *peut avoir été empruntée à un texte*

Laïns s'era el mes ab tota sa companha;
Mas li nostri Frances e cels de vas Campanha,
Mancel e Angevi e Breton de Bretanha,
1080 Loarenc e Friso e celh de Alamanha
Les ne traiso per forsa ans que vengues la granha,
E i arson mant eretge felo de puta canha
E mot fola eretga que ins el foc reganha.
Anc no lor laicha hom que valha .I^a. castanha.
1085 Pois gitet hom los cors els mes e mei la fanha,
Que no fesson pudor a nostra gent estranha
Aicelas malas res.

L.

Can Menerba fo preza lo coms fortz mogutz es
E venc al Pog-Nautier sa sus en Carcasses,
1090 E manda a la comtessa c'a lui aqui vengues.
Ela i venc mot tost cant el i ac trames.
Jes plus savia femna, si m'ajud Dieus ni fes,
No sap om en est mon tant can te lonh ni pres.
Tres jorns a sojornat lai en l'ost que grans es.
1095 Un dijous bo mati en .I. palai s'es mes
Ab prinçeps, ab baros, e fo lo cosselhs pres
Co assetges om Terme la sus en Termenes,
Un castel meravilhos; mas ans que soit comques
Istra de cors manta arma qu'en morra descofes,
1100 E despendra el seti mot marc e mant tornes,
E i aura gazanhat cavals e palafres
E mota autra riqueza e trop mot bel arnes,

plus complet du poème. Il est en effet à remarquer que cette tirade est fort courte. — 1091. venc, *ms.* vent. — 1098. *Il faut pour la mesure* mervilhos, *selon la prononciation française, et partout de même;* cf. v. 279, 2344, etc. — 1102. trop, *ms.* trot.

Que d'una part que d'autra cel a cui er promes
N[o] i er endestinatz.

LI.

1105 Lo coms sel de Montfort es el palais intratz,
E ab lui la comtessa ab tot l'autre barnad. (p. 29)
Sus .I. tapit de ceda se son asetiatz;
Robertz de Malvezi c'om i a apelatz
En Guis lo manescalcs, cest foron latz e latz,
1110 E en Wles d'Encontre, qu'en tot lo vescomtat
No i a .I. plus ric ome ni de major barnat,
E fo natz de Bergonha segon quem fo comtat,
A .II. legas de Nivers; cest an lo cosselh dat
Com lo castel de Terme sia tost asetjatz,
1115 E mot d'autres proomes que lo an autrejat.
Lo cosselh se depart que no a trop durat.
Cant an .I. pauc estat e que foro dinnat
Trastotz cuminalment son al cosselh tornat.
E lo coms de Montfort es forment issarratz
1120 De gardar Carcassona cui coman la ciutat;
Mas cant venc a la fi si l'an acosselhat
Qu'an Lambert de Creissi, qu'es mot ric e ondrat,
O an Rainier de Caudaro : en etz dos an triad;
Mas ilh no i remandrian cascus per .I. regnat,
1125 Tan vezon quel pais es ples de malvestat;
Mas Wles d'Encontre n'an pois trastuit pregat,
Que dis que i remandria can se fo cossiratz.
Mas lo coms de Monfort ne fo fortment iratz;

1105. *Toute la scène qui suit, la remise du gouvernement de Carcassonne à Guillaume d'Encontre, est réduite à quelques lignes dans la réd. en pr.* (p. 26). — 1122. Creissi, *le premier i a été gratté.*

S'el i agues cui metre no l'i agra laisat,
1130 Que en tota la terra non a .I. plus senat,
Ni milhor cavalier ni plus assegurat,
Plus cortes ni plus pros ni ab major leialtat,
  Si Dieus me benaziga.

LII.

Guilhenmes d'Encontre dis aisela vegia,
1135 Cant se fo perpessatz e [ac] la paraula auzia :
« El nom de Jhesu Crist e de santa Maria,
« Eu remandrai sai dins pois que cascus m'en pria. »
Mas lo coms de Montfort nol volgra laisar mia
S'il ne pogues al faire, mas pois, a la fenia,
1140 Car non a qui remanha, a penas o autreia.
Li baro de la ost e la cavalaria,
Atresi la comtessa, que volon c'aisi sia.
E lo coms de Montfort alh dat per companhia
Crespi de Rocafort qui a gran cortezia
1145 E don Simo lo Saine cui Jhesus benaïa
En Guios qu'es sos fraire ab la cara ardia
E motz d'autres baros que en la ost avia (p. 30)
De Bergonha e de Fransa e de ves Normandia.
Am tan si se soparton, e lo coms tenc sa via
1150 E vai asetjar Terme ab sa gran baronia.
En Wles d'Encontre s'en parti aicel dia
De lui a Poh-Nautier, mas en la pradaria,
E venc a Carcassona ans la luna esclarzia,
  Enans que fos grans sers.

1034. Guilhenmes, *sic; le mot est en toutes lettres.* P.-ê. G. [cel] d'E.? — 1042. *La phrase demeure suspendue; manque-t-il ici un vers? ou faut-il corriger* que en tuit? — 1152. Mas *n'est pas satisfaisant; corr.* va s'?

LIII.

1155 Ladoncs W. d'Encontre se part de Pog-Nautier
E venc a Carcassona tan com poc cavalguer,
E si intrè laïns can levo de soper;
Li ome de la vila ques volian coicher
El sirjan del castel lo coron desarmer :
1160 La sus en la gran sala an fait foc el fogier,
Carn de bou e de porc fan asatz asesmer
E dels autras viandas qu'el devian manjer;
Pois feiren les leits far on els se van colquier,
Car al mati a l'alba les sera ops lever
1165 Trastot pels manganels qu'ilh devion guider
E las autras peireiras que fan en cars porter
Lai el seti de Terme pel castel deroquer;
Que lo coms o comanda, e los vol plus preier
Dels manganels trametre e la ciutat garder
1170 Que no fai d'autra'cauza que el aia mestier,
E que dedins tres jorns les fassa[n] fort gaiter,
Que can ilh seran lai el los fara dresser.
E en Wles d'Encontre ses plus de demorer
Les fai fors de la viala traire ins el gravier
1175 E metre en las carretas que tiron li saumer
      Tost e isnelament.

LIV.

A Cabaretz s'en vai tost e isnelament

1165. *Ms.* trastotz; *c'est ici un adverbe.* — 1168. e los, *ms.* esios *ou* eños. — 1169. Manganels, *ms.* peireiras, *mot féminin qui ne peut s'accorder avec* dels *qui précède, ni avec* les *du vers* 1171.

Una espia de l'ost, [e] a lor dich mantenent
Que lo coms a trames vilas e avols gens
1180 Que porton las peirieiras, e no son plus de cent
Cels quels devon guizar, que pezos que sirvent;
E cant ilh o auziro mot fort en so jauzent :
De Cabaretz s'en eisso a la luna luzent,
En P. Rotgiers los capdela, si la gesta no ment,
1185 W. Catz, R. Mirs e trastuit lor parens.
Plus foro de .CCC., c'us so par non atent,
Ans van a Carcassona qui plus pot plus corrent.
En Wles d'Encontre que a tant d'ardiment (p. 31)
Fetz gaitar las peireiras e los cars issament ;
1190 E cant viro venir los cavaliers ponhent
Las esquilgaitas criden : As armas! autament ;
« Aonitz soit », ditz cascus, qui be no se defent !
Cant Wles d'Encontre el sieu la votz entent
A sa cavalaria a dit bassetament
1195 Qu'els se corran armar, e so delhivrament ;
Que si Jhesus de gloria, lo Paire omnipotent
E santa Maria maire o vol ni o cossent,
El se combatra ab lor, e so probchanament.
No sai que von fezessa pluzor alongament :
1200 En P. Rotgiers ni los sieus nos dan nulh espavent :
De lors destriers davalon trastotz cominalment,
Los manganels pessian totz a lors oilhs vezens
E i meto foc am palha, e lo fox s'escomprent ;
Be viatz foran ars si fes .I. pauc de vent,
1205   Mas Dieus non o volia.

1078. *Réd. en pr.* : Et adonc, dementre que aquest Verles fasia cargar lasditas carretas, couma dit es, una spia laqual era per lo capitani de Cabaret... (p. 26). — 1184. *Il faut retrancher* En *ou* P.; *de même v.* 1200. — 1186. *Ms.* ccc. cens. — 1200. sieus, *ms.* siaus.

LV.

Cant Wles d'Encontre ac sela votz auzia,
« As armas! chivaler, » mantenant lor escria.
Ben .VIII. XX. sirjans ot en sa companhia,
En sels no comti pas l'autra cavalaria;
1210 Las portas fan ubrir el nom santa Maria
E van ferir mest lor e mei la pradaria;
E l'autri, can los viro, no los soanon mia,
Ans lor van ben encontra com bona gens ardia.
Dieus! tanta bona asta i ac lo jorn cruicia
1215 E tant bon colp ferit sus elmes de Pabia!
En Wles d'Encontre punh lo destrier d'Ongria ;
Lai en la major brega, si Dieus me benaïa,
S'es per forsa embatutz iratz, ples de felnia ;
En l'aiga c'a nom Audes s'es mes sela vegea,
1220 Dedins, e mei de l'aiga, a la preicha partia ;
La .I. dels Mironencs trobet e mei la via :
Tant grant colp li donè en la targa fluria
Que l'ausberc no li valc .Iª. poma porria ;
E[n] l'aiga lo derocha vezent la baronia.
1225 Pois ferit en apres .I. glot que s'en fugia
De costa, en trespassan, ab la espeia forbia ;
E poichas ferit 'n autre en aisela envaïa.
Crespis de Rocafort nin Simos no s'omblia :
Cui els podon atenher no a mestier de via. (p. 32)
1230 Firen los an menetz gran pessa d'aital guia,

1211. *Il faut probablement* Es van, « *ils vont se lancer* ». — 1220. preicha, *l'i est gratté.* — 1229. de via, *entendu par Faur. au sens du latin* via, *n'a guère de sens ici*; vita *ne serait pas plus satisfaisant; corr.* d'aïa (*fr.* aïe)?

Aisi qu'en P. Rotgiers ne fetz cara marria
E tuit sei companho cant venc a la fenia ;
Car aisi lor es pres no i a cel nol maldia :
Descofit s'en retornan ab perda aicel dia.
1235 En Wles d'Encontre a sa gent aculhia,
A la ciutat s'en intra cui el a establia.
Dels peire[r]s c'ant escozes an mot gran alegria
E tota la mainada que s'en es esbaudia
   D'aicela vensezon.

LVI.

1240 Cant lo coms de Monfort c'om apela Simon
Ac mes seti a Terme d'entorn e d'environ
E auzit la[s] novelas, sapchatz que belh saub bon
D'en Wles d'Encontre et de son companho
Car el a los engens estortz de trencason,
1245 E milhor car avian vencut aisel baron
Que a nom P. Roger, que ja Dieus be nolh don!
Qu'ieu cug qui li donessa trastot l'or de Mascon
Nos dera tan de joia com fe de la razon
Que om li a comteia la granda vencezon
1250 Qu'en Wles d'Encontre fe aicela sazon.
Dieus! e cant be lalh comta .i. gentil donzelon
Qu'en Wles d'Encontre i trames a bandon
Per guidar las peireiras els engeins que i son!

1247. *Ms.* Qu'iau. — 1253. *Réd. en pr.* : Et quant s'es vengut al bout de quatre o cinq jours apres tout so dessus, lodit Verles a faict armar et metre en point una bona compania de gens valenta, laquala a bailada a conduire et gouvernar a ung valen home que per aleras era an el dins ladita cieutat ; et lor a bailada ladita artilheria per la menar aldit Termes, losquals se sont motuts a

E so fe el mot ben, ses mot de mentizon,
1255 Tro al seti de Terme, on avia mot baron,
E mot ric drap de seda e mot ric pavalhon,
Mota jupa de seda e mot ric sisclaton,
Et mot ausberc traslis e mot bon gonfanon,
E mota asta de fraiche, ensenha e penon,
1260 E mot bo cavaer e mot bon donzelon
Alaman e Bavier e Saine e Frison,
Mancel e Angevi e Norman e Breton,
Logombart e Lombart, Proensal e Gascon.
Lo senher arsevesques qu'es de Bordel i fon,
1265 N'Amaneus de Lebret, e cels de vas Lengon;
Lai fan la carantena tuit aicel que i son,
Que cant la uni venon e li autre sen vont;
Mas R. cel de Terme nols preza un boton,
Que anc plus fort castel no cug que vis nulhs hom.
1270 Lai teng[r]on Pentecosta, Pa[s]cha e Ascension,
E la maitat d'ivern, si com ditz la canson. ((p. 33)
Oncas no vi nulhs hom tan rica garnizon
Co ac en sel castel, lai de vas Aragon
E de vas Catalonha, que fon de Rosilhon.

camy, e dreit aldit Termes son anats, e ladita artilheria an menada ben e seguremen sans trobar desturbi et encontre. Adonc, quand lodit gentilhome es estat arribat aldit Termes, davant son senhor lo comte de Montfort es vengut, et ladita artilheria ly a presentada. Adonc lo C. de M. ly a pres a dire et demandar que era la causa que avia tant apunhat de la ly transmetre; loqual gentilhome a dit la causa com era estada de mot a mot, com lo dit Peyre Rogier les era vengut assalhir sur lo camy, et com lodit Verles venguet devers la cieutat, et les avian desconfits et mes en fuita; de la quala causa lodit comte n'es estat mas joyos que qui ly aguessa donada la melhor plassa del monde. (p. 27.) —
1267. vont, *ms.* vaont; *le copiste pensait évidemment écrire* van. — 1268. *Ms.* Mas n R. — 1274. fon, *ms.* son.

1275 Mota juncta i ant faita e brizé mant arson,
E mot cavaer mort e mot fort Braimanso,
Perdula manta ensenha e mant ric gomfano
Qu'en pujeron per forsa la sus en sel dompnhon
Malgrat d'aicels de l'ost, o volguessan o non.
1280 Manguanels ni peireira nols ten dan d'un boton;
Vianda an assatz, carn fresca e bacon,
Vi e aiga per beure e pa a gran foison.
Si Dami-Dieus nols dona calque percucion,
Si com fe en apres que lor deg menazon,
1285   Ja no foran comques.

LVII.

Senhors, volets auzir cosi Termes fon pres
E co sa gran vertut Jhesu Crist i trames?
La ost estet entorn entro foron .VIIII. mes,
Que l'aiga lor falhi, que resecada es.
1290 Vi avian asatz a dos mes o a tres,
Mas nulhs hom senes aiga no cug vivre pogues.
Pois plog una gran ploja, si m'ajud Dieu ni fes,
E venc .I. grans diluvis, de que lor es mal pres :
En tonas e en vaisels en an ilh asatz mes.
1295 De cela aiga prestiron e meiren els conres :
Tals menazos los pres negus no sab on s'es.
Coselh an pres mei[t] lor que cascus s'en fuisses
En abans que morisson en aisi descofes.
Las domnas del castel an sus el dompnho mes ;
1300 Cant venc la noit escura, que anc om non saub res,
Ichiron del castel senes autre arnes,

1278. ens el ?

Que, si no son diners, no cug nulhs ne traiches.
Ladoncs R. de Termes dis que hom l'atendes
Qu'el tornara laïns e c'om lo atendes.
1305 En aicela tornada l'encontreron Frances
El ne meneron pres lai on lo coms fortz es.
Li autre Catala et li Aragones
S'en fugiron per tal que hom nols aucizes.
Mas lo coms de Montfort i fe mot que cortes :
1310 Que no tolc a las donas que valha .I. poges (p. 34)
Ni un diner monedat.

LVIII.

Cant saubo per la terra que Terme an forsat,
Tuit li melhor castel foron dezamparat.
Donc fo pres Albejes, que non fo asetjad.

1303. *Les mots* que hom l'atendes *paraissent anticiper ici sur le vers suivant où ils sont à leur place. Il y a peut-être une lacune après ce vers. Réd. en pr.* : Et quand son estats deforas ladita plassa, coma dit es, a sovengut al capitani d'aquela, apelat per son nom Ramon de Termes, de qualquas baguas que ly eran demoradas dedins ladita plassa, las qualas volguet tornar serquar : mais degun home de sens no li volguet accompania, dont feguen sajamen, et lodit capitani grand folia de y tornar, car ly costet lo corps et may la vida. (p. 28.) — 1311. *La réd. en pr. développe avec assez de liberté la fin de cette tirade et ajoute ceci à propos de R. de Termes :* E faict que aguet tout so dessus, fec metre lodit capitani Ramon de Termes dins le fons d'una tor an grands fers a las cambas, et strectamen gardar et pensar (p. 28-9). *Il se peut que ce passage réponde à qq. vers manquant dans l'unique ms. du poème; il se pourrait aussi qu'il eût été rédigé d'après ces lignes de P. de V.-C. (chap. 42) :* « .... comes ... non quidem eum (Raimundum) occidit, sed in fundo turris Carcassonensis retrudi fecit, ubi per plures annos dignas pro meritis pœnas et miserias sustinuit... »

1315 Las garnizos del comte qu'el castel an laichat
No cuja[n] c'a lor vida mais i vengo crozatz.
Dieus i fe grans miracles, qu'es ples de pietat :
Pus bel ivern fazia que no vitz nulh estat.
A ma razo m'en torni car trop ai demorat.
1320 Cant lo coms de Tholosa sab, que hom l'o a comtat,
Que Termes era pres, vas Sant Gili es anatz
A .I. gran parlamen quel clerc li an mandat,
Li abas de Cistel e li autre crozat,
Que Milos era mortz, rebost e sosterratz.
1325 Mosenhen Gui Cap de porc i a lo coms menat,
Tot lo milhor legista de la crestiandat ;
E si es cav[a]ers e autz om de barnatz :
Tuit li autre no sabo escontra lui un dat.
Aisel mante lo comte, e es ben essenhat,
1330 C'ans se traicheran l'olh qu'el agues mot sonat.
Li abas de Cistel s'en es en pes levatz :
« Senhors, » so lor ditz el, « sapchatz qu'es veritatz
« Que lo coms de Tholosa m'a mot fort honorat,
« Sa terra abandonada, don ieu lh'en sai bon grat;
1335 « E pregue vos de lui qu'en siatz fort pregat. »
Donc foron li sagel de Roma desplegat
Que al comte de Tholosa om avia aportat.
Que vos faria lonc comte ? que tant an demandat
Que lo coms R. dis : can so er acabat
1340 Non o poiria pagar ab trastot son comtat.
Lo pe met en l'estriub corrossos e irat
E es s'en a Tolosa en son païs tornat,
On plus pot bat baten.

1320. lo a, *corr.* li a *ou* lo lh'a. — 1330. traicheran, *corr.* traichera ? *à moins qu'on veuille entendre* traichera ne. — 1343. *Toute*

LIX.

  Pois fo lo coms R. a autre parlament
1345 Que fo faitz a Narbona pres de la S. Vincent;
  Lo reis d'Arago i fo e mota rica gent.
  Oncas no i acabero que valha un aiguilent.
  Pois ne foro a autre, az Arle, mon ecient;
  Lai escriusen en carta trastot lo jutgament
1350 Que bailaran al comte que defors los atent
  Ab lo rei d'Arago, ab fort freit e ab vent.
  L'abas la lh'amarvic vezent tota la gent, (p. 35)
  E maestre Tezis qu'es ab lui issament,
  Lo mielher clercs del mon e lo plus conoichent,
1355 E l'ivesques d'Uzes ab d'autres clergues cent.
  Can lo coms tenc la carta, trastot celadament
  Apelèt l'escriva, e cant el la entent,
  Que el la lh'ac legida trastot paziblament,
  Lo rei d'Arago apela iratz per mal talent.
1360 « Sa vinetz, sire reis, » so li ditz en rient,
  « E aujatz esta carta e l'estranh mandament
  « Quem mandan li legat que i sia obedient. »
  Lo reis la fai legir autra vetz mantenent;
  E cant la ac auzida, ditz em patz simplament :
1365 « Be fai a milhorar, pel Paire omnipotent. »

cette laisse est développée très-librement par la réd. en pr. et dans un sens favorable au comte de Toulouse. Par ex. le rédacteur suppose que l'entrevue de Saint-Gilles eut lieu à l'instigation de l'évêque Folquet : instigan lodit evesque de Tolosa, loqual no cessava jamais de sercar mal (p. 29). *La laisse LIX est tout aussi librement traitée dans la réd. en pr.* — 1348. Sic, corr. P. ne feiro .j. autre?

Lo coms totz cossiros, si que comjat no prent,
La carta e son punh, que no i respon nient,
S'en vai en ves Tolosa on plus pot tost corrent,
E pois a Montalba, a Moisac e Agent,
1370   Per tot a una ma.

LX.

Lo pros coms de Tolosa s'en torna en Tolzan
E intra a Tholosa e pois a Montalban,
A Moichac e Agen, sa carta en sa man;
Pertot la fai legir, que o sapchan de plan
1375 Cavaers e borzes, prestre messa cantan.

1366. *Réd. en pr.* : « E quand an agut sejornat ung jour ou dos [*le comte de Toulouse et le roi d'Aragon*], aldit legat s'en son anats presentar et monstrar ; loqual legat lor a comandat que no se aian a moure ne bojar deldit Arles sans le congiet d'el o de son conseilh, tant aldit rey que aldit comte Raimon ; et en lor logis les an faict retraire et retirar, jusquas que om les manda venir. Et adonc es estat tant procedat aldit conseilh, loqual era tout per lodit comte Raimon, que per apontamen deldit conseilh es estat dich et apontat ayssi dejous, loqual apontamen fouc pourtat et trametur per un deputat per lodit conseilh aldit comte Raimon, car non avian ausat dire ny declarar lodit apontamen en audiensa public[a], per paour et commotion del poble; car vesian ben que lodit apontamen era contra Dieu et conciensa, loqual apontamen contenia ainsin, so es assaber... (*p.* 30); *Suit le texte des délibérations du concile, disposé par articles commençant chacun par* Item. *Puis le récit reprend avec ces mots* (*cf. v.* 1359-65) : Quand lodit comte Raimon aguet vist et entendut lodit apontamen, el s'es pres a rire de grand joi que n'aguet, et a son cunhat lodit rey d'Arago l'a monstrat, loqual rey a dit aldit comte Raimon : « Pla vous l'an pagat » (*p.* 31). — 1367. punh, *ms.* pinh. — 1371. *Le fragment conservé par Guion de Malleville commence ici et s'étend jusqu'au v.* 1410. *Fragm.* Li conte de. — 1373. *Fragm.* a Agen. — 1375. *Ms.* e pois m., *fragm.* e prestre m.

La carta ditz aisi en lo mot primairan :
Que lo coms tenga patz e cels qu'ab lui ceran,
E laisse los roters o anoit o deman.
Reda lor dreits als clercs, que sian sobiran
1380 De trastot aiselo que li demanderan ;
E giet de sa bailia totz los Juzieus trafan ;
Els crezens dels eretges, aicels que ilh diiran,
Que el les reda totz, e so tro a un an,
Per far tot lor plazer e so qu'eli voldran ;
1385 E mas de doas carns eli no manjaran,
Ni ja draps de paratge poichas no vestiran,
Mas capas grossas brunas, que mais lor duraran.
Los castels e las forsas trastotz derocharan,
Ni jamais cavalers non estara en plan,
1390 Mas defora els camps co li autre vilan.
E degu mal peatge el[s] camis no prendran,
Mas can los velhs uzatges que foro ancian ;
Catre deniers tolzas a cascun an daran   (p. 36)
Als paziers de la terra qu'eli establiran.
1395 E tuit li renoier lo renou laicharan,
E si gazanh an pres tot primer lo rendran.
E sil coms de Montfort nil crozatz que vindran

1376. *Fragm.* en cel m. — 1378. *Fragm.* E gita los roëts la noi o lendeman. — 1379. *Ms.* R. los, *Fragm.* E r. lors. — 1380. *Au lieu de* que li (*que lui*) *on pourrait couper* qu'eli (*qu'ils*). *Fragm.* De toto aicelo ren que lor d. — 1381. *Fragm.* J. trostan. — 1382. *Fragm.* aqui on els seran. — 1383. *Fragm.* Que los lor rendan tots e so era a dan. — 1384. *Fragm.* plasir e so que il v. — 1385. *Fragm.* E mos cant de dos c. nuls tems no. — 1386. *Fragm.* E ja de d. d. p. gia plus.— 1388. *Fragm.* totas d.— 1389. *Fragm.* chivaler no estaran. — 1390. *Fragm.* Mor deforas a las cabanas. — 1392. *Fragm.* Mos c. — 1393. *Fragm.* diners tornes. — 1395. *Fragm.* lor renou.

Cavalgan sobre lor coma trop ome fan,
E si prendian del lor, ja non o defendran.
1400 Pel lau del rei de Fransa de trastot passaran;
El coms que pas la mar la vas lo flum Jordan,
E que estia lai tant co li monge voldran
Ol cardenal de Roma o cel qu'eli metran ;
E pois ques meta en orde el Temple o a S. Joan.
1405 E cant o aura fait sos castels li rendran ;
E si aiso no fai de tot lo cassaran,
Que nolh remandra res.

LXI.

Li ome de la terra, cavaler e borzes,
Cant auziron la carta que legida lor es
1410 Dizon que mais voldrian estre tuit mort o pres
Qu'eli aiso sufrisan ni o fessan per res :
Doncs serian tuit sers o vila o pages.
Li borzes de Moichac e sels de Agenes
Dizon c'ans fugirian per l'aiga en Bordales
1415 Que sian lor senhor ni barrau ni Franses,
O s'en iran estar, si lo coms o volgues,
Ab lui en autra terra on que a lui plagues.

1398. *Fragm.* come prob home f. *La réd. en pr. semble avoir lu à la fin du vers* efan, *d'où* tant petit que grand (p. 31). — 1399. *Fragm.* E prendiran ... nols o d. 1400. *Fragm.* Per lau... del t. — 1401. *Fragm.* El c. passa ; *ms.* vas flum ; *fragm.* ves lo fom. — 1402. *Fragm.* E que estra l. t. col m. — 1403. *Fragm.* Ols cardenals d. R. o cels qu'els. — 1404. *Fragm.* al T. a S. J. — 1405. *Fragm.* C. aiso auro f. — 1406. *Fragm.* del plus lo c. — 1407. *Fragm.* E n. remandro. — 1408. *Ms.* Li cavaler; *fragm.* Li cavaler de la t. li home el. — 1410. *Fragm.* tut esser m. — 1412. *Corr.* Dont?

E lo coms cant o au lor ne ret grans merces.
Donc a faitz sos sagels e als pertot trames
1420 A trastotz sos amics la sus en Albiges,
E de sai en Bearn e al comte Cumenges,
E al comte de Fois e lai en Carcasses,
E an Savaric pregua que d'aiso li valgues,
Aicel de Malleo, e el lh'o a promes
1425 Qu'el l'en ajudara, cui que plaira o pes,
De talent e de cor.

LXII.

A l'intrar de caresma, cant baicha la freidor
E comensa a venir lo dous temps de Pascor,
Si movon li crozat e li ostejador,
1430 Que somonitz los an nostre prezicador.
L'avesque de Tholosa, cui Dami-Dieus honor!
En an dedins la vila receubut per senhor
A gran procecio com un emperador.
Del devet los absols, si qu'ieu cugé laor (p. 37)
1435 Que aguessan patz faita per totz temps de bon cor;
Mas pois vi ques mescleron per mot granda iror.

1418. *Tout ce passage, depuis le v. 1408, est très-développé et accentué dans la réd. en pr.; ainsi :* Et adonc, quand lodit apontamen an ausit, cascun d'els aldit comte Raimon a dit et declarat que plus leu qu'els fassen aquo, que lors enfants menjarian (*cf. ci-dessus la note du v.* 396); et si lodit legat venia, que n'era questieu que de se defendre et gardar; dont lodit comte Raimon, quand a ausit lor voler, es estat ben joyos, et lor n'a saubut un tresque grand grat (p. 31). — 1421. *Réd. en pr. :* ... son vengut a son mandamen et ajuda los Bascas et los de Bearn et de Cumenge (p. 32). — 1431. *Ms.* L'avesques. — *Il n'y a rien dans la réd. en pr. qui corresponde aux v.* 1431-6. — 1433. prosecio, *ms.* profecio; *cf. ci-dessus, v.* 929 *et ci-après, v.* 1581.

L'avesque anec en Fransa prezicar cascun jorn,
E crozan se li princep, li baro elh comdor
El cavaler de lai.

LXIII.

1440   Lo coms P. d'Ausurra, Rotberts de Cortenai,
El chantres de Paris, si col libres retrai,
Vengron ab mot gran ost devas Paris en sai.
A Carcassona intrero en lo pais de sai.
E aujatz de Jhesu quinhas vertutz i fai,
1445 Aisi coma lo libres vos ditz e vos retrai.
Aicels de Cabaretz s'en deron gran esglai ;
Lo senher P. Rogiers gran matinet s'en vai
An Bochart, que es pres, en la cambra on jai :
« Bochart, » so li a dit, « vos estes, ben o sai,
1450 « De mot granda natura e proz om e verai ;
« Vos no faretz ja causa que a faire no fai,
« E si ieu vos solvia no sai si i trobarai
« Merce ni cauziment, mas tot o assajarai.
— Anc no fi traïcio ni no la perchasai.
1455 — Doncas, » ditz P. Rogiers, « vos no siretz pres
« E mi e mo castel vos lhivre atrazai. »   [mai,
Apelè .I. maestre, dels fers traire lo fai,
Tondrel fai e banhar tot suavet, e mai
Una mot bela rauba e un palafre bai
1460 Li a fait amarvir, c'anc nol mes en assai.
Cant aiso viu Bochartz sapchatz mot en fo jai,
Mais non ac tant gran joia des aicel temps en sai
Que de maire nasquet.

1441. *Réd. en pr.* l'evesques de Paris. — 1444. *Corr.* E[r]? —
1452. ieu, *ms.* iau.

LXIV.

    Senhors, tot en aisi com denant vos ai dit
1465 Lo senhor de Cabaretz no[s] mes pas en oblit :
Un maestre apela, dels fers gitar lo fist,
E de mot richa rauba noblament lo vestit.
Un palafre amblan, c'anc om gensor non vit,
Li donè a chivager ; e can fo be vestit
1470 Tres donzels per solatz a chivau li amarvig,
E el anè ab lui tro a deforas per guit ;
Mas ans que s'en anesson nis fossan departit
De lhui e del castel l'a del tot revestit
E lh'en fist omenatge senes tot contradit.
1475 En Bochartz li promist elh jurè elh plevit   (p. 38)
Que de las soas partz no sera ja traït,
Ni, can venra a la fin, quel plaitz er devezitz,
Nol tindra om per fol nin sera escarnitz.
E el no i falhit doncas, que ben lo atendit
1480   So que promes l'avia.

LXV.

    Cant lo coms de Montfort e l'autra baronia
E li un e li autre an la noela auzia
Que mesira Bochartz es souts e que venia,
No vos cal demandar s'ilh agron alegria.
1485 Tuit van encontra lui a aicela vegia.
Can so [s']entrebaizé, pregan lo que lor dia
Si el s'es ostatgetz, e el ditz que no mia,
« Ans avem lo castel e la nostra bailia,

1469. *Corr.* Li det? — 1478. *Ms.* tindr'a. (*Faur.* tindria).

« E soi totz souts e quites co auziretz d'aital guia :
1490 « Mosenher P. Rotgiers m'a dat la senhoria
« De trastot son castel que contra nos tenia,
« E a preza amistat am mi e gran paria;
« Es eu li ai promes, si Dieus mi benazia,
« Qu'ilh en sera trop mielhs a trastota sa via,
1495 « E li donrai dos tans qu'il n'ot de manentia. [auria
— Doncas, » ditz lo coms fortz, « ben gran tort en
« Si no lh'en era melher la nostra companhia.
« Ja mais nulhs om de vos alunhar nol devria.
— Oi Dieus! » dizon trastuit, « dama santa Maria,
1500 « Co a fait gran proeza e granda cortezia !
« No a baro en Fransa, ni cug que mais i sia,
« Que l'agues comensea. »

LXVI.

Tota aisela noit tro en la matineia
A mesira Bochart gran joia demeneia;
1505 E l'endema tan tost co l'alba es crebeia
En es ves Cabaretz lo plus de l'ost aleia.
Lai fon lor acordansa dicha e devizeia;
Bochartz l'a tot primer, vezent de totz, parleia,
Que als us e ais autres de totas partz agreia.
1510 La senha al comte fort an sus la tor montea;
Lo castel establiron ladoncs nostra crozeia;
Aisi fo Cabaretz comquis esta vegeia.

1505. *La réd. en pr. suppose que Simon et le légat annoncèrent à P. Rogier, par lettres scellées, leur prochaine arrivée (p. 33).* — 1506. Cabaretz, ms. Carcassona; *la correction est manifestement indiquée par le sens : les croisés n'avaient pas lieu de se rendre à Carcassonne, puisqu'ils y étaient (cf. 1443).*

Ar vejatz cals vertutz i fo doncs demonstreia :
Que si tota la gent que en est mon fo neia
1515 Esteso tot entorn e enviro asetgeia
Nol prezeran ja ilh una poma peleia ; (p. 39)
Mas contra la ost de Crist no a castel dureia,
Ni ciutatz que ilh trobon ; tan no es enserreia.
E per so fa que fols qui am crozatz guerreia,
1520 C'anc om no s'en gauzi can venc a la fineia,
Que non fos cofondutz.

LXVII.

Tant tost com Cabaretz lo castel fo rendutz
Lo coms cel de Montfort el crozat so mogutz
E van enves Lavaur que lai en Tolza fu.
1525 .I. mes e .v. setmanas i an seti tenut ;
Ab genhs e ab calabres l'an fortment combatut.
La vila fo mot fortz : sis fossan defendut
Ni pel comte Ramon fossan be acorrut,
No l'agran si tost preza, fe que deg a Jhesu,
1530 Car vitalha era cara, la venda el traü,
Elh borzes de Tolosa qui s'en son irascu
Que vedan del pertrait que no lor seit rendu,
Nin laissan traire armas ni lansa ni escu.
Mas, com ditz lo proverbis, tart se son perseü,
1535 Qu'els an claus lor estable el cavals son perdu.
Li crozatz los combaton a forsa e a vertu,
Qu'elh so asetiat.

LXVIII.

Lavaurs fon tan fortz vila que anc e nulh regnat

1538. *La réd. en pr. n'a presque rien qui corresponde à cette*

Plus fort en terra plana non vi om que fos natz,
1540 Ni ab milhor clausura ni ab plus prions fossatz.
Dins a mot cavaer que[s] son mot gent armatz :
Le fraire na Girauda i fo, n'Aimerigatz,
Qu'es dona de la vila, laïns s'en es intratz;
Del comte de Montfort parti senes comjat;
1545 Montreial e Laurac li an tout li crozat
E tota l'autra terra, per que el n'es iratz.
De .CC. cavalers li an son feu mermat.
N'ot plus ric cavaler en Tolza ni el comtat,
Ni plus larc despesaire ni de major barnat.
1550 Mala vi los cretges e los ensabatatz,
C'anc mais tant gran baro en la crestiandat
No cug que fos pendutz ab tant cavalier de latz;
Que sol de cavaliers n'i a ladoncs comtat
Trop mais de quatre vins, so me dig .I. clergat,
1555 E de sels de la vila ne mes om en un prat
Entro a .CCCC. que son ars e cremat
Estiers dama Girauda qu'an en .I. potz gitat. (p. 40)
De peiras la cubriron, don fo dols e pecatz,
Que ja nulhs hom del segle, so sapchatz de vertatz,
1560 No partira de leis entro agues manjat.
So fo la Santa Crotz de mai qu'es en estat
Que fo Lavaurs destruita, si co vos ai comtat.
La gata aprobjeron ins el fons del valat,
E getan lo pertrait e an aitant cavat

tirade : mais c'est une omission volontaire de l'auteur, qui se sera sans doute aperçu que la plupart des faits ici rapportés reparaissent plus loin (tirade LXXI) presque dans les mêmes termes. — 1542. *Réd. en pr.* ... na Guirauda, laquala avia un fraire home valent et ardit apelat Aymerigat, senhor de Montreal e de Laurac lo grand (p. 33). — 1552. *Corr.* ab t. homes?

1565 Que dedins se rederon, car son pres e forsat.
Ladoncas fo d'els faita aitant grans mortaldat
Qu'entro la fin del mon cug qu'en sia parlat.
Senhor, be s'en devrian ilh estre castiat,
Que so vi e auzi, e son trop malaürat,
1570 Car no fan so quels mando li clerc e li crozad;
C'a la fi o faran can siran desraubat,
Aisi co aisels feiro, e ja non auran grad
De Dieu ni d'aquest mon.

LXIX.

Cant Lavaur fon conquesa en aquela sazon
1575 Se moc le coms de Fois el e sei companhon,
E son en sa companha cels del comte Ramon,
Que, sapchatz, lor ajudan escudiers e garson.

1566. *Ms.* fo lo faita, *ce qui n'a aucun sens,* Faur. *corrige (comme toujours sans en avertir)* fo laor, *ce qui fausse le vers et forme avec* ladoncas *un double emploi.* — 1569. *Supprimez le second* e, *et lisez* trop son m.? — 1577. *Il doit manquer quelque chose après ce vers, car les vv.* 1578-9 *ont l'air d'une fin de phrase. La réd. en pr. ne fournit à cet égard aucun indice bien sûr, parce qu'elle s'écarte à dessein du texte, afin de placer (ce qui est conforme au récit de Pierre de V.-C.) l'attaque des Allemands par le comte de Foix, non après, mais pendant le siège de Lavaur :* Or dis l'historia que dementres que lodit sety era davant Lavaur, que una granda armada e compania de Alamans, losquals eran bien seys mila, venian dona secours alsdits legat et C. de M., losquals se aneran logear al loc de Monjoyre, ou a l'entorn per aqui, les ungs pres dels autres; car anaven serradamen, per so que eran en la terra dels enemics. Et adonc qualcun que avia vistes et spiats losdits Alamans s'en venguet a Tolosa, la ont era per aleras lodit comte Ramon, a grand corps de senhoria de gens, la ont era le comte de Foix, home valent et entreprenen, ainsin que monstret; alqual comte de Foix lodit spia s'es adressat per ly

Alamans que venian a coita d'esperon
Qu'eran be .v. melia, si com ditz la canson.
1580 Can foro a Mont Joi armeros li baro
E van trastuit rengat com a procession.
Mas lo coms sel de Fois, qui a cor de baron,
E cels que ab lui foron nols an mis a razon,
Mas que los envaziron d'entorn e d'environ. (p. 41)
1585 Pero bes defenderon l'Alaman el Frizon
Una mot granda pessa dejosta .i. boisson;
Mas can venc a la fin, sapchatz ses mentizon,
Se laicheron tuit vencer per malvada ochaison.
Lai moriron li plus senes cofession.
1590 Li vila de la terre e li tafur garson
Los ausizian ab peiras, ab pals o ab baston,
Per que Mont Jois ne fo mes en destruction.
Si Domni-Dieus de gloria mos pecatz mi perdon,
Qui agues cels vilas penduz coma layron
1595 Que los crozats aucizon, a mi sabria bon,
Nils tolgon lor aver.

dire com el avia vist losdits Alamans, losquals s'eran alotjats al dit Montjoyre. Et adonc, quand lodit comte de Foix a ausit lodit spia, incontinen et sans far autre dilay, a fait a sas gens anar de bela noit aldit Montjoyre; et las gens deldit pays, quand an saubut le faict, se son metuts an lodit comte de Foix per anar deffar losdits Alamans. Et adonc s'en sont anats emboscar dins la forest, per on qualia que losdits Alamans passassen per anar aldit Lavaur, et aqui les an attenduts entre (*l.* entro) l'endema matin al solelh levant, que losdits Alamans se sont desalotjats, et drech aldit Lavaur s'en son tirats en passant a la dita forest (p. 34). *Il y a dans ce récit des particularités qui ne se trouvent pas dans Pierre V.-C., qui ne paraissent point imaginées, et que l'on peut conséquemment supposer tirées d'un texte plus complet de la chanson.* — 1579. *Dessin :* Lo camp de Mont Joy. — 1581. *Ms.* profession; *cf. v.* 1433.

LXX.

Li vilan de la terra, cous ai dit de primer,
Cant virol coms de Fois tuit li van ajuder,
Que li un que li autre n'agro mot bon diner.
1600 Mas ans que l'ost se parta o compraran mot cher :
Us donzels n'escapa c'o vai a l'ost comter.
Cant li Frances o auzo vius cujon enrabger :
Plus de .xiiii. milia en aneron monter,
Tant can lo jorns lor dura no fan mas chivaucher.
1605 Mas lo pros coms de Fois no si vol plus tarder :
Cascus al melhs que pot pessa de l'espleiter.
Laïns a Mon Guiscart s'en aneron jazer.
De l'aver que an pres podo ben sojorner
Tres mes e .xv. dias e tot .i. an plenier.
1610 [E] li baro de l'ost cant nols pogron trober
Dolent e corrossos meton [s'] al repairer
E tornan a Lantar can om se volc coicher.

1602. *Réd. en pr.* Laquala causa ausida per losdits legat et C. de M., incontinent an faict armar et mettre en poinct ben .xiiii.ᵐ homes, et drect aldit Monjoyre an tirat; et qui may a pongut es anat, que ung no attendia l'autro, per secorre lors gens. Mais tard son arribats, car ja lodit comte de Foix s'en era anat, coma dit es, et las gens del pays retirats, et non trobet lodit C. de M., loqual y era en persona, home a qui parlar, sinon que los morts et los blessats, que era una grand pietat de veser ung tal murtre de gens; dont lodit C. de M. es estat miech desesperat, quand a vist losdits faicts que lodit comte de Foix avia faict. Adonc a fait cargar sus forsa carretas los qu'eran blessats et que no eran point morts, et aldit sety les a fait portar, per los far pensar et guerir, dont belcop ne son morts d'aquels; et lodit C. de M. es demorat aldit Monjoyre per far enterrar los que y erant morts, afin que las bestias no les mangessan (p. 34). — 1610. *Il y avait probablement* de la ost, *l'a a été gratté*; trober, *ms.* treber.

Can las novelas saubon li autre cavalier
Tuit n'agro gran esglai.

LXXI.

1615   Lo coms P. d'Ausurra e cel de Cortenai
E lo coms de Monfort can no pogron far mai,
E virol coms de Foiss qui s'en fuit e s'en vai,
A Lavaur son tornat on la lor ost estai.
La vila agron preza, si col libres retrai ;
1620 Ben .CCCC. eretges del linage putnai
l arseron en .I. foc, e si feron gran rai.
N'Aimerigats fon pendutz e mant cav[a]ler lai ;
Quatre vins n'i penderon com om los lairos fai,
Els meson en las forcas l'u sai e l'autre lai.
1625 Na Girauda fo preza que crida e plora e brai, (p. 42)
En un potz la giteron a travers, ben o sai ;
De peiras la cauferon, trop om n'ac gran esmai.
E de las autras donas us Frances cortes gai
Las fe estorcer trastotas com om pros e verai.
1630 En la vila an pres mant destrier saur e bai
E mot ric garniment de fer que lor eschai,
Et mot blat e mot vin, mot drap don el son gai,
E mot ric vestiment.

LXXII.

Ramon de Salvanhac, .I. riche merchaant,

1617. e, *ms.* en. — 1627. *Corr.* la cubriron (*cf.* 1558) *ou* la cargueron ; trop, *ms.* trops. — 1628-9. *Ces deux vers ont reçu dans la réd. en pr.* (p. 35) *un développement de huit à dix lignes.* — 1634. *La phrase commence d'une façon bien abrupte. Peut-être man-*

1635　Que fo natz de Caorts, ric borzes e manant;
　　　Lo coms de Montfort li deu l'aver fer e gran.
　　　Cel mante la crozada, que li presta l'argiant,
　　　E pois pres ne en paga draps e vi e fromant :
　　　Tot l'aver de Lava[u]r li mes om dedenant.
1640　Cant la vila fo preza, poichas, tot en .I. an,
　　　Comquezon lo pais entro a Montferran.
　　　Lo coms Baudois i era qu'era pros e valhant.
　　　Sos cors val ben per armas Olivier o Rotlan,
　　　E s'il agues pro terra co motz d'autres princeps
1645　El conquerria enquera assatz e son vivant. [an
　　　Lo coms R. sos fraire l'i mes en garnimant.
　　　Si fos lo castel forts aisi col noms es grans,
　　　Nol prezan a lor vida Frances ni Alaman.
　　　XIIII. cavaers e d'autres no sai cant
1650　Son ab lo comte Baudoi que lo setge atant
　　　　　　De Frances orgulhos.

LXXIII.

　　　Lo comte Baudois es el castel enclous
　　　Ab lui us cavalers, Peires, qui es mot pros,
　　　El vescoms de Montclar, Pons de Tolosal Ros,
1655　El carts es n'Uc del Brolh qui es mot coratjos,
　　　El quins es Sanc Espaza, .I. cavaers mot bos;
　　　R. de Peirigorc qui es mot temoros,
　　　Car era dels roters cuja morir a estros.

que-t-il un vers. Réd. en pr. : Adonc avia en la compania deldit C. de M. ung grand et riche home, loqual s'apelava de son nom Ramon de Salvanhac, loqual era de Cahours, loqual merchant avia fournit et fornisia grand sumas d'argen... (p. 35). — 1636. deu (*debet*) n'est guère satisfaisant; corr. det (*dedit*)? — 1640. an, *ms.* ant. — 1644. *Corr.* d'autre prince. — 1658. estros, *ms.* estrois.

La fora, ins el setge, era lo coms d'Alos.
1660 Si Jhesu Christ non pensa, qu'es de tot poderos,
Tuit seran mort o pres ans del solelh rescos,
Que lo castels es frevols e desgarnitz e blos
A tot defendemen.

LXXIV.

Li baro de la ost fan cridar parlament
1665 Que ano al pertrait trastuit cominalment;
E cant o ag[r]on fait non viras ges sols .C., (p. 43)
Que plus son de .x. melia, cascus ad .I. tenent.
Las perreiras dresseron la fors el derrubent;
La batalha lor donen cavaer e sirvent.
1670 Mas lo coms Baudoïs, que es pros e valent,
Ab sa cavalaria on pus pot se defent :
Lo pertrait lor arseron de dins ab foc ardent,
Mas ellh ne gietan autre aqui eiss mantenent.
Gran miracle lor fist Jhesus l'omnipotent
1675 Car no foron tuit pres a sel envaziment.
Lo coms sel de Montfort era son be volent
Del comte Baudoï e mot de l'autra gent;
Pel be qu'en auzon diire grans piitetz lor en prent.
Pels autres no doneren d'una notz lo valent.
1680 Mas lo coms de Chalo fist gran essenhament,
Qu'un crozat i trames que cridè autament :
« Senher coms Baudoïs, venet segurament,

1663. A , corr. De? — 1664 et suiv. Le récit de la prise de Montferrand est fort développé et arrangé dans la réd. en pr. Il n'y est point question de l'intervention du comte de Chalon (v. 1680); Simon de Montfort fait demander un rendez-vous à Baudouin et traite directement avec lui.

« Que mosenher lo coms sai defors vos atent ;
« A totz los baros platz lo vostre acordament. »
1685 No sai plus que vos dia pluzor alongament :
Lo coms i es ichitz can la razon entent,
Be sap que no i a gaire pus de defendement ;
Lo castel lor rendè cant venc al feniment,
La vitalha que i era, pan e vi e froment ;
1690 E el tuit s'en ichiron ab los lors garnimens.
Sobrels sans evangelis lor feiro sagrament
Que mais no guerregessen crozadz a lor vivent,
Ni que no mantenguessen l'avol gen mescrezent.
E ab aitant gurpiron lo castel e van s'en
1695   Ves lai don son vengutz.

LXXV.

La ost tornè atras de lai don so vengut,
E prezon Rabastencs, Galhac e Montagut,
E trastot per paor lor o a om rendut,
La Garda e Poi Celsi ; e puis si son venut
1700 [C]els de Sent Chantoni ses arma e ses escut,
E ab lor s'acorderon co ome aperceubut.
La Guepia e Pui Celsi son desotz lor tenut.
Tant com tenc Albiges an elh be comquezut.
E l'evesques qu'es pros e bos, si Dieus m'ajut,
1705 S'es de trastotas res ab lor ben avengut.

1700. Sent Chantoni, *pour* Sent Antoni, *comme* Saint-Chamant (*S. Amantius*), Saint-Chinian (*S. Anianus*), Saint-Chély (*S. Electus*), etc.; *cf. Mabille*, Bibl. de l'Ec. des Ch., 6, III, 492 ; *Bréal*, Romania, II, 329. — 1703. comquezut, *ms.* comquerit. — — 1704. *Réd. en pr. :* de la quala reduction de pays l'evesque d'Alby es estat causa, car avia trabalhat fort et grandamen per lodit Montfort (p. 37).

E lo coms Baudoïs qu'ieu vos ai mentaugut
Amparet Brunequel, el lor a defendut, (p. 44)
Qu'ardre le volian per paor qu'an agut
Dels crozatz que venian contra lor irascut;
1710 Que lo coms de Tolosa o agra ben volgut
Si l'ome de la vila l'en aguessan crezud
Qu'eran trist e dolens.

LXXVI.

Lo pros coms de Tolosa es a Brunequel dins.
Del castel s'en volian fugir totas las gens,
1715 E lo coms Baudoïs lor a dit bassamens
Quel solvan lo castel, qu'el lor sera guirens,
Mas no vol a so fraire estre obediens.
Az aquel mot escridan cavalers e sirvens :
« Senher, voletz o vos qu'el nos sia guirens?
1720 — Eu ne farei, » ditz el, « los vostres madamens. »
Vezen totz lor a sols aqui los sagramens,
Am lo comte Baudoi fan lor emprendemens,
E jurolh del castels e paubres e manens.
Donc s'en vai als crozatz qui son sei bevolens,
1725 E pregua los quelh dono los asseguramens.
Els dizo que o faran, pero ab tals covens
Qu'el se tenga ab lor, e dels comquerimens

1707. *On ne voit pas à quoi se rapporte* lor; *manque-t-il une fin et un commencement de vers entre les deux hémistiches du v.* 1707? *Fauriel traduit :* « ... *défendit Bruniquel et le préserva de ceux » qui voulaient le brûler...* » *Mais* lor *ne peut guère être considéré comme l'antécédent de* que. *Quoi qu'il en soit,* lor *se rapporte probablement aux habitants de Bruniquel qui, par crainte, voulaient prendre la fuite, cf. v.* 1714. *La réd. en pr. n'est ici d'aucun secours, voir la note sur le v.* 1738. — 1718. aquel mot, *ms.* alquel mos.

Que el fara ab lor sian sieu bonamens.
Tot aiso li autrejan essems cominalmens,
1730   Ab que lor vulha aidar.

LXXVII.

Lo bos coms Baudoïs s'en comensa a tornar
Cant am lo comte fort ac empres son afar,
E venc s'en a Tolosa ab son fraire parlar
Que anc no l'amè gaire, ni anc re no l volc dar
1735 Com om fa a so fraire, ni en sa cort ondrar;
Ans le fe sobre sans .II. vetz o .III. mandar
Ques tengues am crozatz, es el non poc als far.
Comjat a pres de lui, que plus no i volc estar,

1738. *Cette phrase, fort mal rédigée, est obscure. La succession des événements, telle qu'elle est exposée à partir du v. 1696, est difficile à saisir. Elle est présentée plus clairement dans la réd. en pr., soit que le rédacteur ait eu sous les yeux un texte meilleur, soit, plutôt, qu'il ait remis les faits en un meilleur ordre. Il a malheureusement beaucoup abrégé ce qui concerne les négociations de Baudouin avec les habitants de Bruniquel. Après avoir exposé les conditions de la capitulation de Montferrand, il continue ainsi :* Et adonc lodit comte Baudoy a baylada et delivrada la dita plassa aldit de Montfort, et devers son fraire le comte Ramon es vengut an toutas sas gens, et tout le faict ainsin qu'era ly a contat et dich. Laquala causa quand lo dit comte Ramon a ausit, es estat tant corrossat que si aguessa perduda touta sa terra non ne fora estat tant marrit et corrossat. Et adonc a lor donnat congiet que s'en anassen ou vouldrian, et que devant el se ostan, [et a dit] a son dit fraire que jamais plus devant el no se trobe ny venga, vist qu'an son ennemic mortal s'era ainsin aliat et acordat, et que pira no ly podia aver faict sagramen de fidelitat. Lasqualas causas vistas et dictas per lodit comte Ramon a sondit fraire, se es ostat d'aqui tout corrossat et malcontent, que no era home que se auses trobar davant el. Et adonc lodit comte Baudoy s'en es anat et tirat dins lo loc de Brouniquel, loqual era de sondit fraire. Adonc lo C. de M. es tirat vers

E torna s'en en l'ost pel sagramen salvar.
1740 Ja ab so nol volgra durament garrejar
Sil castel de Brunequel ta mal noilh fes raubar.
En cela sazo venc lo coms, aicel de Bar;
E lo coms de Monfort pres n'a lui az anar;
A Mon Guiscart on era an pres lor albergar,
1745 E pois tornè a l'ost e sos pres a sopar,
A Tolosa la gran volon tuit cavalgar,
Quel coms de Bar o vol que l'an om asetjar.
A un dijous mati prezon a destrapar; (p. 45)
Cels que saubon la via comenson a guidar.
1750 Al ga qu'es sobre Ertz comensan a passar.
Us mesatges o vai a Tholosa comtar,
El coms R. el sieu se corregon armar,
E lo coms de Cumenge que lh'es vengutz aidar,
E lo coms sel de Foiss, e li rotier Navar.
1755 .D. cavaers foron ques van trastuit armar;
Las autras gens de pes nos podon azesmar.
Si fossatz dins la vila e los visatz estar,

Rabastens, Galhac, Montagut, losquals se son renduts et donats aldit de Montfort; et tamben aldit comte se son donats La Garda, Puech-Selsis, la Guipia, et S. Antony, et trestout lo pays s'es metut en las mas e subjection deldit C. de M.; de la quala reduction de pays l'evesque d'Alby es estat causa, car avia trabalhat fort et grandamen per lodit Montfort (*cf. v.* 1696-1705); car lodit pays era tout plein d'heretges; et d'aqui lodit Montfort es voulgut anar metre lo sety a Bruniquel per lo prendre, mais lodit comte Baudoy es vengut devers lodit C. de M. et armada, et aldit de Montfort ladita plassa a demandada, car autre loc ny plassa no avia per se retirar et demorar, laquala ly a dada et octrojada per ne far a son plaser et comandamen (*p.* 37). — 1755. D, *ms.* DC, *mais le* C *a été ajouté, et la réd. en pr. porte* cinq cens. — 1756. *Réd. en pr.* et aysso ses las autras gens a pe, tant de foras que de la communa deldit Tolosa (*p.* 38).

Vestir lors gonios ni lors elmes lassar,
Ni lors cavals cubrir de fer e entresenhar,
1760 Dicheratz que .IIII. osts degran desbaratar.
Certas, si cor aguessan nils volgues Dieus aidar
Eu no cre que crozatz lor poguessan durar
Ni sufrir en tornei.

LXXVIII.

Al pont de Montaudran, can an passat lo guei,
1765 Qu'en van enves la vila, ag .I. estranh tornei.
Una batalha valc, per la fe qu'ieu vos dei,
Que d'una part e d'autra n'i viratz mort[z], so
Plus de .C. et .LXXX., per aitans o autrei. [crei,
Pels ortz, fors de Tholosa, non a comte ni rei
1770 Que no cavalg per forsa, e fan aital chaplei
Quin volia ver diire cujeratz fos gabei.
Dels vilas del païs moriron .XXX. e trei,
Pres de la barbacana a la issida d'un prei.
Bertrans lo filhs del comte i fon pres; donc so
1775 Que lor donec .M. sous e tot l'autre arnei; [crei
Son caval e sas armas n'ag[r]on e son conrei
E tota s'autra chouza.

LXXIX.

Senhor, mot fo la osts fera e meravilhosa,
Aisela dels crozatz, e mala e urgulhosa.
1780 L'aiga passan per forsa e van enves Tholosa.

1772. xxiij. dans la réd. en pr., qui attribue cette perte aux croisés, et du reste arrange tout ce passage.

No remas per paor ni per neguna coza
Que no la asetgessan de la on es plus clouza.
Plus de gent ac laïns si fos tant poderoza,
Que de totas ciutatz es cela flors e roza ;
1785 Mas non es tant ardida cela gens e tant osa
Que no es la dels crozatz, so nos retrais la gloza,
E fan o ben parvent.

LXXX.

Can lo pros coms de Bar ag pres l'envaïment
E lo coms de Chalo e tuit cominalment, (p. 46)
1790 Las grans targas bulhidas de cuir primeiramens
Portan ves lo valat per forsa mantenent,
Per so que dels cairels lor fes defendement ;
Pois portan lo pertrait que gietan dins corren.
Can cels dedins o viro forment en son dolens :
1795 A l'encontre lor van e ferols durament,
Que d'una part que d'autra n'i a mortz mais de .c.
E be .D. plagatz que tuit eran sagnent.
E lo coms de Cumenge, segon mon ecient,
I perdec a l'estorn .I. cavaer valent,
1800 R. at de Castelbo ; plaints fo per manta gent.
Tant se son combatut d'ambas partz asprament
Cels de l'ost s'en torneron, mas non portan nient :

1786. *Corr.* Com es ? — 1798. *La réd. en pr. paraît avoir suivi un texte un peu différent ; il n'y est pas question en cet endroit du comte de Comminges, mais de celui de Foix, qui aurait eu un cheval tué sous lui :* ... et adonc fouc tuat le chaval del comte de Foix entre sas cambas, et aussi ly fouc tuat ung valen et ardit home... (p. 39). — 1800. R. at, *sic ; Fauriel traduit* Raymond, *ce qui ne peut se tirer de cette abréviation ; réd. en pr.* Ramonat, *qui*

Las grans targas del cor vos dig ses falhiment
Que lhi bon afozenc n'agron .III. verament.
1805 A las albergas tornan cavalier e sirvent,
E aicels de Tholoza repairen essament.
La noit s'esquilgaitero tro a l'alba pareichent ;
Las vinhas e los blatz gastan espesament,
Los albres e tot so qu'en la onor apent.
1810 Meten o en .I. mon delatz un derubent ;
Los fossatz en cujeron omplir segurament,
    C'aitals an los coratges.

LXXXI.

Li baro de la ost que son proome e sages
Agron paor d'els dins que lor fassan dampnatges·
1815 Tot lo jorn van garnit li omes de paratges,
Cascus als melhs que pot garda sos albergatges,
Car tals es lor costuma de totz e lor uzatges.
N'Uc dal Far es dedins, qu'es arditz sos coratges,
Senescalx d'Agenes, de mot grans vassalatges,
1820 En P. Arces sos fraire el melhs de lor linatges,
E motz bos cavalers que son fers et salvatges ;
Cascus celadament s'arma e sos estatges.
Mas lo coms de Tolosa am pauc totz vius no rap-
Car volon issir foras ni far aitals otratges [jes :
1825 Cuja se que li volhan toldre sos eretatges,
    E nols laicha ichir.

est trop long pour la mesure. — 1803. del cor, *corr.* de cuir; *réd. en pr.* : et cinq targas des susdits, de cuer bulhit, an gasanhadas (*p.* 38). — 1814. Agron, *ms.* Angon. — 1819. dal Far, *réd. en pr.* del Far. — 1820. Arces, *réd. en pr.* Arcis. — 1823. *Réd. en pr.* ... s'es pres a corrossar ... car paour abia d'estre trahit (*p.* 39).

LXXXII.

Li baron de Tholosa non o volgro suffrir,
Que a mal grat del comte van las portas obrir,
E van a cels de l'ost de doas partz salhir,
1830 Un dimercres mati, si cum eu auzi dir; (p. 47)
Ben era pres de tercia qu'en volian ichir;
An dinnat cels de l'ost can les vengro envair;
Mas lo coms de Monfort anc nos volc desgarnir
Nils pluzors de la ost lors aubercs desvestir;
1835 Tost e isnelamens van els destriers salhir.
Aqui viratz tans colps de doas partz ferir
Dels espieuts sus los elmes que los fan retendir,
Tant escut peciar e fendre e croichir,
De tot lo mon dicheratz que cujava perir.
1840 [E]n Estaci de Caus, senes trastot mentir,
Auciso li de Tolosa, don fe om mant sospir,
Sibe s'era arditz, can s'en volc revenir
E als seus retornar.

LXXXIII.

Mot fo grans lo torneis, si Jhesu Crist m'am-
1845 Can feriro en l'ost li Tolza el Navar. [par,
Adonc viratz en aut los Alamans cridar;
Tuit li pluzor cridavan : A Bar! a Bar! a Bar!
En Estaci de Caus, a .I. pontet passar,

1841. *Corr.* li Tolza, *cf.* 1845. — 1846-7. *Réd. en pr.* Et adonc an comensat de cridar los que lo comte de Bar avia menats, quand an vista ladita desconfitura, tant que cridar an pogut : A Bar! a Bar! (p. 39). — 1848. Estaci de Caus, *réd. en pr.* Stachi de Canhitz.

Li deron tan gran colp c'anc no s'en poc levar,
1850 D'una asta de fraiche ab .I. gonfano vair,
Que no i poc estre abora lo prestre a l'ordenar
Quel dones penedensa nil fessa cofessar;
Anquer no a .II. jorns ques fe penedensar,
Per qu'ieu cre Jhesu Crist l'en voldra perdonar.
1855 Cant li Frances o viron tuit li van ajudar;
Mas li mainader felo comenson a tornar
Cant viro cels de l'ost venir e enpreissar;
Be sabon e lor cor no lor poiran durar;
Que so que an comquist podon asats portar
1860 Si no fos cel qu'aucizon, don motz ne fan plorar,
Car mot era el riches e de mot gran afar.
Sei ome fan lo cors en sa terra portar,
Que els lo voldran lai a onor sosterrar.
Al matinet a l'alba, cant lo jorn pareih clar,
1865 Cant ag[r]on .XV. jorns las vinhas fait talar,
Prezon los pabalhos els traps a destrapar,
Que, pel meu esient, els se voldran mudar :
La vitalha es trop cara, no lor pot abastar;
Un pan val be .II. sol. a un petit disnar.
1870 Si no fossan las favas no agran que manjar,
E las fruitas dels albres can las podon trobar. (p. 48)
Sobrel comte de Foiss comensan ad anar;
La sus ad Autariba van tuit lo pon passar.
Trastot aicel estiu i voldran ostejar,
1875   Quel plus o an en cor.

1860. cel, *ms.* cels. — 1869. *Il y a peut-être ici une omission;* réd. *en pr.* ung petit pa valia dos sols, desquals ung home n'aguera ben minjat a ung repas ben cinq ou sies, desquals no fora pas estat trop sadol ne assasiat (*p.* 40).

LXXXIV.

Sobrel comte de Foiss, can l'alba par el jor,
Vai lo coms de Monfort el crozatz li pluzor;
Quel coms d'Alo s'en torna car fait a gran sojor.
El voleit mot l'acort de Toloza laor
1880 Si no fossol Frances, li princep elh comtor,
L'avesques e la gleiza e li prezicador
Que parlan dels eretges, de lor fola error.
C'als Cassers ne trobero rescotz en .i*. tor
Ben .LXXXX. e .III. de cels fols traïdors,
1885 Que cels de Rocovila, c'avien [ab] lor amor,
I tenian rescotz malgrat de lor senhor.

1878. d'Alo, *réd. en pr.* de Chalon. *Ce vers ne se relie pas d'une façon naturelle aux précédents; p.-ê. y a-t-il une lacune ou faut-il* El *au lieu de* Quel? *Réd. en pr.* : ..... et drech aldit comtat de Foix son anats, per so que lo comte de Foix era dins la vila de Tolosa an lodit comte Ramon, loqual lor avia faict grand cop de mal, tant aldit sety que a Monjoyre. Et adonc que son estat levats, coma dit es, lo comte de Chalon a pres congiet deldit legat, *etc. (p.* 40). — 1886. *La réd. en pr., suivant selon toute apparence un texte plus complet, nous apprend ce qui fut fait des hérétiques de Cassers. Le passage qui les concerne ne se trouve pas à la même place que dans le poème, mais un peu plus loin, après le récit des ravages exercés par les Croisés dans le pays de Foix; les faits y sont autrement présentés :* Et adonc se son retirats, coma dit es, so es que lodit legat s'es retirat devers Rocamado an una partida de la dita armada, et le C. de M. s'es retirat vers la cieutat de Carcassona an una partida de ladita host et armada. Ainsin que lodit legat s'en anava aldit Rocamado, es passat a travers pays ent als Casses, costa S. Felix de Caramang[*], ont es estat advertit per aucuns que alsdits Casses y avia dins una tor ben .IIII^{xx}. ou .c. heretges, losquals los de Roquavila y avian metuts per gardar et

---

[*] *Canton de Revel, arr. de Villefranche (Haute-Garonne).*

So me comtec n'Izarns que era adoncs prior
De trastot Vielh Mores e d'aicela onor.
Can aguen trop estat vas Fois l'ostejador
1890 C'an fait mal, cel que pogro, en cel païs laor,
Gastada la vitalha, lo blat e la labor,
Se departi la ost can defalh la calor.
E lo coms de Monfort vai ves Rocamador;
Li abas de Cistel estec el refrichor
1895 En la c[l]austra a Caortz, que no n'eis per paor,
Ni no cuh que n'ichis ans vindreit lo Pascor,
Si el no l'en traiches.

LXXXV.

Li crozat s'en partiron si com denan vos diss;
E lo coms de Montfort s'es en la via mis :
1900 Vai a Rocamador car el o a promis.
Li abas de Cistel estè, so m'est a vis,
Lai dedins a Caortz ab baros del païs,
E prega e amonesta que cadaüs plevis
Al comte de Montfort e quel tengal païs;
1905 E fai faire sas cartas e escriure en pargamis
Que tramet en Proensa a trastotz sos amis.
Cant lo coms s'en anè, el ab lui n'es ichis,
E vai en sa companha lo pros coms Baudoïs.
A Sant Antoni jagon que poisas an malmis,
1910   E van s'en a Galhac.

salvar. Et adonc lodit legat an sas gens es anat donar l'assault a ladita tour, laqual a presa amay los que eran dedins; losquals an fait touts brulhar et cremar, et ladita tour a faita abatre et arasar, amay tout le loc deldit Casses sans y laissar res que fossa. Et quand an agut fait ainsin, s'es retirat vers lodit Rocamado (*p.* 40-1).

LXXXVI.

Le coms de Montfort torna e a Sent Antoni jac,
E vai sen ves Lavaur e passec per Galhac, (p. 49)
E pois a Carcassona que es lai part Laurac.
L'abas s'en va as Albi e poia a Saichag.
1915 Del comte de Tolosa se donan gran esmag.
Manda l'ost per Tolosa, per Agen, per Moysag
E per tota sa terra en tota canta n'ag.
An Savaric trames .c. .m. salutz per pag,
Que deu venir ves lui, e jac a Bragairag,
1920   Ab sa cavalaria.

LXXXVII.

Cant lo coms de Tolosa ac la noela auzia
Que lo coms de Montfort a sa cort departia;
El somonic sa terra tanta co el n'avia,
E manda sos amics, cels c'ab lui an paria,
1925 Que s'asesmo trastuit a aicela vegia.
Lo comte de Cumenge que Sent Gauzens tenia,
E lo comte de Fois ab mot gran baronia,
E motz d'autres baros i vengon a .i. dia.
Lo senescalx d'Agen qui a Pena en bailia
1930 E trastuit li roter se mistrent en la via,
E cels de Montalba que ieu no omblit mia,
Ni Castel Sarrazi, si Dieus mi benazia.
Un dimenge mati, can l'alba [es] esclarzia,
Auziro la novela qu'en Savarics venia :
1935 Mot n'agron tuit gran joia e granda alegria,
Mas els no saubon pas cals er la defenia.

Oi Dieus! glorios paire, daima santa Maria,
Qui vi anc si fort gent ni si be fort garnia
Co aicels de Tolosa, ni tal cavalaria !
1940 Tuit aicel de Mila, de Roma e de Lombardia
Diseratz ben que i eran, e aicels de Pabia,
Cant so foras el plan.

LXXXVIII.

Senhors, mot fo la ost meravilhosa e gran
Del comte de Tolosa e d'aicels de Tolzan.
1945 Tholoza e Moysac i son e Montalban,
E Castel Sarrazi e la Isla en Jordan,
E trastotz Agenes, que degus no i reman ;
Tuit aicels de Cumenge e cels de Fois i van ;
Savarics de Malleo de que gran joia fan,
1950 E Gascos de Gasconha, e de vas Pog Serdan.
Plus so de .CC. melia can son rengatz el camp ;
Las carrugas cargadas e del vi e del pan
E d'autres garnimens tocan fort li vilan.   (p. 50)
Le trabuquet porteron li brufol el bou gran.
1955 Lo comte fort menassan e cels c'ab lui seran :
Li plus de lor l'apelan trachor, filh de putan.
Lai dedins Carcassona per fort l'asetjaran ;
Si els lo podon penre tot viu l'escortgaran.
Monreial e Fanjaus dizon ilh que pendran ;
1960 Entro a Montpeslier per fort cavalgaran,

1940. *Sic. Suppr.* de *avant* Lombardia? — 1951. *Cette évaluation a été singulièrement restreinte, probablement par conjecture, dans la réd. en pr.* . Talamen que quant touts sont estats ajustats ensemble, son estats plus de detz mila ben en point e ben armats (p. 51).

Pois conquerran Lavaur cant els s'en tornaran
E trastot Albiges.

LXXXIX.

Grans fo l'ost de Tolosa, si m'ajud Dieus ni fes.
Li cavaler frances eisson de Carcasses ;
1965 E ac i de roters, de Navars e d'Aspes,
Plus de .M. a caval e de .L. e tres ;
Gascos e Caercis i a e Agenes.
Las senheiras levadas s'en van vas Lauragues ;
No cujan trobar ome entro en Bederres.
1970 E lo coms de Montfort somonit tot ades
Tot aitant co el pog de trastotz los Frances.
Per lo vescomte d'Onie a el ladonc trames,
Per mosenhen Bochart que dedins Lavaur es,
E per trastotz les autres e de lunh et de pres,
1975 E per Marti Algai ; e lai en Narbones
Trames per n'Aimeric, e que cascus vengues.
Et eli vengon tuit ; no auzan mudar ges
Pus lor o ac mandat.

XC.

Lo coms cel de Montfort somonic sos baros.
1980 Un jorn fo a Carcassona, si com ditz la cansos,
E tot enviro lui ben .CCC. companhos
Que foron bos per armas, arditz coma leos :
« Senhors, » so lor ditz el, « escotat mas razos :
« Lo coms cel de Tolosa a sos omes somos,

1961. *Ms.* conq'ran. — 1971. aitant, *ms.* aitans.

1985 « De trastotas sas terras e de sos companhos.
« Plus son de .CC. M., som ditz us donzelos
« Quem trames per mesatge lo bailes de Limos.
« A Montferran s'ajustan e lai vas Avinhos,
« E volon me asetjar, aitant son coratjos,
1990 « Lai on que ilh me trobon, aval o sus o jos.
« Eu vulh vostre cosselh; quinh lem donaretz vos,
« O que m'en coselhatz? »

XCI.

Cant lo coms de Montfort los ac amonestatz
N'Uges cel de Laisi s'en es en pes levatz : (p. 51)
1995 « Senher, » so li dih el, « pos cosselh demandatz,
« Digan cels que voldran totas lor volontatz;
« Que, si m'en voletz creire, ja aldres non faratz :
« Si vos en Carcassona dedins vos enserratz,
« S'el vos segon en sai vos seretz asetjatz;
2000 « Sius metetz a Fanjaus e la los trobaratz.
« Tan vos sigran per tot, si lor es espiatz.
« Tro a la fin del mon seretz desonoratz.
« El plus frevol castel, si creire m'en voliatz,
« Que sia en vostra terra, aqui los atendratz.
2005 « E si vos ve socors ab lor vos combatatz;
« Quel cors me ditz a certas que vos los venceratz.
— Per fe! » so ditz lo coms, « fort be m'acosselhatz.

1991. lem, *ms. lē.* — 1997. aldres *pour al res.* — 2001. *La réd. en pr. a mal compris le texte en prêtant à Hugues de Lacy le conseil de diriger l'armée des croisés sur Fanjeaux* : la fores vers Fanjau les ires attendre et demora, an toutas vostras gens, et aysso al plus simple et plus feible castel et plassa que vous aias en aquel cartier (*p.* 42].

« Coment que lo plag prenda non seretz trastornatz,
« Que a mi es vejaire que bon cosselh donat. »
2010 Non i a .I. ni autre per que fos trespassatz,
Ans an ben tuit essems en auta votz cridat :
« Senher, bon cosselh dona ; pregam vos l'en cre-
Am tant se sopartiran es n'es cascus anatz [atz. »
Els ostals e els albergas, e son els leits colcatz
2015   Trosca a la matineia.

XCII.

A l'endema mati, can l'alba fon crebeia,
Lo coms de Montfort leva e tota sa maineia.
Ves lo Castel nou d'arri s'en van asta leveia ;
Aqui atendran l'ost tro sia albergeia....
2020 Pres de lu en .I. camp, prob de meia legueia.
A un dimartz mati, cant la gens fo dinneia,
Vengo al Castel nou albergar per la preia.
Aqui viratz lo jorn denant manta crideia
De la estranha gent que i era amasseia,
2025 Disseratz cels e terra s'i era ajusteia ;
Oi Dieus ! e tanta tenda i fo lo jorn fiqueia,
Que avian pom d'aur e aigla tragiteia !

2019. *Il est évident qu'entre ce vers et le suivant le ms. omet un passage où devait être rapportée l'arrivée du comte de Toulouse et de son armée. C'est ce que rend manifeste la réd. en pr. :* ..... et aqui a attendut sos ennemics entro que son venguts an totas sas gens. Et adonc es arribat aldit castel lodit comte Ramon an touta son armada; car era advertit que lodit C. de M. le attendia aldit Castelnau, an touta sa gen. Et quand lodit comte Ramon es estat arribat aldit Castelnau, la ont per aquela hora s'es desplegat et tendut maint pabalho et tenda, talamen que semblava que tot le monde fossa aqui ajustat..... (*p.* 42).

Lo trabuquet dresseron en una caminea,
Mas el no trobon peira en cami ni en estreia
2030 A la bruior que fa no seit tota brizeia
Si que .iii. n'aporteron d'una granda legueia :
Ad .i. colp que ilh feron an .i^a. tor peceia;
Ad autre .i^a. sala, vezent totz, deroqueia;
E a la tersa vetz la peira es trenqueia,
2035 Que si aiso no fos mot fora car compreia   (p. 52)
[D']aisels que dins estan.

XCIII.

Lo coms sel de Montfort, si com vos dig denan,
S'es mes al Castel nou vesent de manta jant;
En Bochartz fo a Lavaur, e d'autre[s] no sai cant....
2040 Lo filhs del castela, que fon pros e valhant,
Be son .c. cavaers arditz e combatans;
Martis Algais i fo se vintes solamant.
Tot dreit al Castelnou al comte fort s'en vant.
L'ivesques de Caortz i era ichamant.
2045 Deves Castras anero trastotz cominalmant.
E devas Carcassona don veneit pertrait grant

2040. *Ce vers ne se relie ni au précédent ni au suivant; on ne voit pas non plus quel est le châtelain dont il est ici question. Il doit donc y avoir une lacune entre les v.* 2039 *et* 2040, *ce que montre aussi la réd. en pr.* : Adonc lodit C. de M. a trametut sorquar lodit senhor Bocard, loqual avia laissat a Lavaur per la guardar et ne estre gouvernado. Et adonc quand lodit Bocard a ausit lo mandament de so senhor, prestamen s'es metut en point, et aysso per venir devers el, an dos cens homes que a amenats an el, entre losquals y era un filh del castela deldit Lavaur, home valen et ardit, se ne avia en tot lo monde ung autre (p. 42). — 2044-5. *Réd. en pr.* : ... so es l'evesque de Cahours et lo de Castras, *erreur manifeste, l'évêché de Castres n'ayant été fondé qu'en* 1317.

Al comte de Monfort de vi e de fromant,
De pan coit e d'avena, aicels que dins estant.
Mas lo coms sel de Fois s'en ichi ab aitant
2050 Ab tota sa mainada delatz .I. derubant;
Tuit li rotier i son, que us non i remant,
Ans van en sa companha qui plus pot ab aitant.
No i remas cavalier en l'ost, mon essiant,
Que tuit non i anesso, ni bo ardit serjant,
2055 Mos can de Savaric e sei baro Normant
Que romas ab lo comte que se van desduiant.
Bochartz veneit rengatz tot a lors olhs veant.
Si co viro lo comte que si va desduiant
Lo coms de Foiss s'arenga, e son ben .CCCC.,
2060 E dizo o de mais, si la gesta no mant,
E cel c'am Bochart foro no foro pas tertant,
Garnitz d'aubercs e d'elmes, per lo meu esiant;
E cels son ben doa melia, que a caval corrant,
Ausberc o gonio o bo elm que resplant,
2065 O bon capel de fer o bon espeut trenchant,
O bona asta de fraisne o masa peciant.
Ara aujatz batalhas mesclar d'aital semblant
C'anc non auzitz tan fera des lo temps de Rotlant,
Ni del temps Karlemaine que venquet Aigolant,
2070 Que comquis Galiana la filha al rei Braimant,
En Espanha de Galafre, lo cortes almirant
    De la terra d'Espanha.

2048. *Le second hémistiche ne donne pas un sens net; p.-ê.* a cels, *c.-à-d. : pour les assiégés?* — 2058. *La fin de ce vers depuis* lo comte *semble la répétition fautive du v.* 2056. — 2061. *Peut-être faut-il corriger* Que cel? *Il se peut aussi qu'il y ait une faute au v. précédent où la construction laisse à désirer.* — 2063. que, *corr.* quex? — 2071. Espanha *est évidemment fautif; corr.* En la cort?

XCIV.

  Li Frances de Paris e cels de vas Campanha
  Vengon a Castel nou rengat per mei la planha,
2075 Mas lo coms sel de Fois ab tota sa companha
  Lor es e mei la via e li roter d'Espanha, (p. 53)
  Que no les prezan pas per forsa una castanha;
  Ans dizon entre lor : « Baros, us non remanha
  « Que no sian aucis aicela gens estranha,
2080 « Si que n'aian paor en Fransa e en Alamanha,
  « En Peitau e en Anjau e per tota Bretanha,
  « E la sus en Proensa tro als ports d'Alamanha,
  « C'aisis castiaran. »

XCV.

  Can mosenher Bochartz e cel que ab lui van
2085 Venon al Castel nou, don se moc un alban
  Que venc de vas senestre sai a la destra man
  E anec tant can poc encontra sus volan.
  Donc dits Martis Algais : « Sira, per sant Joan !
  « Coment que lo plaitz prenga nos sirem sobiran,
2090 « E retendretz lo camp e cels c'ab vos seran.
  « Mot i perdretz avan e i receubretz gran dan.
  — A bonaür ! » dig el, « tot no o pretz .I. gan :
  « Sol quel camp levem nos, e aicels que morran,

M. G. Paris propose pour ce vers et pour le précédent une correction qui s'éloigne trop du texte (Hist. poétique de Charlemagne, p. 232). *Il vaut mieux admettre que l'auteur ne se rappelait qu'imparfaitement la légende à laquelle il fait allusion.* — 2075. lo, ms. la. — 2079. sian, corr. sia? — 2082. d'A., ms. en A. — 2092. *Mieux vaudrait* tot o no p.

« Nos seram honorat aitant co mort seran,
2095 « E siran trastuit sals aicels c'aisi morran;
« E si nos i perdem, atersi i perdran
      « Del melhs de lor baros. »

XCVI.

Lo coms de Foiss cavalga ab de sos companhos
A Sant Marti a las Bordas, c'aitals era sos noms.
2100 Las astas an dressadas els primairas arsos;
Van escridan : Tolosa! pel plan qu'es bels e longs.
Li arcbalesters trazon sagetas e bossos.
Tals [fo] lo cridaditz que feron el resos   (p. 54)
Disseratz qu'er caira e lo cels e lo tros.
2105 Al baichan de las astas es granda la tensos :
Tolzan cridan Tolosa! e Cumenge! l' Gascos;
E Foiss! cridan li autre, e Montfort! e Saissos!
Us cavalers de lai, Girauds de Pepios
Qu'es ab lo comte de Foiss el melhs de sos baros,
2110 Vai brochan lo destrier dels trenchans esperos :
Un companh d'en Bochart que era dels Bretos
Trobet e mei la via a l'issent d'us boissos :
Per l'escut le feri, trauquet li los brazos
El perpunch e l'ausberc, que dareir pels arsos
2115 Li mes .I. trotz de l'asta, sancnens fo lo penos.
Cel cazec mortz a terra senes confessios.
Can li Frances o viron fortment en so felos;
A la rescossa corron iratz coma leos
      E coma bo vassalh.

2097. *Dessin représentant un combat de cavalerie.* — 2103. el, *ms.* els. — 2105. *Corr.* baichar? — 2107. e Saissos, *corr.* li Saissos? *cf. v.* 1261. — 2107. *Corr.* del m— 2111. *Ms.* companhs.

XCVII.

2120 Li Frances esperonan com baro natural
A l'enan que ilh podon, al pendent d'una val.
Mos senher Bochartz tenc .I. peno de sendal
On a pent .I. leo e sist sobrel chival,
Que, qui ver en vol dire, plus de cent lb. val.
2125 Lai en aicela via c'om va a Montreial
Feron sobrels rotiers tuit essems cominal
Dels espeias trenchans, si que lor fan gran mal.
Tals .C. n'i laissan mortz ja no veiran Nadal,
Ni lor fara contraria caresma ni carnal.
2130 Lo filhs del castela que tenia Lavaur
Ladoncs fo ab sageta feritz per lo nazal
E per l'ulhal de l'elme, que lo colps fo mortal.
A la terra chai mortz denan lo senescal
Ad aicela envazia.

XCVIII.

2135 Mosenher Bochartz broca, cous ai dit, per la [via
E li Frances ab lui, que prezon la envazia
Per tot la major preicha que dels de l'ost venia.
En auta votz Montfort! cascus dels seus escria,
E el desobre totz Dama Santa Maria!
2140 El coms de Foiss de sai ab sa gran baronia.
Aqui viratz ladoncs tanta targa brizia,
E tanta asta fronia e meig la pradaria

2125. via, *ms.* vila. — 2127. *Corr.* De last. e. ? — 2140. *Ce vers manque de verbe; il se peut qu'il soit sous-entendu, mais il n'est pas impossible non plus qu'un vers contenant la fin de la phrase ait été omis par le copiste.*

Lai anar entre pes, la terra n'es junquia,   [(p. 55)
E tant bon caval sout, que nulhs om nol tenia.
2145 Celz de Marti Algai, queque om vos en dia,
S'en fugiro ab lui a aicela envazia
Tro fo vencutz l'estorns, e dig que el venia
Dels rotiers encausar; cascus aisis cobria
De lors grans malvestatz e de lor vilania.
2150 L'evesques de Caortz e la gens desgarnia
S'en fugiron vas Fanjaus .I^a. granda legueia;
Mas d'aicels sos companhs no m'en meravilh mia.
Tot lo pertrait lor tolguen aicels cui Dieus maldia.
Mas d'aiso feiron els a lors obs gran folia,
2155 Car raubavan lo camp entro a la fenia.
Cascus ab so que pres s'en fuig en primaria.
Le bo mulet amblan qu'en Nicholaus avia
Ne menerolh roter ab son garso cel dia,
Mas el s'en escapa am la autra clercia.
2160 De lui me saub fort bo, si Dieus me benaïa,
Car mot es mos amics e a ab mi paria
   Maestre Nicholas.

2143. anar *en parlant de lances gisant à terre, est à tout le moins insolite. Peut-être y a-t-il eu un bouleversement dans le texte. On pourrait proposer* :

  E tanta asta fronia la terra n'es junquia
  E tant bon caval sout, que nulhs om nol tenia,
  Lai anar *entrepres* e meig la pradaria.

entrepres *aurait bien le sens, qu'il a fréquemment, d'« embarrassé ».*
— 2154. *Réd. en pr.* Et adonc, quand las gens deldit comte de Foix an vist que los enemics s'en eran fugits, son volguts anar fourregiar los que eran mortz et blessats sur la plassa, et de fait y sont anats a lor grand dam et malaventura (p. 44). *Tout ce qui suit, jusqu'à la tirade* CX, *est très-remanié dans la réd. en pr. et présenté d'une manière défavorable aux Croisés.*

XCIX.

Li Frances esperonan tot suau e dapas,
Li elme tuit embronc contra la terra bas.
2165 Nous cujetz pas que fuian ni que tornon atras :
De grans colps be ferir no son ilh pas escas.
La plassa es bela e longua e li camp son tuit ras ;
D'ambas partz n'i morion de magre e de gras,
Aissi co m'o retrais maestre Nicholas.
2170 Cels de l'ost los esgardan que n'an pois gran [esglas,
   Car el foron vencu.

C.

Lo comte de Monfort que a Castel nou fu
Mentre qu'els se combaton a forsa e a vertu
Fai tost garnir los seus que ab lui son venu :
2175 Ditz lor que[l] companho que defors son ichu
E mosenher Bochartz an perdu lor traü.
Ben sap entre se eih que si el so vencu
El a tota la terra e lo castel perdu,
E que sera dedins e pres e retenu,
2180 E jamais no n'istra tro que sei[t] cofondu.
A l'enans que el poc s'en es foras issu,
Garnitz de totas armas, de lansa e d'escu.
Cel que son dins a pe an le castel defendu
   Entro que ilh torneron.

2177. Eih. *lecture douteuse, p.-ê.* esh? — 2183. *Il faut supposer que le s'apostrophait.*

CI.

2185 Lo coms cel de Montfort e cels qu'el castel erent
Lor senhas deplegadas a la batalha anerent. [(p. 56)
E cels que sont dedins las portas be fe[r]merent,
E si mestiers lor fos mot be se defenderent; [rent:
Can cels de l'ost los viron fortmen s'en esmai[e]-
2190 Be sabon tuit lo plus que ladonc vencut erent.
So an fait li rotier que lo camp desrauberent.
Nostri baro frances tuit Monfort! escrierent,
Santa Maria ajuda!

CII.

Lo coms sel de Monfort de ben ferir s'a[r]gua
2195 E venc esperonan el ponh sa espeia nua,
E intra en la batalha per la via batua,
Seguentre lui sa gent qui fortment lo segua;
Trastot can pot trobar auci e pren e tua.
Li rotier malastruc e la gent mescrezua
2200 Cant los viro venir es aisi esperdua
Que ilhs nos saubo pas donar nulha ajua,
Mas cant lo comte de Foiss c'ot la targa fendua;
De mots colps c'a donatz es l'espea crussua
Rotgiers Bernartz sos filhs n'a la preissa rompua,
2205 El cavaer n'Porada que porta gran massua,
N'Isarts de Pui Laurens; cest en la forsa agua;
Elh e l'autre faidit que i son pelan la grua
Tans colps i an donat que motz om i trabua.

2206. en, *corr.* an? — 2206-7. **Réd.** *en pr.* e Sycard de Pech-Laurent, et un autre apelat la Grua (*p.* 46).

Si l'autri fosson tals no fora pas vencua
2210 La batalha si tost ni la gens cofondua
　　　Co sels foron, so crei.

CIII.

　　Senhors, mot a durat la batalha el tornei.
D'ambas doas las parts, per la fe qu'ieu vos dei,
N'i a mortz d'us e d'autres, de ver vos o autrei.
2215 Lo castelas de Lavaur i perdet dels filhs trei
Que no n'aveit plus bels, so cug, ni coms ni rei.
E la ostz de Tolosa es sos Castel nou el prei;
S'en volian anar, tant so en gran efrei;
Savarigs crida 'n aut : « Senhors, estat tuit quei :
2220 « No si mova nulhs om ni pavalho no i plei,
« Que tuit seriatz mort o vencut orendrei.
　— Oi ! sire Dieus de gloria, per ta santisma lei
« Gardans de dezonor, » so ditz cascus per sei,
　　« Que no siam auni ! »

CIV.

2225　　Cant lo coms de Tolosa la noela auzi
Que lo coms cel de Foiss el lor son decofi, (p. 57)
Ladonc cujan a certas trastuit estre traï :
Els detorson lor ponhs ; cascus a l'autre di :
« Santa Maria dona, tal meravilha qui vi !
2230 « Que mais de .x. tans eran li nostre, so vos di. »
R. cel de Recaut es tant espaorzi
Qu'entro a Monferran, vezen totz, s'en fugi ;
Poichas, a cap de pessa, cant el ot resenti
Que lo coms de Montfort no los a envaï,

2217. *Ms.* sos le C. — 2220. mova, *ms.* mava.

2235 El retornè atras, mas anc nos desgarni,
Ni anc aicela noit no jac nis desvesti,
Ni anc son olh no claus, per fe, ni no dormi,
Ni de tot l'autre dia.

CV.

Senhors, aras aujatz, si Dieu vos benaïa,
2240 Que fel coms de Montfort ad aisela envazia.
Cant l'estorns fo fenitz, la batalha vencua,
El en Bochartz, cascus en auta votz escria :
« Baros, firetz avant ! que l'ost es descofia. »
Donc prezon tuit essems una grant envazia ;
2245 Als trapts e al pavalhos an la ost estormia.
Si no fossolh valat c'ant fait e la trenchia
No lor agra mestiers per tot l'our de Pabia.
Can passar no poc otra cela cavalaria
Se tenc per cofondua, per morta e per traïa ;
2250 Entre lors eisses dizon : So seria folia
Si no s'en retornavan, que pro an fait cel dia.
Lo camp tornan raubar a la luna seria
La nostra gens de Fransa, ans que fos desgarnia.
Nulhs hom no pot retraire la granda manentia
2255 Que gazanhero lai ; que tots jorns a lor via
Ne seran els manens.

CVI.

Lo coms de Monfort torna ins el castel de-
De la batalha es alegres e jauzens.   [dens ;
E aicels de la ost, can so vengut dedens,

2241. vencua, *sic, Fauriel corrige* venquia.— 2245. *Ms.* estornia.
— 2247. per tot, *corr.* trestot?

2260 Al mati pla a l'alba fan garnir las lors gens
E plegan totz lors draps e totz lors vestimens,
E cargan las carretas trastuit celadamens.
Lo trabuquet laisseron a la ploia e al vens;
No cug que l'en tornessan per .C.M. marcs d'argens.
2265 Fort s'en son esmaiet aicels de Pug Laurens, (p. 58)
Car se son renegat ni an faits sagramens.
Tot primier s'acorderon lai als comensamens
Am lo comte Simo a Lavaur be .v. cens,
E falhirolh premers, tan so obediens
2270   Evas la fola erransa!

CVII.

Lo coms cel de Tolosa, lo filhs dama Constan-
S'en tornec ab sa ost; e li baro de Fransa   [sa,
Nols sigran ja d'oi mais, so sapchatz ses doptan-
Car trop i an ferit d'espaza e de lansa.   [sa,
2275 Aicels de Rabastencs, que an gran esperansa
En los felos eretges e en lor fola erransa,
Se son donc renegat, car cujan ses doptansa

2261. *Corr.* traps? — 2275 *ss. Tout autre chose dans la réd. en pr. :* ... l'avis et conseilh es estat que tout incontinen on plegue tendas et pavalhos, et que tota ladita armada anet tout drech aldit Pech-Laurens et autras vilas per las recobrar; car si aras no las recobran, no las recobreran jamais; et adonc estat faict ainsin que es estat dict ny comencat. Et adonc quand tout lo pays a ausit que lodit comte Ramon era dedins lodit Pech-Laurens, se son venguts rendre a el, so es Galhac, Rabastens, la Guypia, Sanct Antony, La Guarda, Pech-Selsis, e toutas las autras plassas et vilas d'alentorn. En aquesta forma fouc renduc et reduit tout lo pays aldit comte Ramon, exceptat Bruniquel, car no volguet anar lodit comte Ramon aldit Bruniquel (*cf. v.* 2320), per so que son fraire lo tenia, loqual era del partit del comte de Montfort, ainsin que dit es dessus (*p.* 45).

Que mais crozatz no i venga, ans segon lor es-
Cujan sian vencut, e en aital balansa   [mansa,
2280 Son aicels del pais c'an ab lor esperansa
Co aicels qu'ieus ai dig.

CVIII.

Li baro de Tholosa, co vos avetz auzid,
S'en torneron iratz, cossiros e marrit.
Pertot fan entenden Frances son descofit
2285 E quel coms de Montfort s'en es de noit fugit;
Rabastencs s'es rendutz e Galhac, tant an dit.
E lo coms Baudoïs, cui Jhesus gart e guit!
Era a Montagut ab Martinet l'ardit.
Mesatges lor venc tost quel baitle an traït,
2290 De Galhaç a la Grava, e l'an de mort ferit,
E que an al castel ans que sia establit,
Els borzes de Galhac que o an cosentit.
Donc fero l'issilar ses negun contradit,
E van s'en vas la Grava cant jors fo esclarzit
2295   Tost e isnelament.

CIX.

Li ome de Galhac en Doat Alamant
Cant viro las baneiras desplegadas al vant
Fortment en son joios trastotz cuminalmant :
Cuidan quel coms R. venga el cap davant
2300 Per la crotz Ramondenca que contral vent res-
E can conogo l'autra foron trist e dolant. [plant,

2278. segon, *ms.* segor. — 2293. *Corr.* D. feron il selar?

La d'en Marti Dolitz viron ilh ab aitant
Per lo Tarn contr'Agot ve[s] la vila 'nadant.
Li nostri cant o viron agron joia mot grant :
2305 Lo castel establiro ; queus iria comtant ?
Pons de Belmont lo bailes mori contral gal cant ;
A Montagut torneron .I. jorn al sol colcant, (p. 59)
Puis venc a Brunequel lo comte mantenant ;
Salvanhac a perdut on a de bel fromant,
2310   De qu'el es mot iretz.

CX.

Li baro de Tolosa s'en son tost retornetz ;
E lo pro coms R. am trastot son barnet
I venc a Rabastencs, e pois s'en son montet
La sus eves Galhac, tot o a recobret :
2315 La Garda e Pog Celsi que tenia en amistet,
Sent Marcel e la Guipia ; per tot a el alet.
Ladonc fo pres Paris quel coms a asetget ;
Cels de Sant Antoni s'en son a lui tornet.
Montagut se redè ans quel mes fos passetz :
2320 Mas cant de Brunequel, totz los desamparet.
Om lor fazia creire, fe que dei Dami-Det,
Que lo com[s] de Montfort era del camp raüzetz
E ques n'era fugitz en la terra on fo netz,
E que jamais crozat en trastot [lor] aed
2325 No vindran e la terra, quel plus eran tuet.
Mas abans de mieg an er trastot cambiet,
Que lo coms de Montfort a Frances amenet.

2302. *Corr.* Martin Algais? — 2313. *Corr.* En venc? — 2322. era, *faut-il supposer la forme française* ert? *cf.* 2403.

[1211]

Apres, en las Toellas que hom li a livret,
Tots los vilas aucis que el ot lai trobet;
2330 Puis passet Tarn sa otra a pont e senes gued
A .I. pon que avia a Albi la ciutet;
Ladonc pres Caüzac cant ac .II. jorns estet.
Pel comte Baudoï a ladoncs enviet
A Brunequel on era, e el i venc de gret
2335   Ab sa cavalaria.

CXI.

[1212]   A Caüzac esteron .VIII. jorns sela vegia,
Que be era de vitalha la vila replenia.
So fo a una festa que a nom Epifania,
Que lo major ivern de trastot l'an fazia;
2340 Sent Marcel asetgero e feiro gran folia :
Oncas no i acabero .I^a. poma porria,
Mas cant de messio, si Dieus me benazia.
Si lo coms o volgues que Montalba tenia,
Meravilhas si no fos cela ost descofia;
2345 Mas n'Alas de Roci tal paor lo[r] fazia
Que anc no i asagero neguna envazia,
En P. de Lhivro, cui Jhesus benazia!
A la vespra de Paschas se mogron ans del dia
E van s'en ves Albi la grans cavalaria, {(p. 60)
2350 Que vitalha lor falh, non pogron aver mia.
Plus d'u mes e demei esteron d'aital guia.
E poichas venc la rota e la grans companhia
Dels crozatz d'Alamanha e dels de Lombardia,

2336-7. *Ms.* vegea, replenea. — 2343-7. *Ces vers ne sont pas rendus dans la réd. en pr.* — 2349. *Ms.* E van s'en enves. — 2349. Plus, *ms.* Puis.

E dels baros d'Alvernhe e dels d'Esclavonia ;
2355 Qui avans qui apres se mezon en la via :
Nols atenderan pas de legua e demia
Cant les viro venir.

CXII.

L'ost fo meravilhosa aisi co auzetz dir ;
Per trastota la terra comensan a fugir ;
2360 Montferran e los Cassers lor covenc a gurpir
A Tolosa la gran s'en van tuit, so m'albir ;
No remas el païs om que pogues gandir.
Al pont d'Albi la sus comensan a venir.
Rabastencs ni Galhacs non o pogron sufrir
2365 Que els no s'adobessan trastot a lor plazir ;
E per so s'en fugian car om deveit gandir.
Cel de Sant Antoni se prezon a enardir
Per n'Azemar Jorda, mas cant venc al partir
Anc noni ac negu ques ne pogues jauzir.
2370 Si Deus me benazia, anc mens de descofir
No vis mais tan castel pendre e degurpir.
La Garda e Pog Celsi fan corren establir ;
No i troberatz nulh ome que i auzesa dormir
Ans s'en fuisson de noits.

CXIII.

2375 En la ost dels crozatz a gran noiza e grant [brug ;
Sent Marcel deroqueron e fonderon, so cut,
E a Sent Antoni s'albergueron trastuit ;

2354. *Ms.* declarvonia.— 2358. *Ms.* auzitz.— 2365. *Ms.* trastotz.

E no cug que aguessatz a lezer .i. ou coit
Que ilh l'ag[r]on conquis meïsma sela noit.
2380 De mortz e de negatz n'i ac be .xxviii.
Dels borzes de la vila e .x. que s'en so fuit.
Al mostier s'en aneron femnas e ome tuit,
Mas totz los raubè om e si remazo nut ;
Els clercs foron raubatz, e lor fan gran enut
2385   Li ribaut els garson.

CXIV.

Sench Antoni fo pres, si com ditz la chanson ;
En Azemar Jorda ne menon en prezon,
E en Pons lo vescomte e no sai cans se son.
Ja Domi-dieus de gloria mos pecatz nom perdon
2390 Si, mentr'el combatian, li clerc cela sazon [(p. 61)
No cantavan Sancti Spiritus a gran procession,
Que ben de mega lega en auziratz lo son !
No sai que von diches nin fessa lonc sermon :
Un jorn se mog la osts a coita d'esperon,
2395 Lo coms cel de Montfort e li autre baron,
El comte Baudoï laissè en garnizon
Lai a Sent Antoni, ab lui sei companhon.
Mas ans anec recebre Moncuc e lo dromnhon.
La osts es caminea e a passat Avinhon,
2400 En Agenes s'en vai a Dieu benaïcion.

2379 *ss. Réd. en pr.* et en intrant dedins, an tuats e murtrits ben trente homes des plus apparens de la dita vila, et trastota la vila an pilhada e raubada... (p. 46). — 2388. *Ms.* E un pŏc ; *réd. en pr.* Et lo capitani deld. S. Antony, apelat Azemar Jourda, n'an menat prisonier amay lo viscomte Pons, e belcop d'autres au el. — 2391. *Ms.* profession.

Arnaut de Montagut e li autre Gascon
Los sabon ben guidar per sela region.
Moncuc desamparero qu'ert del comte Ramon,
Tro a Pena d'Agenes n'an fait arrestazon.
2405 Oncas en degun loc no troban contenson
Mas solament a Pena que del rei Richart fon :
Un dimartz l'asetgeron d'entorn e d'environ ;
Aqui ac mot Frances e Norman e Breton,
E i ac mot Alaman, Loarenc e Frizon,
2410 E mot baro d'Alvernhe e mot ric Bergonhon ;
Mas lo castels es fortz, que nols preza .I. boton.
Manganels e peireiras i trazon e bosson.
N'Ugs dal Far es dedins qu'es de vas Aragon,
Bausas lo mainaders e en B. Bovon,
2415 Girauds de Montfavens que a Moncuc en bailon,
E dels autres gran massa qu'ieu no sai ges qui [son.
Lo setis i fo mes de la l'Asencion
E durec tro a setembre, si com ditz la canson,
C'om vol vendemiar.

CXV.

2420 Lo setis fo mot grans, si Jhesu Crist m'ampar,
E lo castels fo fortz que nol pog om forsar,
Tantas peiras i gieten aicels crozat de Bar
Am los grans manganels c'am pauc nol fan cre- [bar.
Mot cavaer a dins, mot rotier, mot Navar.
2425 Per lo comte Ramon le tenia n'Ugs del Far.

2404. *Ms.* no an f. — 2413. Uc del Far, *réd. en pr., comme aussi le poëme v.* 2425. — 2414. *Réd. en pr.* ung apelat Dausas le maynadier, et Bernard Bour, et Geraud de Monsabes, et d'autres belcops (*p.* 46).

Certas si ilh aguessan que beure e que manjar,
Nols agran anquer pres ni no i pogran intrar ;
Mas lo cauts es mot grans e nol podon durar.
La setz los destrenh tant quels fai malaudejar,
2430 E li potz son secatz, quels fan espaventar : (p. 62)
E l'ost vezon tot jorn creicher e no mermar,
Que lo comte Guio i vigon els anar,
En Folcaut de Merli sus un caval liar,
E son fraire en Joan ab mantel gris e vair,
2435 El cantre de Paris que sab gent prezicar,
E mot d'autres baros qu'ieu no vos sai contar ;
E de sai nulh socors els no sabon trobar.
Lo castel lor cove rendre mal lor pezar,
Que lo coms de Montfort fetz be pois refermar,
2440 Ab cauts e ab mortier de totas parts serrar.
Eu no volh deus torneis que lai foron parlar,
Que la cansos es granda e nom volh destrigar :
Ma razo ai trencada e volh m'i retornar.
Cant lo castel fo pres no i volgran sojornar,
2445 Mas al mens que ilh pogron, e si fan destrapar
Los traps els pabalhos e sobrels cars cargar,
E van s'en a Biron qu'es lai pres de la mar
Que tenc Martis Algais, don soleit garrejar.
Peirigorc e Sentonge s'e[n] son vengut clamar
2450   Sai a nostra crozeia.

2433. *Réd. en pr.* Foucault de Bressas. — 2437-8. *Réd. en pr.* per las qualas causas fouc forsa aldit del Far, capitani, et autres que an el eran, de rendre ladita plassa et castel ; car no avian degunas novellas del comte Ramon, autant coma si fossa estat mort ou intrat per abisme, et aysso feguen la vida salva et may lor bagues, per s'en anar de la ont lor plaira (p. 47). — 2448-56. *Réd. en pr.* del qual castel era capitani ung nomat Peyre Alguay, loqual Alguay s'era virat vers lodit comte Ramon, et

CXVI.

Li coms e li crozats s'en van per mei la estreia
Al castel de Biron l'ouriflama leveia ;
Mot l'agron viatz pres sens autra demorea ;
Marti Algai aucizon a mort desonorea :
2455 A chival l'en fan traire, so es veritats proea,
E puis si fon pendutz vezent totz en la prea.
Lo castel comanderon a aicela vegea
A n'A. de Montagut e tota l'encontrea.
Ves Moissac s'en torneron puis en la matinea,
2460 Be .iii. legas fan els cascun jorn lor jornea.
Aisi co plus pot l'ost s'en vai tota arotea.
Madona la comtessa a adoncs lo coms mandea,
E venc lai per Catus, mot es pros e senea,
Ab .xv. melia omes de bona gent armea.
2465 Cascus s'era rendutz on er lor alberguea,
Al comte Baudoï e a nostra crozea.
A Pena d'Agenes s'es la osts ajustea,
A Moncug repaireron mati a la dinnea,
A l'autre a Moissac can tercia fo sonea.
2470 Li roters son dedins ab mot granda mainea
Que i esteron lo ser. *(p. 63)*

avia laissat son senhor lo C. de M., loqual castel a la fin de causa fonc pres per forsa, amay lodit Alguay, loqual lodit C. de M. fec prendre et stranglar a ung gibet... *(p. 47)*. — 2465. *Corr.* on er l'ost? *Plus claire, mais probablement remaniée, est la leçon de la réd. en pr. :* ... losquals eran ben quinze mila, losquals menava et conduisia lo comte Baudoy fraire deldit comte Ramon *(p. 47)*. — 2466. nostra, *ms.* nostro.

CXVII.

Li borzes de Moisac viron l'ost alberger
En la riba de Tarn, entorn lor, pel gravier :
Certas no es meravilha sis prezo a esmaier.
2475 Volontiers s'acorderon si no fossolh roter ;
Be sabon que a la longa no i poiran pas durer.
Per las vinhas defors pogran ben escaper ;
De so que val lor vis qu'es a vendemier?
E feran o d'els tres, be sapchatz qu'ieu dig ver,
2480 Que ja plus no i perderan que valha .I. denier,
Mas so qu'es a venir no pot om pas muder.
Cels de Castel Sarrazi se saubon delhivrer
Com proome que son, leial e dreiturer,
Que anc om .I. mal mot non poc oncas comter ;
2485 Be sabon que sil coms pot sa terra cobrer,
Ni pot am l'apostoli faire nulh acorder,
O sil reis d'Arago lor es tant sobrancer
Que los puesca en camp vencer ni raüzer,
Quels cobrara adoncs sens autre demorer.
2490 En aquest mot nos volo far aucir ni tuer.
Dels borguezes d'Agen ques rendero primer
Prezon aicel essemple que vos m'auzetz comter.
Dels dos mals le mens mal deu om tots temps
So ditz B. d'Esgal : « Si vas per un semder[trier.
2495 « E ves ton companho en la fanga tumber,
« E si passas agua, not deus metre primer
« Mas en mieg loc, que sin ves nulh neier

2478. *Vers obscur : ou un vers a été omis avant celui-ci, ou il faut corriger* que val *en* cui cal. *La réd. en pr., ici fort abrégée, ne donne aucun secours.* — 2481. pot, *ms.* pos. — 2497. *Après* Mas il

« Que t'en puscas areire mantenent retorner. »
Per so, si Dieus m'ajut, els non fan a blasmer,
2500 Car lor establimens en ques degran fier,
Guiraut de Pepios e tuit sei cavaler,
S'en eisson del castel e foras pel graver ;
Ditz que no i remandria per aur ni per diner,
E vai cels de Moissac aucire e malmener,
2505   E lor vila fon preza.

CXVIII.

No sai sis fo pecatz o remas per justiza
C'anc no volgro far patz adonc en nulha guiza
Li borzes de Moissac, lai can Pena fon priza.
Nos cujan c'a lor vida fos la vila comquiza,
2510 E la gens de Tolosa que laïns s'era miza
E lor cridan tot jorn cascus e quels atiza.
L'arsevesques de Rems vestic .r^a. pel griza (p. 64)
E sec ins en son trab sus .r^a. coisna biza ;
E lo coms de Montfort el chantres S. Daniza,
2515 E la comtessa i es qu'es denant lor asiza,
E manta baronia que delatz lor s'es miza,
En Wles d'Encontre que Dieus aima e priza,
En P. de Lhivro que fort ora en glieiza,
En Lambertz de Limos que viast .r^a. camiza
2520 Per la calor que fai que fo faita a Friza :

---

faut sans doute suppléer met te, *ou quelque chose d'analogue.* — 2502. *Il est clair que c'est de Castel-Sarrazin et non pas de Moissac, comme l'a cru Fauriel, que Guiraut de Pépieux se retira, mais les vers 2504-5 donnent un sens impossible, si on les rapporte à ce personnage. Manque-t-il quelque chose avant le v.* 2504 ? *Rien dans la réd. en pr.* — 2504. cels, *ms.* aicels. — 2520. a, *corr.* en.

Cest dero per cosselh que fos la vila asiza,
 E i feiro venir l'ost.

CXIX.

A l'intrat de setembre, cant fo passatz aost,
Asetzeron Moissac de totas partz mot tost.
2525 Lo comte Baudoïs i fazia gran cost ;
Mota auca i manjet e mot capo en rost,
Aisi co m'o contè sos bailes el prebost.
Las gatas els engens atempren per mei l'ost.
Gran mercat i avia de vi en cela ost
2530 E de l'autra vitalha.

CXX.

Al seti de Moisac a soen gran batalha ;
Li rotier de laïns fan en l'ost gran trebalha :
Mot soen n'aucizion d'aicela vilanalha ;
Al comte Baudoï, si Jhesu Crist me valha,
2535 Aucizon .I. donzel, c'anc ausberg ni ventalha
Nol pog gandir de mort, que dins per la coralha
No li messol cairel co per .I. sac de palha.
E lo coms de Montfort comanda c'om i alha
A la fusta portar que motz carpentiers talha; (p. 65)
2540 El vai ab lor garnitz, que tem c'om los asalha,
 E tuit sei companhon.

2522. *Ici un dessin représentant une ville assiégée; la rubrique a été coupée par le couteau du relieur.* — 2537. *La réd. en pr. ajoute, p.-ê. d'après un texte plus complet, à propos de ce* « *donzel* » : lo qual fouc fort plangut (*p. 47*).

CXXI.

Lo comte de Montfort c'om apela Simon
Fai dressar las peireiras e li autre baron,
E fan far .ı^a. gata e bastir .ı. bosson,
2545 Que noit e jorn tabusta sus el mur d'environ.
Aicels dedins Moichag so marrit e felon :
Un jorn s'armeron tuit quedament a lairon,
E van ferir en l'ost a coita d'esperon.
Ardre cujan la gata e i portan mant tizon :
2550 « A las armas ! » escridan Frances e Bergonhon ;
De las albergas salhon Peitavin e Guascon,
Flamenc e Loarenc e Norman e Breton ;
Mots aubercs an vestitz e mot bon gonion
E desus mot perpunh e mant ric sisclaton.
2555 E lo coms de Montfort venc punhen pel sablon,
E portec entresenhs e escud ab leon.
Lo destrier li aucizon a l'issit d'un boichon :
Retengutz fora e pres en aicela sazon
No fos W. d'Encontre, cui Domni-Dieus ben don !
2560 E mesira Moreu qu'esteit son companhon,
So es .ı. cavalers de mot bela faison,
Que es pros e cortes, arditz e bels e bon.
A la rescossa punh P. cel de Lhivron
E en Folcaus de Merlin am lo comte Guion.
2565 A batalha rengada vengron d'aital randon
Quel comte escodiran, o volguessan o non,

2549. *Réd. en pr.* e talamen an faict que grandamen les an faict recular, e losdits engins an arses e bruslats, que ung solet no ne an laissat que tots ne sian estats arses et bruslats (p. 48). — 2554. *Ms.* perpugnt e suout de s.

Que fo .I. pauc blessetz dereire en lo tendon.
Lo nebot l'arsevesque preson .IIII. garson
E ausizol mantenent.

CXXII.

2570 Senhors, mot fo l'estorns meravilhos e grant,
Cant vengro li Frances, li Breto el Normant.
Li roter s'en fugiron e s'en intro ab tant,
E l'arsevesques fo de son nebot dolant.
A l'endema mati, avans tercia sonant,
2575 Venian deves Caortz de crozatz no sai cant;
E cils de Montalba quels camis van gardant
Lor salho a l'encontre [e] dereire e denant.
Las noelas en vengon al seti mantenant;
Lo coms Baudoïs vest mot tost son garnimant
2580 E tuit sei companhon s'arman isnelamant. (p. 66)
Armans de Monlanart qu'a bon caval corrant
El filh d'en Ug del Brolh que son pros e valhant
Entorn e enviro los casseron aitant
Que .VIII. bos cavals n'agro, e ag n'i .I. ferran
2585   Que ac us balestiers.

2567. *Ms.* en ol t. — 2573. E l'a., *ms.* Le a. — 2576 *ss. La réd. en pr. fait intervenir ici le comte de Foix et donne de plus grandes proportions à l'engagement :* Et quand lo comte de Foix, loqual era dins Montalba, a ausit dire que lodit secours venia, es salhit deforas, et es anat a l'endevan an ung tas de gens ben armats; et es lor anat corre dessus, e talamen les a comensats de frapar, que forsa es estat que se sian retirats en qualque loc fort, et al C. de M. an mandat lor affar aldit Moyssac. Et adonc que a ausit lodit affar d'els que ly venian donar secours, prestamen a faict armar ung tas de gens, et al comte Baudoy les a baylats per conduire et anar donar secours als autres. Et quand lodit comte de Foix a saubut e vist que tant grand secours venia devers lodit Moyssac, s'es retirat devers Montalba (*p.* 48). — 2584. *Ms.* Que bos .VIII.

CXXIII.

Lo pros coms Baudoïs e tuit sei cavaler
S'en tornan als albergas meïsme aicel cer.
A Moisag van trazen tot lo jorn li peirier
Que esfondran les murs e les fan pessier.
2590 Non es pas meravilha sis dan espaventer,
Car no sabon secors de nulha part aver.
Del comte de Tolosa a be .I. mes entier
C'anec a Savaric a Bordel lai parler,
E anc no i acabec lo valent d'un diner,
2595 Mas que cobrè so filh e i donè gran aver.
A ma razo m'en torni e no la vulh laiser,
E vulh vos d'un miracle un petitet parler
Que fe a cels de l'ost Jhesus lo dreiturer :
Car us grans pans del mur se laisè doncs cazer
2600 La dedins los valatz, don om poira passer.
Can o viroilh borzes nous o cal demander
Sin son espaventat ni ilh nil mainader.
Al comte de Montfort se voldran acorder;
Mas el lor a jurat per los sants d'outra mer
2605 Non laisara a vida .I. solet escaper
Sils roters no li rendon que l'an fait trebalher.
No sai que von poguessa tot lo jorn acomter :
Mais aman lor meteises que fraire ni molher
Ni parent ni cozi.

CXXIV.

2610 Als crozats fo rendutz Moisags .I. bo mati,
Els roters foron pres e menatz en traïn.

2590. Non, *ms.* Nos.

Plus de .ccc. n'aucizon, so cug, per sent Martin,
E si n'ag[r]on arnes e cavals e rocins.
Li borzes se rezesmon plus de .c. marcs d'or fin.
2615 Tuit son espaventatz entorn lor lor vezin.
Messire W. d'Encontre ot Castel Sarrazin,
E Montog an donat al comte Baldoïn,
E Verdu sus Garona a l'abat an Perin
Sobrenom de Saissin, puis mezo s'el camin
2620   E van vas Montalban.

CXXV.

Lo filhs del coms de Foiss, de lai vas Poi Cerdan,
Ambe .c. cavalers intrè a Montalban.   [(p. 67)

2612. *La réd. en pr. ajoute :* que fouc grand domatge de far mourir tala gen valenta : mais aquo fouc en odit de so que avian tuat lodit nebot de l'archevesque, apres que l'agueran fec prisonnier (p. 49). — 2617. Montog, *réd. en pr.* Montault. — 2618. a l'abat, *corr.* an lo dat? *Réd. en pr.* et a Peyre de Saysi a donat Verdu sus Garonna (p. 49). — 2622. *La comparaison avec la réd. en pr. montre qu'il y a eu ici omission de quelques vers où était racontée l'arrivée de Simon devant Montauban. Il est même probable que c'est le retour à peu d'intervalle du mot* Montalban *qui a causé un bourdon. La réd. en pr., après avoir mentionné l'arrivée de Roger Bernart, le fils du comte de Foix, à Montauban, poursuit ainsi :* car adonc lo comte de Foix s'en era anat a Tolosa an lo comte Ramon et aquel de Cumenge, et d'aqui s'en era anat an ung tast de gens ental comtat de Foix, loqual recubret tout sur las gens deldit C. de M., losquals y avia laissats en garniso, laquala garniso et gent d'aquela foguen tuats e murtrits, tant per lodit comte de Foix que per la gent del pays que se rebellavan, quand sabian que lor senhor natural era dins lodit pays ; talamen que no y demoret ny plassa ny castel que tout non fosse recobrat per lodit comte de Foix. Et adonc s'es metut dins lo castel de Saverdu (v. 2641), la ont s'es tengut jusques que lodit C. de M. es vengut, ainsin que sera dit apres. — Or dis l'historia que lodit C. de M. anet metre

La vila es be fortz, que anc e nulh loc plan
Non vi om si garnida, el valats que son grant.
2625 Li ric ome de l'ost, cel qui son sobiran,
Vezon que l'iverns ve e que l'estius reman,
E que nols temeran que valha .i**ª**. glan;
E le abas de Pamias ab un seu capelan
Quels prezican tot jorn que la vila perdran
2630 E que aicels de Pamias trastuit que s'en iran,
Si nols socorron tost, e que els se rendran;
C'aicels de Savardu lor tolol vin el pan,
E no vendemieren, so cug, mais a d'un an;
E per sela encaiso trastuit en lai s'en van.
2635 A las grandas jornadas se movon l'endeman;
Pason a Autariba, [on] vengon li Alaman
Lai deves Carcasses on a mot auriban
E trop mot ric penon.

CXXVI.

Can cels de Savardu viron tan gonfanon,
2640 Dessendon del castel, fuion a esperon,
El coms de Foiss ab lor, qu'el venc sela sazon,
Ques cuidava dedins metre en garnizon.
No sai que von dichesa nin fessa lonc sermon :
Per trastota Gasconha intreron a bandon;
2645 Sent Gauzens e Murel, lo castel el dromnhon,

le sety aldit Montalba per le prendre, ainsin que pensava; mais no ly era pas possible de ho far, car la dita vila era ben forta (v. 2623) e tornejada de valats e fortas muralhas (p. 49). — 2624. el, *corr. de* (*af. la réd. en pr., à la note qui précède*). — 2628-34. *Cette circonstance n'est pas mentionnée dans la réd. en pr.* — 2630. *Corr.* E d'a. de P. que t. s'en i.? — 2639-57. *Tirade fort abrégée dans la réd. en pr.*

Samata e la Isla, tro lai en Olaro,
Trastot o an comquist, e la terra Gaston ;
Qu'e nulh loc no troberon nulha defension
Mas sol lo cap de Foiss ; e puis, can lor saub bon,
2650 Si s'en son retornat lai en lor region,
Cant an lor carantena faita e lor perdon.
Cel ivern sojorneron puis lo comte Simon,
E gardec ben sa terra ab so frair' en Guion.
Puis fe .I. parlamen en que ac mot baron ;
2655 Aqui ac mant ivesque e molt autre prodom.
Trastuit li castela de son païs i son
    Que el i a mandetz.

CXXVII.

Al parlament de Pamias a mots clercs ajustetz,
E i ac mant ric ivesque e mant baro de pretz.
2660 Uzatge e costuma, co om fai, so sabetz,
Meseron els païs que son e grans e letz ;
D'aiso fan faire cartas e breus ensageletz, (p. 68)
E puissas si s'en son en lor pais tornetz.
En Wles d'Encontre que es pros e senetz
2665 A festa Sant Danis fo a Murel els pretz.
Del comte se parti joios e bauds e letz
Ab Perrin de Saisi qu'ab lor s'es ajustet
E ab B. Jorda qu'a la Islha fo netz ;
El remas en sa vila, e cest s'en son aletz,
2670 E mougon de la Isla on foron albergetz,
E van s'en vas Verdu on ilh se son dinnetz.
L'endema li roter se son acaminet ;

2652. *Corr.* sojornec ? — 2668. netz, *ms.* notz. — 2672. *Au lieu*

A Castel Sarrazi corregon tro als fossetz,
Mota berbitz an preza, d'autres avers asetz :
2675 Plus de .M. a caval los a om aesmetz.
Tant tost non fo lo critz, per lo païs aletz
Qu'en Wles d'Encontre s'es mantenent armetz,
E mos senher Maureus quelh cavalga de letz,
En Perrin de Saisi que s'es tost asesmetz.
2680 No son plus de .LX. can foron conreetz ;
Si petit co els foron les an desbaratetz
Els an tro a Montalba vencutz e encausetz,
Si qu'en l'aiga de Tarn n'a assetz de negetz.
La noits los lor toli, quels a contralietz,
2685 E los cavals que eren fort de corre lassetz ;
Los prezes delhivreron e sils an deslietz,
E rescozon la preza.

CXXVIII.

Ladonc W. d'Encontre, ad aicela vegeia,
Se combatec ab lor els tolg tota la prea.
2690 El gazanhè de lor e i ac granda mesleia ;
E puis si s'en tornè ab tota sa mainea.
De l'aver que an pris es sa companha lea.
A Castel Sarrazi vengon asta leveia.
Can foron albergat mieja noits es passea,
2695 E cant agro manjat pres de la matinea,
Eu cug que ilh dormiron tro tercia fo soneia.
Autra vetz li roter se mezon e la preia,

des routiers, ici et v. 2697, la réd. en pr. met en scène le fils du comte de Foix (p. 50). — 2687. preza ou priza? l'abréviation est incertaine. — 2697. Ici encore dans la réd. en pr. le fils du comte de Foix tient la place des routiers.

E corrego Agen e tota la encontreia.
A penas pot anar lor osts tan es carguea.
2700 En Wles d'Encontre, cui so pas non agreia,
Lor es salhitz davant ab tota sa mainea.
Lai ac ferit mant colp de lansa e d'espeia
Si que la terra n'era tota essanglenteia, (p. 69)
E de trensos de lansas enviro lor junqueia.
2705 Mot gloto viratz mort, sanglent, gola badeia.
Anc nols laichet d'aver que valha .I^a. denrea;
Trastotz los desconfi ab sa gent aturea
Qu'el ot de Bergonha e de Fransa amenea
Sai en aquest pais.

CXXIX.

2710 Guilelmes cel d'Encontre, si com denant vos dis,
Venquè totz los roters e lor tolc so que an pris,
E gazanhè de[l] lor e cavals e rocis.
A Castel Sarrazin corregon lo pais
Una autra vegada, mas ma fe vos plevis
2715 C'anc del sieu non porteron valent .II. peitavis,
Ans foron descofit e se son en Tarn mis.
Son caval li nafrero de .V. dartz o de .VI.;
En Wles d'Encontre, vezen totz sos amis,
Si es casutz en terra ; e co om afortis
2720 Mes la man a la espea e sauta avan en pis :
En aut crida sa ensenha, aicela de Paris.
Mesira Moreus broca son bon destrier de pris,
E tuit li autri essems i vengro, so m'es vis,
A batalha mescleia, no cujan estre fis

2714. *La réd. en pr. confond cette nouvelle affaire avec la précédente.*

2725 Que lo puescan escodre e que om le lor tolis.
En auta votz escridan : Dieus aida ! e S. Danis !
Aqui viratz ladonc mant escudier aucis
D'aicels de la mainea el baile an malmis.
E monta n'en Wles sus .I. caval braidis,
2730 E fer sobrels roters si que los descofis,
Tro en l'aiga de Tarn ; e puis apres si ris
Car aisi cazec la.

CXXX.

Senhors, motas vertutz e miraclas Dieus fa
An Wles d'Encontre que tant se trebalha
2735 Que totz om li vol be c'una vetz veüd l'a.
Anc certas de Bergonha plus pros om no venc sa
Que sia en la crozada ni ja no sai vendra,
Si no a mais de riqueza o de poder qu'el a.
A ma razo m'en torni que nos laise de la.
2740 Lo reis P. d'Arago .Iª. seror dona
Al comte de Tolosa, e puis s'en marida
Un autra a so filh malgrat d'aquels de sa.
Er s'es mes en la guerra, e si ditz que vindra
Ab be .M. cavaliers, que totz pagatz les a ; (p. 70)
2745 E si los crozatz troba ab lor s[e] combatra.
E nos, si tant vivem, veirem cals vencera,
E metrem en estoria so que nos membrara,
E escrivrem encara so que nos sovindra,
Aitant cant la materia adenant durara
2750   Tro la guerra er finea.

2728. *Ms.* malmes. — 2739. nos *serait pour* no vos, *mais on peut lire aussi bien* vos. — 2745. *Rien dans la réd. en pr. qui corresponde aux v.* 2745-85.

CXXXI.

Ans que la guerra parca ni sia afinea,
I aura mot colp fait e mota asta brizea,
E mot gomfano fresc n'estara per la prea,
E mota arma de cors ne sera fors gitea,
2755 E mota daima veuza ne sera essilhea.
Lo reis P. d'Aragon s'en vait am sa mainea,
E a tota sa gent de sa terra mandea,
Si que n'a gran companha e bela ajustea.
A totz a la paraula diita e devizea
2760 Qu'el vol ir a Tolosa contrastar la crozea
Que gastan e destruzo tota la encontrea.
E lo coms de Toloza a lor merce clamea,
Que no sia sa terra arsa ni malmenea,
Que no·a tort ni colpa a neguna gent nea.
2765 « E car es mos cunhatz, c'a ma seror espozea,
« E eu ai a so filh l'autra sor maridea,
« Irai lor ajudar d'esta gent malaurea
    « Quels vol dezeretar.

CXXXII.

« Li clergue e li Frances volon dezeretar
2770 « Lo comte mon cunhat e de terra gitar,
« Ses tort e senes colpa que om nol pot comtar :
« Mas sol car a lor platz le volon decasar.
« E pregue mos amics, sels quem volen ondrar,

2756. s'en vait, *on préférerait* s'en ven. — 2765. *La mesure exige* sor *comme au v. suivant.* — 2768. *Ici, entre les deux tirades, de la même écriture que le texte, ces mots qui ont été raturés :* Pons escriva. — 2769. Li c. els.— 2771. nol, *ms.* nols.

«Que[s] pesson de garnir e de lor cors armar,
2775 «Que d'aisi a .I. mes voldrei les portz passar
«Ab totas mas companhas que ab mi voldran anar.»
E eli responderon : « Senher, bes tanh a far ;
« Ja de re que vulhatz nous volem contrastar. »
Ab aitant se partiron e van s'en adobar:
2780 Cascus al melhs que poc se pres a enansar;
Baratan e malevan per lors cors arrezar.
El reis manda a totz que pesson de cargar
Les saumiers e les carrs, car prop es d'estivar,
E trobaran las terras els prats reverdejar
2785 Els albres e las vinhas menudament fulhar. (p. 71)
Mentrel reis d'Arago pessa ben d'arrezar,
Lo coms cel de Tolosa se pres a cossirar
Qu'el pot ir als Pujols la vila recobrar;
E a dit al Capitol e retrait son afar.
2790 E el li an respost : « Pessem de l'acabar. »
E fan viasamen per la vila cridar
Que tuit n'iescan ades per la via Molvar.
Els pratz de Montaldran les an faits ajustar.
« Senhors, » so ditz lo coms, « per sous ei faits
2795 « Mos enemics ei faitz aisi prop espiar [mandar:
« Que nos cujan destruire, ens volo destrigar
« Que no puscam ongan d'esta part estivar ;
« E vels vos aisi prob que son de sa Lantar.
—Senher, » so ditz lo pobles, « anem los enserrar;
2800 « Que pro avetz companhos, si Dieus vos vol aidar,
« Que nos em tuit garnit quels sabrem peciar.
« E lo pros coms de Foiss, que Dieus salve e gar !
« E aicel de Cumenge vos podo afolcar,

2799. Senher, *ms.* Senhors. — 2800. *Supprimez* Que?

« E ab los Catalas queus son vengut aidar.
2805 « E pos em tuit garnit, pessem de l'espleitar
   « Ans que n'aien saubuda ni s'en puscan tornar
   « Li vilan taverner. »

CXXXIII.

   Li Frances soldadier son als Pujols intratz,
   El rics coms de Tolosa a les revironatz,
2810 E ab lui[l] coms de Foiss el pros Rotgier Bernatz,
   E lo coms de Cumenge que i venc gent asesmatz;
   Ab lor li Catala quel reis lor ac laissatz,
   El pobles de Tholosa que i venc tost e viatz,
   Li cavalier el borzes e la cuminaltatz.
2815 Primeirament parlet us legista senatz,
   Que era de Capitol e es gent emparlatz :
   « Senher rics coms marques, si vos platz, escou-
   « Vos e trastuit li autre c'aisi etz ajustatz. [tatz,
   « Nos avem las peireiras e los engens cargatz
2820 « Per tal quels enemics durament combatatz ;
   « Qu'en Dieu ai esperansa que tost sian sobratz,
   « Que nos avem gran dreit ed els an los pecatz,
   « Car nos vezem destruire las nostras eretatz.
   « Per tal o dic, senhors, que de ver sapiatz
2825 « Nos avem vistas letras e sagels sagelatz
   « De nostres cars amics que nos an eviatz. (p. 72)
   « Que si deman al ser no les avem forsatz,
   « Lor vindra ajutoris e granda poestatz
   « De cavaliers garnitz e de sarjans armatz.
2830 « E faran nos gran onta es er lo dans doblatz

2814. *Corr.* Cavalier e borzes? — 2815. *Ce discours n'est pas rendu dans la réd. en pr.* — 2826. *Ms.* vostres ... nos.

« Si nos partem d'aisi trols aiam peciatz.
« Nos avem pro balestas e cairels empenatz,
« E anem al pertrait e siam ben coitatz,
« Si que lo dits el faits sia essems mesclatz.
2835 « E anem tuit essems per rama e per blatz,
« E aportem ne tant tro umplam les valatz;
« Car laïns es la flor de trastotz los crozatz,
« E si los podem pendre er lor orgolhs baisatz
« D'en Simo de Montfort qu'es contra nos juratz.
2840 « E[r] fassam a parvent perque em ajustatz,
« E anem al pertrait! »

CXXXIV.

La osts va al pertrait tost e viassamens,
Que no i a cavaler ni borzes ni sirvens
Que non aport .I. fais sus al col a prezens;
2845 E gieto l'el[s] valatz e umplols belamens,
Qu'al pe de la paret es lors enantimens,
Ques prendon a picar ab los grans ferramens.
Els Frances se defenden e gieton focs ardens,
E grans cairos e peiras, e aquo espessamens;
2850 Apres aiga bulhida desobrels garnimens.
Els dejos, can la sento, s'en parten secodens,
E di[s] laüs a l'autre : « Trop es plus dous pruzens
« Que no son estas aigas que nos gitan bulhens. »
E li arquier lor trazon ca[i]rels espessamens,
2855 Que negus dels Frances no i auza estre aparens,
Que no sia feritz o per cais o per dens.
E li peirier que i trazon que lor so mal mirens,

2838. *Corr.* lors l'o. ? — 2852. dous, *ms.* doncs. — 2853. *Ms.* gitam.

[1213] CROISADE CONTRE LES ALBIGEOIS.

Que negus en corseira no pot estre atendens
Que no caia o no tumbe o no s'en an sagnens,
2860 O er de mort feritz, que non er mais guirens;
Que no lor i ten pro ambans ni bastimens;
Quel cavaer de Tolosa an cridat autamens :
« Donem ab lor, borzes, que vels vos recrezens ! »
Ab tant prendon la vila e totz los pazimens;
2865 E no i remas Frances, ni frevols ni manens,
Que tuit no sian pres senes tots cauzimens,
E moriron ab glazis e n'i ag de pendents. (p. 73)
.LX. cavaers i ac de las lors gens, [nens,
Dels plus rics, de[ls] plus pros e del[s] plus avi-
2870 Estiers los escudiers els sarjans combatens.
Ab tant veng .I. mesatjes que non es aprendens;
E a dig al Capitol, a part, bassetamens,
Qu'en Guis de Montfort ve que es mals e punhens,
E que es a Avinho e que ve tost correns,
2875 Es cuja ab lor combatre sils troba atendens.
Ab tant sonan las trompas areire bonamens,
« Car be nos em vengatz de nostres mal volens. »
Tuit intran a Tolosa alegres e jauzens
Car tant be lor es pres.

CXXXV.

2880 Car tant be lor es pres n'an al cor gran sabor
Tuit aicels de Tolosa e li lor valedor.

2861. *Réd. en pr.* per losquals cops an deroquat ung grand cartier de muralha, et aladonc an donat lodit assault, louqual es estat fort aspre et dur; et talamen an faict que dedins son intrats (p. 51). — 2870. *La réd. en pr.* ajoute que le comte de Toulouse fit *raser la ville,* talamen que peyra sobre peyra no y es demorada que tot non sia anat per terra (p. 51).

En Guios de Montfort, cant auzi la rumor
Que li Frances so mort, n'ag al cor gran tristor,
Que ges non pot estar que ab los olhs non plor;
2885 E plora e fai gran dol e mena gran dolor
De la onta que a preza e de la dezonor.
Erals laichem estar, qu'ieus vulh parlar d'alhor,
Quel bos reis d'Arago desus son mialsoldor
Es vengutz a Murel e pauza i l'auriflor,
2890 E a l'asetiat ab mot ric valvassor
Quels i a amenatz e traits de lor honor.
De cels de Catalonha i amenet la flor,
E de lai d'Arago trop ric combatedor.
Ben cujan ja no trobon en loc contrastador (p. 74)
2895 Ni aus ab lor combattre nulhs om garrejador.
E tramet a Toloza al marit sa seror
C'ades venga a lui, ab lui sei valedor,
E que venga la osts e li combatedor :
Qu'el es aparelhatz quelh renda sa honor,
2900 Al comte de Cumenge e al seu parentor;
Puis ira a Bezers per forsa e per vigor;
No laissara crozat en castel ni en tor
De lai de Montpesler entro a Rocamador
Que nols fassan morir a dol e a tristor.
2905 El pros coms can o saub non o mes en tardor
Ans venc dreit al Capitol.

2886. *La réd. en pr. ajoute* : dont totas sas gens se sont fort esbayts quand ainsin l'an vist plorar (p. 51). — 2890. *Dessin représentant le siége de Muret.* — 2891. Quels, *corr.* Qu'el ? — 2899. quelh, *corr.* quel, *et supprimez la virgule à la fin du vers ?* — 2905. El, *ms.* Els.

CXXXVI.

 Al Capitol s'en vai lo coms dux e marques :
A lor dig e retrait del rei que vengutz es,
E que amena gens e ques a seti mes ;
2910 Deforas a Murel son las tendas espes,
Ques el a ab sa ost asetjadz los Frances,
« E que portem peireiras e totz los arcs turques;
« E can la vila er preza irem en Carcasses,
« E cobrarem las terras, si Dieus o a promes. »
2915 E eli respondero : « Senher coms, so es bes
« S'aisis pot acabar co ilh o an empres ;
« Mais li Frances so mal e dur en totas res,
« E an durs los coratges e an cor leones ;
« E so fortment iratz car ta mal lor es pres
2920 « D'aicels que als Pujols avem mortz e malmes.
« E fassam o de guiza que no siam mespres. »
Ab tant cornan la ost li cornador cortes
C'ades n'iesquen trastuit ab trastotz lors arnes,
Tot dreit enta Murel, quel reis d'Arago i es.
2925 E eison per los pons cavaer e borzes
El pobles de la vila, viatz e endemes
Son ve[n]gud a Murel, on laiseron l'arnes
E trop bos garnimens e trop ome cortes ;
De que fon grans pecatz, si m'ajut Dieus ni fes,
2930   En valg mens totz lo mons.

CXXXVII.

 Tots lo mons ne valg mens, de ver o sapiatz,
Car Paratges ne fo destruitz e decassatz

2912. arcs, *ms.* arcts. — 2932. Paratges, *ms.* paradis ; *cf.* 2962.

E totz crestianesmes aonitz e abassatz.
Aras aujatz, senhors, co fo, e escoutatz :
2935 Lo bos reis d'Arago fo a Murel asesmatz (p. 75)
E lo coms de Sant Gili e trastotz sos barnatz;
Els borzes de Tolosa e la cominaltatz
Bastiren los peirers e an les redressatz,
E combaton Murel tot entorn per totz latz,
2940 Que dins la vila nova son tuit essems intratz,
Els Frances que lai eran an de guiza coitatz
Que el cap del castel s'en son trastotz pujatz.
Ab tant es us mesatges escontral rei anatz :
« Senher reis d'Arago, de vertat sapiatz
2945 « Que l'ome de Tolosa son d'aitant avantatz
« Que an preza la vila, si vos o autrejatz,
« E trencatz los solers els albercs barrejatz;
« E an si los Frances de maneira encausatz
« Que el cap del castel se son tuit amagatz. »
2950 Cant lo reis o auzi no s'en te per pagatz;
Als cossols de Tolosa es el viatz anatz
E de la sua part los a amonestatz
Quels omes de Murel laisso estar em patz,
« Car, si nos les prendiam nos fariam foldatz,

2942. *Réd. en pr.* ... Et aladonc se son venguts les deldit sety donar l'assaut a l'una de las portas; la ont les de dedins se defendian ben et valentamen : mais, nonobstant tota defensa, son intrats dins ladita vila, la ont an comensat de frapar et tuar tot so que podian rencontrar. Adonc se son retirats los que se son poguts salvar dedins lo castel, loqual era fort et defensible, ainsi que on pot veser de presen (p. 52). — 2950-1. *Il manque peut-être ici un ou deux vers. En effet la suite montre (voy. vv. 2969-70) que le roi ne se rendit pas lui-même auprès des consuls de Toulouse, mais leur envoya un message;* de la sua part, *au v.* 2952, *conduit à la même conclusion.* — 2954. foldatz, *ms.* fosdatz.

2955 « Qu'eu ai agudas letras e sagels sagelatz
  « Qu'en Simos de Montfort vindra dema armatz;
  « E can sera laïns vengutz ni enserratz,
  « E Nunos mos cozis sera sai aribatz,
  « E asetiarem la vila per totz latz,
2960 « E pendrem los Frances e trastotz los crozatz,
  « Que jamais lor dampnages no sira restauratz;
  « E puis sera Paratges pertot alugoratz.
  « Car si nos er prendiam cels qui son ensarratz,
  « Simos s'en fugiria per los autres comtatz;
2965 « E si nos lo seguem er lo laguis doblatz.
  « Per que valdra be mais siam tuit acordatz
  « Quels laissem totz intrar, e puih tindrem los
  « E ja nols laissarem trol jogs sia jogatz. [datz,
    « E vulh quels o digatz. »

CXXXVIII.

2970 Li donzel van tost diire al cosselh principal
  Qu'els fassan de Murel issir l'ost comunal
  E que no i trenquen plus ni bareira ni pal,
  Mas quels laisso laïns estar totz de cabal,

2959. E, corr. Er?—2962. Paratges, ms. paradis.—2964. Ms. N Simos.
—2969. Réd. en pr. La causa per que fec laissar lodit assault fouc per so que calcun ly venguet dire que lo C. de M. venia an ung grand secours secorre los deldit Muret, et que aqui poirian aver lo C. de M. amay toutas sas gens, vist lo grand nombre qu'els eran aldit sety; mais el anet tout autremen que so que lodit rey pensava far, car si aguessa laissat far so que era comensat, agueran pres lodit Muret, amay los que eran dedins; so que peys no poguet far, dont fouc tard a repentir; mais sovent se dict que « molt resta de so que fol pensa » (p. 52-3). Sur ce proverbe cf. Le Roux de Lincy, Livre des Prov. II, 490. — 2973. Mas, ms. Mans.

E que s'en torn cascus als traps per son cabal;
2975 Quel bos reis lor o manda ab cor emperial
Qu'en Simos i vindra avan de l'avesprar, (p. 76)
E vol lo laïns pendre mais qu'en autre logal.
Els baros cant o auzo eisson tuit comunal,
E vai s'en per las tendas cascus vas son fogal,
2980 E manenjon e bevon li pauc el majoral.
E cant ag[r]on manjat viron per un costal
Lo comte de Monfort venir ab so senhal,
E motz d'autres Frances que tuit son a caval.
La ribeira resplan, co si fosso cristalh,
2985 Dels elmes e dels brancs, qu'ieu dig per sant Marsal
Anc en tan pauca gent no vis tan bon vassal.
E intran a Murel per mei lo mercadal,
E van a las albergas com baron natural,
E an pro atrobat pa e vi e carnal.
2990 E puis a l'endema, can viro lo jornal,
Lo bos reis d'Arago e tuit li seu capdal
Eison a parlament defora en .j. pradal,
E lo coms de Tholoza el de Foih atertal,
E lo coms de Cumenge ab bon cor e leial,
2995 E mot d'autri baro, e n'Ugs lo senescal,
Els borzes de Tolosa e tuit li menestral;
El reis parlè primers.

CXXXIX.

Lo reis parlè primers, car el sap gent parlar :
« Senhors, » so lor a dit, « aujatz queus vulh
3000 « Simos es lai vengutz e no pot escapar,[monstrar:

2974. cabal, *corr.* osdal *ou* vas son fogal (*cf. v.* 2979)? — 2976. *corr.* avespral? — 2979. fogal, *d'abord* osdal, *qui a été exponctué.*

« Mas pero eu vos vulh d'aitant asabentar
« Que la batalha er abans de l'avesprar ;
« E vos autres siats adreit per capdelar.
« Sapiatz los grans colps e ferir e donar ;
3005 « Que si eran .x. tans, sils farem trastornar. »
E lo coms de Tolosa se pres a razonar :
« Senher reis d'Arago, sim voletz escoutar,
« Eu von diiré mo sen ni que n'er bo per far :
« Fassam entorn las tendas las barreiras dressar,
3010 « Que nulhs om a caval dins non puesca intrar.
« E si venoilh Frances, que vulhan asautar,
« E nos ab las balestas les farem totz nafrar ;
« Cant auran les cabs voutz podem los encausar,
« E poirem los trastotz aisi desbaratar. »
3015 So ditz Miquel de Luzia : « Jes aiso bo nom par
« Que jal reis d'Arago fassa cest malestar,
« E es mot grans pecatz car avetz on estar (p. 77)
« Per vostra volpilhiaus laichatz deseretar.
— Senhors, » so ditz lo coms, « als non pusc aca-
3020 « Ers sia cous vulhatz, c'abans de l'anoitar [bar :
« Veirem be cals sira darriers al camp levar. »
Ab tant cridan ad armas ! e van se tuit armar.
Entro sus a las portas s'en van esperonar,
Si que an los Frances trastotz faits ensarrar ;
3025 E per meja la porta van las lansas gitar,
Si quel dins el defora contendon sul lumdar,
Es gieten dartz e lansas es van grans colps donar.
D'entr'ambas las partidas ne fan lo sanc rajar,
Que trastota la porta viratz vermelhejar.

3005-21. *Rien de cet épisode dans la réd. en pr.* — 3013. podem, *corr.* poirem ? — 3018. laichatz, *ms.* lanchatz.

3030 Can aicels de lafora no pogron dins intrar,
       Dreitament a las tendas s'en prendo a tornar :
       Vel[s] vos asetiatz totz essems al dinnar.
       Mas Simos de Montfort fai per Murel cridar,
       Per trastotz los osdals, que fassan enselar,
3035 E fassan las cubertas sobrels cavals gitar,
       Que veiran dels defora sils poiran enganar.
       A la porta de Salas les ne fan totz anar,
       E cant foron defora pres se a sermonar :   [dar
       « Senhors baro de Fransa, nous sai nulh cosselh
3040 « Mas qu'em vengutz trastuit per nos totz perilhar.
       « Anc de tota esta noit no fi mas perpessar,
       « Ni mei olh no dormiron ni pogron repauzar;
       « E ai aisi trobat e mon estuziar
       « Que per aquest semdier nos covindra passar,
3045 « C'anem dreit a las tendas com per batalha dar;
       « E si eison deforas, quens vulhan asaltar,
       « E si nos de las tendas nols podem alunhar,
       « No i a mas que fugam tot dreit ad Autvilar. »
       Ditz lo coms Baudoïs : « Anem o esajar,
3050 « E si eisson defora pessem del be chaplar, [jar. »
       « Que mais val mortz ondrada que vius mendigue-
       Ab tant Folquets l'avesques los a pres a senhar.
       Guilheumes de la Barra los pres a capdelar,
       E fels en tres partidas totz essems escalar

3032. *Réd. en pr.* ... et se son metuts a manjar et beure sans far degun gait et sans se doubtar de re (*p.* 53). — 3037. fan, *corr.* fai? — 3039. sai, *ms.* sei. — 3040. totz, *corr.* cors? — 3046. *Il doit manquer un vers après celui-ci, car le sens reste suspendu.* — 3054. Et avia (*le comte de Montfort*) faictas 'tres bandas de sas gens, dont era capitani de la premiera Verles d'Encontre, et de la seconda Boucard, et de la tersa era capitani et gouvernado lodit C. de M. (*p.* 53).

3055 E totas las senheiras el primer cap anar,
　　　E van dreit a las tendas.

CXL.

　　Tuit s'en van a las tendas per mejas las palutz,
　　Senheiras desplegadas els penos destendutz. (p. 78)
　　Dels escutz e dels elmes on es li ors batutz,
3060 E d'ausbercs e d'espazas tota la plasan lutz.
　　El bos reis d'Arago, cant les ag perceubutz,
　　Ab petits companhos es vas lor atendutz;
　　E l'ome de Tolosa i son tuit corregutz,
　　Que anc ni coms ni reis non fon de ren creützt;
3065 E anc non saubon mot trols Frances son vengutz,
　　E van trastuit en la on fol reis conogutz.
　　El escrida : « Eu sol reis! » mas no i es entendutz,
　　E fo si malament e nafratz e ferutz
　　Que per meja la terra s'es lo sancs espandutz,
3070 E loras cazec mortz aqui totz estendutz.
　　E l'autri cant o viro tenos per deceubutz;
　　Qui fug sa qui fug la : us no s'es defendutz;
　　E li Frances lor corro e an totz lor destruitz,
　　E an les malament de guiza combatutz,
3075 Car cel que vius n'escapa se te per ereubutz.
　　Entro sus al Rivel es lo chaples tengutz.
　　E l'ome de Tolosa c'als traps son remazutz
　　Estero tuit essemps malament desperdutz;
　　En Dalmatz d'Enteisehl es per l'aiga embatutz,

3067. *La réd. en pr., très-libre pour tout le récit de la bataille de Muret, suppose que le roi poussait son cri de guerre :* Aragon!
— 3075. Car cel, *corr.* C'aicel?

3080 E crida : « Dieus ajuda ! grans mals nos es cregutz,
« Quel bos reis d'Arago es mortz e recrezutz,
« E tant baro dels autres que so mortz e vencutz.
« Jamais tan grans dampnatjes non sera receu-
Ab tant es de Garona fors de l'aiga issutz, [butz ! »
3085 El pobles de Toloza, e lo grans el menutz,
S'en son trastuit essems ves l'aiga corregutz,
E passon cels que pogon, mas mots n'i a rema-
L'aiga qu'es rabineira n'a negatz e per[d]utz, [zutz:
E remas ins el camp trastotz le lor traütz ;
3090 Don fo lo grans dampnatges per lo mon retendutz,
Car mans om i remas totz morts e estendutz,
Don es grans lo dampnatges.

CXLI.

Mot fo grans lo dampnatges el dols el perde-
Cant lo reis d'Arago remas mort e sagnens, [mentz
3095 E mot d'autres baros, don fo grans l'aunimens
A tot crestianesme et a trastotas gens.
Els omes de Tholosa totz iratz e dolens,
Aicels qui son estortz, que no son remanens,
S'en intran a Tolosa dedins los bastimens ; (p. 79)
3100 En Symos de Montfort alegres e jauzens
A retengut lo camp, don ac mans garnimens,
E mostra e retra trastotz sos partimens.
E lo coms de Tolosa es iratz e dolens,
Ez a dig al Capitol, ez aquo bassamens,
3105 Que al mielhs que s els puescan fassan acordamens,

3080. *En face de ce vers un lecteur du* XIVe *siècle a écrit dans la marge* : Ayshi lo reys de Arago morit. — 3087. sera *ou* s'era? — 3090. Don, *corr.* Don[cs]?

Que el ira al papa far sos querelhamens :
Qu'en Simos de Monfort ab sos mals cauzimens
L'a gitat de sa terra ab glazios turmens.
Pueih issic de sa terra e sos filhs ichamens.
3110 Els homes de Tolosa cum caitieus e dolens
S'acordan ab Simo e li fan sagramens,
E redo s'a la Gleiza, a totz bos cauzimens.
El cardenals trames a Paris ichamens
Al filh del rei de Fransa c'ades venga correns ;
3115 Ez el i es vengutz bautz e alegramens.
Ez intran a Tolosa trastot cominalmens,
E perprendo la vila e los albergamens,
Ez albergon ab joia dedins los pazimens.
Els omes de la vila dizon : « Siam suffrens ;
3120 « Suffram so que Dieus vol trastot paziblamens,
« Que Dieus nos pot aidar que es nostre guirens. »
El filhs del rei de Fransa qu'es de mal cossentens,
Simos el cardenals en Folcs mescladamens
An dig en lor secret c'an lo barrejamens
3125 Per trastota la vila e pois lo focs ardens.
En Simos se perpessa, que es mals e cozens,
Que si destrui la vila non er sos salvamens,
Que mais val sia seus totz l'aurs e totz l'argens.
E pueih fo entre lor aitals emprendemens
3130 Ques umplan los valatz, e nulhs om defendens
No s'i puesca defendre ab negus garnimens ;

3110. *La réd. en pr. porte que la ville de Toulouse envoya à Simon une ambassade pour conclure un accord avec lui; que ce dernier retint à Muret les envoyés, tandis qu'il informait le fils du roi de France de la situation, le priant de venir et de recevoir la reddition de la ville (p. 54-5).* — 3111. *Ms.* ab en S. — 3123. *Ms.* N Simos. — 3130. e, *corr.* que?

E trastotas las tors els murs els bastimens
Que sian derrocatz e mes en fondemens.
Aisi fo autrejatz e dig lo jutjamens.
3135 En Simos de Montfort remas terra-tenens
De trastotas las terras ques eran apendens
Al comte de Tholosa ni als sieus benvolens,
Qu'el es dezeretatz ab fals prezicamens;
El reis tornas n'en Fransa.

CXLII.

3140 Lo filhs del rei de Fransa fo mot be aculhitz, (p. 80)
Per son paire e pels autres e volgutz e grazitz;
Es es vengutz en Fransa desobrels arabitz,
E comta al rei son paire cum s'es ben enantitz
En Simos de Montfort, ni cum s'es enriquitz;
3145 El reis no respon mot ni nulha re no ditz.
Hieu cug per cela terra sera mortz e delitz
Simo en Gui so fraire, tant no so ichernitz. —

3133. *La réd. en pr. ajoute :* exceptat lo castel Narbones, en loqual lodit C. de M. se tendra e demorara (*p.* 56). — 3141. paire, *ms.* peire. — 3145. *La réd. en pr. accentue le mécontentement du roi de France, et place dans sa bouche l'idée exprimée aux vers* 3146-7 : Et quand lo rey de Fransa aguet ausit ainsin parlar son filh, et ladita demolition et destruction que lodit C. de M. avia faicta dins lodit Tolosa, et que le comte Ramon s'en era ainsin anat, grandamen n'es estat marrit, dole ne corrossat de so que son dit filh a dict et contat, et majormen quand sondit filh se era trobat en lodit faict, ainsin que dict avia davant los princes et baros, losquals la pluspart d'aquels eran parens o aliats deldit comte Ramon. Et adonc lodit rey s'es partit d'aqui, et en son logis s'es retirat sans far semblant de res, mas tan solamen a dict a sos baros et princes : « Senhors, ieu ay encoras esperansa que no tardara gayre que lodit C. de M. et son fraire le comte Guy y moriran a la poursuita ... (*p.* 56). — 3146. terra, *corr.* guerra? — 3147. *Ms.* N Simo.

Ar tornem al pros comte ques n'es anatz faiditz;
Per terra e per mar a trop estat marritz,
3150 Mas, cum que sia fag, Dieus e Sant Esperitz
Lh'a fait tant de miracle qu'es a bon port ichitz,
Ques el e son pauc filh, de mainada escaritz,
S'en son intratz en Roma on se so congauzitz.
Laüs a dig a l'autre que Dieus lor sia guitz.
3155 Aqui es lo com[s] de Foih qu'es de parlar aizitz,
N'Arnaut de Vilamur qu'es de bon cor garnitz,
E en P. R. i fo de Rabastencs l'arditz,
Es ac n'i gran re d'autres, de rics e d'amarvitz,
Que mante[n]dran lor dreg si hom lor contraditz
3160   Can la cort er complida.

CXLIII.

Cant la cortz es complida es mot grans lo ressos
Del senhor apostoli qu'es vers religios.   [(p. 81)
Lai fo faitz lo concilis e la legacios
Dels prelatz de [la] Glieza que lai foron somos,
3165 Cardenals e avesques e abatz e priors,
E comtes e vescomtes, de motas regios.
Lai fol coms de Tholosa e sos filhs bels e bos
Qu'es vengutz d'Englaterra ab petitz cumpanhos
E trespasec, per Fransa, per motz locs perilhos,
3170 Car gent n'Arnaut Topina l'amenet a rescos.
Es es vengutz a Roma on es sagracios,

3160. *Le bas de la page a été laissé blanc. Le haut de la page suivante est occupé par un dessin représentant le concile.* — 3168. Qu'es, ms. Qu'etz. — 3170. l'amenet, *leçon douteuse :* Fauriel *a lu, et on peut lire en effet,* li menet. *Ce vers n'est pas rendu dans la réd. en pr.*

E mandec l'apostolis que reconciliatz fos :
Qu'anc no nasquec de maire nulhs plus avinens
Qu'el es adreitz e savis e de gentils faisos [tos,
3175 E del milhor linage que sia ni anc fos,
De Fransa e d'Anglaterra e del comte n'Anfos ;
E fo il coms de Foih qu'es avinens e pros.
E denant l'apostoli gietan s'a genolhos
Per recobrar las terras que foron dels pairos.
3180 L'apostolis regarda l'efant e sas faisos,
E conosc lo linatge e saub las falhizos
De Glieza e de clercia que son contrarios :
De pietat e d'ira n'al cor tant doloiros
Qu'en sospira en plora de sos olhs ambedos.
3185 Mas lai no val als comtes dreitz ni fes ni razos.
Mas pero l'apostolis, qu'es savis e guiscos
Denant tota la cort e vezen dels baros
Monstra per escriptura e per leials sermos (p. 82)
Quel comte de Tholosa no repren ocaizos
3190 Qu'el deia perdre terra ni que mals crezens fos,
Ans l'a pres per catholic en faitz e en respos ;
Mas, per la covinensa c'avian entr'els dos
E per paor de clercia de qu'el es temoros,
Li retenc pueih sa terra en devenc poderos,
3195 E volc que la tengues en comandan Simos,
Car en autra maneira no l'en era faitz dos.
Don li comte remazo ab coratges felos,

3179. *La réd. en pr. suppose que le fils du comte de Toulouse était porteur d'une lettre de recommandation écrite par le roi d'Angleterre (p. 57 et 58), idée qui peut avoir été suggérée par les vv. 3575-9. Toute la scène qui suit est très-remaniée dans la même rédaction.* — 3196. era, *ms.* eral; *on pourrait corriger* faitz no l'en eral d.

Car cel que pert sa terra mot n'al cor engoichos.
Mas denant l'apostoli, car es temps e sazos,
3200 Se leval coms de Foih e aondal razos,
Ez el sap la ben diire.

CXLIV.

Ez el sap la ben diire ab sen e ab escient.
Cant lo coms se razona desobrel paziment
Tota la cortz l'escouta e l'esgarda e l'entent;
3205 Ez ac la color fresca e lo cors covinent,
E venc a l'apostoli e dih li belament :
« Senher dreitz apostolis on totz lo mon apent,
« E tel loc de sent Peire el seu governament,
« On tuit li pecador devon trobar guirent,
3210 « E deus tener drechura e patz e judjament,
« Per so car iest pauzatz al nostre salvament,[rent;
« Senher, mos diitz escota e totz mos dreit[z] me
« Qu'ieu me posc escondire e far ver sagrament
« C'anc non amei eretges ni nulh home crezent,
3215 « Ni volh ja lor paria ni mos cors nols cossent.
« E pos la santa Glieza me troba obedient,
« Soi vengutz en ta cort per jutjar leialment,
« Eu el rics coms mos senher e sos filhs ichament
« Qu'es bels e bos e savis e de petit jovent,
3220 « Ez anc no fe ni dig engan ni falhiment.
« E pos dreh no l'encuza ni razos nol reprent,
« Si non a tort ni colpa a nulha re vivent,
« Bem fas grans meravilhas per que ni per cal sent
« Pot nulhs prosom suffrir son dezeretament.
3225 « E lo rics coms mos senher, cui grans honors
« Se mezeis e sa terra mes el teu cauziment : [apent,

« Proensa e Tholosa e Montalba rendent ;
« E poih foron lhivrat a mort e a turment
« Al pejor enemic e de pejor talent : (p. 83)
3230 « An Simon de Montfort quels lhia e los pent,
« Els destrui els abaicha, que merces no lh'en prent;
« E pos se foron mes el teu esgardament
« So vengutz a la mort e al perilhament. [ment
« Ez ieu meteis, ric senher, per lo tieu manda-
3235 « Rendel castel de Foih ab lo ric bastiment.
« El castels es tant fortz qu'el mezcis se defent;
« Ez avia i pa e vi, pro e carn e froment,
« Ez aiga clara e dousa jos la rocha pendent,
« E ma gentil companha e mot clar garniment,
3240 « E nol temia perdre per nulh afortiment ;
« E sap ol cardenals, si m'en vol far guirent.
« Si cum eu l'o lhivrei qui aital nol me rent
« Ja nulhs om nos deu creire e nulh bel covenent ! »
Lo cardenals se leva e respondec breument,
3245 E venc a l'apostoli e dig li belament : [ment,
« Senher, so quel coms ditz, de sol .I. mot no i
« Qu'ieu receubi l castel el lhivrei verament ;
« E la mia prezensa i mes son establiment
    « L'abas de Sent Tuberi.

CXLV.

3250   « L'abas de Sent Tuberi es pros e gent a[i]bitz,
   « El castels es mot fortz e ben e gent garnitz,

3248. *Vers trop long; suppr.* son? — 3250. *Il n'est guère possible de faire entrer ce vers dans le discours du cardinal; il est probable au contraire qu'il manque ici quelques vers dont le sens était que l'abbé de Saint-Tibéry prit la parole pour confirmer le dire*

« El coms a bonament Dieu e tu obezit. »
Ab tant se leva em pes, car estec ben aizitz,
L'evesques de Tholosa de respondre amarvitz :
3255 « Senhors, » so ditz l'avesques, « tug auzets quel
[coms ditz
« Qu'el s'es de la eretgia delhivratz e partitz :
« Eu dic que de sa terra fo la mager razitz ;
« E el les a amatz e volgutz e grazitz,
« E totz lo seus comtatz n'era ples e farzitz ;
3260 « El Pog de Mont Segur fo per aital bastitz
« Qu'el les pogues defendre, els hi a cossentitz.
« E sa sor fo eretja cant moric sos maritz,
« Es estec poih a Pamias plus de .III. ans complitz ;
« Ab sa mala doctrina n'i a mans convertitz.
3265 « E los teus peregris per cui Dieus fo servitz,
« Que cassavan eretges e rotiers e faizitz,
« N'a tans mortz e trencatz e brizatz e partitz
« Que lo cams de Montjoy ne remas si crostitz
« Qu'encaran plora Fransa e tun remas aunitz.
3270 « Laforas a la porta es tals lo dols el critz (p. 84)
« Dels orbs e dels faiditz e d'aicels meg partitz,
« Que negus no pot ir si no lo mena guitz.
« E cel que los a mortz ni brizatz ni cruichitz

du cardinal. Les vers 3251-2 seraient donc la fin du discours de l'abbé. C'est ce qui résulte aussi de la réd. en pr. : Et quand lodit cardinal aguet finida la paraula, aqui es estat l'abat de S. Ubery, loqual a dict e demonstrat aldit s. payre com tot so que losdits princis et senhors avian dict et demonstrat ny lo cardinal avia dict, era tot vertat... (*p.* 58). — 3260-3. *Passage dénaturé dans la réd. en pr. :* lo Pech de Montsegur ne es estat pres e abatut et arrasat, et los habitans d'aquel art e bruslats : plus era, la sor deldit comte de Foix avia faict morir son marit de mala mort a causa delsdits hereges (*p.* 58). — 3263. *Suppr.* Es ?

« Ja no deu tenir terra, c'aitals es sos meritz! »
3275 N'Arnaut de Vilamur es sus em pes salhitz,
E fo ben entendutz e gardatz e auzitz;
Pero gent se razona, no s'es espaorzitz :
« Senhors, si eu saubes quel dans fos enantitz
« Ni qu'en la cort de Roma fos tant fort enbrugitz,
3280 « Mais n'i agra, per ver, ses olhs e ses narritz !
— Per Dieu! » ditz l'us a l'autre, « est es fols et
[arditz !
— Senher, » so ditz lo coms, « mos grans dreitz
[m'esconditz,
« E ma leial drechura e mos bos esperitz ;
« E qui per dreg me jutja, hieu so sals e guaritz :
3285 « Qu'anc non amei eretges ni crezens ni vestitz,
« Enans me soi rendutz et donatz e ufritz
« Dreitamens a Bolbona on ieu fui ben aizitz,
« On trastotz mos lhinatges es datz e sebelhitz.
« Del Pog de Mont Segur es lo dreg esclarzitz,
3290 « Car anc no[n] fo .I. jorn senher poestaditz.
« E si ma sor fo mala ni femna pecairitz,
« Ges per lo sieu pecat no dei estre peritz.
« Car estec en la terra es lo dreitz devezitz,
« E car lo coms mos paire dih, ans que fos fenitz,
3295 « Que si el efant avia qu'e nulh loc fos marrit[z],
« Que tornes en la terra en que era noiritz
« E que i agues sos ops e i fos be reculhitz.
« E jur vos pel Senhor qu'en la crotz fo ramitz
« Ques anc bos peregris n[i] lunhs romeus aizitz
3300 « Que serques bos viatges que Dieus ha establit[z]

3275-81. *Ces vers ne sont pas rendus dans la réd. en pr.* —
3295. *Ms.* locs.

« No fo per me destruitz ni raubatz ni fenitz,
« Ni per ma companhia lor camis envazitz. [titz,
« Mas d'aquels raubadors, fals trachors, fe-men-
« Que portavan las crotz per qu'ieu fos destrusitz,
3305 « Per me ni per los meus non fo nulhs cosseguitz
« Que no perdes los olhs els pes els punhs els ditz;
« E sab me bo de lor que[l]s ai mortz e delitz,
« E mal d'aquels que son escapatz e fugitz.
« E dic vos de l'avesque que tant n'es afortitz
3310 « Qu'en la sua semblansa es Dieus e nos trazitz;
« Que ab cansos messongeiras e ab motz coladitz,
[(p. 85)
« Dont totz hom es perdutz quils canta ni los ditz,
« Ez ab sos reproverbis afilatz e forbitz,
« Ez ab los nostres dos don fo enjotglaritz,
3315 « Ez ab mala doctrina es tant fort enriquitz
« C'om non auza ren diire a so qu'el contraditz.
« Pero cant el fo abas ni monges revestitz
« En la sua abadia fo sil lums escurzitz,
« Qu'anc no i ac be ni pauza tro qu'el ne fo ichitz.
3320 « E cant fo de Tholosa avesques elegitz,
« Per trastota la terra es tals focs espanditz
« Que jamais per nulha aiga no sira escantitz;
« Que plus de .D. M., que de grans que petitz,
« I fe perdre las vidas els cors els esperitz.
3325 « Per la fe qu'ieu vos deg, al seus faitz e als ditz
« Ez a la captenensa, sembla mielhs Antecritz
« Que messatges de Roma!

3323. *Réd. en pr.* plus de dex mila personas a faictas morir de mala mort (p. 59). *Cf. la note sur* 3453.

CXLVI.

« Quel messatge de Roma m'a dig e autrejat
« Quel senher apostolis me rendra ma eretat ;
3330 « E ja nulhs hom nom tenga per nesci ni per fat
« S'ieu lo castel de Foih volia aver cobrat,
« Que Dieus ne sab mon cor col tendria membrat.
« Lo cardenals mosenher ne sab la veritat,
« Col rendei bonament, e ab sen e ab grat ;
3335 « E aicel que rete so c'om lh'a comandat
« Per dreg e per razo li deu estre blasmat. [nat
— Coms, » so ditz l'apostolis, « mot as gent razo-
« Lo teu dreg, mas lo nostre as .I. petit mermat.
« Eu saubrei lo teu dreg e la tua bontat,
3340 « E si tu as bon dreg, cant o aurei proat,
« Cobraras ton castel aisi co l'as lhivrat ;
« E si la santa Gleiza te recep per dampnat,
« Tu deus trobar merce si Dieus t'a espirat.
« Tot pecador maligne, perdut e encadenat
3345 « Deu be recebre Glieiza sil troba perilhat,
« Sis penet de bon cor ni fa sa volontat. »
E puis a dig als autres : « Entendetz est dictat,
« Car a totz vulh retraire so que ai ordenat :
« Que tug li meu dissiple anon enluminat,
3350 « E porto foc e aiga e perdo e clartat,
« E dossa penedensa e bona humilitat,

3332. tendria, *corr.* tenia? — 3337. *Au lieu du pape, la réd. en pr. fait parler ici un certain seigneur* « dict de Vilamur » (p. 59). *Les paroles qu'elle lui prête n'ont aucun rapport avec le discours d'A. de Villemur, ci-dessus v.* 3275-81. — 3340. aurei, *il y avait d'abord* auras. — 3344. perdut, *corr.* pentent? — 3348. que ai, *ms.* cai.

« E porto crotz e glavi ab que jutjo membrat,
« E bona patz en terra, e tengan castetat, [p. 86)
« E que porto dreitura e vera caritat,
3355 « E nulha re no fassan que Dieus aia vedat.
« E qui mais n'i aporta ni plus n'a prezicat
« Non o a ab mon dig ni ab ma volontat. »
Ramons de Rocafolhs a en aut escridat :
« Senher dreitz apostolis, merce e pietat
3360 « Aias d'un effan orfe, jovenet ichilat,
« Filh de l'onrat vescomte que an mort li crozat,
« En Simos de Montfort cant hom li ac lhivrat.
« Ladoncs baichec Paratges lo tertz o la mitat,
« E cant el pren martiri a tort et a pecat.
3365 « E no as en ta cort cardenal ni abat
« Agues milhor crezensa a la crestiandat.
« E pois es mort lo paire el filh dezeretat,
« Senher, ret li la terra, garda ta dignitat !
« E si no laih vols rendre, Dieus t'en do aital grad
3370 « Que sus la tua arma aias lo sieu pecat !
« E si no la li lhivras en breu jorn assignat,
« Eu te clami la terra el dreg e la eretat,
« Al dia del judici on tuit serem jutjat ! »
—Baros, » ditz l'us a l'autre, « mot l'a gent encolpat.
3375 —Amix, » ditz l'apostolis, « ja er be emendat. »
E son palaitz s'en intra e ab lui sei privat,
E los comtes remazo sus el marbre letrat.
Ditz Ar. de Cumenge : « Gent avem espleitat ;

3361. *Ms.* crozatz. — 3363-4. *Le sens serait plus satisfaisant si on intervertissait l'ordre de ces deux vers, et corrigeait* pren *en* pres : « *Et lorsqu'il* prit *martyre... alors Parage baissa...* » — 3367. pois es, *ms.* por as.

« Oimais podem anar car tant es delhivrat
3380 « Qu'intra s'en l'apostolis. »

CXLVII.

L'apostolis s'en intra del palaitz en .i. ort
Per defendre sa ira e per pendre deport.
Li prelat de [la] Gleiza vengro a un descort
Tuit denan l'apostoli per traire .i. bel conort,
3385 E encusan los comtes mot durament e fort :
« Senher, si lor rens terra nos em tuit demeg
« Si la datz an Simo em gueritz e estort. [mort ;
— Baros, » ditz l'apostolis, « nous pes si m'en acort. »
El a ubert .i. libre e conosc .i². sort
3390 Quel senher de Tolosa pot venir a bon port.
« Senhors, » ditz l'apostolis, « en aisom dezacort :
« Ses dreg e ses razo cum farci tant gran tort
« Quel coms qu'es vers catholics dezerete a tort,
  [(p. 87)
« Ni quelh tolha sa terra, ni que son dreit trasport ?
3395 « Nom par razos per far ; mas en aiso m'acort
« Qu'en Simos l'aia tota, car ais la i cofort,
« Ses d'orfes e de veuzas, dal Poi tro a Niort,
« Aquela dels iretges, de Rozer trosc'al Port. »
No i a prelat ni bisbe que no s'en dezacort.

3396. Ais *peut être corrigé à peu près certainement* aisi ; *je suppose que* cofort *est une altération de* confront *produite en vue de la rime ; la correction proposée par Fauriel* (car eis l'ac com fort) *ne peut être prise en considération.* — 3398. *La réd. en prose fait parler le pape d'une façon beaucoup plus nette en faveur du comte de Toulouse :* per la quala causa ieu lor doni conget e licensa de recobrar lor terras et senhorias sus aquels que las lor retenen injustamen (p. 59).

3400 Aisi l'a autrejada al comte de Montfort.
Puis per aquela terra l'an a Tholoza mort,
Don totz lo mons alumna e Paratge es estort;
E, per la fe qu'ieus dei, sap milhor an Pelfort
Que an Folquet l'avesque.

CXLVIII.

3405 Folquet lo nostre vesques es denant totz pre-
[zens,
E parla am l'apostoli tant com pot umialmens :
« Senher dreitz apostolis, cars paire Innocens,
« Co potz dezeretar aisi cubertamens
« Lo comte de Montfort qu'es vers obediens
3410 « E filhs de santa Glieiza e lo teus bevolens,
« E sofre los afans el[s] trebalhs el[s] contens,
« E cassa iretgia, mainaders e sirvens ?
« E tu tols li la terra el[s] locs els bastimens
« Qu'es per crotz conquerida e ab glazis luzens,
3415 « Montalba e Tholosa, desobre aquels covens,
« Estiers la del[s] iretges ; e dels lials crezens
« E d'orfes e de veüzas, que aquela n'es mens !
« Ez anc tant durs sofismes ni tant clus dictamens
« No foron ditz ni fait, ni tant grans sobresens.
3420 « E aisso que lh'autrejas es dezeretamens,
« Car pel comte R. es lo comensamens :
« Tu l receps per catolic e qu'es bos om e senhs,
« El comte de Cumenge el de Fois ichamens ;
« E doncs s'il so catholics ni per catholic[s] prens,

3405. *La réd. en pr. ne fait point mention des discours de Folquet et de l'archevêque d'Auch.*

3425 « La terra que l'autrejas aisso es lai reprens,
« C'aiso que tu li donas es non res e niens.
« Mas lhivra li la terra tota cominalmens
« E a lhui e al lhinatge ses totz retenemens.
« E si no lalh das tota, qu'el ne sia tenens,
3430 « Eu volh que per tot passe glazis e focs ardens.
« Si lalh tols per catolic ni per lor lalh defens
« Eu, que so tos avesques te jur be veramens
« C'us d'els non es catholic ni no te sagramens.
« E si per aisol dampnas tu fas be a parvens (p. 88)
3435 « Que no vols sa paria nit membra chauzimens. »
Ditz l'arsevesques d'Aug: « Senher rics car manens,
« Aisso que ditz l'avesques qu'es savis e sabens ;
« Sin Simos pert la terra tortz er e dampnamens. »
Cardenals e avesques, arsevesques .III. cens
3440 Dizo a l'apostoli : « Senher, totz nos desmens :
« Nos avem prezicat e retrait a las gens
« Quel coms R. es mals e sos captenemens,
« Perque no escairia que fos terra tenens. »
L'arquidiagues se leva, que estè en sezens,
3445 Del Leo sobrel Roine, e ditz lor duramens :
« Senhors, no platz a Dieu aquest encuzamens,
« Car lo coms R. pres la crotz primeiramens
« E defendec la Glieiza e fetz sos mandamens ;
« E si Glieiza l'encuza, quelh degra esser guirens,
3450 « Ela n'er encolpada e nos valdrem ne mens.
« E vos, senher n'evesque, tant etz mals e punhens
« Qu'ab les vostres prezics e ab durs parlamens,

3428. ses, ms. ces. — 3436. *Il doit manquer ici un vers où l'archevêque d'Auch priait le pape de prendre en considération « ce que dit l'évêque. »* — 3441. *Ms.* retrahit. — 3444-5. *Réd. en pr.* lo chantre de Lyon.

« Don tug em encolpatz e vos trop magermens,
« Plus de .D. melhiers ne faitz anar dolens,
3455 « Los esperitz plorans e los corses sagnens.
« E si vos o aviam totz jurat sobre sens,
« Ab trastotz aicels autres quelh so aisi nozens,
« Ab sol quel senher papa sia dreitz e sufrens,
« Ja l'ondratz filhs del comte tant es de rics parens
3460 « No er dezeretatz senes clam longamens. [talens
— Senhor, » ditz l'apostolis, « [d]els vostres durs
« Ni dels vostres prezics engoichos e cozens
« Que faitz outra mon grat dor eu non so sabens,
« Ni dels vostres talens non deu esser sabens;
3465 « Qu'anc, per la fe qu'ieus dei, no m'ichic per
[las dens
« Que lo comte R. fos dampnatz ni perdens.
« Senhors, ja recep Glieiza pecadors penedens;
« E si es encuzatz pel[s] nescis non sabens,
« Si anc fetz re vas Dieu quelh sia desplazens,
3470 « El s'es a mi rendutz sospirans e planhens
« Per far los nostres digs e los meus mandamens. »
Apres venc l'arsevesques de Narbona dizens :
« Senher rics paire digne, ara t'aonda sens;

3453. *Réd. en pr.* Per que ieu dis que vos, senhor evesque de Tolosa, aves un grand tort; et monstras ben per vostras paraulas com vos no amas pas lodit comte Ramon, ni may lo poble dont es pastor; car vos aves alucat ung tal foc en Tolosa que jamay no se escantira; car vos es cap et causa de aver fait morir plus de dets mila homes (*cf. v.* 3321-3, *et la note*), et fares encaras autant ... (p. 60). — 3461. *Ms.* Senher. — 3463-4. sabens *est probablement fautif dans l'un des deux cas; corr.* sufrens *au v.* 3464? — 3466. *On pourrait proposer* Q. lo coms R. fos [ni] d. — 3472. *La réd. en pr. fait parler l'archevêque de Narbonne assez longuement, et dans un sens favorable au comte de Toulouse* (p. 60-1).

« E jutja e governa e no sias temens,
3475 « Ni not fassa desperdre temensa ni argens. (p. 89)
— Baro, » ditz l'apostolis, « faitz es lo jutjamens :
« Que lo comte es catolix es capte leialmens,
      « Mas en Simos tenga la terra.

CXLIX.

« Simos tenga la terra, si Dieus l'o a promes,
3480 « E nos jutgem lo dreit aisi com es empres. »
Ez el dicta e jutja si que tug l'an entes :
« Baro, ieu dic del comte que vers catolix es ;
« E sil cors es pecaire ni de re sobrepres,
« Que l'esperit s'en dolha ni s'en clame nilh pes,
3485 « Sil cors dampna la colpa be lhi deu esser pres.
« E fas me meravilhas per que m'avetz comes
« C'al comte de Montfort assignes lo paes,
« Que no vei la dreitura per que far o degues. »
Ditz maestre Tezis : « Senher, la bona fes
3490 « Del comte de Montfort, a cui tant be es pres
« Can cassec la eretgia e la Glieiza defes,
« Li devria valer que la terra tengues.
— Maestre, » ditz lo papa, « el fa ben contrapes,
« Que destrui los catolics engal dels eretges.
3495 « Grans clams e grans rancuras m'en veno cada
« Tant que lo bes abaicha e lo mals es eces. » [mes,

3474. *Corr.* Deu perdre? desperdre *ne peut guère s'employer sans régime.* Raynouard (IV, 518) *n'en cite pas d'autre ex. que celui-ci. Perdre Dieu est employé comme locut. proverb. dans* Flamenca v. 1040, *et p.-ê. v.* 527 (*cf. Mussafia*, Jahrb. f. rom. lit., VIII, 113).
— 3487. paes, *ms.* pays. — 3490. pres, *ms.* ppres, *les deux p barrés.*
— 3495. veno, *ms.* vene.

[1215]

Per mei la cort se levan cada dos, cada tres,
Tuit denant l'apostoli, e pois an lo enques :
« Senher rics apostoli[s], ara saps tu com es?
3500 « Que lo coms de Montfort remas en Carcasses
« Per destruire los mals e que i mezes los bes,
« E casses los eretges els rotiers els Valdes,
« E pobles los catolics els Normans els Frances;
« E poichas ab la crotz el a o tot comques,
3505 « Agen e Caerci, Tolzan e Albeges,
« El fort Foig e Tholosa e Montalba, que i mes
« E ma de senta Glieiza, e la Gleiza l'a pres;
« E pos tans colps n'a datz e receubutz e pres,
« E tanta sanc esparsa ab glazis mortales,
3510 « E en tantas maneiras s'en es fort entremes,
« Non es dreitz ni razos c'om ara loilh tolgues,
« Ni non da a vejaire com toldre lalh pogues ;
« E qui la lhi toldria nos li serem defes.   [pes,
— Baro, » ditz l'apostoli[s], « no pos mudar nom
3515 « Car ergolhs e maleza es entre nos ases. [(p. 90)
« Nos degram governar per bon dreit tot cant es,
« E recebem los mals e fam perir los bes.
« E sil coms dampnatz era, aiso qu'el pas non es,
« Sos filhs perque perdra la terra ni l'eres?
3520 « E ja ditz Jhesus Christ, que reis e senher es,
« Que pel pecat del paire le filbs non es mespres ;
« E si el o autreja diirem nos que si es?
« E no a i cardenal ni prelat tan plaides,
« S'aquesta razo dampna, qu'el non sia mespres.
3525 « Enquera a i tal prolec que a vos no membra ges:

3498. pois, *ms.* poig. — 3502. Valdes, *ms.* valdres. — 3506. *Ms.*
fortz ; — que i, *corr.* quels? — 3525. *Ms.* E. i a.

« Que cant las crotz primeiras vengon en Bederres
« Per destruire la terra e que Bezers fo pres,
« L'efans era tant joves e tant nescia res
« Que el pas no sabia ques era mals ni bes ;
3530 « Mais volgra .I. auzelo o .I. arc o .I. bres
« Que no feira la terra d'un duc o d'un marques.
« E cal de vos l'encuza, si el pecaire non es,
« Qu'el deia perdre terra ni la renda nil ces?
« E de la sua part es lo sieu parentes,
3535 « De la plus auta sanc que sia ni que es.
« E car en lui s'es mes us esperitz cortes,
« Que nol dampna nil jutja escriptura ni res,
« Cals bocha jutjaria que aquest se pergues
« Ni que pergua sa vida ab los autruis conres?
3540 « E no li valdra Dieus ni razo ni merces
« De lui que dar devria que d'autre re preses?
« Car cel que l'autrui serca per pendrels autruis
[bes,
« Mais li valdria mortz o que ja no nasques. »
De totas partz li dizon : « Senher, no temiatz ges ;
3545 « Anen lo paire el filhs lai on promes li es,
« E al comte Simo assigna lo paes,
« E qu'el tenga la terra ! »

3527. *La mention de Béziers a amené l'auteur de la réd. en pr. à attribuer ces paroles au pape :* e d'autra part el s'es ben enformat que lodit C. de M. a faict morir a tort et sans causa le viscomte de Besiers, et ayso per aver sa terra ; car, ainsin que ieu trobi, jamay lodit viscomte ne fouc causa de ladita heresia, car era per aquel tems trop jove (p. 61). *Mais il s'agit dans le poëme du fils du comte de Toulouse, et non du vicomte de Béziers.* — 3539. porgua *sic ; leçon fautive ! Faur. corrige* prengua. — 3545. li, *corr.* lor?

CL.

« Simos tenga la terra e[n] sia capdelaire !
— Baros, » ditz l'apostolis, « pus no lalh posc
[estraire,
3550 « Garde la be, si pot, c'om no l'en pusca raire,
« Car jamais per mon grat no n'er om prezicaire. »
Ab tant pres l'arsevesques d'Obezin a retraire :
« Senher rics apostolis, adreitz e bos salvaire,
« Sin Simos de Montfort t'a sai trames so fraire
3555 « Ni l'avesque Folquet que s'en fa razonaire,
« Ja lo coms de Montfort no i eretara gaire,
« Car l'onratz nebs del rei l'en pod ben per dreg
[raire. (p. 91)
« E si el pert per tort la terra de son paire,
« Per dreit e per razo tindra la de sa maire ;
3560 « Qu'eu ei vist lo prolec on escrios lo notaire
« Que Roma e la cortz autrejec lo doaire ;
« E pos de matrimoni est caps e governaire
« L'efans non es dampnatz ni perdutz ni pecaire.
« E car es filhs legismes, gentils e de bon aire,
3565 « E del milhor linatge que hom poscha retraire
« Ira doncs per lo mon perilhatz co mal laire ?
« Doncs er lo[rs] mortz Paratges e Merces no
[val gaire.
— No, » so ditz l'apostolis, « car ges nos tang a
« Car ieu li darai terra aital co m'er vejaire : [faire,
3570 « Veneisi e aquela que fo de l'enperaire.

3550. l'en, *ms.* les. — 3552. *Réd. en pr.* l'evesque d'Osma
(p. 62). — 3560. Qu', *ms.* Car ; — on, *ms.* or. — 3563. es, *ms.* est.

« E si el ama ben Dieu ni la Gleiza sa maire,
« Qu'el no sia vas lor ergulhos ni bauzaire,
« Dieus lhi rendra Tholosa e Agen e Belcaire. »
Dih l'abas de Belloc : « Senher enluminaire,
3575 « Lo teus filhs reis Engles e lo teus cars amaire
« Qu'es devengutz tos hom e t'ama ses cor vaire,
« T'a trames so sagel e de boca mandaire
« Quet remembre merces el jutjamen de Daire ;
« E tramet li tal joia don totz sos cors s'esclaire.
3580 « N'abas, » ditz l'apostolis, « eu no i posc al res
[faire :
« Cascus dels meus prelatz es contra me dictaire,
« Per qu'ieu dins e mon cor soi cubertz e celaire
« Quel sieu nebot no trop amic ni amparaire ;
« Mas eu ai mantas vetz auzit dir e retraire :
3585 « Hom joves ab bon cor, can sab dar ni mal traire
« Ni es be afortiz, recobra so repaire.
« E si l'efans es pros, ben sabra que deu faire ;
« Car ja no l'amara lo coms de Montfort gaire,
« Ni nol te per so filh ni el lui per son paire.
3590 « Car be o vit Merlis, que fo bos devinaire,
« Qu'encar vindra la peira e cel que la sap traire,
« Si que per totas partz auziretz dir e braire :
« Sobre pecador caia ! »

CLI.

Sobre pecador caiha ! e Dieus aquel ne gar
3595 Que deu tenir la terra e l'autre desampar !
El senher apostolis repaira del dictar

3579. s', ms. l'.

Elh prelat de la Glieiza que l'an fait acordar,
E al comte de Montfort fai la terra fermar. (p. 92)
E can las cortz complidas pres a comiadar
3600 Vai le coms de Tholosa per acomiadar ;
Le comte de Foig mena que sab ben dir e far,
E troban l'apostoli adreit per escoutar.
E lo coms s'umilia, pres se a razonar :
« Senher, dreitz apostolis, cui Dieus ama e ten car,
3605 « Bem fas grans meravilhas cals boca pot parlar
« Que nulhs hom me degues per dreit dezeretar;
« Qu'ieu non ai tort ni colpa per quem deias
[dampnar.
« En ton poder me mezi per ma terra cobrar :
« Er son intratz en l'onda on no posc aribar,
3610 « Qu'ieu no sai on me vire, o per terra o per mar.
« E anc mais non fo vist ni auzit del meu par
« Que m'avinhes per setgle querir ni mendigar.
« Aras pot totz lo mons a dreit meravilhar
« Car le coms de Toloza es datz a perilhar,
3615 « Qu'ieu no ai borc ni vila on posca repairar.
« Cant te rendei Tolosa cugei merce trobar,
« E si ieu la tengues no m'avengra a clamar ;
« E car la t'ei renduda e no la vulh vedar
« Soi vengutz al perilh e al teu mercejar!
3620 « Anc no cugei vezer nim degra albirar
« Qu'ieu ab la santa Glieiza pogues tant mescabar!
« Lo teus ditz el meus sens m'a fait tant folejar
« C'ara no sai on m'an ni on posca tornar.
« Ben dei aver gran ira can m'ave a pessar
3625 « Que d'autrui m'er a penre, ez ieu solia dar.
« E l'efans que no sab ni falhir ni pecar
« Mandas sa terra toldre e lo vols decassar.

« E tu que deus Paratge e Merce guovernar
« Membret Dieus e Paratges, e nom laiches pecar !
3630 « Car tua n'er la colpa s'ieu non ai on estar. »
L'apostolis l'escota e pres lo a gardar,
E pres son cor a planer e soen a blasmar.
« Coms, » so ditz l'apostolis, « not cal desconor-
« Que ben conosc e sai que m'en cove a far. [tar,
3635 « Sim laissa .I. petit revenir ni membrar,
« Eu farai lo teu dreit el meu tort esmendar.
« S'ieu t'ai dezeretat, Dieus te pot eretar,
« E si tu as gran ira Dieu[s] te pot alegrar,
« E si tu as pergut Dieus t'o pod restaurar; (p. 93)
3640 « Si tu vas en tenebras, Dieus te pod alumnar.
« E pos Dieus a poder de toldre e de dar,
« De nulha re not vulhas de Dieu desesperar.
« Si Dieus me laisa vivre, que posc'a dreit renhar,
« Tant farei lo teu dreit enantir e sobrar
3645 « Que de re no poiras Dieu ni mi encolpar.
« E dig te dels felos quem volo encusar
« Ja no tarzara gaire que m'en veiras venjar.
« En aital aventura t'en poscas retornar
« Que si tu as bon dreit Dieus t'ajut e t'ampar.
3650 « E laissar m'as to filh, quem voldrei cosselhar
« En cantas de maneiras le poirai eretar.
— Senher, » so ditz le coms, « el teu sante esgar
« Te lais me e mo filh e tot lo meu afar. »
L'apostolis lo senha al comiat donar ;
3655 El coms de Foig remas per sos dreitz demandar,

3632. cor, *corr.* cors? — 3635. *Ms.* laissasa. — 3639. *Ms.* E si tu as ton dreit p.; *les mots* ton dreit *étant exponctués.* — 3655-65. *Le récit contenu dans ces vers est reproduit deux fois consécutivement dans la réd. en pr., la seconde fois avec plus de développement que*

E mandal l'apostolis son castel recobrar.
Ladoncs se pres lo paire el filhs a sospirar,
Lo filhs per lo remandre el paire per l'anar.
E lo coms eis de Roma can venc al dia clar
3660 On l'avenc a la festa a Viterbà estar;
E venc il coms de Foig la noit a l'avesprar,
E estero ensemble per lo jorn onorar.
E pois va s'en lo coms dreit a Sent Marc velhar,
Lo sant evangelista, el sant cors celebrar,
3665 E intran s'en a Genoa per so filh esperar
Que a laichat a Roma.

CLII.

L'efan remas a Roma, e no n'a gran dezir,
Car no [i] ve re quelh deia plazer ni abelir,
Car ve sos enemics e nols pot dan tenir.
3670 Mas el a tan bon sen, essient es albir
Que so que plus li tira sap celar e cobrir.
.XL. jorns estet en la cort ses mentir
Per gardar e apenre e vezer e auzir
Cos voldra l'apostolis envas lui mantenir;
3675 Mas P. R. li pres de Rabastencs a dir :

la première. Voici la fin depuis 3661 : Et quand lodit comte de Foix es estat despachat, el s'es partit deldit Roma, e drect aldit Biterba es tirat devers lodit comte Ramon, et tot son cas ly a contat, com avia aguda son absolution, et ausi com lodit S. Payre ly avia relaxada sa terra e senhoria, et sasditas letras ly monstret; don lodit comte Ramon fouc grandamen joyos et alegre; et adonc se son partits deldit Biterba, et drect a Gena son venguts, la ont an demorat lodit filh deldit comte Ramon (p. 62). — 3657. el, *ms.* els. — 3659. *Note marginale* (*XIV*e *s.*) : Ayci ichic de Roma le coms....

« Senher, mais en la cort no podem als complir
« On mais i estarem ieu cug que pus nos tir. »
Dis W. Porcelencs : « Senher, anem sentir
« Al senhor apostoli cons poirem avenir.
3680 — Bel m'es », so ditz l'efans, « que l'anem en-
[querir. » (p. 94)
Cant lo vit l'apostolis, ab semblant de sospir
Si l'a pres per la ma e vai lo asezir,
E l'efans li comensa sa razo a furnir :
« Senher dreitz apostolis, oimais es temps de l'ir;
3685 « E pos no i posc remandre ni re als nom vols
« Dieus e tu e merces m'an obs a sostenir, [dir,
« Qu'ieu non ai tant de terra com poiria salhir.
« E car tu iest mos paire e cel quem deus noirir
« Vulh quem mostres la via on no posca perir.
3690 — Filhs, » so ditz l'apostolis, « mot as fah bon
[cossir.
« Si tes los mandamens qu'ieu te vulh establir
« No poiras en est segle ni en l'autre falhir :
« Sapias Dieu amar e onrar e grazir,
« Els mandamens de Gleiza els sieus sans obezir,
3695 « E messas e matinas e las vespras auzir,
« El cors de Jhesu Crist honorar e ufrir,
« E cassar iretgia e bona patz tenir.
« E no vulhas las ordes nils camis envazir,
« Ni l'autrui aver penre per lo teu enantir,
3700 « Ni tos baros destruire ni ta gent mal bailir ;
« E laicha t'a merce vencer e comquerir.
« Pero, quit dezereta nit vol dezenantir,

3678. *La réd. en pr. ne fait ici aucune mention de P. R. de Rabastens ni de W. Porcelencs.*

« Bet sapias defendre e ton dreit retenir.
—Senher, » so ditz l'efans, « no er qu'ieu no m'aïr
3705 « Car no posc ges essems encausar ni fugir.
« Paubretatz e sofracha es trop greus per sofrir.
« Per so car non ai terra ni no sai on me vir
« M'er de l'autrui a pendre ab quem posca garnir.
« En aquesta razo no cug re sobredir,
3710 « Que mais vulh dar e toldre que pendre e querir.
— No far », ditz l'apostolis, « re per que Dieus
[t'azir,
« Qu'el te dara pro terra si be lo sabs servir;
« Qu'ieu ai fait a tos obs Veneici retenir,
« Argensa e Belcaire, que t'en poiras suffrir;
3715 « E lo coms de Montfort aura l'autr'a bailir
« Tro que veja la Gleiza si poiras revenir.
—Senher, » so ditz l'efans, « tan greu es per auzir
« Que nulhs hom de Guinsestre aia ab mi a partir!
« Ja Jhesu Crist no vulha, s'a lui platz, cossentir
3720 « Qu'en Simos ab mi prenga honor a devezir!
« Que la mortz o la terra la fara sopartir, (p. 95)
« Que laüs l'aura tota tro qu'el n'er a morir.
« E, pus ieu vei que torna del tot a l'esgremir,
« Senher, re als not vulh demandar ni querir
3725 « Mas quem laiches la terra si la posc conquerir. »
L'apostolis l'esgarda e gitet un sospir,
E en apres lo baiza e pres l'a benazir :
« Tu garda que faras e apren que vulh dir,
« Que tot cant que s'escura a obs a esclarzir.
3730 « Bet lais Dieus Jhesu Crist comensar e fenir,

3712. lo, *ms.* la. — 3721. *Corr.* Q. la m. de la t. lo f.? *ou encore* Q. la mort o la t. li farai? — 3730. *Note marginale :* Ayci pres comiatz del papa e ysih de Roma le comte jove.

« E grans bonaventura quet posca perseguir! »
El coms issit de Roma ab jornadas complir,
E es vengutz a Genoa, es eu pos vos plevir
Que cant le vi sos paire c'anc no l'anè ferir;
3735 E no tarzero gaire mas sempre de l'issir,
E cavalgan ab joia e pessan del venir
Tro foro a Maselha.

CLIII.

Cant foro a Masselha descendo el ribatge
E foro aculhit de joi e d'alegratge.
3740 Al castel de Toneu pres lo coms albergatge;
Mas can venc al cart jorn veus venir .I. mesatge,
E saludec lo comte e dig e son lengatge :
« Senher coms, al mati no fassatz lonc estatge,
« Car lo mielhs d'Avinho vos aten al ribatge,
3745 « E so plus de .CCC. queos faran omenage. »
E can lo coms l'enten, mot li venc d'agradatge.
Lo mati el el filhs se meto el viatge,
E cant foro tant pres que s'encontro el rivatge,

3731-5. *La réd. en pr. ajoute :* et adonc ly a donada sa benediction e sas cartas de donation de ladita comtat de Venecy, et autras terras ly a bailladas, et congiet ly a donat. — Et adonc lodit enfant a pres congiet deldit S. Payre, e devers sondit payre s'en es anat e tirat, loqual ly atendia a Gena. Et quand es estat arribat, a ly dict e contat tot so que an lodit S. Payre an besonhat, et com lodit S. Payre ly a donat a son partamen la comtat de Venecy et autres senhorias, ainsi que per ladita carta aparia; a monstrat ladita carta a sondit payre et senhors que an el eran per aquela hora, don lodit comte Ramon et autres son estats grandamen joyoses (p. 63). — 3739. *Ici, et plus loin à propos d'Avignon, la réd. en pr. ajoute que les habitants présentent les clefs de la ville au comte de Toulouse.*

E lo coms deschendet de[l] bo mulet d'Aratge,
3750 E trobals a genolhs desobre lo ramage.
E lo coms los receub e ilh [l'] ab alegratge;
Mas Ar. Audegers, que a bon cor e sage,
E fo natz d'Avinho, d'un gentil parentatge,
Parlec primeirament, car sab tot lor usatge :
3755 « Senher coms de Sent Gili, recebetz gentil gatge,
« E vos e le car filh qu'es de lial linatge.
« Totz Avinhos se met el vostre senhoratge,
« Que cadaüs vos lhivra son cor[s] e son estatge,
« E las claus e la vila e los ortz e l'intratge.
3760 « E so que vos dizem nous tenguatz a folatge,
« Que no i a falhimen ni orgolh ni oltratge :
« .M. cavalers valens complitz de vasalatge (p. 96)
« E .C. .M. omes d'autres valens de bon corage,
« E an fait sagrament e plevit [per] ostatge
3765 « C'oimais demandaran tot lo vostre dampnatge;
« E tindretz en Proenza tot vostre dreituratge,
« E las rendas els ces el traüt el peatge,
« E non ira camis si no da guidonatge.
« E nos tindrem de Rozer totz los pas el pasatge,
3770 « E metrem per la terra la mort el carnalatge
« Tro que cobretz Tholosa ab lo dreit eretatge ;
« El cavaer faidit ichiran del boscatge,
« Que mais no temeran tempesta ni auratge.
« E no avetz el mon enemic tant salvatge
3775 « Que, sieus fa mal ni tort, que non prenda on-
[tatge.

3749. de[l] bo, *ms.* de lo. — 3752. *Réd. en pr.* Arnaut d'Anguyers. *Le discours de ce personnage est dans la réd. en pr. très-abrégé et affaibli.* — 3759. *Corr.* [d]e la v. ? — 3764. *Lacune avant ce vers!* — 3768. *Corr.* Hom non?

— Senher, » so ditz lo coms, « cauziment e bar-
[natge
« Faitz si m'en amparatz, e auretz l'avantatge
« De tot crestianesme e del vostre lenguatge,
« Car restauratz les pros e Joia e Paratge. »
3780 L'endema cavalguero e no fan lonc vadatge,
E intran a Maselha e no i fan lonc estage,
E vengron a Selho la noit a l'avespratge,
E albergan ab joia.

CLIV.

Ab gran joi albergueron, el mati ab lo ros
3785 Cant l'alba dousa brolha el cans dels auzelos,
E s'espandis la folha e la flors dels botos,
Li baro cavalguero doi e doi per l'erbos,
E pessan de las armas e de las garnizos.
Mos Guis de Cavalho de so brun caval ros
3790 E dig al comte jove : « Oimais es la sazos
« Que a grans obs Paratges que siatz mals e bos,
« Car lo coms de Montfort que destrui los baros
« E la gleiza de Roma e la prezicatios
« Fa estar tot Paratge aunit e vergonhos,
3795 « Qu'en aisi es Paratges tornatz de sus en jos
« Que si per vos nos leva per totz tems es rescos.
« E si Pretz e Paratges nos restaura per vos,
« Doncs es ja mortz Paratges e totz lo mons en
« E pus de tot Paratge etz vera sospeisos, [vos.

3785. *Épisode qui dans la réd. en pr. n'est pas à cette place:
voy. la note sur le v. 3838.* — 3786. *Ms.* s'espandig. — 3790. *Corr.*
A dig? *ou manque-t-il quelque chose avant ce vers?* — 3798. ja,
ms. lo. — 3798. vos, *corr.* jos? — 3799. etz, *ms.* es.

3800 « O totz Paratges morra o vos que siatz pros.
— Gui, » so ditz lo coms joves, « mot n'ai lo
[cor joios
« D'aiso qu'en avetz dig, en farei breu respos :
« Si Jhesu Crist me salva lo cors els companhos,
[(p. 97)
« E quem reda Tholoza don ieu soi desiros,
3805 « Jamais non er Paratges aonitz ni sofrachos;
« Que non es en est mon nulhs om tan poderos
« Que mi pogues destruire si la Glieza no fos.
« E es tant grans mos dreitz e la mia razos
« Que s'ieu ai enemics ni mals ni orgulhos,
3810 « Si degus m'es laupart eu li seré leos. »
Tant parlan de las armas e d'amors e dels dos
Tro quel vespres s'abaicha els recep Avinhos.
E cant per mei la vila es levatz lo resos,
Non i a vielh ni jove que no i an volontos
3815 Per totas las carreiras e foras las maizos;
Aquel que mais pot corres te per aventuros;
Li un cridan Tholosa! pel paire e pel tos,
E li autre la joia! « c'oimais er Dieus ab nos! »
Ab afortiz coratges ez ab los olhs ploros
3820 Trastuit denan lo comte venon da genolhos;

3800. morra, *ms*. moria. — 3806-7. *Ces deux vers sont rapportés
sous cette forme par Bertrandi*, Opus de Tholosanorum Gestis,
1515, *fol*. xxxiij v° col. 2 :

No hy a home sus terra per grant senhor que fous
Quen getes de ma terra si la Gleysa non fous.

3807. farei, *ms*. faren. — 3812. *Note marginale :* Ayci intret
Avinho. — 3816. corres (= corre s'), *telle est la leçon actuelle qui
paraît satisfaisante, mais elle est le résultat d'une correction qui ne
laisse plus apercevoir la leçon primitive.* — 3817. Li un, *ms*.
Lai on.

E pois dizon ensemble : « Jhesu Crist glorios
« Datz nos poder e forsa quels eretem amdos. »
Es es tant gran la preicha e la processios
Que obs i an menassas e vergas e bastos.
3825 El mostier s'en intrero per far lor orazos,
E pois fo lo manjars complitz e saboros,
E mantas de maneiras las salsas els peichos,
E vis blancs e vermelhs e giroflatz e ros,
Els jotglars e las viulas, e dansas e cansos.
3830 Lo dimenge mati es'retraitz lo sermos
De prendrel sagrament, e las promissios ;
E pois dit l'us a l'autre : « Senher dreitz amoros,
« Ja nous fassa temensa donars ni messios,
« Que nos darem l'aver e metrem los cors bos
3835 « Tro que cobretz la terra o que muram ab vos.
— Senhors, » so ditz lo coms, « bels n'er lo gazerdos,
« Que de Dieu e de mi seretz plus poderos. »
E lo coms s'acossellia e ab de sos baros,

3823. *Ms.* professios ; *cf. la note du v.* 1433. — 3832. a, *corr.* e ?—
3838. *Selon la réd. en pr. le comte Raimon, ayant reçu le serment des habitants d'Avignon, se rendit à Marseille, laissant son fils à Avignon. Pendant son absence* ung valent home apelat Pey de Cabalho *vient encourager le jeune comte à se montrer homme de cœur, épisode sans doute emprunté aux vv.* 3789 *et suiv. Puis Raimon VI revient à Avignon sans que le motif de son voyage à Marseille soit expliqué. Le texte poursuit ainsi :* Et adonc que lodit comte Ramon aguet sejornat un tems dins lodit Avinhon, a assemblat son conseilh, tant de sas gens privadas que deldit Avinhon, et ayso per donar ordre et recapte a sos affaires, et per saber et veser com se deu gouvernar sus aquels. (p. 64.) *Ces détails sur le conseil tenu à Avignon paraissent empruntés à un texte plus complet que le nôtre, d'autant plus que le v.* 3838 *est certainement incorrect. On pourrait corriger* ab li *ou* e ac, *mais on peut aussi supposer une lacune entre les deux hémistiches.*

Et anec vas Aurenca valens e deleitos.
3840 Entrel comte el princep es faita acordazos
D'amor e de paria que prezon entr'els dos.
El coms joves s'en intra en Veneisi cochos
Per recebre Paernas e metre establizos,
Malaucena e Balmas e maintz castels del[s] sos.
3845 Mas en breu de termini er la comensazos [(p. 98)
Dels mals e dels dampmatges e de las contensos,
Que li clerc e l'avesques que son contrarios,
Que lo Baus lo guerreja, el g[l]outz et avairos
R. Peletz e Nemzes, Aurenca e Cortezos,
3850 Reiambalts de la Calm, Johan de Semic bos,
En Lambert de Montelhs en Lambert de Limos;
E mans n'i a dels autres ab cors mals e ginhos.
Mas de sai los contrasta Maselha e Tharascos,
La Ilha e Peira Lada en Gui de Cavalhos,
3855 N'Azemars de Peitieus e sos filhs Guilhamos,
W. Ar. de Dia, us rics hom coratjos,
En Bernis de Mureus ab adreitz companhos,

3843. *Ms.* Palernas.— 3844. *Note au haut de la page :* Ayci entrec en pocecio del comtat de Veneici. — 3845. er, *ms.* es. — 3847. *Il manque sans doute quelque chose après ce vers, ou corr. le second que en* li.— 3849-51. *Contre-sens de la part de la réd. en pr., qui range ces personnages au nombre des partisans du comte de Toulouse.* — 3850. *Réd. en pr.* Jehan de Senini. — 3854. Gui, *ms.* Ucs. *Réd. en pr.* E d'autra part son venguts devers Marselha, Deliba, Peyralada, una granda armada et compania ben en point. Item, d'autre cartier son venguts una autra granda compania de gens ben armats, la ont era ung apelat Guy de Cabalhos, et Guilhem Arnaut d'Andie, loqual era un grand ric home et valen ; et Bernard de Murens et Guiraud Azemard, Ramon de Montalba et en Dragonet le pros, et Malvernod de Fesc, et Bertrand Porcelet, et Pons de Mondrago, et Rigault de Cayro, et Pons de S. Just; tots aquestes son venguts per donar secors aldit comte Ramon et a son filh lo comte jove (*p.* 65).

En Guiraut Azemar e sos filhs Guiraudos,
R. de Montalba en Dragonetz lo pros,
3860 N'Aliazars d'Uzest, e apres n'Albaros,
E Bertrans Porcelencs, Pons cui es Mondragos,
En Ricals de Carro en Pons de Sent Just bos.
O[i]mais a plaitz e guerra e contensan Simos,
E sos filhs n'Amalric e sos frair'en Guios,
3865 Quel coms dux e marques del linatge n'Anfos
Li calomja sa terra.

CLV.

La terra li calomja lo coms dux qu'es tozetz,
E defen e contrasta los tortz els dezeretz,
E pren castels e vilas e borcs e casteletz ;
3870 Mas lo coms el coms joves, en Guis en Dragonetz
En Girautz Ademars e sos filhs Giraudetz
Parlero ab lo comte, car lor platz e lor letz.
« Senhors, » so ditz lo coms, « diiré vos que faretz :
« Eu m'en vau en Espanha e vos tuit remandretz,
3875 « Ez en la vostra garda remandran Ramundetz ;
« E, s'es obs e gran coita, que vos l'acosselhetz,
« Que si el cobra terra gran honor i auretz,
« Pero si la perdia tuit vos i dampnaretz.

3868-9. *Y a-t-il une lacune entre ces deux vers et après le vers 3869? Réd. en pr.* Or dit l'historia que dementre que lodit comte Ramon besonhava ainsin que dit es dessus, lo C. de M. no dormia pas de son cartié, mas prenia vilas et castels, plassas tantas que li venian davan ny trobava : las unas metia per terra, las autras ransonava, que grant pietat era de ho veser (*p.* 65). —
3870. lo coms, *leçon qui paraît fautive en regard du v.* 3872. —
3878. *Réd. en pr.* Quand lodit comte Ramon aguet ainsin parlat a toas sas gens, a sonat et tirat son filh a part, et li a dict... (*p.* 65).

— Ramon, » so ditz lo coms, « aquetz baros
   [creiretz,
3880 « Els mals els bes els gaugs el trebalh que au-
« E vostras aventuras entre lor suffriretz. [retz
« Els baros d'Avinho per totz temps amaretz
« E l'amor e l'aver largament lor daretz,
« Que si avetz Proensa ab lor la conquerretz.
3885 « Als omes de Maselha grandas merces rend[r]etz,
   ((p. 99)
« Els bes e las honors que lor regardonet[z],
« Ez aiso queus perparen bonamen lor penretz,
« E auretz la valensa queus fara n'Ancelmetz.
« E lor de Tharasco totz temps obeziretz
3890 « De donar e d'atendre, e fort be los ametz,
« Que si cobratz Belcaire ab lor lo cobraretz.
« E al pe de la rocha estara lo navetz,
« Que si lor toletz l'aiga destrenher los poiret[z];
« E no i remanga murs ni porta ni paretz,
3895 « E sis cujan defendre que totz los debrizetz,
« E per grat o per forsa verament los prendretz. »
E li baro respondo : « En so no falhiretz.
— Senher, » ditz lo coms joves, « pos en Es-
   [panha iretz,
« Als comtes e als reis vostres dreitz monstraretz,
3900 « Que pezar lor devra lo vostre dezeretz ;
« E de la cort de Roma forment vos clamaret[z],
« Que nous val Dieus ni fes ni cauzimens ni leitz.
« De tot can que fassatz ni d'aiso que diiretz
« Me trametetz mesatge e so que pessaretz.
3905 « Dreitament a Tholosa mesatge trametretz,
« Que per vos e per mi sospiran mantas vetz ;

3883. l'amor, *corr.* l'onor? — 3887. lor, *corr.* lo?

« Car els son tant prohome c'anquer los cobra-
                                                         [retz,
« E totz vostres dampnatges ab lor restauraretz.
— Ramon, » so ditz lo coms, « oimais conoi-
                                                        [cheretz
3910 « Quius vol be o quius ama, e veirem que faretz. »
E lo coms pren comjat e va s'en a espleitz
Dreitament en la Espanha als grans cautz e als
El coms joves tramet cartas e sageletz   [freitz,
Que tuit siei amics vengan celadament e quetz
3915   Al seti de Belcaire.

CLVI.

Al seti de Belcaire venc lo coms naturals
Per meg la condamina dretamens als portals :
Ab cosselh de la vila, de totz les plus leials,
Li lhivreron las portas elh renderon las claus ;
3920 E demena gran joia ab sos amics corals.
El poble d'Avinho venc per Rozer ab naus ;
De Tharasco ichiron e coron als estraus,
E tuit passero l'aiga e intrero els caus ;

3915. *La réd. en pr. motive ainsi qu'il suit le mouvement du jeune comte sur Beaucaire :* Et quand lodit comte Ramon s'en es estat anat, es vengut ung messatgié aldit comte jove en Avinho, la ont era per aleras, an tota sa gen, loqual messatgié era trametut per los habitans de Belcaire, per ly dire et demonstra com la dita vila de Belcaire era deliberada de se dona a el, si ly plasia de los prendre et recebre, a venir devers els, o de y trametre home per el venir prendre possession d'ela, nonobstant que las gens del C. de M. tenguesson lo castel d'aquela, et ly rendrian la vila..... (p. 65-6). — 3916. *Note marginale :* Ayci intret a Belcayre le comte. — 3919. Li, *ms.* Le. — 3923. caus, *corr.* claus? *ou* vaus, *cf.* 3933.

Per mieg la vila cridan : « Nostre senhor coraus
3925 « Intra per mieg la vila el gautz esperitaus,
« C'oimais no i remandra ni Frances ni Barraus. »
[(p. 100)
E abtant repaireron e prezon los ostaus,
E escridan la joia el sojorn el repaus.
Mas en breu de termini creis la guerra mortaus,
3930 Qu'en Lambert de Limos, us adreitz senescaus,
Guilhelmes de la Mota, Bernartz Azalbertz faus,
Garniren lor companhas els cors e los chivaus,
E eisson per la porta del castel e dels vaus.
Intran per las carreiras e intran de grans saus :
3935 Montfort! Montfort! escridan ; oimais parlarem
Car aissi recomensa lo dampnatges el maus.[d'als,
Per meg la vila leva lo critz el batistaus,
E coro a las armas lo pobles cominaus,
E es mot grans la preissa dels baros Proensaus,
3940 E soneron las trompas e mostran lors senhaus ;
E van cridar Tholoza! e vai levar l'encaus,
E gietan dartz e lansas e las peiras punhaus,
E cairels e sagetas e apchas e destraus,
E lansas e espazas e bastos e tinaus.
3945 Tant durament los coitan de sobrels fenestraus,
De trastotas maneiras ab cairos reversaus
Que las boclas pecian [d]els escutz els peitrals,
Que firent les ne menan e lor dan colps mortaus,
Que senes grat per forsalz an el castel enclaus.
3950 Mas els se defendero a lei de bos vassaus,
E garniron las tors els murs els cadafaus.
E lo coms fai barreiras de lhissas e de paus,

3928. *Ms.* lo j. — 3934. *Mettre* venon, *à la place du second* intran? — 3935. *Ms.* parlarom.

E mes a Santa Pasca las mainadas comtaus;
E dedins en la roca es lo naveis aitaus
3955 Que l'aiga e la cresma de tot lor es cabaus.
E en apres escridan : « Abans que fassam aus,
« Combatam la redorta !

CLVII.

« Combatam la redorta, c'ades la poirem
[pendre. »
Ladoncs virat[z] sautar e correr e desendre,
3960 Laüs d'els evas l'autre e cridar e contendre,
C'anc no i remas lo paire per lo filh ni pel gendre,
Que los murs e las portas van debrizar e fendre,
E aportan lo foc es prendo a l'essendre.
Ladoncs pogratz vezer tanta balesta tendre,
3965 E tant cairel montar e tant cairo desendre,
Tanta peira lansar e tant bo arc destendre,
Els Proensals combatre e los Frances defendre!
[(p. 101)
En auta votz escridan : « Avengutz etz al pendre. »
E el lor respondero : « Ben dizetz per entendre.
3970 « Enans que nos prengatz nos cujam be car
[vendre. »
Mas lo fums e lo focs, la flama e l'esendre
Los a tant destreits que son marritz decendre;
E si ditz l'us a l'autre : « No·ls podem mais atendre;
« Redam nos a merce ans que·ns laissem esp[r]en-
[dre. »

3968. *Ms.* E en a. — 3971. *Corr.* la cendre? — 3972. *Le premier hémistiche est trop court (corr.* tant [fort]?) *et le second ininintelligible.* — 3974. *Ms.* laissemmespendre.

3975　En Peire de Sent Prais a fait son plait empendre,
　　　Que hom l'en lais ichir e ves lo comte rendre.
　　　De totas partz auziras tensonar e contendre
　　　Li uni del montar e l'autre del desendre.
　　　En auta votz escridan : « Oimais nons pot mal
　　　　　　　　　　　　　　　　　　　　　　　[pendre :
3980　« Jhesu Crist glorios que fos mort al divendre
　　　« Vos restaura[tz] Paratge !

CLVIII.

　　　« Dieus, restauratz Paratge e esgardatz razo,
　　　« E captenetz dreitura e baichatz traisio ! »
　　　E en apres escridan tuit essems en .I. so :
3985　« Combatam lo castel el portal el peiro !　　[bo :
　　　— Senhors, » ditz R. Gaucelm, « cosselh donaré

3976. *Il doit y avoir ici une lacune de plusieurs vers, car la réponse à la proposition de la garnison manque. On peut remarquer aussi que cette tirade est relativement très-courte.* Réd. en pr. Adonc lodit capitani (*il n'est pas nommé*) es salhit en les carnels deldit castel, et senhal a faict alsdits del sety que volia parlar a calcun deldit sety. Adonc se son metuts a l'avan alscuns deldit sety, an lodit capitani an parlat, alsquals lodit capitani a dict que si lo comte jove an ses baros les ne volian laissar anar a vidas salvas, que els ly baylarian et delieurarian ladita plassa et castel; alsquals los deldit sety, que an parlat an lo comte jove ny a sos baros, an faicta responsa que d'aquo no lor calia parlar; car ung sol tant solamen a vida salva no ne seria pres, mais que se defenden lo melhor que poyran ny saubran. Et adonc, quand lodit capitani et sos companhos an ausida ladita responsa, se son deliberats de se defendre, et vendre los vidas al trinquan de l'espasa; car mais amavan morir valentamen que se laissar ainsin lachament a lors ennemics, vista lor responsa et furor, car gen de coratge eran; et adonc se son fortificats dins lodit castel et plassa fort grandament (*p.* 67).— 3979. nons, *ms.* nous. — 3980. fo, *ms.* fos.

« Lo castels sera vostre e aquels que lai so,
« Mas premier fassam mur ses caus e ses sablo
« Ab los cadafalcs dobles e ab ferm bescalo,
3990 « Ez en cada portal .I. peirier de faiso
« Que tragan lunh e pres e que defendal so;
« Car nos avem que far ab mal ome felo
« E ses tota merce e ab cor de leo ;
« E sins amena forsa aurem defensio,
3995 « C'oimais no temerem nulh assaut c'om nos do. »
Es eli respondero : « Aisi o tenem per bo. »
N'Arbert lo capelas lor a fait breu sermo :
« Senhors, de par[t] de Dieu e del comteus somo,
« Cel que faral mur sec ni re i metra del so,
4000 « Que de Dieu e del comte n'aura bon gazerdo,
« E, desobre mas ordes, aura salvacio. »
Trastug essems escridan : « Tuit anem al perdo ! »
Mas la noit s'aparelha ab lo resplanden tro,
E an faita la gaita sirvent e donzelo
4005 Els cav[a]ers meïsmes pel castel deviro ;
E a l'albor del dia an levat .I. reso
Que tuit n'iescan essems : negus no ditz de no,
E comensan lo mur el terralh el peiro ;   (p. 102)
E anc en nulha obra no vis tan ric masso,
4010 Que cavaer e donas aportan lo reblo,
E donzels e donzelas lo pertrait el carbo,
Que cascus ditz balada o verset o canso.
E fero tanta d'obra en petit de sazo
Que mais nols cal temer Frances ni Bergonho ;

3988-90. *Réd. en pr.* grands escadafals a double solier (p. 67). *La réd. en pr. a compris que ces fortifications et les pierriers qui les armaient étaient dirigés contre le château.* — 3996. Aisi o, *corr.* Aiso? — 3998. *Ms.* comten somo.

4015 E dins aquel mur foro li trap elh pavalho.
E a la Santa Pasca mezo establizo,
E an pres lor cosselh que fassa[n] lo bosso
Per lo capdolh combatre e traire [a] cels que i so,
E quel dono per garda an Gui de Cavalho,
4020 E a lor de Volobregua que so lial e bo.
E an pres lo ribatge de[l] capdolh enviro
Que degus hom no n'iesca ni i intre a lairo,
Ni cavals no i abeure ni hom aiga nolh do.
E vengo per las terras vendas e lhivrazo,
4025 E li bou e las vacas e li porc elh moto,
E aucas e galhinas e perditz e capo,
El blatz e la farina e l'autra venazo,
El vis de Genestet que vai tant a bando
Que ladoncs resemblet terra de promissio.
4030 Sempre van las novellas dreit al comte Simo
Qu'el a perdut Belcaire, que mais nolh tindra pro;
En Lambert de Limos, Rainier del Caldaro,
Sus el cap del castel e l'autra garnizo.
E cant au las novelas adonc li saub tan bo
4035 Com si hom l'agues mort n'Amaldric on Guio;
Ples d'ira e de felnia el ne venc d'espero;
En Guis de Montfort manda e prega e somo
Que tuit sei amic vengan per aqui on el so.
E cant foron ensemble ilh el seu companho,
4040 E sos nebs n'Amaldric e n'Alas e n'Ugo,
Ab lui G. de Levi, Folcaut e Salamo,

4017. bosso, *ms*, bofo. — 4020. a lor, *corr.* als ? — 4026. E aucas, *ms*. E uacas; perditz, *ms*. perlitz. — 4033. Sus, *corr.* Son, *ou suppr. la ponctuation à la fin du v.* 4031 ? — 4035. *Ms*. morc. — 4038. *Corr.* el *en* ilh, *ou* so *en* fo; *si on adopte la seconde correction, qui est la plus probable, il faudra au v.* 4039 *corriger* ilh *en* el. — 4041. Levi, *ms*. Leut. *Note marginale :* Ayci venc le coms

Ab lor belas companhas cavalgan de rando
Dreitament ves Belcaire, e perprendol cambo,
E rengan las batalhas deforas pel sablo.
4045 Sel dedins se captenon a guiza de baro,
E escridan : Toloza! Belcaire! e Avinho!
Volobrega! Eldessa! Malausenna! Caro!
E an passada l'aiga aicels de Tarasco,
E perprendo las ortas cavaers e geldo ; *(p. 103)*
4050 E degus envas l'autre no i feric d'espero,
Mas R. Belarots ab n'Aimes de Caro,
Cascus denant los autres anec ferir lo so,
Que las astas debrizan e volan li trenso ;
E non i a plus d'els que colp pre[n]ga ni i do.
4055 E cant la noits s'aprosma levan li gonfaino,
E van a las albergas cascus per contenso
    Tot dreit a Belagarda.

CLIX.

Tot dreit a Belagarda albergan volontiers
E prenon los estables els osdals els soliers,
4060 E ag[r]o la vianda cela quels fo mestiers ;
E an faita la gaita ab totz los escudiers
Car els agron temensa dels enemics sobriers,
Que nols ama Maselha ni nols vol Montpesliers,
E Avinhos e Belcaire los a comes primers.
4065 E laïns a Belcaire es tant gens l'alegriers
Que cascus ri e gaba, car lor creis milhoriers ;
E agro los maestres e totz los carpenters,

---

de Montfort a Belcaire. — 4055. *Ms.* se prosma. — 4058. *Ms.* a l'albergada; *mais il y a* Belagarda *au v.* 4057. *Réd. en pr.* : Et adonc lodit C. de M. s'es tirat a Belagarda (*p.* 68).

E dressero los murs e los ambans entiers,
E barreiras e lhissas e peitrals traversers,
4070 E manganels e gousas e engens a doblers ;
E al pe del castel an dat cuminalers,
Que an messas las gardas e gaitas e porters
Ab les garnimens dobles e ab trencans acers,
Que non intre ni esca negus hom lauze[n]gers.
4075 E jos bas en la rocha an triatz nautoniers
Que lor an touta l'aigua e fondutz lo[s] rochers.
Els coms joves tramet cartas e mesatgiers
Als baros de sa terra e als seus domengers,
Per trastotas las terras lai on sab soldadiers :
4080 Qui vol aur ni argent ni bos cavals corsers,
Al seti de Belcaire es lo dos el loguiers.
En Lambert de Limos cui es lo cossiriers
A emprǝs parlament am los seus companhers ;
Belament se razona e ditz motz vertaders :
4085 « Senhors, nos em enclaus en tors e en solers
« E an nos establit los portals els torrers,
« Que negus non pot ir si nos torna espa[r]vers,
« Qu'ieu vei venir las peiras dels engenhs mon-
[taners
« Ab quens volon combatre per trastot am perers ;
4090 « E es obs grans e coita que tuit siam obrers
[(p. 104)
« E que fassam gueridas per los murs batalhers.
« Mas en petita d'orans es vengutz desturbers
« Qu'els nos an touta l'aiga els pons els escaliers.
« Mas pro avem vianda d'aquetz dos mes entiers ;
4095 « Pois, si torna a coita, manjarem los destriers.

4071. *Corr.* an dels *ou* an los ? — 4092. d'orans es, *ms.* d'ora les.

« Del castel lo coms joves es per dreit eretiers,
« E si nos pot decebre quens aia preizoners
« Be nos fara semblansa que nons vol a pariers;
« Perquens val mais la mortz no quens aia es-
[tiers.
4100 « E lo coms de Montfort es massa bos guerriers,
« E cant saubra las novas el vindra volontiers ;
« E es tant afortitz e tant humils parlers
« Per que fara desperdre los milhors cossirers.
« En aquesta aventura es nostre milhorers. »
4105 Rainiers de Caldairo a parlat estremiers :
« Senhors, remembre vos Guilhelmet al cort nes,
« Co al seti d'Aurenca suffri tans desturbiers :
« O de mort o de vida siam tug cavalers,
« Que ja Montfort ni Fransa no n'aion reproers;
4110 « Que sil coms nos pot pendre, datz es nostre
[loguers ;
« Car sel er plus astruc que sera mortz primers.
— Ben es dreitz e razos, » ditz maestre Ferrers,
« Que vos siatz crezutz e vostre castiers. »
El coms de Montfort passa e camis e sendiers,
4115 E pregua sos amics e totz los loguadiers,
E per totas partidas lai on ac soldadiers ;
E cavalgon lo jorn e la noit ab tempiers
Tro que venc a Belcaire e dechent els gravers ;
En Guis e n'Aimiric e n'Alas e Rogers
4120 Ab lor belas cumpanhas i son vengutz primers,
E resonan las trumpas per atendrels derriers ;
El coms de Montfort garda entrels murs els clo-
E vit los de laïns arditz e presentiers,   [chers

4108. *Corr.* cabalers? *ou* parsoners (cf. 4619)? — 4119. *Corr.* Amalrics?

E el cap del castel es sos gomfanorers
4125 El leos e la ensenha que bandeja els torrers.
D'ira e de felnia en devenc trastotz ners,
E a ditz a sos omes que descargol saumers,
E que fico las tendas e trencols olivers;
Ladoncas s'alberguero per orts e per vergers.
4130 Oimais dins e deforas er lo setis pleniers
Cant Montfort e Belcaire se son fait frontalers;
                                           [rers, (p. 105
Mas Dieus sab be conoicher cals es pus dre[i]tu-
Per qu'el ajut e valha als plus dreitz dreiturers,
Car engans e dreitura se son faitz cabalers
4135   De tota aquesta guerra.

CXL.

De tota aquesta guerra es parvens e semblans
Que Dieus renda la terra als seus fizels amans;
Car orgulhs ses dreitura, lialtatz e engans
Son vengut a la soma, car aprosmal demans;
4140 Car una flor novela s'espandis per totz pans,
Per que Pretz e Paratges tornara en estans;
Car lo valens coms joves qu'es adreitz e prezans
Demanda e contrasta los dezeretz els dans,
Per que la crotz s'enansa el leos es mermans.
4145 El coms de Montfort manda los seus baros dictans
Per que vol cosselh pendre car l'es cregutz afans.
E foron ab lui .xxx. dins un verger fulhans;
E lo coms se razona e aforma sos guans,
E fo gentils e savis e adreitz e prezans :

4133. dreiturers, *corr.* eretiers? — 4138. *Corr.* o. e d.? — 4143. *Ms.* dezerestz.

4150 « Senhors, a totz vos autres e a Dieu son clamans
« Dels baros de la terra que so fals e truans;
« Totz lo cors me sospira e m'es greus e pezans
« Car aisim dezereta us tozetz de .xv. ans:
« Ses poder e ses forsa e ses aver donans
4155 « M'a gitat de Proensa e m'es tant contrastans.
« E sobre tot dei estre fortment meravilhans,
« Pos Glieiza la m'autreja e los meos auribans,
« Car me cridan Tholoza ! al ferir e al lans;
« Ez eu fas de la Glieiza los faitz els ditz els mans.
4160 « E car el es pecaire ez eu soi mersejans,
« Fas me grans meravilhas co vol Dieus so enans. »
Primeiramen dels autres li respondet n'Alans :
« Senher coms, lo tieus ditz e l'orgolhs el bobans
« Nos fara sai remandre de totz bes desirans,
4165 « Car enans seretz velhs e canutz e ferrans
« Que mais aiatz la vila, la tor ni los ambans.
« Et a mi ez als autres es vejaire e semblans
« Que Jhesu Cristz no volha que mais cregua l'en-
« Pero, sil coms es joves ni tozetz ni efans, [gans.
4170 « E es de bona natura e bos e bels e grans,
« E a poder e forsa e de bos amparans,   [(p. 106)
« Quens destrui ens abaicha ens amermals balans.
« E es ben de lhinatge ques milhor e s'enans,
« Qu'en Richartz fo sos oncles e sos parens R.
4175 « Qui quel fassa pecaire eu dic qu'el es enfans,
« Que senas a gitadas a tot lo primer lans.
« E pos cosselh demandas, non es dreit quel soans:

4170. de, *ms.* do. — 4174. *Réd. en pr.* car senhor, tu sabes ben que nebot es del rey de Fransa, d'aquel d'Anglaterra, et aussi es cosin de Ricard de Normandia, de Rolland et autres que no lo laisseran pas deseretar (*p.* 70).

« Tramet li .ii. mesatges que sian ben parlans,
« Qu'el te renda tos omes e totz los alferans;
4180 « E car nols potz socorre, s' aran perdias tans
« Grans seria la onta el dampnatges el dans;
« E s'il les te vol rendre, que li digas elh mans
« Quelh laisaras Proensa, que mais no lalh demans,
« C'ap tota l'autra terra potz estre be anans.
4185 — N'Ala, los meus coratges es en aiso doptans
« Quel cosselhs no seria adreitz ni ben estans.
« En abans n'er sagnens lo meus pung el teus
« Que de mal ni de be sia am mi acordans; [brans
« Car si m'auci mos omes eu l'en ai mort dos tans,
4190 « E si los pren per forsa non dei estre blasmans,
« Car aisim valha Dieus ni m'ajut sent Johans
« Qu'eu enans estaria en est seti .vii. ans
« Tro qu'ieu aia la vila en fassa mos talans! »
E en apres escrida a totz los seus amans
4195 Que debrizo las brancas e aportols verjans,
E fassan las barreiras e las lissas pels cams,
Qu'hom nols posca decebre en dormen ni en
[velhans.
E cant la noit s'aprosma es levatz lo mazans
Per establir las gaitas e las trompas sonans,
4200 Car dedins e deforas son mordens e fisans
Per enantir la guerra.

CLXI.

Per enantir la guerra se son tant afortit

4180. *Ms.* Si aran. — 4181. *Ms.* els d. els d. — 4187. teus, *corr.* seus? — 4197. *Corr.* ni dormens ni v.? — 4202. *Dans la réd. en pr. cette tirade est réduite à quelques lignes; ou il n'est rien*

Que tota noit estero selat e amarvit,
Que negus sobre l'autre no posca far envit.
4205 E a l'albor del dia, cant lo temps abelit,
D'entre ambas las partz se son trastuit garnit
Dels aubercs e dels elmes ab lo fin or brunit,
E d'escutz e de lansas totz le cams resplandit;
El coms parla tant aut si que tuit l'an auzit :
4210 « Baro, ben devem estre galhart e ischernit,
« Car lo crestianesme nos a pel melhs legit ;
« E pos lo melhs de[l]s autres an triat e chauzit,
« Sim laichatz perdre terra, tuit ne seretz aunit.

[(p. 107)

« Tot quant ai gazanhat ni ab vos conquerit
4215 « Vos ai be largament donat, e sopartit,
« Que degus no pot diire qu'ieu li sia falhit.
« E pos tant vos ai dat ni vos a mi servit,
« S'ieu perdia la terra pauc m'auriatz servit.
« Del castel de Belcaire m'an despoestadit,
4220 « E s'ieu non pren venjansa los meus faitz son
« Pos l'arsevesque d'Arle m'en avia sazid [petit.
« Ben dei aver gran ira car m'an dessenhorit.
« E so laïns mei home deceubut e marrit,
« E mostran me la ensenha c'ades seran perit ;
4225 « E car nols pos socorre ai tant lo cor partit.
« Mas aitant vos pos diire, car m'an desenantit,
« S'ieu los trop en batalha breument er devezit,
« Que mais me vulh combatre c'aisim laicho

[aonit. »

conservé des discours. — 4202-3. *Ms.* afortitz, amarvitz; *mais les z paraissent ajoutés après coup.* — 4212. chauzit, ms. jauzit. — 4217. a mi servit, *sic; servit est abrégé* (ſuit, *Faur.* amiyvit!); servit *a probablement été écrit par anticipation sur le v. suivant; corr.* ai enantit? — 4219. Ms. despoestedit. — 4224. *Corr.* monstra?

E li baro responden : « Tuit em vostre plevit,
4230 « Per que us devem atendre so que ns avetz querit. »
Mas lo valens coms joves al portal establit,
Elh baro de la terra el cavaler faizit,
El sirvent e l'arquier gent armat e garnit.
Rostans de Carboneiras lor a monstrat e dit :
4235 « Baro, nos avem tuit .I. mandament plevit,
« Que si negus fugia, senes nulh contradit
« L'us puscha diire l'autre so senhor a trazit;
« Per ques gart que no port lo mal capel vestit. »
Ditz Bertrans d'Avinho : « Breument er devezit
4240 « Cals deu aver la terra ni qui aura mais guit;
« Car nos avem proat lo mal e resentit
« Qu'en aiso que dizian an los clergues mentit,
« Que per mort que per glazi e per foc espandit
« E per nostre senhor qu'en fassam ir faidit
4245 « Auriam bonament Jhesu Crist obezit.
« Mas er tinrem tal via per que sirem guerit,
« On pot cascus salvar per dreit son esperit :
« Degunas de las armas no metatz en omblit,
« Tinetz las amarvidas tro be n'aiatz ferit;
4250 « E sel que bes capte[n]ga darem lh'en tal merit
« Que de Dieu e del comte li er forment grazit,
« E aura son linatge per totz temps enriquit. »
En Guirautz Azemars lor a mostrat e dit :
« Baro, estem membrat e cert e amarvit, (p. 108)
4255 « C'ades aurem la coita, qu'ieu conosc lor ardit.
« Si a la primeira coita poden estre suffrit
« Nostra sira l'ondransa si eli so descofit. »
Abtant levas la coita e lo bruit e l'escrit;

4237. L'us, ms. Le. — 4244. fassam, ms. fassin. — 4256. Ms. podem.

E li corn e las trompas els grailes esclarzit,
4260 An tota la ribeira e lo ca[m]p esbaudit.
E els punho ensemble, e an tant enantit
Que dins la major preissa se son entreferit,
Mas per lor de Belcaire foron be aculhit.
Mas li bran de Colonha e l'acer rebulhit
4265 E las massas redondas e li clavel bulhit,
E las achas moluas e li escut forbit
E li dart e las flechas e li cairel polit
E penas e sagetas e li espieut brandit;
Els cavalers ab lor valent e amarvit,
4270 Els sirvens els alquiers que veno totz ardit,
E las autras companhas de be ferir aizit,
En totas las partidas an tal chaple bastit
Quel camps e la ribeira e la terran fremit.
Mas lo coms e n'Alans en Folcaut an sufrit
4275 En Guis en P. Mirs lo chaplament el crit.
Ladoncs pogratz vezer tant ausberc desmentit
E tant bo escut fendre e tant demei cruisit,
E tant ponh e tant bras e tant pe sopartit,
E tanta sanc esparsa e tant servel fronzit,
4280 Que non i a tant simple que non aia sentit.
Pero ilh de Belcaire son tant apoderit
Que firen los ne menen per lo cami polit. (p. 109)
Mas tant bes defendero no son guaire seguit.
Ladoncs pogratz vezer tant caval fervestit
4285 Don foron li senhor trabucat e fenit!

4260. *Ici un dessin ayant pour rubrique :* La batalha del comte de Monfort ab Belcayre. — 4268. penas, *corr.* peiras? — 4279. ab lor *semble se rapporter à des personnages (le jeune comte, etc.) qui ne sont pas nommés dans la phrase qui précède. Il y aurait donc une lacune avant ce vers.* — 4280. *Corr.* que o n'aia s.?

En Guis de Cavalho descbre un arabit
Que abatec lo dia Guilheumes de Berlit,
Si que pois lo penderon en .i. oliu florit.
E can se part la preissa e an lo camp gurpit
4290 Ladonc pogratz vezer li cal foron perit,
　　　Al partir de la guerra.

CLXII.

Al partir de la guerra es lo perilhs restat
E ag n'i motz d'alegres e de fels e d'iratz.
Cels dedins s'en intreron ab fis cors esmeratz,
4295 E silh de l'ost torneron a las tendas viatz.
El coms de Montfort parla ab sos amics privatz,
E ac i tres avesques e no sai cantz abatz,
E als us e als autres s'es doblament clamatz :
« Senhor, » so ditz lo coms, entendetz e gardatz
4300 « Com yeu soi de Proensa issitz desheretatz,
« E vei estar mos homes perdutz e perilhatz;
« Quem combat lo coms joves car es outracujatz,
« Que pos issit de Roma s'es aitant enansatz
« Que m'a touta ma terra es pren mas eretatz;
4305 « E s'aram tol Belcaire eu soi tant abaichatz
« Que tota l'autra terra mi sembla paubretatz.
« E car per santa Glieiza es l'afars comensatz,
« Si la Glieiza m'omblida eu soi tant mescabatz
« Que non poirai defendre ni rendas ni percatz;
4310 « E aquel que mescaba lai on es leialtatz
« Ses dreit e sens razo pot esser encolpatz.
« E pos en tantas guizas es lo meus cors torbatz

4287. *Ce* Que *semble indiquer un vers omis avant celui-ci. Réd. en pr.* Guilhaume de Bolic. — 4289. part, *ms.* pren. — 4295. tendas, *ms.* tendatz. — 4299. *Ms.* Senher.

« Volh saber de vos autres cal cosselh m'en do-
[natz. »
Mas l'ivesques de Nemze s'es tant aprimairatz
4315 Que primeiramen parla e es ben escoutatz :
« Senher coms, » ditz l'avesques, « Jhesu Crist
[azoratz,
« E dels mals e dels bes, del tot lo mercejatz.
« Per so es en est segle establitz e pauzatz
« Quels trebalhs els dampnatges devetz suffrir
[en patz.
4320 « Pero quieus desereta, que fort beus defendatz;
« Que pos lo mals el bes vos es abandonatz,
« Si perdetz en est segle en l'autre gazanhatz.
« Dic vos del cavaler qu'en l'oliu es penjatz,
[(p. 110)
« Que per amor de Crist es oi martirizatz,
4325 « Que a lui e als autres que so mortz e nafratz
« Lor perdona las colpas els forfaitz els pecatz. »
Mas Folcaus de Berzi s'es primers razonatz :
« Per Dieu, senher n'avesques, de tal razo jutjatz
« Per que lo bes amerma e lo mals es doblatz.
4330 « E es grans meravilha de vos autres letratz
« Com senes penedensa solvetz ni perdonatz.
« Pero si mals fos bes ni mentirs veritatz
« Aqui on es orgolhs fora humilitatz ;
« Car ieu pas no creiria, si mielhs non o proatz,
4335 « Que nulhs hom sia dignes si no mor cofessatz.
— Folcautz, » so ditz l'ivesques, « greu m'es
[car vos doptatz,
« Que totz om calques sia, neis si era dampnatz,

4320. beus, *ms.* bens. — 4321. el, *ms.* els. — 4327. *Le ms. paraît donner* Beizi.

« Sol c'ab lor se combata es totz penedensat[z].
— Per Dieu, senher n' ivesques, ja per re quem [digatz

4340 « Oi nom fariatz creire, sitot m'o autrejatz,
« Que per vostres prezics e per nostres pecatz
« Nos sia Jhesu Crist irascutz e iratz;
« Qu'en aiso qu'en ai vist me soi desesperatz
« Que l'ardimens e l'astres nos sia cambiat[z];
4345 « Car ieu pas no cujera si la crestiandatz
« Fos en .I. camp garnida e nos de l'autre latz
« Qu'entre totz nos aguessan aunitz ni reüzatz. »
E pois a dit al comte : « Tota l'ost remembratz
« Que nulhs om vielhs ni joves no i estia desar- [matz.
4350 « Ben er merces complida e tortz adreituratz
« Si nos e vos trobam tot lo dreit que sercatz. »
E pois feiron las gaitas ab los cavals armatz
E las espazas cinctas e los elmes lassatz
D'entr'ambas las partidas tro parec la clartatz;
4355 Car dedins e defora se son tant aïratz
Que mais volon la guerra quel sojorn ni la patz;
Car dedins en la vila es bes e plenetatz
De totas las viandas quels agrada nils platz,
El cap de[l] castel l'ira e la grans tempestatz,
4360 Que nulhs bes no i aonda, ni pas ni vis ni [blatz;
E lo setis defora es aisi trebalhatz [lhatz,
Que nulhs hom no i sojorna ni no i dorm despu-
Ni no i beu ni no i manja ni i esta desarmatz;
E avels a combatre mantas vetz que nols platz,
[(p. 111)

4342. Nos *pour* No se, *ou corr.* Non ?

4365 Car lo valens coms joves a los peirers dressatz
      Per lo capdolh combatre e ferir per totz latz,
      E las garidas fondre e los murs dentelhatz.
      So ditz Raolf del Gua : « Coms, diireus que fassatz :
      « Tota l'otz es destreita si lo Rozerls vedatz. »
4370 E so ditz lo coms joves : « R. Gaucelm, mandatz
      « C'om establisca l'aiga ab totz los lins armatz.
      — Senher, » so ditz n'Albeta, « lo naveitz es
                                            [passatz,
      « E tinem los passatges establitz e serratz,
      « Que d'aisi entro Arle los avem totz lassatz ;
4375 « E desotz lo castel, lai on es lo peiratz,
      « Son ilh de Volobrega ab los lins acorsatz,
      « Que nulhs hom no i abeura que non torne
                                            [dampnatz. »
      Mentrel coms s'acosselha ab sos amics privatz,
      Lo rics coms de Montfort als carpentiers mandatz
4380 Trastotz cels de la terra els seus endomenjatz,
      E en la bela plassa, entre[l]s murs els fossatz,

4365. *La fin de cette tirade est remaniée dans la réd. en pr.* : Et quand s'es vengut l'endema, lodit comte jove a faict dressar ses peyrieras drech al sety deldit C. de M., et sur lodit sety a faict frapar losdits engins, que abaten et rompen totas las barrieras et lissas, dont lodit C. de M. es fort esbayt ; mais non fa degun semblant a sas gens ; et es talamen esbayt que no sap que fassa ne que diga, vist que sas gens se embaissan de ladita guerra, et que entre els no son point d'accord. Et quand lodit C. de M. a vist abissar et rompre sos pabalhos et tendas, incontinen a faict venir los melhors fustiers et mestres que fossan en aquel païs, et una gata lor a divisada et faict far, per tirar contra los de ladita vila. Et quand los de ladita vila an vist far ladita gata, incontinen an tirat de las peyrieras contra los que la fasian, talamen que tot ho pessigan o tuan, talamen que [de] tots los que la fasian, que non es home que ose se trobar en aquel endrech (*p.* 71). — 4369. *Ms.* Rozer els.

Bastic castel e gata gent garnitz e obratz
E de fer e de fust e de cors atempratz;
E fo la noit el dia ben garnitz e gardatz.
4385 E denant .I. calabre que lor estè de latz,
Que tot jorn trai e briza los grans cairos talhatz
Al portal de la vila ab los de[n]tilhs cairatz.
E dedins e defora es lo brutles levatz
C' al socors de la vila venon las poestatz :
4390 R. de Montalba qu'es adreg e prezatz,
En Isoartz de Dia mot gent acompanhatz,
W. de Belafar garnitz e acesmatz,
Cotinhac, P. Bonassa e dels autres assatz,
En Peire de Lambesc mot be acompanhatz,
4395 En Guiguo de Galbert i son ab joi intratz
Per defendre la vila.

CLXIII.

Per defendre la vila vengon mot valedor
E per lor dins combatre aital combatedor
Cui no platz ni agrada e volgren estre alhor.
4400 En Dragonetz apela lo comte so senhor,
E foron al cosselh li baro plus ausor :   [a cor,
« Senher, » ditz Dragonetz, « par que Dieus vos
« Que pos venguetz de Roma aus tornat en color,
« Que vol cobretz la terra que tengon lh'ancessor,
4405 « C'ades baichon e mermon vostri enemic major.
« Car engans e falseza tornen a desonor,

4391. *Ms.* En Iscartz; *réd. en pr.* Et Sicard daydia. — 1392. *Ms.* aceimatz. — 4395. *Réd. en pr.* Guido de Galabert. — 4398. aital, *ms.* li tal. — 4399. *Ms.* agradra. — 4403. *Ms.* oaus.

« Que anc no vis sermo de fals prezicador
« Cant ve a la fenida no torno en error;
« Que so nos fan entendre li bo entendedor
4410 « Que mais valol trazitz que no fan li trachor.
« Pel cors santa Maria cui ieu prec e azor,
« Si non etz pros e savis, no sabem mai auctor
« Mos que Pretz e Paratges pert lo gra e la flor.
« E lo coms de Montfort a proesa e valor,
4415 « Ardiment e coratge e cosselh valedor,
« E fai castel e gata quens cuja far paor;
« Mas no leva ni baicha mas cum d'encantador,
« Que l'obra es d'aranha e l'avers perdedor.
« Pero lo seus calabres a tant forsa e vigor
4420 « Que tot le portal trenca e briza e gieta por.
« Mas nos metrem aqui nostra forsa major,
« E siran y traïd li firent feridor,
« Li plus ardit el savi el valent el forsor.
— Dragonet, » ditz lo coms, « ben farem lo mi-
4425 « Guiraudet Azemar aura cesta honor,   [lhor :
« Que gardara la porta, el e sei valedor :
« En Joans de Nagor, en Datils, e n'Austor;
« R. de Montalba e vos seretz ab lor,
« Els cavaers faiditz, tota la noit el jorn,
4430 « Que son valent per armas e bon combatedor.
« E si vos torna a cocha, cum cel qui ben socor,
« Serai i ieu meïmes per sofrir la temor,
« Que voldrai ben conoicher cal siran li trachor. »
Ditz Ricartz de Caro : « Franc cavaler senhor,
4435 « Sil coms Simons fazia tant d'orgolh ni temor

4407. *Corr.* sermos, *à cause de* torno *du v. suiv.?* — 4409. entendedor. *corr.* cosselhador *ou* razonador, *ou même* prezicador?

« Que vengues a la porta, sins defendam de lor;
« Que de sanc ab cervelas e de carn ab suzor
« Y aia tant esparsa quel romanens ne plor.
— Senhors, » ditz P. R. de Rabastencs, « amor
4440 « Nos fal coms de Montfort car no vol ir alhor,
« Car aisi perdra l'astre el cen e la ricor;
« Que nos estam ab joia e avem grant largor
« E sojorn e repaus e umbra e frescor,
« El vis de Genestet quens tempra la humor;
4445 « E manjam ab deleit e bevem ab sabor.
« E ilh estan lai fors cum autri pecador   (p. 113)
« Que no an be ni pauza, mais ira e langor;
« E sofren la trebalha e polvera e calor;
« E estan noit e dia en tal garrejador
4450 « Que perdon las mainadas tant destrier corredor,
« Per quels fan companhia li corb e li voutor.
« E li mort elh nafrat lor an tan mala olor
« Que non i a tant coinde que no mut la color. »
E aquels del capdolh eissou al mirador;
4455 Al comte de Montfort mostreron de la tor
Una senheira negra ab semblant de dolor.
Per totas las albergas cridon li trompador
Que tuit prengan las armas, li majer el menor,
E garniscan lors cors, e caval milsoldor,
4460 Per so quilh de Maselha venon ab gran baudor.
Per mei l'aiga de Rozer cantan li remador;
El primer cap denant so li governador
Que atempran las velas, e lh'arquier el nautor;
E li corn e las trompas els cimbol elh tabor

4453. *Les discours qui précèdent, depuis le v.* 4402, *sont omis dans la réd. en pr.*

4465 Fan retindir e braire la ribeira e l'albor.
Li escutz e las lansas e la onda qui cor,
E l'azurs el vermelhs el vert am la blancor,
E l'aur fis e l'argens mesclan la resplandor
Del solelh e de l'aiga, que partig la brumor.
4470 E n'Ancelmetz per terra e sei cavalgador
Cavalgan ab gran joia ab la clara lugor,
Ab sos cavals cubertz e denant l'auriflor.
De totas partz escridan Toloza! li milhor,
Per l'ondrat fil del comte que cobra sa honor,
4475   E intran a Belcaire.

CLXIV.

Per l'intrar de Belcaire lor es tals jois cregutz
Que cascus s'esbaudia es te per ereubutz;
E per mejas las tendas es tals parlars tengutz
Que dedins a Belcaire lor es poders vengutz.
4480 Aisi s'aparelheron e son aperceubutz,
Que guarnirs e combatres lor es jois e salutz;
Lo retendirs dels grailes les deport' e desdutz,
El sonetz de las trompas, tro que pareis la lutz.
Pero ilh de la vila lor an tals gens tendutz

4468. *Corr.* mescl'am? — 4474. *Ms.* q. recobra. — 4477. *Corr.* s'esbaud[e]ja? — 4484. *La réd. en pr. entend que cet engin était dirigé par le comte de Montfort contre la ville:* Et quand lodit C. de M. a vist venir tanta de gen al secors deldit comte jove, no cal pas demandar si es estat marrit et esbayt. Adonc a faict far ung boso, so es ung engin, loqual a faict apropiar de la muralha de la vila, an loqual an derroquat et metut per terra un grand cartier de muralha; mais ja per tant no se son esbayts los de ladita vila, mais incontinen an faict ung certain engin, an que an pres lodit boso, et dins ladita vila l'an tirat (*cf. v.* 4493) bon grat o mal grat que lodit C. de M. n'aia agut (*p.* 72).

4485 Quel capdolh el miracle son aisi combatutz
Que lo fust e la peira e lo ploms n'es fondutz;
E a la Santa Pasca es lo bossos tendutz (p. 114)
Qu'es be loncs e ferratz e adreitz e agutz;
Tant fer e trenca e briza que lo murs es fondutz,
4490 Qu'en mantas de maneiras n'als cairos abatutz.
E cels dins can o viron no son pas esperdutz,
Ans feiron latz de corda qu'es ab l'engenh tendutz,
Ab quel cap del bosso fo pres e retengutz,
Don tuit cels de Belcaire fortment son irascutz,
4495 Tro que venc l'enginhaire per que lor fo tendutz;
E dedins en la roca n'a[n] intrat descondutz
Que cuiderol mur fendre ab los pics esmolutz.
E cels del Capdolh preson, cant los i an saubutz,
Foc e solpre e estopa ins en un drap cozutz,
4500 E an leus ab cadena per lo mur dessendutz.
E can lo focs s'alumpna el solpres es fondutz
La sabors e la flama los a si enbegutz
C'us d'els no i pot remandre ni no i es remazutz.
E pois ab las peireiras son s'aisi defendutz
4505 Que debrizan e trencan las barreiras els futz.
En la tor sobirana sobrels dentelhs agutz
Lo leos e la flama s'es aisi enbatutz
En mantas de maneras c'a pauc no s'es romputz.
El torrers brama e crida : « Montfort nos a perdutz,
4510 « Mas non a tort ni colpa, que no pot estre auzitz,
« Car lo valens coms joves nos a totz deceubutz. »
E mostrec las thoalhas el cotofle que lutz
Per la significansa que sufre lor condutz,

4500. leus, *corr.* los? — 4507. e, *corr.* ab? *Réd. en pr.* Et talamen an faict que lo fuoc an metut al plus ault del castel (p. 72). — 4510. auzitz, *sic, corr.* entendutz, *et suppr.* que ? — 4513. *Ms.* que

Que lor pas e lor vis es manjatz e begutz.
4515 E lo coms de Monfort ques n'es aperceubutz
D'ira e de felnia es en terra assegutz.
En auta votz escria can se fo irascutz :
« Cava[e]r a las armas! » e fon tan be crezutz
Que per totas las tendas leva lo critz el brutz,
4520 Que no i remas om joves ni valent ni canutz,
Que tuit s'armon ensemble am los destriers crenutz;
E resonan las trompas e los grailes menutz,
E apres remonteron sus el Poi dels Pendutz. [dutz,
« Senhors, » so ditz lo coms, « bem tenc per cofon-
4525 « Quel meus leos se clama car lh'es falhitz condutz
« Tant que la fams l'engoicha, per que s'es recrezutz.
« Mas, per la Crotz santisma, oi es lo jorn vengutz
« Qu'er de sanc ab cervelas abeuratz e pascutz.
— Bels fraire, » so ditz n' Gui, « be sia aregutz! [(p. 115)
4530 « Que si perdem Belcaire lo leos sira mutz,
« El nostre pretz el vostre er totz temp[s] abatutz.
« Cavalguem la batalha tro los aiam vencutz. »
E cil del castel preson, cant los agron veützz,
Los garnimens els armas els capels els escutz
4535 E las apchas aïzidas e los brans esmolutz
E los dartz e las massas e los bos arcs tendutz,
E en la bela plassa on es l' cami batutz
Per ambas las partidas es lo chaples mogutz,
E comensa la guerra.

CLXV.

4540   Can la guerra comensa es lo jorns clars e beus,

iaufres los c.; *cf.* 4525. — 4520. *On préférait* : Qu'om valenz no
i remas ni joves ni c. — 4535. aizidas, *corr.* agudas?

E per mejas las tendas es bastitz lo cembeus,
Que davan lor comensan voutas e guarambeus;
E aquilh de la vila i vengro a tropeus,
Que lai no volc remandre macips ni jovenceus,
4545 Que plus de .xv. melia n'issiren pels porteus
Bon i adreit per armas e ben correns e beus.
Guiraudetz Azemars qu'es adreitz e fizeus
En P. del Lambecs, el e n'Alfans Romeus
E n'Ugs de la Balasta an prezes los capdeus,
4550 Mas lo critz e la noiza el frim dels penonceus
E la brumors de l'aire fan brandir los rameus.
Dels corns e de las trompas es aitals lo grajeus
Qu'en retendig la terra en fremig totz lo cels.
Mas en Folcautz e n'Alas en Galters de Pradeus
4555 En Guis e en P. Mirs e n'Aimes de Corneus
Primeirament dels autres trespasserol[s] correus,
E lo coms de Montfort mals e fels e cruzeus,
Ben dreitament l'enporta lo siaus cava[l]s moreus.
En auta votz escrida : « S. Peire e S. Miqueus,
4560 « Mos mi rendetz la vila ans ques pergal casteus,
« E quem donetz venjansa dels enemics noveus! »
E intret en la preicha e comensal chapleus,
Que mot n'i abatero sirvent e damiseus.
Mas de lor de la vila es tant grans lo monceus
4565 Qu'e mot petita d'ora comenset t... reveus
Per que remas la puncha e l'envaziment beus.
Pero n'Imbert de Laia qu'es valens e isneus
Ferit ins en la preicha Gauceli de Porteus,
Que l'escut li debriza e l'ausberc els frezeus; (p. 116)
4570 Si l'abat el trebucha que i remas lo saureus.

4549. Balasta, *ms.* babalasta. — 4569. *Ms.* el lausberc.

Entrels brans e las massas, espeias e coteus
Recomensa la guerra el perilhs el mazeus.
Peiras e dartz e lansas, sagetas e caireus,
E gazarmas e picas e apchas e dardeus
4575 De tantas partz lai vengo que semblo [floc] de neus,
Que debrizan las boclas els cristaus els brodeus
Els ausbercs e las malhas els elmes els capeus
Els escutz e las bendas els fres els cascaveus.
L'escruichir de las astas el cruichir dels claveus
4580 Lai recembla tempesta o chaples de marteus.
Tant es mala la guerra, perilhoza e greus
Qu'elh an voutas las regnas als arabitz poldreus,
Elh de dins los encausan ab colps e ab grageus,
E lor fero els nafran los cavals e las peus.
4585 Ladoncs viratz remandre e partir a canteus
Cambas e pes e brasses e coradas e leus
E testas e maichelas e cabelhs e cerveus!
Tant es mala la guerra el perilhs el mazeus
Que firen los ne menan e lor tolirol treus
4590 E los poigs e las plassas e l'erba els rauzeus.
Al partir de la guerra es aitals lo releus
Que pro i remas vianda als cas e als auzeus.
Entre gran joi ez ira es partitz lo cembeus
  D'entr'ambas las partidas.

4576. *Ms.* brodeus *avec un r suscrit entre l'*o *et le* d. — 4579. *Ms.* cruichit. *Dans le même vers il semble qu'on ait voulu corriger* cruichir *en* cruichit. — 4594. *Selon la réd. en pr. les assiégés du château auraient projeté une sortie pour venir en aide à Simon :* Et adonc quand los del castel an vist venir lor senhor, an tengut prepaus de donar l'assault ; se son armats et metuts en point, et entre els se son metuts en conseilh que ainsin que lors gens donarian lodit assault, que adonc els poyrian salhir foras lodit castel et a lors gens iran donar secors..... Et adonc, quand los deldit castel que dessus es dit an

CLXVI.

4595 D'entr'ambas las partidas so aisi meitader
Que l'us rema ab ira e l'autre amb alegrer.
E lo coms se desarma desotz .i. oliver,
Sos garnimens li prendo donzel e escuder;
Mas n'Alas de Roci li ditz .i. reprovier :
4600 « Per Dieu, bel sire coms, far poiriam carner.
« Tant avem gazanhat al trencant de l'acier
« Que cors, obs de la cata, nous costaran denier,
« Que trops n'avem mais oi que non aviom er. »
Mas lo coms ac son cor tan orgulhos e ner
4605 Que el mot non li sona ni el plus no l'enquier.
Tot aquel jorn esteron en aital demorer,
E pois feiro las gaitas tuit li milhor guerrier,
E comensan las guerras li sirvent e l'arquier,
El castel e la gata atempran li obrer,
4610 E denant .i. calabre que trenca e briza e fier (p. 117)
Lo portal de la Vinha e lo mur batalhier.
E dedins fan barreiras ab cautz e ab mortier
Dont foron li passatge elh bocal traverser,
E i n'amasson per forsa li milhor cavaer.
4615 E laïns el capdolh ac tant gran cossirier
Qu'en Lambertz de Limos monta en .i. soler

vistes lor gens se combatre, son venguts salhir ainsin que avian empres, et ainsin que son volguts salhir, an les cujats prendre tots, car los que tenian assetiat lodit castel no se eran point botgiats per lodit assault ne escarmussa que per lara era, car se dotavan de lo que fouc; et adonc los deldit castel, quand an vistes ainsin lors ennemics, se son retirats dins lodit castel (p. 72-3). —
4616. *Dans la réd. en pr. cet entretien entre Lambert de Limours et les siens devient un dialogue (peu vraisemblable, vu la distance)*

« Ab tota sa companha e demanda e enquier :
« Senhors, » ditz en Lambertz, « nos em trastuit
« E de mal e de be serem tuit parsoner.   [parer,
4620 « E s'a nos Dieus gitatz en aital caitivier
« Que trazem major pena c'arma de renoier,
« Que tota noit el dia nos combatol peirier
« Per trastotas partidas e li arcbalestier.
« Aisi nos son falhidas las arcas elh graner
4625 « E de nulh blat del mon no avem .I. sestier;
« E li nostre caval n'an tan gran desirier
« Que lo fust e l'escosa mane[n]jon volontier.
« E lo coms de Montfort nons pot aver mestier,
« Ni am lo comte jove no trobam acordier,
4630 « Ni no sabem carreira ni via ni semdier
« Ab que puscam estorcer del mortal encombrier,
« E de la granda ira e del gran destorbier.
« Primeirament a Dieu e a vos cosselh quier. »
Wles. de la Mota li respondec primier :
4635 « Per Dieu, bels sira oncle, pos la fans nos requier,
« No sai autre cosselh al nostre milhorer
« Mas que sian manjat li roci els destrier,
« Que bona fo la carns del mul que manjem ier,

entre les assiégés du château et les croisés : Et quand lodit capitani (*le capitaine du château*) a vist so que los de la vila lor fasian, a cridat als del sety del C. de M. que no era plus remedi de tenir, car no an res plus per vieure, et an minjat deja la plus granda partida de lors chevals. Et quand los deldit sety an ausit planie et cridar los del castel, a ly respondut ung apelat d'Albert, ly disen que no y a remedi de lor donar secors, car los de la vila lo donavan tan d'affas que no saben que far..... Et ausida ladita responsa, ung apelat Ramon de Roquamaura (*cf. v.* 4644) : « Helas ! ben me « aperte a my aysso, car ay laissat mon mestre per venir ayssi... » (p. 73). — 4625. E, *corr.* Que? — 4631. del, *ms.* al. — 4635. la fans, *ms.* lefans.

« E passar n'em .Lª. cada jorn d'un cartier ;
4640 « E can er al termini que manjem lo derrier,
« D'aqui enan manenc cascus son companher!
« Sel que peigz se defenda nis do espaventier
« Per dreit e per razol devem manjar premer. »
R. de Rocamaura bat las palmas e fier :
4645 « Senhors, ieu que laiche[i] lo meu senhor l'autrier
« Pel comte de Montfort, recebre[i] tal loguier.
« Ben es dreitz qu'ieu o compre pos eu eis mal m'en
Apres de totz les autres li respondec Rainier : [mier. »
« Per Dieu, senher Lambert, nos o farem estier.
4650 « Wes. de la Mota da cosselh d'averser :
« Anc en homes manjar no vi nulh bo sabrier ; (p. 118)
« Mas can seran manjat li arabit corser,
« Nos avem .I. sol pa e [pro] vi el selier :
« E nom de Jhesu Crist lo senhor dreiturer
4655 « Receubam lo seu cors santisme vertader,
« E pois serem garnit finament a doblier,
« E iscam per la porta e passem l'escalier
« E comensem la guerra el trebalh el chapler,
« Que vermelhs ne romanha lo peiralhs el terrer.
4660 « Mais val muiram encemble al fer e a l'acier
« Que no fai vida aonida ni siam preizonier.
— Aquest cosselh tindrem, » ditz maestre Ferrier,
« Que mais val mortz ondrada qu'estar en caitivier ;
« E pessem del defendre !

CLXVII.

4665   « Nos pessem del defendre, que degus no s'i trig,
« Que tot jorn nos combato li mortal enemig,

4647. pos, *ms.* por. — 4653. *Ms.* .I. sol pa e pa e vi.

« E nos perdem la forsa can lo conduitz falhig;
« E no avem senhor ni parent ni amig
« Que jamais pro nos tenga del mal ni del destrig,
4670 « Per quens val mais la mortz que vius nos cruzifig. »
Ab tant veus per la sala escridan .I. mendig :
« Senhors, prendetz las armas, que la vertat vos dig :
« Tant vei pres la mostela qu'ieu cug c'al mur se fig. »
Ladoncs leved lo brutles cant lo cosselhs partig;
4675 Cascus per sa partida bonamen s'establig.
Ab tant veus la mostela qu'en cuje[t] traire un pig,
Mas lo rics enginhaire ab fi cor e antig
Pres de foc alquitran e la ola umplig,
E firit la mostela tot dreit la on la vig
4680 Que la falha s'alumna e lo focs s'espandig
En motas de maneiras, c'a penas s'escantig.
E en la bela plassa on la gatas bastig
D'entr'ambas las partidas tota l'ost se garnig;
E las trompas el grailes comensan tal repig
4685 Que tota la ribeira el castels retendig.
Primeirament del autres Filipot s'enantig;
Sotz son elme s'enbronca e son espeut brandig :
Cu[i] el fer ni encontra ahonteg e perig.
W. de Bel Afar encontra lui issig,
4690 E donec li tal colp tot dreit lai on lo vig
Que l'escut li debriza e l'ausberc li mentig;
Si l'abat el trabuca que lo cor li glatig. (p. 119)
De tantas partz lo feron c'anc pois no resorzig,
E perdec i la vida e sos cavals morig.
4695 Ab tant vec vos lo comte en Gui e n'Amaldrig,
E n'Ala en Folcaut e n'Ug e n'Amerig;

4688. *Ms.* abonteg. — 4689. *Réd. en pr.* Geraut de Belafar. — 4694.
i, *ms.* ij.

E de lor de las tendas tan gran preicha issig
Que tota la ribeira e lo camps ne complig;
Aissi vengo ensemble que la terra tremig.
4700 E de lor de la vila cel qui ans pog n'issig;
E lo valens coms joves per la rua salhig;
Can Dragonetz l'encontra a la regnal sazig;
En auta votz escrida : « Lo cors queus afortig
« Deu ben gardar Paratge e Merces on s'alig. »
4705 Ladoncs n'eisson emsemble can lo portals s'ubric,
Els cavaers faiditz, que cascus s'enantig.
« Senhor, » ditz [e]n R. de Rabastencs, beus dic[rig.
« C'anc nulhs hom per temensa bon pretz no conque-
« Si defendam lo nostre, que no prendam destrig.
4710 — Senhors, » ditz A. Feda, « aisi aurem abrig. »
Per si e lor defendre de combatre s'aizig.
E lai on s'encontrero tant gran chaples bastig
Dont mot elme debrizan e mota asta cruisig,
E mant pong e mant pe e mant bras sopartig,
4715 E mota sanc esparsa, mot cervel espandig.
B. de Rocafort qui los pas establig,
Es en P. de Mesoa ab fin cor e ab rig,
En W. de Menerba que la preissa sofrig
Tant fier e trenca e briza tro que la sanc n'issig,
4720 E receub tant gran nafra c'a penas ne garig.
Aitant dureg la guerra tro quel temps escurzig
E venc la noitz escura que la guerra partig,

4704. *Ms.* Paratges. — 4707. *Ms.* ditz .np. R., *mais le p est exponctué. Réd. en pr.* Et adonc es intrat en la batalha ung valen cavalier an totas sas gens, apelat Ramon de Rabastenx, loqual a comensat de cridar: Tolosa! Provensa! Tarasco! Avinho! e Belcaire! (*p.* 74). — 4709. *Ms.* nostres. — 4717. *La phrase semble inachevée.* — 4719. fier, *ms.* feir. — 4722. la n., *ms.* lo n.

E Filipot enlevan, en Gui lo sebelhic;
E pois feiron la gaita tro quel jorns abelig;
4725 El coms de Montfort manda los baros que causig,
E foron ab lui .xv., tuit sei fizel amig,
Que vol son cosselh penre.

CLXVIII.

Lo coms per cosselh penre s'es tiratz a .I. estrem,
E dicta e razona e sospira e gem :
4730 « Senhor, a totz vos autres pos tan vos am eus tem.
« Vos volh monstrar e diire desenan que farem,
« Si levarem del seti o si mais estarem :
« Car si aran partem onta e blasme n'aurem, (p. 120)
« E si sai remanem l'anta el dan doblarem.
4735 « Car, segon ma parvensa, veja[i]re m'es e tem
« Que ja nulh temps per forsa lo capdolh no cobrem,
« Els baros e las armas e los cavals perdrem;
« E sils pert ses batalha mon cor n'ai greu e sem.
« Pero dels dos mals dobles volh be quel melhs triem. »
4740 Tuit li baro l'escotan e laüs l'autre prem :
« Senher, » so dit n'Folcaus, « entendet que diirem :
« Si partiam del seti verament falhirem,
« E si sai remaniam ieu cug que tant perdrem
« Quel vostre pretz el nostre totz temp[s] abaissa-
4745 « E si m'en voletz creire eu diire[i] que farem : [rem;
« Suavet e en patz e membrat estarem,
« E ja lor ni la [vila] d'aras no combatrem,
« E sins venon combatre de lor nos defendrem;

4727. vol son, *corr.* volon *ou* volgron ? — 4728. tiratz, *ms.* triatz;
le vers reste trop long, corr. tirec s'a? 4740. *Ms.* escostan.

« E en breu de termini .I. jorn assignarem ;
4750 « Per la verges Maria maire desonratz sem
« Que lor dem la batalha e c'ab lor non intrem !
« C. cavalers del nostres, del[s] milhors, triarem,
« Ben complitz de las armas aitals cols legirem,
« E seguentre la gata en agait los metrem,
4755 « El castel el calabre denant atemprarem.
« A la meridiana, cant nos conoisserem
« Que ilh dedins repauson, e nos nos armarem ;
« Al portal de la lissa tuit essems salhirem,
« En tantas de maneiras los esperonarem
4760 « Entro que ilh nos feiran, e nos los ferirem.
« E tal crit e tal noiza e tal chaple tenrem
« Que tuit cel de la vila vindran a cel estrem ;
« E e mieja la coita las regnas virarem,
« E nos el nostr'agait a la porta irem ;
4765 « E si la trobam sola ab lor nos n'intrarem ;
« E cant dins en la vila nos entremesclarem,
« Dels brans e de las massas tal chaplamen tindrem
« Que totz nos auciiran o totz los aucirem.

4751. *Corr.* Qui .... e ab ? — 4753. cols, *corr.* los ? — 4768. *Plus clair dans la réd. en pr.* : « Per mon conseilh nos estaren quatre o cinq jorns ben serrats et membrats, sans nos botjar ny far semblan de res, com si n'ausavan plus nos moure ny botjar. Et quand auren estats coma dit es ung jorn, qu'els no se dobteran de res, nos faren metre cent homes, que l'on poyra triar ny causir, entre lo castel et lo portal, et peis, quand se vendra sus que lo jorn s'esclairara, nos les irem assalhir et donar l'assault per lo portal de las lissas ; et adonc cascun d'els voldran anar aldit portal per lo gardar et defendre, et no se gardaran point de la embosca ; et quand auren combatut un pauc an els, nos faren semblan de recular per los atirar enta a nos, et ainsi que els saran salhits per frapar subre nos, ladita embosca sortira de son loc, et per darre dins ladita vila se metran ; et en aquesta faisso nos los enclauren et ladita vila gasanharem » (p. 74-5).

« E si'n aiso falhiam, no i ha vela ni rem
4770 « Tro que tota Proensa e Belcaire laissem,
« O per cobrar los nostres ab lor nos acordem.
— En Folcautz, » ditz lo coms, « en aisi o farem;
« E si en aiso falhiam, so que no i falhirem,
« Tot dreit al comte jove messatge trametrem, (p. 121)
4775 « Que los baros nos renda, e apres nos n'irem;
« E si non o fazia tant de l'aver darem
« A totz los seus ministres perque los decebrem.
« En aquesta maneira los baros cobrarem,
« E totz nostres dampnatges apres restaurarem.
4780 « Dreitament a Tolosa sempre cavalgarem;
« E l'aver que lai sia cominalment partrem,
« E per cel que remanha los ostatges trairem;
« E ab la manentia en Proensa vindrem,
« Avinho e Maselha e Tarasco pendrem
4785   « E cobrarem Belcaire.

CLXIX.

« Nos cobrarem Belcaire el castel el cristal,
« Els trachors quel renderon farei pendre al pal;
« E s'ieu nols pren per forsa neguna res non val! »
Mas n'Ugues de Laici li respondec per mal :
4790 « Per Dieu, bels senher coms, be jutjatz per cabal;
« Ans i auretz a metre del pebre e de la sal
« Que mais cobretz Belcaire nil castel principal.
« Greu pot hom castel toldre a senhor natural,
« Car ilh lo comte jove per fin' amor coral

4772. *Ms.* so d. lo c. — *Dans la réd. en pr. ce discours est attribué au frère du comte de Montfort, et vient après que l'opération conseillée par Foucaut a été tentée et a échoué.*

4795 « Aman mais trop el volon que Crist l'esperital.
« E si anc trachor foron volon estre leial ;
« Que cant eli jureron ins el libre missal
« Elh corneron forsat e non podion al,
« Que ben es tortz e forsa on dreitz no pot ni val,
4800 « Car sagramen forsat a dreitura no val.
« Car cel que comquier terra ni pren l'autrui logal,
« E merma la dreitura e pren l'engan el mal,
« Pert l'onor comquerida e gazanha el cabal.
« E si m'en voletz creire oimais parlarem d'al,
4805 « Car anc mai no vi seti tant fort descominal,
« Car cels dedins an joia e sojorn e umbral
« E bon pa e clara aiga e bos leitz e ostal
« El vi de Geñestet que lor ve per canal ;
« E nos estam sa fora el perilh terrenal,
4810 « E non avem mas polvera e la suzor el cal,
« E vin torbat ab aiga e pan dur senes sal ;
« E estam tot lo dia e la noit a jornal
« Garnitz de totas armas e gardam lo logal
« Que nos venhan combatre e que nos cridan d'al.
4815 « E si gaire nos dura sest perilh enfernal (p. 122)
« Nos trazem major pena c'ardent de S. Marsal.
— Per Dieu, n'Ugs, » ditz lo coms, « nous clametz,
[que nous cal ;
« Que, per la santa missa qu'hom sagra el corporal,
« No veiretz Castelnou ni n'Alas Montreial
4820 « Tro qu'ieu cobre Belcaire, la renda el cessal.
— Senher coms, » ditz n'Alas, « fin cor emperial
« Avetz, si Dieus mi valha, e dareus cosselh tal
« Don mermaretz tot dia de pretz e de cabal.

4803. *Corr.* la g.? — 4823. mermaretz, *corr.* creisseretz ?

« Pensatz co aiam pro pa e vi e carnal,
4825 « E cavals e rocis, que l'autri van a mal ;
« Car aisi tindrem Pascha, Pentecosta e Nadal
« Ans que cobretz Belcaire nin Lambert senescal. »
So ditz en Guis de Lerm : « Senher coms, pessem
« Pos atendre no volon la batalha champal   [d'al :
4830 « Intrar e ichir podon e tornar a lor sal. »
Tant parlan e cosselhan entro la festa anal
De la verge Maria maire celestial ;
Lo coms e tuit li altri el baro el capdal,
E sei filh e sos fraire, dedins lo trap contal,
4835 E tota l'ost ensemble belament cominal
Celadement s'armeron, cadaüs en l'osdal.
C. cavaler lai foren ric e valent e mal,
Que son valent e savi e adreit e vassal,
De garniment e d'armas que degus mais no val :
4840 En Johans de Berzi, en Robert en Tibal
En P. Mirs e n'Aimes i son el senescal ;
E seguentre la gata e dins en l'ospital
Elh feiren lor agait entrel mur el portal,
A la meridiana quel soleilhs pren l'ombral.
4845 El baro de la vila estan a no m'en cal.
Lhi Frances esperonan tuit essems per engal,
E las trompas elh graile e li corn atertal
Fan brandir la ribeira el castel el costal.
Primeirament dels autres venc punhen lo chival
4850 Lo coms e n'Amaldric e n'Alas en Folcal,
E las autras companhas que perpendon l'ortal ;
Al portal de la Crotz esperonan engal,
E per totas las lhissas, e ilh del cadafal

4828. Lerm, *corr.* Levi. — 4841. *Ms.* E en P.

En auta votz escridan : « Santa Maria, val
4855 « E defen lo tieu poble de dolor e de mal! »
E li Frances s'en intran pel meg loc del cortal. (p. 123)
Aisi coron as armas li baro Proensal
Que tuit essems s'armeron e mei lo mercadal,
Que tremblan e sospiran e an paor aital
4860 Que motz d'els s'en fugiron enta l'aiga naval ;
Mas li milhor el savi el valent el girval,
Elh sirvent e l'arquier e tuit li menestral
S'en vengon a la porta establir lo logal
E defendol passatge e lo mur el rocal,
4865 E apres la grant preissa del poble general.
E cant li Frances viron que lor gens no lor val,
Els an voutas las regnas cadaüs al caval :
Entrel mur e las tendas, per la riba del val,
Tuit essems esperonan dreit a l'autre portal ;
4870 El baro de la gata e cel de l'ospital
De l'agacil salhiro e perprendol Rozal,
E brizan las barreiras, las trencadas el pal,
E vengon tuit essemble corren e sciental,
E a l'intrat de la porta an mostrat lo senhal.
4875 Mas [e]nUgs de Laens e n'Imbert en Rical
E n'Ugs de la Balasta en Rostains del Pugal
En W. de Menerba el baro el capdal
Defenderol passatge e l'intrat el bocal ;
En Raolf del Gua crida : « Franc cavalier leial,
4880 « Anem a l'autra porta sofrir lo dan el mal,
« Que li Frances perprendon l'intramen el costal. »
Ladonc venon ensemble li baro natural,

4860. naval, *corr.* en aval? — 4871. *Corr.* De l'agait cil? —
4875. *Ms.* Mas nugos. Laens, *nom corrompu?* — 4876. *Ms.* E nugos.

Que en petit d'ora solh mur elh verial
Complit d'omes e d'armas, el dentelh el frontal ;
4885 E las gentils companhas e l'arquier majoral
Ab balestas tornissas de sobrel fenestral.
Can de dins e de fora s'encontreron engal
Recomensa lo chaples de la guerra mortal,
De lansas e d'espazas e d'escutz de coral ;
4890 E li dard e las massas e cotels e destral
E gazarmas e picas e brando e tinal
E las apchas furbidas elh cairo reversal
E pals agutz e pertgas e las peiras punhals
E falsartz e sagetas e belsas d'arc manal,
4895 L'aiga e la caus bulhida del mur en la canal
De tantas partz lai vengo, de travers e d'engal,
Que debrizan li elme el capmailh el nazal   (p. 124)
E l'ausberc e las malhas el frezel el cristal
E l'escut et las celas e li fre el peitral
4900 El clavel e las boclas, los fres tot per engal,
E testas e maichelas e bratz e cervigal.
Entre l'acier el glazi e la dolor el mal
A l'intrar de la porta ag tan estranh carnal
Que de sanc ab cervelas son vermelh li senhal.
4905 Sis combaton es feron que de nafras ab mal
Cadaüs d'els dizia que remazes cabal.
E cant li Frances viron que res no i faran al,
Repairan a las tendas e ilh dins a l'ostal.
D'entr'ambas las partidas li metge el marescal
4910 Demandan ous e aiga e estopa e sal
E enguens e empastres e bendas a venal
Pels colps e per las nafras de la dolor mortal.

4886. *Corr.* son sobrel f., *ou y a-t-il une lacune après ce vers?*
— 4900. los fres. *corr.* l'orfres? — 4910. e s., *ms.* el s.

Mas non aia Belcaires temensa, que nolh cal,
Que lo coms de Montfort ni li autre captal
4915   No cobraran la vila!

CLXX.

No cobraran la vila, quels perilhs el[s] turmens.
Los trebalhs e las guerras e los mals els contens,
E las mortz els martiris tornan en parlamens;
Car lo coms de Montfortz es iratz e dolens,
4920 E pregua sos baros e manda sos parens;
Dedins lo trap de pali on l'aigla es resplandens
Els parlan e cosselhan trastot celadamens :
« Senhors, » so ditz lo coms, « semblansas e parvens
« Me fai Dieus em demostra que soi ichitz de mens;
4925 « Car ieu solia estre rics e pros e valens :
« Ara lo meus afars es tornat e niens,
« Car ara nom val forsa ni genh ni ardimens,
« Com ieu mos baros cobre nils tragua de laens.
« E si ieu part del seti aisi aunidamens
4930 « Pois diiran per lo segle que eu soi recrezens.
— Bels fraire, » ditz en Guis, « eu vos dic veramens
« Que Dieus no vol suffrir que vos siatz tenens
« Del castel de Belcaire ni de l'als longamens;
« Qu'el garda e cossira vostres captenemens :
4935 « Ab sol que sia vostre tot l'avers e l'argens
« Vos sol non avetz cura de la mort de las gens. »
Ab tant veus .I. messatge que venc viassamens

4921. *Ms.* lo drap del p. — 4922. *Ms.* trastotz. — 4937. *Réd. en pr.* Et ainsi que tenian conseilh, es vengut et arribat ung d'aquels que eran dedins lodit castel embarrats, loqual era scapat per qualque maniera, loqual a dict e demonstrat aldit C. de M. com los que

Tot dreit al trap del comte, e ditz iradamens : (p. 125)
« Senher coms de Montfort, lo vostre afortimens
4940 « E la vostra maleza el vostre ardimens
« E la vostra valensa es non res e niens :
« Vos perdetz vostres omes en aisi mortalmens
« Que l'esperitz e l'arma lor es sus en las dens.
« Eu eissi del castel, es es tals l'espavens
4945 « E quim dava Alamanha e que i fos totz l'argens
« Eu lai no remandria, tant es grans lo turmens.
« Passat a .III. semanas qu'ieu vos sai veramens
« Quels es falhida l'aiga e lo vis el fromens.
« Tal paor ai aguda, sim valha Dieus ni sens,
4950 « Que totz lo cors mi trembla em martelan las dens. »
E cant lo coms l'enten, iratz e fel e tents,
Ab cosselh de sos omes e ab lor mandamens,
A tramessas sas letras laïns celadamens
An Dragonet qu'es savis e pervis e sabens,
4955 Que parle ab lo comte : qu'el li fara covens
Ques partira del seti sempre viassamens
Si el li ret sos omes, que us non sia mens.
En Dragonet, qu'es pros e adreitz e valens,
A tant parlat defora e tant parlat dedens
4960 Quel coms de Montfort cobra los baros solamens ;
E lo coms de Tholosa retenc enteiramens
Los cavals els arnes e totz los garnimens.

eran dins lodit castel te manden qu'els no poden plus tenir ny emparar; car tres jorns a que no an manjat causa que sia (*cf. v.* 4947); car no an pa ny carn, car an manjat tots lors chevals, car ung sol no ne an laissat que no lo agen manjat (*ce qui est en contradiction avec le v.* 4962).... (p. 76). — 4945. E, *corr.* Que? — 4749. *Ms.* sēmanas. — 4952. *L'exposé de cette transaction est fort développé dans la réd. en pr.* (p. 77).

E cant lo jorns repaira el solelhs es luzens
Lo coms se part del seti.

CLXXI.

4965   Lo coms se part del seti de gran felnia ples
E a cobrat sos omes e perde[t] lor arnes;
Mas cavals e rocis e muls Arabies
El i a tant perdut e de l'autre aver mes
Que pro i remas vianda als auzels e als ches.
4970 El castel de Belcaire al coms dux e marques,
Car es valens e savis e adreitz e cortes,
E del milhor linatge e del ric parentes
Del barnatge de Fransa e del bo rei Engles.
El coms de Montfort manda Tolzan e Carcasses
4975 E motas de partidas e las gens de Rezes,
Que nulhs hom no i remangua ni sirvens ni pages:
Tuit vengan a Tholosa e cels de Lauragues.
El coms ab sa companha cavalga tant espes
Que de las .v. jornadas non a faitas mas tres: (p. 126)
4980 A Montguiscart alberga e per l'autre paes,
E a l'albor del dia, can resplan lo seres,
Lo coms de Montfort s'arma e li autre Frances.
Lor batalhas rengadas cavalgon demanes
Dreitament vas Tholosa per los bels camis ples.
4985 Mas de la viala eison cada dos cada tres
Dels milhors cavalers e dels plus rics borzes;
Lai on viron lo comte si l'an a razo mes;
Mot dossament li dizon: « Senher coms, sius plagues,
« Be nos fam meravilha com pot esser ni es

4989. fam, *corr.* fas?

4990 « Que vos vengatz ab glazi ni ab fer mortales,
« Car quil seu meteis dampna no l'en pot venir bes.
« E s'ab vos mescabavam mal nos seria pres,
« Car entre vos e nos no devria esser res
« Per que mals ni dampnatges ni trebalha cregues.
4995 « Bonamens nos aviatz autrejat e promes   [gues :
« Que de la vostra part nulh temps mals non[s] ven-
« Ara nons par nins sembla ni pot estre nulhs bes
« Car encontra la vila avetz garnimens pres.
« Vos i degratz intrar ab vostres palafres,
5000 « Desgarnit, senes armas, ab las jupas d'orfres,
« Cantant ab las garlandas, cum sel que senher n'es ;
« E so que vos mandessatz om no i contradiches.
« Er aportatz temensa e mal cor leones !
— Baro, » so ditz lo coms, « o vos plassa o vos pes.
5005 « Desgarnitz o garnitz o en lonc o en tes,
« Intrarei en la viala, e verei ben qui es ;
« Car aquesta vegada m'avetz a tort comes.
« Vos m'avetz tout Belcaire, per so car no l'ai pres.
« Veneisi e Proensa e tot Valentines,
5010 « Que mais de .xx. mesatjes n'ai agut en .I. mes
« Que contra mi vos eratz de sagrament empres,
« E al comte R. que aviatz trames
« Per qu'el cobres Tholosa e que ieu la pergues.
« E per la vera crotz on Jhesu Crist fo mes,
5015 « Nom toldrai mon ausberc ni l'elme Pabies
« Tro qu'ieu n'aia ostatges del mielhs que laïns es ;
« E volrai ben conoisser si mi seran defes. »
E el li responderon : « Senher, prengaus merces

5002. que vos, *l.* queus; *de même v.* 5011, mius. — 5006. *Corr.* qui i es ?

« De nos e de la vila e del poble que i es.
5020 « Nous avem tort ni colpa valent .i. malgoires, (p. 127)
« Ni anc om contra vos sagrament no i empres ;
« E quius fa so entendre vos vol toldre l paes.
« El vers Dieus Jhesu Crist sab be del tot com es,
« Per quel seus cors nos valha e nostra bona fes ! »
5025 — Baros, » so ditz lo coms, « trop m'etz mal e plaides,
« Car anc pois ni dabans, pos ieu vos aig comques,
« Nous plag nius abelig ma honor ni mos bes. »
E apres el apela n'Gui e n'Ug de Laces,
E n'Ala en Folcaut e n'Aldric lo Flames :
5030 « Senher coms, » ditz n'Alas, « obs vos i aura fres
« Quel vostre mal coratge e l'ira retengues,
« Car si baissatz Tolosa pois seret[z] tant deiches
« Que jamais no seretz nulh temps el contrapes.
— Senhors, » so ditz lo coms, « eu soi tant fort esmes
5035 « C'ai totas empenhadas mas rendas e mos ces,
« E la mia companha am mostrat e enques,
« Que fraitura e neceira los a tant sobrepres
« Que si en aiso falhia no sabria que m fes.
« E aquels que sai veno volh c'ades sian pres
5040 « E c'om sempre los meta el castel Narbones,
« E l'avers e la plata er al nostre promes,
« Tro be siam cregut de poder e d'avers
    « Per tornar en Proensa.

5025. etz, *ms*. es. — 5026. *Ms*. Canc anc. — 5027. ni, *ms*. no. — 5033. *La réd. en pr. ajoute* : « car vos sabes be, senhor, que quand vos aurias
« perduda tota la terra autra, an ladita villa serian bastant de la
« recobrar ; et d'autra part vos veses ben com los dits habitants vos
« son venguts reculhir a l'andevan, que no es pas sinhal que
« vos velhan mal ; perque, senhor, vos los deves gardar et preser-
« var de tot mal et dangier envers tots et contra tots » (p. 78).

CLXXII.

« Nos irem en Proensa can aurem aver pro,
5045 « Mas ans metrem Tolosa en tal destructio
« Que ja no i laissarem nulh aver bel ni bo :
« Pos elam tol Proensa cobrarai la del so ! »
— Senher frair, » ditz en Guis, « .i. bo cosselh vos
« Si prendetz de l'aver sol lo quint ol carto,   [do
5050 « Ab milhor esperansa granaran li broto ;
« E si la destruzetz ab vostre cor felo,
« Per tot crestianesme n'auriatz mal reso,
« E de Jhesu Crist ira e de Gleiza ocaizo. »
— Fraire, » so ditz lo coms, « tuit li mieu companho
5055 « Si volon departir car ieu non ei quels do ;
« E si destruc Toloza farei o per razo,
« Car ilh m'an mal coratge e ja nols aurei bo.
« De l'aver qu'en aurei ai aital sospeiso
« Qu'en cobrarei Belcaire e n'aurei Avinho. »
5060 Ditz maestre Robertz : « Senher coms, .i. sermo
« Vos diire[i] per entendre ab bela enquestio. (p. 128)
« Depois que l'apostoli vos de[t] electio,
« Vos degratz ben gardar dreitura e razo,
« Que no mesesset[z] Glieiza en tribulatio ;
5065 « Que pos elh non an fait envas vos traïcio
« No los degratz destruire si per jutjamen no.
« E si gardatz dreitura per encusatio,

5054. *La réd. en pr. ne fait aucune mention de cette réponse de Simon, non plus que de Maître Robert (vv. 5060 ss.), et suppose que la ruse de l'évêque Folquet (vv. 5070 ss.) avait été concertée entre lui et le comte de Montfort.*

« No devon aver perdre ni sofrir passio. »
Tant parleron ensemble tro pres la vila so.
5070 Ab tant vec vos l'ivesque ponhen ad espero :
Intran per las carreiras ab benedictio,
E en apres los manda, los prega els somo :
« Baro, ichetz la fora al comte car e bo ;
« E pos Dieus e la Gleiza et eu vos n'ei fait do
5075 « Bel devriatz recebre ab gran processio ;
« Que si vos be l'amatz auret[z] ne gazardo,
« En est segle e en l'autre vera confessio ;
« Que re no vol del vostre, ans vos dara del so,
« Et en la sua garda penretz milhorazo.
5080 — Senhors, » so ditz l'abat de Sent Cerni, « razo
« Dit[z] mosenher l'ivesque, e perdetz lo perdo ;
« E anatz ental comte recebrel seu leo,
« Que la sua mainada s'albergue a bando
« Per los vostres albercs, e nol digat[z] de no.
5085 « E tinetz lor la venda ab bona lhivrazo,
« Que ja nous faran tort lo valent d'un boto. »
Ab aitant s'en ichiro la fora el campo ;
Sel que non ac caval lai anec a peo.
Mas per tota la vila veus venir .I. resso
5090 Que lor dit[z] e lor monstra per bona enquestio :
« Baro, car von tornatz suavet a lairo,
« Quel coms demanda ostatges e vol c'om los li do ;

5071. *Corr.* Intra? — 5075. processio, *ms.* professio. — 5088. **Réd.**
en pr. Et adonc, ainsin que lodit pople salia per anar a l'andevan
deldit comte, sas gens intravan fila a fila, et ainsin que lodit poble
venia ny arribava devers lodit comte, les fasia prendre et liar, ainsi
que enpres era entre lodit comte et evesque. (p. 79). — 5091. von
semble mieux convenir au sens que non, *leçon de Fauriel. Le ms.
permet l'une et l'autre lecture.* — 5092. *Ms.* Quels.

« E sius troba sa foras semblaret[z] ben brico. »
Ez eli s'en torneron viatz e de rando ;
5095 Mas mentre s'acosselhan per la vilailh baro,
La mainada del comte, sirvent e donzelo
Lor debrizen las archas e l'aver se prendo ;
E dizo a lors ostes l'escudier els garso :
« Oi recebretz martiri o daretz rezemso,
5100 « Car vos etz en la ira de mosenhen Simo. »
Et eli respondero entre dens a lairo :
« Dieus, co nos avetz meses el poder Pharao ! » (p. 129)
Per las carreiras ploran donas e efanto ;
Mas per tota la vila escridan en un so :
5105 « Baros, prendam las armas, car vezem la sazo
« Que nos er a defendre del fer e del leo, [preizo! »
« Car mais val mort ondrada que remandre en
De totas partz lai vengo corren e d'espero
Cavaler e borzes e sirvent e geudo,
5110 Que cascus d'els aporta complida garnizo :
O escut o capel, perpunt o gonio,
E apcha esmolua, faucilha o pilo,
Arc manal o balesta o bon bran de planso,
O cotel o gorgeira, capmailh o alcoto.
5115 E can foro ensemble entrelh filh elh pairo,
E donas e donzelas, cascus per contenso,
Comensan las barreiras, quec denan sa maizo.
Li escon e las archas el tinal el pilo

5097. *Réd. en pr.* Et adonc quand lodit poble es estat retirat dins la vila, an trobat que lodit evesque, an las gens que intrats eran del comte, avian deja pilhada et raubada la plus grand partida de ladita vila, violadas famas e filhas tantas que grand pietat era de ho veser lo mal que lodit evesque fec far en pauca hora dins lodit Tolosa (p. 79). — 5113. de, *corr.* o *ou* ab?

E li tonel que rotlan, el trau el cabiro,
5120 Estan de terra en taula e de bas en peiro.
Per trastota la vila an tal defensio
Que lo crit e lo noiza e las trompas que i son
Fan retendir e braire la carreira el tro,
Montfort! lor escridero Frances e Bergonho,
5125 Cels de laïns Tholosa! Belcaire! e Avinho!
Mas lai on s'encontrero ab la gran contenso
Se van entreferir ab mal cor e felo ;
Mas lansas e espazas e astas e tronso
E sagetas e peiras e massas e tizo
5130 E flecas e gazarmas e li bran elh peno,
Pics, barreiras e peiras e latas e cairo
De tantas partz lai vengo, de dreit e d'enviro,
Que debrizan li elme e l'escut e l'arso,
E testas e servelas e li peitz el mento,

5123. *Ms.* retendre. — 5128. *Ce* mas *paraît bien rapproché de celui qui commence le v.* 5126. *Il se pourrait qu'il y eût une lacune entre* 5127 *et* 5128. *La réd. en pr. contient en effet quelque chose de plus que le poëme. Elle suppose que les Français avaient dû se retirer dans le château Narbonnais, lorsque Gui de Montfort tenta de leur porter secours :* ... et talamen an frapat sur los enemics, que tuan et blessan les an faict recular; car no era possible als de Montfort de suportar las grandas armas que lodit poble fasia; et talamen an faict que en fuita les an metuts vers lo castel Narbones, ont se sont retirats. Adonc es arribat dins lodit Tolosa lo comte Gui, fraire del C. de M., an una granda compania per prendre lotgis. Ainsi que es estat intrat a vista ladita escarmussa, a volgut ajudar et secorre sas gens o de son fraire; mais a el es estat forsa de fugir coma les autres davandits, ont ne son pro demorats aqui, que morts que nafrats, d'aquels del comte et de son dit fraire; et talamen les an cassats que no saben que far ny ont se retirar, aital les tuavan que pauques ne escapavan; et y fossa demorat lodit evesque, se no fos que se retiret dins lodit castel Narbones (p. 80).
— 5131. barreiras, *corr.* baneiras?

5135　E li bratz e las cambas e li pung el brazo.
　　　Tant es mala la guerra el perilhs el tenso
　　　Que firen los ne menan, lor el comte Guio.
　　　E cant il no conogro nulha autra guarizo
　　　Lo coms de Monfort crida : « An lo foc a bando! »
5140　Ab aitant s'alumnero las falhas el brando.

> 5138 ss. *Ici encore la réd. en pr. s'écarte de notre texte. Elle fait intervenir très-tardivement le comte de Montfort, et semble s'être attachée à mettre de la clarté dans le récit de l'incendie. Le morceau rapporté à la page précédente se poursuit ainsi* : Et dementre que tout so dessus se fasia, lodit C. de M. es arribat et repausat dins ladita vila an tots los prisoniers que preses avia, et dins lodit castel s'es retirat, et losdits prisoniers y a metuts et tenguts. Adonc ly es estat dict et contat tot so dessus, et com los de la vila se son rebellats, et grands cops de sas gens tuats et blessats, talamen an faict que n'y a home que se ause trobar per la vila ny anar. Et quand lodit comte ausit tot so dessus, es pensat enratgiar de despiech que n'a agut. Et adonc a mandat a sas gens que cascun se arme tot prestamen, que on ane metre le foc per tota la vila, talamen que tot sia mes a foc et a sang, que no y demore res que sia, que tot ne sia tuat o brulat. Et adonc quand lasditas gens del C. de M. an ausit lo mandamen deldit senhor, tot incontinen les ungs son anats metre le fuoc a S. Remesy, les autres a Jots-aiguas (*v.* 5141), les autres a la plassa de S. Estephe, la ont a aguda granda bataria entre las gens de ladita vila et las gens del comte, talamen que les an faict retirar dins la gleysa de S. Estephe, et a la tor de Mascaro (*v.* 5143) et dins la mayso deldit evesque; et aldit fuoc an donat orde de l'escantir et amolir. Et quand lodit fuoc es estat escantit, adonc los de la vila an faictas grandas trincadas et barradas per contrastar a lors ennemics (*v.* 5147), et talament se son affortits et reforsats et pres coratge que una partida de lors ennemics an faict retirar dins la mayson del comte de Cumenge (*v.* 5156), la ont los de la vila les sont anats sercar et gitar de ladita mayso mal a lor profich. Et adonc, quand lodit comte a vist et ausit que en tala forma los de la vila ly tractavan sas gens, es salhit de lo castel Narbones an ung tas de gens, et drech al long de Santas Carbas (*v.* 5162), es vengut, la ont son venguts al secors deldit comte les que eran dins ladita gleysa de S. Estephe et tor de Mascaro et dins la mayso deldit evesque (*p.* 80-1).

Ma[s] sobre Sant Remezi, a Juzaigas on so,
E al pla Sent Estefe fan la chaplatis;
Li Frances e la gleiza e en la tor Mascaro (p. 130)
E el palaitz del bisbe an lor establizo;
5145 E li nostres combato e li foc el carbo,
E fero lor trencadas per cada coviro
Per contrastar la guerra.

CLXXIII.

Per contrastar la guerra e per lor enantir,
E per lor dreit defendre e per lor destruzir,
5150 Entrel foc e la flama se van entreferir,
E feiro las barreiras ab trencadas garnir.
L'us pessan de defendre els autres d'escantir;
E li autre van tost e pendre e sazir
Los Frances c'alberguero de primer al venir.
5155 Aquels agro temensa e paor de mor[ir].
Ins en l'ostal del comte de Cumenge bastir
Les van en tal maneira que non pogon ichir.
El coms de Montfort crida si quel pogon auzir :
« Baro, en altra part los anem resentir,
5160 « Tot dreit vas Sent Estephe sils poiram dan tenir. »
E lo coms esperona ab lor per tal aïr
C'a l'olm de Santas Carvas fan la terra tremir.
Per lo pla de la gleiza comensan a issir,
Mas anc nulh de la vila no poguo cosseguir.
5165 Entrels ausbercs els elmes e las senhas brandir
E los corns e las trompas resonar e glatir
Fan lo cel e la terra e l'aire retendir.

5141. on so, *corr.* en so? — 5143. *Ms.* e la tor en M. — 5162. a l'olm, *il y a* al long *dans la réd. en pr.; voir la page précédente.*

Per la dreita carreira, dreitament al venir
De la crotz Baranho, los van si envazir
5170 Quels fustz e las barreiras fan brizar e croissir.
De tantas partz lai vengo per lo chaple sofrir
Cavaler e borzes e sirvent ab dezir,
Qu'entrels brans e las massas los van si adaptir
Que d'ambas las partidas se prendo al ferir,
5175 Dartz e lansas e flecas e cotels per sentir,
E espieut ab sagetas e faucil[h'] a brandir.
Aisi vengo esemble c'us no sab on se vir.
Ladonc pograt[z] vezer tant bel chaple bastir,
E tant capmal derompre e tant ausberc mentir,
5180 E tant peitz escoichendre e tant elme fronzir,
E tant baro abatre e tant caval morir,
E lo sanc ab cervelas per la plassa espandir!
Aissis van de la vila contra lor afortir,
Quel chaple e la batalha lor an faita gequir. (p. 131)
5185 « Senhors, » [so] ditz lo coms, « de vertat vos pusc [dir
« Ja per esta partida nols poirem dan tenir;
« Mas ieu les irai decebre sim voliatz seguir. »
E cil ponhon ensemble c'us no s'en volc gandir :
Per la porta Cerdana cuideron el borc ir,
5190 Mas aquels que lai eran los van si reculhir
Que per mei las carreiras prendo a escremir.
Entre massas e peiras e espazas, qui quels tir,
E destrals e guazarmas per lo chaple endorzir,
Lor feiro la carreira e la plassa sortir.
5195 Tant durec la batalha tro pres a escurzir,
E lo coms s'en repaira ab ira e ab cossir

5169. *Ms.* crotz nbaranho. — 5187. ieu les, *prononcez* ieuls. —
5195. *Ms.* tro se p.

El castel Narbones, on an fait mant sospir.
Els baros de la vila cui ac faitz retenir
Ples d'ira e de felnia los anec enquerir :
5200 « Baro, » so ditz lo coms, « ges non podetz fugir ;
« E, per la mort santisma cui Deus venc aramir,
« Nulhs avers qu'el mon sia nous poira pro tenir
« Qu'ieu nous fassal cap toldre e del castel salhir. »
Pero, ilh cant l'auziro jurar e esfelnir,
5205 Non i a .I. no tremble per paor de morir.
Mas l'evesques cossira e i met tot son albir
Com el puesca la vila els baros covertir.

5198. cui, *ms.* cuit. — 5203. e, *corr.* o? *Selon la réd. en pr.* Simon *aurait mis la reddition de la ville comme alternative à l'exécution de ses menaces. Aussi les otages* grandamen se son esbayts entre els, car no era pas en lor poissansa de far so que lodit comte volia ; car la vila era tan malida que no era hom que ne posques estre mestre ny senhor; car lodit comte les avia tan et terriblamen enmalits, que autan volian morir en se defendre que vieure ainsi que lodit C. de M. les tractava ny avia tractats (*p.* 81). — 5206. *Les faits qui suivent sont racontés d'une façon assez différente dans la réd. en pr. L'évêque et l'abbé de Saint-Cernin parcourent la ville, répandant le bruit que le comte de Montfort est disposé à l'indulgence et rendra les otages pourvu que les habitants rendent leurs armes ; sinon les otages, au nombre de 180, seront mis à mort. Les habitants se consultent entre eux et se décident à suivre l'avis de l'évêque, étant bien entendu que les otages seront relâchés. L'évêque rapporte cette résolution à Simon, et, après s'être concerté avec lui, revient inviter les habitants à se trouver le lendemain à la maison commune, où l'accord sera conclu entre eux et le comte de Montfort.* [*Dans tout cela il n'est question ni de Maître Robert* (*vv.* 5222, 5265), *ni de Villeneuve* (*vv.* 5213, 5279).] *Les habitants étant venus au rendez-vous, l'abbé de Saint-Cernin leur demande de déclarer qu'ils acceptent les conditions de l'accord proposé, promettant toute sécurité à ceux qui voudront rester et sauf-conduit à ceux qui voudront s'éloigner. Un seul des habitants* (*cf. v.* 5270) *se retire. Les autres restent, et lorsqu'ils ont livré leurs armes et les tours de la ville, Simon les fait jeter en prison* (p. 81-3).

La noit fe[s] los mesatges e anar e venir
Per monstrar e retraire e diire e somonir
5210 Lo sen e la semblansa, don cuidero guerir
Aisi que sa doctrina lor a faita obezir ;
E al mati a l'alba, cant pres a l'esclarzir,
Lai fors a Vilanova los an mandatz venir,
Pla a l'albor del dia.

CLXXIV.

5215   Pla a l'albor del dia, cant parec la clartatz,
Lai dedins la maizo cominal n'ac assatz
Dels milhors de la vila, dels rics e dels ondratz,
Cavaler e borzes e la cominaltatz.
E cant foro ensemble e lo critz fo baissatz
5220 L'abas de S. Cerni als primer razonatz,
El prior el prebosdes que li este[c] de latz,
E maestre Robertz .I. legista senatz :
« Senhors baro, » ditz l'abas, « Deus, vera trinitatz,
« E la verges Maria, de la qual el fo natz,
5225 « E mosenher l'avesques nos a sai enviatz, (p. 132)
« Que es trist e maritz e dolens e iratz
« Car l'afars de la vila es peritz e torbatz,
« E mas que d'ambas partz es lo glazi tempratz.
« Sant Esperit i venga ab la sua clartatz,
5230 « Qu'entre vos e lo comte meta bo cor e patz,
« Que ja degus no sia falhitz ni enganatz !
« E si vos o voletz nius agrada nius platz,
« Lo vostre acordamens es empres e parlatz ;
« Car mosenher l'avesques vos a tant razonatz
5235 « Que vencut an lo comte entr'el e caritatz.
« Tant vos defen l'avesques que lo coms n'es iratz.

« Entrel comte e l'avesque son d'aitant acordatz,
« Que l'avesques vos manda qu'en sa merceus metatz;
« El meteus vos fiansa Deu e sa[s] dignitat[z],
5240 « E las de l'apostoli e de totz los letratz,
« Que ja cors ni aver ni terra no perdatz
« Ni baissament de vila ni autras eretatz.
« E si vos ental comte araus humiliatz,
« Doblament n'er complida la vostra amors el gratz.
5245 « E si es negus homs ni estrans ni privatz
« Que de sa senhoria nos tenga per pagatz
« Anar s'en pot delhivres ab adreitz comiatz,
« Que pels seus ni pel comte non er pres ni forsatz. »
E li baro respondo : « N'abas senher, sius platz
5250 « Trop nos fai gran paor la vostra lialtatz.
« Vos el coms e l'avesques nos avetz castiatz,
« Car en mantas maneiras nos avetz esaiatz,
« Que anc re nons tenguetz que mandat nos aiatz.
« E lo coms es tant mals e tant outracujatz
5255 « Que ja re nons tindria cant nos agues el latz.
— Senhor baro, » ditz l'abas, « aquest mot entendatz:
« Pos que la santa Glieiza vos aia aseguratz,
« No es lo coms tan nescis ni tan outracujatz
« Que nulha re vos fessa de qu'el sia encolpatz.
5260 « E si re vos fazia que fos tortz ni pecatz,
« La Glieiza cridaria en aisi per totz latz
« Que Roma l'auciria e la Crestiandatz.
« E no aiatz temensa de re qu'ara fassatz,
« C'ab lo mel e ab la cera n'iretz sil comte ondratz. »

5237. comte, *ms.* coms. — 5242. baissamen, *le sens s'accommo-derait mieux de* creissemen. — 5255. *Ms.* aguetz. — 5264. comte, *ms.* coms.

5265 Ditz maestre Robert : « Senhors, mi escoutatz :
« Jes lo coms de Montfort nous recep per dampnatz
« Ni vol que vostres corses ni la vila perdatz, [(p. 133)
« Mas cant d'u solamens que es rics e prezatz,
« Que sobre totz les autres es ab lui encolpatz.
5270 — Senhors, » ditz n'Aimirics, «ieu soi lo menassatz;
« Mais volh ir que remandre, e soi n'aparelhatz.
« Ab del mels de la vila e dels emparentatz
« Nos irem, senher n'abas, si vos autrens guidatz. »
Ditz maestre Robert : « N'Aimiric, no fassatz. »
5275 E ditz li a l'aurelha : « Faret[z] i que membratz,
« Car entre vos el comte non er bona amistatz. »
Aisi fol parlamens empres e autrejatz,
E apres s'en anero dreitament e viatz
Tot dreit a Vilanova on fol cosselh triatz ;
5280 Mas tals i anet soutz que n'er encadenatz,
Si Dieus no lor n'ajuda.

CLXXV.

Si Dieus no lor ajuda e del tot nols socor
El son vengut al bres e al loc perdedor,
Car lo coms e l'avesques an cosselh celador,

5268. *Réd. en pr.* « ... exceptat ung que n'y a, qu'es grand apa-
« rentat, loqual a faict alcunas causas contra lodit comte ; aquel
« exceptat deldit apontamen : mas se s'en vol anar, aura son sauf-
« conduict per s'enanar la ont bon ly semblara ny voldra. » Et adonc
a respondut ung apelat n'Aymeric : « Senhors, ieu vesi ben que
« son aquel que es exceptat. Totavets m'en amy may anar que
« demorar ayssi. » Et adonc ly a dict ung de las gens deldit comte
(*cf. v.* 5274) que fara que sage de s'en anar... (*p.* 83). — 5278-364
résumés en quelques lignes dans la réd. en pr. — 5281. *Ms.* n'ajuda.

5285 E que Pretz e Paratges i perdra sa valor.
E cant lo jorn s'esclaira e pren la resplandor
S'en es ichitz l'avesques foras al parlador.
Cavalier e borzes e li baro ausor
I vengon de la vila e van al mirador,
5290 E l'avesques e l'abas el prebost el prior
E maestre Robertz esteron devan lor.
E l'avesques comensa sa razo ab dossor ;
En sospiran sermona ab semblansa de plor :
« Senhors, » so ditz l'avesques, « ben ai al cor dolor
5295 « Car eu vei entre vos ni trebalh ni ardor.
« E ieu prec Jhesu Crist e de bon cor l'azor
« Qu'en giet la mala saba e la mala humor,
« E queus do bon coratge eus torne a color,
« Que entre vos el comte aia bona amor.
5300 « E car Dieus m'a elegit maestre e doctor,
« Que a las suas ovelhas m'a donat per pastor,
« S'elas me volon creire, que no fujan alhor,
« Defendrai las al lob e al mal raubador ;
« E pois fare[i] las paicher erbas ab bona olor,
5305 « E conqueriran Dieu e gloria major ;
« Que si unan perdia ni la gitava por,
« Cant ieu redes lo compte al sant comandador,
« Denan lui non auria tant bo razonador   [(p. 134)
« Que no lam fes sercar, e no sabria or.
5310 « E cel que brandis l'albre nin fai perdre la flor
« Ja l'an no culhira fruit de bona sabor.
« E donc, s'ieu vos perdia nius gitava en error,
« Perdrial fruit e l'albre e la digna labor,
« E Jhesu Crist tindriam per fals galiador.
5315 « Tota la carn el sanc, la forsa e la vigor
« Voldria quem manjesso bestias e voltor,

« Que vos de re no fossatz forsat ni pecador,
« E qu'ieu vos pogues metre en la gran resplandor
« On estan li apostol e li sant confessor.
5320 « E si voletz recebre esperit e lugor
« Monstrar vos ei la via on anetz al santor :
« Prec vos quem detz poder em fassatz esta honor
« Qu'entre vos e lo comte meta patz e amor ;
« Ses aver e ses terra e ses cors perdedor
5325 « Meteus en son poder, e ses tota paor,
« E queus am eus perdo el tengat[z] per senhor.
« Si negu n'i avia ab cor cambiador
« Qu'el ni sa senhoria li fes nulha paor,
« Senes tota paor se puesca ir alhor. »
5330 Ez eli respondero : « Senher, per bona amor,
« Car vos avem per paire e per governador,
« Trazem vos per guirent e per coselhador.
« Pregam vos per dreitura e per lo Redemptor
« Sins donatz bon cosselh o fariam folor?   [auctor
5335 — Baros, » so ditz l'ivesques, « Dieu von trac ad
« E la verges Maria el cors sent Salvador
« E trastotas mas ordes e l'abat el prior,
« Qu'eu vos do bon cosselh, que anc non de[i] mil-
« E si el reus fazia qu'ieu n'auzissa clamor,   [hor.
5340 « Puichas n'auriatz Dieu e mi defendedor. »
Aisi son las paraulas empresas entre lor ;
Mas entre grat e forsa son el latz corredor,
Car sempre li avesque en Gui s'en van am lor
   Dreitament ental comte.

CLXXVI.

5345   Cant ilh viro lo comte creis la ira e l'efretz.

« Senher coms, » ditz l'avesques, « etz ostages pen-
« E d'aquels de la vila aitans cans ne voldretz ; [retz,
« E sabrem vos ben diire los cals ni cui trietz.
[(p. 135)

« E si m'en voletz creire ades i enviaretz. [dretz. »
5350 —Baro, » so ditz lo coms, « totz mos pres mi ren-
E elilh respondero : « Sempres los cobraretz. »
E hom los li amena, que non fo mens corretz.
El coms tramet messatges que porton bastonetz
Per totas las carreiras, dreitament, ad esp[l]etz,
5355 E dizon als pros homes : « Oimais nous rescondretz ;
« Mos senher lo coms manda c'als ostatges anetz
« El castel Narbones, e c'ades i entretz ;
« Ez amic que aiatz no acomiadetz ;
« E s'ades no i anatz tot aitant i perdretz
5360 « C'ab s'amor en la vila oimais no remandretz. »
Ladonc viratz plorar las donas els tozetz
Que dizon a lor paires : « Senher, cant tornaretz ? »
Et el s'en remonteron doi e doi e soletz.
Mas lo coms n'i mes tant trol castel es repletz ;
5365 En apres el demanda sos baros dreit e quetz. [retz.
« Senher coms, » ditz l'avesques, « ara aujam que di-
—Baros, » so ditz lo coms, « obs ei quem cosselhetz,
« Car destruirei Toloza, no sei sius o voldretz.
« Pero l'aver que i sia vos autrel partiretz,
5370 « E so c'avet[z] perdut aras restauraretz.
—Fraire, » so ditz en Guis, « fe queus deg, no faretz :
« Si destruzetz Tolosa vos meteus destruiretz,
« E si tenetz la vila l'autra terra tindretz,
« E si vos la perdetz lo mon el pretz perdretz.
5375 « Car razos es e dreitz e costuma e pretz
« Pos elaus humilia que vos la humilietz,

« E pos que no s'orgulha que vos nous orgulhetz.
« E ieu sai vos ben dire com la gazanharetz :
« La lor cort e la vostra essems ajustaretz,
5380 « Els mals e las rancuras els tortz acordaretz ;
« E els que vos perdono e vos quels perdonetz.
« Nos e vos e la vila en lor merce metretz,
« Las honors e las terras bonament lor redretz,
« E las bonas costumas e lor dreitz autrejetz.
5385 « E si mai von demandan, que mais lor en donetz,
« E re qu'en est mon sia nols talhatz nils forsetz.
« E pois vostres dampnatges vos lor demonstraretz,
« E l'aver qu'ilh vos dono bonamen lo penretz,
« Que mais val paucs avers, per so que nol compretz,
[(p. 136)
5390 « Que no fa grans esemble don poichas sospiretz.
« E si m'en voletz creire aisi la conquerretz.
— Senher coms, » ditz n'Ala[s], « lo comte n' Gui crei-
« E si bel volet[z] creire sapchatz no i falhiretz. [retz,
« E car son gentil ome a ondrar los auretz ;
5395 « Si bona merce troban milhor la trobaretz,
« Car ges bos nous seria oimais lor deseretz.
— Per Dieu ! coms, » ditz en Folcaut, « nos veirem esta
« Si vos etz pros e sages o si folejaretz,   [vetz
« Car si perdetz Tolosa ja tant no creicheretz
5400 « Que Dieus e pretz e setgles no volha que mermetz.
— Baros, » so ditz Lucatz, « ab vostres mals abetz,
« Si lo coms von crezia vos lo dezeretaretz.
— Lucatz, » so ditz lo coms, « vo[s] me cosselharetz,
« E mos senher l'avesque, que per dreit jutjaretz,
5405 « Que voletz tot mon pro, e ja non mentiretz. »

5388. lo, *ms.* lor. — 5390. *Corr.* asemble?

Az una part se trazo e parlero soletz. [dretz :
« Senher coms, » ditz Lucatz, « aquest mot enten-
« Si vos baissatz Tholosa vos meteis ondraretz,
« E si vos la ondratz nos e vos baicharetz.
5410 « So ditz lo reproverbis e demonstra la leitz :
« Cui mal fis no t'i fis; per que vos en gardetz.
« Vos avetz mortz los paires els filhs els parentetz,
« Per que jamais la ira dels cors nols gitaretz.
« E pos e¹s no vos aman no es dreitz quels ametz.
5415 « Tant volon l'autre comte e l'ama lor secretz
« Per que ja longament vos no i eretaretz
« Si no prendetz cosselh que totz jorns la baichetz.
— Senher coms, » ditz l'avesques, « aisi comensa-
« Monstrar vos ei la via com los apoderetz : [retz,
5420 « Eu los prezi a merce per aiso quels sobtetz,
« E, si om vos blasmava que melhs von razonetz,
« Que de me e de Glieiza e de mercels gitetz.
« Trastotas las clausuras els plancatz desfaretz,
« Els garnimens e las armas en apres lor prendretz,
5425 « E qui las rescondia que de mort l'encolpetz;
« E per las vostras terras los ostatges partretz ;
« E tot aquel aver quels saubrem nils saubretz
« Per deguna maneira von esmanentiretz,
« Els vostre enemixs ab l'aver confondretz,
5430 « E tot vostre linatge e vos enrequiretz; (p. 137)
« Proensa e Catalonha e Gasconha pendretz,
    « E cobraretz Belcaire.

5424. *Corr.* E g. e a. — 5427-74. *La réd. en pr. ne contient rien qui corresponde à ces vers.*

CLXXVII.

« E cobraretz Belcaire, so sapchatz verament! »
Ditz lo coms de Montfort : « Eu prendrei venjament
5435 « Dels baros de Proensa e del meu auniment. »
E a dit als baros mot orgulhosament :
« Ieu tenc aquest cosselh per bo e per valent,
« Que l'afar de la vila tornarai a nient.
— Senher coms, » ditz Tibaut, « be avetz ecient,
5440 « E podetz ben conoicher cals vos ditz ver o ment :
« Si vos baichatz Tholosa e l'apertenement,
« Trastota l'autra terra tindretz segurament.
— Tibaut, » ditz lo coms Gui, « vos parlatz folament,
« Car datz cosselh al comte que fassa falhiment ;
5445 « Que si el en Tholosa laicha la flama ardent,
« Si laïns no remano mas lo tertz de la gent,
« Jamais no la tindra ses afan longuament.
— Senher coms, » ditz Feris, « diirei vos mon talent :
« Si vos laichatz Tolosa en tal milhurament
5450 « Que remangan ses perdre e adreit e manent,
« Membrar lor an li filh e li fraire el parent
« Que vos lor avetz mortz, don an lo cor dolent.
« Can auran l'autre comte en lo velh fondament
« E ab lor bon coratge pendran afortiment
5455 « Que vos e l'autra terra metran a dampnament.
« Membreus lo reproverbis de la mala serpent,
« Cel que ditz al vila sobre l'acordament :
« Can eu veirei la ossa nos sirem bevolent,

5434. *Ms.* pdre verament. — 5454. E, *corr.* E[r]? — 5458-9. *Corr.* Tan cum veirei la osca no s. b. ❙ Ni tu v. lo bers... *p.-é.* la bersa? *ms.* la forsa *et non* la fossa, *leçon de Fauriel.* vauc, *ms.* vas.

« Ni tu veiras la forsa, per qu'ieu m'en vauc fugent.
5460 — Senhors, » ditz en Folcaut, « laichem est parla-
« Qui cosselha al comte ni lh'o fai entendent [ment :
« Que destruza Tholoza per aur ni per argent,
« Ni desfassa la vila ni l'onrat bastiment,
« Sa mort vol e sa ira e son destruzement :
5465 « Que cant perdra Toloza perdra la milhor dent ;
« E si el la rete nil porta ondrament,
« Que el la aia tota per far son mandament,
« A totz los reis d'Espanha auria pro content. »
Ab aitant n'Amiric e mot d'autre valent,
5470 E li baro faizit ab asseguramen
S'en eisso de la vila tost e isnelament. (p. 138)
E li autre remazon en tal perilhament
Que trop filh de bon paire ne remazo dolent,
Don feiro mot sospir angoichos e cozent ;
5475 Quel coms de Montfort manda que anon li sirvent
Per totas las carreiras los ostages prenent ;
E aicels les ne menan menassan e firent
Ins en la boaria del comte tro n'i ac .xx. .c.,
Que tota noit estero a la pluia e al vent,
5480 Que degus no i ac joia nis trais son vestiment.
E al l'albor del dia, ab lo jorn resplandent,
Lo coms manda e l'ivesque qu'anon al parlament,
A Sent Peire a Cozinas trastuit cominalment ;
E cant foro esemble parlec primeirament
5485 Us dels milhors legistas, si que cascus l'entent :
« Senhors, lo coms mos senher vos a fait mandament
« Queus gitetz de merce e de tot lo covent,

Cf. Marie de France, fable 63, éd. Roquefort. — 5469. *Suppr.* d'? —
5471. tost, *ms.* tostz. — 5478. *Suppr.* del comte, *et corr.* .xx. *en* .iiii.?

« Cel que vos fe l'avesques al prim comensament,
« Que Glieiza ni clercia non tragatz a guirent,
5490 « E que tuit vos metatz el sieu bon cauziment,
« Senes mala prizo e ses mort ichament :
« O que li fassatz dreit, que pendran jutjament
« Ins en sa cort meteisa aisi co lh'er parvent,
« O que laissetz sa terra eus n'anetz solament
5495 « De lui sout e delivre ab un sagel pendent.
—Senhors,» ditz l'us a l'autre, « Ihi vrat ema turment,
« Car aisi perdonam nostra mort a present.
« E cals cors pot pessar tan estranh parlament,
« Ni tant mal ni tant dur ni tal galiament! »
5500 Un d'aicels de la vila lor crida autament :
« Senhor, ieu m'en volh ir, e lais lo remanent;
« E donatz me guidatge quem men a salvament. »
E ilh li respondero : « Vos l'auretz, e breument! »
E mezo l'en las carcers, e no l'i mezo gent,
5505 Mas dedins unas boias que no foro d'argent,
Tro Dieus e sos bos astres li det delhivrament.
E l'autri cant o viro an tant gran espavent,
Anc pois no demandero plevi ni sagrament :
Iratz, trist e marrit e pessiu e sufrent
5510   Son a merce del comte.

CLXXVIII.

En la merce del comte lor creis ira e dol[or]s,
E de la mort maligna e dels mals parladors. (p. 139)
El coms de Montfort manda sos ministres tortors,

5511-2. *Une lacune entre ces deux vers, qui se suivent mal, est d'autant plus probable qu'il y a changement de feuillet au v.* 5512.

Que van per las carreiras a lei de trotadors,
5515 Que prendian las armas els garnimens majors ;
E en apres el manda diire als trompadors
Que cavaliers ni dona ni nulhs om valedors
Que sia de paratge ni sia om de valors,
Que iescha de la vila e que s'en fugua alhors.
5520 « Senher coms, pos que Dieus vos a montat e sors,
« Co no prendetz venjansa dels enemics pejors?
« Car anc om a sos obs nols ac plus sordejors ;
« Pero si remania, sia mortz e encors. »
So ditz en Gui de Levi : « So recembla folors :
5525 « Metetz per meg la vila vostres detruzedors.
— Pero, » so ditz lo coms, « ans mudarei alhors. »
Apres lor a tramesses sos parlans parladors,
Que tant aver li dono que merme la errors,
E que pagat li aian ans que vengua Martro[r]s.
5530 Ez els l'en prometian, c'a lui no fo sabors ;
[E] en apres el manda quels ne tragan de cors.
De la vila issiron totz lo melhs e la flors,
Cavalers e borzes e los cambiadors,
Ab malvolens, garnitz, firens, menassadors,
5535 Que menassan lor dizo antas e dezonors ;

5518. *Ms.* om sia. — 5519-20. *Il paraît évident qu'il y a une lacune entre ces deux vers. La réd. en pr. n'est d'aucun secours.* — 5523. si, *corr.* s'us? e, *corr.* o. — 5530. lui, *corr.* lunh? *Selon la réd. en pr. cette amende aurait été imposée lors de la réunion mentionnée au v.* 5483 : Et quand aysso es estat faict, lodit C. de M. a mandat ung autre conseilh a S. Peyre de Cosinas, la ont lodit comte a dict et declarat que si los habitants que son demorats no volen tots morir, que es forsa que una granda soma, que lodit comte declaret, ly baylen et ly finen d'aqui a la festa de Tots Saints, la quala era ben propdana; so que fouc forsa alsdits habitants de far, afin de aver pax et bon acord (*p.* 84). *Suit immédiatement le récit du voyage de Simon en Gascogne* (vv. 5650 ss.).

E apres los ne menon a lei de trotadors.
Mas lo mals e la ira, la polvera e la calors,
El trebalhs e l'angoicha el perilhs e l'ardors
Que ab lagrimas mescla l'aiga e la suzors,
5540 Els fai crebar el ventre e el cor la dolors,
Per que creis la felnia e merma la vigors.
Per mei la vilas leva lo critz el dols el plors
De baros e de donas e dels efans majors,
E de filhs e de paires, de maires ab serors,
5545 E d'oncles e de fraires ab motz rics ploradors.
« E Dieus! » ditz l'us a l'autre, « tant mals governadors!
« Senher, cons avetz meses en mas de raubadors!
« O vos nos datz la mort ons rendetz als senhors! »
El coms de Montfort manda per totas las honors
5550 Que nulhs om no i remanga, ni pala ni fossors
Ni pics ni palagrilhs ni bos cuns brizadors :
Tuit vengan ental comte, e quelh fassan socors
Per destruire Toloza qu'es ses defendedors. (p. 140)
E fa monstrar e diire a sos comandadors
5555 Que per tota la vila anon los picadors,
En aisi que la fondan tro c'om n'intre de cors.
Ladoncs viratz abatre los solers e las tors,
E los murs e las salas e los dentelhs majors!
E detrencan li ome els tetz els obradors,
5560 Els ambans e las cambras complidas de colors,
Els portals e las voutas e los pilars ausors.
Per totas las partidas es tant grans la rumors,
La polvera el frans el trebalhs e l'ardors,
Mesclal soleilh e l'aire el temps e la brumors,
5565 Que sembla terra-tremols, troneires o tambors.

5540. *Ms.* e ins el c. — 5544. *Ms.* e de m.

Per totas las carreiras a tans sospiradors
Quel[s] sospirs e l'angoicha remembra la tremors,
Que los cors els coratges destempra la negrors;
Car Toloza e Paratges so e ma de trachors,
5570   E parec ben a l'obra.

CLXXIX.

E parec ben a l'obra e als captenemens,
Als rics palais mirables e als cars bastimens,
E a las tors antiquas e als nous obramens,
Als murs, a las clausuras, als edificamens,
5575 Que debrizan e trencan per trastot engalmens,
Que trastot om e bestia i pogra intrar correns;
Els ostatges qu'enmenan, menasan e dizens
Grans dezonors e ontas e motz descauzimens,
Car per estranhas terras es lor departimens,
5580 En grans fers e en boias mal menans e sufrens
Los mals e las engoichas e los perilhamens,
Qu'ilh tenian los mortz els vius mescladamens.
El coms de Montfort manda breument sos parlamens;
L'ivesques el preboide els baros els parens
5585 Ins en la tor antiqua parlan celadamens.
« Senhor, » so ditz lo coms, « lo cor el pessamens
« Me ditz que per la vila an lo barrejamens,
« E en apres lo glazis e la flama ardens.
« Car om no poc vezer tant orgulhozas gens :
5590 « Que si no fos l'avesques, qu'es subtils e sabens,
« Que los a deceubutz ab ditz e ab covens,
« Trastota ma mainada era morta e perdens,

5569 so, *ms.* fo. — 5586. el, *ms.* els.

« E ma persona aunida e ma valor niens.
« E si non pren venjansa mos cors n'er trist e dolens.
5595 — Senher coms, » ditz Tibaus, « datz es lo jutjamens,
« Que totz homs, cals que sia, vas senhor defendens
« Si deu la mort recebre ab glazios turmens.
— Titbaut, » so ditz n'Alas, « aquel razonamens,
« Fara gran mal al comte si Dieus no lh'es guirens.
5600 « E donc lo coms mosenher nols juret sobre sens
« Quels fos bos e leials els tengues bonamens?
« E ilh jureron a lui atresi veramens.
« E pos que d'ambas partz es l'aseguramens,
« Be devria om gardar don ve lo falhimens.
5605 « E si ieu so vostre om em captenc leialmens,
« Eus am de bo coratge eus soi obediens,
« E nous ei tort ni colpa ni nous soi malmirens,
« E vos etz mos mal senher em passatz sagramens,
« E quem vengatz destruire ab fers trencans luzens,
5610 « Nom deg de mort defendre? Si dei be veramens!
« Mas tant de senhoria n'a lo senher valens
« Que sos om nol cometa nulhs temps primeiramens.
— Fraire, » so ditz lo coms G. « tant etz pros e valens
« Que la vostra felnia vos deu destruirel sens,
5615 « Tant que de lor vos prengua merces e cauzimens,
« Que lor cors ni la vila no prenga dampnamens;
« Mas aiatz de la vila aver cominalmens. [punhens
— Senher coms, » ditz l'avesques, « tant lor siatz
« Que re no lor laichetz mas los cors solamens.
5620 « Totz l'avers sia vostre els diners e l'argens :

5594. n'er, *ms.* n'es. *Le vers est trop long. On pourrait proposer* ieu *au lieu de* mos cors. — 5598-9. aquel .... Fara, *ms.* aquels .... Faran. — 5602. *Mieux vaudrait* E ilh a lui j. — 5613. *Suppr.* so, *ou corr.* F. so ditz en G.? — 5614. *Ms.* destruire el.

« .XXX. melia marcs, que res non sia mens,
« Da l'un Martror a l'autre volh que sian rendens;
« E aquesta primeira er lo comensamens,
« E so quels remandra er non res e niens.
5625 « E tenetz los ja sempre coma sers recrezens,
« Que ja monstrar nous poscan iradamen las dens.
— Senher, » ditz en Tibaut, « a m'entendetz breu-
« Tant es grans lor orgolhs e lor afortimens, [mens:
« El malignes coratges e lor naturals sens
5630 « Per que vos e nos autri devem esser temens;
« Car si vos nols tenetz abaichatz e perdens
« Nos e vos e la Gleiza i trobarem contens. »
En aquestas paraulas es faitz l'acordamens.
El coms de Monfort manda sos malignes sirvens
5635 Que comenso las talhas e los descauzimens, (p. 142)
Las ontas els dampnatges e los grans aonimens,
E van per meg la vila menassans e firens,
Per totas las partidas demandans e prendens.
Ladoncs viratz las donas e los baros dolens,
5640 Marritz e fels e tristz e ploros e suffrens,
Per totas las carreiras ab lagrimas cozens,
Los olhs e los coratges sospirans e planens,
Los defora comprans e los dedins vendens,
Car no lor pot romandre farina ni fromens,
5645 Ni cisclato ni polpra ni nulhs bos vestimens.
A! la gentils Toloza, per las ossas franhens,
Com vos a Deus tramessa e mas de malas gens!
Car lo coms de Montfort i estec longamens
Per destruire Tolosa e per far sos talens;
5650 E pois passec Garona e anec a Sent Gauzens,
Dreitament en Gasconha.

5625. sers, *ms.* cers.

CLXXX.

Lo coms venc en Gasconha complitz d'alegretat
Cant el ac de Tholosa faita sa volontat
On demostret gran ira e gran malignitat
5655 E a destruit Paratge e mort e decassat,
Per que li plus valent n'issiro perilhat,
El baros de la vila so remazut irat.
El coms venc en Bigorra on al filh molherat,
E donec li la terra, mas no tot lo comtat,
5660 Que de la part del Gavet li an si escornat
Que del castel de Lorda no receup poestat.
E pois venc a Toloza on a lo mal doblat,
Quel just el pecador an lo seu tort comprat;
Qu'el demandet las pagas d'els que n'eran anat,
5665 E qui no las li dona ilh l'an martiriat
Del cors e de l'aver e de la heretat.
E apres el comensa asemblar son barnat :
Mont Graner asetia ab fel cor e irat,
E atrobet laïns l'adreit Roger Bernat
5670 E mot bon cavaler ben garnit e armat,
E donzels de bon aire e mot sirvent triat.
Mas lo mals nil dampnatges no er mais restaurat,
Car de laïns perdero Baset de Montpezat

5660. *Corr.* Gave. *Réd. en pr.* et drech a Lourda es tirat, la ont avia ung filh maridat, alqual avia donat tot lo pays de Bigorra, exceptat lodit castel de Lourda, delqual no poguet jamay joïr ny intrar dedins; car los que tenian lodit castel lo defendeguen ben, talamen que jamais lodit comte no ne poguet aver la senhoria ny domination, don grandamen era corrossat (p. 85). — 5667-78. *Rien qui corresponde à ces vers dans la réd. en pr.* — 5672. nil, *ms.* nils.

Qu'era de ric linatge e de aut parentat
5675 E de bela semblansa e complit de bontat.
Tant estel coms el seti tro el son plaidejat, (p. 143)
Que per fraitura d'aiga son ab lui acordat.
E conquerit las terras e en lonc e en lat;
E anet a Posqueiras on complit so mandat;
5680 E pois destruis Berniz a tort e a pecat
On aucis mot bon ome complit de veritat
Que fazian almoinas e semenavan blat,
E mot bon cavaer que no eran dampnat;
E pois pres la Bastida e mot donzel triat,
5685 Per que ilh e Dragonetz son essems acordat.
E pois a a l'avesque de Viviers enviat,
Car el e n'Azemars se son entremesclat,
Que navei li trameta, belament, a celat,
Sobre l'aigua de Rozer, e son outra passat;
5690 Dont lo valens coms joves a mot lo cor irat,
Quel vinher de Valensa om avia talat,
Car el se combatera, quil ne crezes, de grat.
E intrec al Montelh on Lambert l'a menat;
Anec al Crest Arnaut e a l'asetiat,
5695 On ac per establida mot bon baro prezat :
W. Arnaut de Dia ab fi cor esmerat,

5674. de aut, *ms.* denaut. — 5684-5. *Réd. en pr.* et peis anet prendre La Bastida et trastot lo pays, loqual tenia ung apelat Dragonet, loqual es desus nomat (*cf. vv.* 3859, 4954) loqual es ung de la compania et principal del comte jove; mais el se caraviret et fouc traydo, et fouc de la compania del partit del C. de M. (*p.* 85). — 5686. *Réd. en pr.* Or dis l'historia que dementre que tot aysso se fasia, l'evesque de Nevers (!) trametet ung grand secours al C. de M., et aysso per lo Rose; loqual secors menava et conduisia ung apelat Azemar (*p.* 85). — 5691. om, *ms.* on. — 5694. *Ms.* al crest. a. (*sic*), *réd. en pr.* Crest Arnaud.

En Berbo de Murel mot be acompanhat.
E l'avesques de Dia fetz gran malignitat,
Quel castel que tenia l'a rendut e livrat;
5700 Per que cel de Proensa eran tuit mescabat,
Tro que Deus i trames .ɪª. dossa clartat,
Que venc devas Toloza, que al mon alumnat,
Que restaura Paratge e a Pretz colorat :
Per so quel coms lor senher motas vetz perilhat,
5705 Que lo rics apostolis e li autre letrat
A tort e senes colpa tenon deseretat,
Es vengutz en la terra, on trobet lialtat,
  D'en Roger de Cumenge.

CLXXXI.

En Rogers de Cumenge es ben pros e senatz,
5710 E complitz de largueza e de totas bontatz.
El coms es en sa terra bonament repairatz,
E parla e coselha ab sos amics privatz :
« Senhors, » so ditz lo coms, « ara m'acosselhatz,
« Car be sabetz vos autri qu'es destrics e pecatz
5715 « Car eu tant longuament estau deseretatz.
« Mas car orgolhs s'abaissa e creis humilitatz,
« No vulh santa Maria e vera Trinitatz   (p. 144)
« Qu'ieu longament estia aunitz e abaichatz;
« Car ieu ei a Toloza messatges enviatz

5704. *Réd. en pr.* Et dementre que lodit C. de M. fasia tot so dessus, lo comte Ramon arribet devers son nebot le comte de Cumenge, loqual comte Ramon era arribat an una bella et granda compania de gens que menava d'Espanha, et aysso a causa que les habitans de Tolosa l'avian trametut sercar per certains messatgiers en Espanha. la ont lodit comte era per l'ara, despeis son partimen deldit Tolosa (*p.* 85). — 5707. *Ms.* E es. — 5709. En, *ms.* Na.

5720 « Als baros de la vila, als plus rics e ondratz,
« Que me aman de coratge e que ieu ei amatz,
« Sim voldran aculhir o cals er lor pensatz.
« Ez ilh an me tramesses lors bels ditz sagelatz
« Que lo coms de Montfort n'a ostadges menatz ;
5725 « Mas entre mi e lor es tals l'amors el gratz
« El bes e la dreitura e la grans lialtatz,
« Que mais los volon perdre no qu'ieu an essilhatz;
« E redran me la vila si i puesc anar celatz.
« E pos del mieu servizi los trob abandonatz,
5730 « Volh saber e entendre cal cosselh mi donatz. »
Ditz lo coms de Cumenge : « Senher, mi escoutatz :
« Si vos cobratz Toloza per so que la tengatz,
« Totz Paratges restaura e reman coloratz,
« E vos e totz nos autres avetz enluminatz,
5735 « Que pro aurem tuit terra si vos etz eretatz. »
Apres de l'ondrat comte parlet Rogers Bernatz :
« Senher coms, ben posc diire si Toloza cobratz ;
« De tot vostre linatge tinetz las claus els datz,
« E totz Pretz e Paratges pot esser restauratz,
5740 « Que be la defendrian si vos sol i anatz.
« Mais val qu'en siatz senher e que laïns moiratz
« No que anetz pel setgle aunitz ni perilhatz. »
Ditz B. de Cumenge : « Senher, aiso crezat[z] ;
« Bem ditz totz mos coratges, e es ma volontatz,
5745 « Que totz temps fassa e diga aiso que vos vulhatz.
« No volh aver ni terra si vos no n'aviatz.
« E si cobratz Toloza, c'aventura n'aiatz,
« Ben es grans obs e coita c'aisi la defendatz
« Que jamais per nulh ome nulh temps no la pergatz.
5750 — Bels neps, » so ditz lo coms, « si farem, si Dieu
[platz. »

Ditz Rogers de Cumenge : « Senher coms, enantatz,
« Car ieu i serai sempre aisi cum i siatz ;
« Qu'establirai ma terra, qu'enemics ai assatz,
« Que de sai no puesca estre deceubutz ni forsatz. »
5755 Ditz Rogers de Montaut : « Bos faitz can es parlatz,
« Es destrics e dampnatges can no es acabatz ;
« E pot se melhs atendre can es be comensatz.
— Senher coms, » so ditz l'abas de Montaut, « no te-
« Ja no tornetz areire tro Toloza vejatz : [matz; (p. 145)
5760 « Que si ja no aviatz mas nos autres de latz
« Ez aquels de la vila en cui tant vos fizatz,
« Ben la poirem defendre sin l'intrar no doptatz. »
So ditz en G. Guiraut : « Senher coms, be sapchatz
« Vos cobraret[z] Toloza e nos las eretatz,
5765 « E i metrem tot l'aver e la forsa el bratz,
« Que la puscatz defendre e que estetz en patz. »
So ditz W. Unaut : « Si Frances i trobatz,
« Tant vos ama la vila e tant i etz desiratz,   [gatz.
« Que res nous pot defendre que totz no los pren-
5770 — Senher, » ditz n'Aimirics, « los messatges triatz
« Que digo e que parlo aquo que vos vulhatz,
« Que dedins en la vilaus trobetz apparelhat[z]
« Cum vos puscan defendre a l'ora que vengatz.
— N'Aimiric, » ditz lo coms, « donc vos m'o delivratz. »

5759. *Ms.* Tolaza. — 5770. *Ms.* naimerics, *mais l'e a été fait par surcharge à une époque récente. Réd. en pr.* Adonc lodit n'Aymeric, que dessus es nomat, loqual era salhit deldit Tolosa quand lodit C. de M. precipitava lodit Tolosa (*cf. v.* 5270), a dict : « Senhor, ieu soy d'opinion que vos trametes qualcun devers lodit Tolosa... » *Mais les messagers Toulousains (voir l'extrait rapporté dans la note sur le v.* 5704) *disent qu'il n'est besoin d'envoyer aucun messager, et insistent pour que l'armée se mette promptement en marche* (p. 85).
— 5772. *Pour* vilals ?

5775 Cels qui son per la vila, los melhs emparentatz,
Qui eran ab lo comte, li dizon a .i. clatz :
« Per Dieu, nostre cars senher, a Toloza intratz;
« Car si vos no i metiatz mas etz baros armatz,
« Ja no i trobaretz ome ab cui dins contendatz;
5780 « Car cel qui pren e cerca e quier los autruis gratz
« Mais li valdria mortz o que ja no fos natz.
— Baro, » so ditz lo coms, « Dieus ne sia lauzatz
« Car totz vostres coratges trob fis e esmeratz.
« De l'intrar de Toloza vos vei entalentatz :
5785 « Anem la donc recebre, pos tuit vos i acordatz. »
Aisi fol parlamens empres e autrejatz,
Per que lo focs s'alumna e resplan la clartatz,
Car lo rics coms cavalga bonament e viatz
Dreitament vas Tolosa pels pogs e pels valatz;
5790 E traversa las combas e los grans bos fulhatz
E venc a la Garona e es outra passatz.
Rogers Bernatz cavalga, que s'es aprimairatz,
Ab petita companha dels melhs encavalgatz,
Ab tres Rogers dels autres, gonfainos desplegatz,
5795 E va s'en dreitament on es la Salvetatz,
   Encontran se ab Joris.

CLXXXII.

A l'encontrar d'en Joris leva lo bruitz el critz,
E ac n'i moutz dels nostres qui foro esbaïtz;
Mas Rogers de Montaut los a ben adaptitz, (p. 146)

5778. *Suppr.* vos. — 5792. *C'est au comte de Comminge que la réd. en pr. attribue le fait d'armes dont il va être question* (p. 86). — 5798. *Ms.* mōtz. — 5799. *Ms.* M. en R.

5800 Quils defen els contrasta ab lo bran coladitz;
En Rogers d'Aspel broca, que s'es ben enantitz:
Fer n'Ainart de la Becha sobre l'ausberc trailitz,
Si l'abat el trabuca que lo cors l'es glatitz.
Lai venc Rogers Bernatz si co los ac auzitz,
5805 Ben dreitament lo porta lo correns arabitz;
Ricartz de Cornados fo si per lui feritz
Que l'escut li debriza e l'ausberc l'es mentitz;
Si l'abat a la terra quel briza las cervitz.
E desobre los autres lo chaples es bastitz
5810 Que ilh talhan e trencan lai on son cosseguitz,
Que mans d'els n'i remazo debrizatz e croisitz.
Mas Joris se redopta cant los a resentitz,
Si que s'es de la cocha decebratz e partitz,
E fo be encausatz, mas el es melhs fugitz.
5815 Ab tant vec vos lo comte ponhen e esbailitz,
E can vit mortz los autres mot s'en es esbauditz.
Ditz Bernat de Cumenge, qu'es be de sen aibitz:
« Senher, be mes semblansa que Dieus nos sera guitz,
« Car al passar de l'aigua los avem descofitz.
5820 « Ben cobrarem Tholosa, que l'aür nos o ditz. [titz. »
— Bels nebs, » so ditz lo coms, « non seretz desmen-
Tot lo jorn cavalguero per los camis politz
Tro venc la noit escura, que lo coms a legitz
Sos bos fizels messatges, e breument somonitz
5825 Que digan en la vila als seus amics plevitz
Qu'el es vengutz lafora a[b] los autres faizitz,
E sil venhan recebre, que no sia falhitz.
Mas a l'a[l]bor del dia can lo jorn es clarzitz

5802. *Réd. en pr.* Artaut de la Brua. — 5806. *Réd. en pr.* Sicard de Tornados. — 5812. Mas, *ms.* Mans. — 5827. *Ms.* E aisil.

E cant viro lo jorn lo coms es espauritz,
5830 Per so car ac temensa qu'el pogues estre vitz,
E que per tot la terra se leves brutla e critz;
Mas Dieus li fetz miracles, quel temps es escurzitz,
E per la neula bruna es l'aires esbrunitz,
Quel coms intra el boscatge on es tost esconditz.
5835 Primeiramens dels autres es n'Ug Joans issitz,
E en Ramons Berners qu'en este[t] ben formitz;
E trobero lo comte lai on es escaritz,
E cant ilh se monstrero es lo jois adumplitz.
« Senher, » ditz n'Ugs Joans, « a Dieu sia grazitz !
5840 « Venetz cobrar Toloza pos tant be n'etz aizitz, (p. 147)
« Que totz vostre linatges i er be obezitz,
« Que si ja no i metiatz mas etz baros garnitz
« Totz vostres enemics avetz mortz e delitz,
« E vos e totz nos autres per totz temps enriquitz.
5845 « E no intrem pels pons, que s'eriam sentitz
« E mot petita d'orals aurian establitz. »
Ditz en Ramons Berniers : « Senher, vertat vos ditz,
« C'aisi etz esperatz coma Sant Esperitz.
« Tant trobaretz nos autres valens e enarditz
5850 « Que jamais no seretz nulhs temps dessenhoritz. »
Et ab tant cavalguero mentrels an enqueritz;
E cant viro la vila non i a tant arditz
Que de l'aiga del cor non aia olhs complitz.
Cascus ditz el coratge : « Virge empera[i]ritz,
5855 « Redetz me lo repaire on ai estat noiritz !
« Mais val que laïns viva e i sia sebelhitz
« No que mais an pel mon perilhatz ni aunitz ! »

5831. *Corr.* E per tota? — 5835-6. *Réd. en pr.* so es Jehan et Ramon Belenguyer et d'autres dels plus apparens ... (p. 86). — 5847. *Ms.* veritat. — 5856. e, *ms.* o.

E can eison de l'aiga son el prat resortitz,
Senheiras desplegadas els gonfanos banditz.
5860 E cant ilh de la vila an los senhals cauzitz,
Aisi vengo al comte com si fos resperitz.
E cant lo coms s'en intra per los portals voltitz
Ladoncs i venc lo pobles, lo majer el petitz,
Els baros e las donas, las molers el maritz,
5865 Que denan s'adenolha[n] elh baizan los vestitz,
E los pes e las cambas e los braces els ditz.
Ab lagrimas joiozas es ab joi receubutz,
Car lo jois que repaira es granatz e floritz.
E si ditz l'us a l'autre : « Ara avem Jhesu Cristz,
5870 « El lugans e la estela que nos es esclarzitz,
« C'aiso es nostre senher que sol estre peritz;
« Perque Pretz e Paratges qui era sebelhitz
« Es vius e restauratz e sanatz e gueritz,
« E totz nostre linatge per totz temps enriquitz! »
5875 Aisi an lor coratges valens e endurzitz,
Qui pren basto o peira, lansa o dart politz,
E van per las carreiras ab los cotels forbitz,
E detrencan e talhan e fan tal chapladitz
Dels Frances qu'en la vila foro acosseguitz;
5880 Et escridan : « Toloza! oi es lo jorns complitz (p. 148)
« Que n'issira defora lo senher apostitz,
« E tota sa natura e sa mala razitz;
« Que Dieus garda dreitura : quel coms qu'era tra-
« Ab petita companha s'es d'aitant afortitz   [zitz
5885   « [C']a cobrada Tholosa! »

5865. elh, *ms.* els. — 5885. *Ici un dessin représentant d'une part l'entrée du comte Raimon dans Toulouse, et de l'autre le massacre des Français restés dans la ville.*

CLXXXIII.

Lo coms receubt Tolosa car n'a gran desirier,
Mas no i a tor ni sala ni amban ni soler
Ni aut mùr ni bertresca ni dentelh batalhier
Ni portal ni clauzura ni gaita ni portier,
5890 Ausberc ni armadura ni garniment entier ;
Pero ilh lo receubro ab tant gran alegrier
Que cascus ins el cors cuja aver Olivier.
E escridan : « Toloza! oimais siram sobrier,
« Pos Dieus nos a rendut lo senhor dreiturier.
5895 « E si nos son falhidas las armas nilh diner,
« Nos cobrarem la terra el lial eretier ;
« Car ardimens e astres e coratges enquier
« Que cascus se defenda del contrast sobrancer. »
Qui pren massa o pica o baston de pomier,
5900 E van per las carreiras li crit el senharer,
Que dels Frances que troban fan mazel e chapler,
E li autre s'enfuio al castel volontier,
Que dedins los encausan ab crit e ab chapler.
Mas del castel ichiro mant valent cavaler
5905 Complit de totas armas e garnit a dobler ;
E de lor de la vila an tal espaontier
C'us d'els no i esperona ni colp no i pren ni i fier.
Et este[t] la comtessa plena de cossirier
Ins l'arc vout a las estras del ric palai plenier ; (p. 149)
5910 E apelan Girvaitz en Lucatz en Garnier
En Tibaut de Nouvila, e breument los enquier :
« Baros, » ditz la comtessa, « cals son aquest rotier

5893. *Ms.* siran.

« Que m'an touta la vila, e cel que mal ne mier?
— Dona, » so ditz n' Girvais, « non pot estre estiers :
5915 « So es lo coms Ramons qui Toloza requier,
« En B. de Cumenge que vei venir primer,
« Qu'ieu conosc la senheira el seu gomfanonier;
« E i es n'Rogers Bernatz filhs d'en Ramon Roger,
« En Ramonet d'Aspel lo filh d'en Fortaner,
5920 « Elh cavaler faidit e li dreit eretier;
« E a n'i tans dels autres que so mais d'u milier.
« E pos Tolozals ama ni los vol nils sofier,
« Trastota l'autra terra metran a desturbier;
« E car nos los teniam en aital caitivier
5925 « Aran recobrarem gazardo e loguier ! »
Cant l'enten la comtessa bat las palmas e fier,
« A ! lassa, » so ditz ela, « tant be m'anava ier !
— Dama, » ditz en Lucatz, « no fassam alonguier :
« Trametam ental comte sagel e messaguier,
5930 « Que li sapja retraire lo mortal desturbier;
« Que am tota Proensa, si pot, fassa acordier,
« E venga nos socorre el e sei companher,
« E no lais per aver sirvent ni soldadier;
« E si gaires si tarda no es pus recobrer,
5935 « Que sai noelament a noel eretier
« Que de tota la terra nolh laiseral cartier. »
La comtessa apela .i. sirvent latiner
Que va, ambla e trota pus de nulh averser :
« Amics, digas al comte .i. cozen reprover :
5940 « Que perduda a Tholosa els filhs e la molher;
« E si gaire si tarda que no pas Montpesler,
« Ja mi ni filh que aia no trobara entier.
« E si sa pert Toloza ni Proensa requer,
« El fa l'obra d'aranha, que no val .i. diner. »

5945 Cel recep las paraulas e met se el semder.
      El baros de la vila remazo el terrer;
      Ez en la bela plassa, pres del mur bathalher,
      Fan lissas e barreiras e ric mur traverser,
      Cadafalcs e arqueiras e bocal senestrier,
5950 Perques fassan garidas devas la part derer (p. 150)
      Pels cairels que lansavan del castel li arquer.
      E anc e nulha vila no vis tan ric obrer,
      Que lai obran li comte e tuit li cavaler,
      E borzes e borzezas e valent marcadier,
5955 E lh'home e las femnas els cortes monedier,
      E li tos e las tozas el sirvent el troter :
      Qui porta pic o pala o palagrilh leugier ;
      Cascus a la fazenda a lo cor viacer.
      E la noit a la gaita son tuit cominaler;
5960 Estan per las carreiras li lum el candeler,
      Els tambors els tempes e grailes fan temper;
      Las tozas e las femnas per lo joi vertader
      Fan baladas e dansas ab sonet d'alegrier.
      E lo coms s'aconselha e l'autre capdaler;
5965 E an triat Capitol, car i a gran mester,
      Per guovernar la vila e pendre milhorer ;
      E per sos dreitz defendre an elegit viguer
      Bo e valent e savi, adreit e plazentier.
      E l'abas el prebosdes cascus ret so moster,
5970 E fo ben establida la pena e lo cloquier.

5960. Estan, *corr.* E van? — 5961. *Ms.* E las tambors els tempes f. g. e t. — 5967. *Réd. en pr.* et tant an parlementat que, per deliberation deldit conseilh fouc arrestat que en ladita villa se faria et crearia ung viguyer, et aysso per aver la gouvernation de ladita villa, et donar ordre en so que calria far ; so que fouc fait, et creat lo premier viguyer que jamais foguessa en Tolosa (*p.* 87-8).

El coms es a Tolosa el sieu loc domenger;
Mas batalhal cavalgan li seu pejor guerrier,
En Guiotz e en Guis son oncle e l'autre capdalier,
Bo mati, lo divenres, al fer e a l'acer;
5975   E Dieus pes del defendre!

CLXXXIV.

E Dieus pes del defendre! quel temps es avengutz
Quel coms es a Toloza dousamen receubutz;
Per que Pretz e Paratges er totz temps ereubutz.
Mas en Guis en Guiot i vengo irascut
5980 Am lors belas companhas, e apres lor traütz;
E n'Alas en Folcautz sobrels cavals crenutz,
Senheras desplegadas els gonfanos tendutz,
Cavalgan a Tolosa per los camis saubutz.
Dels escutz e dels elmes on es li ors batutz
5985 I vengon tans ensemble co si fossan plogutz;
E d'aurers e d'ensenhas tota la plassan lutz.
Al val de Montoliu, on eral murs fondutz,
Guis de Monfort lor crida, e es ben entendutz :
« Franc cavalier, a terra! » e fon aisi crezutz
5990 C'al reso de las trumpas es cascus deschendutz;
Lors batalhas rengadas, e apres, los brans nutz,
Se son per las carreiras per forsa embatutz [(p. 151)
E an totz los passatges debrizat[z] e destruitz;
Els baros de la vila, los joves els canutz,
5995 Cavalers e borzes que los an sostengutz,
E l'adreitz valens pobles, desiratz e volgutz,

5973. *Lisez* N'Guiotz en Guis, *ou suppr.* son oncle. — 5987. *Réd. en pr.* al pla de Montoliu (*p.* 88). — 5991. *Ms.* bathalas.

Que los an durament combaten defendutz,
El sirvent e l'arquier que an lors arcs tendutz,
Que lor an colps donatz e pres e receubutz!
6000 Mas a lor de lafora es ardimens cregutz,
Que de primer lor tolgo las barreiras els futz,
E dedins las carreiras son ab lor combatutz;
Aisi qu'en pauca d'ora es lo focs essendutz;
Mals els dins l'escantiro que no s'es espandutz.
6005 E es per mei la preissa Rogers Bernatz vengutz
Ab tota sa companha que capdela e condutz,
E refermals coratges can i fo conogutz;
E en P. de Durban de cui es Montagutz
Li portet la senheira, qui los a revengutz;
6010 E deichen a la terra e es enant tengutz,
E es Foig! e Toloza! cridatz e mentaugutz;
E lai on se monstrero es lo chaples maugutz.
E de dartz e de massas e de brans esmolutz,
De peiras, de sagetas e de cairels menutz
6015 I vengo tans ensemble co si fosso plaugutz.
E de sus las maizos ab los cairos agutz
Lor debrisan lor elmes els cristals els escutz,
E los poins e las cambas e los braces els brucs.
E mantas de maneiras los an be combatutz.
6020 Entre colps e coladas e los ciscles els bruitz
Lor an faitz lor coratges temens ed esperdutz,
Els bocals els passatges an brizatz e tolgutz;
Defendens e perdens e fugens e vencutz
Los menero ensemble desamparatz e nutz;
6025 E pois lor es creguda tals forsa e tals vertutz
Que defora la vilals gitero rebatutz.
E poichas remontero e son tuit corregutz
Dreit a l'ort de Sent Jagme, on son reire vengutz.

Mas dedins ne remazo de mortz e d'estendutz :
6030 De cavals e de corses que ilh an retengutz
Ne romas pois vermelha la terra e la palutz.
En Bernatz de Cumenge s'i es ben captengutz, (p. 152)
Qu' ab sa bona companha valens e aperceubutz
De la part del castel on era lor traütz
6035 Als bocals els passatges establitz e tengutz,
Per que l'en deu ben estre lo laus el pretz rendutz.
« Senhors, » so ditz n'Alas, « tot vos vei recrezutz.
« Cavalers, qui pot estre qui nos a deceubutz?
« Co i es aunida Fransa el nostre pretz perdutz,
6040 « Car una gens vencuda nos a mortz e vencutz !
« Mais valgra que degus no fos vius ni nascutz
« Can omes senes armas nos an totz abatutz. »
Li Frances s'en repairan, mas dins n'a romazutz
Que foro per la vila traïnatz e pendutz.
6045 E escridan « Tolosa! venguda es la salutz! »
Per que lo bes comensa ez es lo mals cregutz
D'entr'ambas las partidas.

CLXXXV.

D'entr'ambas las partidas es crescutz lo mazans;
Car fora es de Tolosa totz l'orgolhs el bobans,
6050 Que lo coms la governa e la te en estans,
Car el e sos linatges i an estat mans ans,
E Dieus a la i renduda, e par be als semblans :
Que ab petita companha e ses omes estrans,
Desgarnitz, senes armas, ab coratges temprans,

6033. *Au lieu de* bona companha, *restitution de Fauriel, ms.* bonha.

6055 A gitat de lafora los Frances els Normans.
El Senher que perdonals peccadors perdonans,
Pos que la lh'a renduda e i es sos auribans,
Gart razo e dreitura e los tortz els engans,
E entenda las rancuras dels seus fizels clamans,
6060 E defenda Toloza e governels amans!
Qu'en Guis en Guiotz parlan, en Folcautz e n'Alans,
N'Ucs en Guis de Levi e d'autres no sai cans.
En Folcaut se razona e a parlat enans :
« Senhors, ieu no soi Bretz, Engles ni Alamans,
6065 « Per qu'ieus dic per entendre que aujatz mo romans:
« Cascus de nos deu esser planhens e sospirans
« Car nos avem perdudas las honors els bobans,
« E tota Fransa aunida els parens els efans,
« Que no pres major onta pois que moric Rotlans.
6070 « Car nos avem pro armas e bos cotels e brans,
« Ausbercs e armaduras et elmes flamejans,
« E bos escutz e massas e correns alferans,
« E una gens vencuda, mieg morta, perilhans, (p. 153)
« Desgarnit, senes armas, defendens e cridans,
6075 « Ab bastos e ab massas e ab peiras lansans,
« Nos an gitatz deforas si que i morin Joans,
« Qu'en tota ma companha no avia melhs armans.
« Totz temps er mos coratges perilhos e pessans
« Tro qu'en prengua venjansa e mos espeutz tren-
[cans.
6080 « Totz le mons deu ben estre per dreit meravilhans
« Car vila desgarnida[ns] pot esser contrastans.
— N'Alas, » ditz lo coms Guis, « vos etz be remem-
« Dels omes de Tolosa cons vengo mercejans;[brans

6055. lafora, *corr.* laïns ? — 6064. *Ms.* Encles.

« E par que Dieus entenda las rancuras els plans,
6085 « Car anc lo coms mos fraire, tant es mals e tirans,
« No lor volc s'amor rendre, per qu'es le lor dreitz
« E sil seus mals coratges se tornes cambians [grans.
« No perderam Toloza nins avengra soans,   [grans
« Car sel qu[il] seu eis dampna, tant es lo sieus dreitz
6090 « Que per bona dreitura deu remandre pecans.
« Qu'ieu pas no creiria, neis quim juravals sants,
« Que Dieus viratz nos sia per los nostres engans.
« E par a la semblansa quel mals sia doblans,
« Que lor afars s'enansa el nostre es mermans;
6095 « Que tot cant nos aviam gazanhat en .x. ans,
« Si Dieus no nos ajudas pot perdre en aquest lans. »
E en apres apela sos messatges anans :
« Vos iretz en Guasconha per diire mos comans
« Al senhor arcevesque, ad Aux, que el s'enans,
6100 « Que nos vengan socorrer, e que n'amenan tans,
« Per totas las partidas, e del lors e d'estrainhs,
« Que combatam la vila enviro per totz pans.
« Pero si no i venian ja no sian doptans
« Que jamais terra tengan la valensa d'us gans. »
6105 E lo coms de Toloza qu'es savis e parlans
A sos baros demonstra los mals traitz els afans,
Las obras e las gaitas e los comus els bans ;
E tramet en Proensa sos sagels e sos mans,
Que vol que sos filhs sapcha las honors el gazans.
6110 A la vila socorrer lai venc esperonants

6088. *Ms.* avengram. — 6095. *Suppr.* nos. — 6099. *Ms.* senher (*abrégé*). *Il y a ici une brève omission. Réd. en pr.* que el mande a l'archevesque d'Aux et a Guiraud d'Armanhac et a Salto que prestamen et sans dilay que cascun d'els ly vengan donar secors an totas lors gens (*p.* 88). — 6110. *Ms.* eṗenants, *le second* e *ajouté.*

L'ondratz coms de Cumenge ben ondratz e parlans,
En Espargs de la Barta valens e ben estans,
En Rogers de Cumenge qui restaura los dans,
Bertrans Jordas e n'Otz, per lor dreitz demandans,
6115 En Guirautz de Gordos de cui es Caramans, ((p. 154)
Bernat de Montagut e sos fraire en Bertrans
Ab tota lor mainada, en Gualhartz, en Armans,
N'Esteve Savaleta prendens e ben donans,
Raiamfres e sos fraire qui contrastals demans.
6120 En W. Amaneus, tozetz ben comensans,
En Amalvis, en Ucs de la Motal valhans,
N'Bertrans de Pestilhac que milhurals demans,
En W. Arnaudos ab joia e ab bobans,
Ab bona companhia e ab trompas sonans.
6125 E comensa la joia dels petitz e dels grans
Per trastota la vila, el brutles el mazans.
Mas estec la comtessa pessiva e cossirans
El castel, a las estras de la tor, als ambans;
E garda e remira los venens els anans
6130 Els baros e las donas defendens e obrans,
E auzic las baladas e las rumors els cans,
E sospira e trembla, e a dit en plorans :
« Be vei quel meus jois baicha e creis lo dols el dans,
« Per qu'ieu ai gran temensa de mi e dels efans. »
6135 Pero lo sieus mesatges a pres aitant d'enans
Que ab complidas jornadas e ab viacer enans

6111. *L'un des deux* ondratz *est suspect; corr.* Lo rics? — 6112. *Réd. en pr.* Gaspard de la Bartha. — 6116. *Réd. en pr.* Arnaud de Montagut et son fraire Gailhard Bertrand et en Guilhalt de Marmant, et Estefe de la Valeta, n'Azemar son fraire et Guiraud de la Mota et Bertrand d'Espestilhac et Guiraud Arnaudos (p. 89). — 6128. El, *ms.* al. — 6136. *Ms.* uiacet. *Pour* enans

Es vengutz ental comte, e dit[z] li en romans.
Denant lui s'agenolha e estec sospirans
Can lo sagel li dona.

CLXXXVI.

6140   Can lo sagel li dona comensa a sospirar,
E [lo] coms lo regarda e pres lh'a demandar :
« Amics, digatz me novas, com va de mon afar ?
— Senher, » ditz lo mesatges, « greus so per recom-
— Ai perduda la vila ? — Oc senher, ses doptar ; [tar.
6145 « Ma, abans quels laichetz garnir ni adobar,
« Si vos i anatz sempre poiretz la recobrar.
— Amix, qui la m'a touta ? — Senher, assatz mi par
« Que a mi e als autres es leu per aze[s]mar :
« Qu'ieu i vi l'autre comte ab gran joi repairar,
6150 « Elh baro de la vila que l'i feiro intrar.   [esmar,
— Amics, a gran companha ? — Senher, nol[s] sai
« Mas aquels c'ab lui vengo nons fan semblan d'amar,
« Quels Frances que i trobero so sempre a chaplar,
« E l'autri que fugiro sempre a l'encausar.   [(p. 155)
6155 — Que fan cels de la vila ? — Senher, del ben obrar,
« Els vals e las trencadas els cadafalcs dreissar ;
« Segon mon escientre, c'aisi com a mi par,
« Lo castel Narbones volon asetiar.
— Estan dins las comtessas ? — Senher, oc ben, estar,
6160 « E tristas e marridas, complidas de plorar ;
« Paor an e temensa d'aucir e de desfar.
— On eran Gui mos fraire ? — Senher, auzi comtar
« Que ab bona companha que vos soletz menar

on pourrait proposer anant ? — 6146. *Ms.* recrobar. — 6151. esmar,
ms. aimar. — 6161. *Ms.* Car paor.

« Dreitament vas Tholosa s'en volia tornar
6165 « Per la vila combatre e pendre e forsar,
« Mas ges no m'es vejaire que i posca acabar.
— Amix, » so ditz lo coms, « pessa de be celar :
« Que nulhs hom sit vezia mas rire e jogar,
« Ieu te faria ardre, pendre o pecejar.
6170 « E quit demanda novas bet sapjas razonar:
« Digas dedins ma terra hom no ausa intrar.
— Senher, » ditz lo mesatges, « no m'en cal castiar. »
E cant lo coms repaira del sagel escoutar,
Evas lui vengrol princeps e trastuit lh'autre par.
6175 Mas lo coms es tant savis e[s] sab tan ben gardar,
E totz sos mals rescondre e sos bes enansar,
Ques pres sa boc'a rire el cor a sospirar.
E demandolh novelas, e el pres a gabar : [monstrar
« Senhors, » so ditz lo coms, « beus posc diire e
6180 « Que ben dei Jhesu Crist temer e mercejar,
« Qu' anc mais tanta aventura no[m] donec, al meu
[par :
« Mos frairem tramet letras quem devo alegrar,
« Qu'en deguna partida nol pot hom contrastar,
« E que lo coms R. es anatz perilhar
6185 « Pel regisme d'Espanha, car no a on estar;
« E quel faidit s'en fuio per Bordel a la mar,
« Com en tota ma terra non ausa .i. trobar;

6169. *Corr.* Ieu a. te f. o p.? — 6171. *Dans la réd. en pr. les instructions du comte de Montfort reproduisent en substance ce qui est dit plus loin vv.* 6183-9. — 6173. *Réd. en pr.* Et adonc que las gens deldit C. de M. an saubut que lo messagier era vengut devers Tolosa, et que avia portadas qualquas novellas, car cascun desira ne saber alcuna causa, et devers lodit C. de M. se son retirats per saber lasditas novellas (p. 89). — 6177. *Ms.* riri. — 6187. trobar, *corr.* trevar? *ou* C'om .... non en sab .i. t.?

« E quel reis d'Anglaterras vol ab mi acordar,
« E cresser m'a de terra per so quel lais estar.
6190 « Ez el es a Toloza intratz per demandar
« E per prendre las pagas que hom mi vol donar;
« E faram tot l'aver trametre e enviar,
« Qu'ieu aia pro que metre, que tenir e que dar.
« E dit[z] me que no fassa mas de be garrejar,
6195 « E conquerir la terra els enemics sobrar.
« Mas pero s'ieu podia bon acorder trobar, (p. 156)
« Can tornes e ma terra, sempre al repairar,
« Lo ric castel de Lorda me faria hom lhivrar,
« E Bearn e Bigorra e la terra bailar,
6200 « Per totas las partidas, entro al rei Navar.
« E pos Dieus me vol creicher e aitant milhorar,
« S'ieu bona fi trobava ses perdre e ses mermar,
« Volontiers la pendria per lo dreit governar;
« E pois iria Lorda e la terra cobrar,
6205 « Per totas las partidas tro a riba de mar. »
El baro s'esbaudiron cels quel volon amar,
Mas motz n'i a ques prendo ins el cor a tremblar,
Car ilh agron temensa de lor deseretar.
Es en apres parleron de l'acordament far,
6210 En las mas de l'avesque e els sans de l'autar.
Aital acordier fero entr'el e n'Azemar
Del filh e de la filha novelament fermar,

6206. *Réd. en pr.* Et adonc, quand lodit comte aguet dit tot so dessus a sas gens, uns de sos baros a dict a tots los autres : « Senhors, ieu soi en doble que tot ane ben autramen que lo « comte no dis, car a son semblan el fa chera per forsa. » Et adonc lodit C. de M. a trobat moyen et maniera de aver trevas an lodit comte jove (*contre-sens, cf. v.* 6211), afin de s'en venir vers Tolosa donar secors a sas gens (*p.* 90). — 6210. els, *ms.* dels.

Per que l'us posca l'autre decebre e galiar.
E lo coms s'aparelha e a mandat selar.
6215 Tota la cort essembl·les pres a meravilhar
Car fai tant breu paraula a l'acomiadar.
Mans n'i a quel seguiro can s'en volia anar.
Mas cant vengo las novas que nos pogon celar,
Quel coms es a Toloza intratz per relevar,
6220 E per Frances destruire e per Pretz enansar,
Per trastotas las terras an cobrat lo parlar,
E escridan : « Tolosa! cui Dieus capdel e gar!
« E li valha eilh socora e la gart e l'ampar,
« Eilh do poder e forsa del perdent esmendar,
6225 « E de Paratge estorcer e del joi alumpnar! »
Quel coms Simos cavalga per los tortz demandar,
E per los dreitz abatre e pel mal enansar,
Tota la noit el dia, complit de felenar;
E a faitz los messatges els sagels enviar
6230 Per totas las partidas, quelh vengan ajudar,
Com pusca l'arcevesque el cardenal trobar.
Ab complidas jornadas e ab mant cavalgar
Un dimenge en apres, ad ora d'albergar,
Es vengutz a Vazeja, mas no per sojornar;
6235 E a l'albor del dia, ab lo jorn bel e clar,
Fa garnir sa mainada e las trompas sonar,
E las senheiras derzer e los cavals armar, (p. 157)
Dreitament vas Toloza, complitz de menassar.
« Coms, » ditz lo cardenals, « gran joi vos devetz dar,
6240 « C'oi es vengutz lo termes dels enemics sobrar,
« Car vos penretz la vila, e sempre a l'intrar

6213. *Corr.* Que l'us no p.? — 6223. eilh, *ms.* el. — 6230-1. *Intervertir l'ordre de ces deux vers?* — 6338. *Lacune!*

« Vos faitz los baros pendre[ls], com[te]s martiriar.
« E gardatz que nulhs hom non poscha escapar.
— Senher, » so ditz l'avesques, « la glieza deu salvar
6245 « Totz cels que laïns sian ni que vejan l'altar.
— No, » ditz lo cardenals, que pres fo al jutjar.
« Coms, no aiatz temensa, pos ieu los desampar,
« Que Dieus los vos deman nils se vulha esmendar. »
Pero lo cardenals gardec lo sieu esgar,
6250 Que lo Reis que governa e garda prim e clar,
E dec sanc preciosa per guarir de pecar,
Vol defendre Tholoza !

CLXXXVII.

Tholosa vol defendre lo reis celestials
Que jutja e governa e gardals bes els mals ;
6255 Quel coms Simos cavalga el leos el cristals,
E perpren la ribeira e las combas els vals,
Dreitament vas Toloza, e vengro als pradals.
Sos frairelh venc encontra ab motz d'autres capdals,
E lai on se monstreron ferma l'amors corals.
6260 « Fraire Gui, » ditz lo coms, « e vos, co etz aitals,
« Que no avetz fait pendre los prejurs desleials,
« E la vila cofondre e ence[n]drels fogals ?   [als.
— Fraire, » ditz lo coms Guis, « anc non poguem far
« Nos combatem la vila e intrem dins los vaus,

6242. *Les paroles du cardinal et de l'évêque sont remplacées dans la réd. en pr. par ceci* : Et adonc a dict lodit C. de M. a sasditas gens : « Senhors, grand gauch vos deves donar ; car aras es venguda « l'hora que de nostres ennemics nos deven venjar, et lo comte « Ramon prendre et escorgiar » (p. 90). — 6249. gardec, *corr.* perdet?

6265 « Aisi que dins carreiras fom ab lor cominals ;
« E trobem cavalers, borzes e menestrals,
« Que ab massas e ab picas, e ab talhans destrals,
« E ab critz e ab ciscles e ab grans colps mortals
« Vos an per nos tramessas vostras rendas cessals.
6270 « E pot vos o ben dire en Gui vostre manescals
« Cals marcs d'argent nos davan desobre las canals !
« Per la fe qu'ieu vos dei, non i es tant vassals
« Que, cant ilh nos giteron defora pels portals,
« Cui mais no valgues febre o batalha campals !
6275 — Fraire, » so ditz lo coms, « est plaitz es vergonhals
« Cant homes senes armas foron ab vos cabals.
« Que ja Dieus no m'ajut nim vala sant Marsals
« Si saumiers [si] descargua ni arnes ni barraus (p.158)
« Tro dedins en la vila on es lo mercadaus !
6280 — Senher coms, » ditz n'Alas, « vos no siatz aitals !
« Qu'ieu cug sia rosada vostre sagramentals,
« Que, per la fe quieus dei, encar parlarem d'als.
« E si vos vos fiatz a intrar dins los vals,
« Ja nos de[s]cargaran tro que venga Nadals ;
6285 « Que, per lo cors sent Peire, s'a nos no fossan fals,
« No vitz milhors per armas negus homes carnals. »
E apres venc la preissa dels rics baros capdals,
Desobres totz los autres lo senher cardenals,
L'arsevesques el bisbes, la mitra el didals,
6290 Ab la crotz e la crossa e los libres missals ;
E parla e sermona e a dit scientals :
« Senhors, a totz vos manda lo reis esperitals
« Que dins aquela vila es lo focs enfernals,

6271. *Ms.* dosobre. — 6286. *Corr.* vi, *cf.* 6306 ; homes *pourrait être pour* hom.

« E trastota complida de pecatz criminals,
6295 « Car ab lor dins abita lo senhor principals;
« E cal que la combata sera denant Dieu sals.
« Vos cobraretz la vila e prendretz los osdals:
« No i sia traitz a vida om ni femna carnals,
« Ni no lor valha glieiza ni sans ni ospitals!
6300 « Que faitz es lo judicis el decretz Romanals
« Que sobre lor trespassa lo fers trencans mortals.
« E s'ieu soi sans ni dignes ni bos oms ni leials,
« E els dedins malignes ni perjurs ni colpals,
« Sobre totz lor dessenda glazis martirials! »
6305 Cant lo sermos s'afina deschendo del[s] cavals,
E anc gensor companha no vi nulhs hom carnals:
Dels ausbercs e dels elmes on resplandol cristals,
E de las entresenhas vermelhas e corplaus
E de las e[s]quiletas, de l'or en los peitrals,
6310 Retendis la campanha el murs sarrazinals;
E rengan las batalhas belament pels ortals.
Del castel establiron los murs els verials
De balestas tornissas ab puas aceirals.
El baro de la vila el senher naturals
6315 Establiro las lhissas e perprendol terrals.
E mantas de maneiras demonstran lors senhals:
Las doas crotz vermelhas e la'nsenha comtals;
E per mei las corseras, desobrels cadafals,
Estan los valens omes els fortz els segurals (p. 159)
6320 Que portan las gazarmas els cairos reversals;
E jos bas a la terra en a remazut tals
Que tenian las lansas els dartz porcarissals

6294. *Corr.* E trastot' es c.? — 6300. decretz, *ms.* sacretz. — 6301. *Ms.* trespassan los. — 6309. los, *ms.* lor. — 6310. *Ms.* retendes. — 6314. *Ce vers commence dans le ms. par une capitale ornée.*

Per defendre las lissas que hom non venga als pals;
E per mei las arqueiras e per los fenestrals
6325 Los arquiers que defendo los ambans els costals,
Ab arcs de mantas guizas, balestas e manals;
De cairels ab sagetas son las plenas semals.
Pertot a la redonda lo pobl'es generals
Que tenion las apchas e massas e tinals,
6330 Las donas e las femnas que portan els grazals
Las peiras amarvidas, e grandas e punhals.
La vila es establida belament pels frontals;
Els baros de lafora belament e engals,
Ab foc e ab escalas e ab peiras faichals,
6335 E mantas de maneiras perpendo los bocals.
En Guis, en Amaldrix, en Sicart, en Folcaus,
Garnitz de totas armas i van gent primairals,
Ab lor bela companha tro foro prob dels vals.
La batalha s'aprosma el perilhos jornals,
6340   E Dieus gart la dreitura!

CLXXXVIII.

E Dieus gart la dreitura, que sab la veritat!
Quel cardenals els bisbes el precios diptat,
E l'abas el prebosdes, l'avesques elh letrat
Pregan santa Maria e vera Trinitat
6345 Que defenda la vila segon que son dampnat,
E que gart la dreitura e la lor leialtat,   (p. 160)
El comte de Monfort ab son gentil barnat
E la sua senheira el leo entalhat.

6327. *Corr.* p. las s.? — 6340. *Dessin représentant un combat de cavalerie.* — 6347. *Ms.* E lo coms.

Mas la brumor de l'aire el gomfaino frisat,
6350 El frim de las esquilhas e li escut daurat
Atempran lor coratges els creis d'alegretat.
El baron de la vila son ben aparelhat
De ferir e d'atendre ab ferma volontat,
E per mei las carreiras van li caval armat;
6355 E el castel lafora, sus el mur dentelhat,
E dedins en las lhissas li arquier atemprat,
Que traon e destendon mant aceri delgat,
D'entr'ambas las partidas an lo mal refrescat.
Mas lo critz e las trompas e li corn remesclat
6360 Fan brandir la Garona el castel e lo prat,
E Montfort! e Narbona! son auzit e cridat;
E Francis e Berzis se son tant aprosmat
Que no i a per defendre mas la lissa el valat,
Que mantenent los fero ab peiras al costat.
6365 Mas n'Imbertz de la Volp a tant fort enansat
Que del pertrait lor gieta el mei loc del valat.
Mas cant se reire vira al gomfaino frizat,
N'Armans de Montlanart li a tal cop donat
Que mei pe de l'acer li laicha el costat.
6370 Dedins, e mei la vila, an tal peirer dressat
Que talha e trenca e briza a travers e en lat.
El rics coms de Cumenge ab fin cor esmerat
Fetz tendre .ɪᵃ. balesta que l'aporten de grat,
E mes sus una pua de fin acer talhat,
6375 E tira e cossira ez albira membrat,
E fier n'Gui de Montfort que vi aprimairat,
E dona li tal colp sus en l'ausberc safrat
Que per mejas las costas e pel pan del cendat

6369. el, *ms.* es. — 6374. talhat, *ms.* calhat. — 6378. *Réd.* en

Que de la part en oltra li a l'acier colat.
6380 Aicel cai e trabuca, ez el an l'en levat.
E ditz li .I. reproverbi : « Beus cug aver fissat,
« Però, car etz mos gendre vos darei lo comtat. »
E escrida[n] Tholoza! que l'orgolh es bais[s]at;
E Cumenge! pel comte, Foig! per en Roger Bernat,
6385 La Barta! per n'Esparc, e per n'Ot Sant Beat!
Montagut! e la Islha! Montaut! e Monpezat!
E a las entresenhas an lo chaple levat; (p. 161)
Mas li dart e las lansas el cairel empenat,
E peiras amarvidas e espeut nielat,
6390 E flecas e sagetas e li basto cairat,
Els trensos de las astas el cairo reversat,
D'entr'ambas las partidas lai vengo afilat,
Coma ploja menuda per tot entremesclat,
C'a penas pogratz veire de blanc cel la clartat.
6395 Ladoncs pogratz vezer mant cavaler armat,
E mot bon escut fendre e ubrir mant costat,
E manta camba fraita e mant bratz detrencat,
E mant peitz escoichendre e mant elme brizat,
E manta carn perida e mant cap meitadat,
6400 E manta sanc esparsa e mant brazo trencat,
E mant baro combatre e mant afazendat,
Que l'us ne porta l'autre cant lo ve reversat.
E mantas de maneiras son ferit e nafrat,
Qu'entre blanc e vermelh lo camp an colorat.
6405 En Guis lo manescalc ditz al comte a celat :

pr. et a lo attench per lo miech de las doas queyssas, talamen que totas doas las ly a t.aversadas de part en part (*p.* 91). — 6379. Que, *corr.* E? — 6380. *En marge :* Aici fo ferit Gui le frayre del comte. — 6387. a, *corr.* ab? — 6395. *L'idée ne semble pas complète : p.-ê. manque-t-il un vers ?* — 6400. *Ms.* brezo.

« Senher, mal vitz Tholoza e l'autra eretat,
« Que veus mort vostre fraire e vostre filh nafrat,
« E tans baros dels autres que totz temps er plorat.
— A Dieu ! Gui, » ditz lo coms, « oi er tot acabat !
6410 — Coms, » dit n'Ugs de Laici, « nos em tant mescabat
« C'aici pendrem martiri ; oi er tot acabat.
« C'a mi don'a vejaire que del tertz em mermat.
« Laissem aquesta guerra c'oi serem perilhat ;
« Que si gaire nos dura tuit em martiriat. »
6415 La batalha fo granda el perilhs abdurat,
Tro li baro defora so li milhor dampnat,
Aissi que las senheiras e lo cap an virat.
E dins cridan : « Toloza ! que los matz a matatz,
« Car la crotz escarida al leo abevrat
6420 « De sanc e de cervelas novelament temprat ;
« E lo rays de l'estela a l'escur alumnat,
« Perque Pretz e Paratges cobra sa dignitat. »
E pois dizon al comte : « Pauc avem delhivrat,
« Que la vostra merces es morta e pecatz,
6425 « E ab vostre sobresen sabent, otracujat,
« E ab vostre mezers avetz les tan dampnat
« Que negus cambiaire non a pietz cambiat,
« Que per poges de creis son li tolza donat. (p. 162)
« E car bo natural senhor an recobrat
6430 « Veus lo camp e la lebre per tot temps azinat. »
E lo coms s'en repaira ab cors trist e irat,

6409. *La fin du vers peut bien être fautive, ici ou v.* 6411. —
6416. *Corr.* T. dels baros? — 6422. *La suite des idées semble présenter une lacune*; p.-ê. *manque-t-il un vers après celui-ci.* —
6425. *Corr.* C'ab? — 6426. les tan, *ms.* lestam. vostre mespres, *corr.* vostres mespres? — 6430. *Corr.* V. lo can a la l. ... afinat? *cf. v.* 6893.

E trembla de felnia sotz son elme embroncat.
Els baros de Gasconha que lai eran mandat,
Que venian al comte iradament, forsat,
6435 Cals que plor o que planha, ilh an ris e jogat;
E si ditz l'us a l'autre : « Nos em tuit restaurat.
« Ai! la gentils Toloza complida de bontat,
« Cui Paratges merceja e Merces ab bon grat,
« Cum avetz ab dreitura orgolh dezeretat! »
6440 Li Frances s'en repairan trist e fel e irat,
Elh baro de la vila son remazut ondrat
      Que Dieus e dreitz governa.

CLXXXIX.

Que Dieus e dreitz governa e faitz e en parvens,
Qu'orgolhs e desmesura, engans e falhimens
6445 Son vencutz ab dreitura, car leialtatz los vens.
Per quel coms de Toloza, ab sas petitas gens
E ab bon' aventura e ab paucs garnimens,
A cobrada Toloza e pres los sagramens;
El baro ab gran joia obrans e defendens,
6450 En leial senhoria son remazut gauzens.
El coms de Montfort manda los metges sapiens
Que fassan los empastres els enguens ichamens,
E que tragan a vida los nafratz els planhens,
El senher cardenals los preveires ligens

6433. *Ms.* erant. *La réd. en pr. exagère :* Et adonc arribava lo secors que lo comte Guy avia trametut cercar devers l'archevesque d'Aux et los autres (*cf. v.* 6098); et quand son estat alpres de Toloza, an ausit dire com lo C. de M. era estat desconfit amay lo comte Guy son fraire grandamen blessat, dont son estats grandamen joyoses; et de faict se son retornats de la ont eran venguts. (*p.* 91).

6455 Que los mortz els fenis metan els monimens.
Tota la noit enteira lor creg lor pessamens,
E can lo jorns s'aprosma ab lo temps resplandens
El castel Narbones es faitz lo parlamens,
Ins e la tor antiqua, desobrels pazimens,
6460 Denant Gui de Montfort qu'es nafratz malamens.
Lo coms e la clercia e los baros valens
E ab lor la comtessa parlon privadamens:
« Senhors, » so ditz lo coms, « ben dei estre dolens
« Car en petita d'ora vei nafrat[z] mos parens
6465 « E ma gentil companha e mo filh ichamens;
« E si sai perc mo fraire e i roman solamens,
« Per totz temps a ma vida es doblatz mos turmens.
« Eu captenc santa Glieiza e los seus mandamens,
« Proensa era mia els apertenemens, (p. 163)
6470 « E fas mi meravilha de Dieu co n'es cossens,
« Pos eu fas sos servizis elh soi obeziens,
« Cum li platz ni l'agrada ni vol mos aunimens,
« Que m'a laichat destruire als sieus contradizens.
— Coms, » ditz lo cardenals, « nous cal estre temens :
6475 « Car lo vostre esperit es santz e paciens,
« Vos cobraretz la vila e la pendret[z] breumens.
« E no lor valha glieiza ni ospitals ni sens,
« Que no prengan martiri laïns cominalmens !
« E si negu dels nostres i moria firens
6480 « Ieu e lo sante papa li fam aitals covens
« Que portaran coronas engal dels Ignocens. [rens,
— Senhor coms, » ditz n'Alas, « bem paretz conqui-
« Mas d'aquesta aventura vos en etz malmirens,
« Que Dieus gardals coratges e los captenemens;

6456. lor p., *corr.* lo ?

6485 « Car orgolhs e felnia e oltracujamens
« Feron tornar los angels en guiza de serpens.
« E car orgolhs vos sobra el coratges punhens,
« E merces nous es cara eus tira cauzimens,
« Eus abelis eus tira tristeza e avols sens,
6490 « Per so vos es creguda tant granda sobredens
« Que pro i aurem que roire nos e vos engalmens.
« El Senher qui capdela e dal[s] dreitz jutjamens,
« No li platz ni lh'agrada, nin vol estre cossens,
« Quel pobles de Tholoza sia mortz ni perdens.
6495 « El cardenals mosenher nos da tals argumens
« Que nos devriam estre mals e fers e cozens :
« Mas pero, pos nos manda qu'el nos sira guirens,
« Be nos podem combatre oimais seguramens,
« E rendam li merces car nos apela sens ;
6500 « E car tant li agrada lo nostre salvamens,
« Cadaüs pot conoiser on li crotla la dens :
« Que dels baros qui moiran li remandra l'argens.
« Per que ja Dieus no[m] valha ni m'ajut sent Vincens,
« Si en aquesta vegada los combat primamens !
6505 —Senher coms, » ditz Girvais, « dirai vos en mo sens :

6488. nous, *ms.* uos ; *et plutôt* ens *que* eus. — 6489. tira, *corr.* platz? — 6503. no[m]valha, *ms.* no volha. — 6504. Corr. s'ieu? — 6505. *Le sens paraît demander quelque chose de plus après ce vers. Dans la réd. en pr. il n'y a rien qui corresponde à* 6505-6622, *sinon ce discours de Gervais :* « Senhor, lo cardenal et
« ses consors parlan ainsin que lor plats; car ben podes cognoisse
« que per combatre los de la villa, res ne podes gasanhar ny pro-
« fitar, car a els lor creys lor coratge et socors, et a vos se baissa
« (*cf. vv.* 6507-8), car nos perden de jorn en jorn nostras gens; et
« per ainsi ieu soy d'opinion que on no los ane plus assalhir, mais
« que on meta ung autre sety devers Gasconha (*cf. v.* 6559), et
« aysso afin que res que sia, vieures ny secors, no lor puesca adve-
« nir de part del monde » (*p.* 92).

« Mas pero lo combatre de la vila es niens,
« Qu' a lor dins es creguda valensa e ardimens,
« E sai demest nos autres trebalhs e dampnamens.
« Car ges non avem guerra ab homes aprendens,
6510 « Que sils anam combatre defendos duramens, (p. 164)
« Ez es mals e salvatges le lors defendemens ;
« E car totz lor coratges lor avem faitz sagnens
« Mais volon mort ondrada que vivre aunidamens.
« E, per la fe quieus dei, fan nos o a parvens
6515 « Cal amistat nos portan ni cals es lor talens ;
« E sils avem trobatz iratz e combatens
« Que de nostra mainada n'a .C. .LX. mens
« Que d'esta carantena no tindran garnimens.
— Senher coms, » din Folcaut, « tals es mos eciens
6520 « C'anc nous fo majer coita queus abondes pro sens.
« E per so quel dampnatges el grans mals recomens
« E quels puscam destruire e aucire laïnts,
« Ne sian faitz e ditz tant grans afortimens
« Que apres nostras mortz ne parlel remanens,
6525 « Fassam novela vila ab novels bastimens,
« Novelament garnida de novels firmamens,
« Ab novelas clausuras de novels talhamens,
« Si qu'els novels estatges estem novelamens.
« E vindra novels pobles e la novela gens,
6530 « Ez er Tholosa Nova ab novels sagramens.
« Et anc mais no fo faitz tant rics mercadamentz,
« Car entre carn e glazi e sanc e garnimens
« La lor vila e la nostra sira tant contendens,
« Eu cre que l'una a l'autra portaral foc ardens.
6535 « E sela que remanga tindrals eretamens.

6516. *Ms.* E asils. — 6523. Ne, *corr.* E ou Ni ?

« Mas de la nostra part er lo milhoramens,
« Quens vindra de las terras los omes els foments,
« E lo pas e la carns e lo vis el fromens,
« Els deniers e las rendas, els draps els vestimens,
6540 « El pertraitz e las vendas els comprans els vendens,
« E, per grat o per forsa, los bels dos els presens,
« El pebres e la cera el girofle el pimens.
« E pessem com estem el seti longamens
« Per destruire la vila e prendrels venjamens,
6545 « Que ja nulhs temps per forsa non seriatz tenens ;
« E anc sa no fo faitz tant rics establimens.
« E cerquem los terminis cada dia en correns,
« Per que a lor dins falha el blatz e la semens,
« Els albres e las vinhas els fruitz els echermens,
6550 « E la sal e la lenha e l'altre garnimens.
« En aquesta maniera los faretz recrezens.   (p. 165)
« E sils podetz destruire, tant er grans l'ondramens.
« Que tot vostre dampnages vos n'ichira de mens.
— Senhors, » [so] ditz lo coms, « est cosselh es plazens,
6555 « E bos e rics e savis, e cars e covinens.
— Senher coms, » ditz l'avesques, « ans val .i. petit
« Que si de la Garona estan delhivramens, [mens :
« Que no i aia nulh seti nils venga espavens,
« De la part de Gasconhals vindra aitals creicents
6560 « Qu' a tota vostra vida los tindria manens.
— Per Dieu, senher n'avesque, » ditz lo coms,
[« veramens
« Irai mos cors domens e mot d'autres valens,

6546. sa pour sai, ou faut-il ancse? P.-ê. Que ancse, en rapportant l'establimens à Toulouse. — 6550. Ms. sals. — 6553. Ms. von nichira.— 6559. Ms. pars. Le copiste avait d'abord écrit de Garona ; il s'est corrigé en marge. — 6560. Ms. tindrian. — 6562. e, corr. ab?

« E tindrem la ribeira aisi els passamens
« Que de la part de l'aiga no i intrara mas vens;
6565 « E mos filhs e mos fraire de la oltra ichamens. »
En aquesta maneira es pres l'acordamens
Com fassan los dos setis.

CXC.

Cum fassan los dos setis es lo cosselhs donatz,
Entrels baros el comte empres e autrejatz;
6570 E pois lo cardenals, lo pus sabens letratz,
E l'abas e l'avesques el priors el legatz
Que per totas las terras anon prezicar patz
E cassar los eretges e los ensabatatz,
E qu'en aital maneira amenon los crozatz.
6575 Ditz l'arsevesques d'Aux : « Senher, mi escoutatz.
« Cant tindretz l'altre seti, verament sapiatz
« Que de part de Gascunha vindra lo vis el blatz,
« E omes e viandas von trametrem asatz.
— Senher, » so ditz lo coms, « .C. merces e .M. gratz;
6580 « Mas no s'es meravilha s'ieu posc esser iratz
« Car en ta pauca d'ora soi aisi mescabatz;
« Que tant vei de mos homes de mortz e de nafratz
« Que lo sens el coratges el talant m'es camjatz;
« Car ieu cujava estre en bon port arribatz,
6585 « Ez ei ferit en l'onda on estau perilhatz.
« E fas me meravilha en quin pung fui fadatz,
« Car en tant pauca d'ora m'es l'astres cambiatz,
« Que so qu'ieu me cujava es ros e vanitatz.
« Per quem dobla la ira e cug estre encantatz,

6586. quin, *ms.* q'n. — 6588-9. *Intervertir ces deux vers?*

6590 « Car una gens vencuda nos an totz raüzatz.
   — Senher, » so ditz n'Alas, « cuidars es vanitatz,
   « E paubreza vergonha, e vergonha bontatz. (p. 166)
   « E cel que dampna e peca e es outracujatz
   « Ab saber de mespendre es mespres e dampnatz.
6595 « E car Merces s'albira que cauzimens nous platz,
   « Vol Merces e Dreitura que ab lor contendatz.
   « E totz princeps de terra cant es desmezuratz,
   « Cant Jhesu Crist l'azira par dezaventuratz,
   « E pert lo grat el segle e roma encolpatz.
6600 « Car vos am de coratge e soi ab vos dampnatz
   « Vos dei monstrar e dire cant falhetz ni pecatz.
   « Si tinetz vil Tholoza vostre sen n'er mermatz,
   « Que sis pert aventura cobrara lialtatz,
   « Es es laïntz Paratges [e] cors e riquetatz,
6605 « E fos en senhoria e cab dins d'eretatz.
   « Pero eu no diria que vos no la prendatz,
   « Qu'en breu er conquerida pos tant be comensatz;
   « E poihs que vos n'ajuda tota crestiandatz
   « Jes non es meravilha si vos l'apoderatz.
6610 « Mas, per santa Maria on resplan la clartatz,
   « Avans que sia vostra ni que vos la tengatz,
   « Paradis e eferns er de novel poblatz,
   « E mant esperitz orfes e desacosselhatz.
   — N'Ala, » so ditz lo coms, « trop me proverbiatz,
6615 « E cant ieu pert ni mermi re vos no gazanhatz.
   « S'ieu ai perdut Tholoza eu tenc encarals datz ;
   « Que per la sancta cresma ab qu'ieu fui batejatz
   « Tostemps tant can mais vivals tindrai asetiatz

6599. *Ms.* elcolpatz. — 6603. *Ms.* cobrara la l. *On pourrait aussi proposer* cobrar l'a (*cf. v.* 6920)? — 6605. *Corr.* E fo ja s. c capdolhs d'e.? — 6609. es, *corr.* er? — 6616. ai, *ms.* ait.

« Tro que i perda la vida o quels aia sobratz.
6620 — Senher coms, » ditz l'avesques benazet e sagratz,
« Lo Senher queus fetz naicher, sin vol estre ondratz,
« Gart la vostra drechura e vejals lors pecatz !
— Ab aitant », ditz lo coms, « m'en tindrai per pa-
E ab aitant el manda als messatges : « Anatz [gatz.»
6625 « Per trastotas mas terras, e dizetz e mandatz
« Que cel que a mi no vengan tengan per desfiatz.»
E fetz garnir la vila e bastir per totz latz,
Els pals e las clausuras els terriers els fossatz
Els verials e las portas els cunhs els cadenatz.
6630 E dedins en la vila es lo poblamens datz ;
E de totas las terras e dels camis ferratz,
Las vendas e las compras, els conduitz el mercatz,
Els palis e las polpras el vermelh el cendatz (p. 167)
Els cambis e las taulas els diners monedatz ;
6635 El castel Narbones ben garnitz e gardatz
An baros de mantas guizas ab cairels empenatz.
E lo coms de Montfort a los sieus meitadatz,
E a passada l'aigua : el e la una meitatz
Es vengutz per la riba tot belament rengatz,
6640 E lo bans e las senhas el leo figuratz.
De la clartat dels elmes e del tems colorat,
E dels antresenhs dobles e d'escuilh nielatz,
E de[l]s escutz mirables e de frezels dauratz
Resplandis la ribeira e tota l'aiga el pratz.

6626. *Ms.* sel ; *corr.* tengan[s] ? — 6634. *Il y a peut-être ici omission d'un vers où se trouverait le verbe qui manque à la phrase.* — 6635-6. Sic. *La correction de Fauriel au v.* 6636 (Ab bars) *étant inadmissible, on pourrait proposer cette restitution* : ... El c. N. an garnit e gardat || Baro ... — 6637. *Ms.* maitadatz. — 6641. tems, *corr.* tenh ? — 6642. antresenhs, *ms.* autres sens. *Pour* escuilh, *corr.* estreups ? *ou* espieutz ? *ou* dels brans ?

6645 El coms es en la vila de Sent Subra intratz,
Ab sas belas mainadas per trastot albergatz.
Mas mentre que s'alberga e perpren los terratz,
Us cavaliers s'en intra que s'es aprimairatz
Tant que[s] ferit en l'aiga, mas pois en sembla fatz,
6650 C'ans que tornes als autres fo mortz e debrizatz,
Quel baron de la vila, lo borcs e la ciutatz,
Ben complit de las armas e ben aparelhatz
Tenon las barbacanas can an los pons passatz;
El sirvent e l'arquier establitz e triatz
6655 An aisi los dos setis feritz e trebalhatz
Que anc pois noit ni dia no i estero em patz.
Mas can la noit s'aprosma el cels es estelatz,
Intra per mei la vilal coms de Fois en Dalmatz :
Car es pros om e savis e gent acosselhatz,
6660 E per lo valent comte s'es l'ardiment doblatz.
Ladoncas pogratz veire mans ciris alumpnatz,
E brandos e candelas on s'espan la clartatz;
Los tempes e las trompas els tambors atempratz
Fan retendir la vila, e creis l'alegretatz.
6665 Ez el seti defora es lo brutles levatz,
E tals critz e tal noiza que sembla tempestatz,
Si que la ost ne trembla, e lo coms s'es armatz,
E [si] a dit als altres : « Segurament estatz ! »

6649. *Corr.* semblet? — 6655. *Ainsi développé dans la réd. en pr.* : Et quand es estat tombat, adonc son salhits los de la villa per dessus lo pont, sus lodit sety, et talamen an frapat que deldit sety les an faict recular ; et no fouc despies jour, d'aquela hora en avan, que no se batessan et tuessan (p. 92). — 6658. *Réd. en pr.* Et dementre que tot so dessus se fasia, es arribat lo comte de Foix an una granda compania de gens, tant Navarros que Catalas et autras gens. (p. 92). *Il n'est pas question de Navarrais, ni ici ni ailleurs, dans la seconde partie du poëme.* — 6663. *Ms.* tembors.

E en apres demanda cals es l'alegretatz
6670 Que fan cel de la vila ni cals es repairatz?
Ditz Robertz de Belmont : « Senher coms, sapiatz
« Quel coms de Fois mi sembla que los a amparatz.
« E podetz be saber cum va acompanhatz,
« Qu'el a mans cavalers Catalas amenatz, (p. 168)
6675 « E mant Aragones e del[s] autres assatz.
« E arma s'en la vila l'autra cominaltat[z] ;
« E es per so vengutz novelament celatz
« Que auretz la batalha si aisils esperatz.
— Esperar ! » ditz lo coms, « ben petit me prezatz ! »
6680 E car es mals e savis e arditz e senatz
A dit a totz ensemble : « Aquest mot entendatz :
« Oi es vengut lo termes e lo jorns aprosmatz
« Que cobrarei Tholosa e remandre[i] ondratz,
« Que si venia Espanha, totz essems a .I. clatz,
6685 « Totz aurian batalha si vos no la doptatz ;
« Que mais me vulh combatre qu'esser deseretatz !
— Senher, » so ditz en Manasses, « de contra, no
[fas[s]atz,
« Que si m'en voletz creire vos faret[z] que mem-
« Que lo coms de Toloza es ben aventuratz,[bratz:
6690 « E lo coms de Cumenge bos cavalers triatz,
« E lo coms de Fois bos, el filhs Roger Bernatz,
« En B. de Cumenge e tantas po[e]statz
« A cui vos avetz morts los milhors parentatz,
« Els baros de la vila tuit essems acordatz ;
6695 « E cant lor membral glazis on los avetz sagnatz,
« Metran s'en aventura co vos aisi moratz,
« O quel setis la oltra sia desbaratatz ;

6671. coms, *ms.* cans. — 6683. e, *ms.* o. — 6685. Totz, *corr.* Tost.

« Perque degus nous manda ni vol queus combatatz.
— Senhors, » so ditz lo coms, « en aital punt fui natz
6700 « Que sols nom puesc combatre ni retornar nom
[platz.
« Trastotz lo meus coratges reman trist e glassatz,
« Car poders no m'aonda co i es la volontatz,
« E car astratz ma ira e car me desperatz,
« E car me part del seti aunidamentz forsatz. »
6705 E ab tant de la vila issiro remesclatz
Cavalers e borzes, e mans d'autres armatz,
E lo setis se leva aisi desamparatz
Que l'us non aten l'autre, enant li ditz : « Anatz! »
Cel se te per delivres que mais es enantatz.
6710 E lo coms s'en repaira streitament e sarratz,
E fetz la reire garda dels ben encavalgatz.
A la riba de l'aiga es lo naveis acesmatz;
E can vengo ensemble cadaüs s'es coitatz
Que cel trabuca l'autre que s'es aprimairatz.
6715 E lo coms quils reten venc aisi abrivatz (p. 169)
Que trabuquet en l'aiga, c'ab pauc no es negatz ;
Mas aicel lo delivra qui l'estec acesmatz ;
Pero lo seu[s] cavals i neguet cubertatz,

6710. *et suiv. Réd. en pr.* Et adonc lodit C. de M., loqual era en aquel sety per aquela hora, es estat tot esbahit, que no sabia que far ny que dire, mais que s'es metut a fugir coma les autres, et drect a Muret es tirat, la ont avia laissatz tots sos vaissels quand avia passada l'aygua per venir metre ledit sety ; et talamen se coytavan per intrar dins los vaissels que l'un bouta l'autre dins l'ayga, dont pro s'en son negats per aquela hora ; car lodit comte de Foix an los de la villa los perseguen de tan pres que lodit C. de M. es donat tot armat, home e chaval, dins l'ayga, ont fora negat, si no fossen sas gens què prestamen lo tireguen. Totas vets son chaval y demoret e se neguet (*p.* 93). — 6712. *Corr.* aigal n. es?
— 6717. acesmatz, *corr.* acostatz.

E ac pois las cubertas, la flor el fruit el[s] gratz,
6720 Per que lo jois s'esclaira e l'orgolhs es baichatz.
E lo coms de Montfort es a Murel intratz
E venc a l'autre seti, e es meravilhatz
Que vi en cal maneira es dezaventuratz.
E lo coms de Toloza a sos baros mandatz,
6725 E vol son cosselh pendre ab sos amics privatz
Cum defenda la vila.

CXCI.

Per defendre la vila e per contratz de lor
Parlal coms de Toloza e li seu valedor,
E lo coms de Cumenge ab complida lauzor,
6730 E lo rics coms de Fois qui al pretz e la flor,
En Rogers de Cumenge, lo filh de sa seror;
E i es n'Rogers Bernatz ab sen e ab valor,
En Bernatz de Cumenge qui porta l'auriflor
De pretz e de largueza e de gaug e d'onor,
6735 En Dalmatz de Creiseilh, .i. valent valvassor
Que fon de Catalonha, d'un gentil parentor,
E mant baro mirable e mant cosselhador,
El baron de la vila li plus ric el milhor,
Cavalier e borzes el Capitol ab lor;
6740 E feirol parlament a Sent Cernil menor.
E lo coms de Tolosa fetz partir la rumor;

6719. *Ce vers se lie mal à ce qui précède et à ce qui suit. Y a-t-il une faute ou une omission?* — 6721. *Réd. en pr.* Et quand lodit C. de M. a aguda passada l'ayga, an les que se eran poguts salvar, es s'en anat et retirat a l'autre sety, loqual era al pla de Montoulieu (*p.* 93). — 6723. Que, *ms.* Porque. — 6727. *Ms.* constratz. — 6731. lo, *ms.* el; *cf.* 6887. — 6736. *Ms.* Quin.

Belament se razona, e en apres ditz lor :
« Senhors, » so ditz lo coms, « Deu Jhesu Crist azor,
« E rendam li merces car nos val nins a cor,
6745 « Qu'el nos a traitz de pena, d'ira e de langor,
« Car sai nos a tramessa .I^a. gran resplandor
« Que mi e totz vos autres a tornatz en color.
« Car el es sans e dignes e complitz de doussor,
« Entenda ma rancura e auja ma clamor,
6750 « E garde la dreitura co del seu pecador,
« Ens do poder e forsa e coratge e vigor
« Co nos aquesta vila defendam ad honor !
« E es grans obs e coita quens garde de dolor.
« E, per santa Maria ni per sant Salvador,
6755 « No i a baro ni comte, cavalier ni comdor,
« Que per sa galhardia ni per autra richor (p. 170)
« Fes mal a maio d'orde ni a cami de santor,
« Que no l'arda o nol penda, o no saut de la tor.
« E pos Dieus m'a rendut lo capdolh de ma honor,
6760 « El me prenga, sil platz, oimais a servidor ! »
Ditz lo coms de Cumenge : « Es[t] cosselh m'a sabor,
« Que de Dieu e del setgle n'aurem grat et lauzor ;
« E si la santa Glieiza nils sieus prezicador
« Nos fan mal ni dampnatge, ja non fassam a lor,
6765 « Mas preguem Jhesu Crist lo paire redemptor
« Que denant l'apostolins do tal razonador
« Que nos ab santa Gleiza aiam patz e amor ;
« E del mal e del be qu'es entre nos e lor
« Ne metrem Jhesu Crist sabent e jutjador. »
6770 Aquest cosselh autrejan li baro pus ausor.
E lo rics coms de Fois ab la fresca color

6750. la, *corr.* ma ?

Parlec apres lo comte, e dossament ditz lor :
« Baros, vos de Toloza, entendetz est auctor :
« Gran gaug devetz aver car tuit vostre ancessor
6775 « Foron bo e leial vas Dieu e vas senhor ;
« E vos avetz ondratz vos meteises e lor
« Car avetz espandida novelament tal flor
« Per que l'escurs s'alumpna e pareis la claror,
« Que tot Pretz e Paratge avet[z] trait a lugor
6780 « Ques n'anava pel segle e no sabia or.
« E car vos etz proome e n'avet[z] fait mant plor,
« Si a entre vos albre c'aia mala sabor,
« Prendetz ne la razitz e pois gitatz la por.
« E podetz ben conoiser est proverbis on cor :
6785 « Que jamais sa no aia mascarat ni trachor.
« E car lo coms Simo nos menassa ens cor,
« Avetz obs cavaliers e qu'en serquetz alhors
« Ab que puscam destruire l'orgolh menassador. »
Ditz Dalmatz de Crissil : « A bo entendedor
6790 « Deu hom bos cosselhs dire, e qu'en prengal milhor :
« Pos Dieus nos a rendut nostre capdel major,
« Ben devetz vos nos [autres] amar per bona amor,
« Car oimais d'esta vila nous cal aver paor,
« C'a totz los enemics em ben defendedor.
6795 « Eu vengui de ma terra per venjar mo senhor
« E estarai en la vila, que non irai alhor,   [(p. 171)
« Tro qu'en levetz lo seti o qu'en cobretz milhor. »
So ditz Rogers Bernatz : « Pos tuit em en l'ardor
« D'entr'ambas las partidas a la vera veror,
6800 « Degus saïns no tenga taula ni obrador,
« Mas estem tot lo dia lafora al trepador,

6796. estarai, *corr.* estar?

« E fassam las trencadas e tal garrejador
« Quel sirvent e l'arquier e li frondejador,
« Cant lor sira gran coita, agen bo intrador ;
6805 « Quel baro de lafora son mal envaïdor,
« E cant vindran primer li lor asaltador,
« Li dart e las sagetas el cairel punhedor
« Lor auciran tant cors e tant bo milsoldor
« Per que n'auran gran joia li corp e li voltor.
6810 « E si a nos venian amic ni valedor
« Ins en las albergadas nos combatam ab lor ;
« Mas ab tant paucas d'armas no son combatedor. »
Ditz n'Bernat de Cumenge : « Per la nostra paor
« Sibe son bo per armas e mal combatedor,
6815 « An li Frances perdut lo tertz de la valor,
« Que levat an lo seti a tant gran desonor
« C'anc lo coms de Montfort non pres nulh temps
Mas entrels valens comtes se levec demes lor [major. »
Us bos savis legista, gent parlans e doctor,
6820 Lo maestre B. l'apelan li pluzor,
Ez es natz de Tholoza, e respon ab dousor :
« Senhors, merces e gracias del be e de la honor
« Que dizetz de la vila ; e fam a Dieu clamor
« De mosenhor l'avesque quens a dat a pastor,
6825 « Car las suas ovelhas a messas en error,
« Que las cuida menar en tal loc perdedor
« Que a cada ovelha eran .M. raubador.
« E pos Dieu Jhesu Crist n'avem amparador,
« Tals nos cuidan aucire ens son envazidor
6830 « Quels aucirem ab glazis en murran a dolor ;

6812. son, *corr.* es? — 6824. *Ms.* mo senher. — 6827. eran, *corr.* [s]eran, *ou au v. précédent*, cuidet.

« Que per so devem estre valent e sufridor
« Car avem bona vila, e farem la milhor.
« E gaitem ben lo dia e la noit a l'albor,
« E fassam los peiriers els calabres entorn
6835 « El trabuquet que brize lo mur Sarrazinor
« El castel Narbones el miracle e la tor.
« E car el son proomes e bon governador,
« Eu qui son de Capitol dic per me e per lor, (p. 172)
« E per tot l'autre poble, dal major tro al menor,
6840 « Que la carn e la sanc, la forsa e la vigor,
« E l'aver el poder el sen e la valor
« Metrem en aventura pel comte mo senhor,
« Qu'el retenga Toloza e tota l'autra honor.
« E volem vos retraire per cosselh celador
6845 « Quel nostri companhon s'en iran a Ma[r]tror
« Per logar cavaliers, e nos sabem be or. »
N'Arnaut de Montagut lor ditz : « Eu vau ab lor,
« Quels menarai segur tro a Rocamador ;
« En Bernat de Casnac recebra los al tor,
6850 « E veiretz nos venir, si Dieu platz, al Pascor ;
« E vos obratz la vila mentre n'avetz lezor. »
Del cosselh se departo ab joi e ab baudor,
E parec ben a l'obra.

CXCII.

E parec ben a l'obra e als autres mestiers,
6855 Que dedins e defora ac aitans dels obriers
Que garniron la vila els portals els terriers

6833. a, corr. tro, ou la n. e lo d. a l'a.? — 6836. *Lacune après ce vers?* — 6839. *Ms.* maier.

Els murs e las bertrescas els cadafalcs dobliers
Els fossatz e las lissas els pons els escaliers.
E laïns en Toloza ac aitans carpentiers
6860 Que fan trabuquetz dobles e firens e marvers,
Qu'el castel Narbones que lor es frontaliers
No i remas tor ni sala, dentelh ni murs entiers.
El camp de Montoliu es aisi m[e]itadiers
Per ambas las partidas de s[i]rvens e d'arquiers;
6865 E comensan las guerras els perilhs batalhiers,
Que la partis lo glazis e la sanc e l'aciers,
Per que l'erba vertz sembla vermelha co roziers,
C'om no i es pres a vida ni livratz preizoniers.
Ez ichic de Toloza lo rics coms plazentiers,
6870 E anec Fois recebre per creisels milhoriers.
Per restaurar Paratge li rend en Beren[g]iers,
N'Arsius de Montesquiu .I. valens cavalers
Qui fo natz de Gascunha, e es fis e entiers.
Per so car pretz l'abonda e totz bos menesters,
6875 Venc amparar Tholosa el comte volontiers.
E lo coms de Montfort, qui es avinens parlers
E mals e rics e savis e subtils fazendiers,
A mandat parlament als majors cosselhiers.
Belament s'arazona denant los capdalers : (p. 173)
6880 « Senhors, » so ditz lo coms, « grans es mos cossi-
« Car creguda m'es ira e mals e desturbiers, [rers,

6863. *Réd. en pr.* et talamen lo baton (*le château*) que lodit C. de M. s'es pres a esbayr, car no sap ont tirar ny se tenir dins lodit castel. Et adonc s'en es salhit et al sety del pla de Montoulieu es anat, la ont a assemblat son conseilh (*cf. v.* 6878) al qual a dict e demonstrat la grand destruction que lodit comte Ramon ly a faicta... (p. 94). — 6871. *Corr.* li venc? — 6872. *Corr.* N'Arnal? — 6879. s'ar., *corr.* se r...? — 6881. *Ms.* des turbriers.

« Car ieu cuidava estre als enemics sobriers
« E conquerir Proensa e devenir paziers :
« Ara m'es obs e coita quem torne glaziers,
6885 « Car lo coms R. es vengutz coma tempiers,
« E lo coms de Cumenge el coms R. Rogers,
« Sos filhs n'Rogers B., sos cozis en Rotgers,
« En Bernat de Cumenge e mot d'autres guerriers,
« Els baros de la vila els sirvens els roters,
6890 « Que m'an touta la vila e mortz mos companhers,
« Per quem creis la felnia el mals e[!] desiriers.
« E no s'es meravilha sis pert mos alegriers
« Car ieu vei que las lebres an contrast als lebriers.
— Senher coms, » ditz l'avesques, « cals es est repro-
[vers,
6895 « Que cel que mais vos ama vos deu estre esquer-
« Car a vos nos tang ira ni nulhs espaonters, [riers?
« Car en breu de termini se doblaral taulers :
« Quel cardenals mo[s] senher, qu'es lums e cande-
« A trames per las terras clergues e latiniers [liers,
6900 « Que preziquen los regnes els comtatz els empers,
« E per las abadias los altres mesatgiers
« Que l'aver nos trametan, e aurem mainaders.
« E can vindral terminis que passara geniers,
« Vos veiretz tans venir crozatz e mainaders
6905 « Per trastotas partidas, a cens e a milhiers,
« Que si era Toloza tant alta col cloquiers,
« No i remanria clausura ni murs ni traversers
« Que no sia partida o brizada a cartiers ;
« Els homes e las femnas e los efans laitiers
6910 « Iran tuit a la espaza si no son els mostiers ;

6890. el, *ms.* els. — 6895. cel, *ms.* sel. — 6904. *Ms.* veiratz.

« E pois per totz terminis sira faitz l'acorders. »
Roberts de Pequeni, us valens soldadiers,
Que es pros om e savis e rics e plazentiers,
E es vengutz de Fransa, l'a dit ecienters :
6915 « A! Dieus, senher n'avesques, mals es est castiers :
« Que pos lo coms R. s'es faitz aventuriers
« A mi don'a vejaire que pus cregal braziers ;
« Que cel qui conquer terra can remal cors entiers,
« Pert l'onor conquerida can vol estre sobriers ;
6920 « Que, can franh lo coratges, l'a cobrar [l']eretiers.
[(p. 174)
« E Frances per natura deu conquerir primers,
« E conquer tant que puja pus aut c'us esparvers.
« E cant es en la roda, es aisi sobrancers
« Que l'orgolhs franh e brisa e baicha l'escaliers,
6925 « Es el cai e trabuca e rema i engaliers,
« E pert so que gazanha car no es bos terriers.
« E per l'orgolh de Fransa e pels fait[z] menudiers
« Foron mort en Espanha Rotlans e Oliviers.
« E lo coms pert la terra car no es bos terriers :
6930 « Et a la conquerida e la crot[z] e l'aciers
« Pla del port de la Reula tro la sus a Vivers,
« Que res no n'es a diire mas cant sols Montpesliers ;
« Et el pren ne las rendas e los marcs els diners ;
« En apres el l'a messa en poder d'aversers
6935 « Que destruzon los pobles els dampnan volontiers.
« E Dieus, qu'es sants e dignes e clars e vertadiers,
« Enten be las rancuras e los faitz sovendiers,
« Per que nos a trameses aitals novels pariers

6912. Un valen home apelat Robert de Pipin, *dans la réd. en pr., qui prête à ce personnage un discours fort différent de celui qui se lit ici.*

« Quens fan .i. sobros naicher que nons agra mestiers.
6940 « E car sufri Tholosa mans mortals enugers,
« Ges non es meravilha s'es faitz lo recobriers.
« E car ne fe senhors garsos e pautoniers,
« A nos totz e al comte n'er donatz tals loguiers
« Que totz nostres linatges pecaran els semdiers.
6945 « Car cel qui tol e dampna e aucil domen[g]iers
« Deu portar foc e ira e sufrir estremiers;
« Per qu'es en aventura lo nostre milhorers. [giers,
— Coms, » ditz en Gui de Levi, « lo parlar es leu-
« Que cant creis lo dampnatges amermal thesauriers.
6950 « E l'afars d'aquest seti no es mas alonguiers.
« Ja tant non emprendretz ab vostres ligendiers
« Que no i trobetz contenta d'aquestz .x. ans entiers.
« Mas, si m'en volet[z] creire, faitz er lo delivrers:
« Al mati, pla a l'alba, cant la sonal torriers,
6955 « Vos aiatz fait garnir totz vostres chivalers
« E las bonas companhas e vostres escudiers
« E los corns e las trompas e totz los senharers;
« Et es l'iverns cozens e mals e freitz e niers,
« E li ome jairan els lietz ab lors molhers :
6960 « E mentre que demando los vestirs els cauciers,
« Metrem en aventura los corses els destriers, (p. 175)
« E intrem los passatges o passem los semdiers
« Dreitament a la porta per aucir els porters,
« E per tota la vila se relevel chapliers
6965 « E lo critz e la noiza e lo focs el carniers
« E la mortz e lo glazis e la sanc el flamiers,
« E de nos o de lor sia lo jorns derriers,

6946. *Ms.* estreners. — 6948. *Erreur de personne dans la réd. en pr. :* Adonc a parlat lo comte Guy et a dict : « Senhor mon fraire.... (p. 95).

« Que mortz, cant es ondrada, val mais que caitivers !
— Per Dieu ! en Gui, » ditz n'Alas, « car vos etz mer-
[ceners,
6970 « E bos amics del comte vulh que intretz primers,
« E sil coms es segons ieu sirai lo tersiers.
— N'Ala, » so ditz lo coms, « ja no er fait estiers
« Ad aquesta vegada.

CXCIII.

« Ad aicesta vegada er en aisi complit
6975 « Que a l'albor del dia nos sirem tuit garnit
« Ab totas nostras armas, e li bo arabit,
« E aurem nostr'engenh celadament bastit ;
« E las melhors mainadas e li pus escarit
« Comensaran la guerra tro qu'els sian ichit.
6980 « E cant ilh seran fora per lo camp espandit,
« Nos vindrem tuit ensemble aisi apoderit,
« Ponhen e combaten e firen e aizit,
« Qu'entre l'acier el glazi sirem si departit
« Qu'enans qu'els se remembron ne sian avertit
6985 « Nos intrarem ensemble ab lor tant afortit
« Que retendrem la vila o i remandrem fenit.
« Mais val morram ensemble o que siam guarit
« No que tengam lo seti tant longamen aunit !
— Senher, » ditz n'Amaldric, « mot ben o avetz dit,
6990 « Ez eu ab ma mainada comensarai l'ardit. »
Can del cosselh partiro an manjat e dormit,

6972. *Contre-sens dans la réd. en pr.* : Adonc lo C. de M. a dict.... qu'el no se faria pas ainsin qu'els disen, car el bol que dema... (p. 95). — 6978. Melhors, *ms.* memors. — 6983. *Corr.* seran? — 6984. *Ms.* siam.

E lor agait bastiron ab lo jorn esclarzit,
E lh'autre esperonan per mei lo camp polit.
E cant cels de la vila o an vist e auzit
6995 Entrels critz e la noiza de totas partz tendit;
Aisi prendo las armas, cant foro resperit,
Que bragas e camizas i mezon en omblit,
E perprendo la plassa e an lo camp sazit
Li corn e las senheiras e las trompas el crit.
7000 E li Frances ensemble son ins el camp salhit.
En B. de Cumenge pres lo capdel el guit
Dels omes de la vila qu'els no sian delit, (p. 176)
En apres lor escrida no serian sofrit.
Lo coms, en Amaldric, en Alas amarvit,
7005 En Folcaut, en Robertz, en Peire de Vezit,
En Robert de Beumont, Manases de Cortit,
En Ugues de Laici, en Rogers d'Andelit,
Esperonan ensemble, e foro tant seguit
Que lai on se monstreron an tan bel colp ferit
7010 Que cels dedins trabucan e cazen escarit,
Que mans d'els en caseran ins en l'aiga vestit.
E li Frances per forsa an tant be envazit
Que lo fossat e l'aiga an passat e envaït.
Et il dedins escridan, li gran e li petit :
7015 « Santa Maria, val nos, que no siam delit! »
En Rogers Bernatz broca e al pas establit,
E defen e restaura ab lo cor afortit;
E l'ome de la vila ab lo[s] baro[s] fa[i]zit,
Can ilh foron ensemble triat e reculhit,
7020 Cavalier e borzes e sirvent enardit,

7000. *Fauriel transporte ce vers entre 7003 et 7004, où il serait en effet mieux placé.* — 7005. Peire, *ms.* ꝑe; *en toutes lettres aux vers* 7129 *et* 7212. — 7009. an, *corr.* ac? — 7017. *Ms.* cors.

An lo crit e la noiza el chaplament sofrit.
D'entr'ambas las partidas se son tant referit
Quel castels e la vila e lo camps retendit.
Mas li dart e las lansas e li espieut brandit
7025 E la[s] massas furbidas e li escut brunit
E las apchas aizidas e li acer bulhit
E li dart e las peiras e li cairel furbit
Entrels [brans?] e las flechas, e li caire amarvit,
D'entr'ambas partz lai vengo complidament aizit,
7030 Que l'auberc e li elme son brizat e croisit:
Suffren e abaten e vencen adaptit,
Que firen los encausan els ne menan partit
Qu'ins el fossat trabucan abatut e ferit;
Qu' ab ferir e ab massas e ab chaplament trit
7035 Atendent e partent son li baro sortit,
E li caval en l'aiga, ins el glatz, sebelhit.
Entresens e cubertas e li bo arabit
E li garniment doble e li escut florit
E li fre e las selas e li peitral croisit
7040 E mantas de maneiras i remaso crostit.
Al partir de la coita se son tant referit
Que no i a cors ni membre que non aia sentit.
E cant dins e defora an lo chaple gequit   (p. 177)
En la vila s'en intran joios e esbaldit;
7045 E Frances s'en repairan ab coratge endorzit.

7024, 7027. dart *fautif dans l'un des deux cas?* — 7028. *Ms.* Entrels e laf. *(sic)* fl. — 7031. e vencen, *corr.* los an si? *cf.* 5799. — 7032. *Ms.* menen. — 7034. *Ms.* ferit. — 7045. *La réd. en pr. ajoute:* Or dis l'historia que ansin que tout so dessus se fasia es arribat dins Tolosa un grand secours d'envers Gasconia, loqual menava un valen home et grand senior, per son nom n'Arcis de Montesquieu (*cf. v.* 6872), de que fogon ben joiouses les de la vila, e lo C. de M. al contrari fort marrit,

E cant lo coms repaira, e foro desgarnit,
Lo cardenals el bisbes lai vengo revestit,
E saludan lo comte e an lo benazit :
« Senher coms, » ditz l'avesque, « est baro contradit,
7050 « Si Jhesu Crist non pensa, greu siran convertit.
— Abesque, » ditz lo coms, « si m'a Dieus enantit
« Que vos e la clercia cuit que m'aiatz t[r]azit :
« Quel capdolh qu'ieu avia ab la crotz conquerit,
« Glazis e aventura m'en a desenhorit.
7055 —Coms, » ditz lo cardenals, « preguatz Sant Esperit
« Que la vostra rancura nil mal no aia auzit,
« Car sel c'a la felnia te lo cor endolcit
« E merce e dreitura e bon cen e complit ;
« E lai on merces merma e bes torna en omblit,
7060 « Merces e senhoria i pert lo nom el guit.
—Senher, » so ditz lo coms, « merce d'aquest falhit :
« Tant soi iratz e felnes que no sai que m'ai dit.
« Ben dei aver gran ira el cor el sen partit,
« Car una gens perida m'a tant dessenhorit,
7065 « Jamais, tant cant ieu viva, non o aurai merit.
« Mas, per santa Maria quel seu bel filh noirit,
« S'ieu no pos cosselh pendre co sian descofit,
« Lo meu afar el vostre vei si afelezit
     « Que torna en aventura.

car en los de Gasconia toutjours podia (corr. se fiava?). Et adonc es vengut devers lo C. de M. lo cardinal que dessus es dit amay l'evesque de Tolosa (v. 7047), loqual a dict al C. de M. : « Senhor, « a nous autres sembla que de long tems no prendres la vila ny « may los que son dedins, car touts les jours lor arriba secours « o d'une part o d'autre » (p. 95-6). — 7052. Réd. en pr. « e cresi fermamen que vous autres me aiats trahits » (p. 96). — 7058. e complit, corr. a gequit? — 7060. Corr. M. i p. lo n. la s. el g.? — 7068. Corr. afeblezit?

CXCIV.

7070 « Er torna en aventura, tant cug[e]i estre fis,
« Que jamais mal ni guerra ni trebalh no sufris,
« Mas cant sol de Proensa, e que la comqueris,
« E totz mos enemics abaiches e delis,
« E governes mas terras, e que tant m'enrequis,
7075 « O per grat o per forsa, que cascus m'obezis,
« E ames santa Glieiza e Jhesu Crist servis !
« Ara no sai quem diga ni qui m'a sobrepris,
« Car de las meravilhas que recomta Merlis
« A mi don'a vejaire qu'el ne sia devis.
7080 « Anc no cugei vezer que mos sens perteris,
« Car ieu cuidava estre ben certas e ben fis
« Que fos lo coms R. intratz mest Sarrazis
« O en las autras terras, que jamais sa nol vis :
« Ara vei que s'alumna e ques a mant espris, (p. 178)
7085 « Qu' ab petita companha s'es el Capdolh asis,
« E defen e contrasta e dampna e [s']afortis
« Am la gen contradita quem destru e m'aunis.
« Mas, per la santa Verge on Jhesu Crist se mis,
« Quim donava Espanha ab los marabotis
7090 « E trastota la terra que tel reis Marroquis,
« Eu d'aici nom partria entro que l'aia pris,
« E la vila destruita e lo comte malmis !
— Coms, » ditz lo cardenals, « a vos m'a Dieus tramis
« Queus capdel eus governe e quem siatz aclis.
7095 « Pos ilh non podon estre cofondutz ni comquis,

7084. *On pourrait corriger* C. i. e. c. — 7084. ques a mant,
ms. que sa ma mespres. *On pourrait à la rigueur proposer* ques
avia mespris. — 7085. *Ms.* ases. — 7088. *Ms.* mes.

« Si vos m'en voletz creire, autre cosselhs n'er pris :
« Que trametam lo comte dreitament a Paris
« Al senhor rei de Fransa quelh ne prenga mercis,
« E que ara nos atenda so que nos a promis.
7100 « E ira i la comtessa e maestre Guaris,
« E pregara so fraire els parens els cozis
« Que nos vengan socorrer, et er lor Caercis.
« Eu trametrai a Roma aisi co es empris,
« Que trametan pel setgle los prezics els latis.
7105 « Si aquesta vegada no pot estre devis,
« Tant farem c'a l'autr'an i vindra Lozoïs
« Per destruire la vila on lo mals se noiris.
« Mas pero, si tant era quel reis nol[s] conqueris,
« Non sai mais cosselh pendre mas qu'en sia la fis,
7110 « Que so que Deus governa garda sens Georgis.
—Senher,» so ditz l'avesques, « pos m'en avetz enquis,
« Eu farai lo mesatge tot dreit a Sent Danis ;
« Et a la Pentecosta, cant lo temps reverdis,
« E[u] vos amenarei tans crozatz e pelegris
7115 « Que portaran l'aver els marcs els esterlis,
« Alamans e Frances, Bretos e Peitavis,
« Normans e Campanes, Flamencs e Angevis ;
« E aura n'i tans d'autres de rics e de frairis,
« E per aiga e per terra er ta mangs lo setis,
7120 « Que la dins en Garona no romandra molis ;
« E ja no nons partrem tro totz los aiam pris,
« Ez er nostra la vila e totz l'autre païs.
—Senhors, no sai quem diga,» so ditz n'Ugs de Lacis,
« Qu'a mi don'a vejaire qu'ab lor es sent Cernis

7097. lo comte, *corr.* l'avesque ? *cf. v.* 7111. — 7114. *Suppr.* e *ou lis.* Eus a. — 7118. *Ms.* fraizis.

7125 « Quels garda els governa e sembla e lor païs. »
Tant parleron ensemble tro que lo jorn falis, [(p. 179)
E a l'albor del dia, cant lo temps abelis,
S'en es ichitz l'avesques en Folcaut de Berzis,
Ez am lor la comtessa en Peire de Vezis ;
7130 E passan los boscatges per paor dels faizis.
E remas en la vila lo rics coms palaizis,
En B. de Cumenge, en Bernatz Moltaldis,
El pros Rotgiers Bernatz quem daura e esclarzis,
En Dalmatz de Crissil qui manda e enantis,
7135 Bertrans Jordas e n'Otz e l'adreitz n'Amalvis,
Els bos n'Ucs de la Mota a cui pretz es anclis,
En W. Arnaudos qu'es be certas e fis.
En Bernatz de Cumenge a de lor comjat pris,
E vai s'en en Gasconha encontrals enemics,
7140 Per refermar la guerra e per cercar en Joris.
Els baros de la vila, ab los cors enteris,
Cavalgan per las terras e cercan los camis,
Els castels e las vilas e los bo[s]cs els traïs,
Don intra cada dia la carns el pas el vis.
7145 E el camp de Montoliu es plantatz us jardis
Que tot jorn nais e brolha, [e] es plantatz de lis ;
Mas lo blanc el vermelh qu'i grana e floris
Es carn e sanc e glazis e cervelas geris ;
Entr'esperitz e armas e pecatz e mercis
7150 Novelament i pobla iferns e paradis.
Cominalment s'alegra la vila e s'esbaudis,
E si ditz l'us a l'autre : « Ar nos creis jois e ris,
« Per so qu'en Pelfort intra que es pros e savis,
« E mals e bos e savis e nostre cars amis. »

7125. *Corr.* so sembla ? — 7134. manda, *corr.* monta ? — 7149. *Mieux vaudrait* pecat.

7155 E dedins e defora cadaüs s'afortis ;
Mas tals es lo damnatges e lo mals el traïs
Que mans dias estero que degus no[l]s requis
Tro foro a la Pasca.

CXCV.

Cant foro a la Pasca venc la gentils sazos,
7160 E es ichitz de l'ost n'Amaldric en Guios,
El coms el cardenals e mot d'autres baros
Cosselhavan ensemble e parlan a rescos.
« Senhors, » so ditz lo coms, « grans es la messios
« Qu'ieu fas en aquest seti e pert mos companhos ;
7165 « E estau noit e dia pessius e cossiros,   [(p. 180)]
« Car ieu no posc atendre las promessas els dos.
« E totz crestianesmes deu esser vergonhos
« Car omes senes armas son defendens a nos.
— Coms, » ditz lo cardenals, « no siatz temeros,
7170 « Qu'ieu ei trames pel setgle los prezics els sermos ;
« Ez a la Pentecosta, ab lo temp[s] amoros,
« Vindra crestianesmes e predicatios,
« E de las terras estranhas tant grans processios
« Que de solas gazarmas e de bels capairos
7175 « E de capels de feutre e de gans ab bordos
« Lor omplirem las lissas els fossatz els fondos,
« E nos prendrem la vila e recebret[z] la vos,

7155. *Réd. en pr.* Et quand lodit C. de M. a vist que per lora no podia fa res plus, de consentimen de toutas sas gens ledit sety an levat, et cascun s'es retirat lo melhor que a pogut a causa de l'iver, et a passat lodit hiver de cascun cartier sens fa aucuna causa, sinon que los de la vila au faitas qualques petitas fortarossas (*p.* 96).

« Els omes e las femnas e las gentils maizos
« Passaran per las flamas e devindran carbos. »
7180 Tuit li baro l'escoutan, que degus no i respos;
Mas Robertz de Belmont li es contrarios :
« Per Dieu, nostre car paire, esta salvatios
« Nous cal de nos a dire ni prometre perdos :
« Que, per santa Maria maire del glorios,
7185 « Ans que prengam la vila per ditz ni per sermos,
« Entre colps e coladas e plagas e tensos
« Saubra Dieus e Diables cals esperitz es bos. »
E mentre que ilh parlan e mostran lor razos
Vengo permei las plassas, punhen del[s] esperos,
7190 Li baro de Tholosa firen e coratjos,
W. Unaut en Guiraut e n'Ucs Bos
E l'adreitz n'Amalvis, en W. Arnaudos,
El pros n'Ucs de la Mota el sieus vermelhs leos,
E las gentils companhas, joves e deleitos;
7195 E portec la senheira l'adreitz n'Ugs de Pontos,
Qu' a la porta del seti li bandejal penos.
Dedins per las albergas es lo critz el resos,
Que tota l'os[t] en trembla e desus e dejos.
En auta votz escridan : « Santa Maria, val nos! »
7200 E coron a las armas e a las garnizos.
Mentrel coms de Montfort se arm[a] ab los sos,
Per los camps de lafora es la chaplatios,
Que detrencan e talhan los Normans els Bretos,

7183. nos, *ms. plutôt* uos. — 7188. *Réd. en pr.* Or dis le conte que quand lo bon temps es vengut, lo C. de M. a fait autre cop metre le sety aldit pla de Montolieu devant Tolosa, vesen loqual los de la vila son salits, et sus lodit sety son venguts frapar de tala poissansa que no laissaven res que tout no ho metessen a mort (p. 96). — 7191. *Sic, un nom a sans doute été oublié.* — 7193. el, *ms.* els. — 7203. *Ms.* detrengan.

Si qu'en Armans Chabreus remas en partizos ;
7205 Mas la carns e lo glazis e los membres els nos,
Elh braci e las cambas elh cabelh els mentos
El pieitz e las coradas el fetge els renhos   (p. 181)
Esta[n] permei las plassas a trotz e a cartos.
Ab tant salh per la porta lo valens coms Simos,
7210 E n'Ugues de Laici, en Lambertz de Limos,
Robertz de Pequeni, n'Ebratz de Vilapros,
En Peire de Vezis, Rainier de Caudaros,
En Guis lo manescalx, en Gautiers lo bretos,
En Simos Galoers, en Rainaut lo frizos,
7215 E per las autras portas venc la poblacios : [dem los!»
« Montfort ! Montfort ! » escridan, « francs cavalers,
De tantas partz lai vengon Frances e Bergonhos
Quels baros de Tholoza s'en torneron coitos,
E los Frances los segon ab coratges felos.
7220 En fugen los escrida de la Mota n'Ugos :
« Belament, cavalier ; senhors, defendam nos !
« Que mais val mortz onrada qu[e] aunida preizos. »
E ferit lo primer tant a dreit lo plansos
Si l'abat a la terra qu'en remas polveros.
7225 E cant s'areire garda, ferit .I. dels garsos,
Per qu'en remas vermelhs lo sieu blancs gonfainos.
E n'Amalvis escrida : « Cavaliers, tornem nos ! »
E pren e fier e dona grans colps meravilhos,
E defen e contrasta si e sos companhos ;
7230 En W. Unaut broca son destrier vigoros
E fier .I. cavalier quelh falsec l'alcotos,
E debriza la lansa e remas il trensos ;
En Robert de Belmont en Guilheumes lo bos

7205. nos, *corr.* os? — 7214. *Ms.* Galoens; *cf. v.* 7257. — 7233-4. *Lacune entre ces deux vers?*

E feric de sa massa, car es cavaliers bos.
7235 Ab tant ilh de la vila de l'issir talentos
En auta votz escridan : « Baros, segudam los ! »
Cavalers e sirvens e borzes e peos
Ieison de las trencadas e perprendon l'erbos,
E dedins e defora creis la defensios.
7240 Entrels corns e las trompas e los grailes els sos
Trembla l'aiga e la vila e lo castels el tros ;
E lai on s'encontreron levas la contensos
E fo cridatz Belcaire ! Tholosa ! e Avinhos !
Li bran e las gazarmas, li cairel els brandos,
7245 Las lansas e las massas, las peiras els cairos,
E li dart e las apchas, las picas els bastos,
E la[s] sagetas doblas els caireletz dels tos
De tantas partz lai vengon a present e a rescos (p. 182)
Non i es tan malignes que no sia doptos.
7250 En Peire de Vezis los fer voluntairos,
E ilh feriron lui que l'abateron jos,
E laichet son caval e repairet als sos ;
E venc Peire, sil pres per las regnas amdos,
E escrida : « Toloza ! baros, atendam los ! »
7255 E fer .i. cavaler quel falset los brazos :
Si l'abat el trabuca qu'en fremit lo campos.
Mas Simos Galoers, bels cavalers e pros,
Lo filh del manescalc qu'era valens e pros,
Montfort ! Montfort ! escrida, e durament fer los,
7260 E abat e trabuca sirvens e donzelos.
De tantas partz lo feron el ostal glazios
Que remas en la plassa debrizatz a trensos.
Bertran de Pestilhac, de ferir cobeitos,

7250 *et* 7255. **Ms**. feri.

Si feri un arquier quel partic los renhos,
7265 Qu'el cors li mes la'nsenha e la lansa el penos,
Si qu'en remas vermelha la erba el sablos.
E lo coms de Montfort qu'es mals e orgulhos
Feric ins en la preissa si qu'en abatec dos.
En tantas de partidas lo feron pels giros
7270 Que sos cavals trabuca e debriza l'arsos,
E el chai a la terra e remas els talos,
E defen e trastorna e remonta el ros.
Ins en la major preissa es W. Arnaudos,
Forsatz e retengutz, mas el es tan ginhos
7275 Ques laisec a la terra cazer da genolhos;
Mas per lor de la vila es aitant ben rescos
Que i perdec son caval e repairec al[s] sos.
Al partir de la guerra n'i a tans d'engoichos,
Car ilh dedins perderon W. P. de Mauros,
7280 El Lobs de Fois nafratz e mot d'autres baros,
El camp de Montoliu, el vergier perilhos,
On remas cada dia lo blancs el vermelhos ;
Mas la sanc el cervel e la carn els brazos
E la flors e la folha e lo fruit doloiros,
7285 De que mant olhs mirable es remazut ploros.
E lo coms s'en repaira trist e fel ez iros,
E a dit per felnia : « Jhesu Crist glorios,
« Senher, on es mos astres que sol estre tan bos
« E tant cars e tant dignes e tant aventuros, (p. 183)
7290 « Que per mar e per terra s'espandial resos?
« Anc no cudei vezer que fos tant aleitos,
« Que nom valguessan armas ni sant ni orazos.

7279. *Réd. en pr.* Guiraud de Moros. — 7282. remas, *corr.* renais? — 7285. *La phrase semble incomplète, ou faut-il au v.* 7284 *corriger* E *en* Es? *cf. v.* 7118.

« E pos la santa Glieza no defen se ni nos,
« Mens ne val sa valensa el sieu nom precios.
7295 « Perqu'ieu vos prec, car Senher, planhens e cossi-
« Qu'aram venga la mortz o tals milhurazos   [ros,
« Qu'ieu conquera la vila en sia poderos! »
Ab tant lo coms s'en intra iratz e corrossos.
Els baros de la vila s'en repairan joios,
7300 E ditz laüs a l'autre : « Jhesu Crist es am nos,
« Quens garda ens governa.

CXCVI.

« Jhesu Crist nos governa e devem li grazir
« Lo mal el be quens dona e dousament sufrir,
« Car per aital dreitura nos pot ben mantenir
7305 « Qu'en la sua crezensa volem vivre e morir,
« Car nos crezem lo Dieu quens garda de falhir,
« E que fetz cel e terra e granar e florir,
« El solelh e la luna per lo mon resplandir,
« E fe ome e femna els esperitz noirir,
7310 « E intrec en la Verge per la leg acomplir,
« E pres en carn martiri per pecadors garir,
« E dec sanc preciosa per l'escur esclarzir,
« E anec al seu paire e al Sen Esperit offrir ;
« E pel sant batisteri recebre e complir,
7315 « E per la santa Glieiza amar e obezir,
« Devem be Jhesu Crist e s'amor conquerir.
« El senhor apostoli quens devria noirir,
« Els prelat[z] de la Glieiza quens jutjan a morir,
« Don Dieus sen e coratge, escient e albir

7308. *Ms.* solhel. — 7317. *Ms.* senher. — 7319. *Ms.* Dont.

7320 « Que conoscan dreitura, els ne lais penedir !
« Car per aital nos mandan dampnar ni destruzir
« Que de sa senhoria nos volem departir,
« Per una gent estranha que fal lum escantir;
« E si Dieus e Toloza o volgues cosentir
7325 « Tot Pretz e tot Paratge agran fait sebelhir.
« El Senher qui capdela es gardec de mentir,
« E fe l'orgolh abatre e fels angels salhir,
« Nos do poder e forsa del senhor mantenir !
« Qu'el es d'aital natura c'ab sen e ab albir
7330 « Que deu amar la Gliéiza e la terra tenir. » (p. 184)
Dins la kalenda maya, cant pres az abelir,
Lo cardenals el coms fan carpenters venir
Per comensar la cata ab quels voldran delir,
Els castels els calabres els peiriers amarvir.
7335 Ab tant veos .I. messatge quels a faitz esbaldir ;
Belament ditz al comte : « Anatz tost reculhir
« L'avesque e la comtessa que venon ab desir,
« E en Michel dels Armes que fai la ost brandir,
« Gauter de la Betona, en Wlme Melir.
7340 « Oimais nons pot Tholosa defendre ni gandir,
« Que totz vostres dampnatges, lor podetz car merir,
« Que ara ve tals crozada qu'en levara .I. tir,
« Car ilh son be .C. .M. que la faran brandir.
— Oimais, » so ditz lo coms, « nom pot res dan tenir. »
7345 E anec los recebre e si eis peroffrir ;
E demenon tal joia can foron al venir :
« Senhor, » so ditz lo coms, « res nous i pot falhir,

7330. Que, *corr.* El ? — 7338. *Ms.* Michels. *Corr. de Harnes ? Ce nom, qui reparaît au v.* 7505, *manque, de même que les deux du vers* 7339, *à la réd. en pr.* — 7339. *Ms.* Wlmes. — 7343. *Ms.* .C. O .M.

« Que si prendet[z] Tholosa, nous o sai pus carzir,
« Beuretz de la fontana que nos pot perterir. »
7350 E il li respondero : « Nons podon pus tenir. »
E anero lo seti milhorar e omplir.
Mas en breu de termini venon a l'escremir,
Que tota l'ost ensemble s'es prez' a esbaudir,
Quel coms vai n'Amaldric de Crio reculbir,
7355 En Guilabert de Rocas e n' Albert de Sent Lir,
Ab pus bela companha que nous sabria dir.
Elh baro de Tholosa se son anat garnir,
Que l'us no aten l'autre c'armas posca sufrir,
E aneron las lissas els fossatz establir,
7360 Els sirvens els arquiers per las ortas salhir ;
E can la ost repaira, ques pres a revenir,
Ferol pla e la plassa e la terra tremir.
Ladoncas pogratz vezer tant ausberc resplandir,
E tant escut mirable e tant elme luzir,
7365 E tanta bela ensenha e tant peno bandir !
Non i a .I. ni autre la vila no remir ;
E pois di l'us a l'autre : « Per ma feus pos ben dir
« Que nom don' a vejaire que s'en volhan fugir. »
E lo coms de Montfort fetz la ost somonir,
7370 Que tuit vengan ensemble lo parlament auzir ;
El coms fo bels e savis e fels be enardir,   (p. 185)
E deslaset son elme e comenset a dir :
« Senhors, vos etz vengut per la Glieza servir,
« E per la vila pendre e per mi enantir.

7353. Que, *corr.* E? — 7354. Quel, *ms.* Quels. Crio, *ms.* trio.
— 7370. lo, *ms.* la. — 7373. *Réd. en pr.* ... als quals a dict et demonstrat com els son vengut per ly dona secors et prendre venjansa del comte Ramon, loqual te les iretges dins Tolosa, contra le voler de touta la Gleysa... (p. 97).

7375 « En aquesta vegada devetz tant envazir
« Que anetz autre seti novelament bastir
« Jos al fons de la vila per melhs apoderir,
« Que per nulha partida no[ns] poschan sobre issir ;
« Pois farem los laïns jejunar e languir.
7380 « E si ieu posc la vila nils baros convertir
« Totz l'avers sera vostre e l'onors a partir,
« Que de re que lai sia no vulh mais retenir,
« Mas cant sola la vila els baros destruzir. »
Tuit li baro l'escoutan e prendo a grondir ;
7385 N'Amaldric del Crio li respos al fenir :
« Per Dieu, bel senher coms, fort vos deu hom grazir
« Car en tant pauca d'ora nos voletz enantir ;
« Mas abans c'aiso sia, vos volem als querir :
« Que nons vulhatz decebre ni nons cujetz onir,
7390 « Que totz om, cant se coita, tart es al repentir ;
« Car nos el caval nostre em tuit las del venir,
« Per que ja no poiriam lo maltrait sostenir,
« Que totz om can es febles re no sab on se vir.
« Mas que tant nos voletz amar e enantir,
7395 « Vos nos laisatz la vila c'avetz faita garnir
« En quens puscam pauzar e manjar e dormir,
« Quels baros de la vila no nos fassan sortir :
« Vos conoisetz la vila e l'intrar e l'issir,
« E en cantas de maneiras los poiram adaptir,
7400 « E tinetz aquel seti que nos mandatz tenir.
« E, per santa Maria, ieu aug comtar e dir
« Quel baros de Toloza son greu per adontir ;
« Que sils vol om combatre nils cuja envilanir
« Fort bes sabon combatre e durament ferir.

7385. del Crio, *ms.* deloria ; *réd. en pr.* n'Amalric de Crio (p. 97).

7405 « Per queus pregam, bel senher, quens laichetz re-
   « E nos e vos ensemble irem los envazir,   [venir,
   « En tantas de maneiras aisi dreit reculhir
   « Que lor farem las lissas e los valatz omplir.
   « E si podem la vila els baros comquerir,
7410 « Tot essems sia vostre, e que non laisetz ir,
   « Car en autra maneira nos po[i]ri' avenir. »
   E cant lo coms enten que nols pot sopartir, (p. 186)
   El trembla e sospira e pres ad esfelnir,
   E cavalgan ensemble, e van se asezir
7415   Dins la novela vila.

CXCVII.

Dins la novela vila albergan a prezent
E los traps e las tendas permei lo paziment.
Elh baro de Toloza feiron lor parlament,
E foron al cosselh tuit li plus e[n]tendent.
7420 Mas n' Rogers Bernatz parla suau e dousament,
Car es gentils e savis e a valor e sen,
E es filhs del bon comte que te Fois e defent.
Belament se razona e ditz lor en rizent :
« Senhors, no i a cosselh mas del defendement,
7425 « Que ja no i trobarem merce ni cauziment.
   « E no aiatz temensa ni nous detz espavent,
   « Que per so devem estre coratjos e valent
   « Car avem bona vila e bo dreit ichament,
   « E leial senhoria e Jhesu Crist guirent

7410. non *pour* nos ne. — 7417. *Ce vers se construit mal; il y a peut-être une lacune entre les deux hémistiches; cf.* v. 7555. — 7420. Mas n', *ms.* Mans.

7430 « Quens guida ens governa, e fa nos a parvent.
« E per so que hom conosca lo nostre afortiment,
« E que la noit el dia lor estem sus la dent,
« Nos creisserem la vila de novel creissement,
« E bastirem per forsa tot lo vielh bastiment,
7435 « E farem i tal obra e tal afortiment
« Que nos perdrem temensa, e ilh siran tement. »
Ditz n'Dalmatz de Creissil : « Vos dizet[z] be e gent,
« Que per esta creguda valdrem mais per .I. cent,
« En sirem pus delhivre e milhor combatent.
7440 — Senhor, » ditz en Pelfort, « senes tot falhiment,
« Nos e tota la vilan prendrem milhurament,
« E n'estarem trop melhs e pus segurament ;
« E ges no podem far milhor amparament :
« E nom de Jhesu Crist comensem o breument. »
7445 Ladoncas van a l'obra aisi cominalment
Quels paires ni las maires ni li filh nilh parent,
L'us no espera l'autre, nil paubres lo manent.
Pero Rotgers Bernartz bastil comensament,
E feron las clausuras el mur el fundament,
7450 Els fossatz e las lhissas els dentelhs defendent.
Mas per tota la vila levan l'esbaudiment,
E dizen l'us a l'autre : « Dem nos alegrament !
« Qu'en Arnaut es intratz de Vilamur valent, (p. 187)
« Que a bon cor e forsa, valor e escient ! »
7455 E lo coms de Montfort fe ajostar sa gent,
Que foro ben .C. .M., que cadaüs l'entent,
E mostret lor Tholoza e l'apertenement :
— Senhors, » so ditz lo coms, « vec vos la sobre-
« De tot crestianesme e de tot salvament.   [dent

7436. *Ms.* perdram. — 7454. *Ms.* f. e v.

7460 « Tant so mal e felo e gualhart e metent
« Que totz lo mons i troba batalha e content.
« Tant soi iratz e fels que[l] cors me part em fent :
« Cant ieu creisse de forsa ilh creiso d'ardiment;
« E per la lor ondransa e pel meu baichament
7465 « An creguda la vila aisi novelament.
« S'ieu no posc cosselh prendre al lor cofondement,
« Petit pretz ma valensa el vostre acorrement;
« Mas, si m'en voletz creire, ilh son al feniment.
« Per destruire la vila e prend[r]el venjament
7470 « No[s] farem autre seti outra l'aiga rabent,
« Que negus d'els no i intre ni n'esca solament.
« E tindrem es dos setis aisi tant longament
« Tro quels prendrem per forsa, que sian recre-
Tota la ost essems autrejan est coven,   [zent. »
7475 E laichero el seti lo bo[n] establiment,
E li autre passeron a Murel verament,
Et agro pro vianda e adreit compliment.
E lo coms s'en levet a l'alba pareichent,
E fe sonar las trompas e garnir subtilment,
7480 E perprendo la plassa e l'autre mandament.
Li ausberc ab cubertas e li bel escut pent,
E la clartat dels elmes e las boclas d'argent
E li caval d'Espanha e li capel luzent
E las senhas de pali e li gonfano tent
7485 E li corn e li graile e las trompas el vent
Fan brandir la ribeira, l'aiga e l'element;
E cavalgan ensems tant ergulhosament
Quels baros de Tholosa los viron a prezent.
E feiron de lors eiches aital meitadament

7473. que, *corr.* o? — 7478. levet, *ms.* leva.

7490 Que lo coms de Cumenge ab bon captenement
En Dalmatz, en Pelfortz, Sicart de Poglaurens,
Am las belas companhas complidas de jovent
Establiro las lissas e lo defendement;
E li autre s'en eison permiei los pons corrent,
7495 Cavalers e borzes, e arquer e sirvent,   [(p. 188)
E tuit passeron l'aiga, que negus no s'atent.
Mas Rotgers Bernatz manda e capdela e defent,
En Rogers de Montaut que venc primeirament,
El pros n'Ot de Tarrida e li ben defendent,
7500 E perprendon la grava els ortz el cazament.
E lo coms de Montfort ab totz los sieus batent
Vengron permeg la vila de Sent Subra baten;
E passan las trencadas tant afortidament
Qu'intreron per la grava e pels ortz dreitament;
7505 Mas en Miquels dels Armes a pres envaziment :
Gautiers de la Retona en Felip d'Aiguilent
Primeirament dels autres brocan en contendent.
N'Arnaut de Vilamur ab fin cor e valent
Los atent els espera aperceubudament,
7510 E escrida sa senha e baicha e destent,
E fer .i. cavalier que l'abatec sagnent.
E dedins e defora feron l'acordament,
E escridan Tholosa! e Montfort! autament,
E lai on s'encontreron feiron lo chaplament.
7515 Mas las lansas polidas e li bran resplandent
E li dart e las picas e li acier razent
E las peiras redondas e li espieut brandent
E las sagetas primas e li cairel punhen

7501-2. *La répétition de* batent *à la rime est probablement fautive.*
— 7505. *Cf. la note du v.* 7338. — 7512. acordament, *corr.* acorament?

De la part de la vila van tant espessament
7520 Que li escut debrizan els elms elh garniment,
El baro de lafora ferol departiment.
Al partir de la guerra e al perilhament
Li Franses s'en repairan envas l'aiga sortent,
Els dedins los persegon encausan e firent,
7525 Li omes de la vila milhuran e creichent,
Que per mejas las ondas se feron mantenent;
El cavaler trabucan e li caval franhent.
E lo coms de Montfort ab lo leo mordent
Aisis revols es vira e fer ardidament
7530 Que defen e restaura totz los seus en perdent;
Mas empero passeron firen e combatent
L'un bratz de la Garona el ribatge engalment;
E lo coms s'en repaira complitz de mal talent,
E can foron essems ditz lor iradament :
7535 « Baros, no sai quem diga ni no sai quim reprent :
« Ges non es meravilha si m'es greu e cozent, [(p. 189)
« Car una gens falhida quem feiro sagrament
« Mi crechon trastotz dias d'antas e d'aunimens.
« E per la lor venjansa e pel meu ondrament
7540 « Nos n'intrem albergar a Sent Subra laent,
« Que per nulha partida no siran mais fugent. »
Gautiers de la Betona li respon sobdament :
« Per Dieu! bel senher coms, ilh nos an fait parvent
« Que no vitz milhors homes ni de milhor sement;
7545 « Que mot valo per armas e per afortiment.
« Tant so mal e salvatge e fissan e mordent
« Qu'ins el vostre leo an meza la serpent :
« Si vos non etz Golfers al sieu delhivrament.

7541. siran, *corr.* serem.

« Nos e vos e li autre em vengut al turment. [ment,
7550 « Per qu'ieu ai gran temensa de prendre dampna-
« Si tant pres de la vila prendam albergament. »
E li baro essems fan tal acordament
Que lotjas e caudeiras i laiseron ben cent,
E torneron areire mieja lega vertent,
7555 E fiqueron las tendas desobrel paziment.
Elh baro de Toloza alegre e jauzent
S'en tornan en la vila.

CXCVIII.

Can tornan en la vila mandan als mesatgiers
Qu'ades Br. Par. re e maestre Garniers
7560 Anols trabuquetz tendre e comensel chapliers.
Ez a las cordas tendre ac n'i be .x. milhers,
E mezon en las frondas los bels cairos grossiers,
El castel Narbones els portals frontaliers,
Els murs e las bertrescas els ambans meitadiers,
7565 E de la tor Ferranda los verials primers
Abaton e trabucan e brizon a cartiers ;
Ez escridan : « Tholoza ! ara creis lo braziers,
« Qu'es anatz e vengutz lo nostre desiriers,
« Lo rics valens coms joves el senher dreiturers ! »
7570 Mas en breu de termini se mermec l'alegriers,
Que lo vens el troneire e l'aura el tempiers
Tres nogs totas entieiras e tres jorns totz entiers
Fetz deversar e ploure ab los elementiers,
Que tant crec la Garona que perpren los graviers

7559. Bernatz *en toutes lettres au v.* 9424. — 7564. *Ms.* vertrescas. — 7568. *Corr.* Ques aras es v.?

7575 Els camis e las plassas e los ortz els vergers,
Que per meja la vila intrec ins els celiers, (p. 190)
Aisi que sobre l'aiga no remas pons entiers,
Ni molis ni paichera ni pals ni alabers.
E mieja de Garona, on els fils montaners,
7580 Ac doas tors garnidas els dentelhs batalhiers
Dels homes de la vila, de bos e de leugiers;
E cant l'aiga s'amerma e [es] lo flums engaliers,
Lo rics coms de Montfort, qu'es mals e sobranciers,
Ab sa granda crozada e ab sos grans mainaders,
7585 El perpren la ribeira e los pratz els gravers,
E mes en l'Ospital los valens soldadiers
E las bonas companhas e los arbalestiers,
E fe bonas clauzuras e los valatz raziers,
Els murs e las arqueiras els covinens solers
7590 On el leos malignes el sieus gonfanoniers,
E conduitz e vianda a moitz e a sestiers;
E trames los mesatjes correns e viacers,
Que per Agenes venga lo bels naveis corsers;
Ez en la bela plassa on s'espan l'areniers
7595 El bastic los calabres e desobrels targers,
Que vol la tor abatre ez aver los torrers.
E laïns en Toloza es grans lo desturbers
El trebalhs e la ira el mals el caitiviers,
E paors e temensa d'omes e de molhers;
7600 E si ditz l'us a l'autre : « Jhesu Crist merceners,
« Vos gardatz las dreituras de vostres dreiturers! »
E las donas descausas van orar als mostiers,

7579-80. *Réd. en pr.* et al pont de S. Subra no demourego que las duas tours, en lasqualas avia bona garniso de los de la vila (p. 98). — 7582. *Corr.* el f. es e.? — 7590. *Ms.* On el n leo. — 7601. *Ms.* gardartz.

E portan las ufrendas, els bels pas els diners,
E ciris e candelas per metre els candeliers ;
7605 E pregueron la Verge on floric lo rozers
De que nasc lo filhs dignes qu'es clars e vertaders,
Que nols laiche cofondre als enemics sobriers.
Mas empero mandero als majors capdaliers,
En Dalmatz de Creissil qu'es bel e bos parlers,
7610 Belament parla e dicta ab plazens castiers :
« Senhors, sil temps es mals ni durs ni aversers,
« Ja no von venga ira nion cresca espaventers,
« Que motas vetz per perdre ave grans milhorers. »
A la vila defendre fon aitals l'acordiers
7615 Que lo coms de Cumenge ab los sieus companhers,
En Br. de Montaut e l'Abas en Rogers,
En Guirautz en Pelfortz desobre lor destriers, (p. 191)
El pobles de la vila firitz e firendiers,
Tengan be las trencadas els fossatz els portiers ;
7620 E sai Rotgers Br. qu'es bos e plazentiers
Mandec tost al Capitol e als cominalers
E als autres prosomes, borzes e marcadiers,
Ques aian los maestres els nautors els brassers
E las bonas cumpanhas els sirvens loguadiers,
7625 Ops de las tors socorrer, car i a grans mestiers.
Ez els li respondero : « Farem o volontiers. »
E per meja la vila an triatz los obrers,
E sus al cap del pont an mezes carpenters.
Mas dopterol passatge car es tant esqueriers
7630 Car lo pons es en l'aiga abatutz a carters.
Mas en Peron Domingo, us valens escuders

7608. als, *corr.* los, *ou y a-t-il une lacune après ce vers ?* — 7612. nion, *pour* ni vos ne. — 7613. *Lacune après ce vers ?* — 7618. *Corr.* firens e fazendier ?

Que fo natz d'Arago, s'es faitz aventuriers,
E passec per la corda grans dos corses pleniers,
Ez anc major perilh no trais nulhs aversers;
7635 E dedins e defora l'esgardan .c. melhiers,
E si ditz l'us a l'autre : « Aquest hom es leugiers. »
Pois feron pons de cordas ab cledas traversers,
Per que a la tor velha es complitz lo sendiers.
Mas a l'autra socorrer es majer l'encombriers,
7640 Car no i es lo passatges ni pons ni escaliers :
De l'una tor a l'autra ab loncs filetz dobliers,
Qu'en un vaichel de cesca que recemblec carniers,
I portan la vianda e los cairels d'aciers.
Pero n'Ugs de la Mota, .I. valens cavalers,
7645 Ben complitz de las armas e dels autres mestiers,
Ab bona companhias mes en l'aiga primers
Per la tor a defendre ab los capitoliers.
Mas tant son grans las ondas e lo flums rabiners
Ques el no i poc atendre e passec l'i costiers,
7650 Aissi c'a l'autre pont fo la guerra el chapliers
De donar e de prendre mot grans colps glaziers.
Mas emperol Capitols valens e fazendiers
Permeg l'aiga prionda foron aventuriers,
C'an la tor establida e tornon a vivers.
7655 E lo coms de Montfort qu'es afortitz guerrers,
Car vol la tor abatre els dentelhs batalhiers,
Tota la noit el dia, ab cairos traversers
Ez ab peiras redondas et ab colps sovendiers, (p. 192)
La combat lo calabres e la franh lo peirers,
7660 Que tot lo mur debrizan e n'espan lo mortiers,
Els portals e las voutas els cairos estremiers.

7646. *Ms.* companhia. smes.

E cels dins, cant o viron que no sera estiers,
Ab afortitz coratges e ab mals reproers
Receubro motas plagas e motz colps mortaliers,
7665 Que de la sanc vermelha an mulhatz los braguers.
Iradament, per forsa, ab los coratges niers
An la torr desparada, e montal senhariers
Del comte de Montfort e dels seus bordoniers,
Ez escridan la joya.

CXCIX.

7670 Escrideren la joya e Montfort! entre lor,
« Que vengutz es lo termes que cobrarem la onor,
« E cobrarem la vila e vos iretz alhor! »
Mas aquilh responderon, que son en l'autra tor :
« Ans la partiran lansas e espazas e plor ;
7675 « E si vos ctz maligne e mal e gabador,
« Nos avem dreit e vila, coratge e senhor. »
Mas non es meravilha sis donero temor,
Car non an rei ni comte ni nulh amparador,
Mas cant Dieu Jhesu Crist quels ama els socor.
7680 E lo coms de Montfort e li sieu valedor
En la tor sobre l'aiga an messa l'auriflor.
Pero tant s'aprosmero li nostre e li lor
Que per mejas las ondas li arquer elh nautor
Se combaton essems tota la noit el jor,
7685 Que los cavals se nafran ins en l'abevrador.
Ab tant veus per la vila una gran resplandor
Quels defen e restaura els torna en color :
En Br. de Casnac es vengutz al santor,

7661. s'era? — 7688. *Réd. en pr.* Bernard de Cahusac.

Ab bona companhia, ab cor defendedor,
7690 Per amparar la vila e per defendre lor.
Anc no vis per dreitura segon de sa ricor,
Pus adreit cavalier per complida lauzor,
Qu'el a sen e largueza e cor d'emperador,
E governa paratge e capdela valor.
7695 Per restaurar dreitura e per franher dolor
Venc amparar Toloza el comte per amor;
Ab lui R. de Vals qu'es de son parentor,
Vezias de la Mota, .I. valent valvassor;
El baron de Capitol qu'eran governador (p. 193)
7700 Intreron ab gran joya, el Braimanso ab lor.
El baron de Tholoza ab lo poble menor
Les aneron recebre ab joi e ab baudor.
Li crit e las senheiras el corn el trumpador
Fan retendir la vila e esclarzir la brumor.
7705 E lo coms de Monfort cant auzit la rumor
Ab petita companha passec l'aiga ves lor,
E laichec establit l'Ospital e la tor,
E es vengutz al seti e a parlat ab lor :
« Senhors, » so dit lo coms, « vostre ennemic pejor
7710 « Perdon l'aiga e la vila els pons e la valor;
« Ez ai laïns auzida tant granda tenebror,
« Sapchatz c'anar s'en volo, o amics lor socor. »
Ab tant veus .I. mesatge que lh'a dit la veror :
« Senher coms, en Toloza son intrat valedor,
7715 « Ab n'Br. de Casnac sinc cens cavalgador
« Que defendran la vila, e vos combatetz lor.
— Amics, » so ditz lo coms, « ilh an faita folor,

6697. *Réd. en pr.* Ramon del Valz. — 7698. *Corr.* de Lomanha;
cf. v. 8959 Vezias Lomanhes. *Manque dans la réd. en pr.*

« Que per la mia intrada n'ichiran li trachor ;
« Que ja tant cant ieu viva faizit caminador
7720 « A mi ni a la Gleiza no faran mais paor. »
Lo coms el cardenals e li cosselhador,
N'Amaldrics e l'ivesque e li autri doctor,
Cosselheron essems a cosselh celador.
« Senhors, » so ditz lo coms, « a totz vos fas clamor
7725 « Car tuit mei soldadier s'en volon ir albor,
« Car ieu non ai quels pague ni no sai dire dor.
« Sapchatz aquesta vila m'a mes en tal error
« Que cascun jorn me baicha lo pretz e la valor.
« D'estas doas partidas me don Dieus la milhor,
7730 « Que, per santa Maria qu'es a Rocamador,
« O m'aucira la vila o ieu aucire[i] lor !
— Coms, » ditz lo cardenals, « aquel Dieus qu'ieu
« Conoih ben la drechura, cal son li pecador. » [azor
La vespra del dimenge del santisme santor
7735 Que Dieus dec als apostols clartat e resplandor,
Lo coms Simos se leva gran mati a l'albor
Ab sa bela companha e li avantador
Per las vinhas destruire e per l'autra labor ;
E perprendon las plassas vas l'olm de l'Orador.
7740 Els baros de la vila, li menre el major, (p. 194)
Que so adreit per armas e bon defendedor,
Cel se te per delhivres que denant l'autre cor
Per garnir las trencadas e la vila entor.
Cavaler e borzes e Braiman feridor
7745 El valens adreitz pobles firens cumbatedor
Elh sirvent frontalier e li dardejador
Prendols ortz e las vinhas e li frondejador,

7721. el, *ms.* els.

Els camis e las plassas el bel garrejador.
D'entr'ambas las partidas s'aprosman entre lor ;
7750 Mas li crit e las trompas els corns e la tabor,
E la clartat dels elmes e l' aurs am la blancor
Afortih los coratges e l'ardiment forsor :
Aisi vengon essems coma folhas ab flor
L'orgols e la felnia e lh'esperonador,
7755 E lo cels e la terra e l'airs e la brumor
Fremih e braila e mescla l'acers el gran ardor.
Els baros de Tholoza, can viro la tremor,
Per lor mezeis defendre e per contrast de lor
Comenseron la guerra el perilh e l'ardor;
7760 Ez en la bela plassa, denant Sent Salvador,
D'entr'ambas las partidas mesclan la tenebror,
E comensan la guerra.

CC.

La guerra recomensa el critz e la tenson,
E vengon per las plassas la mainadan Simon ;
7765 D'entr'ambas las partidas punhen a esperon :
Primeiramen dels autres n'Amaldrics de Crion,
En Gautiers de Cambrais, en Tibaut de Blezon,
En Gilabert de Rocas, en Dragos de Merlon,
En Raolf de Niela, n'Albert de Caldairon,
7770 En Jaufres de la Trena, en Rainers d'Albusson,
En Johans de Brezi, en Raners de Rancom,
En P. d'Escorralha, en Tibaut d'Orion,
En Girvais lo ventreos, Gilabertz Malbusson,

7751. e l', *ms.* els. — 7763. Dragos, *corr.* Drogos.

En Robertz de Belmon, en Robertz de Chalon,
7775 En Robertz Penquenis, en Robertz de Chinon,
En Raolf de Peitieus, en Giraus de Lansson,
En Raymbautz de Trias, en Johans de Bollon,
En Guis de Mauretanha, en Rainer lo Frizon,
N'Amaldrics de Luset, en Bertrans de Corsson,
7780 E las autras cumpanhas, orgolhos e felon.
Aisi vengon essems Frances e Bergonhon, (p. 195)
[Qu]e debrizon la terra e l'erba el sablon.
Els dedins los receubo ab fin cor e ab bon,
L'adreitz Rogers Br. e li autre baron,
7785 Cavaliers e borzes, a la comensazon,
El pobles de la vila el sirvent elh geudon ;
E mezon la barreira e la defension,
E desus la senheira qu'era de Mont Aigon.
N'Alias d'Albaroca, .I. valent Braimanson,
7790 El en Br. Navarra e l'autri companhon,
Am lor n'Otz de Tarrida, en Guirautz de Gordon,
El valens n'Amalvis, de la Mota n'Ugon,
En Br. de Sent Marti, R. de Rossilhon,
En Peire de la Isla qui ferit del planson
7795 Lo primer que venia sobre la garnizon,
Que debriza la lansa e reten lo trenson,
Cels suffriron la guerra a la comensazon.
Es escridan Tholoza! e Montfort! e Crion!
E las trompas els grailes fan retendir lo tron.
7800 Lansas e dartz e picas e massas e brandon
E gazarmas e peiras e apchas e bollon
E sagetas e flechas e cairel e pilon
E motas de partidas i vengon d'aviron,

7794-5. *Ms.* quel f. || Lo primers. — 7801. bollon, *corr.* bolzon ?

Que l'ausberc e li elme e l'escut e l'arson
7805 Els entresens mirable el frezel el boton
E[l] cavals e las tressas e l'aur el cisclaton
Que de sanc e de plagas semblavan vermelhon.
Tant fon granda la noiza e lo critz el reso
Que motz dels de la vila s'en intran a lairo,
7810 Ques banheron en l'aiga del fossat lo mento.
E li autres combaton laforas el cambon,
Ciutada e borzes e arquier e pezon ;
Ez an mort en la vinha Guilheume Caudaron,
E li lor e li autre sobre lui contendon ;
7815 En Sicartz de Montaut los defen a bandon.
Li cairel e las astas e li reng del penon
E l'escut e li elme el caval el planson
Hi estan plus espes qu'espina d'erison ;
Pero ilh de lafora l'en levan de randon.
7820 Mas una gens estranha, Blaventi e Breton,
Vengon permei las plassas desgarnit e felon,
E portan foc e palha e falhas e tizon, (p. 196)
E corron vas la vila, e escridan Crion !
E dedins los receubon sirvent e donzelon
7825 Que los feron els brizan pel peh e pel brazon,
E lo coms s'en repaira ab la poblacion.
El jorn de Pentecosta can granan li broton
Lo coms auzic la messa e la profession,
Ez en apres s'en intra dedins .I. pabalhon,
7830 El cardenals e l'abas e l'avesque felon,
N'Amaldrics en Bochartz e so frairen Guio,
En Alas, en Folcautz e li autre baron :

7813. *Ms.* Guilheumes. — 7825. brazon, *ms.* brizon. *Lacune après ce vers ! La réd. en pr., ici très-sommaire, n'est d'aucun secours.*

« Senhors, » so dit lo coms, « ben ai dreg e razon
« Que mi e totz vos autres meta en ramizon,
7835 « Cum ieu cobre Toloza els baros que lai son.
« E prec Dieu que lam renda o que la mort mi don,
« Car m'an ins el cor messa la ira e la tenson,
« Qu'ieu no los posc combatre ni no sai cum eston;
« E no posc mais suffrir la granda message,
7840 « Car li mieu soldadier m'an dig ara de non,
« E las autras companhas, car ieu non ai quels don.
« Mas, si m'en voletz creire, ieu darei cosselh bon:
« Hieu fas far una gata, anc tan bona non fon
« Formada ni bastida des lo temps Salamon;
7845 « E no tem trabuquet ni peirier ni cairo,
« Quelh soler e las alas el trau el cabiron
« Elh portal e las voutas el fial e l'estaon
« Son de fer e d'acer tuit lassat environ.
« Quatre cens cavalier[s], dels milhors c'ab nos son,
7850 « Cent [e] .L. arquiers complitz de garnizon
« Metrai ins en la gata, e nos tug a peon,
« El fossat de la vila la metrem el fondon,
« E can siran essems li filh e li pairon,
« Entrels brans e las massas farem tal chaplazon
7855 « Que de sanc ab cervelas banharem mon leon.
« Ez ieu metra[i] Toloza a foc e a carbon,
« O recebrai martiri e mort e passion.
— Coms, » ditz lo cardenals, « santa Gleizaus somon
« Que non aiatz temensa ni mala sospeison,
7860 « Qu'ela a poder qu'eus tola e ha poder queus don,
« E poder queus defenda e poder queus perdon;
« E si be la sirvetz auretz ne gazerdon.

7835. lai, *ms.* laïns. — 7847. *Sic.* — 7857. e ... e, *ms.* o ... o.

« E combatetz la vila, que ben es de sazon. » (p. 197)
Ab tant veus .I. messatge qui li ditz .I. sermon :
7865 « Senhors, vec vos venir lo ric comte Saishon,
« Ab tant bela crozada que vos hi auretz pron.
— Amics, » so ditz lo coms, « aiso m'es bel e bon ;
« Ez anem los recebre.

CCI.

« Ez anem los recebre, car hi ha gran mester. »
7870 El coms hi vay ab joya e l'autre cumpanher,
N'Amalrics, en Bochartz, en Guiot, en Rayner ;
E lay on s'encontreron, ab bel dig plazenter
Lo coms de Montfort parla e dousament l'enquier :
« Senher coms de Saisho, vostr'amor volh e quier ;
7875 « E podetz ben conoisser cum n'ai gran desirier :
« Mais d'amor vos ai faita ques a nulh cavalier,
« Que pos vi vostras letras e vostre latiner
« Quem vendriatz socorrer ab n'Otes d'Angelier,
« Ai bastida la gata el castel el peirier ;
7880 « E per que n'aguessatz lo nom el pretz entier,
« No vulh Toloza prendre tro que i fossatz primer.
« Ez auretz de l'aver lo quint o lo carter,
« Ez apres seran vostre tuit li melhor destrier,
« E vos dar n'etz a cels qui n'auran gran mester ;
7885 « E diiran per las terras li estranh messatgier
« Que lo rics coms Saishos pres Tholosa l'autrier. »
El coms se pres a riire e ditz .I. reprover :
« Senher coms de Montfort, cent merces von refer
« Car en tant pauca d'ora m'avet[z] fait thesaurier

7864. li. *corr.* lor, *ou* Senhor *au v. suivant*. — 7865. *Réd. en pr.*
le comte de Saicho. — 7880. *Ms.* E p. so q.

7890 « De l'aver de Tholoza quem donatz a doblier.
« E si prendetz la vila n'ieu mezeis la comquier,
« Totz l'avers sia vostre, que ja part no von quier.
« E si m'en voletz creire, ans o faretz estiers :
« Que a mi ni als autres non donetz .I. denier
7895 « Tro que pagat ne sian tuit vostre soldadier.
« Mas de la perparansa vos darai bo loguier :
« Que si prendetz Tholoza d'aquest .I. an entier,
« Can l'auretz comquerida ieus dare[i] Montpeslier.
« Que, per santa Maria, a mi comtec hom her
7900 « Que ilh an dins la vila tot cant que an mester,
« E bon cor e gran forsa e senhor dreiturer.
« E valon tant per armas e son tant bon guerrier
« Que cant vos lor datz glazis ilh vos redon carnier.
« Nos em d'estranha terra, novel penedenser, (p. 198)
7905 « E servirem la Glieiza de grat e volentier
« Tota la carantena trol termini derrier,
« E poish tornar nos n'em per aquel eish sender. »
Tant parleron essems tro al loc domengier
On lo coms de Montfort tel seti frontalier.
7910 E laïns en Tholoza estan en cossirier
Car de motas partidas son l'enemic guerrier,
Que totz crestianesmes los menassa els fier.
Mas lo filhs de la Verges per donar milhorier
Lor trames una joya ab un ram d'olivier,
7915 Una clara estela el luga montaner :
Lo valent comte jove, clartat ez eretier,
Intra permeg la porta ab la crotz e l'acer.
Mas Dieus li fe miracle e signe vertadier
Qu'el metra en cadena lo leo glazier,

7918. *En marge* : Aisi intra lo comte jove a Toloza.

7920 Que de la tor del pont, del dentelh estremer,
C'avian li Frances conquerida primer,
Cazec la ensenha en l'aiga, el leos el gravier,
Dont tuit cels de la vila n'an complit joi plener;
Ez aneron recebre lo comtel cavalier,
7925 Els baros de la vila els bo[r]zes el viguer
E donas e borguezas, que n'an gran desirier;
E no i remas piuzela en cambra ni en soler.
El pobles de la vila, li gran el menuzer,
Tuit remiran lo comte coma flor de rozer.
7930 De lagremas joiozas, de joy e d'alegrier
Son complidas las plassas els palais elh verger.
E lo coms ab gran joya dechendec al mostier
Del baro sent Cerni, vertudos mercener,
Que anc no volc paria de Frances ni la quier.
7935 Las trompas e li graile el corn el senharer
Els senhs e las esquilas, que brandichol cloquier
Fan retendir la vila e l'aigua el graver.
Ez amb aquela joya issiron .v. milher,
E perprendon las plassas sirvent e escudier,
7940 Dreitament vas lo seti li corrent el leugier;
En auta votz escridan : « Sa Robi, sa Gautier!
« A la mort! a la mort Frances e bordoner!
« Que nos avem doblatz los pungs de l'esquaquier,
« Que Dieus nos a redut lo cap e l'hereter,
7945 « Lo valent comte jove qui aportal brazer! » (p. 199)
E lo coms de Montfort cant au lo reproer
El a passada l'aiga e venc a l'arener,
Ez anerol recebre siei baro domenger.
El coms se pres a riire e demanda et enquier :
7950 « Senh'en coms, » ditz en Joris, « ara avetz parier
« Que porta sanc e glazi e flama e tempier,

« Ez er nos a defendre al fer e a l'acier.
— Joris, » so ditz lo coms, « nom detz espaventer :
« Qui no sap cosselh prendre l'ora que l'a mestier
7955 « Ja a la cort del Poi no prengua l'esparvier !
« Totz temps m'aura Toloza el coms a frontalier,
« Que ja non aurem trevas ni patz ni acorder
« Entro qu'ieu la comquera o que elam comquer.
« E pel meu avantatge e per lor desturbier
7960 « En aquest hospital fare[i] castel entier,
« Ab dentelhs e ab lissas e ab mur batalhier,
« E de la part deforas pal linhat de carter,
« Pertot a la redonda gran fossat traverser,
« E de sa, deves l'aiga, bel mur en aut terrier,
7965 « E de lai vas Gascuenha lo pont e l'escalier ;
« Ez aurai la ribeira, lo condug el viver. »
Ab tant vengon per l'aiga borzes e nautonier,
El crit e las senheiras el sirvent e l'arquier.
Ilh escridan Toloza! et eichon el gravier.
7970 Pero silh de [la]fora, sirvent e balestier,
Recomensan la guerra el perilh el chaplier ;
En las tors sobre l'aiga se combatol torrer
Tota la noit el dia.

CCII.

Tota la noit el dia se combaton manes
7975 Li baro de lafora, lo coms e li Frances.

7974. *Ici, par exception, la réd. en pr. est plus développée que le poëme, p.-ê. d'après un texte plus complet :* Estan passat et ajustat an sasditas gens, son prestamen anats frapar sur los de ladita vila, et talamen an frapat que touts les an meses en fuita ; mais premier n'y son pro demorats de morts et la pluspart de los vaissels. Et

Pero cil de la vila son durament defes;
E lo coms de Montfort qu'es mals en totas res,
Ab mot bela companha s'es ins en l'aiga mes,
Ez ab genh et ab forsa les a tant sobrepres
7980 Que l'autra torr a preza e lo pont a malmes,
E mes hi sa senheira el leo els aurfres.
Elh baro de la vila los an molt be comes,
Per aiga e per terra, cavalers e borzes;
El pobles elh sirvent se son tant entremes
7985 Que sus el cap del pont an .I. peirer asses,
Et ab peiras redondas ez am cairels turques (p. 200)
Los nafran els debrizan soendet e espes.
En tantas de maneiras los an aisi repres
Que senes grat, per forsa, son de la tor deches,
7990 Et an la desparada ez an laïns foc mes.
E[l] nautor de la vila que son bo e cortes
Corron per tota l'aiga, e en lonc e en tes,
E sercan las ribeiras e perprendol paes,
E meto y las viandas e los conduitz el bes.
7995 Ab tant cil de la vila e Braimans e Ties
Prendols brans e las massas e los bos arcs turques,
Ez an passada l'aiga .C. e .LX. e tres.
Cels de l'ost los remiran, cavalers e pages.
Adoncs escridan Joris de las tendas on es :
8000 « En P. de Vezis, senher, mal nos es pres,
« Que l'ome de la vila se son contra nos mes! »
E corro a las armas e als cavals mores,

quand se son estats fugits, lo C. de M. an los vaissels es anat dona l'assault a l'autre tour de S. Subra, laquala tenian los de la vila, coma dessus es dit, et talamen an fait que les n'an faits salir; et els son intrats dedins, et an metut a bas le reste del pont que anava vers la vila (p. 99). — 7981. mes, *ms.* mel.

E veston los ausbercs els elmes pabies,
Ez an passada l'aiga e vengon endemes,
8005 E dedins en la grava comensa lo chaples.
Entrels brans e las massas e los fers mortales
D'entr'ambas las partidas se feron demanes ;
Peiras e dartz e flechas hi vengon tant espes
Que las boclas pessian e cristals e orfres
8010 Els escutz e las selas e los peitrals els fres.
Pero cels de la vila los an aisi repres
Que firen los en menan e vencutz e malmes,
Qu' ins en l'aiga trabucan dos e dos, tres e tres ;
E laïns ebateron Raülil Campanes ;
8015 E qui sap nadar nada, e qui no sap mors es.
Capels e dartz e lansas els gonfainos els fres
S'en dechendon per l'aiga, que la onda los pres.
Al partir de la guerra n'i remazo d'estes.
E li Frances repairan de gran felnia ples,
8020 E lo coms de Montfort durament los enques :
« Senhors, beus deu hom dar cavals e palafres.
« Tuit devem aver joya, car tan be vos es pres
« Dels homes de la vila c'avetz vencutz e pres.
« Mas, per santa Maria, tant son pros e cortes
8025 « Que laichat lor avetz del pretz e de l'arnes. »
E lo coms passec l'aiga am Lambert de Cales,
E parla e cosselha el castel Narbones ;   (p. 201)
E fo y lo cardenals el senher avesques,
E lo coms de Saisho, en Aldrics lo Flames,
8030 N'Amaldrics de Crio, en Americs de Bles,
En Gilabertz de Rocas, en Ricartz de Fores,
En Bocartz, en Alas, en Ugo de Lasses.

8025. *Corr.* dels pres? — 8030. Amaldrics, *ms.* Aimerics.

« Senhors, » so ditz lo coms, « be sabetz que vers es
« Quel senher apostolis m'a lhivrat Carcasses,
8035 « Qu'ieu capdele[s] la terra e qu'a dreit la tengues
« En aital covenensa que ja no la pergues,
« Ez ai la conquerida e la crotz e la fes.
« Ara m'es a vejaire qu'ieu sia si repres
« Que s'ieu no preng la vila ans que venga .I. mes
8040 « Mais me valdria mort o que ja no nasques.
« Que, per santa Maria, ieu soi tant fort esmes
« Que l'avers no m'aonda nil dos nil pretz nil ces.
« E s'ieu me part del seti entro quels aia pres,
« Mens en valdra la Glieiza ez er morta la fes. »
8045 E lo coms de Saisho li respon demanes :
« Senh'en coms de Montfort, si a Jhesu Crist plagues
« Que orgolhs fos drechura e pecatz fos merces,
« Vostra fora la vila e l'avers e l'arnes.
« Mas nom da a vejaire c'ara sia comques,
8050 « Per so quel coms R., que es dux e marques,
« La clama per linatge, e sabem que vers es,
« E sos fils lo coms joves qu'es nebs del rei Engles;
« E i es Roger Bernartz e lo coms Cumenges,
« Els homes de la vila, que fan semblant quels pes
8055 « Car vos los avetz mortz e destruitz e malmes.
« Pero, si l'apostolis ni la Glieiza volgues
« Ques entre vos e lor fos acordiers ni bes,
« Per so quelh laichesatz la terra e son heres,
« Mais ne valdria Roma el crestianesmes ;
8060 « Ez aguessatz la terra que del vescomte es.
« Pero us frugs i brolha que ditz ben que sieu' es,

8034. Quel, *ms.* Quels. — 8055. avetz, *ms.* anres; *cf. v.* 8092.
— 8058. quelh, *ms.* que li.

« E voldra la cobrar, cui que plassa o pes. »
Ditz lo coms de Montfortz : « Senher, so non es res,
« Car ieu ai conquerit Tolza e Agenes,
8065 « Caerci e Bigorra, Cumenge ez Albiges ;
« E s'ieu conquer Tholosa nil senhor que dins es,
« Ieu e la santa Glieiza sirem en contrapes.
« E lo mati a l'alba can resplandral seres   (p. 202)
« Nos menarem la gata pel mur sarrazines
8070 « Tro dedins en la vila, qu'en aisi es empres,
« E per tota la vila lor metren foc grezes :
« O nos morrem essems o ilh seran comques ;
« Ja no tarzara gaire.

CCIII.

« Ja no tarzara gaire que vos tuit o veiretz
8075 « Qu'ieu cobrare[i] Toloza e que vos la tindretz,
« E l'aver e la honor engalment partiretz.
— Senher, » ditz n'Amaldrics de Crio, « no gabetz ;
« Qu'encara n'es a raire tot lo majer peletz.
« Nous pes s'ieu vos deman vos com la cobraretz?
8080 « Car non es en la vila destreitz ni fams ni setz ;
« E ja tantas vegadas lo jorn nols combatretz
« Que fora de las lissas ins el camp nols trobetz ;
« E ja dedins la vila nulh temps nols enclauretz. »
El cardenals respon : « Tant cant los mantindretz,
8085 « N'Amaldrics, santa Glieiza ni dreit non amaretz.
« Dau vos per penedensa que dema dejunetz,
« Que re, mas pa et aiga, no bevatz ni mangetz.

8066. *Ms.* senher (*abrégé*). — 8067. *Réd. en pr.* E si podi recouvra Tolosa, la Gleisa et ieu seren egals et pariers (p. 100). — 8068. seres, *ms.* tetes, *cf. v.* 4981. — 8080. setz, *ms.* cetz.

« E car ieu vos am tant prec vos que no pequetz,
« Que Jhesu Crist vos manda que er von castietz,
8090 « Vos el coms de Saisso que mais nols razonetz.
— Senher, » ditz n'Amaldrics, « ligetz e trobaretz
« Que ja per esta colpa encuzar nom devetz :
« Que no ditz la Escriptura ni demonstra la leitz
« Que nulh princep de terra a tort dezeretetz.
8095 « E si lo coms R. pert ara sos heretz
« Leialtat e dreitura lailh rendra autra vetz!
« Ez es grans meravilha car per autres desleitz
« Es abaichatz Paratges e perilhos e fretz.
« S'ieu saubes e ma terra c'aitals fos lo secretz,
8100 « Ni ieu ni ma companha no i foram esta vetz.
— N'Amaldrics, » ditz lo coms de Montfort, « falhiretz
« Can ab lo cardenal mo senhor contendretz :
« No es dreitz ni razos que de rel contrastetz.
« Vos amaretz la Glieiza can lui obeziretz. »
8105 Tant parlero ensemble tro que lo jorns es quetz ;
E a l'albor del dia, cant lo jorns es claretz,
Lo coms de Monfort manda : « Mei amic, sa vindretz,
« Ez anc en milhor ora nom valguetz nim valdretz :
« Ar empenhetz la gata, que Toloza prendretz, (p. 203)
8110 « E totz mos enemics els vostres dampnaretz.
« E si prendetz Tholoza Jhesu Crist ondraretz
« E totz vostres dampnatges el meus restauraretz. »
Ladoncs sonan las trompas e li corn els grailetz,
Ez empenhon la gata ab critz e am ciscletz.
8115 Entrel mur el castel ela venc de sautetz :
Aisi com l'esparver que menals auzeletz

8092. devetz, *ms.* depretz *ou* deuretz, *cf. v.* 8055. — 8096. *Ms.* autras. — 8097. *Corr.* autri? — 8099. *Ms.* socretz. — 8116. *Corr.* q. cassals?

I venc tot dreit la peira que menal trabuquetz,
E feric la tal cop els pus autz solaretz
[Qu]e fier e trenca e briza totz los cors els correitz.
8120 El com[s] de Montfort crida : « Jhesu Crist, que fa-
« Que si gaires me dura la ira ni l'effretz,   [retz?
« Mi e la santa Glieiza e la crotz abatretz. »
E li baro respondo : « Senher, nous ahiretz;
« Que si viratz la gata al colp la gandiretz.
8125 —Per Dieu! » so ditz lo coms, « ara doncs o veiretz.»
E cant la gatas vira e complic los passetz,
Lo trabuquetz albira et abriva sos gietz,
E donec li tal colp a la segonda vetz
Que lo fer e l'acier els fustz els claveletz
8130 Fer e trenca e briza e lo grutz e la petz,   [freitz.
Que mans dels que la menan n'i laisset mortz e
De totas partz s'en fugen, el coms remas soletz.
En auta votz escrida : « Per Dieu! sai remandretz;
« Tot menaretz la gata o trastotz i morretz. »
8135 Ez els li respondero : « Aicels que dins metretz
« Mais lor valdria plaga, febres o malavetz! »
E lo coms de Tolosa e sos baros secretz
Parlan am lo Capitol aissi cum auziretz :
Trastuit essems dicheron : « Jhesu Crist, esta vetz
8140 « Nos es grans obs e coita que vos nos cosselhetz.»
Ditz lo coms de Cumenge : « Senhor, mi entendetz :
« Qui ques perga en la gata vos hi gazanharetz :
« Sapchatz que elaus salva las vinhas els bladetz,
« Que mentre que la gaitan lo talar no lor letz.
8145 « E no von donetz ira ni nous n'e[s]paventetz

8130. grutz, *corr.* glutz? — 8138. **Ms.** Parlen. — 8141 *et* 8147.
Ms. Senher, *en abrégé.* — 8142. la gata, *le copiste avait d'abord
mis* l'aiga, *mais il s'est corrigé.*

« Que re no vos pot toldre c'ab ela nous n'intretz.
—Senhor, » dit Rog. Br., « no vos en esmaietz,
« Que ja nulh temps per gata la vila no perdretz ;
« E si aissi la menan aissi la destruiretz,
8150 « Car entre nos e lor er aitals lo chapletz (p. 204)
« Dels brans e de las massas, e dels talans ferret[z]
« [Qu]e de sanc ab cervelas ne farem gans als detz. »
Ditz n'Br. de Casnac : « Senhors, aissi faretz,
« De re c'ara veiatz temensa nous donetz :
8155 « Vec vos que ve la gata el castells el careitz :
« On mais la menaran on mielhs la lor tolretz ;
« E si ve a la lissa lor e la gata ardretz. »
Ditz n'Estotz de Linars : « Senhors, d'aisom creiretz,
« E si m'en voletz creire de re no i falhiretz :
8160 « Dedins aquesta lhissa farem bonas paretz,
« E sian grans e autas et ab grans dentelhetz,
« Aitals que sobrebatan los fossatz els paletz ;
« E pois per totz terminis de lor vos defendretz,
« E negun genh que fassan de re no temeretz ;
8165 « E sios venon combatre trastotz los aucirretz. »
Ditz Dalmatz de Creichel : « Aquest cosselh tindretz,
« Car el es bos e savis e ja no i pecaretz ;
« Es es grans obs e coita que tuit essems obretz. »

8153. *Ms.* aissi o f. — 8155. *Ms.* Ve v. q. vec. — 8158. *Réd. en pr.* Adonc lo C. Ramon a ajustat son conseilh on eran les capitols de la vila, et aussi la pluspart dels habitans, alqual a dit un saige et valent home apelat n'Astorg del Mas : « Senhors, ieu soy d'opinieu que nous fasquan prestamen dins aquestas lissas grandas parets an los dentils, talas que serraren los valats ; et d'aqui estant nous defendan ; et per tant d'assauts que nous donen no les creindren de res, ains los tendren en subjectieu (p. 101). *A cela se réduit dans la réd. en pr. la scène qui occupe ici les vers* 8137-68.

Ladoncs sonan li graile e li corn a sonetz,
8170 E corro a las cordas e tendols trabuquetz.
Els baros de Capitol portan los bastonetz,
E lhivran las viandas els bels dos els larguetz;
E lo pobles aporta pics, palas e espleitz,
E no i remas nulh autz ni cunhs ni marteletz
8175 Ni semal ni caudeira ni cuba ni paletz.
E comensan las obras els portals els guisquetz;
Cavalers e borzes recebrols caironetz,
E donas e donzelas e tozas e tozetz,
E donzelas piuzelas, li gran els menoretz,
8180 Que cantan las baladas e cansos e vercetz.
Mas li peirer defora lor gietan mantas vetz,
E li arc e las frondas, peiras e caireletz,
Que dels caps lor abato orzols e grazaletz,
E lor rompon las manjas e los cabessaletz,
8185 E passan per las cambas e pels mas e pels detz;
Mas tant an los coratges e bos e fortaletz
C'us no s'en espaventa.

CCIV.

Us no s'en espaventa, ans lor agrada els platz
Que fassan las garidas per defendrels fossatz.
8190 Ez obret ab gran joya total cominaltatz.
Mas li peirier defora ab los arcs asesmatz (p. 205)
Lor gietan tantas peiras e cairels empenatz
Que cazon e la preicha e lor feron de latz,
E passan per las cambas e pels pieitz e pels bratz,
8195 Que bancs e traus e lissas hi hac ameitadatz.

8186. fortaletz, *corr.* fortz e letz? — 8190. *Ms.* tota la.

Mas lo filhs de la Verge les te aseguratz,
Que dedins en la vila no n'a gaires dampnatz.
El coms de Montfort a sos cavaliers mandatz,
Los pus valens del seti e los melhs esproatz,
8200 E fe bonas garidas ab los frontals cledatz,
E mes hi sas companhas e cavalers armatz
Ben garnitz de las armas, ab los elmes lassatz;
Ez amenan la gata belament e viatz.
E laïns en la vila son be asabentatz,
8205 Ez an los trabuquetz tendutz et atempratz,
E mezon en las frondas los bels cairos talhat[z],
Ez alargan las cordas e venon abrivatz,
E fero si la gata pel pieitz e pels costatz,
Els portals e las voutas els giros entalhatz,
8210 Qu'en mantas de maneiras en volon li asclatz,
E de cels que la menan n'i laissa de versatz.
E per tota la vila escridan az un clatz :
« Per Dieu, na falsa gata, jamais no prendretz ratz ! »
E lo coms de Montfort es tan fel e iratz
8215 En auta votz escrida : « Dieus, per que m'aziratz?
« Senhors, » so ditz lo coms, « cavalers, esgardatz
« Esta dezaventura, ni com soi encantatz,
« Quez ara nom val Glieiza ni saber de letratz,
« Ni nom ten pro l'avesques ni nom val lo legatz,
8220 « Ni nom te pro valensa ni nom val ma bontatz,
« Ni nom tenon pro armas, ni sens ni larguetatz
« Qu'ieu per fust o per peira no sia rahuzatz;
« Car ieu cujava estre tant be aventuratz
« Que per aquesta gata fos preza la ciutatz :
8225 « Ara no sai quem diga ni re no sai quem fatz.
— Senher [coms], » ditz Folcaus, « en als vos per-
« Que jamais esta gata no valdria tres datz; [cassatz,

« E ges nous tenc per savi car tan fort la menatz :
« Enans que torn areire cug be que la pergatz.
8230 — En Folcaut, » ditz lo coms, « d'aiso volh quem
[crezatz,
« Que, per santa Maria don Jhesu Crist fo natz,
« O ieu prendrai Tholosa ans de .VIII. jorns passatz,
[(p. 206)
« O ieu sirei al prendre mortz e martiriatz. »
So ditz n' Ugs de Levi : « No siretz, si Dieu platz. »
8235 E laïns en Tholosa es lo cosselhs triatz
Dels baros de la vila e de las poestatz,
Cavaliers e borzes entendutz e celatz.
Ez a dig l'us a lautre : « Oimais es temps as[s]atz
« Que sia lor o nostra tota la heretatz. »
8240 Mas entre las personas, car es gent enparlatz,
Parla, dicta e sermona lo maestre Bernatz,
Es es natz en Tholosa e dels endoctrinatz :
« Senhors franc cavalier, escotatz me sius platz :
« Yeu soi be de Capitol, el nostre cossolatz
8245 « Esta la noit el dia garnitz e acesmatz
« De complir e d'atendre las vostras volontatz.
« E car floris e grana l'amors e l'amistatz,
« Que nos e vos el conte e Paratge amparatz,
« Volh vos monstrar e dire, per so qu'o entendatz
8250 « Ins el vostre coratge, on ira est dictatz.
« Acra fo asetjada enviro per totz latz,
« E tenc la be a seti nostra crestiandatz ;
« Mas en petita d'ora li falhic vis e blatz.
« E lo reis Saladis, qu'era fort aturatz,

8233. *Ms.* m. o m. — 8240. *Rien de ce discours dans la réd. en pr.* — 8241. *En marge :* Asi feron cosel a Toloza quan mastre (sic) Bernat capitol va parlar. — 8249. so. *ms.* se ; *Fauriel* re.

8255 « Tenc los baros del seti defora asetiatz.
« E plac al Rei sanctisme, on complit Trinitatz,
« Quel senher reis de Fransa, qu'es mager coronatz,
« Aportec las viandas e i aduis las plantatz,
« Es es al seti d'Acra bonament arribatz.
8260 « E per totas las tendas es tals l'alegretatz
« Que i ac mantas candelas e ciris alumnatz;
« E per mar e per terra es tant grans la c[l]artatz
« [Qu]e Saladis demanda als sieus enlatinatz
« L'ost del crestianesme perque s'es alegratz?
8265 « Ez els li responderon : Senher reis, per vertatz,
« Car lo rics reis de Fransa es al seti intratz.
« E Saladis per forsa s'es tant apropiatz
« Qu'en mens de tersa lega s'es de lor albergatz.
« Apres, no triguet gaire quel bes es restauratz,
8270 « E lo reis d'Anglaterra qu'es ples d'alegretatz
« Es ins el seti d'Acra bonament repairatz;
« E per totas las tendas es lo jois redoblatz.
« E lo reis Saladis s'es tant apropiatz   (p. 207)
« C'as un trait de balesta s'es de lor aizinatz,
8275 « Que las gaitas entendo lo parlar el solatz.
« Ez a l'albor del dia s'ajostec lo barnatz
« De Fransa e d'Anglaterra e dels autres regnatz;
« Cadaüs e son cor s'es fort meravilhatz
« Can lo rei Saladi se conogon de latz.
8280 « Pero us arsevesques qu'es savis e letratz
« Mostra per escriptura e las divinitatz.
« Robertz de Salventina .i. cavalers prezatz,
« Auzent tot lo barnatge, s'es en votz escridatz :

8270. *En marge* : Assi intrec lo rex de Fransa el rex d'Anclatera al seti d'Acra, quan vengoront de Fransa he d'Anclatera. — 8281. *Lacune après ce vers?*

« Bel senher arsevesque, vostra razo viratz,
8285 « E preguem Jhesu Crist que nos garde, silh platz,
« Que autre reis no i venga ni autra poestatz ;
« Car si autre rei y ve, verament sapiatz
« C'ab nos albergara lo reis desbatejatz
« Ab tota sa companha e ab los almiratz. —
8290 « Senhors, es[t] reproverbi vos dic que l'entendatz,
« Perque lo setis d'Acra es a nos comparatz :
« On mais avem de forsa plus nos teno sobratz,
« Que cant lo coms mos senher ez en Roger Bernatz
« E lo coms de Cumenge e mos senh'en Dalmatz
8295 « Eran dins esta vila ab nos autres privatz,
« Lo rics coms de Montfort que es oltracujatz
« Estava dins las tendas en aisi acerratz
« Que si nos le laissesam el nos laichera em patz.
« Ara cant de Casnac venc mos senh'en Bernatz
8300 « Ab sen e ab largueza e be acompanhatz,
« S'es lo coms de Montfort aissi abandonatz
« Que tantas de garidas nos an faitas de latz
« Tota la noit el dia nos te afazendatz ;
« E can venc lo coms joves qu'es la nostra clartatz,
8305 « Nos a faita bastida que dins los olhs vos jatz ;
« E pois ab sas garidas s'es tant apropiatz
« C'ab u sautet que prenga pot intrar els fossatz :
« Si autre coms venia sins auria sobratz,
« E ab nos albergarian Simos ab sos crozatz.
8310 « Francs cavalers mirables, en aiso vos acordatz :
« Pus que dins e deforas es lo jocs entaulatz,
« Oimais no pot remandre tro l'us sia matatz ;
« Que, per la santa Verge on floric castetatz,

8297. *Corr.* enserratz?

« Ara er lor o nostra la terra el cumtatz,   (p. 208)
8315 « Car per la crotz sanctisma, sia sens o foldatz,
« Nos irem per la gata si vos o comensatz.
« E si vos non o faitz, lo borcs e la ciutatz
« Son aissi tuit essems d'anar acoratjatz,
« Que desobre la gata i aura tans colps datz
8320 « Que de sanc ab cervelas n'er lo camps ejoncatz :
« O tuit morrem essems o remandrem ondratz,
« Car mais val mortz ondrada que vivre laguiatz! »
E li baro respondon : « Veus nos aparelhat[z] ;
« En grant bonaventura sial faitz comensatz,
8325 « Que nos e vos essems, si a Jhesu Crist platz,
« Yrem ardre la gata!

CCV.

« Nos irem per la gata, car be nos a mestiers,
« E nos e vos essems la prendrem engaliers ;
« E Tholoza e Paratges er totz temps pariers. »
8330 Tota la noit complida lor creis lor desiriers,
Ez al albor del dia irem pels ostaliers.
N'Arnautz de Vilamur, car es mals e guerriers,
Fe garnir e emprendre los milhors cavaliers
E las bonas cumpanhas els valens soldadiers,
8335 E garniro las lhissas els fossatz els solers
De balestas tornissas e de bos arcs maniers,
E cairels e sagetas e puas de liniers.
En Estotz de Linars atendens e obriers
De la part de lafora pels costals senestriers

8322. *Ms.* ordrada. — 8326. gata, *ms.* terra. — 8331. irem, *corr.* van s'en? *ou intervertir les vers* 8330 *et* 8331 ? — 8333. *Ms.* E fe g. — 8338. *Ms.* Escotz; *cf. v.* 8158.

8340 Fe bastir las escalas e bastir los semdiers,
E bocals e passatges e camis traversers.
E can foro essems es aitals l'acordiers
Dels baros de la vila e de los capdaliers
Que de la gata prendre sian cominalers.
8345 En Br. de Casnac qu'es bos e bels parlers
Lor mostra els esenha e ditz escienters :
« Baros, vos de Tholosa, veus vostre frontaliers
« Queus an mortz filhs e fraires e datz mans cossi-
« E sils podet[z] aucirre er vostrel milhorers.[riers;
8350 « Yeu conosc las costumas dels Frances bobanciers :
« Qu'ilh an garnitz los corses finament a dobliers,
« E dejos en las cambas non an mas los cauciers.
« E sils datz a las garras nils firetz soendiers,
« Al partir de la coita i remandral carniers. »
8355 Ez el li responderon : « Ben er datz est loguers. »

[(p. 209)

Ez a dit l'us a l'autre : « Avem pro companhiers? »
So ditz n' Ucs de la Mota : « Aisi n'a a sobriers,
« Mas als colps dar e pendre er lo comtes entiers. »
Ez ab aitant salhiro fora pels escaliers,
8360 Ez intron en las plassas e perprendols terriers,
Ez escridon : « Tholoza ! er alumpnal braziers.
« A la mor[t] ! a la mort ! qu'esser no pot estiers ! »
E de lai los recebo Frances e Berriviers :[songiers!
« Montfort! Montfort! » escridan, « ar seretz men-
8365 E lai on s'encontreron es lo chaples pleniers :
Dels brans e de las lansas e dels trencans aciers
Se feron es combaton els elmes de Baiviers.
Mas n'Arnautz de Lomanha lor ditz dos reproers :

8340. e bastir, *corr.* establir?— 8349. aucirre, *ms.* aucerre.

« Firetz, doussa mainada, membreus lo delivrers,
8370 « Qu' oi issira Paratges del poder d'aversiers. »
Ez els li responderon : « Ben siretz vertadiers. »
E reprima la noiza e lo critz el chaplers
Dels borzes de la vila e dels capitolers.
En R. de las Bordas valens e fazendiers,
8375 Bernatz de Sent Marti coitos e viacers,
W. P. de Montlaur combatens batalhiers,
En P. de la Illa suffrens e fazendiers,
En Br. de Cumenge arditz e prezentiers,
E i es W. Br. de Luzenac marviers,
8380 En Gaudis, en Ferranz, coratgos e leugers,
Godafres e n' Arbois e n' Enrics Campaners
Els baros de la vila quels feron volunters.
En R. Yzarns crida : « Dem lor, als taverners!
« Cavaler, a las armas! membreus lo castiers! »
8385 Dels brans e de las lansas e dels cairels grossiers
Recomensa la guerra el trebalhs el chapliers.
Pero ilh de la vila lor son tant sobrancers
Que dedins en las cledas foro contraengalers,
E firen lor abaton los cristals els ormers.
8390 Mas aicels de lafora venc aitals desturbiers
Qu'ilh no podon suffrir los perilhs turmenters,
E laichen las gueridas; mas desobrels destriers
Recomensal martiris ab aitals glaziers
Que pes e punhs e braces hi volan a cartiers,
8395 E de sanc ab cervelas es vermelhs lo terriers.
E per l'aigas combaton sirvent e nautoniers. (p. 210)
E fora a Montoliu es lo chaples pleniers,
Qu'en Bartas esperona trol bocal dels porters.

8380. Ferranz, *ms.* Ferrandos. — 8396. *Ms.* aigals.

Ab tant venc vas lo comte cridan us escuders :
8400 « Senher coms de Montfort, trop paretz tenhs e ners,
« Huei prendretz grand dampnatge, car etz tant
[sentorers,
« Quels omes de Tholoza an mortz los cavalers
« E las vostras mainadas els milhors soldadiers.
« E lai es mortz Wes. e Thomas e Garniers,
8405 « En Simonetz del Caire e i es nafratz Gauters.
« En P. de Vezis, en Aymes, en Rayners
« Contraston la baralha e defendols targiers.
« E si gaires nos dura la mortz ni l'encombriers
« Jamais d'aquesta terra no seretz heretiers. »
8410 El coms trembla e sospira e devenc trist e ners,
E ditz : « Al sacrifizi ! Jhesu Crist dreiturers,
« Huei me datz mort en terra o que sia sobrers ! »
E en apres el manda diire als mainaders
Ez als baros de Fransa ez als sieus logadiers
8415 Que tuit vengan essems els arabitz corsers.
Ab aitant ne repairan ben .LX. milhers,
El coms denant los autres venc abrivatz primers,
En Sicartz de Montaut el sieus gonfanoners,
En Joans de Brezi en Folcautz en Riquers,
8420 Ez apres las grans preichas de totz los bordoners.
E lo critz e las trumpas el corns el senharers,
Lo glazis de las frondas el chaples dels peiriers,
Sembla vens o auratge, troneires o tempiers,
Si qu'en trembla la vila e l'aiga el graviers.
8425 E a lor de Toloza venc tals espaventers
Que motz en abateron els fossatz vianders ;

8400. tenhs e ners, *ms.* talieners. — 8407. *Ms.* baralhas. —
8419. en F., *ms.* el.

Mas en petita d'ora es faitz lo recobriers,
Car ilh salhiron fora entrels ortz els vergers,
E perprendon la plassa sirvens e dardacers.
8430 De sagetas menudas e de cairels dobliers,
E de peiras redondas e de grans colps marvers,
D'entr'ambas las partidas es aitals lo flamers
Que sembla vens o ploja o perilhs rabiners.
Mas de l'amban senestre dessara us arquers,
8435 E feric Gui lo comte sus el cap del destrier
Que dins la cervela es lo cairels meitaders ;
E can lo cavals vira us autre balestiers
Ab arc de corn garnit l'intrec de costal[er]s, (p. 211)
E feric si en Gui els giros senestriers
8440 Que dedins la carn nuda l'es remazutz l'acers,
Que del sanc es vermelhs lo costatz el braguers.
El coms venc a so fraire, que lh'era plazentiers,
E dechen a la terra e ditz motz aversers :
« Bels fraire, » dit lo coms, « mi e mos companhers
8445 « Ha Dieus gitatz en ira et amparals roters,
« Que per aquesta plagam farai ospitalers. »
Mentr'en Guis se razona e deve clamaders
Ac dins una peireira que fe us carpenters,
Qu'es de Sent Cerni traita la peira el sorbers,

8427. *Ms*. petida. — 8435. *Ms*. dels destriers. — 8436. *Ms*. Q. dedins. — 8437. *Au haut de la page on lit ces mots écrits de la main du copiste :* Aysi moric le comte de Montfort. — 8438. *Ms*. torn garait l'i. de costals; *le mot* de *est exponctué*. — 8439. *Réd. en pr*. un d'aquels de la vila a tirat un cop de trait aldit comte, et a ly donat per la queyssa esquerra (*p*. 102). — 8447. *Réd. en pr*. Or dis l'historia que dementre que ledit comte parlava an sondit fraire, une dona anet destendre un peirier loqual era tendut, no lo pensan destendre, talamen que una peira, partent deldit peirier, anet frapa lodit C. de M., que le cap lin portet de desus las espallas, e tombet lo cors a terra (*p*. 102). — 8449. el sorbers,

8450 . E tiravan la donas e tozas e molhers,
E venc tot dreit la peira lai on era mestiers
E feric si lo comte sobre l'elm qu'es d'acers
Quels olhs e las cervelas els caichals estremiers,
El front e las maichelas li partic a cartiers ;
8455 El coms cazec en terra mortz e sagnens e niers.
Cela part esperonan Gaucelis e n'Aimers,
Ez an cubert lo comte coitos e scienters
Ab una capa blava, e crec l'espaventers.
Ladoncs auziratz planher tans baros cavalers,
8460 E planher sotz los elmes e direls reproers !
En auta votz escridan : « Dieus, non est dreiturers,
« Car tu la mort del comte nil dampnatge sofers :
« Ben es fols qui t'ampara ni es tos domengers ;
« Quel coms qu'era benignes e ben aventurers
8465 « Es mortz ab una peira cum si fos aversers.
« E mas los teus mezeichcs deglazias e fers,
« Jamais en esta terra nos non aurem mesters. »
Ab tant po[r]tan lo comte al[s] clergues legendiers ;
El cardenals e l'abas e l'evesques Forquiers
8470 Lo receubron ab ira, ab crotz e ab essesiers.
E laïns en Toloza intrec us messatgers
Quels comtec las noelas, es es tals l'alegriers
Que per tota la vila corron ves los mostiers,
Ez alumnan los ciris per totz los candelers,
8475 Ez escridan la joya, car es Dieus merceners,
Car Paratges alumpna es er oimais sobrers,
El coms qu'era malignes e homicidiers
Es mortz ses penedensa, car era glaziers. (p. 212)

---

corr. el sobrier *ou* el solier? — 8456. Aimer *ne convient pas à la rime; corr.* Rainer? — 8459. *Ms.* tant. — 8460. *Corr.* E plorar ?

Mas li corn e las tro[m]pas el gaug cominalers,
8480 Els repics e las mautas els sonetz dels clochiers,
E las tabors els tempes els grailes menuders
Fan retendir la vila e los pazimenters.
Ladoncs se leval setis per trastotz los semdiers
Ques era d'outra l'aiga e tenials graviers.
8485 Mas empero laichero los avers els saumers
E los traps e las tendas els arnes els diners,
Els homes de la vila n'agro motz prizoners.
Mas de laïns perdero tal que i era mestiers :
N'Aimeriguet lo jove, cortes e plazentiers,
8490 Don fo grans lo dampnatges el mals el desturbiers
A totz cels de la vila.

CCVI.

A totz cels de la vila car en Symos moric
Venc aitals aventura que l'escurs esclarzic,
Car la clartatz alumpna que granec e fluric,
8495 E restaurec Paratge e orgolh sebelic.
E las trompas els grayles, e li corn el repic,
E lo joys de la peira que lo comte feric,

8483. *Réd. en pr.* Et quand tot so dessus es estat faict, coma dit es, los de la vila an agut per conseilh que prestamen cascun se ane armar, et que anen frapar sur lodit sety que era dela l'ayga aldit hospital de S. Subra. Et adonc que son estats armats et acotrats, son salits et an passada l'ayga, et sus lodit sety son anats frapar, et talamen an faict que lodit sety lor an faict laissar et desamparar, sens ne porta causa que fossa en lodit sety, car cascu avia grand gauch de se salvar, qui may podia; la ont demoret grand richessa tant de pabalhos, tendas, que autras causas; dont los de la vila se emendeguen grandamen de la pilharia que lor avia faita lodit C. de M., et aussi y demoret maint ung prisonier dont agueran mainta raenso et finansa (*p.* 103). — 8493-4. *Corr.* escur .... clartat?

Los poders els coratges el talant enardic;
E cascus en la plassa ab sas armas salhic,
8500 E van ardre la gata, que res no la escantic.
Tota la noit el dia la vila s'esbaudic,
E lo setis defora sospirec e fremic.
E cant lo jorn s'esclaira e lo temps abelic,
Lo cardenals de Roma e l'autre baron ric
8505 E l'avesques e l'abas que portal crucific
Cosselheron essems el paziment antic.
E lo cardenals parla si que cascus l'auzic :
« Senhors baro de Fransa, entendet[z] que vos dic :
« Gran mal e gran dampnatge, gran ira e gran des-
8510 « Nos a fait esta vila el nostre enemic :   [tric
« Que per la mort del comte em en aital destric
« Per que perdem la forsa e lo gra e l'espic;
« E fas m'en meravilhas cum Dieus lo cossentic,
« Car a la santa Glieiza et a nos nol giquic.
8515 « E pos lo coms es mortz negus ara nos tric,
« E fassam ades comte de so filh n'Amaldric,
« Qu'el er pros hom e savis ez a bon cor e ric,
« E donem li la terra quel paire comqueric;
« Ez ano per las terras li sermo el prezic;   (p. 213)
8520 « E aissi moram essems car lo coms i moric.
« E trametrem e Fransa al bo rei nostr'amic
« Qu'a l'autr'an nos trameta lo sieu filh Lozoïc
« Per la vila destruire, que res no i edific.
—Senhors, » so ditz l'avesques, « re nous i contra-
8525 « El senher apostolis que l'amec el legic   [dic;
« Metra l'el consistori on sant Paul sebelic;
« E fassal cors santisme, car la Glieiza obezic,
« Car el es sans e martirs, e d'aitant l'escondic
« Quez anc coms en est segle mens de lui non falhic;

8530 « Que pus Dieus pres martiri ni en crotz s'aramic
« Major mort de la sua no volc ni cossentic,
« Ni el ni santa Glieiza no ac milhor amic.
— Senhors, » so ditz lo coms de Saisho, « beus cas-
« Per so que santa Glieiza no n'aia mal repic [tic :
8535 « No l'apeletz santisme, que anc melhs no mentic
« Nulhs hom que sant l'apela, car descofes moric.
« Mas si la santa Glieiza be amec ni servic,
« Pregatz Dieu Jhesu Crist que l'arma no destric. »
Cascus e son coratge lo mandament grazic
8540 E n'Amaldrics la terra trastota possedic ;
El cardenals lalh livra e poih lo benazic.
E lo valens coms joves de Tholosa ichic,
Qu'en Br. Jordas manda, e primers s'afortic, .
Que si el comte jove amec ez enantic,
8545 Car li rendec la Ilha, e per lui la establic.
E li baro del seti ab fel cor e ab ric
Esteron poih cart dia, que negus no i sortic
Tro foron al dimenge.

8534. *repic, corr.* respit? — 8539-42. *La réd. en pr. développe considérablement, p.-ê. d'après un texte plus complet, ces quatre vers, mais n'a rien qui réponde aux vv.* 8542-54 : Et adonc qu'es estat metut al loc de sondit paire, cascun desdits senhors ly an prestat sagramen et omatge, los que tenian d'el ; et adonc que lodit n'Amalric es estat per lodit cardenal benisit en comte, adonc a mandat son conseilh, car sage cavalier et valen era. E quand son estats ajustats aldit conseilh, lodit n'Amalric comte novel a dict et demonstrat com los de la vila ly an tuat sondit payre, et aussi de sas gens una gran legion ; per laquala causa a deliberat de prendre et d'aver venjansa de losdits de la vila, ses plus atendre ni prolongar : per laquala causa vol que on ane dona l'assault a ladita vila, o que tots y moriscan, o que el prenga ladita vila amay los que son dedins (*p.* 103).

CCVII.

Cant foron al dimenge, es torbatz l'elemens;
8550 El vens e la tempesta e l'aura el' turmens
S'espandish per las terras e brandish la semens.
Els baros de Tholoza e lo pobles jauzens
Establiron las gaitas per los establimens,
Ez intran per la vila manjar cominalmens.
8555 E laforas el seti es faitz lo parlamens,
E cujan be la vila prendre seguramens;
Ez en petita d'ora es lo comensamens,
Que sobre las carretas meton los ichermens,
E lo foc e la lenha e las falhas ardens,
8560 E menan las carretas a la vila correns,   (p. 214)
Que al fossat de la vila es lo retenemens,
Que la palha s'alumpna e lo focs espandens.
E las gaitas escridan tot engoichozamens
Que per tota la vila es levatz l'espavens;
8565 E corro a las armas sempre viassamens :
No i remas filhs ni paire ni nulhs hom defendens,
Ni cavalers ni comtes ni cozis ni parens;
Tuit n'ieicho per las portas a milhers e a cens,
E perprendo las plassas els apertenemens.
8570 Las donas e las femnas, las tozas avinens,
Portan l'aiga e la peira, remembrans e dizens :
« Santa Maria dona, hoi nos siatz guirens ! »
E cilh de las carretas s'en tornero fugens.

8549. *Ms.* trobatz. — 8558. *Réd. en pr.* et tot incontinen an faict venir una grand quantitat de carretas, et an las cargadas de palha, yssirmen et autre bagatge (p. 103).

Pero ilh dins trobero garnitz e combatens
8575 Los baros de lafora e Frances atendens.
D'entr'ambas las partidas es bastitz lo contens :
De lansas e d'espazas e de talhans brandens,
E de dartz e de peiras e de cairos batens
Se feron es combaton de lans e mantenens ;
8580 E cairels e sagetas van si espessamens
Coma ploja primeta can cai menudamens.
A Montoliu lafora es lo perilhamens,
El trebalhs e la guerra e lo chaples tenens ;
E lo fums e la flama e la polvera el vens,
8585 Per totas las batalhas intran mescladamens.
E laforas el seti es faitz l'acordamens
Que li baro s'armeron tuit essems engalmens
De bonas armaduras, e los cavals correns,
E intran en la plassa menassans e punhens ;
8590 Ez escridan lor senhas e Montfort! ichamens;
Saisunha! e Bretanha! i cridon autamens.
E de lor de la vila es tals l'afortimens
Quels abelig la guerra e lor creish ardimens ;
Que negus no s'i crotla, ans estan duramens,
8595 E gardan e atendo e esperan sufrens
Los rencs e las batalhas acorrens e vinens ;
E escridan : « Tholosa! que restaura e vens,
« E Cumenge! pel comte, car es pros e valens,
« E Casnac! e Creishel! e Vilamur! firens,
8600 « Car la sua senheira lor es sus en las dens! »
Mas la clartat dels elmes e l'aurs fis e l'argens (p. 215)
E lo blans el vermelhs e la colors el tems,

8575. e, *corr.* els? — 8596. acorrens, *corr. de Fauriel,* ms. acordans.

E las senhas de pali clarejans e batens,
Els grailes recisclans e las trompas tindens
8605 Afortish los coratges et atemprals talens.
E lai on s'encontreron es faitz lo chaplamens;
E de faucilhs e d'apchas e de picas razens,
De gazarmas ab flecas e de cairels punhens,
E dels escutz mirables e de coutels luzens,
8610 Se feron es combaton tan orgulhosamens
Que detrencan e talan las caras els garnimens;
E de pes et de cambas e de brasses a tens,
E de sanc ab cervelas es tals lo pazimens
Quels camis e las plassas son vermelhs e sagnens.
8615 Tant es grans la batalha, l'ira el mals talens
Que d'ambas las partidas l'us e l'autre perdens
Se turtan ab las armas es prendo ab las dens.
E dedins e defora es tals l'acordamens
Que no i a cors ni membre que no sia temens.
8620 Pero ilh de la vila sobrans e comquerens
Entre l'acer el glavi detrencans e franhens
Per trastotz los passatges les ne menan firens;
Si trencan las batalhas els primers intramens,
C'a las portas del seti es lo defendemens.
8625 Aitant durec la guerra el dans el perdemens
Tro venc la nog escura que partic los perdens.
Anc pos Dieus pres martiri no vic nulhs hom vivens
Batalha tant ferida de tant petitas gens.
Al partir de la coita es tals lo partimens
8630 Que l'us torna ab ira, l'autre [ab] alegramens.
Ladoncs auziratz planher los nafratz els planhens,

8603. de, *ms.* del. — 8611. *Ms.* talen. — 8613. *Ms.* pozimens. — 8616. prendens, *corr.* perdens? — 8631. planhens, *corr.* dolens?

E demandar los metges e cercar los enguens,
E cridar Dieus ajuda ! per las plagas cozens.
Pueih esteron motz dias aissi paziblamens
8635 Que negus enves l'autre nos combat ni nos vens.
E poih nos tarza gaire qu'es faitz lo mandamens
Quel cardenals de Roma e l'avesques prezens
E las autras personas estan celadamens.
Mas Guis de Montfort parla e dit privadamens :
8640 « Senhors baros, est setis nons es mas dampnamens,
« E nom platz ni m'agrada oimais est salvamens,
« Car nos perdem los corses els cavals els parens,
[(p. 216)
« E mas es mortz mos fraire quels tenia temens.
« Si nons partem del seti falhir nos i a sens.
8645 — Senhors, » ditz n'Amaldrics, « prenda vos cauzi-
« De mi c'avetz fait comte aras novelamens. [mens
« E s'ieu me part del seti aisi aonidamens,
« Mens ne valdra la Glieiza ez ieu serai niens ;
« E diiran per las terras qu'ieu soi vius recrezens,
8650 « E que la mortz del paire m'es ichida de mens.
— N'Amaldric, » ditz n'Alas, « araus falh esciens,

8634. *Ms.* Pueilh. — 8651. *Développé dans la réd. en pr. :*
« Senhor comte, vos veses ben que nos no fasen que perdre de jorn
« en jorn de nostras gens et nostres bes; car si ieu vesia bonamen
« que nos poguessan tene lodit sety, plus contens serian nos tots
« de lo tenir que non pas de lo levar ny nos anar; car coma vos
« podes ben veser, nos sen ayssi al veut et a la pleja, et nostres
« enemics son en la vila al couvert repaire, et an pro pa, vi, carn,
« et autras causas necessarias a lor beson; d'autra part que tots
« les jorns lor ve secors d'una part o d'autra. Et per ainsi a my
« me sembla que per aras no saran de bon conquerir ny aver;
« per que ieu soy d'opinion que nos leven lodit sety, ainsi que
« per lo comte Guy es estat dict, et aysso jusquas que lo prin-
« tems et novel sia vengut » (*p.* 104).

« Qu'a tot vostre barnatge es semblans e parvens
« Que si tenetz lo seti creichera l'aunimens ;
« E podetz ben conoicher que cel qu'es vencutz vens,
8655 « Car anc mais no vitz vila que gazanhes perdens,
« Qu'ilh ne meton tot dia los blatz e los fromens,
« E la carn e la lenha quels te gais e punhens,
« Ez a nos creih la ira el perilhs el turmens.
« E no m'es a vejaire que siatz tant manens
8660 « Que i puscatz tener seti ni estar longamens.
— Senhors, » so ditz l'avesques, « ara soi tant doleus
« Que jamais tant can viva no posc esser jauzens. »
El cardenals ab ira respon felnessamens :
« Senhors, partam del seti, qu'ieu vos fas ben co-
8665 « Que per trastot lo segle iral prezicamens, [vens
« Si qu'a la Pentecosta vindra se veramens
« Le filhs del rei de Fransa, ez aurem tantas gens
« Que los frugs e las folhas e las erbas creichens,
« E l'aiga de Garona lor semblara pimens,
8670 « E destruirem la vila, e aicels de laens
« Iran tug a la espaza : tals es lo jutjamens. »
Adoncs se leval setis aitant coitadamens
Que lo jorns de sent Jagme, qu'es clars e bos e sens,
Elh mezon foc e flama a totz lor bastimens
8675 Ez al castel mirable, mas ades sobtamens

8664. partam, ms. parcam. — 8669. *La comparaison du piment (boisson épicée) est admissible pour l'eau de la Garonne, mais ne l'est guère pour les fruits, les feuilles et les herbes du v. 8668. Il se peut donc qu'il manque entre 8668 et 8669 un vers contenant le verbe dont les compléments sont au v. 8668 : le sens pouvant être que l'armée des Croisés sera si considérable qu'elle détruira toute végétation, et que les assiégés seront réduits à l'eau de la Garonne.* — 8673. sent, ms. cent. — 8674-5. *Réd. en pr.* ... e metut lo foc als bastimens que avian faict aldit sety, et ay-

Dels homes de la vila fo faitz l'escantimens.
Li Frances s'en partiro, mas laichero i pens [mens;
Mans mortz e mans perdutz, e lor coms que n'es
Mas lo cors ne porteron en loc d'autres prezens
8680   Tot dreit a Carcassona.

CCVIII.

Tot dreit a Carcassona l'en portan sebelhir
El moster S. Nazari celebrar et ufrir,
E ditz el epictafi, cel quil sab ben legir :   (p. 217)
Qu'el es sans ez es martirs, e que deu resperir,
8685 E dins el gaug mirable heretar e florir,
E portar la corona e el regne sezir;
Ez ieu ai auzit dire c'aisis deu avenir :
Si per homes aucirre ni per sanc espandir,
Ni per esperitz perdre ni per mortz cosentir,
8690 E per mals cosselhs creire, e per focs abrandir,
E per baros destruire, e per Paratge aunir,
E per las terras toldre, e per orgolh suffrir,
E per los mals escendre, e pel[s] bes escantir,
E pe. donas aucirre e per efans delir,
8695 Pot hom en aquest segle Jhesu Crist comquerir,
El deu portar corona e el cel resplandir !
E lo filhs de la Verge que fals dreitz abelir
E dec carn e sanc digna per orgolh destruzir,
Gart razo e dreitura li cal devon perir,

tamben aldit castel Narbones (p. 104). — 8676. escantimens, *correction de Fauriel*, ms. escarnimens. — 8677. *Réd. en pr.* mais el a laissat bon gatge avant que s'en sian anats (p. 105). — 8678. e lor coms, *corr.* el comte? — 8681. *Ms.* cebelhir.

8700 Qu'en las doas partidas fassal dreg esclarzir !
Car Montfort e Toloza tornan a escrimir,
Que per la mort del paires vol lo filhs afortir.
Ez a faitas las terras els baros somonir,
E tenc sa cort complida per son dreg devezir,
8705 E parla e cosselha, e comensec a dir :
« Senhors, mortz es mos paire queus sol encar tenir,
« E car no posc lo seti de Toloza complir,
« Ajudatz me las terras defendre e mantenir.
— Coms, » ditz lo cardenals, « aujatz queus volh
[querir :
8710 « Que fassatz vostras vilas els castels establir,
« E metetz hi tals gardas c' o sapchan ben tenir.
« E vos, senher n'avesques, anatz tost enquerir
« Lo senhor rei de Fransa que nons laish perterir,
« E a la kalenda maya, no i poscan pas falhir,
8715 « Venga[n] en esta terra la Glieiza essenhorir
« Ens fassa la corona e so filh amarvir,
« Am que puscam Toloza cofondre e destruzir,
« Que nos a mort lo comte e nos dona cossir.
« Ez ieu trametrai letras e sagel per legir
8720 « Al senhor apostoli, c'aras deu enantir
« Per la Glieiza defendre e per se enriquir;
« C' ara es morta l'estela que solia luzir.
« E diirai de Toloza, per so que melhs l'azir,
« Que no la pot la Gleiza ni nulha res blandir. (p. 218)
8725 « Tant es mala e salvatja e greus per convertir
« Que focs ni carns ni glazis no la pot conquerir.
« Ez el fassa las terras prezican somonir,
« Els prelatz de la Gleiza per las guerras formir,
« Los coratges essendre e las lenguas forbir,
8730 « Ez ano per lo setgle los prezics espandir,

« E tot crestianesme aflamar e brandir,
« Si que fassam los pobles levar e enardir,
« Que negus no i remanga que si sapja garnir ;
« E porton crotz e glazi per lo rei a seguir.
8735 « Ez a la Pentecosta dic vos be ses mentir
« Que veiret[z] tals crozadas e tantas gens venir
« Que pro fara la terra si los pot sostenir,
« Ab que poirem Toloza del tot apoderir ;
« E farem ne tals obras, cant vindra al partir,
8740 « Que negus hom nons auze contrastar ni grondir.
— Senher, » so ditz l'avesques, « ieu ai cor e dezir
« Cum an aquest messatge acabar e furmir.
« Ez es mal e salvatge e estranh per auzir ;
« E fas me meravilhas Dieus cum pot cossentir
8745 « La mort del sieu filh digne quel solia servir.
« Mas pero, per natura e segon qu'ieu m'albir,
« Autre paire s'irascra cant vis so filh morir ;
« Mas Dieus no fa semblansa quel sia greu nil tir,
« Que cant lor degra aucire fa nos dezenantir.
8750 « E car nos fa Toloza trebalhar e languir,
« Anem sercar tal metge que nos poscha guerir ;
« E car Dieus so oblida nos pessem del merir,
« Que si en nulha maneira nos podion gandir
« Ni en cel ni en terra escapar ni fugir,
8755 « Jamais nos ni la Gleiza no i poirem revenir. »
Ditz lo coms n'Amaldrics : « Senhors, beus dei grazir
« Car la mort de mon paire voletz tant car merir.
— Senhors, » so ditz lo coms de Saischo, « ieu voilh
« Ab tota ma companha, e pos vos aitant dir, [ir
8760 « Si m'en voliatz creire, per lo dreg azumplir,
« Diirai vos cum poiriatz de gran trebalh ichir :
« Si la Gleizas volia ab merce adossir,

« La merces e la vilas podo endevenir ;
« E si Glieiza s'orgolha lai on se deu blandir,
8765 « La merces s'en rancura es penet d'obezir. (p. 219)
« E si no faitz la Glieiza ab Toloza avenir,
« Motz esperitz se perdo ques poirian noirir.
— Coms, » ditz lo cardenals, « als er al departir :
« C'abans nos laichariam debrizar e croischir
8770 « Que de la mort del comte nols fassam penedir.
« Que, per la fe queus dey, una reus pos plevir :
« No valon tant per armas ni per guerra bastir
« Que nos a Pentecosta non aiam tal .I. tir
« Que no i aura archangel que non giet .I. sospir.
8775 — Senhors, » so ditz lo coms, « cels ne lais Dieu
[gauzir
« Que mantenon dreitura, els autres penedir. »
La crotz es sopartida e torna en azir,
Que vengutz es lo termes del dar e del ferir,
Que Toloza s'enansa, que voldra retenir
8780 Tot Pretz e tot Paratge que no poscan perir ;
Car lo valens coms joves quel mon fa reverdir,
E colora e daura so ques sol escurzir
S'en intra per las terras recebre e bandir,
E Condom e Marmanda e Clairac azaptir
8785 Ez Agulho combatre e prendre e sazir,
E los Frances confondre [e] destruire e aucir,
En Br. de Cumenge s'a ops a enantir,

8763. vilas, *ms.* vila se. — 8766. no (*correction de Fauriel*), *ms.* uos. — 8769. *Réd. en pr.* que plus leu se laissarian escorgiar tots vieux (p. 105). — 8781. *Réd. en pr.* Adonc se son rendudas al comte jove Agulho et autras plassas, que deffunt lo C. de M. avia presas (p. 105). *L'épisode du combat avec Joris, qui occupe la tirade CCIX, est résumé dans la réd. en pr. en cinq lignes.*

Qu'en Joris lo cavalga el manda requerir
E li gasta sa terra.

CCIX.

8790 Joris gasta la terra e s'es essenhoritz,
E serca e cavalga e menassals faizitz,
A Sent Gauzens s'en intra, car n'es essenhoritz,
Ab belas armaduras e ab bos arabitz.
En Br. de Cumenge, bels e bos e grazitz,
8795 El castel de Salinas, de mainada escaritz...
E de las entresenhas es lor cors esfelnitz;
E tramet sos messatges coitos e amarvitz
Als baros de Tholoza e als melhs enarditz,
E al comte son paire qu'es de bos aips garnitz,
8800 Que socors li trameta car l'en era aizitz,
En Joris ab gran joya es de la terra ichitz,
E venc per la ribeyra ab sos senhals banditz,
En Br. de Cumenge a los baros legitz,
Los milhors els pus savis e los pus afortitz,
8805 Ben complitz de lor armas e belament garnitz;
E cant lo jorns repaira e lo temps abelitz,   (p. 220)
Lors senheiras aussadas els gonfainos banditz
Se son per la ribeira apres lor aculhitz;
E can vengron a Martras Joris n'era ichitz.
8810 E cant no l'atroberon desobre Sent Felitz,
Es en la bella plassa lo parlamens bastitz;
Ez a dig l'us a l'autre : « Arals avem seguitz! »
Ab tant n'Inartz de Punhtis qu'es pros e ichernitz
Denant totz se razona e al[s] be enqueritz :
8815 « Senh'en Br., bem sembla s'aisils avem giquitz,

8795. *Lacune après ce vers?* — 8803. a, *ms.* ab.

« Vos meteis e nos autres avetz vius sebelhitz ;
« Mas, si m'en voletz creire, ja no siretz falhitz :
« Cavalguem tot le dia trols aiam cosseguitz,
« E sins volon atendre er aitals l'escroichitz
8820 « Tro de l'una partida sia lo camps gurpitz ;
« E si nols atrobam, si ja nulhs hom lor ditz
« Quels aiatz per batalha encaussatz ni seguitz,
« Totz temps n'auran temensa e auretz nos gueritz.
— Senhors, » ditz Marestanhs, « mos neps sia obe-
8825 Ez ab aitant s'acolho per los camis politz.   [zitz. »
E cant a Palmers vengo, us hom de la lor ditz :
« Senhors, veus aquin Joris que ades n'es partitz ;
« Si nols anatz socorre tost aura convertitz
« Los omes de Melha e mortz e destruzitz. »
8830 Ditz n'Otz de Sent Beat : « Dieus ne sia grazitz !
« Anc sempr[e] gaban Joris que nos ha arramitz,
« E si m'en voletz creire ara n'er dementitz. »
Ditz Ramon At d'Aspel : « Ans quens aian sentiz,
« Nos acordem essems cals sera nostr'arditz,
8835 « Que si ilh s'en anavan trols aiam conqueritz,
« Nos e nostre lhinatges n'er totz temps escurzitz.
— Senhors, » ditz n'Espanels, « pos lo faitz er cumplitz
« Cum que sia dels autres Joris sia sazitz,
« Perqu'en Rogers d'Aspel sia soutz e gueritz. »
8840 E cant foron essems al parlament aizitz
An Br. de Cumenge los baros somonitz.
Belament se razona ez als totz esbauditz :
« Senhors francs cavaliers, lo vers Dieus Jhesu Crist
« Nos ama ens governa e nos ha ben aizitz,
8845 « Quels nostres enemics quens avian delitz

8839. *Ms.* Alpel.

« Nos ha be totz essems lhivratz e amarvitz.
« Nos aurem la batalha senes totz contraditz (p. 221)
« E sera ben vencuda, quel coratges m'o ditz.
« Senhors, ara vos membre cum nos teno feblitz,
8850 « Qu'en totas nostras terras a senhors apostitz,
« Ques ilh an mortz los paires e los efans petitz,
« Ez an mortas las donas e destruitz los maritz,
« Ez an mort tot Paratge e lor eish enriquitz,
« E nos fan ir pel setgle perilhatz e marritz,
8855 « E nos cassan tot dia pels boscatges floritz.
« E, per santa Maria vergena emperairitz,
« Mais volh moiram ab armas o ab glazis forbitz
« No que ja semprens tengan abaichatz ni peritz!
« E si bens troban ara firens e afortitz
8860 « Totz temps n'er mais Paratges ondratz e obezitz.
« E si m'en voletz creire pos los trobam aizitz
« Lo lor afar el nostre er aisi devezitz
« Qu'iferns e paradis aura dels esperitz,
« Que mais val mortz ondrada c'aissi vivre aunitz !
8865 « Pero l'avers que i sia ni pres ni comqueritz
« Er be entre nos autres belament departitz. »
Trastuit essems escridan : « Ben o ditz! ben o ditz!
« Cavalguem la batalha, que Dieus nos sera guitz! »
E cavalgan essems trols an vistz e auzitz ;
8870 Els castelas en Joris e n'Ancelmes aizitz,
E li Frances essems am bos cors endurzitz
Combatian la vila, lo cap e la cervitz,
Ez ab tant ilh salhiron e commensan los critz ;
E cant li Frances viron los senhals esclarzitz,
8875 E la crotz e la penche el taur e la berbitz,
E las autras ensenhas dels baros enarditz,
E las bonas companhas que los an perseguitz,

Ges non es meravilhas sis foron esbaïtz.
Dedins la barbacana son essem[s] aculhitz
8880 Ez an be los passatges els bocals establitz.
En Br. de Cumenge qui lor o contraditz
Primeirament dels autres los a ben envazitz
El e n'Inartz de Pungtis durament azaptitz,
E n'Ot de Sent Beat que s'en es enantitz ;
8885 E pen Br. de Saisches es si n'Ancelms feritz
Que l'abat el trabuca, mas el s'es erebitz ;
En Rogers de Montaut es a terra salhitz
Que los combat els dona e los fer amarvitz. (p. 222)
Peron W. de Saiches qu'es valens e arditz
8890 Les fer els esperona, ez es si referitz
Que sos cavals trabuca, mas el es ressortitz.
En Rogers de Montaut lor crida e lor ditz :
« Firetz ben a delivre sobrels encorrotitz ! »
Ladoncas esperonan los destriers arabitz,
8895 Que per totas partidas los an ben requeritz ;
Ez ilh se defenderon ab los brans coladitz.
D'entr'ambas las partidas es lo chaples bastitz :
Peiras e dartz e lansas e los espeutz branditz,
E flecas e sagetas e cairels rebulhitz
8900 Les feron e los nafron par los ausbercs trailitz
Que de la sanc vermelhan los costaz els samitz.
Ez aquels de la vila cant los agron cauzitz
Los feron ab las peiras e ab cairels petitz
El castelas ab ira es aissi esferzitz
8905 Quez aissis vol[v]s es vira cum fai singlars feritz,
Que franh e trenca e briza lai on es cosseguitz,
Que de trosses de lansas lor i fai plaischaditz.

8883. *Ms*. El enainartz.

E n'Ancelmes en Joris se son tant escrimitz,
En Rogers de Lhineiras, tro foron afeblitz.
8910 E n'Inartz lor escrida : « Araus er car meritz
« Totz le mals el dampnatges quens avetz cossentitz,
« E rendetz vos a vida ans queus aiam carpitz. »
Ez els lor responderon : « Cals nos seria guitz ? »
Ab aitant esperonan tuit essem a devitz,
8915 Que per totas partidas an los bocalhs umplitz,
Que dins la barbacana son ab lor reculhitz ;
E comensa la noiza e lo chaples el critz
Dels brans e de las massas e dels talhans forbitz,
E debrizan e talhan los vertz elmes brunitz.
8920 Mas non es meravilha sils an apoderitz,
Car ilh an tan grans colps receubutz e feritz
Que dins las armaduras an los osses cruischitz.
Peron Joris remonta ez es foras ishitz,
Ez el cazec en terra, tant fort fo referitz.
8925 Ez en las autras plassas sels que son cosseguitz
An en motas maneiras debrizatz e partitz,
Que pes e punhs e braces e cervelas e ditz,
E testas e maichelas e cabelhs e cervitz,   ([p. 223)
E tant dels autres membres n'a el camp espanditz
8930 Que lo sols e la terra n'es vermelhs e crostitz.
Adoncas pogratz diire, ans quel camps fos culhitz,
Que be sembla de guerra.

CCX.

Ladoncs resembla guerra can rema lo chaples,
Que de sanc ab cervelas e d'olhs e de membres,
8935 E de pes e de cambas e de brasses estes
Lo camis e las plassas ne son complitz e ples.

8924. Ez, *corr.* Mas?

El castelas en Joris e n'Ancelmes son pres,
E li autre perderon las vidas els arnes,
En Br. de Cumenge en W. de Toges
8940 Livrat a gran martire et en loc mortales.
E cant auzic las novas lo rics coms Cumenges
Ges no m'es a vejaire quelh sia greu nilh pes.
Apres venc a Tholoza lo valens coms joves
Per defendre la terra e per cobrar l'eres.
8945 E lo coms n'Amaldrics s'en vai en Agenes,
Ez ac en sa cumpanha cavalers e clergues,
Els baros de la terra els crozatz els Frances ;
E fo il senher abas cui Rocamadors es,
Ab lor de Caerci e ab los Clarmontes ;
8950 N'Amaneus de Lebret del linh Armanhagues,
Rics e galhartz e coindes, del melhs de Bazades,
E complitz de largueza, e[l] senher de Saishes ;
Ez ab motz baros d'autres e ab cels del paes,
S'es lo coms n'Amaldrics denant Marmanda asses,
8955 Mas el s'en penedera si lo reis no i vengues,
Car la vila gardavan Centolh d'Estaragues,
Us rics valens coms joves ben arditz ez apres,
El el pros Amaneus el valens Azamfres,
N'Arnautz de Blanchafort, Vezias Lomanhes,
8960 N'Amaneus de Boclo, en Gastos, en Sicres,
En W. Amaneus elh doi Pampalones ;
Els baros de la vila els sirvens el pobles
El donzel e l'arquier el Braiman el Ties,
Establiron la vila els fosssatz els torres
8965 D'espazas e de lansas e de bos arcs turques.
E lo coms n'Amaldrics les a tant fort comes
Que per aigua e per terra es los glazis entes ;

8939. en W., *corr.* an.

El baro de la vila son s'aisi ben defes
Que dedins e defora an tans colps datz e pres
8970 Dels brans e de las massas, dels talhans colonhes,
Que sancs e carns e glazis hi rema tant espes [(p. 224)
Que pro i romas vianda als auzels e als ches.
    Ara laichem lo seti qu'es mals e mortales
E parlem de[l] bon comte senhor de Savartes,
8975 Ab lui Rotgers Br. el Lops de Foish, tuit tres,
E i es Br. Amelhs senher de Palhares,
W. Br. d'Asnava e n'Izarns Jordanes,
En Rotbertz de Tinhes ab lor de Carcasses,
Br. A. del Pueh e n'Aimerics que i es,
8980 En W. de Niort, Jordas de Cabares,
Ab lo comte de Foish intran en Lauragues,
E prendon bous e vacas e vilas e pages.
E venon a Vazeja e an los ostals pres
Mas n'Folcaut de Merli ab lo sieu parentes,
8985 Qu'es mals e pros e savis e fortz et entremes,
En Johans, en Tibautz, el vescoms Lautragues,
En Johans de Bulho, n'Amaldrics de Luces,
En Ebrart de Torletz, n'Albarics, en Jaques,
En Johans de Mozencs, en Johans Lomanhes,
8990 Ab bonas armaduras e ab cors leones;
Cavalgan la batalha on lo coms de Foih es.
E cant lo jorns repaira el terminis ceres
Es ichitz de Toloza lo coms joves marques
Del linhatge de Fransa et del bo rei Engles,
8995 Ez ac en sa companha motz baros Tolzanes :
N'Arnautz de Vilamur en Bertrans Jordanes,
E i es Guirautz Unautz, Rodrigos e n'Ugues,

8997. Rodrigros, *ms.* Lodrigos.

En Bertrans de Gordo e l'abas Montalbes,
E i es W. Unautz en R. Unaudes,
9000 En Amalvis, en Ugs de la Mota entremes,
Garcias Sabolera, en P. Navarres,
E de lor de Toloza cavalers e borzes,
Ez ab motz baros d'autres ab los cors enteres,
Son vengutz vas lo comte si cum era empres.
9005 E cant foron essems, ans que pus hi cregues,
A lo rics coms de Foish lo comte jove enques :
« Senher coms, aram sembla queus creish honors e
[bes,
« Que nos aurem batalha verament ab Frances,
« Qu'ieu conosc las senheiras els senhals els aurfres;

9006. A (*correction de Fauriel*), ms. E. — *La jonction du jeune comte de Toulouse avec le comte de Foix n'est pas exprimée ici aussi clairement que dans la réd. en pr.* : et ainsin que lodit comte jove y volguet partir (*pour aller au secours de Marmande*), es vengut un messatge, que prestamen et sans delay ane donar secors al comte de Foix loqual era intrat al Lauragues an petita compania, loqual avia faicta la plus bela presa de bestial et de gens, que jamais home aguessa faicta en aquel temps; car tot lo bestial deldit Lauragues avia pres et assemblat, tant buous que vacas, jumentas et ovelhas, que autre bestial, loqual menava dins lodit Tolosa. Et adonc, quand los que n'Amaldric avia laissats en garniso, tant per lodit pays del Lauragues que de Carcasses, se son ajustats et al davant deldit comte de Foix son venguts, per ly ostar ladita presa. Et adonc, quand lodit comte de Foix a vist lo grand monde que contra el venia, es se retirat dedins Vassiega, en attenden lo secors deldit comte jove, ainsi que mandat ly avia, loqual comte jove es arribat an totas sas gens, dont lodit comte de Foix n'es estat fort joyos. Et apres se son metuts a conseilh que era de far, vist que lors ennemics lor eran aqui dessus. Et adonc lodit comte jove a dict al comte de Foix (*contre-sens, cf. v.* 9006) « Senhor, « aras veyren o qui sera valen o coard; car ayssi aven la flor de « tots nostres ennemics, ainsin que podes veser a lors ensenhas « desplegadas; car Folcauts et Valats (9010) y son... » (*p.* 105-6).

9010 « Qu'en Folcautz, en Alas, en Ugues de Lasses,
« En Sicartz de Montaut ab lor de cest paes (p. 225)
« Per nos autres combatre par ques sian empres,
« Ez anc no vi batalha que tant fort me plagues,
« Quez anc pos portei armas no m'albir ni nom pes
9015 « Vis tant bona mainada cum cesta c'ab nos es ;
« Que segon mon vejaire, si la batalha es,
« Hoi perdran lor valensa orgolhs e mala fes. »
So ditz Roger Br. qu'es complitz de totz bes :
« Senhors franc cavalier, hoi parra qui pros es.
9020 « Trastotz lo cors m'esclaira car vei ques aissi es
« La flors d'aquesta terra e de tot Carcasses. »
El coms se pres a riire e a dig que cortes :
« Si Dieus mi sal ma dona el castel Narbones
« No virarai ma senha trols aia mortz o pres.
9025 « Si i era tota Fransa e tug li Montfortes,
« Tug auran la batalha tro l'us sia conques. »
Ez en apres escrida aisi que l'an entes :
« Cavaliers ! a las armas dementre que locs es,
« E fassam o de guiza que no siam repres !
9030 « Que, per santa Maria on Jhesu Crist se mes,
« Si nos volon atendre, o lor plassa o lor pes,
« Hoi auran la batalha.

CCXI.

« Hoi auran la batalha veramen, si Dieu platz,
« Ez a la departida veirem cals tendrals datz ;
9035 « Quels nostres ennemics vezem si aprosmatz
« Que lor podem car vendre las nostras heretatz ;

9014. pos, *ms.* por. — 9033. Hoi, *ms.* Tot.

« E podetz be conoicher cols a Dieus aziratz :
« A mort e a martiri les nos a amenatz.
— Senher coms, » ditz n'Arnaut de Vilamur, « sius
9040 « En aquesta batalha no seriatz hondratz.   [platz,
« Nos tanh de vostre par c'ab lor vos combatatz,
« Si n'Amaldrics no i era, o coms o pozestatz.
« N' Folcautz es pros e savis, mas no i es la rictatz
« Per qu'en est' aventura lo vostre cors metatz :
9045 « Empero, sil prendetz, gaire no i gazanhatz,
« Que no n'auriatz terra ni acordier ni patz.
« Pero si la batalha vos agrada eus platz
« A destre e a senestre me trobaretz al latz.
— N'Arnaut, » so ditz lo coms, « per que m'en castiatz?
9050 « Hieu fare[i] la batalha eus prec que la vulhatz,
« Que cel que ara m'en falha n'er totz temps encol-
                                                [patz :
« Que totz hom cals ques sia, si era reis coronatz,
                                                [(p. 226)
« Deu metre en aventura son cors e sas rictatz
« Per enamics destruire trols aia abaichatz.
9055 « E pessem d'est lengatge com sia milhoratz. »
So ditz lo coms de Foish : « Senh'en coms, a mi datz
« La primeira batalha dels pus afazendatz. »
E lo coms li respon : « Vos en Roger Bernatz
« Ab lor de Carcasses, car los sai bos armatz
9060 « E firens en batalha e ben aventuratz,
« E cels de vostra terra, en cui melhs vos fizatz,
« Ez ab vostra companha, aital com la aiatz,
« Lor faretz la batalha, e prec que bels firatz.
« Els baros de ma terra qu'ieu ai ben esproatz

9047. eus, *corr.* e vos.

9065 « Et ab ma companhia e ab los meus privatz
« Ez ab lor de Tholoza on es ma fizaltatz,
« Ez ab Bertran mo fraire qui n'es aparelhatz
« Vos irai si socorre ans que gairels sufratz,
« C'al partir de la guerra ne remandrem ondratz.
9070 — Senhors, » so ditz lo coms, « per so no temiatz :
« O de mort o de vida, cal que vos la fassatz,
« Mort o viu o delhivre me trobaretz de latz,
« Que d'aquesta batalha soi aisi acordatz
« Qu'ieu i perdre[i] la vida o remandre[i] ondratz.
9075 « E lo filhs de la Verge qui fo martirizatz
« Conosca la dreitura e vejals lors pecatz ! »
So ditz lo coms de Foish : « For[t] be e gent parlatz,
« E pessem del dampnatje com sia comensatz,
« E fassam los cometre al melhs encavalgatz. »
9080 So ditz Rogers Br. : « Totz los asabentatz.
« Que si negus falhia en aisso que mandatz,
« Per totz temps tan cant viva sia dezeretatz.
— Senhor, » ditz P. Navar, « cavaler, tug gardatz
« Lo cors del comte jove que no i sia nafratz,
9085 « Que totz Pretz e Paratges es en lui restauratz,
« Ez es morta valensa si el era mescabatz. »
El Lops de Foish escrida : « Senh'en coms, enansatz :
« Cavalguem la batalha, que lo temps es passatz ! »
N'Arnaut de Vilamur es demest totz triatz,
9090 En Guiraus de Gordo, n'Ucs d'Alfar e l' Abatz,
En Bertrans de la Islha, n'Garcias Coradiatz,
En W. en R. Unautz ben assesmatz,
Ramon A. del Pog, el tinhos dels juratz, (p. 227)

9069. *La réd. en pr. ajoute :* et lo comte de Cumenge an l'autra gen faran la batalha (p. 106) ; *cf. la note sur le v.* 9116. — 9087. *Réd. en pr.* ung valent home apellat le Lop de Foix (p. 106). — 9093. *Sic.*

Rodrigos e li autre quels an e[s]peronatz;
9095 E li baro cavalgan apres lor assignatz,
Las senheiras baichadas els penos desplegatz.
En Folcaut de Brezi los a ben esgardatz,
E vic las entresenhas dels baros presentatz,
E perpren la ribeira e ditz al sieus : « Estatz! »
9100 Belament los ensenha e a los sermonatz :
« Senhors baros de Fransa el meus rics parentatz,
« Dieus e ieu e la Gleiza vos te asseguratz
« Que paor ni temensa ni regart non aiatz.
« Aiso es lo coms joves que nos a aziratz
9105 « E lo pros coms de Foish quez es mals e senatz,
« E veus Roger Br. els baros ajustatz,
« Ez an los capdaliers els faizitz amenatz;
« E s'il so bo per armas nos valem mais assatz,
« C'aisi es tota Fransa e Monfortz aturatz,
9110 « El melhs d'aquesta terra e la flor dels Crozatz ;
« E si negus moria totz nos ha perdonatz
« L'avesques de Tholoza e mosenhel legatz.
— Bels fraire, » ditz Johans, « de be ferir pessatz,
« Que per estas miraclas de nos e dels crozatz
9115 « S'aura hoi a combatre la merces el pecatz. »
Ditz lo vescoms de Lautrec : « Senhors, mi escotatz :
« Hieu ai be las personas els baros albiratz
« E semblara folia si aisils esperatz.
— Vescoms, » so ditz Titbaut, « sius voletz, von anatz :

9094. *Ms.* Lodrigos. — 9097. En, *ms.* El. — 9105. *Réd. en pr.*
« Senhors, aissi aven lo comte jove et lo comte de Foix, amay son
filh Rogier Bernard, et aytamben lo comte de Cumenge que mena
la batalha » (p. 107). — 9119. *Réd. en pr.* Et adonc a respondut
lodit Folcaud : « Senhor vicomte, si vos aves paour, ieu vos con-
seilhi que vos enfugiscas, car nos atenden aissi nostres ennemics,

9120 « Nos atendrem lo comte e parra la foldatz. »
Entrels ditz els coratges els faitz atermenatz
S'asemblan las batalhas els cavaliers armatz;
D'entr'ambas las partidas son aissi aprosmatz
Que no i es pons ni planca mas us petitz fossatz.
9125 Cant lo coms de Foish passa el seus valens barnatz
D'entr'ambas las partidas fero doas maitatz;
Mas n'Folcaut de Brezi tot belament rengatz
Los aten els espera ab fermas volontatz.
Lo refrims de las trompas els sonetz acordatz
9130 Fan retendir las plassas, la ribeira els pratz,
Ez es Foish! e Toloza! mentaugutz e cridatz,
E Montfortz! e Brezis! auzitz e reclamatz.
E lai on s'encontreron ab los tens coloratz,
Ez ab las entresenhas alumnec la clartatz,   (p. 228)
9135 E baicheron las astas els gomfainos frezatz,
E van s'entreferir ab fis cors esmeratz
Que las astas pessian sobrels ausbercs safratz.
A tant vec vos la preischa dels baros ben armatz,
Que cels quels esperonan los an environatz,
9140 Que sobre las feridas los an esperonatz
En Peyre W. escrida de Seguret : « Tug datz,
« Baros, al comte jove tot dreg on lo veiatz,
« Que res nom fai temensa mas la sua bontatz
« E sa cavalaria e la sua fertatz ;
9145 « Que si no l'abatem ans quens aia sobratz
« Al partir de la guerra nos fara totz iratz. »
Ab tant venc lo coms joves denan totz abrivatz

o per vieure o per morir » (p. 107). — 9135. *Dessin :* La batalha del comte de Foyhs ab en Folcaut de Brezi. — 9141. *Réd. en pr.* Peyre Guirault de Seguret (p. 107).

Com leos o laupartz, can es descadenatz :
Ben dreitament l'en porta lo seus cavals moratz,
9150 E venc asta baichada desotz l'elm embroncatz;
Dedins la major preicha lai on les vi mesclatz
Fer Joan de Brezi qui s'es aprimairatz,
E donec li tal colp sos espieutz nielatz
Que l'ausberc li debriza el perpung el cendatz,
9155 Que l'abat el trabuca e es otra passatz ;
E escrida : « Tholoza ! franc cavaler, chaplatz
« Sobre la gent estranha, e firetz e trencatz ! »
E revol[v] e revira e refer vas totz latz,
Ez es per sa mainada defendutz e gardatz,
9160 Qu'en Arnautz lor aporta la senheira en la fatz.
En Johans de Brezi es a sos pes levatz, (p. 229)
E fer e trenca e briza lo sieus brans aceiratz,
E venc Peyre W. de Seguret viatz,
E feric si lo comte lai on l'es aizinatz
9165 Pla de sobre los rengas on es l'ausbercs sarratz
Que la singla li briza e l'acer es asclatz.
« Montfort ! Montfort ! » escrida, « franc cavaler, bel
Mas lo coms no si crotla ni s'es desparelhatz. [datz! »
Entrels critz e la noiza els baros aturatz
9170 Per totas las partidas es lo chaples levatz
Dels brans e de las massas e dels talhans tempratz;
De colps e de coladas ab los escuelhs dauratz
Se feron es combaton pels peitz e pels costatz,
Que talhan e que trencan los vertz elmes vergatz
9175 Els ausbercs e las malhas e los escutz boclatz.
E lo coms de Foish crida : « Arregnatz ! arregnatz ! »
En Folcaut de Brezi : « Franc cavalier, estatz ! »
N'Ebratz en Amaldrics en Tibautz asemblatz,
En Johans de Bolho en Jaques acostatz,

9180 El vescoms de Lautrec qu'es en la preicha intratz;
E li Frances essems son el camp refermatz :
Chatbertz e n'Aimirics el bos Rogers Bernatz,
Lops de Foish en W. de Niort qu'es nafratz,
E i es Br. Amiels el tos W. Bernatz,
9185 E n'Amalvis e n'Ucs de la Mota prezatz,
Ez ab lor de Tholoza quels an be aziratz,
E li baro del comte tug essems az un clatz
Si trencan las batalhas ab los aciers colatz
Que per totas partidas los an voutz e viratz,
9190 Que los feron els nafran pels peitz e pels costatz;
E li Frances trabucan dos e dos enversatz.
Ab tant venc la grans preischa dels sirvens acolpatz,
Que dins en la batalha son ab lor encarnatz,
Qu'entre l'acier el glazi abatutz e sobratz
9195 Cavaliers e sirvens tug essems remesclatz
Les an mortz e vencutz e destruhs e trencatz,
Que d'olhs e de cervelas e de punhs e de bratz
E cabelhs e maichelas e membres amaitatz,
E fetges e coradas departitz e cebratz,
9200 E sancs e carns e glazis espanditz a tot latz;
Que lai ac tant Frances mortz e deglaziatz
Quel camps e la ribeira n'es vermelhs e juncatz. (p. 230)
Mas lo vescoms de Lautrec en es vius escapatz,
En Folcautz en Johans en Titbautz son triatz
9205 E retengutz a vida e rendutz e lhivratz,
E li autri remano el camp martiriatz.
Lai fetz aital miracle la vera Trinitatz
Que de la part del comte non i es hom dampnatz,
Mas cant us escudiers que s'era aprimairatz,

9180. El, *ms*. E lo. — 9186. aziratz, *corr*. ajudatz? — 9192. *Corr*. acoplatz, *ou* acorsatz?

9210 La batalha es vencuda el camps desbaratatz,
E lo coms ab gran joya es lo jorn repairatz.
Lai fon Peyre W. de Seguret penjatz,
Cant vengon las novelas el messatgiers coitatz
A n'Amaldric lo comte quelh comta las vertatz
9215 Podetz saber que riire no lh' agrada nilh platz,
Al seti de Marmanda.

CCXII.

Al seti de Marmanda es mesatgiers vengutz
Que lo valens coms joves a los Frances vencutz,
En Folcaut en Johan en Tibaut retengutz,
9220 E los autres son mortz e dampnatz e destruitz.
E lo coms n'Amaldrics s'en es tant irascutz
Que per aiga e per terra los a ben combatutz;
Elh baro de la vila[s] son aissi defendutz
Que foras en la plassa es lo chaples tengutz.
9225 D'entr'ambas las partidas an tans colps receubutz,
D'espazas e de lansas e dels talhans agutz,
Que dedins e defora n'i a mans remazutz
De cavals e de cors, de mortz e d'estendutz.

9213. el, *ms.* els; *cf. v.* 9217. — 9214. comta, *ms.* comte. — 9219. *Ms.* Johans. — 9222-30. *Réd. en pr.* Et adonc de grand ira et corros que a agut, tot incontinen a faict donar l'assault aldi Marmanda, mais los deldit Marmanda no le presen gaire, mais son yssits de la dita vila, et sos enemics son venguts frapar, dels quals era capitani ung valen home apellat Guiraut de Sametan, et talamen que on non sabia qui en avia del melhor; et an continuat aysso (*l.* ayssi) plusors jors de se combatre, que jamais on no sabia qui avia del melhor (p. 108). *Il n'est pas question dans le poème, p.-ê. par suite d'une omission, de ce Guiraut de Sametan, qui dans la réd. en pr. se substitue plus loin au Centolh du v.* 9259.

Ab afortitz coratges se son si captengutz
9230 Que la nog e lo dia son entr'els contendutz;
Mas en petita d'ora lor es tals mals cregutz
Que jamais lo dampnatges no sira revengutz :
Que l'avesques de Santas que la crozada adutz
En Wmes. de Rocas lo senescalcs temutz,
9235 Que menan las cumpanhas els avers els trahutz,
Per tot a la redonda on es lo camis batutz,
An los traps e las tendas els pavalhos tendutz,
E pel meg loc de l'aiga lo naveis espandutz.
Apres no tarzec gaire qu'es lo temps avengutz
9240 C'ardimens e folatges los a totz deceubutz,
Quel filhs del rei de Fransa lor es aparegutz,
Ez a en sa companha .xxv. melia escutz
De cavaliers mirables ab los cavals crinutz; (p. 231)
E foron li .x. melia ilh els cavals vestutz
9245 Del ferr e de l'acier qu'es resplandens e lutz,
E de cels c'a pe foron es lo comtes pergutz;
E menan las carretas els arnes els condutz,
E perprendon las plassas e las ortas els frutz,
E lo reis ab gran joya es al trap dechendutz.
9250 Can per lor de la vila es los reis conogutz,
Ges non es meravilha si foron desperdutz :
Cascus ditz el coratge que ja no fos nascutz.
La primeira batalha qu'ilh los an combatutz
Los fossatz e las [l]hissas lor an pres e tolgutz,
9255 Els pons e las barreiras debrizatz e fondutz;
Ez apres la batalha es parlamens tengutz
Per que cels de la vila cujan estre ereubutz,

9242. a, *ms.* al.— 9243. *Ms.* mirabbles.— 9248. *Dessin représentant une ville assiégée; rubrique :* Lo seti de Marmanda cant le filh del rey de Fransa la pres.

C'ab volontat saubuda et ab covens saubutz
Lo coms Centolhs e l'autri se son al rei rendutz
9260 Dedins lo trap domini on es li or batutz.
Li prelat de la Glieiza son al rei atendutz,
E li baro de Fransa denant lui asegutz.
En .i. coichi de pali s'es lo reis sostengutz,
E pleguet son gant destre que fo ab aur cozutz,
9265 E l'us escoutec l'autre ; e lo reis semblec mutz.
Mas l'avesques de Santas qu'es ben aperceubutz
Denant totz se razona e fo ben entendutz :
« Rics reis, arat creih joya e honors e salutz
« Del regeime de Franssa est ischitz e mogutz
9270 « Per governar la Gleiza e las suas vertutz.   (p. 232)
« E pos la santa Gleiza governas e condutz
« Aisit manda la Gleiza, e per re no o mutz,
« Que tu redas lo comte quez a tu s'es rendutz
« Al comte n'Amaldric, car li es covengutz
9275 « Que l'arga o quel penda, e tu que l'en ajutz
« E lhivra li la vila per eretges saubutz
« Que la mortz e lo glazis lor es sobrevengutz. »
Ditz lo coms de Sent Pol qui s'en es irascutz :
« Per Dieu, senher n'avesques, non seretz pas crezutz :
9280 « Si lo reis ret lo comte, qu'el sia cofondutz,
« Lo barnatges de Fransa n'er totz temps abatutz. »
Ditz lo coms de Bretanha : « Pos qu'el fo receubutz
« Falhira la corona sil coms es deceubutz.   [dutz
— Senher, » so ditz l'avesques de Bezers, « defen-
9285 « S'en er lo reis de Fransa, si n'era mentaugutz,
« Si ditz que santa Gleizals ha cobratz e volgutz.
— Baros, » so ditz lo reis, « pos la Gleiza m'adutz,

9258. saubuda *est visiblement fautif; corr.* certana ? — 9264. aur, *ms.* our.

« Ja lo dreitz de la Gleiza no sera contendutz :
« Pos lo coms ab la Gleiza s'era dezavengutz
9290 « Glieiza fassa ques volha dels seus encorregutz. »
Mas l'arsevesques d'Augs li es tost respondutz :
« Per Dieu, bel senher reis, si dreitz es conogutz,
« Lo coms ni sa mainada non er mortz ni perdutz,
« Qu'el non es pas eretges ni fals ni descrezutz,
9295 « Ans a la crotz seguida els seus dregs mantengutz.
« Sitot s'es vas la Gleiza malament captengutz,
« Car el non es eretges ni de la fe tengutz,
« Glieiza deu be recebre los pecadors vencutz
« Que l'esperitz nos perda ni sia cofondutz.
9300 « En Folcautz a Tholoza es pres e retengutz,
« E si lo coms se dampna n'Folcautz sera pendutz.
— Bel senher n'arsevesques, vos ne seretz crezutz, »
Ditz Wlmes de Rocas, « quel coms non er destruitz,
« Ans er n'Folcautz pel comte lhivratz e rezemutz. »
9305 En aquesta maneira es lo coms remazutz
Ab .III. baros d'autres, e leval critz el brutz,
E corron vas la vila ab los trencans agutz
E comensal martiris el chaplamens temutz,
Quels baros e las donas e los efans menutz
9310 Els homes e las femnas totz despulhatz e nutz
Detrencan e detalhan am los brans esmolutz, (p. 233)
E la carns e lo sancs e los cervels els brutz
E membres e personas maitadatz e fendutz
E fetges e coradas decebratz e romputz
9315 Estan per meg las plassas co si eran plogutz;
Car de lo sanc espars qui lai s'es espandutz

9293. *La réd. en pr. n'a pas compris de quel comte il s'agissait :* « ben vos premeti ieu et vos jure que lo comte jove et sas gens « no sont point d'iretges... » (p. 109).

Es la terra vermelha el sols e la palutz.
No i remas hom ni femna ni joves ni canutz
Ni nulha creatura si no s'es rescondutz.
9320 La vila es destruita e lo focs escendutz.
Apres no tarzec gaire que lo reis es mogutz
Per venir a Tholoza.

CCXIII.

De venir a Tholoza es vengutz deziriers
Al filh del rei de Fransa si quel seus senhariers
9325 Se mes denant los autres ez a pro companhers
Que los pogs e las planhas els camis els sendiers
Son complidas e plenas d'omes e de molhers;
E perprendon las terras Frances e Berriviers,
Flamenc e Angevi, Normans e Campaniers,
9330 Bretos e Peitavis, Alamans e Baivers;
Ez es tant grans la preicha dels homicidiers
Que dins en l'ost complida n'a .XIII. cens milhers;
E menan las carretas e los muls els saumers,
E los traps e las tendas els conduitz els diners,
9335 E feron breus jornadas per atendrels derriers.
El cardenals de Roma els prelatz dels mostiers,
Arsevesques, avesques e abatz e Templiers,
E monges e canonges, que de blancs que de niers,
N'a en la ost .v. melia dictans e legendiers;

9320. *La réd. en pr. ajoute*: dont lodit filh del rey ne fouc grandamen corossat et malcontent, quand ho a saubut, et aisso contra lodit n'Amalric; et del grand corros que n'a agut s'es partit et drech a Tolosa (*cf. v.* 9321-2) a pres son camy an totas sas gens, et lodit capitani et sas gens n'a laissats anar la ont lor a plagut de anar (*p.* 109).

9340 E prezican e mandan quel glazis an primers.
E no s'es meravilhas sis venc espaventiers
A totz cels de Tholoza can virols mesatgiers.
Els cossols de la vila, coitos e viassiers,
Trameton los messatges ben coitos e marviers
9345 Als baros de las terras e a totz los guerriers,
Que nulhs hom no i remanga, ni sirvens ni arquiers,
Ni cavaliers mirables, ni negus soudaders,
Ni faizitz de boscatge, ni negus hom leugiers.
Qui vol Pretz e Paratge e tornar heretiers,
9350 E si meteish defendre e tornar galaubers
Del venir a Tholoza er aitals lo loguiers
Que dels bes que lai sian er totz temps parsoners.
Per la vila socorrer vengron .M. cavalers   [(p. 234)
Bos e arditz per armas, e .D. dardacers.
9355 E can foron essems el parlamens pleniers
Dels homes de la vila e dels lor capdalers,
Pelfortz denant los autres, car es gentils parlers,
Se razona els mostra los faitz els milhoriers,
« Baros, » vos de Toloza, « ara vos ha mestiers
9360 « Sabers e conoichensa e sens e milhoriers.
« L'afars del rei de Fransa nos es grans e sobriers,
« El mena gens estranhas e homes glaziers,
« Ez abans qu'el albergue deforas pels vinhers
« Mos senher lo coms joves, car es sos fevaters,
9365 « E sos me[l]her parens el melhers parentiers,
« Li trameta mesatges valens e prezentiers,
« Que no l'a tort ni colpa ni es fals ni mesongiers.
« E s'il vol son dreg prendre fara li volontiers
« A lui e a la Glieiza e als seus clamaters;

9341. sis, *corr.* sin? — 9357. *Réd. en pr.* Peyre Fors (p. 109).

9370 « O si ve a Tholoza ab petitz companhiers
« De lui prendra sa terra ez er seus domengiers,
« E li rendra la vila e l'i metra torrers.
« E mas el dreg perpara el dregs es capdalers
« Nol devria destruire per dig de lauzengiers.
9375 « E s'il aisso soana ni era aversers,
« Jhesu Crist nos defenda qui er gonfanoniers! »
E li baro respondo : « Est cosselhs es entiers.
— Baros, » ditz lo coms joves qu'es ben aventurers,
« Lo cossels es ben savis, mas nos farem esticrs :
9380 « Lo reis era mos senher : s'il me fos dreiturers,
« Ez ieu foralh ja sempre leyals e vertaders;
« Mas car el m'es malignes e fortz e sobrancers
« E m'a comes ab glazis e ab sanc totz primers,
« E m'a touta Marmanda e mort[z] mos cavalers,
9385 « Ni sobre mi cavalgua ab aitans bordoners,
« Mentrem membre la ira nil mals nil destorbers
« Nolh trametrai mesatges nilh serai plazenters,
« Qu'el a gens orgulhozas e felos cosselhiers.
« E ja pro nom tindria s'ieu l'era graciers,
9390 « Ans doblaria l'anta el dans el reproers.
« Mas cant le filhs del rei er aissi frontalers
« E tota noit el dia lo glazis el carners...
« E veirem per las plassas los baros els destriers
« Trabucar e abatre els serem engalhiers   [(p. 235)
9395 « Sil trametem mesatges el nos er merceners.
« E si m'en voletz creire, mas s'abrazal brazers,
« Enans quel reis nos sia senher ni pariers,
« Le lor afars el nostre er aissi engalhiers
« Que veirem de Tholoza ab los trencans aciers

9392. *Lacune après ce vers, ou corr.* E[r]?

9400 « Si tendra vi o aiga o brizaral morters.
« Si la podem defendre espandir s'al rozers,
« E tornara Paratges e gaugs e alegriers. »
En aqu[e]stas paraulas es empres l'acorders.
E li cossol respondo : « Tot cant quels er mestiers,
9405 « Als baros de las terras, lor darem volontiers ;
« Ez a las companhias del[s] sirvens logadiers
« Darem bonas viandas e gentils ostalers.
« E mandam per la vila que totz los escudiers
« Vengan lhivrazo prendre largamens, ses diners,
9410 « E los pas e las carns e los vis dels celiers,
« E civada e ordi a mueitz e a sestiers
« E pebre e canelas e los frugs dels fruchiers,
« Que re nols calha diire mas can : Boca, que quiers?
« E si lo reis mos senher vol esser maligners
9415 « Be nos poirem defendre d'aquetz .v. ans pleniers. »
Can del cosselh partiren, lo comensars primers
En la sobrana vouta on es l'gentils cloquers
Mezon sant Exuperi e lums e candelers :
Bisbes fo de Tholoza dignes e santorers,
9420 E defen e restaura totz loz sieus heretiers.
Ez en apres mandero als milhors carpenters
Que per tota la vila dins los pazimenters
Bastiscan los calabres els engenhs els peirers,
E qu'en Bernatz Paraire e maestre Garners
9425 Anols trabuquetz tendre, car ne son costumers.
Per totas las partidas trian cominalhers
Cavalers e borgues els milhors mercaders,
Qu'establiscan las portas e que mandols obriers.
Ez obreron ab joya totz lo pobles grossiers,

9408. *Ms.* mandan. — 9412. canelas, *ms.* candelas.

9430 E donzels e donzelas e donas e molhers,
E tozetz e tozetas e efans menuziers
Que cantan las baladas e los versetz leugiers,
E feiron las clauzuras els fossatz els terriers
Els pons e las barreiras els murs els escaliers (p. 236)
9435 Ez ambans e corseiras e portals e solers
E lhissas e arqueiras e dentelhs batalhiers
E bocalhs e gueridas e guisquetz traversers
E trencadas e voutas e camis costeners;
Totas las barbacanas e celas dels gravers
9440 An lhivradas als comtes e als fis capdaliers.
La vila es establida finament a doblers
Contra l'orgolh de Fransa.

CCXIV.

Contra l'orgolh de Fransa es faitz l'emprendemens
Quel coms joves defenda si mezeih e sas gens.
9445 E laïns en Tholoza es aitals mandamens
Que per tota la vila essems cominalmens...
E lo valens coms joves si'als comenssamens,
Els baros de las terras acordans e garnens
Las obras e las gaitas partiscan engalmens,
9450 E que la nog el dia porton los garnimens.
Els cossols de la vila ab los baros prezens,
Cavalers e borgues ben asesmadamens
Las portas de la vila lhivran als baros dens,
Als milhors, al[s] pus savis ez als melhs entendens.
9455 E pueish las barbacanas els novels bastimens
An lhivradas als comtes ez als baros prendens.
Ez en Dorde Barasc on es pretz e jovens,

9446. *Lacune après ce vers!* — 9457. en, *ms.* an. — 9457-545. *Voici*

N'Arnaut de Montagut coratjos e valens,
Br. de Rocafort en Ar. Barasc gens,

le texte de la réd. en pr., qui, pour ces 88 vers, suit de près l'original :

Et premieramen an metut a la barbacana et porta del Basagle (9461) en Daudie de Barasc (9457) Arnaut de Montagut, Bernard de Roquafort, Guilhen de Barasc (9459), an totas lor gens.

Item, a la porta et barbacana de S. Subra (9465) Guyraud de Minerva (9462) et Guyraud de Belafar, Arnaud Feda (9464), an totas lors gens.

Item, Bernard de Pena, Bernard (Bertrand *ms. de Toulouse*) de Monesties (9468), an totas lors gens, an aguda la charge de la tor Bausagna (9469).

Item, Rogier Bernard, filh del comte de Foix, et Bernard Jorda (9473) et n'Emeric de Roquanegada (9474), an totas lors gens, a la porta et barbacana de las Crosas (9475).

Item, Arnaud de Villamur et son nebot Guiraud Mante (Hunautz *ms. de T.*) (9478) et Guiraud Bernard (9479) et Guiraud Arnault (9480), valenta gen, an totas lors gens, a la porta et barbacana de Arnaut Bernard (9482).

Item, n'Aspes de Lomanha (9483) an totas sas gens, a la porta de Posamvilla (9489).

Item, n'Amabis (9486) et n'Huc de la Mota, et Bertrand (Bernard *ms. de T.*) de Pestilhac (9488), aquestes an aguda la chargia, an lors gens, a (de *ms. de T.*) la porta et barbacana ont venia tot lo bruit et turment (9485).

Item, Peyre Forts (9491) et en Ratier de Caussada et en Raynier de Bona (9493), et Johan Marty, an totas lors gens, an (son estatz *ms. de T.*) metuts a la porta et barbacana de Matabuou (9494).

Item, los baros de Tolosa, an lo comte jove (9502), an aguda charga de la porta et barbacana de Villanova (9506).

Item, Arnauld de Cumenge (9507) et son cosi Arnauld Ramon d'Aspeilh (9510), ambe los cavaliers de Montagut, an aguda la charga de la porta et barbacana faicta novelamen (9512).

Item, Arnaud de Ponctis (9513), qu'es pros et valen, et Marestanh son oncle, et Rogier de Noe (9516), tots aquestes an lors gens tenen la porta et barbacana de Partus (9517).

Item, Giraud Maulx (9518) et son fraire Guiraud (Ramon *ms. de T.*) Maulx (9519), et Jorda de Lantar, de la porta et barbacana de S. Estephe (9521).

9460 Ab lors belas cumpanhas complidas d'ardimens
Son de la barbacana de Bazagle establens;
En W. de Menerba car es ben conoichens,
W. de Belafar on es valors e sens,
Ez ab lor n'Arnautz Feda, essems e bonamens,
9465 La comtal barbacana tenon seguramens;
E l'adreitz n'Frotars P. ben e gent captenens
El en Br. de Pena francs e larcs e metens
W. Froters en Bertrans de Monester jauzens
Retengon la Baussana barbacana firens;
9470 El bos Rogers Br. que restaurals perdens
On es sens e valensa, sabers e esciens,
El en Br. Amelhs qui venc primeiramens,
Jordas de Cabaretz en Chatbertz defendens,
En Aimerics de Roca negada gentilmens,
9475 Son de la barbacana de las Crozas tenens. (p. 237)
N'Arnautz de Vilamur la forsa e l'ardimens,
Rics e galhartz e savis e dans e prometens,
Sos neps W. Unautz qu'es ab lui veramens,

Item, Sicard de Pech Laurens (9522) et Amic de Montels a la porta et barbacana de Montolieu (9524).

Item, Bernard Mercié (Menc *ms. de T.*) (9525), an sas gens, a la porta et barbacana de Montgailhard (9527).

Item, le viscomte Bertrand (Bernard *ms. de T.*), fraire del comte jove (9528) et en Artus (9529) son companhon, a la porta et barbacana del castel Narbones (9530).

Item, Bernard de Montaut (9531) et en Guilhabert de Labat et Fresol (9532), a la porta et barbacana del Pont vielh (9534).

Item Bernard Jorda, senhor de la Ylla (9535), et Guirault de Gordo, senhor de Caramang (9537, *cf.* 6115) et Bernard Boyssa (de Boisso *ms. de T.*) (9538), an totas lors gens, an la charga del Pont nau del Basagle, loqual era estat faict novelamen (9541-2), et aysso per defendre l'abeurado et rivage, que deguna nau ni vayssel no y venga, ny los ennemics (9545).

9466. P., *ms.* ρ.

W. Br. d'Asnava car i es ichamens,
9480 En W. Arnaudos ben e delhivramens,
Que fe genhs e brocidas els primers faizimens,
Tenon la barbacana n'Arnaut Br. formens ;
En Espas de Lomanha, que lai intrec correns
Ab sas belas companhas amics e bevolens,
9485 Retenc la barbacana on venial turmens ;
Ez apres n'Amalvis donans e combatens,
El bos n'Ucs de la Mota firens e refirens,
Bertrans de Pestilhac fort be ardidamens
Tenon la barbacana Pozamila, suffrens
9490 Los trebalhs e las guerras e los perilhamens.
Pelfortz, qu'es pros e savis e adreitz e plazens,
En Raters de Caussada mals e bos e punhens,
El en Rainiers de Bosna, Johans Martis fazens,
Tenon la barbacana Matabou finamens.
9495 E la porta Galharda on eral chaplamens,
Don ichien tot dia cavaliers e sirvens,
Li baron de Tholoza aperceubudamens,
Que comensan las guerras els trebalhs els contens,
Per quels camps e las plassas en remano sagnens,
9500 Tenon, cels de la vila, els anans els vinens,
Per gardar e defendre los intrans els ichens.
E mos senhel coms joves on es valors valens,
Que restaura Paratge e los orgulhos vens,
E colora e daura los perdutz els perdens,
9505 En Bertrans de Tholoza, en Ucs d'Alfar garnens,
Son de la barbacana Vilanova establens ;
En Ar. de Cumenge qu'es bels e bos e gens

9481. brocidas, *corr.* garidas? *cf.* 9539. — 9493. Rainers, *ms.* Ratiers ; *cf. le texte de la réd. en pr.* — 9507. Ar., *ms.* Br.; *cf. la réd. en pr. et* 9509.

E pros e savis e dans e comquerens,
En Br. de Cumenge sos cozis ichamens
9510 N'Arnaut R. d'Aspel ben afortidamens,
Ez ab los cavaliers de Montaigo prezens
Tenon la barbacana faita novelamens;
El bos n'Inartz de Puntis car es pros e valens,
En Marestanhs sos oncles qu'es de bon pretz manens,
9515 En Rogers de Mon[t]aut mandans e defendens,
En Rogers de Noer, car es ben avinens, (p. 238)
Tenon la barbacana del Pertus belamens.
Guirautz Unautz qu'es savis e bos e paciens,
El en R. Unautz qu'es adreitz e plazens,
9520 En Jordas de Lantar ab afortitz talens,
Son de la barbacana Sent Estefe tenens;
En Sicartz lo delhivres, senher de Poglaurens,
El e n'Ucs de Montelh, en Paderns ichamens,
Tenon la barbacana de Montoliu leumens;
9525 Apres Br. Meuder ab los seus solamens,
De mainada escarida, percassans e prendens,
Retenc la barbacana de Montgalbart formens;
E lo vescoms Bertrans tozetz e aprendens,
El en Bartas essems aperceubudamens
9530 Tenon la barbacana del Castel fermamens;
En Br. de Montaut ab afortitz talens,
En Guilabertz de Labas, en Frezols mantenens,
Ab lor belas cumpanhas d'amics e de parens
Tenon la barbacana del Pont vielh duramens.
9535 El senher de la Islha, Br. Jordas valens,
El en Bertrans Jordas, en Otz qu'es conoichens,
En Guirautz de Gordo ben acordadamens,

9508. *Sic : il manque une épithète.*

El en Br. Bainac car es francs e metens,
En Escotz que governa las garidas els genhs,
9540 Ab lor belas companhas sobrans e atendens
Tenon la barbacana del Pont nou finamens.
Sus lo pon[t] del Bazagle qu'es faitz novelamens
Son li arquier mirable que tiron primamens,
Que defendol ribatge e los abevramens,
9545 Que lunha naus no i venga ni negus malvolens.
Li baro tuit essems an jurat sobre sens
Que per lunha temensa ni per envazimens,
Ni per colps ni per plagas ni per nulhs espavens,
Ni per mort ni per glazis, mentre sian vivens,
9550 Negus de lor nos parca de lors establimens
Els baros de Tholoza ben acordadamens
Retengo cavaliers e borzes e sirvens
Dels milhors de la vila e dels melhs combatens,
Que sus la major coita sia l'acordamens.
9555 La vila es establida dels baros finamens,
E de lor de Tholoza ab els mescladamens,
E del glorios martir e dels autres cors sens; (p. 239)
Car lo Filhs de la Verge qu'es clars e resplandens,
E dec sanc preciosa perque la merces vens,
9560 Gart razo e dreitura, elh prenga cauzimens
Que los tortz e las colpas sian dels mals mirens !
Quel filhs del rei de Fransa ve orgulhozamens
Ab .xxxiiii. comtes et ab aitantas gens
Que non es en est setgle negus hom tant sabens
9565 Que puesca azesmar los milhers ni los cens,
Quel cardenal de Roma prezicans e ligens
Que la mortz e lo glazis an tot primeiramens,

9566. *Il paraît manquer ici un vers.*

Aissi que dins Tholoza nils apertenemens
Negus hom no i remanga ni nulha res vivens,
9570 Ni dona ni donzela ni nulha femna prens,
Ni autra creatura ni nulhs efans laitens,
Que tuit prengan martiri en las flamas ardens.
Mas la verges Maria lor en sira guirens,
Que segon la dreitura repren los falhimens,
9575 Perque sa sanc benigna nos sia espandens ;
Car sent Cernis los guida que non sian temens
Que Dieus e dreitz e forza el coms joves e sens
Lor defendra Tholoza !   Amen.

9578. *La rédaction en prose de la chanson se termine ainsi :* Or dis l'historia que dementre que tot so dessus se fasia, que lodit filh del rey venia devers Tolosa, acompanhat de trente tres comtes (9562), et d'autra part lo legat de Roma, losquals an jurat que en tot lodit Tolosa no demorara home ne fema ne enfan ne filha que tot ne sia metut a mort, sans sparnhar alcun, tant sia vielh ni jove, ne en tota la dita vilha no demorara peyra subre peyra, que tot no sia demolit et deroquat. Et quand los de la villa an saubut lor volé, se son melhor encaras garnits et reforsats dins ladita villa, et lors ennemics an atenduts, en bon coratge que an de les y recebre, ainsin que aparte. Et adonc es arribat lodit filh del rey davant lodit Tolosa, la ont a metut lo sety; mais los de la villa no los presen gayre, ainsin que be lor an monstrat, ny crenhen res, car els son fornits de tot so que mestier lor es.

Adonc, quand lodit sety es estat pausat et volian pausar, maint ung cop de peyrier et autres engins lor an tirat de la villa estant, talamen que no se ausavan troba aldit sety. Et adonc lor son venguts donar l'assault, ou fait semblant de lo donar, mais los de la dita villa los an recuilts an tala forma et maniera, que grand gauch an agut de s'en retorna. Et talamen se son defenduts d'aquela hora en la que a fin de causa es estat forsa de levar lodit sety, et de s'en anar ainsin que son venguts, a lor grand confusion et domatge; la ont se portet fort valentamen lodit comte jove, filh deldit comte Ramon, apelat aussi per son nom Ramon, coma son payre, et aussi tots les autres senhors et baros que dins la dita villa eran an lodit comte jove.

VOCABULAIRE

AVERTISSEMENT.

Les mots ou formes précédés d'une * sont propres à la partie du poëme qui a pour auteur Guillaume de Tudèle (vv. 1-2768). *D.-C.* désigne Du Cange; *Diez*, l'*Etymologisches Wœrterbuch der romanischen Sprachen*, 3ᵉ édition; *R.* Raynouard, *Lexique roman*. — s. a. ex. = sans autre exemple.

A 2764, 3222, 3366, 5303, *envers*; 5554, 7607, *par*; 7647, 8734 *précédé de* per *et suivi d'un infinitif*; 6387, *pour* ab (?), *avec*; az Arle, az Avinhon 201, az un 8210, *mais a* Albenas 187; ad armas 3022.
*abadia 62, abaya 58, *abbaye*.
abaichar, *neutre* 3496, *décliner*; abassatz 2933, *abaissé*.
abandonar, *réfl.* 5729, *se lancer, s'avancer*; abandonatz 5729, *entièrement dévoué*.
abans, *en -* 394, *avant*; *au v.* 302 *il est douteux si* abans *est construit avec* mover (*cf. angl.* move on) *ou avec* denant.
abdurat[z] 6415, *dur, pénible*.
abelir 3668, 5027 (abelig, *prét.*), 8697, 8806, *paraître beau*.
abetz 5401, *ruse. R.* II, 13; *Diez* II c beter.
abevrar, *neutre*, 4023, 4377.
*abora 1851, *en temps opportun*.

abrandir 8690, *attiser. Manque à R.*
abrazar, s' - 9396, *se mettre en feu, fig.*
abrivar, abriva 8127, abrivatz, 6715, 8207, 8417, 9147, *accélérer. Diez* I brio.
*abtot 309, 318, *avec*.
acabar 2594, 6166, *aboutir à qq. chose.*
*acaminar, *réfl.* 2672, *se mettre en chemin*.
aceri, *adj. pris subst.?* 6357, *trait d'acier?*
acerratz 8297, *pour* enserratz.
acesmar, asesmar, *réfl.* 681, 1925, 2679, *s'apprêter, s'équiper*; acesmatz 2811, 2935, 6712, 8245, 9092.
acha, *voy.* apcha.
acier bulhit 7026, rebulhit 4264, aciers (= armes d'acier) *cuits, recuits*; - colat 9188, *fondus*.
acolho, s' -, *voy.* aculhir.
acolpatz 9192, *voir la note*.

acomiadar 3600, 6216, acomiadetz 5358, *prendre conyé*.

acompanhatz, be - 8300, *avec une bonne compagnie*.

acoratjatz 8318, *enhardi [à faire une chose]*.

acordar 248, 294, 2475, 2603, *capituler*; 3388, 3597, 8310, *se mettre d'accord avec autrui ou avec soi-même, prendre un parti*.

acordiers, -ders 221, 4629, 6196, 6211, 7614, 7957, 8057, *convention*.

acorrement 7467, *secours*. R. II, 491, *s. a. ex*.

* accorutz 1528, *secourir*.

acorsatz 4376, *non traduit par Fauriel, «établis», selon R. II, 491, qui rapporte cette épithète aux habitants de Valabrègue; [bateau] rapide, propre à la course?*

acosseguitz 5879, *atteints*.

aculhir, s' - 8808, 8825, 8879, *se mettre en route*.

adaptir 5173, 5799, 7399, 7031; azaptir 8784, 8883, *attaquer. Verbe rare; cf. G. Anelier, Guerre de Navarre 3142; évidemment formé d'aptus et identique à l'ancien français aatir, auquel Diez, II c, attribue une origine germanique; ainsi serait confirmée l'opinion exprimée sur l'étymologie d'aatir par M. G. Paris, Mém. de la Soc. de linguistique de Paris, I, 91, note 3*.

* adenant 2749, *dorenavant*.

adenolhar, *pour agenolhar*, 5865.

* adobar, s'adobessan 2365, *s'accommoder, se prêter [à la volonté de qq.-un]*.

adontir 7402, *déshonorer, honnir*. R. II, 83, aontir.

adreitz 5450 (= a dreit), *qui est dans une situation conforme au droit*; 4186, 5247, *juste, régulier*; 3003, 3602, *disposé à...*; 4149, 4488, 4838, 4958, 5669, *simple épith. d'ornement*.

adreituratz 4350, *redressé*.

adumplitz 5838, *complété*.

adurre, aduis 8258, *amène*.

* aed 2324, *âge*,

aesmar, *voy*. azesmar.

afan 3411, *travail pénible*.

afars 4926, 5227, *les affaires [d'un homme, d'un pays, etc.]*.

afazendatz 6401, 8303, 9057, *occupé, affairé, actif*.

afelezit 7069 ? *voy. la note*.

afilatz 3313, 6392, *affilé, aiguisé, au pr. et au fig*.

* afinar, afinetz (*en rime*) 935, afinea (*id.*) 391, 2751, *terminer; réfl*. 935, *faire accord, convention avec qq.-un*.

aflamar 8731, *enflammer, fig*.

* afliction 188, *pénitence, voy*. D.-C. afflictio.

afolcar 2803, *accompagner, seconder*. R. III, 353 «diriger», *à tort*.

aformar 4148, *former, rendre sa forme [à un gant]. Manque à R*.

afortidament 7503; *cf*. afortir.

afortimens 3240, 4939, 5628, 6523, 7435, 8592, *effort, enforcement*.

afortir 4703, 5183, 7752, *enforcer; réfl*. 7086 (?), 7155, 8543, *donner courage, faire œuvre d'énergie*; afortitz 3309, 3586, 3819 (coratge -) 4102, 4202, 5884, 6985, 7017 (cor -), 7655, 7663 (coratge -), 8859, 9520; *afortis 835, 2719.

* afozenc 1804?

agacil 4871 ? *voy. la note*.

agait 4754, 4764, 4883, *aguet, embuscade*.

agradar 8188, *plaire*.

agradatge, li venc d'- 4746.

* agua 2496, *eau*.

ahirar, s' - 8123, *s'irriter*.

ahontar (ms. abontar) 4688, *honnir*. R. II, 83.

aibitz 3250, 5817, *doué (en bonne part)*. R. II, 38.

*aicel, aisel, *explétif*, P. Rotgiers
- de Cabaratz 552, lo coms
- de Bar 1742, *etc.*; *cf.* cel.
*aida, Dieus - 2726; *cf.* ajuda.
aidar 1730, 1753, 1761, 2800,
2804, *etc., aider*.
aigla 4921, *l'aigle d'or (ou doré)
qui surmontait les pavillons*;
*cf. Fr. Michel, notes de la
Guerre de Navarre*, p. 482.
*aiguilent 1347, *aiglantier, ou
baie de cet arbuste*.
aips 8799, *bonne qualité*.
aisel, *voy.* aicel.
*aiselo 1380, *neutre d*'aisel.
aissi, aisi 8357, 9020, 9109-18,
ici.
aissi 8301, *ainsi*.
aital, per - que ... 3260, *afin
que, en vue de*.
aizinar 907 *préparer*; s' - 1058,
se préparer; 8274, 9164, *s'approcher, ce qui paraît être le
sens primitif, cf.* Darmesteter,
Romania I, 157.
aizir *réfl.* 4711, *se préparer*;
aizitz 3155, 3253-99, 4271,
5840, 6982, 7029, 8800-40,
etc., préparé, disposé, capable;
ben - 3287, 8844, *mis à l'aise,
favorisé*; apchas aizidas 4535,
7026.
ajostar, *réfl.* 8276, *se rassembler*.
*ajua 2201, *aide*.
ajuda, Dieus - 3080, *cf.* aida.
*ajust 168, *assemblée*.
ajutoris 2828, *aide*.
al, *autre chose*, cridar d' - 4814,
parlar d' - 4804, parlar
d'als 6282, pessar d'al 4828,
res al 4907; als *suj.* 8768,
rég. 3019, 8226.
alaber 7578, « *arbre* » Fauriel;
aladern *en catalan désigne
une espèce de chêne*.
alargar 8207, *lâcher [les cordes
d'une fronde]*.
alas 7846, *ailes d'une chatte
(machine de guerre)*.
*alban 2085, *sorte d'oiseau de
proie.* R. II, 49, *D.-C.* albanellus.

albercs 2947, *maison*.
*alberga 2551-87, *etc.*, *logement*.
albergada 260, 4057, *cantonnement*.
albergament 3117, *logement,
maison*.
alberger 339, 2472, 2670, albergar 8288, 8809, *se loger, se
cantonner*.
albir 3670, *jugement*.
albirar 9117 *apprécier, évaluer*;
6375, 8127, *viser, ajuster*;
15, *réfl.* 2361, 3620, 9014,
penser, s'imaginer.
albor 4465, *aube, sens qui
d'abord ne semble pas convenir au passage* (Fauriel traduit
« *arbres* »), *mais* brumor
7755, *dont le sens n'est pas
douteux, est employé dans un
cas analogue*.
alcoto 5114, 7231, *hoqueton,
casaque rembourrée, originairement en coton*. Diez I cotone; Littré hoqueton. *Cf.
Fr. Michel, Guerre de Navarre p.* 568.
*aldres *voy.* alres.
alegretatz 8260-70, *allégresse*.
alegriers 8472, *allégresse*.
*alegria 1484, 1935, *allégresse*.
aleitos 7291, « *misérable* », R.
II, 53, *s. a. ex.*; Fauriel:
« *disgracié, hors de faveur et
comme hors de la loi commune* » ?
*aler 328, alot (*imp.*) 66, alet
2316, aletz (*part. masc.*) 934,
2669, 2676, aleia (*part. fém.*)
94, *aller*.
alferans 4179, 6072, *cheval
d'une qualité supérieure, en
arabe* al-faras, *confondu plus
tard avec* ferrant, *qui indique
la couleur du fer*; Gachet,
Glossaire; Bœhmer, *Romanische Studien* I, 258.
alig, s'-? 4704; *il est aussi difficile de faire venir ce mot
d'aligar que de salir*.
almiratz 8289, *émir*.

alonguiers 6950, *délai, longueurs*.

alquiers, *pour* arquiers, 4270.

alquitran 4678, « *goudron* », R. II, 58, *s. a. ex. Littré n'a pas d'ex. ancien de* goudron.

*alres 447, aldres 1999, *autre chose*.

als, *voy.* al.

alugoratz 2962, *éclairé, éclatant*.

alumnar 3402, alumpnar 8476, *s'illuminer, fig*.

alunhar 1498, 3047, *éloigner*.

*am 389, *avec*.

amagar, s- 2949, *se cacher, se réfugier*.

amaire 3575, *ami*.

amaitatz, *pour* ameitatz, 9198, *coupé par moitié, mis en morceaux*; *cf.* ameitadatz.

amans 6060, *ceux qui aiment, partisans*.

amarvir 1352, 1460, 1470, 8716, 8846, *accorder, donner*; amarvit 16, *à qui on a donné, muni*.

amarvir 7334, *préparer*; amarvitz 3158, 3254, 4203, 4249, 4254, 4269, 6331, 6389 (peiras amarvidas), 7004, 7028, (caire amarvit), 8797, 8888, *préparé*.

*amasansa 641, *assemblée*.

amassar 690, 4614, amasar 275, *se rassembler*.

amban 540, 2861, 4068, 4166, 5560, 5882, 6128, 6325, 7564, 8434, 9435, *galerie qui règne autour d'un rempart*; *paraît le même que* anvan, R. II, 69 (G. de Borneil), *Mahn, Werke d. Troub.* 1, 304 (B. de Born); *cependant voy.* Diez II c auvent. D.-C. ambannus; *Fr. Michel, G. de Nav.* p. 550. *Formé* d'anar, *cf.* aloir, *Chanson d'Antioche* II, 296; *D.-C.* allorium.

*ambe 2622, *avec*.

*amblant 80 (*part.*), amblan 212 (*gérond.*)

ameitadatz 8195, *mis en pièces*.

amor, far - 4439, 7876.

amparaire 3583, amparador 7678, *protecteur*.

amparament 7443, *protection*.

amparar 1707, 2420, 3659, 6672, 6875, 7690, 7696, 8248, 8445-63, *protéger, défendre*; amparans 4171.

anar 3658 *s'en alle*.; *auxil.* (van avec un infin.) 471, 5127, 5150, 5183, *etc.*; *construit avec un gérondif*, 75, 81, 82, 96, 237, *etc.*; anar de sus en jos 971; be anans 4184, *bien allant, qui est à son aise*; *réfl. ou impers.* 5927.

anc sempre 8831, *toujours*.

anclis, *pour* aclis 7136.

*angevina 1068, *monnaie d'Anjou*.

angoicha 5538, *angoisse*.

anoitar 3020, *anc. fr.* anuitier; R. IV, 319, *s. a. ex.*

anquer 1853, 2427, 3907, *encore*.

anta 4734, onta 2830-86, 4733, *honte*.

antic, cor - 4677.

aondar 3200, 3473, 6702, 8042, *abonder*.

aonimens, aonitz, aonidamens, *voy.* aunimens, *etc.*

apcha 3943, 4535, 4574, 4892, 7026, 7246, 8607, acha 4266, *hache*.

aperceubudamens 7509, *d'une façon intelligente*.

aperceubutz 1701, 4480, 9266, *avisé, habile*.

*apert 16, *intelligent*.

apoderar 5419, 6609, *se rendre maître de*.

apoderir 8738, 8920, *même sens que le précédent*; apoderit 4281, 6981, *qui font un grand effort*.

apostitz 5881, 8850, *postiche*, Diez I posticcio.

apostolis 70, 97, *etc.*, 3162, 3172, *etc.*, *le pape*.

aprimairar, s'-, 4314, 5792, 6376, 6648, 6714, 9152, 9209, *se porter au premier rang*.

apropiar, *réfl.* 8267-73, 8306, *s'approcher.*

arabies, muls - 4967, *mulets arabes*, *cf. v.* 3749 mulet d'Arage, *Rolant* 3943, *Garin le lorrain* I, 70, *etc.*

arabitz 3142, 7037, 8793, *cheval arabe. Cf. Fr. Michel, G. de Nav.* p. 504.

aramir, s'- 8530, *se fixer, au pr.*, *cf.* ramitz; *au fig.* arramir 8831, *fixer, assigner* [*une rencontre, une bataille*] *par promesse solennelle*; *cort aramia* 44, *cour convoquée. D.-C.* adramire, *Diez*, II, aramir, *cf. Thévenin, Mém. de la Soc. de ling. de Paris* II, 222-3. *Il est remarquable que le sens figuré soit le seul qu'offre le bas-lat.* adramire, *plus anciennement* adchramire. *On le retrouve encore actuellement dans certaines locutions patoises, voy. Lalanne, Glossaire du patois poitevin*, arami *et* aroumi, *et les dict. du patois normand au mot* aramie.

aranha, obra d'- 4418, *œuvre fragile.*

aras, d'- 4747, *désormais (anc. fr.* d'ores*).*

arazonar, s'arazona 6879, *pour se razona?*

arc balesta 688, 5113, 6326, *arbalète*; arc de torn (*la correction* corn *est à supprimer*) 8438, *arbalète à tour, cf. Fr. Michel, G. de Nav.* p. 564; arc de corn *pourrait cependant se défendre, car il y a de nombreux témoignages sur les arcs de corne* : *voy. ceux que rapporte M. Michel op. cit.* p. 565, *et cf. Albert d'Aix*, II, 27, « *arcus corneos et osseos* ». - manal 4894, 5113, 6326, - manier 8336, *arc à main* (*l'arc ordinaire*); - turques 2912, 8965, arc turc (« *arcus turcensis* », *Robert le moine, Histor. Hierosolymitana*, IX, 19 ; arc turcois, *Villon, éd. Jannet* p. 148, *voy. d'autres ex. dans Fr. Michel, G. de Nav.* p. 531); - vout, *arcade.*

arca 4624, 5118, archas 5097, *coffre, bahut.*

*arcbalesters 2102, *arbalétriers.*

ardit 4255 *hardiesse*; 6990, 8834, *entreprise audacieuse, attaque.*

aregut 4529, *corr.* avengutz? *cependant il y a un* Podium aregu *dans le Cartul. de S. Victor n*° 684; *la correction proposée par Fauriel*, p. 653 *de son édition*, (auregutz *pour* auguratz) *n'a aucune vraisemblance.*

* aremaner, aremendrant 388, *pour* remaner, *avec l'a prosthétique? cf. Romania* III, 437.

* arengar, s'-, 2059, *se mettre en rang.*

arenier 7594, 7947, *gravier, grève.*

arga, *subj. d'*ardre, *brûler.*

* argiant 1637, *argent.*

* arguar, s'- 2194, *se presser, anc. fr.* s'arguer (*par ex. Rolant* 992); *le prov.* arguir *R.* II, 120, *a un sens différent.*

aribatz 2958, *arrivé, en général, sans aucune idée de débarquement.*

armadura 6071, 8922, *armure, l'ensemble des armes défensives.*

armans 6077, *homme armé, guerrier.*

arnes 2923, 2927, *etc.*, *harnois, équipage.*

arqueira 5949, 6324, 7589, 9436, *archère, embrasure.*

arregnar 9176, *retenir les rênes pour arrêter un cheval*; *R.* V, 69 ; *l'anc. fr.* arenier, *voy. D.-C.* areniare, *signifie attacher par les rênes.*

arrezar 2781, 2786, *équiper*, *anc. fr.* arreer. *Diez* I redo.

*arso, primaira - 2100, *arçons de devant*; 2114 *arçons de derrière*.

asabentar 3001, 8204, 9080, *informer*.

*asagear 2346, *essayer, tenter*.

asaltador 6806, *assaillants*.

asaltar 3046, asautar 3011, *assaillir*.

asazada, terra 268, *terre fertile. D.-C.* VII asasé.

asclatz 9166, *éclaté, brisé*; li -, 8210, *les éclats*.

aseguratz, *voy.* asseguratz.

asegutz, ases, *voy.* assezir.

asesmadamens 9452, *comme il faut, en bon ordre*.

asesmar, *voy.* acesmar.

asetiar 1107, 1537, 2890, 2959, 3032, 5668, 5694, 6158, *etc.*, asetjar 1097 (*assetges), 1114, 1150, 1314, 1515 (*asetgeia), 2524 (*asetzeron), 2911, 8251, *s'asseoir* 1107, 3032, *dans les autres ex. assiéger*; asetgeia 1515, [*troupe*] *assiégeante*.

*assai, metre en - 1460, *éprouver* [*quelqu'un*].

asseguratz, aseguratz 705, 5257, 8196, 9102, *qui a reçu une garantie (p. ex. un sauf-conduit), qui est en sécurité*.

assezir 3682, *faire asseoir* [*quelqu'un*]; s' - 7414 *s'asseoir, s'établir*; asses 3515, 8954, assegutz 4516, 9262, *aseü 383, *assis, installé*.

assignatz 9095, *en rangs*.

asta, *lance,* - dressada 2100, - leveia 2693, *etc.*

astrar 6703 (*p.-ê.* astratz m'a), *produire, faire naître (par comparaison à l'influence attribuée aux astres)*.

astre 4441, 5898, 7288, bos - 5506, *bonne étoile, heureuse chance*.

astruc 4111, *né sous une bonne étoile, chanceux*.

atemprar 4463, *disposer, manœuvrer* [*les voiles d'un navire*]; 2528, 4609, 8205, *mettre en état*; *fig.* 8605.

atendre 4121, 5757 *faire attention à..., veiller à...*; 8246, *obéir*; - vas 3062, *se diriger vers* [*qq.-un*]; 1186, 7496, 9120, *attendre (cf. la même idée avec esperar, 7447)*.

atermenatz 9121, *déterminés, épith. dénuée de sens en cet endroit*.

*atersi, tot - 129, *tout de même, pareillement*.

*atizar 2511, *exciter*.

atras 2165, *en arrière*.

*atrazai 1456, *incontinent, sur le champ*.

aturatz 2707 (atureia), 8254, 9109, 9169, *appliqué, acharné*.

auberc *voy.* ausberc.

auca 2526, *oie*.

aunidamens 4529, aonidamens 8647, honteusement.

aunir 8691, aunitz 3269, 8864, aonitz 2933, 3805, 4228, 4661, auni 2224, *honni, déshonoré*.

aür 5820, *augure favorable*.

aur 9264 (*ms.* our), per - ni per deners 2503; *voy.* or.

auratge 8423, *orage*.

aurer 5986, *oriflamme? ou corr.* aurfres?

aurfres 7981, 9009, *orfroi*.

auribans 2637, 4157, 6057, *oriflamme. Diez* I banda.

auriflor 2889, 4472, 6733, 7681, *bannière à fleur d'or*.

aus 4403, = a vos, *vous a*.

ausberc 2535 (ausberg), 2553 (auberc), 4898, 6377, *etc. haubert*.

ausor, baro - 4401, 5288, 6770, *les plus hauts barons*.

autre, *suj. plur.* autri 4446, 5507; nos autri (*cf. prov. mod.* nautre, *esp.* nosotros) 5630, 9012; vos autre, vos autri 3003, 4150, 5273, 5714, *nous, vous*; autre 4027, 4980, *le reste*; 8097, *d'autrui*; au-

truis (*cas rég.*) 5780, *même sens.* *14, *étranger ; employé d'une façon explétive* 1106, 1209, 1307, 1756, 1775, 1953, 4446 : l'autre valvassor 353, *les vavasseurs*; co li autre vilan 1390, *comme les vilains.* (*même emploi en anc. fr., cf. Besant, éd. Martin, v. 253.*
*autregea 397, *concédée.*
autz 8174, « *levier* », *Fauriel.*
auzelo 3530, *oisillon.*
avairos 3848, *avare R.* II, 156, avaros.
avantador 7737, *éclaireurs ; hommes d'avant-garde. Manque à R.*
avantatge 3777, *profit.*
avantatz 2945, *avancés.*
avels 4364, = aven los.
avenir, *imp.* 3660, *écheoir, arriver* ; 3612, 3617, 4364, *même sens avec une nuance d'obligation*; 1705, 3679, 8766, *s'accorder, s'arranger.*
aventura 3881, 7054, *chance heureuse ou malheureuse*; 208, 3648, *chance heureuse*; metre en - 6696, 6842, 6961, 9053, *exposer, risquer* [*sa personne ou ses biens*], *courir une chance*; tornar en - 7069, *devenir chanceux, douteux* ; en grant bon' - 8324, *heureusement, sous de favorables auspices.*
aventuratz, ben - 8223, 9060, *bien aventuré, qui a bonne chance.*
aventuriers 6916, 7632, 7653, *qui se risque, qui court une chance*; ben - 8464.
aventuros 3816, *qui a une heureuse chance*; 7289 *qui procure une heureuse chance ; favorable, en parlant d'un astre.*
aver, avoit 343, agon (*la correction* ag[r]on *est inutile*) 1666, 1776, 1814-65, 2981, *etc.*; aguen 1889, agron 2453, *avoir* ; 4452 *produire, causer.*

aver, *infin. pris subst.* 2674, 5241, 5324, 6192, 8485, 9235 *biens meubles, p.-ê. troupeaux au v.* 9235.
aversiers, - sers, *subst.* 5938, 8370, 8465, *diable*; *adj.*, 8443, *impie, cf.* aversité *H. de Bord. p.* 83.
avesprar, l' - 2976, 3002, *le soir.*
avesques 380, 391, 3255, 3309, 3432-9, *etc.*, *évêque, cf.* evesques.
avols 209, 218, 1179, 6489, *misérable, mauvais. Diez* II c.
*az, *voy.* a.
azaptir, *voy.* adaptir.
azesmar 1756, 6148, 9565, *aesmar 276, 2675, *estimer, juger.*
azir 8777, *formé d'*azirar, *haine.*
azirar 8215, 9037, 9104, *haïr.*
azumplir 8760, *remplir, accomplir, fig.*; *cf.* adumplitz.

*Badeia, gola - 2705, *la bouche béante.*
baichament 7464, *abaissement.*
baichar, al baichan (corr. baichar? *cf. anc. fr.* a l'abaissier des lances) de las astas 2105; sans *rég.* 7510, *abaisser la lance.*
*bailes 2306, baille 2289, *bailli.*
*bailia 33, 41, *gouvernement, administration.*
*bailon, aver en - 2415, = aver en bailia.
balada 4012, 5963, 8180, 9432, *balade* (*anc. fr.* balette), *chant composé ordinairement de trois couplets avec refrain, destiné à accompagner la danse.*
balans, amermar los - 4172, *diminuer la longueur des cordes qui soutiennent les plateaux de la balance? serrer de près?*
balesta 2832, 3012, 3964, *arbalète*; - tornissa 4886, 6313,

8336 *arbalète à tour*; *cf.* arc. *D.-C.* balista.

*balestiers 2585, *arbalétrier.*

ban 6107 *ban, convocation d'une milice*; 6640, *troupe convoquée (anc. fr.* ost banie*).*

bancs 8195, *bancs, banquettes.*

bandejar 4125, 7196, *flotter au vent.*

bandir 5859, 7365, 8802, 8807, *étendre, développer [une bannière de façon à ce qu'elle flotte au vent]*; 8783, *placer sous sa bannière [un pays, le gouverner].*

bando, a- 2644, 5139, *anc. fr.* a bandon, *sans obstacle, sans restriction.*

baralha 8407, *lutte, combat*, R. II, 182. *Cf. l'anc. fr.* barroyer, *contester*, *D.-C.* I, 605 *a*.

baratar 2781, *trafiquer, ici vendre.*

barbacana 1773, 6653, 9455, etc., *barbacane, défense extérieure de l'entrée.*

barreiras 5117, *barricades*; 5131 *paraît désigner une sorte d'arme (si le texte est correct).*

barrejamens 3124, 5587, *saisie, confiscation, pillage.* R. II, 182.

barrejar 2947, *piller, détruire?* barreiare (*mal compris par D.-C.) paraît signifier, saisir, confisquer*; barroyer, *anc. fr., (D.-C.* I, 604 *a b et* 605 *a) signifie frapper d'opposition.*

bassetamens 2872, *tout bas.*

bastida 8305, *construction servant à l'attaque des places. D.-C.* bastia.

bastimen 3099, 3235, *construction.*

bastir los peiriers, los calabres 2938, 9423; las escalas 8340, *disposer, mettre en état les pierriers, etc.*;- lo chaple 4712, 5178, 5809, 8897, lo content 8576, *engager la lutte*; - lo parlament 8811, *se réunir en conseil*; 7434, *fortifier?* 5156 *cerner, enfermer?*

bastonetz 5353, 8171, *petits bâtons servant d'insignes*; *cf. D.-C.* bastonerius.

batalha 4044, 4532, 5972, 6311, 8585 (?), 9122, *bataillon, troupe rangée*, 6339, 6415, 8628, *bataille, combat.*

batalhiers, 8376, *belliqueux*; perilhs - 6865, *péril de la guerre*; murs-4091, 4611, 5947, 7961, dentelhs - 5888, 7580, 7656, 9436, *mur, créneaux fortifiés*; *anc. fr.* bataillé. *D.-C.*, bataillatus; *Gachet, Glossaire,* batellie.

batbatent, *voy. le suivant.*

batent 7501, *batbatent 236, 1343, *battant, en hâte.*

batistaus 3937, *combat.*

baudor 4460, *entrain, hardiesse.*

bautz 2666, 3115, *anc. fr.* baus; *sans correspondant en franç. mod.*; *à peu près : qui est plein d'entrain.*

bauzaire 3572, *trompeur.*

belament 7221, 8203, *avec calme.*

*belazor 360, *plus belle.*

belsa 4894, *trait lancé par un arc. D.-C.* belsa; *manque à* R.

benazir, benaziga (*subj.*) 51, benazet (*part.*) 6620, *bénir.*

benda 4578, *bande, partie du harnachement du cheval (?)*; 4911, *bandes pour les blessures.*

berbitz 8875, *brebis figurant dans des armoiries.*

bers (ms. forsa) 5459, *berceau.*

bertresca 5888, 6857, 7564, *bretêche.*

bescalo 3989; R. III, 145, *s. a. ex.*; corr. escalo?

*bestiari 697, *bétail.*

bet 3703, 3730, = be te.

bevolens 1724, 3410, 9484, *adhérent, partisan.*

bis, biza 2513, *de couleur bise.*

VOCABULAIRE. 393

bisbes 3399, 6289, 6342, 9419, *évêque*, cf. evesques.
blancor 7751, *blancheur*.
blandir 8723, *adoucir, apprivoiser*; *réfl.* 8764.
blasmans 4190, *blâmable*.
blau 8452, *bleu*.
*blos 1662, *privé, dépourvu* [de moyens de défense].
boaria 5478, *bouverie, étable à bœufs*. R. II, 245.
bobancier 8350, *qui aime la pompe, les grandeurs, fanfaron*.
bobans 4163, 6049, 6067, 6123, *pompe, grandeur, faste*.
boca, - que quiers 9413, *à bouche que veux-tu*.
bocals 4878, 6022, 6035, 6335, 8341-98, 8880, bocalh 8915, 9437, *débouché*; - traversers 4613, *débouché d'une voie transversale*; - senestriers 5949, *débouché de côté*.
bocla 3947, 4576, 4900, *boucle* [de l'écu], *renflement au centre de l'écu*. *Diez* II c.
boclatz, escutz - *écu à boucle*.
*boi 606, *bois*.
boias 5505, 5580, *chaînes*. *Diez* I boja.
*boicho 206, 2557, *buisson*.
bontat 5675, 5710, *bonne qualité, dans le sens le plus général*.
borcs 578, 8317, *le Bourg, distingué de la Cité*.
bordeus, voy. brodeus.
bordonier 7668, 7942, 8420, 9385, *pèlerins, Croisés, ceux qui portent le bâton* (bordo) *du pèlerin*; *désigne la foule inhabile à la guerre* (voy. surtout 8420).
*borzes 2472, 5954, 8237, etc., *plur.*
*borguezes 2491, *bourgeois*.
borzezas 5954, *bourgeoises*.
bos 3791, 3834, *courageux*; 3850, 7191, *épithète d'ornement; voir la note de la traduction*.
bosso 2412, 2544, 4017 (ms. bofo), 4487, 4493, *crapaud, sorte de bélier*. R. II, 242. 2102 *trait, projectile*, p.-ê. pour bojo, *anc. fr.* bojon ?
*boto, lo valent d'un - 216.
*botz 195, 222, 340, *neveu*.
braci, braces, voy. bratz.
bragas 449, 6997, *braies, chausses*.
braguers 7665, 8441, *anc. fr.* brayer, *la ceinture qui retenait les braies*, R. II, 247; cf. Quicherat, *Hist. du Costume*, p. 197; *les braies mêmes*.
*braidis 2729, *qui a l'habitude de hennir*. D.-C. bragire; *Diez* II c.
brailar 7756, *crier*. R. II, 248.
braire 4465, 5123, *synon. de* retendir.
bramar 4509, *bramer, crier*.
brancs 2985, brans 4264 (- de Colonha), 5130, 5173, *lame*; bran d'acer molu 389.
brandir 4551 (fan - los rameus), 4848, 7486 (fan - la ribeira), 6360 (fan - la Garona), 7338 (fai - la ost), 7343 (faran - Tolosa), 4687 (brandig son espeut), 5310 (brandis l'albre), 7936 (brandicho los senhs), 8551 (brandish la semens), 8731, *fig., brandir, agiter*; p.-ê. *brûler*, 7343; espicut brandit 4268, 8898, brandent 7517, talhan brandent 8577, *épieux, lames brandies, ou brandissantes*.
brando 4891, 7800, *brandons, tisons enflammés*.
brasser 7623, *ouvrier, manœuvre*, R. II, 252; D.-C. brasserius.
bratz, *suj. plur.* 4901, 5135, braci (*id.*) 7206; *rég. plur.* brasses 8612, 8935, braces 8927, *bras*.
brazer 9396, *brazier*.
brazo 2113, 5135, 6400 (ms. brezo), 7255, 7283, 7825 (ms. brizon), *partie charnue des fesses*, R. II, 247; *Diez* I, brandone.

*brega 1217, *mêlée (originairement disputé)*; Diez I briga.
bres 3530, 5283, *piége (à prendre les oiseaux)*. R. II, 255, Diez I brete.
breu, en - de termini 478, 3845, 4749, *à bref terme*.
brico 5093, *fou, non pas « fripon », comme traduit Diez* I, bricco; *cf. Gachet, Glossaire, et G. Paris, S. Alexis, p.* 187.
brizador 5551, *qui sert à briser, épith. de cunh. Manque à R.*
brocar, *sans rég.* 2135, 2722, 7016, *piquer un cheval, anc. fr.* brochier.
brocida, 9481, *pourrait désigner, selon Fauriel, « une palissade formée de pieux aigus »; p.-ê., si le mot n'est pas corrompu (cf. la note), incendie? cf. l'anc. fr.* broïr, brouïr, *Diez* II c.
brodeus, *ou* bordeus, 4576, *bords, bordures? cf. Diez* I bordo.
brolhar 3785, 7146, 8061, *poindre, éclore (en parlant de l'aube ou d'une plante). Diez* I broglio; R. II, 265.
broto 5050, 7827, *pousses d'un arbre.* R. II, 263.
brucs 6018, brutz 9312, *tronc du corps humain. Diez* II c.
*brufol 1954, *buffle.* R. II, 268.
*bruior 2030, *bruit. Manque à R.*
brumor 4551, 5564, 6349, 7704, 7755, *brume, brouillard. Manque à R.*
brutla 5831, *le même que le suivant.*
brutles 4388, 4674, 6126, 6665, *bruit, tumulte. Manque à R.*
brutz 4519, 9306, *bruit.*
*buela 107, *anc. fr.* boele, *les boyaux.*
bulhit, *voy.* acier.

*Cab, *voy.* caps.
cabal 4803, 4823 *capital, opposé* (4823) *au revenu* (gazanha); per - 4790, *même sens que* cabalment, *d'une façon supérieure (angl.* capitally); per son - 2974, *en ce qui le concerne, en droit soi;* de - 2973, *en bon état!*
cabalers 4134 *et p.-ê.* 4108, *qui a un capital, fig., qui possède. Manque à R.*
cabals, *adj.*, 4906, *riche, puissant, celui qui a le plus d'une chose;* foron ab vos - 6276, *furent aussi forts que vous;* 3955 *qui abonde.*
caber, cabon 403, *tenir, être contenu.*
cabessaletz 8184, *sorte de coiffure, ou p.-ê. collet, cf. D.-C.* chevessellia. *Manque à R.*
cabiro, 5119, *chévrons.*
cada 3990, 6827, *chaque;* cada dia 6547, 7144, 7282, cada jorn 4639, cada mes 3495, *chaque jour, chaque mois;* cada dos, cada tres 3497, 4985, *par deux, par trois;* cadaüs 163, 1903, 4836-67, 4906, 6713, 7155, 7456, *etc., chacun. Romania* II, 80.
cadafalcs, cadafals, cadafaus, 3951, 4853, 5949, 6156, 6318, - dobles 3989, - dobliers 6857, *échafauds de bois (cf. G. de Nav.* 3590) *appliqués sur le rempart, voy. Viollet le Duc, Dict. de l'archit. fr., au mot* hourd. D.-C. cadafalsus; *et* chaafallum. *Diez* I catafalco.
cadaüs, *voy.* cada.
cadenatz 6629, « cadenas » Fauriel *et* R. II, 285 *s. a. ex.; plutôt agencement de chaînes destinées à barrer les rues.*
caichals 8453, *dent molaire.* R. II, 287.
caire 7028, *carreau, sorte de trait.* D.-C. quadrum, *sous* quadrellus 1.
cairelet 7247, *dimin. de* cairels.
cairels, caireus, 2537, 2832-54, 3965, 4573, 6388, 7244, 7802, *etc., carreau, arme de trait à fer quadrangulaire;* - dobliers 8430; - empenatz

2832, 6388, 6636; - politz 4267; - punhedor 6807; - rebulhitz 8899; - turques 7986. D.-C. quadrellus. *Sur la fabrication des carreaux, cf. les documents réunis par M. Fr. Michel, G. de Nav., p. 579 ss.*

cairo 2849, 3965, 4490, 5131, *pierre taillée, moellon, employée comme projectile*; - agutz 6016; - reversals 3946, 4892, *pierre destinée à être précipitée (renversée) sur les assaillants*; - talhatz 4386, 8206, *pierre taillée lancée par une machine. D.-C. caironus.*

caironetz 8177, *diminut. de* cairo.

cais 517, 2856, *joue. Diez I casso.*

caitieus 3110, *misérable.*

caitivier, 4620 - 63, *pluriel* 7598, *état misérable; p.-ê., au sens propre, captivité*, 4663 ?

cal 4810, *chaleur; formé de* caler. *Manque à R.*

calabre 581, 1061, 1526, 4419, 6834, 7334, 7595, 7659, 9423, *machine servant à lancer de grosses pierres; elle était placée en avant du « château » et de la « chatte »* 4385, 4610. *R. II, 287.*

caler, *impers.* 4813, *importer;* ostar a no m'en cal 4845, *être à « je ne m'en soucie pas », ne pas se donner garde de...*

calhat 6374, *« [acier] trempé » Fauriel, j'ai corrigé* talhat.

*calina 1057, *chaleur.*

calomjar 3866-7, *revendiquer.*

cambiador, cor - 5327, *cœur changeant.*

cambis 6634, *change, métier de changeur.*

cambo 4033, campo 5087, *champ.*

caminador, *suj. plur.*, 7719, *voyageur, vagabond, R. II, 302 s. a. ex.*

*caminar, es caminea 2399, *s'est mise en route.*

*caminea 2028, *cheminement, tranchée? Manque à R.; les acceptions relevées par D.-C.* caminata, *conviennent peu ici.*

camis 3698, *chemin;* 3768 *paraît signifier celui qui va par chemins.*

camiza 6997, *chemise.*

campo, *voy.* cambo.

canals 4808, 4895, 6271, *fossé.*

*canha 1082, *chienne, au fig. espèce, engeance? R. II, 306 n'a ce mot qu'au sens de machine de guerre.*

*canonge 348, *chanoine.*

cansos 2, 28, 119, 185, 202 (chanso), *chanson [de la croisade], dénomination donnée par G. de Tudèle à son œuvre;* 3829, 4012, *chanson lyrique.*

canteus, a - 4585, *par morceaux.*

*canutz 370, *chenu, opposé à* jove.

capa 8458, *cape.*

capairo 7174, *chaperon.*

capdaliers, - lers 5964, 6879, 7608, 8343, 9107, 9356, 9440, *chef, capitaine; adj.* 9373, *qui gouverne, qui domine.*

capdals 2991, 4833, 4877, 6258, captal 4914, baro capdal 6287, *chef, capitaine.*

capdelairo 3548, *chef, seigneur.*

capdelar 116 (captelar), 854, 1184, 3003-53, 7694, 8035, *guider, gouverner; sans rég.* 7497.

capdels, capdeus, 4549, *commandement;* 1014, 6791 *commandant.*

capdolhs 4018, 4021, 4366, 4454, 4615, 4736, *donjon [de Beaucaire]*, 7085, *donjon [de Toulouse], ou chapitre? cf. D.-C.* capitolium 4.

capels 4534, 4577, 5111, *chapeau [de fer?]*; - de feutro 7175; portar lo mal - vestit

4238, *loc.*, *voy. la note de la traduction.*

capitol 2789, 2816-72, 2906, 3104, etc. (*accentué sur la pénultième*), *le chapitre (conseil municipal) de Toulouse*; 159 *le chapitre de Citeaux.*

capitoliers 7647, 8373, *membre du chapitre, ou conseil, de Toulouse.*

capmailh, capmal 4897, 5114, 5179, *camail, tissu de mailles qui protégeait le bas de la tête et le col.*

caps, fig. 3562, *tête, chef*; 1075 (cab), *extrémité*; el-denant 74, el primer - 3055, *en tête*; - del castel 2942, 4359, *le haut du château, p.-ê. le donjon*; a - de pessa 2233, *au bout d'un certain temps*; lo - de Foix 2649, *le château de Foix, situé sur un rocher.*

captelar, *voy.* capdelar.

captenemens, *rég. plur.* 5571, *conduite, façons d'agir.*

captenensa 3326, *conduite.*

captener 3983, *gouverner, maintenir*; se - 3477, 4045, 4250, 9229, 9296 *se comporter [bien ou mal]*; capteneus 9466, *qui se comporte.*

car, en - tenir 8706, *tenir cher (le passage est d'une correction douteuse).*

cara 140 (- trona), 1146 (- ardia) 1231 (- marria), 8611, *visage (anc. fr.* chiere).

carantena 1266, 2651, 6518, 7906, *espace de 40 jours, durée du service auquel les croisés s'engageaient.*

* **carbe** 133, *chanvre.*

carbo 4011, *charbon, fait partie des matériaux qui servent à la fortification de Beaucaire.*

careit 8155, *charriot [qui supportait une machine de siège].* R. II, 337.

carnal 2989, 4824, *viande*; *2129, *temps où on mange (légitimement) de la viande, par opposition au carême*; D.-C. carnale 4; 4903, *carnage, massacre.*

carnalatge 3770, *carnage, massacre.*

carnals, om - 991, 6298, *homme véritable, de chair et d'os.*

carnier, - ner, 4600, 6965, 7093, 8354, *carnage, charnier, débris humains qui restent sur un champ de bataille.*

carnier 7642, *carnier, panier à viande.*

carpir 8912, « *prendre, saisir* » Fauriel; *plutôt mettre en pièces, en charpie*; *anc. fr.* charpir. *Diez* II c charpie. *Manque à* R.

carrs 2783, *chars.*

carruga 1952, *charrette.* D.-C. carruca 1.

cartiers, a - 8394, 8454, *par quartiers, par morceaux*; pal de cartier 7962, *pieux de bois de quartier, c.-à-d. de bois fendu*; *voy.* Gachet, *Glossaire.*

carto 5049, 7208, *quart.*

carzir 7348, *enchérir, apprécier d'un haut prix.* R. II, 331, encarzir.

casament 7500, *habitation.*

cascaveus 4578, *grelots.*

* **castanha** 1084, *châtaigne*; *pris comme terme de comparaison*; *cf.* aiguilent, glan, poges, poma.

* **castela,** *suj. plur.*, 2656, *châtelains.*

casteletz 3869, *petit castel.*

castels, 4382, 4416, 4609, 7334, 7879, 8155, *machine de siège. Le castel est associé dans la plupart des ex. à la* gata. *Manque en ce sens à* R. *et à* D.-C.; *cf. les* chas-chastiaus *dont il est souvent question dans Joinville, notamment ch.* XLI, *éd. de Wailly*; *voy.* D.-C. VII, 345. 4359, 4533, 4685, *le château de Beaucaire*; 4560 *partie principale* *du château, donjon*; 3869, 7143, *ville ou village entouré de murs*, par opposition à vila, *cf. Cart. de S. Vict. de Mars. p. lviij.*

castiar 5254, 6172, *instruire, enseigner.*

castiers 4113, 6915, 7610, 8384, *enseignement, encouragement.*

cata, voy. gata.

*catholicals 347, *catholique.*

cathólics, católics 3191, 3393, 3422, etc., *catholique.*

cauciers 6960, 8352, *chausses.*

*caucina 1064, *chaux.*

caus, cautz, 3988, 4612, 4895, *chaux.*

cauzir 472, 4725, *choisir.*

cauzimens 3226, 3435 (chauzimens), 3776, 3902, 5490, 8645, *vue, appréciation juste, jugement*; joint à merces 5615, 6488, 6595, 7425; *au plur. vues, intentions*, bo - 3112, mal - 3107, senes tots - 2866, *sans distinction.*

cavaers 1327-75, 1541, 1755, 2041, 2862, 2925, 4005-10-49, 4518, 4614, 4706, 5683, *chevalier*; paraît être de deux syll. au v. 2862, cf. caver, R. II, 367. Au v. 4706 l'emploi de cavaer est identique à celui de cavaler v. 4232.

cavalaria 277, 1141, 1194, *cavalerie (composée de chevaliers)*; 9144, *chevalerie, qualités qui caractérisent un bon chevalier.*

*cavalgada 258, *chevauchée.* D.-C. caballicata, cabalcata, *sous* caballus.

cavalgar, *avec un rég. dir.* 8788, *chevaucher sur qq.-un*; - la batalha 4532, 5972, 8868, 8991, *chevaucher en bataille.*

cavaliers, -lers, 13, 1389, 1408, 1553, 4232, 4269, etc., *chevaliers.*

*cavar 1564, *creuser.*

cazament 7500, *habitation, logement.*

cel, sel, *explétif*, Raols - de Cambrai 514, lo coms - de Foiss 1754, lo coms - de Montfort 1979, cf. 1984-94, 2037, etc.; *très-rare dans la deuxième partie*, lo coms - de Tolosa 2787.

cela, *pour* sela 4899, *selle.*

celaire 3582, *qui cache sa pensée*; cosselh celador 5284, 6844, 7723 *conseil secret.*

celat, 8237 *secret, discret, de même Guerre de Nav.* 2881; a - 5688 *en secret.*

celebrar 3664, 8682, *honorer par un office religieux [les reliques d'un saint].*

cembeus, bastir - 4542, *engager la mêlée*, partir lo - 4593, *séparer la mêlée. Cf. Gachet*, cembel.

cen, *pour* sen, 4441, *sens.*

cendatz 172, 6633, *étoffe de soie*, 6378, 9154, *vêtement fait de cette étoffe.*

cent, per .j. - 7438, *cent pour un, cent fois plus.* R. II, 378.

cercar, *n.* 5780, *faire une suite (une tournée) de visites [pour demander l'aumône]; act.* - (serques) bos viatges 3300, *accomplir de saints pèlerinages.* 6547, 7142, 8791, *fouiller [un pays, les chemins]*; 7140 *chercher.*

ceres, voy. seres.

cervigal 4901, *crâne.* R. II, 386.

cervitz, *pl.* 5008, *cervelle.* D.-C. cervix.

ces 3533, 5035, *cens.*

cesca 7642, *glayeul.* R. II, 388; G. Azaïs, *Gloss. botanique.*

cessal, *subst.* 4820, rendas cessals 6269, *rente payée à titre de cens.*

champal, batalha - 4829, *bataille rangée.*

chanso, voy. cansos.

chautres, le - de Paris 1441.

chaplament 4275, 4767, *abattage, action de* chaplar.

chaplar 3050, *frapper.* Diez II c.
chaplatios 5142, 7202, 7854, *abattage, action de* chaplar.
*chaplei 1770, *même sens.*
chaples 4538, 4562 (chapleus), 4580 (- de marteus), 4712, 4888, 5184, 6387, 8005 (chaplès), 8933 (*id.*), 8150 (chapletz), *abattage, action de* chaplar.
chapleus, chapletz, *voy.* chaples.
chapliers, -lers 4658, 5903, 6964, 7560, 7650, 7971, *etc., même sens.*
chauzimens, *voy.* causimentz.
ches, *en rime*, 4969, 8972, *chiens.*
*chivager 1469, *chevaucher.*
chival 2123, 4849, *cheval.*
*chouza, coza, 1781 (coza) *chose, en général*; 1777 (chouza), *choses, biens.*
ciris 8261, 8474, *cierges.*
cisclato, cisclaton, 5645, 7806, sisclato 213, *étoffe de soie d'origine orientale. De* cyclas, *vêtement d'apparat des femmes, selon Diez* II ciclaton, *cf. D.-C.* cvclas. *Dans le gloss. lat.-fr. B. N. lat.* 7692 cyclas *est rendu par* cendal.
ciscles 6020, 6268, *cri perçant.*
ciscletz 8114, *diminutif de* ciscles.
clam 3460, 3495, *réclamation.*
clamaders 8447, clamaters 9363, *qui se plaint.*
clamar, clami 3372, *réclamer.*
clarejar 8603, *resplendir, briller de lumière.*
claror 6778, *lumière.*
clatz, az un - 6684, 8212, 9187, *d'un seul cri.*
clausura 1540, clauzura 7588, 9433, *clôture.*
clavelet 8129, *clou.*
cledas 7637, 8388, *claies.*
cledatz, frontals - 8200, *épaulements munis de claies.*
*cler 335, *clair.*
*clercia 38, 1043, 2159, *le clergé.*

cloquiers 5970, 6906, clochiers 8480, *clocher.*
cloquiers, -quers 7936, 9417, *sonneur de cloches. Manque, en ce sens, à R.*
*clouza 1782, *close, fermée.*
clus *fig,* 3418, *fermé, couvert, obscur.*
co, *voy.* com.
cobrar 2485 (cobrer), 2489, 2914, 4928, *etc., recouvrer.*
cocha, cochos, *v.* coita, coitos.
cofortar, cofort, 3396, *paraît avoir le sens de* confront (*voy. la note*); *on pourrait aussi proposer* cosort, *bien que* consortare (*voy. D.-C.*) *ne se rencontre que comme neutre.*
coinde 4453, *poli, bien élevé.* Diez I conto.
coisna 2513, *sorte de coussin;* cosna *dans une charte de* 1268-9, *Romania,* IV, 441.
coita 4255-6-8, 4763, 8354, 9554, *presse, mêlée, charge [de cavalerie]; au fig.* 817, 3876, 4095, 4431 (cocha), 5748, 7041, 8168, *situation critique;* *a coita d'esperon 194, 2394, 2548, *à force d'éperons, loc. toute française.*
coitar 2941, 3945, *pousser, serrer de près;* coitatz 2833, *pressé, qui se hâte.* Diez I coitar.
coitos 3842 (cochos), 8375, 8457, *prompt, ardent.*
col = com lo.
coladitz 5800, 8896, *qui coule, qui pénètre en tranchant (épith. de* brans), *fig.* motz - 3311.
colat, *voy.* acier.
colonhes, *voy.* talhan.
color, cambras complidas de colors 5560, *chambres peintes; fig.* tornar en - 4403, 5298 (a -) 6747, 7687, *faire refleurir. Même locution dans G. Anelier, Guerre de Nav.,* 2927.
colorar 5703-33, 8782, 9504, *m. sens que* tornar en color.

colp, prendre ni donar - 4054, dar e pendre - 8358, *recevoir, donner des coups.*

colpals 6303, *coupable.* R. II, 442.

com 175, 2988, quom 511, cum 6726, co 164-5-9-75, 2916-34; *comme* 2988; *comment* 164, 175, 2934, 6726; *de façon à...* 4928; corrélat. de tan, aitan, *etc.* 165-9, 511; com *pour* co om 437?

comanda 3195, en - *en garde, en dépôt (en parlant d'un bien sequestré).* D.-C. commenda 3,

comandador 5554, *vassaux, ceux qui se sont recommandés à un seigneur,* D.-C. commendatus; *p.-ê. serviteurs dévoués, ou mandataires?*

combas 3790, 6256, *vallées étroites.*

combatedor 2893-8, 6812-4, 7745 (*suj. sing.*) *combattant.*

comdor 1438, 6755, comtor 1880, *comtor, celui qui dans la hiérarchie de la noblesse vient après le vicomte.* D.-C. comitores.

comensazon 7785, *commencement, engagement [d'un combat].*

*comenseia 203, comonsada 256, *commencée.*

cometre 3486, 4064, 5007, 5612, 7982, 8966, 9079, 9383, *mettre en demeure [de faire une chose], provoquer, attaquer.* R. IV, 224.

comiadar 3599, *congédier. On peut lire aussi bien* acomiadar, *mais la leçon est douteuse, parce que ce même mot se trouve en rime au vers suivant.*

comiat 3654, comjad 155, comjat 7138, *congé.*

cominal, comunal, ost - 2971, *l'armée entière;* tuit - 2978, *tous en général,* maizo - 5216, *maison commune, hôtel-de-ville.*

cominaler, cuminaler, *plur.,* 5629, 8344, 8479, 9426, *tous*

communément, indistinctement; 4071, 7621 *membres de la commune. Manque à* R.

cominalmens 3427, *communément, indistinctement.*

cominaltatz 2937, 8190, cuminaltatz 2814, *la communauté des habitants d'une ville;* universitas *dans les textes latins.*

*compaire 226, *compère, compagnon, ami.* D.-C. compater.

companha 2776, 3239, 4042, 4851, 8201, 8334 (cumpanhas), *compagnie, troupe armée.*

companhiers, -nhers 4083, 6890, 7870, 8356, 8444, 9325, cumpanher 7870, *compagnons.*

companhia 3302, *compagnie, troupe armée.*

*companhor 352, *même sens.*

complir 8246, *accomplir;* n. 8256, *s'accomplir, se parfaire;* 4698, *se remplir;* complitz de bontat, - de menassar, *etc.* 5675-81, 5710, 6228-38, *rempli;* de las armas, de garnizon 4753, 7645, 7850, *armé de pied en cap;* cortz complida 3161, 3599, *cour plénière;* complidas jornadas 6232, *pleines journées.*

comprar 4647, 5389, *payer au prix d'un dommage;* comprans e vendens 6540, *acheteurs et vendeurs;* fig. comprans... vendens 5643, *recevant.... donnant des coups.*

comquerir, *voy.* conquerir.

*coms *cas rég.* 346, *et p.-ê.* 428, *où le ms. a* comte *qui fausse le vers.*

comtes 8358, *compte.*

comtor, *voy.* comdor.

comunal, *voy.* cominal.

comus, los - 6107, *impôts levés pour la défense de la commune.* D.-C. communis 2.

condamina 3917, *désigne le pré qui est devant Beaucaire.*

conduitz, conduitz 4513, 4525, 4667, 7591, 7966, 7994, *vivres, quoique associé*, 7591, 7994, *à viandas*, D.-C. conductus 5.

congauzir, *réfl.* 3153, *se réjouir ensemble.*

conort, *traire un bel* - 3384, *donner un bon conseil?*

conquerir 8695, conqueriran (*fut.*) 5305, *obtenir le [royaume de Dieu]*; 6921, *gagner; remporter la victoire.*

*conreetz 2680, *part. de* conrear, *préparer, équiper.*

*conrei 1776, *équipement; le même que le suivant.*

conres, *rég. plur.* 3539, *secours, subvention;* *1295 *mets.*

cons = co nos 3679, 5547.

consistori 8526, *lieu où le pape Innocent III plaça les reliques de saint Paul (la basilique de Saint-Laurent).*

contendre 3026, 3960, 9230 *lutter; act.* 9288 *discuter, combattre; en contendent* 7507, *à l'envi.*

contens 3411, 5468 (content, *en rime*), 5632, 8576, *dispute, débat, lutte.*

contensa 3863, *même sens que* contens.

contenso 3846, *lutte,* per - 750, 5116, *à l'envi.*

contenta 6952, *même sens que* contens.

contra 2306, *vers;* de - 6687, *au contraire.*

contradit 7049, 7087, *part. passé au sens du prés., contredisant?*

contraengalers, *voy.* engalers.

*contraire, era a - 222, *était contraire [à qq.-un].*

*contralietz 2684, *part. de* contraliar, *contrarier.*

contrapes, *estre en (ou* el) - 5033, 8067, *fig., être en contrepoids, balancer [la force, les succès de son adversaire]; fur* - 3493, *même sens.*

*contraria, far - 2129, *contrarier.*

contrarios 3182, 7181, *qui fait opposition, obstacle.*

contrast 5898, contratz 6727, *opposition, résistance.*

contrastador 2894, *opposant.*

contrastar 3868, 6119-83, 7229, 8407, *résister, s'opposer.*

convertir 3264, *pervertir;* 8828, *vaincre, soumettre.*

cor 343, 2918, *cœur, courage;* *aver en -* 1875, *avoir à cœur, désirer;* aver - 8741, *même sens;* 4402, 6744, *être favorable [à qq.-un].* Voy. antic, esmeratz, fis.

*cor, targas del - 1803, *targes en cuir (ou en chêne? cf.* coral); cors 4383, *cuirs qui entrent dans la construction de la gata.*

corada 4586, 7207, 9199, 9314, *les parties qui avoisinent le cœur, anc. fr.* corée. *D.-C.* corata.

coral 4794, *de cœur.*

coral, escutz de - 4489, *écu de chêne,* coral *est donné par les* Leys d'amors, III, 90, *comme synon. de* casse, garric, royre, aglanier; *c'est le nom du chêne en patois toulousain* (Honorat); *cf. D.-C.* cor 2, corallus, *et* plancones de cor, *sous* planco.

coralha 2536, *entrailles, anc. fr.* coraille. R. II, 475.

coratge 2918, 8250, *cœur, pensée,* aver mal - 5057, *avoir de la malveillance.*

corn, *voy.* arc.

cornador 2922, *ceux qui cornent.*

cornar la ost 2922, *sonner l'assemblée.*

corona 138, *tonsure.*

corplaus 6308?

corporal 4818, *corporal. D.-C.* corporale.

corre, cor 1054, 6786, corro 3073, *corregon (*prét.*) 1752, 2673-98, 2713, *courir sus;* 2698, 2713, 6547, *faire la course, comme en anc. fr.,* cururent *dans l'anc. trad. des Rois, p.* 107; corren (*gérond.*) 2372, *à la hâte.*

corredor, destrier - 4450, *coursier*; latz - 5342, *nœud coulant*.

corretz 5352, correitz 8119, *courroie*.

correus 4556, « *barrière* » Fauriel (?); *plutôt routes, chemins*, de currere.

cors, mos 3215, 5594, *mon cœur, je, moi*; 3632, (*corr.* sos cors?), lo seus - 5024, *son cœur, il lui*. Cor (*lat.* cor) *devrait être écrit sans* s (*voy.* Leys d'amors II, 212), *toutefois il est difficile que dans les ex. précédents* cors *soit* corpus. *Voy.* cor.

cors, *plur.* corses 3455, 5267, 6030, 8351, 8642, *corps*.

cors 4383, *voy.* cor.

cors, de - 5531-56, *à la course, sans obstacle; même sens que* correns 5576. *R.* II, 489.

corseira 2858, corsera 6318, *courtine: à tort* « *chemin couvert* » *R.* II, 490. *D.-C.* curseria *et* corseria.

corsers 4652, 8415, *coursier, cheval*.

corsers 7593, *rapide, léger*.

cortal 4856, *enclos. D.-C.* cortale; *le sens* « *fortification, retranchement* », *R.* II, 498, *est fort douteux. Fauriel n'a peut-être pas tort de traduire comme s'il y avait* portal.

cortes 2922, etc., *courtois, bien appris*.

cosentir, *voy.* cossentir.

cossegutz 5810, 8906-25, *atteint*.

cosselh, prendre - a... 7466, *prendre conseil* [*en vue d'un but déterminé*].

cossentir, cosentir 3261, *admettre* [*qq.-un en un lieu, l'autoriser à y séjourner*]; 10, 500, 3215, 8689 *permettre*, cossentens de mal 3122, *qui permet le mal*.

cossiriers 4082, 8348, *souci*.

cossiros 14, 7165, *soucieux*.

cossolatz 8244, *le consulat, les consuls* [*de Toulouse*].

costal 2981, 4848-81, *coteau*, 6325, 8339, *flancs de la fortification*.

costalers, de - 8438 (*ms.* de costals), *de côté*.

costeners, camis - 9438, *chemins de côté? Manque à R.*

costiers 7649, *qui passe à côté*.

costumers 9425, *coutumier, accoutumé à...*

cotofle 4512, *flacon, bouteille*. R. VI, 12.

cous 3020, = co vos.

covens 3415, 8664, *conventions, conditions*.

* covina 1060, *volonté, anc. fr.* covine.

covinensa 3192, *convention, accord*.

coviro 5146, *corr.* enviro?

cozens 3126, 3462, *cuisant, cruel*.

creguda, *part. pris subtantiv.*, 7438, *accroissement, agrandissement*.

creisser, creicher 2431, 6201, cresser 6189, creis (*crescit*) 5511, 8330, creish 9007, creih 8658, crec (*crevit*) 8458, creichera (8653), creichens 8668, crescutz 6048, cregutz 4476, 5042, 5511, 6046, 6881, 9005-6, *s'accroître, s'augmenter*; es cregutz 4476, 6046, 6881, *s'est accru, ou simplement, s'est produit*; *act.* 6351 *augmenter*.

* crenut 611, *anc. fr.* crenu, *pourvu de crin*.

cresma 3955 *crème*; 6617, *chrême, dans une formule de serment*.

crestiandatz 3366, 8252, *la chrétienté*.

crestianesmes 2933, 3096, 3778, 4211, *etc.*, *la chrétienté, le monde chrétien. Manque en ce sens à R.* II, 394.

* crestias, en - 361, *chez les chrétiens*.

crezens 36, 3214, 3285, *hérétique*; li crezen dels eretges 1042, cf. credentes hereticorum, dans Pierre des Vaux de Cernai, Bouquet XIX, 73, et D.-C. credentes 2; mals - 3190; lials - 3416.

*cridaditz 2103, crierie, tumulte.

cridar, voy. al, ensenha, parlament.

cristal, rég. sing. 4786, probablement pour crestal, créneau, anc. fr. crestel.

cristals 4276, 4898, 6017, 6307, 8389, cristaux, pierreries, qui ornaient les heaumes; 6255?

critz 2676, la rumeur; 7808, 8372, cri.

croissir 5170, croichir 1838, croischir 8762, cruichir 4579, craquer, se briser; prét. cruisig 4713 ; part. croisitz 5811, 7030-9, cruisit 4277, cruichitz 3273, cruischitz 8922, cruicia 1214, crussua 2203. Diez I crosciare; D.-C. cruscire.

*cros 945, creux.

crostitz 3268, 7040, 8930, recouvert comme d'une croûte?

crotlar, se - 8594, se bouger; on li crotla la dens 6501, où la dent lui branle, où est l'endroit sensible; de même Guerre de Nav. 2280.

crotz 172, 3304, croix (faite d'orfroi et de cendat 172), signe distinctif des croisés; 4144, 6419, 8875, croix figurée sur une enseigne, notamment sur celle du comte de Toulouse; la - 8777, las - 3526, les croisés, la croisade; sans l'art. 3414.

*crozada 409, 2737, crozea 393, crozeia 2450, croisade.

cruichir, cruisir, crussua, etc., voy. croissir.

*cruzitio 214, dureté; dérivé de crux ?

cuberta 3035, 7037, couverture, housse [de cheval]; 7481, partie du vêtement qui se portait sur le haubert.

cubertamens 3408, d'une façon cachée, détournée.

cubertatz 6718, [cheval] couvert d'une housse.

cubertz 4472, [cheval] couvert d'une housse; fig. 3582, qui couvre sa pensée.

cui, voy. qui.

culhitz, fig. camps -8931, champ de bataille d'où on a relevé les morts et les blessés.

cum, voy. com.

*cumenjatz 91, qui a reçu la communion.

cuminaler, cuminaltatz, cumpanha, etc., voy. com -.

cumtatz 8314, le comté de Toulouse.

cunhatz 2763, 2770, beau-frère.

cunhs 6629, coin, angle dans la fortification, voir la note de la traduction; cuns 5551, coin à fendre le bois.

Da 3397, 5622, de, depuis; - genolhos 3820, 7275, à genoux.

*dama 1557, 2271, daima 2755, dame.

dampnamens 3438, 8640, perte, dommage.

dampnar 3434, 3524, condamner; 4991, 6416-26, 6593-4, 6935, 7086, 8197, 9208, gâter, perdre, détruire; réfl. 9301; n. 3878; dampnatz 3342, 3466, 4337, 5266, 5683, condamné, déclaré coupable.

dans 357, 5830, dommage; dan tener 1046-68, 1280, - tenir 3669, 5160-86, 7344, causer du dommage, nuire.

dans, voy. dar.

dansas 3829, 5963, danses, sorte de poésie.

*dapas 2163, au pas, lentement. R. IV, 440.

dar, dau 8086, das 3429, da 4650, dar n'etz 7884, de[i] 5338, dec 431, deg 1284, deron 1446, dero 2521, dem (impér.)

8383, datz 9141-67, dera 1248 (*condit.*), dans 9508, datz, dat, 139, 3288, *donner*; 7216, 9141-67 *frapper*; datz 3288, 3614, *destiné, voué [à un lieu saint, au péril]*, cf. *D.-C.* dati. Voy. espavent, espaventiers.

dardacer 8429, dardasier 315, *dardiers, hommes armés de dards.*

dardejador 7746, *même sens que* dardacer.

dardeus 4574, *dards.*

datz, voy. dar.

datz, tenir los - *fig.* 2967, 5738, 6616, *tenir les dés, avoir pour soi les chances du jeu.*

daurar 7133, 8782, 9504, *fig., élever, faire briller.*

de, *partitif*, 3838, 4171.

debrizar, *act.* 3895, 3962, 4691, 5575, 7782-96, *briser; n.* 4897, 5133, 5520.

*decaer(?), decaia (*imparf.*), *transitif*, 71, *abattre.*

decasar 2772, *déposséder* (*lat.* casa), *ou chasser* (decas-[s]ar)?

decassatz 2932, 5655, *chassé, poursuivi; voy. le précédent.*

decebre 4197, *surprendre*; 4777, *corrompre.*

deches 7989, deiches 5032, *lat.* descensus.

*declinar, *réfl.* 1056, *tourner à déclin (en parlant des saisons).*

decretz 6300, *décret de la cour de Rome.*

dedens, *en rime*, 2257-9, 4959, *dedans.*

defendedor (*rég. sing. et suj. plur.*) 6794, 7689 (cor-), 7741, *défenseur.*

defendre, *avec le dat.* 3431, 5017, *interdire*; 7168 *résister à, combattre; avec l'accus.* 3868, 5800, 5997, 7815, *même sens*; *absolu* 7086, 7229-72, 7497; *réfl.* 7976 (corr. vila[s] son d. d.), 8968; 626, *ordonner?* (p.-ê. *manque-t-il un vers*

après 626?); defes (*part.*) 351, *défenseurs?*

*defenia 1936, *fin.*

defes 313, 3513, 5017, 7976, 8968, *part. passé de* defendre.

*defes 310, *résistance.*

deforas 181, *dehors.*

defors 2477, *même sens.*

deglaziar 8466, 9201, *tailler en pièces.*

degram, degues, voy. dever.

degus 4216, *personne, aucun.*

deiches, voy. deches.

delgat, aceri - 6357, *javelot mince.*

delhivramens 6557, *en sécurité, à l'abri.*

delhivrar, delhivrero 1040, delivratz (*impér.*) 5774, delhivrat (*part.*) 3379, 6423, *faire œuvre, accomplir [une mission];* *delhivrer, *réfl.* 2482, *se délivrer, se tirer d'affaire.*

delhivres 7742, *délivré, sauvé*; 7439, 9522 *prompt, actif*; a delivre 8893, *largement, sans réserve.*

delir 8694, delis (*subj. imp.*)7073, delitz, delit (*part.*)3146, 3307, 7002-15, 8845, *détruire.*

delivrers 6953, 8369, *délivrance.*

demandar 4183, *réclamer, revendiquer*; 3765, 4143, *demander la réparation [d'un dommage].*

demanes 4983, 8007-45, *sur le champ.*

demans 4139, 6122, *demandes*; 6119, *revendications, attaques.*

dementre 9028, *tandis que.*

demest 146, 6508, 9089, demes 6818, *parmi.*

*demorea 390, 415, 2453, *délai.*

*demorer, *inf. pris subst.*, 2489, *délai.*

demorer, *subst.*, 4606, (= demorier), *même sens.*

*denrea 2706, *valeur d'un denier.*

dens (*en rime*)9453, *de l'intérieur.*

dens, entre - 5101, *entre les dents*; la milhor -, *fig.*, 5465, *la meilleure partie*; lor estem sus la dent 7432, lor es sus en las dens 8600, *être sur les dents de qq.-un, le serrer de près.* Voy. martelar.

dentelh 4387 (dentilhs), 4506, 4884, 6862, *etc., créneaux.* Voy. batalhiers.

dentelhatz 693, 4367, 6355, [*mur*] *crénelé.*

dentelhetz 8161, *créneaux.*

dentilh, *voy.* dentelh.

deport 3382, *repos, distraction.*

derrocar 1388 (derocharan), 3133, *démanteler, abattre* [*des édifices*]; 1224, *renverser de cheval.*

*derubent, 1668 (derrubent), 1810, 2050 (derubant *en rime*); *cf.* 535 *et la note.* R. III, 26, *un seul ex. tiré de Ferabras (traduit du fr.). On rend ordinairement ce mot par ravin, précipice, escarpement (Diez* I *dirupare) : toutefois, dans le Psautier de Tr. C. C.,* **73**, 15 *et* **82**, 9, desrube *traduit* torrens.

derzer 6237, *dresser.* R. III, 137, derdre.

desacosselhatz 6613, *dépourvu de conseil, abandonné.*

desamparar 2320, 2403, *désemparer, démanteler;* R. II, 74 *n'a pas d'ex. en ce sens, mais voy. les deux derniers ex. de D.-C.* desemparare ; 456, 673 (dezamparar), 3595, 6247, *abandonner, cesser de défendre.*

desbaratar 963, 1760, 2681, 3014, 6697, 9210, *mettre en déroute.*

desbatejatz 8288, *non baptisé, infidèle.*

descaus, descausas 7602, *déchaussées, nus-pieds.*

descauzimens 5578, 5635, *injure, traitement injurieux.*

*descofir 2730, *déconfire, tailler en pièces.*

descominal 4805, *peu commun, étrange.*

descondutz 4496; *il faut plutôt lire* d'escondutz, *avec* R. III, 153.

desconortar, *réfl.* 3633, *se décourager.*

descort 3383, *désaccord, débat.*

desenan 4731, *dorénavant.*

desenantir 4226, dezenantir 3702, 8749, *abaisser, l'opposé* d'enantir. *Manque à* R.

desenhorir, *voy.* dessenhorir

deseretz 5396, dezeretz 3868, 3900, 4143, dezerit 795, *dépossession d'héritage.*

desfar 5463, *détruire.*

desgarnitz, 5000, 6081, *désarmé, sans défense.*

deslasar 7372, *délacer* [*son heaume*].

desleitz 8097, *méfaits.*

desmentir 3440, *démentir.*

desparar 7667, 7990, *dépouiller, démanteler.* R. IV, 425, D.-C. disparare 1. *Sous* desparare *il y a dans* D.-C. *un exemple où le sens est, non pas* « auferre, tollere », *mais* détendre [un piège] ; *de même* G. de Nav. 2970, *détendre* [une machine de guerre], *et* D.-C. disparare 2.

desperdre 3475 (*voy. la note*), 4103, *dissiper, annuler;* desperdutz 3078, 9251, *éperdu;* on pourrait lire e desperdutz au v. 6021.

*despesaire 1549, *dépensier, qui dépense largement; a ordinairement le sens de l'anc. fr.* despensier : *celui qui a la charge de la dépense d'une maison, intendant.* R. IV, 500; *paraît ici confondu avec* despendeire.

despoestadir 4219, *déposséder.*

dessarar 8434, *desserrer, détendre* [un arc].

dessenhorir 4222, 5850, 7054 (desenh -), 7064, *déposséder qq.-un de sa seigneurie.*

destemprar 5568, *détremper, abattre, énerver.*

destendre 7510, *partir au galop.*
D.-C. VII.

destorber, *voy.* desturbier.

destrals, 3943 (destraus), 4890, 5193, 6267, *sorte de hache.* D.-C. dextralis.

*destrapar 1748, 1866, 2445, destraper 332, *démonter les tentes; sans rég.* 332, 1748.

destreitz 8080, *détresse, disette.*

destrenher 3893, *serrer de près, réduire à l'extrémité.*

destrics 4669, 4709, 5714, 5756, 8509-11, *le fait d'être serré de près, empêché.*

destrigar 2442, *s'attarder;* 2796, *serrer de près, empêcher.* Diez I tricare.

destruzedors 5525, *destructeurs.* R. III, 563, destruydors.

desturbiers 318, 8390, destorber 330, *trouble, empêchement.*

*detordre, detorson lor ponhs 2228, *ils se tordent les poings.* R. V, 384, destorser.

dever, dei 4156, degram 3516, degues 3488, *devoir.*

deversar 7573, *tomber, en parlant de la pluie.*

*devet 1434, *interdit.* D.-C. devetum.

devezir 3720, *partager [un fief];* - son dreg 8704, *exposer son droit;* - lo plag 1477, *décider un procès;* devezitz 3293, *déterminé, décidé; loc.*, breument er devezit 4227-39, *ce sera bientôt décidé. Voy.* devis.

devinaire 3590, *devin.* Manque à R.

devis 7079, *devin.*

devis 7105, *part. de* devire, *décidé.*

devitz, a - 8914, *à souhait, très-bien; de même en anc. fr.* a devis.

dezacordar, *réfl.* 3391-9, *être en désaccord.*

dezamparar, *voy.* desamparar.

dezavenir, *réfl.* 9289, *ne pas s'entendre [avec qq.-un].*

dezaventura 8217, *malheur, infortune.*

dezaventuratz 6723, *malheureux, infortuné.*

dezenantir, dezeretz, *etc., voy.* des-.

dezeretament 3224, *dépossession.*

dezonor 2886, *déshonneur.*

dictaire 3581, *auteur [d'une opinion].*

dictamens 3418, *sentence, décision.*

dictar 3481, 3596, 4729, 7610, 8241, *prononcer [un jugement], parler en public;* dictans 4145, 9339, *qui sait parler, donner un conseil.*

dictatz 3347, 8250, *parole, discours.*

didals 6289, *anneau d'évêque.* D.-C. digitabulum, digitale.

dignitatz 5239, *dignités, mérites.*

diire 30, 1771, 3201-2, 6932, dire 7183, dir 3675, di (*prés.*) 190, diss (*prét.*) 1898, diirai 240, diiré 3008, 3873, diiria 363, diches (*subj. imp.* 1ᵣₑ pers.) 37, 51, dichesa 2643, diita (*part. fém.*) 2759, diitz (*part. plur.*) 3212; es a - 6932, *il manque (cf.* G. Paris, S. Alexis, p. 184); *réfl.* 7062-77, 7123, 7535. *Voy.* non *et* o.

* dijous 1095, *jeudi.*

dinnar 3032, *dîner.*

* dinnea 398, *denrée, valeur d'un denier.*

*dioneza 431, *mot corrompu?*

diptatz 6342, *le légat du pape?*

dir, dire, *voy.* diire.

ditz 3306, 5866, 8927, *les doigts.* R. III, 30, *n'a que* det.

divinitatz, las - 8281, *les choses divines, la théologie?*

doa, *voy.* doi.

doaire 3561, *douaire.*

dobles, cadafalcs - 3989, *échafauds (voy.* cadafalcs) *à double étage? voy. le suivant;* trabuquetz - 6860.

dobliers, cadafalcs - 6857, *voy.*
dobles; cairels - 8430, *carreaux plus gros que les autres? pris subst.*, garnitz a - 4656, 5905, 8351, *revêtu d'un vêtement double, rembourré, cf.* vestirs a d. *Bartsch, Chrest. prov.* 189, 1, *et R.* IV, 564; a - 4070, 7890, 9441, *en abondance, largement.*

doi e doi 3787, *deux à deux;* doa melia 2063, *deux mille.*

doloiros 3183, *douloureux, affligé.*

domengiers 4078, 6945, 7948, 8463, 9371, *vassal noble, cf. Marca, Hist. de Béarn, p.* 546; loc-5971, 7908, *lieu seigneurial, dépendant directement du seigneur, quartier général. R.* III, 79, *a confondu* domengier *avec* domesgier.

domens, mos cors - 6562, *mon propre corps, ma propre personne; anc. fr.* demaine.

domini, trap - 9260, *tente seigneuriale; anc. fr.* demoine tref. *D.-C.* VII demaine.

*dompnhon 1278, dompnho 1299, domnon 850, dromnhon 2398, 2645, dromon 759, *donjon;* dromo *se trouve dans Ferabras,* 3216, 3677, *correspondant à* donjon, dongon *du texte fr., p.* 113 *et* 130.

dona, *opposé à* femna, 6330, *dame.*

*donaire, bos - 230, *qui donne largement.*

donar 3890, *donner, faire un don;* 2863, 8888, *donner des coups;* no von donetz ira 8145, *ne vous affligez pas.*

donzela 8178, *femme mariée à un* donzel? - piuzela 8179, *jeune fille.*

donzelo 4004, 7824, donzel 2970, *jeunes nobles non encore chevaliers. D.-C.* domicellus.

doptos 7249, *inquiet, qui redoute.*

dor 3463, 7726, *une poignée, très-petite mesure; employé au fig. comme terme de comparaison. Diez* II dour, *et D.-C. sous* amplum 1.

dotzes 663, *douzième.*

draps, *voy.* paratge.

dreitura 3488, 4134, *le droit.*

dreituratge 3766, *bien légitime.*

dreitz, *adj.* 3458, 3771, *droit, juste, légitime;* de dreit 5132, *de face.*

dreitz, *subst.*, 2822, 3185, dreh 3221, dreg (*cas rég.*) 3284, 3336-92, *droit; joint à* razo, 3185, 3221, 3336-92, 3511-59, 4112, 4311, *etc.;* a dreit 3643, *selon le droit;* prendre - 9368, *admettre qq.-un à composition, cf. D.-C.* directum facere.

dromnhon, dromon, *voy.* dompnhon.

drut 617, *fidèles, amis privés.*

durar n., 1762, *résister;* trans., 2428, *supporter.*

*durea 400, *durée.*

Eces 3496, *enflammé* (incensus).

*echa...atz 824, echarretz 933, issaratz 1119, *embarrassé. R.* V, 158, *a deux exemples de ce mot (du comte de Poitiers et de G. de Born.; un troisième, de Sordel, est douteux), placés à tort sous* enserrar.

echermens 6549, *sarments. R.* V, 208.

eciens, ecienters, *voy.* esc -.

ed, *voy.* ez.

efanto 5103, *enfançons.*

efretz 5345, effretz 8121, *effroi.*

eiches, eih, *voy. le suiv.*

eis 7345, eih 2177 *ipsum,* eisses 2250, eiches 7489, *ipsos.*

eis, eisson, *voy.* issir.

ejoncatz 8320, [champ] *jonché* [*de sang et de cervelles*]; *cf. un vers tout semblable Guerre de Nav.* 2880.

el = es lo? 7590.

el 8683, *art. masc. sing. suj.?*

*eleish 137, *élu*.
elemens 7486, 8549, *l'air?*
elementiers 7573, *les éléments?*
elme lassatz 8202, *heaume lacé*; pabies 5015, *heaume de Pavie*; de Baiviers 8367; elm 8452.
el, *pron. pers. masc. sing. suj.*, 5, 7, 8, 2899, il, *id.*, 565, 604; li, *rég. indir.* 199, 222-42, 2790, 3111-94; *appuyé sur une voyelle précédente*, nolh (= no li) 98, 196, quelh 189, 3394, lalh 3429-31, laih 3369 (?), loilh 3511; *appuyé sur une voyelle suivante*, lh' 621-3, 3151, 3231; lui, *voy. ce mot*; lo, *rég. dir.*, 3, 3631; le, *id.*, 25, 2772; *appuyé sur une voyelle précédente* el (= e lo) 3247, (elh, 189, *est sans doute une faute pour* el), nol 26, 358, 3221, quel 212, sil 23, tul 3422; — eli, *plur. suj.* 69, 78, 387, 2777, 2915, el 2390, ilh 198, 329, 2302, il 604, ilhs 394, els 989, 2499, 3907; lor, *rég. ind.*, *voy.* lui; los, *rég. direct.* 145, 219-88, les 67, 338-83, 2809, 3074; *appuyé sur une voyelle précédente* els 77, 3231, entrels 3841 (*plutôt que* entr'els), fels (= fe los) 3054; forsalz 3949 (*à l'hémistiche*); nols 2904. *Forme du rég. dir. employée au pluriel pour le rég. indir.*, bel[s] datz 9167, dem los 7216 (*pour* be lor, dem lor), dels (*plutôt que* d'els, *pour* de lor) 2479, els tolg 2689 (*pour* e lor, *cf.* 2711), quels (*pour* que lor) 2969, 4060, 8472, Rozerls vedatz (*pour* Rozer lor). *Voy.* lo, *art.*, *avec lequel le pronom* el *se confond au cas rég.*
em, *élément formatif du futur*, *voy.* passar *et* tornar.
*embaratar 914, *négocier* (*afin de réaliser des fonds*). *Manque à R.*

enbatre, *réfl.* 4507, *s'abattre sur, s'attacher à.*
enbegutz 4502, *enivré.*
*embronc 2164, *inclinés, abaissés. Diez* II c.
enbroncar, *réfl.* 4687, *s'incliner, anc. fr.* s'embronchier, embroncat 6432.
enbrugir 3279, *faire du bruit* [*sur un événement*].
emparentatz 5272, *bien né, bien apparenté.*
emparlatz, gent - 2816, 8240, *qui sait bien parler.*
empastres 4911, 6452 *emplâtres. Ex., également sans* l, *dans R.* III, 116.
*enpaubrezit 11, *appauvris.*
empenatz, *empenné*, *voy.* cairel.
empendre, *voy.* emprendre.
empenher 8109-14, *saisir, anc. fr.* empeindre.
emper 6900, *empire; anc. fr.* empier.
emperial, *fig.* cor - 2975.
empero, mas - 7531, 8485, *mais cependant.*
*enpreissar 1857, *arriver en foule. Manque à R.*
emprendemens 1722, 3129, 9443, *accord, décision prise en commun.*
emprendre 8333, empendre 3975, empres 2916, 3480, 4083, 9012 (*part.*); *entreprendre*; 8333, 9012, *préparer, disposer. Voy.* plait.
enans 352, 3286, *au contraire*; *a l'enan 2181, *le plus que...*
enans 4261, *avancement, progrès. R.* II, 95.
enansar 6220, *pousser en avant, élever*; *réfl.* 2780, 4173, etc., *s'avancer, au fig.*; n. 6365 (*joint à l'auxil.* aver), 9087, *s'avancer, se porter en avant.*
enantar 5751, 6709 (*cf.* enansatz 9087), *s'avancer.*
enantimens 2846, *effort.*
enantir 3278, 3644, 7374, 8544, *pousser en avant, élever; sans*

rég. 7134 ; *réfl.* 3143, 4686, 4706, 8720-87.

enarditz 5849, 7020, 8798, *hardi, vaillant.*

enb-, *voy. sous* emb-.

*encaiso 2634, *pour* ocaizo, *motif.*

*encar 119, enquer 369, *encore.* *Voy.* anquer.

encaus 3941, *poursuite.*

encausar 146, 2682, 2948, 3013, *poursuivre, donner la chasse.*

encavalgatz, 175, 6711, 9079, *monté, pourvu d'un cheval.*

encolpar de mort 5425, *accuser d'un crime capital.*

encorre, *part. passé* encors 5523, encorregutz 9290, *saisir, appréhender au corps.* R. II, 492.

encorrotitz 8893, « *détestés* », Fauriel. *Manque à* R.

encuzamens 3446, *accusation.*

encuzar 3221, 3385, 3449, *etc., accuser.*

endemes 2926, 8004, *en se précipitant, à la hâte ; même sens (et non pas* « *sur le champ* ») *dans les ex. cités par* R. IV, 229. Esdemetre *est traduit dans le Donat prov.* (p. 35) *par* « assultum facere ». *Anc. fr.* ademis, *Fierabras* 1655-67 (*texte prov.* endemis 1784). D.-C. VII ademettre.

*endestinatz 1104, *destiné.*

endevenir, *réfl.* 8763, *s'accorder ? pas d'ex. en ce sens dans* R. V, 494.

endolcit, *voy.* endorzir.

endomenjatz 3480, *vassaux (in dominicatos).*

endorzir 5193, 7045, endolcit 7057, *endurcir.* R. III, 89 endurzir.

engal de 3494, 6481, *à l'égal de ;* per - 4846, 4900, *également ;* 4896 *de face ;* plur. *suj.* 4852-87, 6333, *égaux, en ligne.*

engaliers 9394-8 (engalhiers) *égal ;* 8328, *d'un commun accord, à efforts communs ;* 6925,

7582 *égal au sol, descendu, tombé.*

engans 3220, 4134, *tromperie.*

engenhs 4088, engens 1244, 2528, engeins 1253, *machine de guerre ;* engenh 6977, *embuscade. Voy.* genhs.

enginhaire 4495, 4677, *ingénieur.*

engoichar 4526, *angoisser, serrer.*

engoichos 3198, 7278, *angoissé, serré ;* 3462 *qui met dans l'angoisse.*

enguens 4911, 8632, *onguents.* R. IV, 373.

enjotglarir 3314, *faire jongleur, ici, faire à qq.-un des dons qui lui permettent de s'établir jongleur.* R. III, 586.

enlatinatz 8263, *interprète.* R. IV, 26, *s. a. ex.*

enluminaire 3574, *qui enlumine, qui éclaire.*

enp-, *voy. sous* emp-.

*enquer, *voy.* encar.

enquerre, enquier 4605-17, 5897, 7949, enques 3498, 5036, 8020, 9006, enqueritz 5851, 8814 ; *requérir, exiger,* 5897 ; *dans les autres ex., interpeller.*

enquestio 5061-90, *recherche, examen [d'une question]. Manque à* R.

ensabatatz 1550, 6575, *synon. de Vaudois.* D.-C. sabatati.

*ensageletz 2662, *scellés.*

ensarrar 3024, esarrar 445, *bloquer ;* ensarratz 2963, enserratz 2957, 8297 (? *cf. la note*), *essaretz 959 ; *enserreia 1518, *entourée de murs.*

ensenha 4125, *enseigne,* cridar s'- 2721.

enserratz, *voy.* ensarrar.

enta 972, 2924, 4860, 5082, 5344, 5552, *etc., jusqu'à, auprès ;* 5243 *envers ; cf.* G. Anelier, *Guerre de Nav.* 752, 880, 940, *etc.*

entalhatz 8209, *taillé.*

entaulatz, jocs - 8311, *jeu mis sur table, commencé, loc. métaphorique*. R. V, 308.

entendre, far -, 1047, *mettre d'accord*.

enteres, *en rime, épith. de* cors (*cœurs*), 9003, *pour* entiers *ou* enterescs?

enteris, cors - 7141, *cœurs entiers, vaillants*.

entes, *part. d'entendre*, 3481, 9027.

entes 8967, *faute pour* ences, *enflammé, au fig.?*

entiers 6873, 9377, *bon, valable*; cors -, *cf.* enteres *et* enteris.

entre, entre se eih 2177, *en lui-même, à part lui; dans les ex. qui suivent marque que l'action est faite à deux ou à plusieurs* : d'entre ambas 4206, 4594, 4909; entre totz 4347 entre l'acier el glazi 4902, 6983, entrelh filh elh pairo 5115, *etc.*

entremes, *employé adjectivement*, 8985, 9000, *entreprenant, qui s'entremet volontiers [d'une entreprise difficile]*. *Voy.* entremetre.

entremesclar, *réfl.* 4766, 5687, *se mêler [dans un combat], se disputer*.

entremetre, *réfl.* 304, 3510, 7984, *s'entremettre d'une affaire, la prendre à cœur*. *Voy.* entremes.

entrepres (*ms.* entre pes) 2143, *embarrassés*.

entresenh 2556, 6642 (antre -), 7037, 7805, *insignes, marques distinctives*. D.-C. intersignum.

entresenha 6308-87, 9098, 9134, *même sens*.

* entresenhar 1759, *mettre des* entresenhs [*à un cheval*]; entresenhatz 176.

entro a 2155, 2903, *jusqu'à*; -que 20, *jusqu'à ce que*. *Voy.* tis.

enugers 6940, *ennuis, tourments*. Manque à R.

* envaïa, *voy.* envazia.
* envaïment 1788, *attaque*.
* envazia 2134-6-46, envaïa 1227, *même sens*.

envazidor 6829, envaïdor 6805, *envahisseurs*.

envazir 3302, *envahir, attaquer*.

envilanir 7403, *humilier, outrager*. R. V, 548,

envit, far - 4204, *provoquer au combat, attaquer; terme de jeu, cf.* Tobler, *Mittheilungen aus altfr. Hanschriften*, p. 261, envier, *et* G. Paris, *Mém. de la Soc. de ling*. I, 269.

epictafi 8683, *épitaphe*.

era, *voy.* esser.

erbos, *pris substantivement*, 3787, 7238, *espace couvert d'herbes*. R. III, 529.

erebitz, *en rime* 8886, *pour* ereubutz.

eres 3519, 8944, heres 8058, heretz 8095, *patrimoine*.

eretar, *transitif* 3651, 3822, *constituer un bien [à qq.-un], ou lui rendre son héritage; n.* heretar 8685, *hériter*.

eretges 49, 67 (heretges), 76, 146, 169, 3214-66, 3494 (eretgés), 3502, *hérétiques*; eretga 323, eretja 3262.

eretgia 31, 3256, iretgia 3412, *hérésie*.

ereubutz 3075, 4477, 5978, 9257, *sauvé, délivré*.

* eriquit 22, *enrichis*.

erison 7818, *hérisson*.

ers 3020, *or. maintenant*.

ert, *voy.* esser.

es, *voy.* ez.

esajar 3049, *essayer, tenter; voy.* asagear.

esarar, *voy.* ensarar.

* esbaya 54, *ébahie, hébétée*.

esbailitz 5815, « *emporté, fougueux* » Fauriel, *Gloss*. Manque à R.

esbaldir, *réfl.*, 7044, 7335, *se réjouir*; s'esbaudia 4477, (présent comme si l'inf. était esbaudiar).

esbaudiment 7451, *joie*, *allégresse*.

esbrunitz 5833, *embruni*, *assombri*.

esca, *voy.* issir.

escairia, *voy.* escazer.

escalar 3054, *former en corps de bataille*.

escalas 8340, *escaliers*; *cf.* Leys d'amors II, 192.

escaliers 8359.

escantimens 8676, *extinction d'un incendie*.

escantir 102, 7323, 8693, escantic 8500, escantitz 3322, *etc.*, *éteindre, au propre et au fig.*; *réfl.* 4681.

*escapar 2477, *prét.* escapa 2159.

escaritz 6978, 9526, *choisi*, *trié*, [troupe] *d'élite*; *cf.* escarie gent, Ren. de Montauban, p. 110, v. 38; de mainada - 3152, 8795, *séparé*, *dépourvu de troupes*; 5837, *seul*, R. III, 147, *cf.* le Donat prov. p. 52 b « escaritz, *solus* », et Flamenca 3704; 7010, *un à un* (singuli); crotz escarida 6419, *la croix de Toulouse* (croix isolée).

escarnir 69, *tourner en dérision*.

*escas 2166, *chiches.* R. III, 148.

escazer, escairia (cond.) 3443, *convenir*; eschai (prés.) 1631.

escendre 8693, essendre 3963, 8729, *allumer*; escendutz 9320, essendutz 6003.

esciens 3202, 8651, essient 3670, eciens 5439, 6519, *essiant, en rime, 743, *savoir, expérience, avis*.

escienters 8346, ecienters 6914, *habile, expérimenté*.

escientre 6157, *escient*, *expérience*.

esclairar, *réfl.* 3579, 9020, *s'éclairer, fig.*

esclarzir 7133, 8700, *fig.*, *illuminer, rendre brillant*; esclarzit 4259, *brillant, ou qui a un son* éclatant (en parlant d'instruments à vent); n. 3729.

*escodre 2725, escodiran (fut.) 2566, escozes (part. plur.) 1237, *secourir, opérer la rescousse*. Diez I scuotere.

escoichendre 5180, 6398, *déchirer*.

*escomprendre, *réfl.* prendre (en parlant du feu)*.

escon 5118, « *bancs* » Fauriel, « *huches* » R. III, 154.

escondire, *réfl.* 3213, 3282, *se défendre, se justifier (proprement par son serment et celui d'un certain nombre de témoins)*.

esconditz 5834, *caché*.

escontra 1328, *par comparaison à...*, 2943, *à l'encontre, au devant* [de qq.-un]; *pour* encontra, *comme dans Flamenca* 3475.

escorgatz, *voy.* escortgar.

escornar 5660, *écorner* R. II, 487, *s. a. ex.*

*escortgar 1958, *écorcher*, escorgatz 697.

escosa 4627, *écorce, pour* escorsa.

*escost 602, *cachés*. On ne connaît jusqu'à présent que rescost (R. III, 154) qui conviendrait mieux à la mesure.

*escozes, *voy.* escodre.

escremir 7352, esgremir 3723, escrimir 8701, *se battre*; *réfl.* 8908, *lutter l'un contre l'autre, se combattre*.

escrit 4258, *cri*; *dérivé* d'escridar, *manque à* R.

escroichitz 8819, *fracas*. R II, 524 escroychedis (ex. de Ferabras).

escruichir, *inf. pris substant.* 4579, *se fracasser, se briser*; *cf.* croissir.

escuelh 9172, escuilh 6642 (la corr. proposée en note est à supprimer) *fourreaux d'épée?* D.-C. scogilum.

*escumenjar 81, *excommunier*.

*escumenjazon 772, *excommunication*.
escurar s'- 3729, *s'obscurcir*.
escurzir, *n.* 4721, *même sens*.
esemble 5390, *pour* asemble? *amas*.
esfelnir 5204, 7413, *s'irriter*, esfelnitz 8796.
esferzitz 8904, *devenu furieux*. R. III, 309.
*esfondrar 2589, *effondrer*.
*esforsar, *réfl.* 202, *se renforcer*; 577, *s'efforcer*.
esgar, *en rime, pour* esgart, 3652, 6249, *opinion, appréciation, jugement*.
esgardament 3232, *même sens que le précédent*.
esgardar 3982, *observer, comme* gardar.
*esglais 512, 1446, 1614, esglas (*en rime*) 2170, *effroi*. *Diez* I, ghiado.
*esglazietz 575, *tués*.
esgremir, *voy.* escremir.
*esmag 1915, *émoi, inquiétude*.
*esmaier, *réfl.* 2474, *s'inquiéter*. *Diez* I smagare.
esmanentir 5428, *devenir riche*. R. IV, 150, *s. a. ex.*; *cf.* enmanentir, P. Vidal, *édition* Bartsch, **25**, 37.
*esmansa 2278, *estime, évaluation*.
esmeratz 4294, 5696, 5783, 6372, *épurés, épith. ordinaire de* cor *ou de* coratge.
esmes 5034, 8041, *ruiné*. R. IV, 225.
espandir 8688, *répandre*; espan 7660, *se repand*; espanditz 3321.
espaontiers 5906, 6896, *effroi*; *cf.* espaventiers. *Manque à* R.
espaorzir, *réfl.* 3277, *s'effrayer*; espaorzi 2231, *cf.* espauritz. R. IV, 467, espaordir.
esparsa, sanc - 4438, 4715, *sa..g répandu*.
esparviers, -vers 4087, 7955, *épervier*.
espauritz 5829, *effrayé*; *cf.* espaorzir.

espavent 5507, *effroi*; dar - 1200, 7426, *effrayer*.
espaventar, *réfl.* 453, 2430, 8187-8, *s'effrayer*; espaventat 2602-15.
espaventiers, -ters 8425-58, 9341, *effroi*; dar - 2590, 4642, 7953, *effrayer*; *cf.* espaontiers.
espaza, metre a l'- 255, *passer au fil de l'épée*; aneson a l'- 486, iran a l'- 6910, 8671; *espea 2720.
esperar 3665, *attendre*.
esperitz 7309, 8689, 8767, 9299, *âme*.
espero, d'- 4036, 5108, *à force d'éperons, au galop, en hâte*.
esperonador 7754, *ceux qui éperonnent, cavaliers*.
esperonar 148, 8398, *éperonner, chevaucher rapidement*; *act.* 4759, 9094, 9139-40, *charger, faire une charge de cavalerie*.
espes 292, *serrés, nombreux*; *pris adverbialement*, 2910, *en grand nombre*, cavalgar - 4978, *chevaucher activement*.
espesament 1818, *beaucoup*.
espeutz 86, 2065, 4268, 4687, 6079, 8898 (espieutz), 7024, 7517, 9153, *épieu*.
espiar 2795, *épier*.
espirar 3343, *inspirer*.
espleitz, a *ou* ad - 3941, 5354, *en hâte*.
espleitz 8173, *outils*. R. II, 104.
esprendre 512, 3974, *enflammer, brûler*.
esproatz 8199, *éprouvés*.
esquaquier 7943, *échiquier*.
esquerriers 6895, 7629, *difficile, incommode (en parlant des personnes et des lieux)*.
esquiletas 6309, *dimin.* d'esquilha.
esquilgaitar, s'- 1807, *se garder*. *Diez* II c echauguette.
esquilgaitas 1191, *sentinelles*.
esquilhas 6350, esquilas 7936, *clochettes*. R. III, 189; *Diez* I squilla.

*esquis 827, *pénible, sauvage.*
Diez I schivare.
essaretz, voy. ensarrar.
essendre, voy. escendre.
essenhorir 8715, *rendre puissant, donner la seigneurie;* réfl., 8790-2. Manque à R.
esser 6066, estre 1410, soi (sum) 710, 734, 3217, so 3463, son 4150, iest 3211, era (*imp.*) 15, 32, eram 651, ert 2403, er 2465, esteit 2560, fui 3287, fo 281, fu 280, er (*fut.*), 9, 3722, seré 3810 (*id.*), sirei (*id.*), 8233, sira 2961, 3021, 3322, sirem 6975, siretz 8234, siram 1571, 2095, 7853, seran 6980, siran 7853, fos 404, *être;* - a suivi d'un inf. 6153, *être [occupé] à...*
essesiers 8470, *encensiers.*
essiant, essient, voy. esciens.
*essilhea, voy. issilhar.
*establia 1007, *convention;* per establida 5695, *par convention (capitulation),* cf. Gir. de Rossillon, 138.
establimens 3248, 8553 (?), 9550, *établissement, occupation;* 2500, *garnison;* estar en - 803, *être établi à demeure.*
establir 343, 1236, 1511, 2291, 2305-72, 4086, 4231, 4371, 4716, 4863, 5846, *etc., fortifier, occuper [un lieu] en force, mettre une garnison;* réfl. 4675; establens 9461, 9506, *qui occupe, qui défend.*
establizo 3843, 4016, *garnison.*
*estandartz 336.
estans, en - 122, 4141, *debout,* tenir en - 6050, *tenir debout;* fig., *maintenir en une position honorable;* ben - 4186, *convenable.*
estaon 7847 ?
estar 348, *se tenir;* 3017, 9099, *s'arrêter, attendre de pied ferme, résister;* laissar - 6189, *laisser en repos;* no pot - que 2884, *il ne peut s'empêcher de...;* estau (*prés.*) 6585, *es-

tot (*imp.*) 60, estec 3253, *au sens de* fo, estia (*subj. prés.*) 6349, esteso (*imp. du subj.*) 1515. Voy. estans.
estatge 3758, *situation, état* (status *au sens juridique*); 3743-81, *séjour;* 6528, *habitation.*
estes 8018, *part. d'*estendre, *étendus.*
esteso, voy. estar.
estiers 275, 2870, *excepté;* 567, 4099, *autrement.*
estopa 4910, *étoupe.*
estorcer 721, *sauver [sa personne]; n.* 4631, *se sauver, se tirer d'affaire,* far - 1629, *faire échapper;* estortz 3387, 3402.
*estormir 2245, *assaillir.*
estraire, réfl. 228, *se retirer, se dispenser de...;* 3549, *enlever.*
estraus 5245, *étranger, opposé à* privatz; 6053, 6101, *troupes étrangères, soudoyers.*
estras, las - 5909, 6128, *le balcon, la galerie [d'un palais, d'une tour].* R. III 222; D.-C. estra 3.
estraus, als - 3922, *aux parties extérieures de la ville* (*extrale)? Manque à R.
estre, voy. esser.
*estreia 2029, 2451, *route.*
estrem 4728-62, *extrémité.*
estremiers, -mers 7661, 7920, 8453, *extrême, placé à l'extrémité; pris adverbial.* 4105, 6946, *à la fin, en dernier lieu.*
*estrena 430, *étrenne, don.*
*estriub 1341, *étrier.*
*estros, a - 1658, *sur le champ.* Diez II c.
estuziar, *inf. pris substant.* 3043, *étude.*
etz 5346, *pour* estz, *ces.*
etz, *élément formatif du futur;* voy. dar.
eus = e vos.
evas 372, 3960, *vers, envers,* eves 376.
evesques 153, 409, 3254, 3451,
*ivesques 305-25, 1355, 2655

(*formé de* li evesques, *cf.*
409), *évêque*; *cf.* avesques,
bisbes *et* vesques.
eviar 2826, *envoyer.*
ez, *suivi d'une voy.* 3220, es 19,
3263, ed 2822, *et.*

Fadar 6586, *anc. fr.* féer, *douer,
comme peut faire une fée.*
faichals, peiras - 6334, *pierres
jointes ensemble* ("fascialis) ?
faiditz 2207, 3148, 3271, 4244,
6186, faizitz 13, 3266, 7130,
etc., proscrit, banni; cavaler
faidit *ou* faizit 4232, 5920,
etc., baro- 5470, 7018. *D.-C.*
faiditus, *sous* faida.
faire, *voy.* far.
*fais 2844, *fardeau*; a - 509, *en
masse, ensemble*; *la loc. habituelle, tant en prov. qu'en fr.
est* a un fais, *voy. l'ex. de
Jaufré, cité par R.* III, 249,
*et Tobler, Jahrb. f. rom.
Liter.* VIII, 336.
faison, *cas rég.* 2561, *apparence,
figure*; faisos, *plur.*, 3180.
faizimen 9481, *proscription.*
faizitz, *voy.* faidit.
falha 511, 4680, 5140, 7822,
8559, *torche, brandon.*
falhit, *cas rég.*, 7061, *celui qui
a failli.*
falsartz 4894, *arme à lame triangulaire. D.-C.* falsarius.
*fanha 1085, fanga 2495, *fange.*
far 119, 2490, 3992, faire 223,
1461, fatz 8225, fai 439, fa
3346, fam 124, 3517, fan 296,
5170, fist 1474, fit 1, fe 19,
287, feiro 186, feiron 7489,
feiren 4843, feron 7449, 7512,
farem 3012, faitz (*impér.*) 125,
fessa (1re *et* 3e *pers.*) 2393,
2643, 5259, fessan 1411, fes
5038, fezes 17, fait 3713, *faire;
réfl.* 8225, *même sens*; *auxil.*
3012, 4103, *cf. Jahrb. f. rom.
Liter.* VIII, 349.
farsit 25, farsis 502, farsitz 3259,
farci, rempli.
fatz, 3330, 6649, *sot, fou.*

faucilh 5176, 8607, *faucille, employée comme arme.*
*favelar 104, *parler. R.* III, 246.
fazenda 5958, *besogne.*
fazendiers 6877, 7618 (*voy. la
note*), 8374-7, 9652, 8374-7,
actif, travailleur.
fe, *voy.* far.
fe-mentitz 3303, *qui a menti la
foi due à son seigneur. D.-C.*
fidem mentiri, III, 287.
feblitz 8849, *affaiblis? R.* III,
296, *s. a. ex.*
felenar, *inf. pris substantiv.*
6228, *être irrité. R.* III, 301,
esfelenar.
felnes 7062, *irrité, dépité. Manque à R.*
felnessamens 8663, *avec dépit.*
felnia 4036, 4965, 5541, 5614,
6485, 6891, *etc. irritation,
dépit.*
*felonia, portar - 1054, *avoir de
la rancune* [contre qq.-un].
*felos 200, 668, 2117, *irrité, plein
de rancune*; felona 143, *mauvaise.*
fendre, *n.* 6396, *se fendre.*
fenestral 4886, *fenêtre.*
fenida, a la - 4408, a la fenia
1040, 1139, 1232, 2155, a la
fineia 1520, *à la fin.*
fenir, fenis (*finiisset*) 89, fenitz
3294, 3301, 6455, 6986, *mis à
fin, mort, tué.*
feridor 7744, *qui frappent.*
ferir 1211, fers (*prés.*) 8466,
ferirem (*fut.*) 4760, firatz
(*impér.*) 551, firetz (*id.*) 2243,
8369, feiran (*subj. prés.*) 4760,
frapper.
fermar 3598, 6212, *affirmer,
conclure* [un arrangement]
avec garantie.
*ferran 2584, [*cheval*] *ferrant,
couleur de fer.*
ferratz 6631, [*chemins*] *ferrés.*
ferretz 8151, *arme de fer. Manque à R.*
fervestit 4284, [*cheval*] *bardé de
fer.*
fessa, *voy.* far.

fetges, plur., 9199, foies.
feutre 7175, [chapeau de] feutre.
fevaters 9364, feudataire.
*feziciaire 231, médecin. Manque à R.
fi 6202, accord, composition. R. III, 328, D.-C. finis.
fial 7847?
ficar, fiqueron 426, attacher, fixer [des piquets de tente], anc. fr. fichier; réfl. 4673.
*fiela 106, boucle? cf. Romania IV, 270.
fils 7579, le fil, le milieu d'un cours d'eau. D.-C. filum aquæ.
*finar, fina 342, finir, cesser.
*fineia, voy. fenia.
firens, 5637, 6860, 6982, etc., qui frappe (en parlant d'un guerrier, d'une machine de guerre); menar firent 1230, 3948, 4282, 4589, 5477, 8622 (firens, en rime), encausar - 7032, mener, poursuivre, battant.
firmamens 6526, défenses, fortifications. R. III 313, s. a. ex.
fis 4294, 4677, 4717, sûr, épith. ordinaire de cor.
*fis, entro fis a - 110, jusqu'à. Diez II a fino.
fissar 6381, 7546, piquer, frapper, fisans 4200. R. III, 320; Bartsch, Chrest. prov. 317, 2.
flamiers, -mers 6966, 8432, flammes, incendie; fig. 8432.
flecas 5130-75, 6390, etc., flechas 7802, 8008, flèches.
florit 7038, [écus] peints à fleurs.
fo, voy. esser.
*fogairo 218, foyer. R. III, 346.
fogal 2979, 6262, foyer, demeure.
*fogier 1160, foyer.
*foison 1282, abondance.
foldatz 8315, opposé à sens.
folejar 5398, agir follement.
foments 6537, vivres. D.-C. fomen. Manque à R.
fondament 5453; le fondement d'une construction; ici le séjour habituel des comtes à Toulouse.

fondemens, mes en - 3133, détruit, cf. fondre.
fondon, metre el - 7852, détruire.
fondos 7176, bas fonds? Manque à R.
fondre 311, 4076, 4367, 4489, 5556, détruire, renverser de fond en comble; 4501 se fondre, se liquéfier.
foras, e- 2502, en dehors.
forbir 8729, aiguiser, au fig.
forsa, faute de copiste, voy. bers.
forsa 3994, forces, troupes; per - 1081, 1780, 4614, 4736-88, de force; a - e a vertu 373, énergiquement, loc. franç.; [la] forsa le prat paihs, proverbe, 506, la force (ciseaux) tond le pré.
forsar 4798, 5317-86, violenter, obtenir par la force [une levée, un impôt]; 406 (forsea) 2421, forcer, prendre de force [une ville].
forsor 4423, 7752, plus fort.
fort, *per - 1957-60, même sens que per forsa.
fortaletz 8186? voy. la note.
fortz, lo coms - 1088, 1306, le comte de Montfort; lo fort Foig 3506, le fort château de Foix.
fossors 5550, houe. D.-C. fossorium; R. III, 348; Diez, Anc. Gloss. romans (Bibl. de l'École des Hautes Etudes, fasc. V), p. 125.
*fraiche, voy. fraisne.
frair, pour fraire, 5048.
frairis (ms. fraizis) 7118, opposé à rics.
fraisne 2066, fraiche 1850, fresne.
fraitura 5037, 5677, pauvreté, disette.
frans 5563, pour franhs, dérivé de franher? ou corr. fans pour fanhs, fange?
fres 4899, fig. 5030, frein.
fresc 2753, frais, neuf.

frescor 4443, *fraîcheur*.
fretz 8098, frigidus? *ou* fractus? *Fauriel adopte le premier.*
frévols 1662, 2003, *faible (en parlant d'un château)*; 2865, *de peu d'importance, opposé à* manens.
frezeus 4569, 4898, 7805, *garniture de vêtement (ici de haubert) probablement frangée.* D.-C. fresellus; *Flamenca, Gloss.*
frim dels penonceus 4550, - de las esquilhas 6350, *Fauriel lit* frun *dans le premier cas et* frim *dans le second : les deux lectures sont matériellement possibles; frémissement des banderolles (cf. R. V, 61* refrims dels penos*), son des clochettes. Manque à R.; voy. Diez I refran.*
frizat 6367, frezatz 9135, *épith. de* gomfaino.
frondas 8206, *frondes*.
frondejador 6803, 7747, *frondeurs*.
*fronia 2142, *[lance] brisée. Diez* II c frunir.
frontal 4884, 6332, - cledat 8200, *front [d'un mur, d'un retranchement]*.
frontaliers, -lers 4131, 6861, 7563, 7746, 7909, *etc., qui est placé en face, opposant, adversaire*.
fronzir 4279, 5180, *froisser, briser*.
fruchiers 9412, *arbres fruitiers*.
*fruitas 1871, *fruits*.
frutz 9248, *lieu planté de fruits*.
fu, *voy.* esser.
furmir 8742, *fournir, accomplir*.
fust 8222, *bois*; futz, *plur. et en rime*, 6001, *bois, palissade?*
*fusta 2539, *bois, charpente. R.* III, 410.

*Ga 1750, guei 1764, *gué*.
gabar 4066, *plaisanter*.
*gabei 1771, *plaisanterie*.

gaita 8275, *sentinelle*; 4004, 9449, *guet*.
gaitar, *réfl.*, 568, *se garder*.
galaubers 9350, *magnifique, qui vit largement. Diez* II c.
*gal cant 91, 2306, *galli cantum*.
galhardia 6756, *gaillardise (au sens ancien), valeur*.
galhart 4210, gualhart 7460, *vaillants*.
galiador, *cas rég*. 5314, *trompeur*.
galiament 5499, *tromperie, artifice*.
galiar 6213, *tromper, user d'artifice. Diez* II c gualiar.
*gambais 520, *pourpoint rembourré, anc. fr.* gambeson.
gandir 495, 8124, *détourner, et par suite garantir; réfl.* 5188, 8753; *n.* 459, 2362-6, 2536. *Diez* II c.
gans, - ab aur cosutz 9264; de sanc far - als detz 8152.
gardar que 3728; *transitif* 5604, 5883, 6058, 6254, *etc., regarder, examiner, faire attention, réfl.* 6195, *se garder, être circonspect*.
garida 4367, 5950, 8189, 8200, 8302-6, guerida 4091, 8392, *guérites, abris placés sur les remparts* (4091), *munies d'un parapet en clayonnage* (8200), *construites par l'assiégeant pour protéger ses approches* (8302-6).
garlanda 5001, *couronne [de fleurs?]. D.-C.* garlanda 1.
garnens, *voy.* garnir.
garnimens 2850, 3101-31, 3239, 4534, *etc.,* garnimant *(en rime)* 2579, *équipement de guerre, armure, anc. fr.* garnement; - doble 4073; 6550, *vivres, munitions*.
garnir 2174, 8333, *armer, revêtir du garniment*; 759, 3251, *occuper, munir de garnison [un château]; réfl.* 2774, 8733, *s'armer [des armes défensives]*; 3708, *se pourvoir*

[des choses nécessaires à la vie]; garnitz 175, 2540, 2801, 4233, 5842, armé (en parlant d'un guerrier); 2624, 3251, armé, muni (en parlant d'une ville, d'un château); garnens 9428, 9505, comme garnitz.

garnizo 5110, 7200, 7850, même sens que garnimens.

garras 8353, jarrets. Diez I garra.

garrejador 4449, lutte, 6802, 7748, champ de bataille, place propre au combat. Manque à R.

garrejar, voy. guerr -.

gartz, plur. 501-10, garso, garson 331, 751, 2158, 2385, 2568, valet.

gata 682, 2528-44-9, 4382, 4416, 4609-82, 4842, etc., cata 4602, chatte, la vinea des anciens; D.-C. catus; Fr. Michel, note sur le v. 3773 de la Guerre de Navarre. Voy. castels.

gatge 3755, gage.

*gatz 682, je ne vois pas en quoi le gatz diffère de la gata.

gaug 6734, 8479, joie.

gazanha 4803, intérêt, revenu. R. III 449.

gazarma 4774, 4891, 5130, 6320, guazarmas 5193, guisarme, sorte de hallebarde. Diez I giusarma; Gachet gissarme.

gazerdos 3836, 4000, récompense.

geldo, suj. plur., 4049, geudo 5109, 7786, gens de pied fournis par les communes. R. III, 452, gelda; Diez I geldra.

gemir, gem 4629.

gendre 6382.

genhs 9539, gens 4484, 1866, 4866, ruse, opération [de guerre]; 1526, 4484, 9539, machine de guerre; cf. engenhs, et Leys d'amors II, 208.

*genier 898, janvier.

*gensor 345, plus aimable.

gequir 5184, 7043, abandonner, lâcher.

geris 7148?

ges, partic. servant à renforcer la négation, 312, 400, 3015, (jes), de genus; voy. G. Paris, Mém. de la Soc. de ling., 1, 189.

*gesta 257, 566, 2060, récit écrit.

geudo, voy. geldo.

*gi 710-34, je.

giatan, voy. getar.

giet 8127, le jet d'un trébuchet [machine à lancer des pierres].

ginhos 3852, rusé.

giroflatz 3828 [vin] parfumé de girofle, cf. Bartsch, Chrest. prov. 189, 9.

girofle 6542.

giros, rég. pluriel., 7269, 8209, 8439, les flancs [d'un homme, d'une machine de guerre].

girval 4861, « de nature de gerfaut, brave, vaillant » (?) Fauriel; girbaut, R. III, 468, a un sens mal déterminé, mais clairement défavorable, qui ne saurait convenir ici.

gitar 3025, giter 323, giatan 504, gieten 2422, 3027, jeter, lancer [un trait]; - de terra 2770, de merce 5422-87, chasser de son pays, exclure de merci; - en error 5312, tromper, - en ira 8445, prendre en haine.

*glan, fém. 1041, 2627, gland, pris comme terme de comparaison; cf. castanha.

glatir 5166, retentir (en parlant d'une trompette); 4692, 5803, craquer (en parlant du cœur qui se brise par suite d'une chute).

glatz 7036, glace?

glavi 3352, glaive, emblème de la justice spirituelle; D.-C. gladius spiritualis.

glaziers 6884, 7651, 7919, 8478, cruel, meurtrier (en parlant d'un homme, d'un coup); pris subst. 8393, coups, massacre.

glazios 3108, 5597, meurtrier, épith. de turmens; ostal -

7261, *lieu où on reçoit des coups?*

glazis 3414, 4902-90, 6983, *glaive, arme blanche en général;* 4243, 5228, 5588, 6695, 8422, 8967-71, *la mort par le glaive, carnage.*

gloutz (ms. goutz) 3848, gloto 2705, *glouton, désignation méprisante.*

*gloza 1786, *récit écrit.*

*gonela 109, *gonelle, tunique.* Leys d'amors, II, 202.

gonfanon 1850, 2639, gomfano 2753, *enseigne, fanion.*

gonfanoniers 9376, gomfanorers 4124, *porte-enseigne.*

gonios 520, 1758, 2553, 5111, *casaque rembourrée; le même que gambeson, selon D.-C.* gonio; *cependant G. de Tudèle emploie aussi* gambais.

gorgeira 5114, *gorgerin, paraît être le plus ancien ex. connu de ce mot. D.-C.* gorgale, gorgeria.

gousa 4070, *machine de guerre (dérivé de goz, chien). R. III, 488.*

governador 4462, *ceux qui dirigent un navire, se tenant à l'avant et faisant la manœuvre des voiles.*

*gra 61, *degré.*

gra 4413, *grain, fig.*

graciers 9389, *celui qui demande grâce. Manque à R.*

grageus 4552, grajeus 4583, *bruit, tumulte. Dérivé de gragellar, R. III, 492.*

graile 4259, 4522, 4847, 5961, etc., *sorte de clairon.*

grailetz 8113, *dimin. du précédent.*

*gramaire 233, *savant, qui sait le latin.*

*gramazi 177, *même sens que le précédent.*

granar 7307, 7827, *éclore, pousser (non pas monter en graine, voy.* 7827); *fig.* 5868, 7147, 8247, *etc.*

*granha 1081, *blé? D.-C.* granea.

grans, *fém.* granda 356, 511, 839, 2105, 2254, 2828, 3885; gran re 3158, *beaucoup.*

grat, al - 3334, de gret 2334, *de gré, de bonne grâce;* malgrat de 1386, a mal grat de 1828, *malgré.*

grava 7504, 8005, *grève d'un fleuve.*

graviers 1174, 2473, 2502, 4118, 8424-84, *même sens que le précédent.*

grazaletz 8183, *armure de tête en forme de pot* (grazal). *Manque à R.; D.-C.* a grasaletus, *mais non en ce sens.*

grazir 5, 3141, 3258, 7302, *accueillir avec bienveillance [une personne], prendre en gré [une chose].*

grezes, foc - 8071, *feu grégeois.*

*griza 2512 [peau] *de petit gris?*

grondir 7384, *gronder (en signe de mécontentement).*

grossiers, cairels - 8485, *gros carreaux,* lo pobles - 9429, *le bas peuple.*

*grua, pelar la - 2207? *voy. Romania* IV, 273.

guaihart, *voy.* galhart.

guarambeus 4542, *tournois, combats; probablement identique au* garlambey *de R. de Vaqueiras, R. III, 432.*

guazarmas, *voy.* gazarma.

*guei, *voy.* ga.

guerida, *voy.* garida.

guerra 4291-2, 4539-40-72-91, 4608, 4721-2, etc., *combat.*

*guerreger 340, garrejar 1740, 2448, 6194, guerrei (*subj. prés.*) 196, guerregesan (*subj. imp.*) 1008, guerrejada 270, *guerroyer.*

guerrier 5972, *ennemis.*

*guia 28, 53, *guise.*

guidar 1749, *guider;* 5273, guizar 1181, *accompagner [qq.-un pour le protéger], donner un sauf-conduit.*

guidatge 5502, *sauf-conduit*.
guidonatge 3768, *droit pour l'obtention d'un sauf-conduit*. D.-C. guionagium, III, 589 b.
guirens 3124, 3209, 3449, *protecteur*; far guirent 3240, *donner sa garantie, se porter garant*; traire a - 5489, *appeler en garantie*.
guiscos 3186, *habile*. Diez II c guiscart.
guisquet 8176, 9437, *guichet, petite porte*. D.-C. guichetus.
guit (*cas rég.*) 4240, 7001-60, *conduite, direction*; 791, *sauvegarde, garantie*.
guitz 3154, 3272, *guide*.

Heres, heretz, heretar, *voy*. er -.
heretges, *voy*. eretges.
heretiers 8409, 9349, *qui obtient un héritage, un bien fonds*.
hi *pour* i, 3261, 8195, 8201, *y*.
hieu, *pour* ieu 3284.
hom, *voy*. ric.
homicidiers 8477, 9331, *homicide, meurtrier*.
honor 241, 2891-9, 5549, onor 1809, 7671, *terre, possession territoriale dans le sens le plus général*.
humiliar, *n*. 5376, *s'humilier* [*devant qq.-un*]; *cf. un ex. semblable dans* R. III, 548.

I *joint dans la prononciation à la voy. précédente* : Arago i 117, a i 3525, e i 2659, no i 2843, pauza i 2889, *etc*.
i *pour* e *avant une voyelle*, 4546.
ichamens 3109, 3423, ichament 248, 3218 (*l'un et l'autre en rime*) *également*.
ichermens 8558, *sarments*. R. V, 208, eisermen, issermen.
ichernitz 15, 3147, 8813, ischernit 4210, *clairvoyant, fin, habile*. Diez II a, scernere.
ichilat, *voy*. issilhar.
ichir, iescan, iesquen, *voy*. issir.

iest, *voy*. esser.
ilh, *voy*. el.
il 3177, = i lo.
intrador 6804, *entrée, commodité pour entrer*. Manque à R.
intramen 4881, *entrée, porte*.
intrar a... 2987, 3665, 8266; - en ... 225, 758, 3153, 3376, 8360; *sans prép*. 455.
intrat 4874 (corr. intrar? cf. 4903), 4878, *entrée*.
intratge 3759, *entrée, droit d'entrée*.
ir 2760, 2788, 2913 (irem) 5189, 5329 *aller* [*à un endroit*]; 3684, 4087, 4244, 8758, *s'en aller*; *avec* en 5501, 7410, 7725, *même sens*; *absolu*, 3272, 8854, *aller, marcher*.
ira 5464, 5511, *tristesse, affliction*; vos etz en la - 5100, *vous avez excité la colère* [*de*..]. *Voy*. donar *et* gitar.
irascer, *réfl*., s'irascra (*cond*.) 8747, irascu 379, *s'irriter*.
iretge, iretgia, *voy*. er -.
iros 7286, *irrité, ou attristé*.
ischernit, *voy*. ichernitz.
isnelament 235, isnelamant 2580 (*l'un et l'autre en rime*), *rapidement*.
issaratz, *voy*. echarratz.
*issida 1773, *issue*.
issilar 2293, ichilat 3360, issilheia 1052, essilhea, *en rime*, 2755; - 3360 *exiler, dans les autres ex. dévaster, détruire*.
issir 2971, ichir 8761, eis 3659, eisson 2998, eison 2925, issig 707, isit 705, ichit 48, ichic 3465, ichi 2049, issiro 6705, ichiro 413, istra 1099, ichira 6553, issiratz 553, esca 4074, 7471, iscam 545, iescan 2792, iesquen 2923, ichis (*subj. imp*.) 497, 1896, issent 2112, issu 2181, ichu 377, ichitz 7128, ischitz 9269, ichis(*part*.) 1907, ichida 8651, *sortir*.
ivesques, *voy*. evesques.

*Jai 1461, *gai*.

jamais 3083.
*jant, *pour* gent, 72, 90.
jazer, jac 1911-9 ; dins los olhs vos jatz 8305, *vous crève les yeux.*
jes, *voy.* ges.
jocs, *voy.* entaulatz.
jogar, *fig.*, 2968, *jouer.*
joia 3579, 3818, joya 7669-70, 7914 ;—4442, *joie* ; 3818, 3928, 6125, 7669-70, *cri de joie* ; 3579, 7914, *cadeau, fig.*
jois 6720, 8272, joys 8497, *joie, bonheur.*
jornadas 3732, 6232, *journées [de marche].*
jornals 2990 *la lumière du jour* ; 6339, *jour, journée*, a - 4812, *perpétuellement, cf. l'ex. de F. de Mars. cité par R.* III, 589 *a.*
jos bas 4075, *au bas.*
jotglar 209, 3829, *jougleur.*
jovenet 3360, *dimin. de* jove.
jovent 3219, *jeunesse* ; 7492, *les qualités propres à la jeunesse.*
joves, lo coms - 8304, *le jeune comte de Toulouse (Raimon VII).*
judicis 6300, *jugement* ; 3373, *le jugement dernier.*
judjament 3210, jutjamens 8671, *jugement, arrêt.*
*juncta 1274, *joûte. Manque à R.*
*junqueia 2704, junquia 2143 (*l'un et l'autre en rime), jonchée.*
jupa de seda 1257, jupas d'orfres, 5000.
jutjar, *n.*, 3217, *obtenir un jugement.*

Kalenda maya 7331, 8714, *le 1er mai. Flamenca, p.* 334.

La, en - 92, *là*, la sus 1097, *voy.* lai, ladoncas, ladoncs, laor.
*labor 1891, *labourage, culture.*
ladoncas 616, 1566, *alors.*
ladoncs 170, 928-48, 3367, ladonc 1972, *alors.*

laens, *voy.* laïns.
laforas 3270, *là dehors.*
laguiatz 8322, *affaibli, souffrant. R.* IV, 17 ; *D.-C.* languidatus.
laguis 2965, *peine, fatigue. R.* IV, 17.
lai 63, 110-80, 227, 608, *là, là bas* ; en lai 765, 859, 916, *même sens* ; lai dins 46, 675.
lai 3425, *laid, vilain, fig.*
*laians, *voy.* laïns.
laic, *opposé à* clerc, 482.
laichar 6369, laichero 8485, laicheren 755, laichera 8298, *lairian (= *anc. fr.* lairoient) 396, laissesam 8298, *laisser.*
laih 3369 = la li (*corr.* lalh?).
laïns 2510, 2837, 2957-73-7, *etc.* ; laens (*en rime*) 4928, 8670 ; laïnts (*dans une tirade en* ens, *corr.* laens) 6522 ; *laians (*en rime*) 532, *léans.*
lairo, a - 2547, 4022, 5091, 5101, *etc., sans bruit, coiement.*
laitiers 6909, [*enfants à la mamelle]. Manque à R.*
lalh = la li, *voy.* el.
*lamela 118, *lame.*
languir 8750.
lans 4158-76, 8579, *action de lancer*[*des traits, des dés*] ; 6096, *fig., coup de dés? R.* IV, 18.
* laor 358, 1434, 1879-90, *alors. Manque à R.*
largor 4442, *abondance [de vivres].*
larguesa 8300, *même sens.*
larguetatz 8221, *largesse, générosité.*
larguetz 8172, *largesses. Manque à R.*
lassar 4374, *enlacer, cerner. Voy.* elme.
latas 5131, *lattes. R.* II, 24.
latinier, - ner 5937, 6899, 7877, *messager (le sens ordinaire, « interprète », ne serait pas motivé ici).*
latis 7104, *écrits (lettres pontificales) en latin?*

latz 122, *auprès*; per totz - 1939, *de tous côtés*; e - 1109, *côte à côte*; de latz 2516, 4385, *de letz (en rime)* 582, 2678, *à côté*.

latz, *large*, en lonc e en lat 5678, *letz, en rime*, 2661.

latz de corda 4493, *lacs de corde*.

*lau, pel - 1400, *par la permission, sous le bon plaisir*.

laüs, *pour lo us*, 2852, 3154, *etc.*, la .i. 1221, *l'un*; la uni 1267, *les uns*.

lauzengers 4074, *homme qui emploie la flatterie pour arriver à tromper*; « bilinguis » *Don. prov.* 48 a.

lega 8268, *lieue*.

legendiers 8468, 9339, lig - 6951; *lecteur, qui lit [les offices]* 6951; clergue - 8418, monges e canonges - 9339; *voy.* ligens. *Cf.* abatz legenders, *G. de Nav.* 4797. Manque à R.

legismes 3564, *légitime. R.* IV, 37.

legista 2815, 5222, 5485, *légiste*.

*leguela 402, 2151, *espace d'une lieue. D.-C.* leucata, *sous* leuca.

lei, a - de 5514-36, *à la façon de...*

leial 2994, lial 4020, *loyal*.

lenguatge 3778, *pays? D.-C.* lingua.

lenha 6550, 8657, *bois à brûler*.

leones 2918, 5003, *[cœur] de lion*.

leos, cor de leo 3993; *lion figurant dans les armes de Simon de Montfort* 2556, 4125-44, 4507, *etc.*; *dans celles de Hugues de la Mote*, 7193.

letrat 3317, *[marbre] orné de lettres*; gesta letrada 257, *récit écrit*; 8280, *instruit*; pris subst. 8218, *lettré, savant*; gens letrada 259, *personnes lettrées, instruites*.

letz, *voy*. latz.

*letz 2666, lea 2692, *joyeux (anc. fr.* lié).

letz 3872, 8144, *il est permis (licet)*.

leus 4586, *poumons. R.* IV. 58.

lezor 6851, *loisir*.

lhiar 3230, *lier*.

lhissa 8160, lissa 6363, 8157, lhissas 3952, 4069, 4853, 6314-56; lissas 4196, 5948, 6323, 7961, *etc.*, *lices, palissades. D.-C.* licia; *Diez* I licia; *G. de Nav.*, p. 613.

lhivrazo 4024, 5085, 9409, *fournitures, distributions. D.-C.* liberatio, *sous* liberare 2, *et* libratio.

lial, *voy*. leal.

liar 2433, *[cheval] de poil mêlé*; *voy*. Boehmer, *Rom. Stud.* I, 265.

lieis 364, *elle*.

ligendier, *voy*. leg -.

ligens, preveires - 6454, *même sens que* legendiers.

lin 4371-6, *bateaux. R.* IV, 77; *D.-C.* lignum 2.

linhat 7962, *[pieux] alignés. D.-C.* lineare; *manque à R.*

liniers 8337 ?

lissa, *voy*. lhissa.

lo, *art. masc. sing. suj.* 22, 38, 106, 2787-94-9; le (*id.*) 138, 366, 3089; li (*id.*), *avant une voy.*, 155, 258-9, 409, 778-85, *d'où* li vesques, *pour* li avesques? *voy.* evesques; (li coms, 2451, *paraît être une faute causée par le voisinage de* li, *art. pl., dans le même vers*); lo *appuyé sur un mot précédent*, col (= co lo) 35, el (= e lo) 183, quel 47, 2924; *appuyé sur le mot précédent, même terminé par une consonne*, an le (l. an l') 2183, mas li (l. mas l') 1856, es l' 4537, fos le 318, fos lo 529, *corr.* fos l' (*et ne pas tenir compte de la note du v.* 318), es lo 3155, els 7579, *corr.* es l'; el *pour* es l' (?) 7590; lo, *rég.* 81, 121, le (*id.*) 25, 178; *appuyé sur un mot précédent*, al 94 (= *ad illum*), 595 (= *habet illum*), dal 3397, del 1, 84, el(= *in illum*), 1, 74, mentrel 2786, pel (= per lo) 17, tel (= te lo) 3208, tondrel 1458; *au contraire* a lo 334, de lo 996, *contrairement aux* Leys d'amors, II, 132; —li, *pl. suj.*, 11, 13, 45, 2812; *appuyé sur un mot précédent*, elh 3597, entrelh 5115, - quelh 215, quel 471, florichol 206, venoilh 3011; *sur un mot suivant*, lh' 613, l' 3063; — *los, rég.*, 66, 2837, les (*id.*), 338-9, 2783, 2836, 3452; *appuyé sur un mot précédent*, contrals 76, dels 67, els (= en los) 451, nols 495, pels 540, quels 471, vels (= ve los) 2798, virols 460. — *Cas rég. employé pour le cas sujet*, los 184, 3377, les 559, els 105, 482, 527, 2848, 2978, quels 555.....; - *art. employé comme pronom démonstratif* (*cf.* Leys d'amors II, 138, 140, 222, *et Bartsch*, Santa Agnes, *note sur le v.* 366), el de... 2993, *et celui de...*, la dels crozatz 1786, *celle des croisés*, li de Tholosa 1841 (*où il faut prononcer* aucisol de T., *sans tenir compte de la note*), els (= e los, pour e li) dejos 2851, *et ceux d'en bas*, quel dins el defora 3026, *que ceux du dedans et ceux du dehors*, al (*corr.* al[s]) dins 456, *à ceux du dedans*, dels (*et non* d'els) que... 5664, *de ceux qui...*; *dans ces ex. l'art. conserve le sens qu'il doit à son origine* (*le pronom* ille), *il est même identique au cas rég. masc. sing. et plur.* (lo *et* los), *pour le sens comme pour la forme, avec les cas correspondants du pronom* el.

logadiers 8414, loguadiers 4115, 7624, *soudoyers*, sirvens - 7624.

logal 2977, *lieu*.
logar 6846, *louer* [*des soudoyers*].
loguadiers, *voy.* logadiers.
loguiers, -guers 4081, 4110, *loyer, récompense.*
loilh = lo li, *voy.* el.
longa, a la - 2476.
lor, *voy.* lui.
loras 3070, *alors. Manque à R.*
lotjas 7553, *loge, abri temporaire, ordinairement en feuillage. Rare en prov.*; *R.* II, 89 (*ex. de Ferabras*), *Flamenca* 7201.
lugans 5870, luga (*cas rég.*) 7915, *l'aurore? voy,* montaners. *D.-C.* lucanus; *R.* IV, 108.
lui, *pron. de la 3e pers. rég. indir., sing.*, a - 2897, 3428 (lhui), ab-, am - 149, 352, 2810-97, de - 351, per - 225, 6838, vas - 603; *rég. dir.* 3589; — lor, *plur.*, a - 2908, 6764, ab - 2540, 2812-75, de - 4436, denan - 5291, entorn - 2473, 2615, entre - 483, 3129, per - 397, 4263, vas *ou* ves - 487, 7706; *rég. dir. d'un verbe*, 2608, 3073, 3889, 6776, 7690, 7716-31, 8853; lor *employé comme possessif, et joint à un nom plur.* 12, 36, 2881; lors, *dans le même cas*, 435, 1758, 2781, 2846-68.
lumdar 3026, *seuil*.
lums 3318, *lumière, fig.*; *cf.* G. de Nav. 1319.
lunh 3991, *loin*.
lunhs, lunha 769, *aucun*.
luzir, lutz 335, luzent 1183, *luire, en parlant de la lune; de même*, Rolant 2512, lune luisant, *cf.* G. de Montanhagout, A Lunel lutz una luna luzens, *etc.*

Macips 4544, *jeune homme*; *R.* IV, 142; *a souvent le sens d'apprenti*, *D.-C.* mancipium 4.

maestre 1457, 4067, 7623, *maître ouvrier, probablement un forgeron au v.* 1457, *des ingénieurs dans les autres ex.*; 2, 207 *titre que s'attribue G. de Tudèle*; 112, 523, 2162, *titre qu'il attribue à d'autres personnages*; 7559, 9424 *attribué à un ingénieur*; 8241, *à un légiste. Sur les divers sens donnés à ce mot, voy.* Du Méril, *Poésie scandinave*, p. 316, *note* 4.

magermens 3453, *principalement*.

maichela 99, maichelas 4587, 4901, *mâchoire*.

mainada 267, 2050, 3152, 4450, 6646, 6978-90, *maineia 2017, *mainea 2470, 2728-56, *troupe propre d'un seigneur, formée de ceux qui lui devaient le service militaire*; mainadas comtaus 3953, *troupes comtales, dépendant directement du comte de Toulouse. Mainada au sens propre est donc bien distinct de* companha *qui désigne une troupe de soudoyers, de mercenaires, dans le sens le plus général, mais cette distinction n'est pas nettement indiquée dans le poëme, et* mainea *est appliqué par G. de Tudèle*, 2470, *à une troupe de routiers. Pour le sens original voy. D.-C.* maisnadarii *et G. de Nav.* p. 612.

mainadier, - der 783 (*sing.*), 1856, 2414 (*sing.*), 2602, 3412, 6902-4, 7584, 8413, *ceux qui composent les* mainadas, *au sens le plus général, soudoyers, p.-ê. même routiers* (2602); *D.-C.* mainada, *sous* maisnada; *R.* IV, 149.

maineia, mainea, *voy.* mainada.

mais 364, 2966, 3051, 3128, 3676, *plus*; al - 395 *au plus grand nombre*; 2977, 4228, *plutôt, de préférence*; 2860, 4792, *plus (jamais plus)*; ancs - 168, *onques mais, jamais*; per tost (*corr.* totz) *temps* - 508, *pour toujours, à tout jamais. Voy.* jamais, oimais.

maitadatz, maitatz, maitetz, *voy.* meit -.

majoral, li - 2980, *les grands, opposé à* li pauc; 4885, *épith. d'ornement*.

mal, *subst.*, per - 4789, *d'une façon malveillante*; van a - 4825, *tournent mal, dépérissent*; 7056, *blasphème, adj.* - lor pezar 2438, *malgré eux*.

mala, *voy.* mals.

*malastruc 2199, *malheureux*.

*malaudejar 2429, *devenir malade. Manque à R.*

*malaurea 2767 (= *prov.* malaürada) *malheureuse, mauvaise*.

malavetz 8136, *maladie*.

malestar 3016, *action indigne. R.* III, 208.

malevar 2781, *emprunter avec garantie, « fidejubere, » Don. prov.* 31 b. *R.* IV, 132; *D.-C.* manlevare *et* manulevare (manlenta, manlents, *D.-C.*, doivent être lus manleuta, manleuts).

maleza 3515, *malice, méchanceté*.

malgoires 5020, *denier de Mauguio*.

malhas 4898, *mailles [d'un haubert]*.

maligners 9414, *méchant, malfaisant*.

malignes 3344, 5634, 8477, *mauvais, malfaisant*; 7249 *malin, rusé*?

malignitat 5698, *action mauvaise*.

*malmener 2504, *maltraiter*.

*malmetre, malmes 311, 2920, malmis 492, 2728, *même sens*.

malmirens, *voy.* merir.

mals 3791, 3852, 4837, 9492, *dur, féroce [à la guerre]*; mala 1550, *anc. fr.* male *ou* mar, *pour son malheur*; mal, pris adverbialement, - lor pezar 2438, *bien qu'il leur en pesât*. Voy. mal.

malvatz, malvada 430, *mauvais*.

manal, voy. arc.

mandaire, *employé comme régime* 3577, *mandataire*.

mandamens 1361, 1720, 3234, 3448, 8636, *mandement, ordre*; 242, 724, *volonté, discrétion*; 7480, *mandement, espace sur lequel s'étend une juridiction*, voy. D.-C. mandamentum 2.

mandar, *absol.* 7134, 8543, *donner des ordres*.

maneira, si ... de - 2948, *de telle manière*.

manenjar, manenjon (*ind. prés.* 2980, 4627, manenc (*subj. prés.*) 4641, *manger*.

manens 502, 528 (manans), 8659, *riche; opposé à frevols* 2865, *épith. d'ornement* 3436.

manentia 2254, 4783, manentias 12, 476, *richesse*.

manes 7974, *sans relâche*.

manescalcs, manescalx, 1109, 6270, 6405, 7213, *maréchal, titre appartenant à Gui de Lévi*.

manganels, manguanels, 1165-9, 1202-80, 2412, *mangonneaux, machine à lancer des pierres*; D.-C. manganum 2; R. IV, 145.

mangs, ta - 7119, *si grand, cf. l'esp.* tamaño. R. IV, 113; Leys d'amors II, 182.

manier, voy. arc.

manja 8184, *manche*.

mantenens, e - 8579, *sans relâche*.

mantener, 82, *soutenir, protéger*; mantenir, *réfl.* 3674, *se comporter*.

marabotis 7089, *maravédis*. D.-C. marabotinus; R. IV, 155; Diez II b maravedi.

*marbrin 122, marbri 766, *de marbre*.

*marc 1100, 2614, *marc, une demi-livre d'argent ou d'or monnayé*.

marcadier 5954, *marchands*.

marescal 4909, *maréchaux, vétérinaires*. D.-C. marescallus, *sous* marescalcus; R. IV, 144, manescal.

marina 1059, *le bord de la mer*.

marritz 3149, 3295, *égaré, errant*; 14, 2283, 2546, *affligé*.

martelar 4950, *marteler, claquer, en parlant des dents*.

marteletz 8174, *marteau*.

martiri 6411, 8393, *martyre, mort violente, massacre*.

martirs 8528, 8684, *martyr*.

Martror 5622, 6845, *la Toussaint*. D.-C. marteror; R. IV, 162.

marviers, -vers, *épith. de* trabuquetz 6860, *d'un personnage* 8379, *de colps* 8431, *de messatges* 9344, *rapide, prêt à accomplir son office? R. IV, 163, s. a. ex.;* Diez II c manevir.

mas 121, 214, 312-49, 395, 503, 2917 (mais *est une faute d'impression*) 2973, 3033-87, *mais*; 2445, 6168, 7109, 7424, *sinon, excepté*; mas cant 140, 620-33, 7679, *même sens*; mas pero 3001, 3185, 6196, *cependant, toutefois*; mas que 3040-8, *sinon que*; 7394, *puisque*; mas que *dans une proposition subordonnée*, 1584, *mais, cf.* Blandin de Cornouailles 1465-81-98, *etc.*; mas sempre 3735, *aussitôt*. Voy. mos.

mascarat 6785, *barbouillé, déguisé*; « mascarar, carbone tingere, » Don. prov. 31 b. R. IV, 164; Diez I, maschera.

*masmudina 1065, *monnaie des Almohades*. D.-C. masmodina; *cf.* Cart. de S. Victor, p. liij.

massa 2416, *masse, quantité*,

pris adv. 4100, *masse, beaucoup, cf. le Gloss. de Flamenca;* massas 4890, 5129-73-92, - redondas 4265, furbidas 7025, *masses [d'acier], arme offensive. D.-C.* macia *et* massa.

*masseta 447, *diminutif de* massa.

masso 4009, *maçon.*

matar 6418, 8312, *mater, abattre; Diez* I, matto; *Littré,* mater.

matz 6418, *fous, insensés.*

maugutz, *pour* mogutz 6012.

mautas, *pour* moutas, 8480, *appels par une sonnerie de cloches; cf. le Gloss. de Flamenca,* mouta.

maya, *voy.* kalenda.

mazans 4198, 6048, 6126, *tumulte, agitation. R.* IV, 170; *cf. Boëce* 117.

mazeus 4572-88, *massacre, boucherie.*

* mei, e - 1211-20-1, *au milieu, anc. fr.* en mi. *Voy.* permeg.

meitadament 7483, *partage, division par moitié.*

meltadatz 6637, maitadatz 9313, *partagé, divisé par moitié.*

meitadiers 6863, 7564, 8436, *qui est au milieu, entre deux.*

meitatz 6638, maitat 178, maitetz 585, mitat 3363, *moitié.*

mel, ab lo - e ab la cera 5264, *avec le miel et la cire, loc. proverb., dans les conditions les plus favorables?*

melia 2063, 5621, *mille.*

membrar 5451, *se souvenir;* 3635 *rappeler ses esprits, réfléchir;* membrat, *épith. d'ornement* 4254, 4746, 5275, 6375, *prudent, qui se souvient.*

menar, mal - 5580, *souffrir;* 8134-49-56, *conduire, pousser en avant [une machine de siége];* 8117, *lancer [une pierre], en parlant d'un trébuchet. Voy.* firent *et* traïn.

menassador 6788, *menaçant.*

*menazos 862, 921, 1284-96, *dyssenterie.*

mendics, mendig 496, 4671, *mendiant.*

mendigar 3612, *mendier.*

mendiguejar 3051, *mendier. Manque à* R.

*mendre, *au cas rég.*, 936, *moindre.*

menesters 6874, *connaissances, savoir-faire; p.-ê. qualités? R.* IV, 236, *un seul ex. au sens de métier.*

menestrals 2996, 4862, 6266, *artisans, la dernière des trois classes (nobles, bourgeois et artisans).*

menoretz 8179, *petits, opposé à* gran.

mens 2493, *moins,* esser - 3417, 4957, 5352, 5621, *être en moins, manquer;* valer - 3450, 8648, *valoir moins, déchoir.*

mens 4924, 8650, *esprit, intelligence.*

mentaugutz 6011, *mentionné, proclamé;* esser - 9285, *mentionné [comme accusé de quelque faute], diffamé.*

mentir 4691, 5179, 5807, *fausser ou percer [un haubert]. En anc. fr.* desmentir *a été employé dans le même sens, D.-C.* VII.

mentre 2390, 2786, 8447, 9549, - que 2173, *tandis que.*

menudiers, -ders 6927, menuziers, menuzer 7928, 9431, *petit;* graïles - 8481, *anc. fr.* greles menuiers; *opposé à* gran 7928; *fig.,* faitz - 6927 *actions petites, mesquines, cf. l'ex. de Sordel cité par R.* IV, 197.

meos 4157, *pour* meus, *mien.*

meravilha 2229, 2344, 2590 *(semble avoir été prononcé* mervilha, mervilhas *dans les deux premiers ex.);* fas mi - 6470, 6586; fam nos - 4989, fas mi meravilhas 3486, 3605, 4161, 8744, *je m'émerveille, nous nous émerveillons.*

*meravilhos 2570, *merveilleux, étonnamment, grand.*

mercadals 2987, 4858, 6279, *marché.*

mercejar, mersejar 3619, *demander merci*; 4160, *recevoir merci*; 4317, 6180 *remercier*; 195, *prier*; 6438, *leçon corrompue?*

merceners 6969, 7600, 7933, 8475, 9395, *miséricordieux.*

meridiana 4844, *méridienne, heure de midi.*

merir 7065, 8752, *rendre le mérite de..., faire payer*; car - 7341, 8757, 8910, *faire payer cher*; 4647, 5913, *mériter mal, être coupable,* mal mirens 6483, 9561, *coupable*; esser mal mirens, *avec un rég. indir.* 2857, 5607, *récompenser en mal, causer du dommage à...*

mermar, *act.*, 1547, 3338, 6412, n. 4144. 7059, *diminuer.*

mersejar, *voy.* mercejar.

mescabar 3621, 4310, 4992; esser mescabatz 593 (mescabetz), 4308, 5700, 6410, *éprouver un échec,* « *infortunio ammittere* » *Don. prov.* 31 b.

mesclar 4468, 5564, *mêler;* 1044, *être en état d'hostilité, se battre; réfl.* 329 (mescler), 949, *même sens;* - batalhas (*corr.* batalha?) 2067 *engager un combat,* batalha, mescleia 2724.

*mescrezant, *en rime,* 76, *mécréants.*

*mescrezuda, mescrezua, gent - 72, 2199, *gent mécréante.*

*mesira 1483, 1504, 2560, 2722, messire 2616, *messire.*

*mesleia 2690, *mêlée.*

mespendre 6594, *décevoir, faire échouer (autrui);* esser mespres 2921, 3521-4, 6594, *être déçu, échouer.*

*messa cantans, clercs - 531, prestre - 741, 1375, *prêtre disant la messe.*

messaguier 5929, *messager. Forme qui manque à R.*

messios 975, 2342, 3833, *dépense.*

mest 1211, 1297, 7082, *parmi; voy.* demest.

mestier, aver - 1170, *avoir besoin; impers.*, 8327, esser - 8451, *être besoin.*

meteis 354, meteish 19, meteus 5239, *toujours précédé de* el, *lui-même; plur.* meteises 2608, mezeiches 8466.

metge 4909, *médecin.*

metre 6193, *mete 174, meton 8656, mezi 3608, mes 742, *mis 744, *mezo 760, *mistrent 1930, *meseron 2661, *meiren 173, metran 1403, metens 7460, 9467, 9538, mes (*part. sing.*) 4968, meses (*part. plur.*) 5102, *mis 1899, *miza 2510; —1403, 5102, *mettre, placer; réfl.* 126, 1930, *se mettre;* dans les autres ex. *dépenser. D.-C.* mittere 6; mes la man a la espea 2720, *mit la main à l'épée (= l'épée à la main). Voy.* aventura, espaza, fondemens, fondon, tardor.

mezeiches, *voy.* meteis

mezers 6426, *voy. la note.*

mialsoldor, *voy.* milsoldor.

milhurazos 7296, milhorazo 5079, *amélioration, profit.*

milhoriers, -rers 4066, 4104, 5966, 6870, 7913, 8349, *même sens que le précédent.*

milsodor 367, 4459, 6808, mialsoldor 2888, *cheval de prix (mille solidorum).*

ministres, 4777, 5513, *serviteurs.*

mirable, arquier - 9543, cavaliers - 8310, castel 8675, escutz 8609, gaug 8685, palais - 5572.

*miraclas 2733, *miracles.*

miracle 4485, 6836, *guette, tourelle, placée au sommet du donjon, et servant à l'observation. R. IV,* 239 *s. a. ex.*

mirador 4454, 5289, *même sens
que le précédent.*
mitat, *voy.* meitatz.
mitra 6289, *mitre.*
moitz 7591, mueitz 9411,
muids, a - e a sestiers, 7591,
*loc. pour désigner une grande
quantité.*
molherar 5658, *épouser, ou faire
épouser une femme.*
*molon (*ms.* mōton) 760, *tas.* R.
II, 450.
molu 389, moluas 4266, *émoulu;
mot emprunté au fr.* R. IV,
245, *un seul ex. en ce sens, et
tiré de Ferabras.*
monedier 5955, *monnayeurs,
p.-ê. argentiers, changeurs?*
R. IV, 256.
*monge 1402, *moines;* - blanc
157, *cisterciens.*
monimens 6455, *tombeaux.*
montaners, fils - 7579, *le fil de
l'eau venant de la montagne?
le milieu de la rivière, voy.
D.-C.* filum aquæ; luga -
7915, *l'aurore qui apparaît
sur la montagne;* engenhs -
4088, « engins montagnards »,
Fauriel, *ce qui n'offre pas
beaucoup de sens, corr.* mor-
talers?
*monteia 32, *montée, accrue.*
moratz (*en rime*) 9149, [*cheval*]
*noir, couleur de mûre. Man-
que à R.*
mordens 4200, *acharnés?*
mores 8002, [*cheval*] *noir.*
morir, mor 134, moriron 689,
morra 1099.
mort 539, 622, 8689, *massacre.*
mortales 8006, 8973, *mortel,
qui donne la mort.*
mortaliers 7664, *même sens que
le précédent; voy.* montaners.
mortier 1064, 4612, *mortier,
ciment;* 9400, *mortier d piler.*
mos, *pour* mas, 3789, *mais?
- que* 4413, *sinon que,* - can
2055, *même sens;* 4560?
Manque à R. Mos, *plus
souvent* mor, *se rencontre
dans Gir. de Rouss.*, ms. de
Paris, 1, 322, 408, 1692,
4600, *etc., où les autres mss.
ont* mais, *et dans d'autres
textes.*
mostela 4673-6-9, *machine de
siège, la même que la* gata?
mot (*indécl. ou corr.* mota?)
1083; *adj.*, *mot, mots,* mota,
36, 43, 2553, 2655 (molt),
2658-74, *moult.*
mot 22, 8443, *mot, parole;* en
aquest - 135, 2490, *sur ce
mot, pour cela;* a l'autre - 64,
aussitôt après. Voy. saber,
sonar.
mover, movon 2635, moc 106,
mogron 302, 2348, mougon
2470, mova 196; — *réfl.* 106,
2348-94, 5635, *n.* 302, 2670,
*se mettre en mouvement, se
mouvoir d'un lieu vers un
autre.*
mudar 1977, 2481 (muder),
changer, non pos - 3514, *je ne
puis m'empêcher; réfl.* 1867,
se déplacer.
mueitz, *voy.* moitz.
muls, *voy.* arabies.

N, *pour* en, *appuyé sur une
consonne,* n'Gui (*ms.* ngui),
4529.
nafra 4720, 4905-12, *blessure.*
nafrar 2717, 3012-68, 8405,
blesser.
naicher, 6939, nasquit 794, nasc
7606, *naître.*
natural, baro - 985, 2120, 2988,
vrais barons; lo coms - 3916,
*le comte de Toulouse, comte
par droit de naissance.*
nautoniers 4075, 8396.
nautor 4463, 7623-83, 7991,
nautoniers, bateliers.
naval 4860? *voy. la note.*
naveitz 4372, naveis 3954, 6712,
7593, navetz (*en rime*) 3892,
navei 5688, *navire, bateau.*
*navili 296, *flottille, bateaux.* R.
IV, 304.
nazal 2131, 4897, *pièce de métal*

fixée au heaume et couvrant le nez.

neceira 5037, *dénuement.* R. IV, 308.

negrors 5568, *fig., tristesse, affliction? pas d'ex. en ce sens dans* R. IV, 311.

*neier 2497, *se noyer*; negetz (*part.*) 2683.

neish 21, *même, adv.*

nescis 3330, 3468, 5258, nescia res 3528, *simple, innocent.*

nielatz, *niellé,* escuilh - 6642, espieutz - 9153.

niens, aver e - nient 249, *estimer autant que rien, mépriser,* esser niens 8648, *n'être rien.*

niers 7666, ners 4126, *noir; au fig.* 7666, 8410, *sombre, attristé.*

no, dire de - 199, 4007, 5084, 7840, *dire non, refuser*; no *explétif, exprimant l'idée générale de négation contenue virtuellement dans la phrase,* 211, 225, 1532, 2771, 5941; *de même dans le second terme d'une comparaison,* 40, 434, 1786, 4099, 4410, 4603, 5727-42, *etc.*

noirir 3688, *élever, protéger;* 7309, 8767, *se nourrir, être élevé; vivre.*

noiza 2375, 4550, 4761, 5122, 6666, 8372, *noise, tumulte.*

non 7410, = nos ne.

nons = non nos.

nos = no se.

nous = no vos.

O 37, 53, 111-2-6, 2914-6-21-31, *cela;* dire d'- 199, *dire oui.*

obediens 3216, 3409, *obéissant.*

*oblit, no[s] mes pas en - 1465, *ne s'oublia pas, ne perdit pas la tête.* Voy. omblidar, omblit.

obrador 5559, 6800, *ouvroir, atelier.*

obs, ops, a lors - 2154, *pour leurs intérêts,* a tos - 3713, *à ton bénéfice, pour ton profit; anc. fr.* oes; *de même en bas-latin* ad opus, *D.-C.* opus 5, *cf.* Bibl. de l'Éc. des ch., 3, IV, 336; ops de *suivi d'un subst. ou d'un inf.* 4602, 7625, *pour;* aver - a *suivi d'un infin.* 3685, 3729, *devoir;* ops, *plur.* 3297, *le nécessaire, moyens de subsistance.*

ocaizos 3189, 5053, *reproche.*

offrir, *voy.* ufrir.

oi, *exclamation,* 2222.

oimais 338, 8238, *maintenant, désormais.*

ola 4678, *pot, marmite.*

oliu 4288, 4323, *olivier.*

olor 4452, *odeur.*

oltracujatz 8296, *anc. fr.* outrecuidié.

*omblidar 1931, *oublier; réfl.* 785, 1228 (omblia), *s'oublier, perdre la tête.*

omblit, metre en - 4248, 6997, *oublier, négliger;* tornar en - 7059, *être oublié.*

ombral 4844, umbral 4806, *ombre.*

*omenatge, 1474, *hommage.*

omplir, *voy.* umplir.

on 88, 8451, *où*; - plus pot 247, 1368, *le plus qu'il peut.* on mais... plus 8292, *plus... plus.* Voy. or.

*oncas 2484, *onques.*

ondransa 4357, *honneur.*

ondrar 1735, 2773, *honorer;* ondratz 3459, 8321, onratz 3557.

ongan 2797, *cette année.* Diez I uguanno.

onir 7389, *honnir; voy.* aunir.

onor, *voy.* honor.

ons 5548, = o nos.

onta 2830-86, 4181, 4733, 6069, ontas 5578, 5636, *voy.* anta. *On disait à Toulouse* anta *et* onta, *voy.* Leys d'amors, II, 194, III, 148, 366.

ops, *voy.* obs.

or, *voy.* ors.

or, *toujours en rime et joint à* saber, 5309, 6780, 6846, *où.*

or, *au lieu d'*on, *est habituel dans Guill. Anelier* : 187, 628, 652, 1271, 1296, *etc. Manque à R.*

ora, en petita d'- 4565, 4883, 8253, 8427, 9231, *en peu de temps* ; en milhor - 8108, *plus à propos.*

*orar 2518, *prier, dire ses prières.*

orbs 3271, *aveugles.*

orde 5337, *ordre, sacrement* ; 5698, *maison religieuse.*

*ordenar 1851, *administrer [les sacrements]. D.-C.* ordinare 4.

*orendrei 2221, *sur le champ, anc. fr.* orendroit.

orfes 3360-97, 3417, *orphelins, adj. et subst.*

orfres 172, 4900 (? *voy. la note*), 5000, 8009, *orfroi* ; *voy.* aurfres.

ormers 8389, *ornements d'or. R.* II, 144, *ex. de Ferabras.*

ors batutz 3059, 5984, 9260, or fin 2614, fin or brunit 4207, per tot l'our de Pabia 2247 ; aur 2503, 4080, 7806. *Voy* aur.

ortals, *sing et plur.*, 4851, 6311, *lieu planté en façon de jardin. R. n'a pas d'ex. en ce sens.*

ortas, *toujours au plur.* 4049, 7360, 9248, *jardins. Manque à R.*

orzols 8183, *sorte de coiffure* (urceolus), *R.* IV, 378, orgol et orjol, *mais non en ce sens.*

*osa 1785, *osée, hardie. Manque à R.*

osca (*ms.* ossa) 5458, *brèche.* Diez II c osche.

ostal, far bon - 983, *donner bon logis, recevoir bien.*

ostaliers 8331 (?), 9407, *hôte, celui qui reçoit.*

*ostatges, metre en - 242, 742, *livrer [des châteaux ou soi-même] à titre de garantie.*

*ostatjar, *réfl.* 1487, *donner un otage, une garantie.*

*ostejador, li - 366, 1429, 1889, *ceux qui composent* l'ost. *Manque à R.*

*ostejar 1058, 1874, *aller en* ost.

osts, ostz, *sing. suj. et plur. rég.*, 143, 252-6-62, 1760-78, 2217 ; ost 1745, 1802, *host. armée.*

*ot 58, 1495, *prét. 3º pers. d'*aver.

our, *voy.* aur *et* ors.

*ouriflama 2452.

ous 4910, *œufs, employés dans les pansements.*

*outramar, per los sants d' - 2604.

Pabalhon 745, 1866, 7829, pavalho 738, 2220, *pavillon.*

pabies, *voy.* elme.

paes 3487, 5022, païs 350, *pays.*

*pag 1918, *dérivé de* pagar, *compliment? Manque à R.*

*paga 1638, *paiement*, pagas 5664, 6191, *redevances, contributions.*

pagatz, no s'en te per - 2950, *il n'en fut pas satisfait.*

pages 281, 1412, 4976, 7998, *paysans.*

paianor 361, *opposé à* crestias, *le pays des payens.*

paichera 7578, *barrage servant à produire une retenue d'eau, principalement pour l'usage des moulins. D.-C.* paisseria, paxera ; *R.* IV, 399 payshera, *comme dérivé de* pal, *et* 483, paisseira, *comme dérivé de* peis (piscis).

pairo, *plur. suj. de* paire, 3179, 5115, 7853.

pala 5560, 5957, 8173, *pelle.*

palafre amblan 1468, - bai 1459, - breton 211.

palagrilhs 5551, 5957, « *poêle* » Fauriel, *au premier ex., et* « *poêlon* » *au second* ; « *pellegril, sorte d'instrument*, » *R.* IV, 399.

palais 519, 1095, 1105, 7931, *grande habitation.*

palaizis 7131, *palatin* ; *épithète*

du comte de Toulouse. Voy. la note de la trad.
paletz 8175, dimin. de pal.
*pali 213, anc. fr. palie, paile, étoffe de soie.
palmas, batre las - 4644, 5926, geste marquant la douleur.
*palotejar 432-40, se battre le long des palissades qui protègent les avancées d'un camp, d'une ville. D.-C. paletare; R. IV, 403, s. a. ex.
pals 504, 2972, 3952 (paus), 4787, pieu; pals agutz 4893, pieux employés comme arme; pal, en rime, 4872, palissade; pal linhat de cartier 7963 ?
pans 525, 2599, pan [de mur]; de totz pans 6102, sur toutes les faces, de tous côtés.
papa, lo - 141, 191, 233, 3106, le pape.
par, del mieu - 3611, à ce qu'il me paraît. R. IV, 428.
par, nos tanh de vostre par 9041, « il ne convient pas que votre pareil (qu'un homme de votre rang) ».
paratges 2932-62, 3402, 3567, 3628-9, la noblesse, semble pris parfois en un sens métaphorique, pour désigner l'ensemble des qualités regardées comme étant l'apanage de la noblesse; draps de - 1386, étoffes réservées aux -, ou portées habituellement par les personnes nobles.
parentes, en rime, 4972, pour parentesc, parenté.
parentetz, plur. rég., en rime 5412, dimin. de parent? ou pour parentesc?
parentor 2900, 6736, 7697, parenté. Formé du gén. plur. parentorum, qui est fréquent dans les documents du IXe au XIe s. surtout au Midi; cf. Baluze, Capit., col. 1014.
paret 2846, 8160, mur, rempart.
paria 1492, 1924, 2161, 3215, 3435, compagnie, alliance.

pariers, -rers, deux syll. 4098, 4618, 6938; trois syll. 8329, 9397; — co-propriétaire, allié.
parlador 5287, réunion publique. R. IV, 421.
parlament 186, 707, 798, réunion, conférence; cridar - 1664, équivaut à battre le rappel; 3452, discours.
parlar 1508 (parleia), 5233 (parlatz), débattre, décider [une convention]; pris subst. 8275. Voy. al.
parlers, 8345, parleur.
partimens 3102, partage [de butin].
partir, partretz (fut.) 5426, parca (subj. prés.) 2751, 9550, parcam (ne pas tenir compte de la correction) 8664, partiscan 9449; — 5426, partager, répartir; 3718, 9449, partager, prendre part à...; réfl. 9550, s'éloigner [d'un lieu].
partizos, en - 7204, en morceaux ?
parvens 4136, 6443, 8653 (opposé à faitz), apparence, far parvent, 1787, 7543, far parvens (plur.) 4923, far a parvent 2840, 3434, 7430, far a parvens 6514, faire paraître.
pas 4716, passages.
passar 5608, transgresser; n., - al tranchant de la spea 394, passer, (= être passé) au fil de l'épée; 1400, 4639 (passar n'em), s'accommoder, se contenter, cf. R. IV, 442 b; Flamenca, gloss.
passetz 8126, petits pas.
paucs 329, 825, peu, en petit nombre; 700, petits.
paus, voy. pals.
pautoniers 6942, vagabonds. Diez II a paltone.
*paziblament 1358, paisiblement, tranquillement.
paziers 1394, 6883, pacificateur, fonctionnaire établi par le pape ou ses légats pour veiller

au maintien de la paix. D.-C. paciarii; *manque à R.*

pazimens, *lieu pavé, soit dans une habitation*, 3118, 3203, *soit au dehors* 2864, 7417, 8613. R. IV, 468, *payment.*

pazimenter, *plur.*, 8482, 9422, *même sens que* pazimens.

peatge 3767, *péage.*

pebre, *dans une loc. proverb.*, 4771, *poivre.*

pecar 6593, *pécher, faire une mauvaise action;* 6090, 6944, 8167, *éprouver un échec.*

pecat, a tort et a - 5680, *à tort et à péché, injustement.*

peciar 452, 2801-31, 3947, *pessiar 1063, pessier (en rime) 2589, mettre en pièces;* *peceia (part.) 2032.

peh, peihs, *voy.* pieitz.

peiralhs 4659, *espace empierré, même sens que* peiratz? *Manque à R.*

peiratz 4375, *espace empierré.* D.-C. peyratum; *manque à R.*

peireira 2543, 2819, 8448, *pierrier, machine à lancer des pierres.* D.-C. peireira *et* petraria 3.

peiriers, -rers, 1237, 2588, 2938, *pierrier.*

*peirina, sala - 1063, *salle pavée.*

peiro 3985, 4008, *perron, sorte de môle en pierre faisant partie de la fortification;* marbri - 766, *le perron de marbre (ruine antique?) si fréquent dans les chansons de geste;* 5120, *perron d'une maison.* D.-C. peironus, 2, 3, *et* petronus; R. IV, 532.

*peitavis 2715, *denier poitevin.*

peitrals 3947, 7039, 8010, *poitrail, courroie qui entourait le poitrail du cheval; anc. fr.* poitrés, *Huon de Bord.* 3214. D.-C. pectorale 1.

peitrals traversers 4069, *parapet s'élevant à hauteur de poitrine.* D.-C. pectorale, V, 166 b.

peletz 8078, *dimin. de* pel, *poil. Manque à R.*

*pelhar 1036, *piller?* R. IV, 540, pilhar.

pena 4268, *plumes [dont on munissait les flèches].*

pena 5970, « *pignon, fort.* » R. IV, 409, *s. a. ex.;* « *la façade* » *Fauriel; plutôt roche, colline.* D.-C, pena 1.

penche 8875, *peigne, figurant dans les armes d'un seigneur du Midi.*

*pendans 548, pendent 2121, *versant d'une colline.* D.-C. pendens.

pendre 249, 2371, penre 3625, pendra (*fut.*) 672, pendrem 2960, prezeran (*cond.*) 318, prezis (*subj. imp.*) 485, pris (*part.*), *en rime*, 480, pres (*id.*) 1096; *locutions*, - colp 3508, 4054, 5907, - onta 2886, - ontatge 3775, *recevoir des coups, de la honte;* - plait 672, *accepter les conditions d'un accord, d'une capitulation;* - una envazia 2244, *attaquer, assaillir; absol.* 3625, 3710, *prendre, recevoir [l'aumône];* 1743-8, 3052, 3599, 3631-75, *commencer, se prendre [à dire ou à faire...]; réfl.* 451, 1745, 2474, 3006-31-8, 3632-57, 6207, *même sens;* ben lor es pres 2879-80, be lhi deu esser pres 3485, a cui tant be es pres 3490, ta mal lor es pres 1293, 2919, *bien leur a pris (il leur a réussi de...), etc.*

penedensar 1853, *donner le sacrement de pénitence;* penedensatz 4338, *qui a fait pénitence.*

penedenser 7904, *pénitents, ceux qui accomplissent une pénitence.*

penedir 7320, 8776, *réfl.*, penet (*prés.*) 8765, penedera (*cond.*) 8955, *se repentir.*

penjatz 9212, *pendu.* R. IV, 494.

peno 2122 (- de sendal), 2638, 3058, *penon, banderolle.*
penoncels 435, *dimin. de* peno.
pens 8677, *gages.*
pensar, *réfl.* 9014, *penser.*
pent, *part. de* penher 2123, *peint.*
peos *plur*, 7237, *gens de pied;* a peo 5088, 7851, *aller à pied. Voy.* pezons.
percassar, *réfl.* 8226, *se pourvoir.*
percatz 4309, *acquisitions, profits. R.* II, 352.
percucion 1283, *coup, plaie, au fig.*
perdedor 4418, 5324, *qui doit se perdre;* loc - 5283, 6826, *lieu où l'on doit se perdre, fatal. Manque à R.*
perdementz 3093, *perte.*
perdo 129, 291, 763, 2651, 4002, 7183, *pardon, indulgence obtenue par la participation à la croisade.*
perdonar 5497, *accorder, consentir à...*
perdre, perdera (*prét. dérivé du plus-que-parf. lat.*) 2480, pergua 3539, pergatz 8229, pergues 3538, pergutz 9246, *perdre;* - Dieu (?) 3475, *voy. la note; réfl.* 3538.
peregris 3265-99, *pélerin.*
perfin, a la - 963, *à la fin.*
perilhamens 8582, *le fait d'être en péril.*
perilhar, *être en péril, se dit ordinairement des périls qu'on court sur mer;* anar - 6184, *aller au péril, c.-à-d. en exil;* datz a - 3614, *voué aux périls [de l'exil]; réfl.* 3040, *se mettre en péril;* perilhatz 3345, 3566, 4301; estar - 6413, 6585. *D.-C.* periclitari *et* periculare.
perilh 3619, 8391, *péril, situation incertaine.*
perir, *fig.* 3689, 8699; *act.*, 4688, *faire périr;* estre peritz, *fig.* 3292, 5871, *être détruit,* *annihilé;* carn perida 6399, *cadavre.*
permeg 7917, *parmi, par.*
pero 829, 8280, *cependant, toutefois. Voy.* mas.
peroffrir, *réfl.* 7345, *s'offrir, se présenter.*
perparansa 7896, *don fait en retour; cf. le suivant.*
perparar 3887, 9373, *donner, offrir en retour.*
perprendre 3117, 4043-9, 4851-71, 6315, *etc.*, *occuper [un lieu, une position].*
perpunt 5111, perpunch 2114, perpung 2554, *pourpoint. R.* IV, 599.
perseguir 8877, *poursuivre.*
persona 8240, *personnage, cf. Flamenca* 7196; ma - 5593, *moi.*
perterir 7349, *tarir, au pr.*; 7080, 8713, *même sens au fig. Manque à R.*
pertgas 4893, *perches, employées comme armes.*
pertrait 6540, *au plur., transports, objets transportés;* 1532-64, 1665-72, 1793, 2046, 2153, 2833, 4011, 6366, *matériaux apportés pour combler les fossés d'une ville assiégée, cf. l'emploi de* pertrahere *dans l'ex. de G. de Puylaurens cité par D.-C. sous* catus, II, 247 *b. Le* pertrait *était combustible, voy.* 1672. *Ce mot paraît être (au sing. du moins) traité comme neutre, ne recevant pas l's ou z au cas sujet,* 2046. *D.-C.* pertractus; *R.* V, 404.
pervis 4954, *intelligent; cf. Gir. de Roussillon, éd. Hofm.*, 2169, 3750, 5234, 6844, 6951; *G. de Nav.* 2793, 2801. *Manque à R.*
pessiar, *voy.* peciar.
pessiva 6127, *pensive.*
*petitet, un - 2597, *un peu.*
petitz 752, *petit;* ab - companhos 3062, 3168, ab petitas gens 6446, *avec peu de com-*

pagnons, peu de gens; en petita d'ora, *voy.* ora.
peus 4584, *les peaux, les personnes?*
pezar, *voy.* mal.
pezon, *plur.*, 7812, pezos 1181, *piétons, anc. fr.* peons. *R. IV*, 471. *Voy.* peos.
picadors 5555, *ouvriers armés du pic. Manque d R.*
picar 2847, *travailler à l'aide du pic.*
picas 4891, 7246, *piques.*
pieitz 8194, 8208, peihs 173, peh 7825, *poitrine.*
pig 4676, *pour* pic, *en rime, pic, pioche.*
pilars 122, 5561, *pilier.*
pilo, pilon, *plur.*, 5112-8, 7802, *arme de trait, probablement identique aux* piles *ou* pilets *de Joinville, par lesquels M. Quicherat entend des javelots à fer massif en forme de fuseau* (*voy. édit. de Wailly, Didot, p. 471*); *p.-ê. pilons* (*R. IV*, 538) *au v.* 5118?
pimens 8609, *boisson épicée.*
pis (en rime), en - 2720, *en pied, debout.*
piuzela 108, *pucelle, jeune fille.*
pla 5214, 6931-54, 9165, *justement, exactement.*
plag, plah, *voy.* plaitz.
plaidejar 5676, *faire une convention* [*pour la reddition d'une place*].
plaides 3523, *discoureur, chicanier. R. IV,* 548.
plaitz 628, *réunions* [*tenues par les hérétiques*]; 672, *convention, capitulation*; plag 2008, *débat*; nom mete en plah 174, *je ne me mets pas en peine* [*de savoir...*]
plan 1389, 2101, *plaine*, 1942, *la plaine de Toulouse. D.-C.* planum 1.
plancatz 5423, *plancher. R. IV,* 553, *s. a. ex.*
planhas 9326, *plaines.*
plansos 7223, 7794, 7817, *lance*;

bran de - 5113, *fer de lance. Le sens original est jeune arbre. D.-C.* plansonus; *R. IV*, 555; *cf. Petit Thalamus de Montpellier p.* 172 *et* 183.
plantatz, las - 8258, *l'abondance.*
plata 5041, *argent en lingot. D.-C.* plata; *R. IV*, 558, *s. a. ex.*
plaugutz, *part. de* ploure, 6015, plogutz 5985, *plu.*
plazentiers, -iers 6869, 6913, 9387, *plaisant, aimable.*
ples, camis - 4984, *anc. fr.* chemins pleniers.
plevi 5508, *garantie, anc. fr.* plege. *R. IV*, 573.
plevir 1903, 3733, 4235, *garantir, assurer*; 1903, *s'engager, contracter un engagement envers qq.-un*; plevit 4229, *part. masc. plur., engagés, jurés.*
pluzor, *comparatif de* plus, 1199, 1685, *plus long*; li - 826, *le plus grand nombre.*
poblacios 7215, 7826, *la multitude, la foule des croisés.*
poblamens 6630, *permission de peupler* [*un lieu, de s'y établir*]?
poblar, *transit.* 3503, *faire peupler, établir une population en un pays*; *n.* 7150, *se peupler.*
poder, posc 3725, pos 3733, pogon (*prés. 3ᵉ pers. plur.*) 3087, 5157-8-60, poguo 5164, poc 564, pogron 470-5, poiras 3716, poiram 5160, posca 3623, puesca 3131, pogues, 3621, poguessa 2607, *pouvoir*; *auxil.* 6580.
poderos 3194, *qui est en possession de...*
poders 4479, *pouvoir, forces.*
poestaditz 3290, *qui a puissance sur..., qui est en possession de...*; 830, *puissant. R. IV*, 683, *s. a. ex. G. de Nav.* 496.
poestatz 5661, *puissance sur..., possession de...*; 171, 4389,

8236-86, *puissance*, *personnage puissant*.
pog 3260, 5789, poigs 4590, *puy, montagne isolée*.
poges 1310, *denier du Puy, employé comme terme de comparaison*; - de creis 6428, « *Poyets de poids* » Fauriel.
poichas 163, 516-90, 3504, *puis, après*.
pois 232, 565*, 938-42, 3125, (3367 *est à supprimer*; *voy.* pos), 3663, 3821-32, puis 3401, poih 137, 3228, puih 2967, pueish 64, 87, pueih 3109-29, *même sens que le précédent*.
pojar, poja 367, pujot (*imp.*) 61, pujatz 687, 2942, *monter*, pujeron 1278, *n. et act.*
poldreus, arabitz - 4582, *poulains arabes. Diez* I poledro.
politz, *uni*, *poli*, camis - 4282, 5822, 8825 (*cf. G. de Nav.* 1324), camp - 6993, dart - 5876.
polpra 5645, *pourpre*.
polvera 4448, 4810, 5537, 8584, *poussière*; *paraît employé comme proparoxyton*, 4810, 5537.
polveros 7224, *poudreux*.
*poma porria 52, 1041, 1223, 2341, *employé comme terme de comparaison*.
por, gitar - 4420, 5306, 6783, *jeter au dehors, loc. commune au prov. et au fr.* R. IV, 600; *Diez* II c.
porcarissals, dartz - 6322, « *épithète fréquente* (?) *d'une espèce de dard ou de pique*; *p.-ê. de celle dont on se servait à la chasse du sanglier* » Fauriel.
port, venir a bon - 3390. R. IV, 603.
portal 5862-89, 8209, *porte de ville*.
porteus 4545, *guichets, petites portes.* R. IV, 604.
portiers 7619, 8209, *portes?*
portz 290, 2775, *les ports ou passages* [*des Alpes ou des Pyrénées*].
pos 3221-32, 3508-62, por 3367 (*la correction faite à ce passage est en partie mauvaise, cf. Denkm* 233, 18; *on pourrait proposer*: por *ou* pos es mortz), 4647, pus 3723, *puisque*; 20, 168, *puis, après, comme* pois.
*potz 1557, *puits*.
pradal 2992, *pré*.
*pradaria 1152, 1211, *prairie*.
*prea, *en rime*, 2689, *pré*, *anc. fr.* prée.
prebosdes 5521, 5969, 6343, *prévôt, dignitaire ecclésiastique*.
pregar de... 658, 1335, *prier au sujet de quelqu'un, recommander, cf. le gloss. de Flamenca*; *réfl.* 930, *se recommander* [*qq.-un*] *à soi-même, avoir pitié de...*; estre pregat 1335, *même sens*.
*prei, *en rime*, 1773, 2217, *pré*.
*preia 2697, prea 2689, preza (*mais la rime exige* preia *ou* prea) 2687, *proie, butin*.
preissa 464, 2204, 4289, 4718, 4865, preischa 9138, preisha 455, preicha 1220, 2137, 4562-8, 4697, 8193, *presse, mêlée*.
prelat de la Glieiza 9261, de Roma 9336.
premer 4740, *presser, pousser le coude*.
pres, preson, *etc.*, *voy.* pendre.
presentatz 9098, *qui s'est porté en avant*.
presentiers, prezentiers 4123, 8378, 9366, *qui se présente, qui se porte volontiers en avant*; *cf. l'Alex. d'Alberic*, 77 : son corps presente volunteyr.
pretz 364, 834, 4744, *valeur, distinctions*; baron de - 2659, *personnes de distinction*; destrier de pris (*en rime*), 2722.
prezans 4142, 4149, prezens (*en rime*) 8637, 9511 *qui a de la valeur; sur cet emploi*

fréquent du part. prés. au sens passif cf. Leys d'amors III, 14.

prezent, a - 7416-88, a prezens 2844 (*l'un et l'autre en rime*), *sur le champ, actuellement.*

prezic, *sing.* 52, 410, *plur.* 3452, 7104-70, 8519, 8730, *prédication, exhortation à la croisade.*

primairals 6337, *qui se tient au premier rang, en tête. Manque à R.*

primairan 1376, *premier, initial. Voy.* arso.

primaria, en - 2156, *tout d'abord.*

primas 7518, [*flèches*] *menues, légères.* R. IV, 643.

primers, los verials - 7565, « *les plus hautes embrasures* », Fauriel; *il s'agirait plutôt des plus basses.*

primeta 8581, *dimin. de* prima, [*pluie*] *fine.*

princep, *plur.*, 482, 683, 870, 1096, princes 816, *seigneurs, hauts barons, les chefs de l'armée croisée*; *sing.* 3840, *le prince d'Orange.*

*prion 225, *profond.*

*pris, *voy.* pendre *et* pretz.

pro, tener *ou* tenir - 2861, 4031, 5202, 8219-20-1, *profiter*; tener - de 4669, *défendre de ou contre...*

processio, procession, a gran - 929, 1433, 1581, 5075 (*le ms. a dans tous ces cas* professio, *à tort* : a grant procession *est une locution consacrée en anc. fr. aussi bien qu'en prov., voy.* Littré *à l'histor. de* procession).

profession 7828, *partie de l'office? ou corr.* processio?

prolec 3560, *acte, charte*; 3525, *métaphoriquement, ce qui pourrait être écrit dans un acte, fait, argument.*

prometre, *promist 1475, *promit* (*prét.*); 2914, 3479, 3545, *décider, destiner*; er al nostre promes 5041, *sera à notre destination, pour nous?*

promissios 3831, *promesses, engagements*; *une promesse était exprimée* (encaras promet e jur...) *dans la formule d'un grand nombre de serments.*

prosom 3224, prodome (*et non* prud-) 380, *plur.* proome 2483, *honnête homme.*

proverbiar 6614, *chapitrer, faire la leçon, critiquer avec malveillance.* D.-C. proverbiari.

proverbis 1534, 6784, *proverbe, sentence.*

pruzens 2852, *sorte de maladie caractérisée par une démangeaison, exema?*

puas aceirals 6313, - de liniers 8337, *arme de trait, mais laquelle? et d'où vient ce nom?* pua *signifie actuellement en prov. une pointe, une dent de peigne, de rateau* (Honnorat).

pudnais 510, putnai 1620, *punais, terme d'injure.* R. IV, 664; *Diez* II c.

pujar, *voy.* pojar.

puncha 4566, *l'action d'éperonner (de* poindre) *les chevaux, poursuite.*

pung 6586, 7943, punt 6699, *point.*

punha 287, *soin, attention, anc. fr.* poine. R. IV, 598.

punhals, punhaus, peiras - 3942, 4893, 6331, *non pas* « *pierres grosses comme le poing* », R. IV, 668, *mais de grosseur à être lancées à la main.* D.-C. poignea; Tobler, Mittheilungen I, gloss., poignal.

punhedor, cairel - 6807, *combattant* (*anc. fr.* poigneor), *sens ici peu satisfaisant. Serait-ce un dérivé de* pungere?

punher, punhen (*gérond.*) 4849, *en piquant* [*des éperons*]; punhens 8608, *poignant, piquant, au sens pr.; fig.* 2873, 3451, 8589, 8657, *agressif.*

pus 1671, 3677, 5938, 6978, = plus.

pus, *puisque,* voy. pos.

putnai, *voy.* pudnais.

Que *explétif,* 48, 216; *suivi d'un verbe à l'impér. ou au subj.* 3800-86, 4320; aver - far 3992, *avoir affaire;* que...que...1181, *tant... que...;* que que 2145, *quoi que* [*on vous dise*]; que, *pron. relat., employé au cas sujet,* voy. qui.

quedament 2547, *coiement, sans bruit.*

*queisas (*ms.* q'isas, *p.-ê.* q'ssas) 754, *doit être une corruption de l'anc. fr.* chainse, *chemise, sur lequel voy. Diez* I camicia.

queos 3745, *pour* queus = que vos.

queque, *voy.* que.

querelhamens 3106, *plainte. R.* V, 16, *s. a. ex.*

querir 217, 4230, *demander; absol.,* 3612, 3710, *mendier.*

questz 1010, *pour* aquestz?

quetz, *attribut de* jorns (?) 8105, *sens que je ne puis déterminer;* *quei, *plur.* (*en rime*), 2219, *cois; adv.* 5365, *sans bruit, en secret.*

qui, *pron. relatif, sujet précédé de son antécédent est employé concurremment avec* que *dans la première partie* 3, 25, 26, 60, 76, 83, 101-4-13-6-21-57, 226-30-44 (*ici j'ai lu* que *à tort*); que *dans le même cas* 17, 42, 59, 74, 82, 142, 180 (qu') 203-15-8-9, 253-69 (c'), 275, qui *étant à peu près constamment employé lorsque l'antécédent est un nom de personnes* (*aux v.* 180, 253, 259, *l'auteur a employé* que *pour obtenir une élision*); *dans la seconde partie* qui *est rare lorsque l'antécédent,* quel *qu'il soit, est exprimé,* 2963, 3098, 3312,

que *est en ce cas ordinairement employé; qui sans antécédent (au sens de* quicumque, si quis) 30, 131, 3242, 3356, 3513. qui... qui 354 (*élidé*), 757, 858, 3072, qui... qui..., *l'un... l'autre. —* cui, *rég. indir. d'un verbe,* 32, 97, 244, 3225; *rég. dir.* 73, 3604; ab cui 350, de cui 221, per cui 3265. *Voy.* que.

quinh, quinha, 583, 1444, 1991, *quel.*

Rabent 7470, *rapide, impétueux. R.* V, 28.

*rabina 1070, *escarpée. Manque à R.*

rabiners, *rapide,* flums - 7648, perilhs - 8433, aiga rabineira 3088.

*rabjar, rapjes (*ind. prés.* 3e *pers. sing.*) 1823, rabgen (*même temps,* 3e *pers. plur.*), 503, *rager, enrager.*

rahuzatz, *voy.* reüzatz.

raire 3550-7, *fig. rogner, diminuer* [*d'une possession*]; *loc. proverb.* 8078.

rais 511, *rayon* (*de quoi?*); 1621, *rayon, jet de flamme;* rays 6421, *rayon* [*d'une étoile*].

rajar 3028, *couler, jaillir.*

rama 2835, *ramée, branchages.*

ramitz, qu'en la crotz fo - 3298, *qui fut attaché en croix;* ramitz *est pour* aramitz, *cf.* en crotz s'aramic 8530, qu'en crotz fo aremitz *G. de Nav.* 717; ramir per aramir, Leys d'amors II, 206. *D.-C.* ramire. *Manque à R.*

ramizon, metre en - 7834, *obliger, contraindre, mettre en demeure. Manque à R.*

*ramondenca, la crotz - 2300, *la croix qui figurait dans les armes des comtes de Toulouse.*

rancura 3495, 5380, 6749, *ressentiment, plainte.*

rancurar, *réfl.* 8765, *récriminer, se plaindre.*

rando, de - 2565, 5094, 7819, *vivement, rapidement*. Diez I randa.

rapjes, *voy*. rabjar.

*ras 2167, *ras, moissonné, en parlant des champs*.

rat 8213, *rat*.

*rauba 760, *dépouille, butin*. D.-C. raub; Diez I roba.

raüzer 2488, raüzetz 2322, raüzatz 6590, rahuzatz 8222, reüzatz 4347, *repousser*. De recusare (*racusare?), *Romania* I, 233-4, rapproché à tort de refuser par Diez I, rifusare; D.-C. rusare, et VII reüser, R. V, 32.

rauzeus 4590, *roseaux*. R. V, 49.

razent, *trenchant*, acier - 7515, picas - 8607.

raziers 5788, « *de niveau avec le sol* », Fauriel. Manque à R.

razon 193, 917, *explication, récit, ce qu'on a à dire*, furnir sa - 3683, *s'expliquer*; metre a - 4987, anc. fr. araisoner, traiter oralement avec qq.-un, parlementer. Voy. dreitz.

razonaire 3555, razonador 5308, 6766, *défenseur, qui parle en faveur de qq.-un*. D.-C. V, 506 b, rationator; R. V, 53.

razonar 3337, 5234, *exposer, défendre [une cause]*; *réfl*. 3006, 3203-77, 3603, 4148, 4327, 5421, 6170, *exposer sa propre affaire, se défendre par paroles*; cf. le myst. de sainte Agnès 137 et 1368. D.-C. V, 596 b, raciocinare.

reblo 4010, « *remblai, matériaux pour remplir l'intérieur d'un mur* », Fauriel. Manque à R.; cf. riblon dans Littré.

*rebondre 945, rebost 134, 1324, *enterrer, enfouir*.

rebulhit, *recuit*, voy. acier et cairel.

recisclar, grailes recisclans 8604, *clairons retentissants*. Manque à R.

recobriers 6941, *rétablissement, relèvement*.

recrezens 4930, 5625, 8649, anc. fr. recréans, *qui se rend, s'avoue vaincu*.

recrezutz 3081, 4526, 6037, *qui s'est rendu, vaincu*. D.-C. VIII, 356.

reculhir 5190, 7407, *recevoir, accueillir [les armes à la main]*; son - 8916, *sont reçus, admis, introduits*.

redonda, a la - 6328, 9236, *à la ronde*.

redoptar, *réfl*. 5812, *s'effrayer*.

redorta 3957-8, « *redoute* » R. V, 385, s. a. ex.; « p.-ê. le défilé par lequel on passait d'une première enceinte à une seconde, défilé tortueux et anguleux où on pourrait à chaque pas résister à l'ennemi », Fauriel; D.-C., retorta, cite une charte latine de Portugal où retorta semble signifier sentier, et en catalan ce mot se dit du coude d'un chemin. Mais le même mot paraît avoir eu aussi le sens d'enceinte, circonscription (R. V, 386) qui conviendrait bien ici.

redressar 2938, *dresser, ajuster [un pierrier]*.

refermar, - los coratges 6007, - la guerra 7140, *raviver, ranimer*; refermatz 918, *retranchés, fortifiés*. R. III, 316.

*refrechor 348, refrichor 1894, *couvent*. Gachet, refrotoir.

refrescar 6358, *fig*.; *rafraîchir, renouveler*.

refrim 9129, *sons [d'une trompe]*.

*reganhar 1083, *montrer les dents, faire des contorsions (par l'effet de la douleur)*. R. V, 57; Diez I, regañar.

regart 351, 883, 9103, *crainte*. D.-C. regardum 3, (surtout l'addition de Carpentier).

regisme 794, regeime 9269, *royaume*.

relevar, absol., 6219, *relever [un fief]*.

releus 4591, *relief, ce qu'on relève [sur un champ de bataille]*.

rem, *voy.* vela.

remador 4461, *rameurs. Manque à R.*

remandre 791, 825, 3658-85, 4164, 4503-44-85, 5107, romandre 5644, reman 1947, 2626, remas (*remansit*) 861, 1781, 2506, 8972, romas 847, remaso, remazo (*remanserunt*) 253, 379, 7040, remanha 1140, romanha 4659, remazes (*remansisset*) 4906, remazutz 3077, 4503, romazutz 6043; *en général, rester;* remanens 3098, *opposé à estortz, qui reste (mort ou blessé) sur le champ de bataille; substantivement,* lo romanens 4438, *le reste;* 1781, 2506, *demeurer, être retardé, empêché, cf. le gloss. de Flamenca, et Scheler, Baudouin de Condé, p. 385.*

remembrar, *act.* 5567, *rappeler, faire souvenir de; réfl.* 6984, *se reconnaître, le contraire de* s'oblidar.

remesclat 6359, 6705, 9195, *mêlés, pêle-mêle.*

rendre, *réfl.* 3286, 3470, *se rendre, se vouer [à une maison religieuse], se livrer [à qq.-un].*

reng 7816, *rangs d'une troupe alignée.*

renhos 7207-64, *rognons. R.* V, 112.

renoier 1395, 4621, *usurier.*

renou 1395, *usure. Diez* II c.

repairar 4963, 8271, 8416, *revenir.*

repaire 5855, *demeure.*

rependre, reprent, repren 3189, 3221, 7535, repres 8011, 8038, 9029, *reprendre, blâmer; ironiq.* 8011.

repics, 4684, 8480-96, *sonnerie; le même que* repitz, repid, *G. de Nav.* 2131, 3145 (?). *Manque à R.*

repletz 5364, *rempli.*

reprens 3425, *reprise, action de reprendre.*

reprent, repres, *voy.* repencre.

reprimar 8372, *recommencer. Manque à R.*

reproverbis 3313, 5410-56, 6381, 8290, *sentence, proverbe, brocard.*

reproviers, -vers 4599, 5939, 6894, 7887, reproers 4109, 7946, 8368, 8460, 9390, *en général parole de reproche ou d'encouragement;* 4109, 9390, *reproche, blâme.*

res, non res 4941, 5624, *chose nulle, rien. Voy.* grans, nescia, saber.

*rescodre, rescozon (*prét.*) 2687, *même sens qu'*escodre. *Manque à R.*

rescos 1883 (rescotz), 3796, *caché, éclipsé;* a - 3170, 7162, 7248, *en cachette. R.* III, 154.

*rescossa 2118, 2563, *rescousse. R.* III, 156, *s. a. ex.*

*resecada 1289, *desséchée. R.* V, 175.

resentir 26, *éprouver;* 5159, *tâter [l'ennemi], attaquer, voy.* sentir.

resorzir, resorzig 4693, *se relever. R.* V, 269.

resos 2103, 3813, 4006, 5052, 5990, 7197, 7290, 7808, ressos 3161, 5089, *bruit, retentissement, sonnerie de trompes* (5990), *renommée* (5052, 7290). *R.* V, 265.

resperir 8684, *ressusciter;* resperitz 6996, *réveillé;* 5861, *ressuscité.*

resplandir, *act.?* 7308, *faire briller.*

respondre *conjugué avec* esser 9291; respost 2790.

ressos, *voy.* resos.

restat[z] 4292, *calmé, apaisé.*

restaurar 2961, 4779, 8269, *rétablir, n.* 5733, *se rétablir.*

retendir 8482, *retentir,* lo retendirs 4482, *le retentisse-*

ment [des clairons], retindir 4465, retendutz 3090.
retenemens 8561, point d'arrêt ?
retenir 3713, retenir, réserver ; — lo camp 3101, rester maître du champ de bataille.
retindir, voy. retend-.
*retornar 729, ramener [qq.-un].
retraire 3348, 3441 (ms. retrahit) 3552, exposer, déclarer.
reus 5339, = re vos.
reüzatz, voy. raüzer.
*revelar, réfl. 111, se révolter. R. II, 208.
revenir n. 3635, 3716, 7405, 8755, revenir à soi, se rétablir ; act. 6009, 9232, rétablir, réparer.
reverdejar 2784, reverdir.
reverdir, fig. 8781.
reversals, voy. cairo.
reversat 6402, renversé.
revestir, revestit 532, revêtus [des vêtements sacerdotaux] ; 479, 1473, revêtir [d'un fief].
reveus 4565, joie. Diez II c revel.
revironar 2809, entourer, cerner.
revolvor 9158, se retourner.
rezemer, se rezesmon (mauvaise forme, pour rezemon) 2614, rezemut 9304, racheter.
riba de mar, sans article, 6205 ; anc. fr. rive de mer ; dans le refrain d'une vieille ballade : Trois sereur sur rive mer Chantent cler.
ribaut 474-96, 2385, ribauds, valets d'armée. D.-C. ribaldi ; cf. Th. Wright, Polit. Songs of England, p. 369-70.
ricor 4431, richor 6756, puissance.
rics 2893, 8296, puissant ; 4009, remarquable, distingué ; ric ome 2625, voy. Flamenca p. 269 n. 1.
rocal 4864, rocher. Manque à R.
rocins 2613, 2712, chevaux de qualité inférieure. R. V, 115.
roda 6923, fig., la roue de la fortune?

*rodar 1034, aler (ou voler) en rond, « in circuita ire », Don. prov. 33 a.
*rodela, en una - 105, en rond.
*roelha 1031, « sermon, discours ennuyeux, rabâchage », Faur. C'est une expression métaphorique, qu'il y a p.-ê. lieu de rapprocher de rodella, D.-C. sorte de jeu de palets, et plutôt encore, pour la forme, de rotilia, poulie, D.-C.
roire 6491, ronger. R. V, 100.
romandre, romanens, romas, voy. rem-.
romans 6065, 6137, langage roman.
romeus 3279, pèlerin.
ros 3784, rosée, fig. 6588. Diez I.
ros, vis - 3828, vin roux, distinct du vin vermelh et du vin blanc ; pris subst. 7272, cheval roux. R. V, 113.
rota 260, 2352, colonne, défilé [d'une troupe en marche].
rotier, -ter 82, 1754 (- Navar), 1930-65, 2148-58-91-0, 2424-70, 3266, 3502, 5912, routiers, partisans du comte de Toulouse.
Rozal 4871, « campagne », Fauriel, qui, en son glossaire, rattache ce mot à rauzeus (= roseaux), mais il n'y a guère de roseaux près de Beaucaire ; plutôt les bords du Rhône.
rozers 9401, rosier, fig.
*ruinar, ruinet (?) 514, ruiner. Manque à R.

Sa, voy. sai.
saba 5297, sève.
sabatatz 169, le même que ensabatatz.
saber, sot 62 ; — bon 184, 762, 859, 1242, 2160, 2649, 3307, 4034 ; - milhor 3403 ; -- mal 3308 ; non saubon mot 3065, n'en savent mot (= rien), de même non saub res

1300; voy. Tobler, *Gætt. gel. Anz.*, 25 *août* 1875, *p.* 1058.

sabor 2880, *fig.*, *saveur, plaisir.*

sabrier 4651 *saveur.*

safrat 6377, 9137 [*hauberts*] *garni de* safres (*broderies* ?). *D.-C.* VII.

sagel 50, 163, 1336, 1419, 2955, 5929, 6140-73, 6229, *lettre scellée.*

sageletz 3913, *même sens que le précédent.*

sageta 4894, 8337, *sorte de flèche,* sagetas doblas 7247, -menudas, 8430, -primas 7518.

sagnens 2859, 3094, 8455, *saignant. Manque à R. Cf.* sancnens.

sagracios 3171, *lieu consacré?*

sagrament, 6448, 6530, *serment d'hommage;* 5011-21, *serment par lequel des communautés se jurent alliance.*

sagramentals 6281, *serment. D.-C.* sacramentale 1; *R.* V, 134.

sagrar 4818, *consacrer, terme liturgique.*

sai, sa, de - 129, 1443, *par de çà, de ce côté ci* (= *dans le Midi*); en - 1442-62, *jusqu'ici* (*dans l'espace et dans le temps*); -sus 1089, *çà haut.*

sal 4910, *sel, employé pour les pansements. Voy.* pebre,

sal 4830, *salut, sécurité. R.* V, 145.

salhir 3687, *franchir en sautant*; 2551-77, 2701, 4758, 8359, 8428, *sauter, se précipiter* [*au-devant de l'ennemi*], - em pes 3275.

*sali 592, *saline, ou magasin à sel? D.-C.* salinum 1; *R.* V 138, « *salière* », *s. a. ex.*

salsas 3827, *salaisons. D.-C.* salsa 3.

salvament 3127, 8641, *avantage, profit*; 7459, *salut* [*éternel*].

samit 8901, *vêtement en* samit *sorte de velours de soie, voy.* Pariset, *Hist. de la soie,* II, 378 *et suiv.*).

sanc, *fém.*, 4715-9, 6866, 7665.

sancnens 2115, *saignant. Manque à R.*

sanctismes, -ma 8256, 8315, santismes 66, santisma 4527, *très-saint.*

sante, *adj.*, 6480, *saints. Manque à R. Cf.* senhs.

santor 5321, *sainteté, perfection religieuse;* 6757 *saints ou lieu saint;* 7734 *fête consacrée* (*ici, la Pentecôte*); 7688, *sens vague.*

santorers 9419, sentorers 8401, *saint? ou qui a de la dévotion pour les saints? Manque à R.*

sarjans 91, 2829-70, sirjant, sirjan 534-42, 751, 1159, 1208, *sergents, hommes de pied.* sirvent (*voy. ce mot*) *ne se trouve dans la première partie qu'en rime.*

sarrazinals, murs - 6310, *murs de construction sarrazine* (*c.-à-d. romaine*). *Cf. Fr. Michel, G. de Nav. p.* 649.

sarrazines, murs - 8069, *même sens que le précédent.*

saubutz 9258-76, *connu, notoire*; saubuda, *subst.* 2806, *connaissance, information.*

saumers 8485, *bêtes de somme.*

saureus 4570, *sang? formé de* saur? *Manque à R.*

sautetz 8307, *petit saut*; de - 8115 *à petits sauts.*

savenal, *ms.* bendasavenal 4911, *ce qui doit être coupé non pas* bendas a venal, *mais plutôt, avec Fauriel,* benda savenal; *en effet le v.* 4911 *a été reproduit, sans autre modification qu'une simple transposition de mots, par G. Anelier* (*G. de Nav.* 4423) *dont le texte porte* bendas savenal; *qui est fait de l'étoffe appelée en latin* sabanum, savanum (σάβανον), *laquelle paraît avoir été une étoffe* (*toile ou coton*) *à poils, servant principalement, au* moins à l'origine, pour le bain (qq. chose d'analogue à ce qu'on appelle en Angleterre turkish towels). Meursius, Gloss. græco-barbarum Σάβανον; D.-C. sabanum, savana, savena; Diez I sabana. Cet adj. manque à R., qui donne savena (V, 160) au sens de voile (partie du vêtement féminin), et de même dans un texte catalan de 1306, Rev. d. l. rom. VII, 54.

savieza 18, science.

savis 61, 800, 3437, sage, savant.

sazir 471-6, saisir; 4221, saisir [quelqu'un d'un fief].

sciental 4873, 6291, qui connaît son affaire, expérimenté. Manque à R.

scienters 8457, même sens que le précédent.

sec, mur -, 3999.

secodens, part. de secodre, 2851, secouant; le Donat prov. (p. 35 a) rend secodre par concutere. Diez I scuotere.

secretz 5415, sentiment intime?

seda 213, 1256-7, ceda 1107, soie.

segle 4930, le monde.

segon 7691, second, autre, pareil.

segre, seguem 2965, segon 1999, sigran 2001, segudam (impér.) 7236, sigran 2273, seguit 4283, 7008, segu 378, suivre.

segua pour sec, 2197, forme irrégulière créée en vue de la rime, ou dérivée de *secutare?

seguentre 813, 2197, 4754, 4842, derrière [un objet].

segurals 6319, sûr, en qui on peut se fier. Manque à R.

sei, per sei 2223, pour soi, à part soi.

sel, pour cel, celui-ci.

selier 4653, pour celier.

sem 4731, privé [de joie]? R. V, 188; Diez I scemo.

semals 6327, 8175, sorte de vase ou récipient; désigne à Toulouse un cuveau à porter la vendange. D.-C. semalis. Manque à R.

semdier 2494, 3044, 4630, 6944, 8340, 8483, sentier.

semens 8555, semence, graine; fig. 7544.

sempre 4030, 4956, aussitôt; ja sempre 5625, toujours. Voy. mas.

senas 4176 le six au jeu de dés; anc. fr. sines, Thomas le martyr, éd. Bekker 158, 25, éd. Hippeau 5750, Jeu S. Nicolas, dans le Th. fr. au moy.-âge, p. 187. Manque à R.

sendal 2122, sorte de soie. D.-C. cendalum et sandale; joint à tort par R., II, 375, à cendat.

senes 2771, 4811, le même que ses.

*senetz 2664, en rime, pour senatz.

senha, synon. d'ensenha, 264; cridar s' - 7510, crier son enseigne, pousser son cri de guerre.

senhal 2982, 4904, enseigne, drapeau.

senhar 3052, 3654, signer, bénir.

senhariers 5900, 6957, 7935, 8421, 9324, probablement le héraut chargé de « crier l'enseigne »; G. de Nav. 1702, seynerer. R. n'a qu'ensenayrier, V, 230.

senheira 265-92, 3055-8, 4456, 5917, 6237, 7195, enseigne, drapeau; on ne voit pas en quoi la senheira se distinguait de l'ensenha ou de la senha, et cependant on ne trouve pas cridar sa senheira.

senhoria 5611, droit appartenant au seigneur.

senhs, sens, sent 3223, 3422, 4949, saint; 3456, 9546 (sens), corps saints, reliques; ordinairement en rime (cependant sent Marc 3663, sent

Marti 8375, sent Cerni 8449, sent Jagme 8673) ; *cette forme se rencontre au sud du Languedoc, voy. mon Recueil d'anciens textes n° 52. Sant est d'ailleurs fréquent,* 100-1-23, 3664, *etc.*

*senhs 458, *cloches.*

sentir 3678, 8833, *pressentir, tâter ;* 4280, 5175, 7042, *sans rég., éprouver une impression, une douleur.*

sentorers 8401, *saint, qui affecte des dehors saints?*

sercar, *voy.* cercar.

*serena, a la - 427, *le soir.*

seres, *adj.,* 8992 (ceres) *lumineux ; subst.,* 4981, 8068, *la lumière du jour.*

*seria, luna - 2252, *anc. fr.* lune serie, *du soir.*

sermonar 8241, *prêcher.*

ses, *suivi d'un participe présent (comme en anglais),* 4154, *cf.* Tobler, Jahrb. f. rom. lit. VIII, 347. *Voy.* tot.

*setge 1060, *bientôt remplacé même dans la première partie, par* setis.

setis (*accentué* setís *pour la rime* 7119); 1100-67, 2531-78, *siège ;* levar lo - 6797, 8483, metre (*avec ou sans l'art.*) 1060 (setge) 1241, 2909 ; 8624, *camp retranché.*

sezir 8686, se 142, sec 2513, *siéger, s'asseoir, être situé.*

sibe 1842, *quoique.*

simple 4280, *simple, borné.*

singla 9166, *sangle. R.* II, 377, *s. a ex.*

sira, siran, sirei, sirem, *etc., futur d'*esser.

sire 710-34, 1360, 4600, sira 2088, 4635 ; *n'est employé dans la 2e partie que dans des dialogues entre Français.*

sirjant, *voy.* sarjans.

sirvent 1181, 1718, 1805, 3412, 4004, 5475, 5634-71, 6889, *sergents, hommes de pied. D.-C.* VI, 209 *a b. Cf.* sarjans.

sisclato, *voy.* ciscl-.

sitot 4340, *quoique.*

sius 5368, = si vos.

so 30, *son, air musical.*

soanar 1212, 4177 *dédaigner. R.* V, 239 ; *Diez* II *b* sosanar.

soans 6088, *dédain, honte. R.* V, 239.

*sobiran 2625, *supérieurs, haut placés.*

sobrancers 2487, 5898, 6923, 7583, 8387, 9382, *supérieur, excessif, orgueilleux.*

sobrar 2821, 8292, 8308, *surmonter, vaincre.*

sobrebatre 8162, *battre d'en haut (avec des machines de guerre placées en une position dominante).*

sobredens 6490, 7458, *dent qui pousse par dessus les autres, fig. obstacle, objet gênant ; cf. l'emploi de* sobre den (*qu'il faut écrire en deux mots*) G. de Nav. 839. R. III, 26, *s. a. ex.*

sobredir 3709, *dire quelque chose d'excessif. R.* III, 57.

sobrepres 3483, 5037, *surpris, saisi, envahi* [*par un mauvais sentiment*].

sobresens 3419, 6426, 6490, *chose qui dépasse (= qui contredit) le sens, extravagance, présomption.*

sobriers, -ers 4062, 6882, 6319, 8412-76, *supérieur, fig. triomphant;* a - 8357, *en abondance. R.* V, 242.

sobros 6939, *suros, excroissance osseuse, fig. embarras, obstacle. D.-C.* super-os ; *R.* V, 244.

sobtamens 8675, *aussitôt.*

sobtar 5420, *surprendre, prendre à l'improviste. D.-C.* subitare 1 ; *R.* V, 240.

soendet 7987, *souvent. R.* V, 275.

soendiers, *voy.* sovendiers.

soferre, sofers 8462, sofier 5922, *supporter, R.* V, 285.

sofismes 3418.
sofracha 3706, *manque, disette.*
sofrachos 3805, *besoigneux.*
sofrir, *voy.* suffrir.
sojornar 1076-94, 2444, 4362, *séjourner, se reposer.*
sol 2772, *seulement.*
solaretz 8118, *étage, partie supérieure d'un édifice*, dimin. *employé pour la rime, de solar. Il s'agit ici de la partie supérieure (sans doute de la toiture) de la* gata. *Manque à R.*
soldadiers 2808, 6912, 8334, 8403, *soudoyer, guerrier d'un rang indéterminé qui reçoit des soudées.*
soler, sol 340, soloit 40, soleit 2448, solia 1002, 8722, *avoir coutume.*
soletz 2605, 5363, 5406, 8132, *seul.*
soliers, -lers 2947, 4059-85, 4616, 5557, 7589, 7927, 8335, *originairement plancher, par suite salle pourvue d'un plancher, étage, les salles du rez-de-chaussée n'étant pas d'ordinaire parquetées. Le sens de « comble », proposé par M. Fr. Michel, G. de Nav.* p. 477, *pourrait s'appuyer d'une des gloses de Reichenau :* tectum, solarium (Diez, *anc. gloss. romans,* n° 87), *mais il faut probablement entendre un toit plat, en forme de terrasse, et non un comble.* D.-C. solarium *et* solium 2 *et* 3 *(ajoutez aux ex. cités* Albert d'Aix, XI, 32) ; R. V, 247.
solpres 4499, 4501, *soufre.*
soma, venir a la - 4139, *fig. arriver au comble.*
somoniment 818, *convocation.*
somonir 250, somo *(ind. prés.)* 847, somonit 790, somonutz 627, somos 3164 ; - *requérir, donner ordre ; absol.* 250, *convoquer [des contingents militaires].* R. IV, 254, semondre.

sonar areire 2876, *sonner la retraite ;* - a sonetz 8169, *sonner à volées, exécuter des sonneries séparées par des intervalles* (?) ; no - mot 139, *ne souffler mot.*
sonetz 4483, 5963, 8480, 9129 *sons [d'instruments ou de cloches].*
sopartir 3721, 4215-78, 7412, 8777, *diviser, partager, distribuer ;* n. 4714, *être divisé ; réfl.,* 1149, *se séparer.* R. IV, 440, *s. a. ex.*
*soplejar 565, *s'incliner [devant qq.-un].*
sors, *part.* de sorzer, 5520, *élevé.* R. V, 268.
sortir, *joint à son rég. indir. sans préposition* 5194, *évacuer.*
sos 1745, = so se.
sos *pour* sieus, *en rime*, 7201.
sospeisos 3799, 5058, *espoir.* R. V, 276.
sospiraire, sospirador 5566, *qui soupire, affligé.* R. III, 177.
*sosterrar 95, 929, *enterrer.*
*sot 69, *sot.*
*sot, *voy.* saber.
soutz 5280, 5495, *délié, libre.*
sovendiers 6937, 7658, *fréquent, qui se répète souvent ;* 8353 (soendiers) ; *assidu, qui fait une chose fréquemment.* R. V, 275.
*spea, *précédé d'une voy.* 394, *épée. Voy.* espaza.
streitament 6710, *étroitement, avec rigueur.*
*suau 2163, *doucement.*
*suavet 212, *doucement.*
suffrens, sufrens, *part. prés. de* sufrir, *avec régime,* 5580 ; *sans rég.* 5509-80, 7031, *souffrant, affligé ;* 3119, 3458, 5509, 8377, 8595 *patient, endurant, résigné.*
suffrir 1827, 4319, sofrir 470, 3706, suffram 3720, sufris 7071, *supporter avec résignation ; réfl.* 3714, *se contenter,*

s'arranger, s'accommoder de ...; 4256-74, 7021, et p.-ê. 7003, supporter une attaque, résister; 4513, manquer. R. II, 285.

sufrire, sufridors 6831, patient, endurant.

sus, de - en jos 971, de haut en bas, en déclinant. Voy. la, sai.

Ta mangs, voy. mangs; anc. fr. tamains, J. de Condé, éd. Scheler, XXVII, 36.

tabor, masc. 4464, fém. 7750, 8481, tambors 5961, tambour. D.-C. VII, 359; R. V, 292.

*tabustar 2545, frapper. R. V, 293; Diez II c.

*tafur 863, 1590, n'est plus qu'une épith. défavorable. R. V, 294; Diez I.

tal, per - 1308, afin que. Cf. ai-tal.

talent, mal - 99, mal talant 83, mauvais instinct, colère.

talha 5635, taille, imposition. R. III, 3, n'a pas d'ex. aussi ancien.

talhans, lame tranchante, - agutz 9226, - brandens 8577; - colonhes 8970, - forbitz 8918, - tempratz 9171.

talhar 5386, talar 8144, talat 5691, talans 8151; - 5691, 8144-51, tailler, couper; 5386, imposer des tailles.

tanher, réfl. et impers., tanh 2777, 9041, tang 3568, il convient.

tant, tan, -ta, 363, 2986, 8192, tant de...

*tapit 1107, tapis.

tardor, metre en - 2905, retarder.

*targa 2141, 2202, targe, sorte de bouclier, - bulhida 1790, - del cor, voy. cor, - fluria 1222.

targiers, -gers 7595, 8407, « homme de guerre armé de targe » (?), Faur. Manque à R.

taula 6634, 6800, change, boutique de changeur. D.-C. tabula 16.

taulers 6897, table de jeu, échiquier; cf. 7943.

taur 8875, taureau figurant dans les armes d'un seigneur du Midi.

taverner 2807, 8383, coureurs de tavernes; de même dans les Visites des évêques de Grenoble, p. p. l'abbé Chevalier (1874) : « curatus est antiquus et tabernarius, non quod vinum vendat, sed emit, eciam si deberet propriam tunicam impignorare » (p. 58). R. V, 309.

tel 3208, = tens lo.

temoros 3193, temeros 7169, craintif, effrayé, R. V, 315.

temor 7677, craintes.

tempes (paroxyton) 5961 (ne pas tenir compte de la correction), 6663, 8481, sorte de tambour? l'anc. fr. timbre? D.-C. tymbris; Diez II c.

tempiers 4117, 6885, 7571, 7951, 8423, tempête, ouragan. R. V, 321.

temprar 6420, tremper, mouiller; 5228, tremper, en parlant de l'acier, fig. coratges temprans (pour tempratz) 6054; 4444, modérer, adoucir.

tems (corr. teins?) 8602, tens 9133, sorte de vernis pour les écus, anc. fr. tains, que Carpentier suppose avoir été une lame d'étain appliquée sur l'écu, D.-C. VI, 590 b. Il semble que tains ait été usité comme synon. d'écu, voy. l'ex. de Roncevaux rapporté par D.-C. VI, 541 b.

temuz 9234, 9308, craint, redouté.

tenda 8260-72-97, tente.

tendit 6995, tindens 8604, retentissant.

* tendon 2567, tendon d'Achille? Manque à R.; pas d'ex. anc. dans Littré.

tenebror 7711-61, *fig. bruit, tumulte.*

tener 1046, tenir 465, 3669-97, 5160-86, 7344 (*voy.* Leys d'amors II, 402 *et* III, 148), tes 3691, ten 1280, te 1093, tinem 4373, tinetz 5738, tengra 1068, tindra 3559, tindrem 2967, tindria 5255, tenga 1377, tenguis 487, tengutz 9297, tenutz 628 ; — 8711 *tenir, garder ;* 1702, 3429, 3559, *tenir* [*une terre*], *terme féodal;* 165, 1093, 8484, *tenir, occuper de la place;* 5255, *tenir* [*une promesse*] ; - cort 44, - patz 1377, 3697, - seti 1525 ; 9297, *retenir, poursuivre qq.-un pour un grief; réfl.* es [s']enant tengutz 6010, *s'est porté en avant ;* 465-87, *se tenir contre quelqu'un, lui être hostile, résister;* ad un tenent 1667, *anc. fr.* a un tenant, *groupés. R. V,* 333 ; Gachet, tenant. *Voy.* dans, pagatz, pro, terra-tenens.

tens 8612, *pour* tans? *cf.* prezans, senhs.

tenson, *débat,* mover - 196.

*tensoner 320, *se disputer, avoir un débat avec qq.-un.*

tents 4951, *coloré, rouge* [*de colère*]*; de même en anc. fr.* si teint come charbon.

*terminal, *adj. pris subst.?* 992, *définitivement ?*

terminis 6547, 6911, *frontière, extrémité* [*d'un pays*]*;* 4640, *terme. Voy.* breu.

*terra major 362, *désigne évidemment un pays éloigné, p.-ê. la Terre-Sainte, selon l'ex. d'Aimeric de Belenoi cité par R. V,* 354*. Le cas sujet étant* terra maire, *cette dénomination a été parfois entendue au sens de* terra mater, *voy. R. l.l.,* terramaire, *et cf.* Leys d'amors I, 330.

terralh 4008, terrals 6313,

terre-plein *sur lequel étaient construits les remparts; anc. fr.* terrail. *D.-C.* terrale ; *R. V,* 351. *Cf.* terratz *et* terrier, *notamment* 7964.

terra-tenens 3135, 3443, *qui tient une terre.*

terra-tremols 5565, *tremblement de terre. R. V,* 354 *et* 415.

terratz 6647, *synon. de* terralh? *comme* peiratz *l'est de* peiralh.

terrenal 4809, *épith. d'ornement.*

terriers 4659, 5946, 6856, 7964, 8360-95, *synon. de* terralh. *D.-C.* terrarium.

terriers 6926-9, *seigneur, celui qui a une terre, un pays, à gouverner. D.-C.* terrarius; *R. V,* 352.

tersiers 6971, *troisième. R. V,* 411.

tertant, *pour* atertant, 2061.

tes, en - 5005, 7992, *en large, opposé à* en lonc. *Manque à R.*

tetz 5559, *toits. R. V,* 311.

thesauriers 6949, *trésor ?*

tinals 3944, 4891, 5118, 6329, *fort bâton employé comme arme. R. V,* 363, *s. a. ex.*

tindens, *voy.* tendit.

tinem, tinetz, *voy.* tener.

tir 7342, 8773, *subst. formé de* tirar, *tumulte, mêlée. Manque à R.*

tirans 6085, *tyran, cruel. R. V,* 363.

tirar, 3671-7, 6488, 8748, *ennuyer, fatiguer, être à charge;* qui quels tir 5192, *malgré tout, quoi qu'on fasse. R. V,* 364.

tizo 2549, 5129, 7822, *tizon.*

toalha 132, thoalhas 4512, *serviette de table, nappe.*

tolir, toli (*prét.*) 2684, tolg, tolc (*id.*), 2689, 2711, toliro 4589, tolha 3394, tolis (*subj. imp.*) 2727, touta 580, *enlever.*

tolza 6428, *monnaie de Toulouse.*

tor, al - 6849, *au retour.*
torn, *voy.* arc.
tornar vos ai 337; - en azir 8777, *devenir haineux,* R. II, 163; *réfl.* 678, 7907 (tornar nos n'em) *s'en retourner.* Voy. aventura.
*tornes 1100, *tournois.*
tornissa, *voy.* balesta.
torres (*oxyton, en rime*) 8964, *tours.*
torriers, -rers 4509, 6954, 7596, 7972, 9372, *gardien, défenseur d'une tour;* 4086, *porte d'une tour?*
tortors 5513, *bourreaux.* R. V, 384.
tôs 3173, 3817, *jeune garçon (le jeune comte de Toulouse);* toza 5956, 8450, 8570. *Diez* I, toso.
tot, -a, ab - 4061; ses *ou* senes - 3993, 5329, 7440.
*tozel 1017, *dimin.* de tos.
tozetz 3867, 4153, 5361, *dim. de* tos.
trabucar 4285, 5803, trabua (*en rime*) 2208, *renverser; n.* 443, 6716, 6925, 7010, 7033, 7527, 8013, 8891, 9191, 9394, *tomber.* R. V, 394.
trabuquetz 6835-60, 7845, 8117-27, 8170, 8205, *trébuchet, machine de jet.* R. V, 393.
trafan 1381, *perfide.* R. V, 409, trefas.
tragiteia 2027, *coulée, fondue, et tel est aussi le sens qu'il faut attribuer à plusieurs des ex. cités par* R. III, 471, *et au fr.* tresgeter. *D.-C.* VII.
trahutz, *voy.* traütz.
traï 7143, *train, convoi [de vivres];* 124, 7156, *fig., train, bruit, fracas;* menar en train 2611, *traîner (supplice). D.-C.* tragina; R. V, 398.
trailitz, ausbercs - 5802, 8900, traslis 1258, *haubert maillé.* R. V, 419.
traïn, *voy.* traï.
traïnatz 6044, *traîné [à la queue d'un cheval]. D.-C.* trainare; R. V, 398.
traire, trag 347, trazem 4621, traon 5357, tragan 3991; — mal - 3585, *supporter du mal, l'adversité;* - peira 3591, 8449, *ou même sans rég.* 3991, 4018, *tirer, lancer une pierre;* - az auctor 347, *appeler en témoignage.*
trait 8274, *trait, portée d'un trait [d'arbalète].*
trap 4834, 8486, *anc. fr.* tref, *sorte de tente.* R. V, 406.
traslis, *voy.* trailitz.
trasportar 3394, *transporter [un droit d'une personne à une autre]. D.-C.* transportare.
trastornar 3005, *retourner, battre en retraite;* 7272, *se retourner, faire volte-face.* R. V. 381.
trastot, *adv.,* - per... 1165, *tout cela pour..., et cela pour...*
traus 8195, *poutre.* R. V, 408.
traütz 3089, 5980, 6034, 9235 (trahutz), traü 1530, 2176; — *train d'équipages, bagages;* 1530, *transport.* R. V, 408.
traversers, — cairos - 7657, *pierres qui viennent à la traverse, obliquement;* camis - 8341, *chemins de traverse;* cledas - 7637, *claies transversales;* guisquetz - 9437, *guichets, ouvertures de côté;* murs - 5948, *ou même seul, pris subst.,* 6907, *mur transversal, traverse. Voy.* bocal, peitrals. R. V, 525.
trazir, trazitz, trazit 4237, 4410, traïd 4422, *trahir.*
trebalha 2532, 4448, 4994, *peine, fatigue.* R. V, 392.
trebalhar 8750, trebalher 2606, *pener, fatiguer; réfl.* (trebalha, *prét. ?*) 2734.
trebalhs, 424, 631, 3411, 8386, *même sens que* trebalha.
tremir 5162, 7362, *tremig* 4619, *trembler (en parlant de la terre).* R. V, 414.

trencada 4872, 5146-51, 6156, 6802, 7238, 9438, *trenchia 2246, *tranchée (fortification)*, p.-ê. (cf. surtout 4872), *abatis d'arbres ou de branches formant barricade*. D.-C. trencatum; R. V, 416.

trencans, *pris subst.* 9307, *comme* talhans, *arme tranchante*.

trencar 2947, *trancher, percer*.

*trencason 1244, *action de trancher, destruction*. R. V, 417, s. a. ex.

*trenchia, voy. trencada.

trensos 2704, 6391, 7232-62, *tronçon, fragment ; forme qui ne se rencontre pas ailleurs en prov. et est évidemment déterminée par* trencar ; *en anc. fr. on a de même* trenchoner, D.-C. troncire; *voy. aussi Littré à l'étym. de* trancher. R., V, 431, tronso.

trepador 680 « *trottoir, pavé* », *Fauriel, en son gloss.*; « *remparts* », *le même en sa trad*. R., V, 418, « *endroit foulé aux pieds, promenade, allée, cours* », s. a. ex.

trespassar 85, 4556, *passer au-delà [de qq.-un], dépasser en marchant* ; 3169, *passer à travers; fig.*, 920, *éviter*.

treus 4589, «*campagne, plaine cultivée*», *Faur. gloss.*, «*champ de bataille*», *le même, trad.*

trevas 7957, *trèves.*

triar 1023, 2493 (trier), 4075, 5279, 5770, 5965, *choisir ;* triatz 5671-84, 6690, *choisi, d'élite*. R. V, 419.

trigar 686, 703, 8269, *réfl.* 4665, 8515, *tarder, différer*. R. V, 423; Diez I tricare.

trit 7034, *broyé, renforce l'idée contenue dans* chaplament.

tro, tron, voy. tros.

trompador 4457, 5516, trumpador 7703, *joueurs de trompe*.

trompas 4522, 4847, 8479, trumpas 4121, 8421, *trompes, instruments à vent*.

*trona, cara - 140, *fig., au sens du fr.* chiere marrie (cf. 1231), *ou du prov.* laia cara; *désigne au propre une difformité de la face, et s'est conservé en ce sens dans le surnom* Trunnus : « .... Guillelmum... qui cognominatur Trunnum eo quod nasum fictitium haberet », *Marca Hispan., col.* 544; Bern. Trunnus, *Cart. de N.-D. de Nîmes. . CXIII;* Arn. Trunnus *Lay. du Trés. des ch.* 2881, 4049; Rotb. Tron, *Mémor. des Nobles* (*de Montpellier*), *dans la Rev. d. l. rom.* V, 74 ; *voir aussi le dimin.* Tronellus, tronerellus, *à la table du t. II des Archives hist. du Poitou. C'est p.-ê. un mot de la famille de* trogne, *sur l'origine duquel on n'a rien dit de satisfaisant*.

troneires 7571, 8423, *tonnerre*.

tronso 5128, *tronçons. Cf.* trensos.

*tropa, *fém. de* trop, adj., 43.

tros, tro, tron, 219, 768, 866, 2104, 4003, 5423, 7241, 7799, *firmament, voûte céleste*. R. V, 428; Diez II c.

trotador 5514-36, *trotteurs*, R. V, 434.

troter 5956, *coureurs*. D.-C. trotarius *sous* trotare ; R. V, 435.

trotz 2115, 7208, trosses 8907, *tronçons, morceaux*.

truans 444-62, *truands; fig.* 4151. Diez I.

trumpador, trumpas, *voy.* tromp-.

tu, *employé comme régime*, 3252.

*tuer 2490, tuetz 962, 2325, *tuer*.

turmenters, *épith. de* perilhs 8391, *Manque à* R.

turques, voy. arc.

turtar, *réfl.* 8617, *se heurter*. R. V, 442.

*Ucar 438, *appeler. Diez* II c, hucher.
*ucas 763, *crieurs, hérauts.*
ufrendas 7603, *offrandes* [à *l'église*].
ufrir 3696, 8682, offrir 7313, *sens mystique et liturgique, offrir le sacrifice de la messe.* D.-C. offerre.
*ulhal de l'elme 2132, *non pas « visière », comme traduit.* R. V, 367, *mais ouverture du heaume correspondant aux yeux*; lumière *paraît employé dans le même sens*, Rom. de la Violette 5564. D.-C. ocularium.
umbral, *voy.* ombral.
umialmens 3406, *humblement.*
umplir 681, omplir 1811, 7351, 7408, umplo 2845, umplig 4678, omplirem 7176, umplam 2836, umplan 3130, *emplir.*
us, *sujet d'un verbe construit avec une négation* 8187-8, *personne. Voy.* laüs.

Vadatge 3780, *faute de lecture qui, de l'édit. de Fauriel, est passée dans la mienne, l.* badatge, *attente.* R. II, 166.
*vair, mantel gris e - 2434.
vaire 3576, *changeant.* R. V, 459.
val 4868, 6156, 6264-83, 6338, *fossé.*
valatz 451, 2246, 2600-24, 6363-6, 7408, 7588, *fossé.* R. V, 461.
valdes 3502, *vaudois, hérétiques.* D.-C. valdenses.
valedors, *adj.* 4415, 5517, *qui aide, qui porte secours; subst. ordinairement au pl.* 2881-97, 4397, 4426, 6728, 6810, *auxiliaire, allié.* R. V, 464.
valer 4854, 8219-20, *aider, porter secours;* - mens 2930, *diminuer de valeur.*
valhans (*en rime*) 6121, *vaillant.*
valvassor 353, 2890, 6735, 7698, *anc. fr.* vavasseur, *le dernier degré de la noblesse.* D.-C. vavassores.
vassal 2986, *guerrier.*
vedar 1532, 3355, 4369, *empêcher, interdire.*
vegaire, *voy.* vejaire.
*vegeia 994, 1004, 1512, 2687, vegia 43, 1134, 1485, 1925, vegea 1219, *fois.*
veire *voy.* vezer.
vejaire, esser - 227 (vegaire), 3569, a - 8659, *paraître bon;* dar a - 3513, 8049, donar a - 6917, 7079, 7124, 7368, *donner à croire, vraisemblable.*
vela, no i a - ni rem 4769, *loc. proverb., il n'y a voile ni rame, aucun moyen; un ex. analogue dans* R. V, 477.
velhar 3663, *faire la veillée* [*au tombeau d'un saint*]. D.-C. vigiliae.
vels 2798, = ve los.
venal 4911, *mauvaise leçon, voy.* savenal.
*vencezon 1249, vensezon 1239, *victoire, succès. Manque à* R.
venda 1530, *vente, marché;* tinetz lor la - 5085, *tenez leur marché, vendez leur ce dont ils ont besoin, cf.* dare vendam, D.-C. venda 5; vendas 4024, *objets à vendre, marchandises;* las vendas e las compras 6632, *les ventes et les achats, le commerce, voy.* comprans.
*vendemier 2478, vendemieren 2633, *vendanger.*
vendre, car - 9036.
venir 3736, vengro 2723, vengon 3526, vindra 2828, vindreit 1896, vengutz 371, venu 372; can venc al dia 3659.
venser, *réfl.* 8635, *vaincre.*
*ventalha 2535, *capuchon de mailles s'ouvrant sur le visage; voy.* Quicherat, *Mém. de la Soc. des Antiq. de France,* 3, VII (1864) 231 ss., *et* Viollet le Duc, *Dict. du Mobilier,* VI, 353.

ventreos 7773, *ventru, surnom. Manque à R.*
vergatz 9174, *anc. fr.* [*heaume*] vergié, *sans doute par allusion aux lames de métal, généralement au nombre de quatre, qui étaient appliquées sur le heaume de la base au sommet; cf. Rom. de la Violette* 1794-5, *Gir. de Rouss.* 4543.
vergonhals 6275, *honteux. R. V,* 508.
verials 4883, 6312, 6629 (verjals ?) 7565, *baie (fenêtre ou meurtrière) dans un mur; n'était pas nécessairement vitrée. D.-C.* veriale 2, vitriale, veyriale. *Dans les ex. cités par R. V, 476, le sens est vitrail, verre.*
verjans, *plur.* 4195, *branchage, feuillage. R. sépare à tort* vergan, V, 506, *de* verjan, V, 513, *et traduit à tort ce dernier par verger.*
vermelhejar 3029, *devenir rouge [de sang]. R. V,* 510, *s. a. ex.*
vermelhon, *adj.* 7807, *rouges [de sang]. R. V,* 510, *n'a que le subst.*
* veronica 990, *relique célèbre. D.-C.* veronica.
veror 6799, 7713, *vérité. Manque à R.*
versatz 8211, *renversés, abattus.*
verset 4012, *petite pièce de vers. R. V,* 512.
* versifiar, *réfl.* 29, *chanter, anc. fr.* verseillier; *non pas* « versifier », *R. V,* 512. *D.-C.* versificare.
vertadiers 7918, 8371, *véridique. R. V,* 502.
vertent, abans d'un an - 245, *avant une année révolue;* mieja lega vertent 7554, *demi-lieue entière, achevée. R. V,* 517.
* vertu 382, *reliques;* vertutz 1444, 2733, *miracles. D. C.* virtutes 2, *et* virtus 2; *R. V,* 515.

vertudos 7933, *vertueux.*
vespra 7734, *veille;* vespras 3695, *vêpres.*
vesques 1013, 3405, *évêque; voy.* evesques.
vestir, vest 2579, viast 2519, viesca 133, *vêtir.*
vestitz 5865, *vêtement. Manque à R.*
vestitz 3285, *hérétique parfait, c.-à-d. ayant reçu le* consolamentum, *et portant des vêtements noirs, voy. C. Schmidt, Hist. et doctr. des Cathares,* II, 95, *et Flamenca* p. 427. *D.-C. a plusieurs ex. d'*hæreticus vestitus *qu'il explique mal.*
veüd, *voy.* vezer.
veus 6407, = ve vos.
veuza 2555, 3397, 3417, *veuve. R. V,* 531, *n'a que* veuva *et* vezoa.
* vezentre 1018, *voyant, en présence de; formé comme* escientre, seguentre. *Manque à R.*
vezer 877, 6395, veire 6394, vezon 2431, verei 5006, vigui 358, vit 1019, vigon 2432 (*cf. G. de Nav.* 552), viratz 1767, visatz 1757, veüd 2735, *voir.*
via, tener sa - 1149, *aller son chemin;* - vi'al perdo 686, 763, *en route pour le pardon! cf.* via sus, *R. V,* 440 *a;* via a Tolosa, *G. de Nav.* 3594, vi'a Mendavia 3596, via fora 1787, 2976, 3175, 3604. *D.-C.* biafora. *Voy. la note de* 1229.
viacers 5958, 6136, 7592, 8375, viassier 9343, *vif, rapide. R. V,* 558.
viala 749, 1174, 4985, 5006, *ville (Toulouse). Forme qui manque à R. Ailleurs* (640, 8491, 8655) vila.
* vialh, *plur.* 1016, *vieux.*
vianders 8426, « *appartenant à la voie publique, qui se trouve le long du chemin* » (??) *Fauriel; ce mot, dont le sens*

VOCABULAIRE.

m'est obscur, se présente trois fois dans la G. de Nav., comme épithète de caval 3341, de cayrel 3641, de fuyldre 4957; dans les deux premiers cas M. Michel le traduit par « rapide », et dans le troisième par « voyageuse ». Cf. dans le même poëme viandans, 2761. Manque à R.

viassamens, viassament, viassamen, 726, 2791 2842, 4937-56, vivement, en hâte.

viatges 3300, pèlerinages. D.-C., via sanctorum, qui désigne toute espèce de pèlerinage et non pas seulement celui de Jérusalem.

viatz 377, 820 (vias), 1204, 2813, 2926-51, 5094, 8203, même sens que viassamens.

viesca, voy. vestir.

vigor, per-2901, vigoureusement, rapidement.

viguer 5967, 7925, viguier, lieutenant du comte de Toulouse, à Toulouse.

vigui, voy. vezer.

vila nova 2940, ville neuve [de Muret].

vilailh 5095, = vila li.

*vilanalha 2533, vilenaille, terme de mépris. Manque à R.

vinher 5691, vignoble. R. V, 549.

*vintes 2042, vingtième.

virar las regnas 4763; réfl. 3610, 7393, se tourner, au fig.

viratz, voy. vezer.

vis blancs, - giroflatz, - ros, - vermelhs 3828, - de Genestet 4028.

visatz, voy. vezer.

*vitalha 2530, vivres, victuailles.

viula 3829, vielle, inst. de mus.

vivers, tornar a - 7654, ravitailler?

voler, volh (prés.) 5039, vulh (prét.) 3618, volgren 4399, volcen (subj. imp.) 68, volguessan 485, volgutz 3141, 3258, - 3141, 3258, accueillir avec bienveillance; 4795, désirer. auxil. 807, 2773, 6206.

volpilhia 3018, lâcheté. R. V, 267, a des mots de la même famille; cf. D.-C. vulpeculam.

voltitz 5862, voûté.

voltor 5316, voutor 4451, vautours,

voluntairos 7250, qui est de bonne volonté, qui agit de bon cœur.

von 193, 3008, = vos ne.

vos, explét. 4947.

votz, s'es en - escridatz 8283 répond à l'anc. fr. a vois s'escrie; de même en auta - 928, 4559, 8215, 8461.

voutas 4542, voltes, passades. Un ex. analogue dans R. V, 569 b.

voutas 8209, voûtes.

voutas 4582, 4867, part. de volver, tourner.

voutor, voy. voltor.

TABLE DES RIMES.

a, 41, 47, 52, 55, 65, 87, 96 [...] *[en] commun avec [...] en les mots qui se [...] en anc. fr. en iée : ve-[...] v. 43, 1004, etc.*, junquia 2143, trenchia 2246, *et même en ée*, legueia 2151 (gastea, 1052, *est douteux parce qu'on pourrait corriger* g. e i.).

ina, 48.
iza, 118, glieiza *v.* 2518, *comme en fr.*

ona, 7.
osa, 79.

ua, 102.

2ᵉ PARTIE (CXXXII-CCXIV).

al, 138, 169.
als, aus (*lat.* al's, av's), 156, 187.
ans, 160, 185.
ar, 132, 139, 154, 186.
at, 146, 180, 188.
atz, 133, 137, 162, 174, 181, 190, 204, 211.

els (larg), eus (*lat.* ell's, ĕl's, ĕv's), 165.
em, 168.
ens, 134, 141, 148, 170, 179, 189, 201, 214.
ent, 144, 177, 197.
er, ier (*anc. fr.* ier), 166, 183, 201.
ers, iers (*anc. fr.* iers), 159, 192, 198, 205, 213.
es (estreit), 136, 149, 171, 202, 210.
etz (estreit) 155, 176, 203.

eus, *voy.* els.

ig, 167 ; ic 206.
ir, 152, 173, 196, 208.
is, 194.
it, 161, 193.
itz, 142, 145, 182, 209.

on, o 158, 172, 200.
or (estreit), 135, 163, 175, 191, 199.
ors (estreit), 178.
ort (larg), 147.
os, 143, 154, 195.

utz, 140, 164, 184, 212.

Rimes féminines.

aire, 150.
atge, 153.

endre, 157.

Nogent-le-Rotrou, imprimerie de A. Gouverneur.

www.ingramcontent.com/pod-product-compliance
Lightning Source LLC
Chambersburg PA
CBHW060510230426
43665CB00013B/1459